中國典籍日本注釋叢書

老莊卷

1

老子鬳齋口義注
老子考訂

[日]林羅山　等撰
張培華　編

圖書在版編目(CIP)數據

中國典籍日本注釋叢書・老莊卷 / 張培華編；（日）林羅山等撰. — 上海：上海古籍出版社，2021. 5

ISBN 978-7-5325-9955-4

Ⅰ. ①中… Ⅱ. ①張… ②林… Ⅲ. ①古籍-注釋-中國②《道德經》-注釋 ③《莊子》-注釋 Ⅳ. ①Z422 ②B223.02

中國版本圖書館 CIP 數據核字(2021)第068197號

本書影印底本爲日本早稻田大學圖書館所藏

中國典籍日本注釋叢書・老莊卷

（全三册）

張培華　編

[日]林羅山　等撰

上海古籍出版社出版發行

（上海瑞金二路272號　郵政編碼200020）

（1）網址：www. guji. com. cn

（2）E-mail：gujil@ guji. com. cn

（3）易文網網址：www. ewen. co

常州市金壇古籍印刷廠有限公司

開本 890×1240　1/32　印張 51.5　插頁 15

2021年5月第1版　2021年5月第1次印刷

ISBN 978-7-5325-9955-4

B・1205　定價：258.00 元

「老莊」與日本

——代前言

一

《老子》《莊子》併稱老莊，日本與中國一樣，恐怕其他國家也是如此吧，可以說「老莊」一詞，古今中外是通用的。日本與老莊的關係，相對孔孟來説，更多的是表現在文學方面。曾記得一位大學教授説，實際上，他是把老莊當作文學來教學生的。相信在日本高校，類似於這個想法並且付諸行動的教授並不少吧。

老莊何時傳入日本，類似於《論語》的明確記載，還很難發現，不過與《論語》流入日本的同時，日本古代書籍裏所引老莊的言語，已經有許許多多的考證，在此不做贅述，至少可以説奈良時代，老莊已經在日本，是不會有矛盾的。由於老莊思想與仁義道德有些距離，十分推崇《論語》的古代日本，不把老莊放在重要位置，也是情有可原的。比如日本學令裡規定的教科書，必須有《孝經》，但没有《老子》《莊子》。可見在古代日本，老莊和《孟子》

的地位差不多，不僅没有《孝經》高，而且與《孟子》一樣，後來也受到了抵制與批判。

儘管老莊在古代日本地位很低，但是被文人熱愛的程度還是很高的。比如日本第一部和歌集《萬葉集》，共二十卷，收録了四千多首和歌，其中第十六卷，第三八五一首和歌裡「無何有乃鄉爾」和「藐孤射能山乎」的歌詞，毋庸置疑是來源於《莊子·逍遥遊》中的「無何有之鄉」和「藐孤射之山」。即作者援用《莊子》的虚無自然，表現想像中仙人所住之地(參閲岩波書店出版，日本古典文學大系《萬葉集》(四)，第一五〇—一五一頁，一九七〇年)。比如不僅僅和歌文學作者對《莊子》有興趣，日本古代漢文學作者對老莊也是情有獨鍾。比如日本最早的漢文詩集，即成立於日本天平勝寶三年(七五一)十一月的《懷風藻》裡不乏老莊的身影。該詩集共收録了約八十年間六十多位作者，上至天皇下至一般貴族，用古代漢語創作的一百二十首詩歌，是研究日本古代文學的重要文獻。比如其中一個俗姓禾田、名叫釋智藏的人所作一首五言《秋日言志》詩裡，最後「榮辱莫相驚」來源於《老子》的「寵辱若驚」(參見日本古典文學大系注釋，同上書)。該詩集裡還有一位名叫越智直廣江的大學明法博士，寫了一首《述懷》表達了對老莊的熱愛。詩歌全文如下：

文藻我所難，莊老我所好。行年已過半，今更爲何勞。

(《群書類從》第八輯，《文筆部》，第一二二卷，第四三七頁，續群書類從完成會出版，一九九一年)

一千多年以前，年過半百的大學博士，愛好老莊；當今年過半百的博識之人，又有誰會討厭老莊呢？！這大概是中國典籍的魅力所在。除了標明「老莊」之外，這部詩集裡，還有很多作者的詩句裡蘊含著老莊的文意。比如另一位年過半百名爲道公首名的作者題爲《秋宴》的五言詩：

望苑商氣絶，鳳池秋水清。晚燕吟風還，新雁拂露驚。昔聞濠梁論，今辨遊魚情。芬筵此僚友，追節結雅聲。

顯然詩句裡「濠梁論」是指《莊子·秋水》中的莊子與惠子在濠梁上關於游魚的樂與不樂的討論。奈良時代以後，平安時代漢詩文作者輩出，在留存下來的作品裡，不難發現老莊的影子。比如都良香（八三四—八七九）的《都氏文集》（共六卷，現存三卷）中《爲主殿頭當麻大夫請致仕表》的文章裡，先有「臣春秋七十，氣力無餘，四體不仁」，而後有「唯須讀老子而玩五千字」（參見《群書類從》第九輯文筆部，出版社同上），可見都良香摯愛《老子》的程度。與都良香差不多同時代的另一位漢詩文作者島田忠臣（八二八—八九二）的《田氏家集》裡，有一首《題東郭居》的七言詩，對《老子》可謂愛屋及烏：

東郭窮居且莫論，身閑猶合愛荒村。官憐俸薄無豐屋，客愧樽空不到門。藥圃君臣三兩畝，書齋道德五千言。 牆東避世雖同地，不似王郎遁主恩。

（同上書，第九輯《文筆部》）

無疑詩中「道德五千言」乃指《老子》。儘管物質生活上雖然窮，過著無客無酒的寂寞，但是書齋裡有五千言《老子》足夠把玩，精神生活還是相當豐富的。類似于這些熱愛老莊的例子還有很多，不僅僅限於平安時代，也包括平安之後的鎌倉時代、室町時代、江户時代及明治時代。限於篇幅，具體事例，不再一一列舉。但是值得一提的是在江户時代漢學派紛呈中，居然也豎起了「老莊學派」的旗幟，代表人物有廬草拙、木雲山、阿部漏齋等。

至於古代日本所讀老莊的版本問題，不妨從藤原佐世《日本國見在書目録》中找到答案。據學者鈴木由次郎考察，《日本國見在書目録》裡載《老子》河上公注以下共二十五部，《莊子》司馬彪注以下共二十一部。比如「老子二　同柱史李耳撰漢文時河上公注，老子一　王弼注，老子二　周文帝注，老子二　玄宗御注」等等，再比如「莊子廿卷，梁漆園吏莊周撰　後漢司馬彪注，莊子卅三　郭象注，莊子義記十　張議撰」等等。

雖然在古代日本，老莊和《孟子》一樣，在政府「學令」中的地位都不如《孝經》，但隨著時代的嬗變，當今的日本，每每走進書店就會發現各種各樣談論人生的書籍，似乎老莊的人氣遠遠高於《孝經》，甚至並不亞於《論語》。而《孝經》一書似乎包裹著狹隘的無形的屏障，使讀者望而卻步，無法與自由奔放、汪洋恣肆的老莊所媲美了。

二

無獨有偶，在日本「老莊」也如《孟子》一樣曾經遭到了批判。批判老莊的主要人物有兩位，一位是山鹿素行（一六二二—一六八五），另一位是本居宣長（一七三〇—一八〇一），兩人並非同一時代，卻有共同視點，原因究竟何在呢？

山鹿素行的批判主要体現於《山鹿語類》中有關老莊的言論。

山鹿素行是一位稀有的天才，被稱爲古學派始祖人物，他的出生地，據其自製《家譜》稱爲「奥州會津（今屬福島縣會津若松市）」。五六歲即開始讀中國典籍「四書五經」，九歲入林羅山門下，據説不用訓點讀《論語》，十一歲作漢詩由林羅山自配和文。攻和學、漢學、儒學、佛學、道學、神學等等，門生達數千人。山鹿素行著述甚豐，操漢文與和文，上述《山鹿語類》前一年，適四十三歲，出版上中下三卷《聖教要録》。因書中存有對朱子學的批判，受到當朝幕府的忌諱，遂遭貶謫，書版被毁，只有少量寫本流傳於世。著作除了《山鹿語類》之外，還有《武教全書》《武家事記》等。《山鹿語類》是他爲學四十年的重要講義。他認爲人君之學乃是治國安平的根本之學，所謂的虛無與自然則是老莊之徒的一種異端。如其「論異端」云：

> 異端之説，夫子述之。孔子時佛教未入中國，雖有老子，其説未著。其所指示異端者，所謂雜學也。雜學者雖同師聖人，而其源與聖人不同，是所以爲異端也。況學不師聖人，

其教不正，乃雜學也、異端也。及戰國有楊、墨、老、莊之徒，及東漢佛教入中國，自梁禪法盛於天下，其他權謀、術數、衆技、百家之流，皆所以誣世惑民，而背聖教、破人情矣。

（《日本倫理彙編》，育成會出版，一九〇三，第四卷，一八〇頁）

可見山鹿素行只對聖教大師有興趣，而老莊則被他斥爲異端，並時不時把老莊點出來批一下，比如山鹿素行還説老莊是直情分子：

異端之教，其極在矯人情與直情徑行之兩端也。矯人情者，禪佛之教也；直情徑行者，老莊之行，而其教互相用來。所謂矯人情者，令人如死灰槁木，絶自然之倫，失天性之知也；直情徑行者，放逸流蕩，而欲終天年也。其極兩共在利身，豈至大至公之謂乎？聖人之教，唯在日用事物之間，不容其造作用力。因天地自然之誠，而以立人生不能已之當然。節其過不及，格物極致，以明明德於天下也。故伏羲、神農、黄帝、舜、禹、湯、文、武、周、孔之聖人，更無别法之設，又無多言之喧，是察天地人物之自然，立過不及之中，令天下人民行之言之，千萬世不可易之道也。

（同上，一八二頁）

如上所示，可見山鹿素行批判老莊之一斑。

另一位批判老莊的人物是本居宣長，他的情况更爲複雜。

本居宣長出生於伊勢國飯高郡松阪（現爲三重縣松阪市）的一個商業家庭。十一歲那年父親去世，家道艱難，十九歲爲一個紙商收爲養子，但幾年後養家破裂，二十一歲那年，宣長又回到了本家，母親覺得其無經商資質，勸他學醫，二十三歲那年，也就是寶曆二年（一七五二）三月，爲了完成醫學課程，去了京都。到了京都，宣長一面學醫，一面也入門堀景山漢學。雖然景山漢學屬朱子學派，但對於諸如狄生徂徠儒學的人間觀、文學觀以及國學也非常重視，尤其是契沖的嶄新的新古典研究對宣長産生了很大影響。作爲京都遊學期間的成果，宣長寫了第一部和歌論《排蘆小船》。寶曆七年（一七五七）回松阪後，作爲醫師開業，但念念不忘國學研究，著手研究日本古典文學，如《萬葉集》《伊勢物語》《古今和歌集》《源氏物語》等。尤其是讀了江户（東京）賀茂真淵的《冠辭考》後，決意拜真淵爲師，於三十五歲那年正式投其門下。之前宣長已經完成了《源氏物語》的評論《紫文要領》，可知本居宣長國學功底多爲自學而得。從師真淵後所學爲《古事記》，師徒主要以書信往來探討學問，宣長花費了大量時間和精力，從三十五歲開始，到六十九歲總算完成了大著《古事記傳》。由此可見，本居宣長的思想深受賀茂真淵的影響是毋庸置疑的。

賀茂真淵（一六九七—一七六九）出生於遠江國敷知郡伊場村（現爲静岡縣浜松市伊場町），青年時期自學，後結識一些當朝國學名家，遂獨立開啟學門。真淵的知識功底也多爲自學所得，因爲特别注重本國的古典，不免陷入極端排外的泥坑。真淵固守本國的古道思想，主要表現在其著作「五意考」中，即《國意考》《歌意考》《文意考》《語意考》和《書意考》。除此之外，還有《萬葉考》《祝詞考》《冠辭考》《古今和歌集打聽》《伊勢物語古意》《源氏物語新釋》等等。其中專門研究日本古語「枕詞」的《冠辭考》，上文提到的，讓本居宣長佩服得五體投地。由此看來，真淵的排外意識或多或少地烙印在宣長的思想裡。面對老莊的自然，宣長批判爲不是真的自然，他認爲自然與人類同生，人類應當尊敬自然，而老莊及儒學的自然，均是認爲的，不是自然的，所以是僞自然。

如上所述，山鹿素行與本居宣長批判老莊的出發點是不同的。素行尊孔聖人爲大師，認爲與孔聖大師不符的禪佛以及老莊都是異端；而宣長批老莊的自然不真，也包括儒學的虛僞。所以素行與宣長，雖同批老莊，其本質是有區別的。

三

有關老莊的日本漢文注釋著作，與《論語》一樣，多在江户時代。底本一般是平安時代《日本國見在書目録》所載版本，《老子》方面主要有王弼及河上公注兩大系統，另外還有初唐傅奕本、唐開元年間唐玄宗的《御注老子道德經》、明代焦竑的《老子翼》等等。《莊子》方面，主要有晉朝郭象《莊子注》、唐代陸德明《莊子音義》、唐代成玄英《莊子疏》、宋代林希逸《南華真經口義》、明代焦竑《莊子翼》、清代林雲銘《莊子因》等等。如上所示，隨著中國本土在出現一些老莊新研究、新注釋的著作後，日本隨之也會出現相應的注釋著作出版。

另外需要指出的是，在《老子》版本方面，一九七三年，中國湖南省長沙市馬王堆漢墓出土了《帛書老子》，又於一九九三年，中國湖北省荆門市郭店村郭店楚墓出土了《竹簡老子》，對於這兩類新的《老子》文本，日本也已經有研究與注釋。比如講談社學術文庫於二〇一九年出版的池田知久氏全譯注《老子》，據凡例可知，底本採用國家文物局古文獻研究室《馬王堆漢墓帛書〔壹〕》（文物出版社，一九八〇年）的老子甲本，即馬王堆甲本。凡甲本不足之處，用同社出版的馬王堆乙本，即老子乙本彌補，而且參照荆門市博物館《郭店楚墓竹簡》（文物出版社，一九九八年）的「老子甲・乙・丙」略稱《郭店楚簡老子》，或作《郭店老子》即「郭店本」。還參照北京大學出土文獻研究所《北京大學藏西漢竹書（貳）》（上海古籍出版社，二〇一二年）的《老子》以及樓宇烈《老子道德經注校釋》（中華書局，二〇〇八年）和王卡《老子道德經河上公章句》（中華書局，一九九三年）（詳見日本講談社學術文庫出版，池田知久《老子》全譯注，第十七—十八頁，二〇一九年）。在這之前，講談社學術文庫於二〇一四年出版了池田知久譯注的《莊子》上下卷。

顯然有關老莊漢文注釋著作，也是及時反映著中國各個朝代對老莊研究的最新動態的。從宋代林希逸的老莊注釋傳入日本後，老莊早期漢文注釋代表性著作即林羅山（一五八三—一六五七）的《老子經注》。之後至江户時代，與《論語》一樣，老莊的漢文注釋也達到了高潮，其主要代表作品，例如服部南郭（一六八三—一七五九）《老子道德經校注》《莊子南華真經考訂》。中村蘭林（一六九七—一七九一）《老子考證》、宇佐美灊水（一七一〇—一七七六）《老子道德真經考訂》、皆川淇園（一七三四—一八〇七）《老子繹解》《莊子繹解》。佐佐木仁里（一七四四—一八〇〇）《老子解》、松井羅州（一七五一—一八二三）《莊子增注》、齋藤拙堂（一七九七—一八六五）《老子辨》等等。本卷收録林羅山《老子經注》、服部南郭《莊子考訂》、宇佐美灊水《老子考訂》以及松井羅州《莊子增注》。此四種書的作者及版本將分别各做介紹，相信此四種書均爲第一次在中國出版，如能給熱愛老莊的志士仁人及研究日本文化乃至東亞文化思想的學者帶來方便，那正是編者所期盼的且引以爲榮的。

文學博士　張培華

二〇二一年二月二十八日于東京

目録

老子鬳齋口義注

〔日〕林羅山 撰

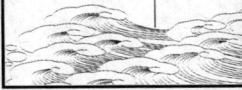

漢書郊祀志云周太史儋見秦獻公曰。周始與秦國合而別。別五百歲當復合。合七十年而伯王出焉。注孟康曰。太史儋。謂老子也。師古曰。此亦周之太史名。非必老聃。老聃非秦獻公時。儋音丁耳反

老子鬳齋口義發題

鬳丨齋　林丨　希逸

老子姓李氏名耳字伯陽以其耳漫無輪故號曰聃楚國苦縣人也仕周爲藏室史當周景王時吾夫子年三十嘗問禮於聃其言具見於禮記於夫子爲前一輩語曰述而不作竊比於我老彭太史公謂夫子所嚴事亦然[illegible]又夫子沒後百二十九年有周太史儋嘗見秦獻公

言離合之數或曰儋即老子非也儋與聃同音傳者訛云周室既衰老子西遊將出散關令尹喜知為異人強以著書遂著上下篇五千餘言而去其上下篇之中雖有章數亦猶繫辭上下然河上公分為八十一章乃曰上經法天天數奇其章三十七下經法地地數偶其章四十四嚴遵又分為七十二章曰陰道八陽道九以八乘九得七十二上篇四十下篇三十二初作

史記老子見周之衰。迺遂去至關。關令尹喜曰。子將隱矣。強為我著書。於是老子迺著上下篇。言道德之意五千余言而去。莫知其所終。

列仙傳尹喜字公文天水人周康王時為大夫。見東方有紫氣。西邁知必入當度關而西。乃求為函谷關令。云〻老君果乘白輿加青牛。欲度關。關吏入白喜。喜曰。今我得見聖人。云〻凡所授書悉臻其妙。乃自著書九篇号關尹子。

列仙傳云河上翁漢文帝時結草菴河上帝讀老子有不解遣使問之公曰道尊德貴非可遙問帝幸其庵云〻

崔曙登仙臺詩關門令尹誰能識河上仙翁去不同。

嚴遵字君平蜀成都人。作老子指歸十四卷前漢成帝時人也。卜筮成都市。曰。閲數人得百錢足自養。則閉肆下簾而授老子。杜光庭云。玄宗皇帝所註。道德經上下二卷。玄宗註老子号開元御註。翼云。玄宗既註老子。始改定章句。為道德經。凡言道者類之上卷。言德者類之下卷。刻石㴭口老子廟中。

惟理、今五十七卷云。李公晦曰。莊子較之老子較些。朱子曰。老子極勞攘。莊子得些只之乖。莊子跌蕩老子收斂齊脚斂手。莊子却將許多道理撒跣說不拘繩墨。又云程子曰。老子之言雜權詐。秦愚黔首。其術蓋有所自。又云予奪

章乃至逐章為之名皆非也。唐玄宗改定章句以上篇言道下篇言德尤非也。今傳本多有異同或因一字而盡失其一章之意者識其命雖矣大抵老子之書其言皆借物以明道或因時世習尚就以諭之而讀者未得其所以言故晦翁以為老子勞攘西山謂其間有陰謀之言蓋此書為道家所宗道家者流過為崇尚其言易至於誕既不足以明其書而吾儒又指以異端

老子經　卷上　〇二

蘇子由号潁濱先生三蘇文集子由之解老子義有之

翕張埋所有也。而老子之言非也。與之之意。乃在乎翕之權詐之術也。

漢藝文志。老子在道家者流。東坡云。道家者流。本出於黃帝老子。其道以清淨無為為宗云云

潁濱先生宋元符三年庚辰作老子註四卷。

蘇子由。自題老子解後云。予方解老子每出一章。輒以示僧道全。輒嘆曰。皆佛說也云云。時有所刊定。未有不與佛法合者。

莊子天下篇云。寂漠無形。變化無常。死與生與。天地並與。神明往與。芒乎何之。忽乎何適。万物畢羅。莫足以歸。

繫辭云。易無思也。无為也。

禹惟不矜。天下莫與汝爭能。

論語子曰。無為而治者其舜也與。

論語子曰。君子無所爭。曲礼云。在醜夷不爭。

三寶。慈儉不敢為天下先

上地人民政事　尚書云。

是其可非而非之亦不復為之參究前後注解雖多往往皆病於此獨潁濱起而明之可謂得其近似而文義語脉未能盡通其間窒礙亦不少且謂其多與佛書合此却不然莊子宗老子者也其言實異於老子故其自序以生與死與為主具見天下篇所以多合於佛書若以其謂無為而自化不爭而善勝皆不畔於吾書其所異者特矯世憤俗之辭時有太過耳伊川曰

佛法僧　朱子語類問程先曰莊子形容道体之語。儘有好処老子谷神不死一章最佳。莊老之學未可以爲異端而不講之耶。曰君子不以人廢言。々有可取。安得防不取之。云々　又云老子之學。治天下淸虛無爲。所謂因者君之綱事々只是因而爲之。如漢文帝曹參便是用老子之效。然又只用得老子皮膚。凡事只是包容因循將去。又云子房深於老子之學。曹參之有体而無用。
又云或問老子之道曹參文帝用之。皆有效。何故以王謝之力量反做不成。朱子曰。王道謝安又何嘗得老子妙処。眞西山云。魏正始中何晏等祖述老莊以淸談相尚。至晉此風益甚。晏嘗立論。以天地万物皆以無爲本。由是士大夫。皆以淳誕爲美。如庾亮輩皆以淸談爲風流之

老氏谷神一章最佳。胡文定曰老子五千言如我無事我好靜我有三寶皆至論也。朱文公亦曰漢文帝曹參只得老子皮膚。王導謝安何曾得老子妙處。又曰伯夷微似老子。又曰晉宋人多說莊老未足盡莊老實處。然則前輩諸儒亦未嘗不與之但以其借諭之語皆爲指實之言所以未免有所貶議也。此從來一宗未了之案若研究推尋得其初意眞所謂千載而下知其

老子經　卷上　〇三

宗。會稽王昱等又從而扇之。雖謝安之賢不免為習俗所移。終於晉亡而不能革。又云何晏王弼。王衍葛玄競相慕效。專事清談風流波蕩。晉遂以亡。文中子曰。清談盛而晉室衰。非老莊之罪也。清談之弊正祖老莊。謂非其罪可乎。莊子齊物論云。万物世之後。而一遇大聖。知其解者。是旦暮遇之也。

解者旦暮遇之也。

老子鬳齋口義發題

朱子語類問道可道。如何解曰。道[illegible]道。則非常道。名而可名。則非常名。問老子道可道章。或欲以常無常有為句讀。而欲字屬下句者如何。曰先儒亦有如此做句者。不若只作常有欲無欲點。又云常有欲以觀其徼。徼之義是那邊徼如邊界相似。説那應接處。又問玄之義。曰玄只是深遠而至黒窣窣地處。那便是衆妙所在。

李卓吾老子評云。諸家皆於無名有名讀。又於有欲無欲讀。又以徼為竅。誤矣。

無名天地之始。有名萬物之母。

王弼解。妙謂始也。徼謂終也。

韵會嘯韵徼一日徼妙

老子常有欲以見其徼

常有欲以見其妙注妙

老子鬳齋口義上

鬳齋　林　希逸

道可道章第一

道可道非常道名可名非常名無名天地之始有名萬物之母常無欲以觀其妙常有欲以觀其徼此兩者同出而異名同謂之玄玄之又玄衆妙之門

右注常有欲以觀其徼注　徼儌也

此章居一書之首一書之大旨皆具於此其意

至變也徼至精也

繫辭云易有太極是生兩儀正義云太極謂天地未分之前元氣混而為一即是大初太一也故老子云道生一即大極是也

又云易無思也無為也寂然不動感而遂通天下之故

蓋以為道本不容言纔涉有言皆是第二義常者不變不易之謂也可道可名則有變有易不可道不可名則無變無易有仁義禮智之名則仁者不可以為義禮者不可以為智有春夏秋冬之名則春者不可以為夏秋者不可以為冬是則非常道非常名矣天地之始太極未分之時也其在人心則寂然不動之地太極未分則安有春夏秋冬之名寂然不動則安有仁義禮

中庸或問云。蓋有得乎天命之說則知天之所以與我者無一理之不備而釋氏之所謂空者非性矣。有以得乎率性之說則知我之所得乎天者無一物之不該而老子之所謂無者非道矣。云云陳氏曰。釋氏以空為宗以未有天地之先為吾真体。以天地万物。皆為幻。人事都為粗迹盡欲屏除了。一歸于真空。老氏以無為宗。以道為超乎天地形氣之外。如云道在太極之先却是說未有天地万物之初。有個虛空底道理。都與人物不相干涉不知道。只是人事之理耳。長樂劉氏曰。天者陽氣之所積。故曰秉陽。地者陰氣之所積。故秉陰。陰氣合陽於天上。則為日星。是以其先下乗焉。陽氣合陰於地下。則為山川。是以其竅上通焉。礼記礼運云。天秉陽垂日星。地秉陰竅於山川。

智之名。故曰無名。天地之始。其謂之天地者。非專言天地也。所以為此心之喻也。既有陰陽之名。則千變萬化皆由此而出。既有仁義之名。則千條萬端皆自此而始。故曰有名萬物之母。母者言自此而生也。常無常有兩句。此老子教人究竟處。人世之間件件是有。誰知此有。自無而始。若以為無。則又有所謂莽莽蕩蕩白泱禍之事。故學道者常於無時。就無上究竟。則見其鄭註竅孔也言地持陰氣出内於山川以舒五行於四時疏云地秉持於陰氣竅孔也爲孔山川以出納其氣也陳澔註云竅歎粟反竅於山川山澤通氣也長樂陳氏曰天以清秉陽在天者成象則日月是也地以濁秉陰在地成形則山川是也

易説卦云神也者妙万物而爲言者也注神則無物妙万物而爲言也則雷疾風行火炎水潤莫不自然相與爲变化故能万物既成也

所以生有者之妙常於有時就有上究竟則見其自無而來之微徼即禮記所謂竅於山川之竅也言所自出也此兩欲字有深意欲者要也要如此究竟也有與無雖爲兩者雖有異名其實同出能常無常有以觀之則皆謂之玄玄者造化之妙也以此而觀則老子之學何嘗專尚虚無若專主於無則不曰兩者同出矣不曰同謂之玄矣玄之又玄衆妙之門此即莊子所謂

齊物論

始大極也未始有始無極也未始有夫未始此無極之上又一層也有有物也此有之生必自無而始故曰無也者無字之上又有未始有無即無極之上一層也列子所謂有太質有次素有太[illegible]是此意也當初本無亇有不特無亇有亦無亇無

忽然有箇無。則必是生出了有。如此推明。其意蓋謂其初本來無物。因有物我。而後有是非。大意不過如此。却恁地發明。果是高妙也。

有始也者。有未始有始也者。有未始有夫未始有始也者。但讚言其妙而已。初無別義。若曰一層上又有一層。則非其本旨。衆妙即是所謂妙萬物者也。門言其所自出也。此章人多只就天地上說。不知老子之意。正要就心上理會。如此兼看方得此書之全意。

天下皆知章第二

天下皆知美之爲美。斯惡已。皆知善之爲

善斯不善已故有無相生難易相成長短
相形高下相傾音聲相和前後相隨以
聖人處無爲之事行不言之教萬物作焉
而不辭生而不有爲而不恃功成而不居
夫惟不居是以不去

此章卽有而不居之意有美則有惡有善則有
不善美而不知其美善而不知其善則無惡無
不善矣蓋天下之事有有則有無有難則有易

有長則有短有高則有下有音則有聲有前則有後相生相成以下六句皆喻上面美惡善不善之意故聖人以無爲而爲以不言而言何嘗以空寂爲事何嘗以多事爲畏但成功而不居耳如天地之生萬物千變萬化相尋不已何嘗辭其勞萬物之生盈於天地而天地何嘗以爲有如爲春爲夏爲生爲殺造化何嘗恃之以爲能故曰生而不有爲而不恃其意只在於功成

繫辭云。乾知大始坤作成物。疏云乾是天陽之氣。万物皆始在於氣。故曰知其大始也。坤作成物者坤是地陰之形。坤能造作以成物也。

説命中云。有其善。喪厥善。矜其能。喪厥功。毛詩序云。聲成文謂之音。注。聲謂宮商角徵羽也。聲成文者。宮商上下相應。

而不居故以萬物作焉而不辭三句發明之作猶易曰坤作成物也此即舜禹有天下而不與之意自古聖人皆然何特老子但老子說得太刻苦所以近於異端夫惟不居是以不去言有其有者不能有而無其有者能有之此八字最有味書曰有其善喪厥善便是此意聲成文謂之音故曰音聲相和

不尚賢章第三

尚書大禹謨云。帝曰來禹汝惟不矜天下。莫與汝争能。汝惟不伐。天下莫與汝争功。

不尚賢使民不争不貴難得之貨使民不為盗不見可欲使心不亂是以聖人之治虚其心實其腹弱其志強其骨常使民無知無欲使夫知者不敢為也為無為則無不治

尚矜也我以賢為矜尚則必起天下之争禹惟不矜天下莫與汝争能使是此意我以難得貨為貴則人必皆有欲得之心其弊將至於為盗此

風俗通云堯時有老人含哺鼓腹擊壤而歌曰日出而作日入而息鑿井而飲耕田而食帝力何有於我哉

二十句發下面可欲之意也人惟不見其所可欲則其心自定不見可欲使心不亂此八字最好虛其心無思慕也實其腹飽以食也弱其志不趨競也强其骨養其力也舍大古聖人但使民飽於食而無他思慕力皆壯而無所趨競故其民純朴而無所知無所欲雖其間有機巧之心者所知雖萌於心而亦不敢有作爲也聖人之治天下也如此而聖人於世亦無所容心其爲

韓愈原道云今其言曰
曷不為大古之無事

治也皆以無為為之所以無不治也不見可欲
使心不亂言聖人之教其民如此使智者使其民
也不尚賢不貴難得之貨皆恐有以動其欲心
也動其欲亦不止此二事但以二者言之耳若
子憤求世之紛紛故思太古之無事其言未免
太過所以不及吾聖人也

道冲章第四

道冲而用之或不盈淵乎似萬物之宗挫

息齋註云吾不知其始故不知誰之子吾不知其先故象帝之先

其銳解其紛和其光同其塵湛兮似若存
吾不知誰之子象帝之先
冲虛也道體雖虛而用之不窮或盈或不盈隨
時而不定也不曰盈不盈而曰或不盈纔有或
字則其意自見此文法也淵者美也似者以疑
辭贊美之也萬物之宗即莊子所謂大宗師也
言此道若有若無而非知道者不知之故曰似
萬物之宗挫其銳言其磨礲而無圭角也解其

金剛經 舍利子是諸法空相 涅槃經
心經云不生不滅。不垢
不淨。不增不滅、

紛言其處紛擾之中而秩然有條也光而不露
故曰和其光無塵而不自潔故曰同其塵此佛
經所謂不垢不淨也湛者微茫而不可見也若
存者似有而似無故曰湛兮似若存即恍兮
惚其中有物是也吾不知誰之子者亦設疑辭
以美之也象似也帝天也言其在於造物之始
故曰象帝之先曰象曰似皆以其可見而不可
見可知而不可知設此語以形容其妙也

程氏遺書曰。問老子言。天地不仁。聖人不仁。如何。程氏曰。謂天地不仁。以万物為芻狗。是也。謂聖人不仁。以百姓為芻狗。非也。聖人豈有不仁所患者不仁也。天地何意於仁。鼓舞万物而不與聖人同憂。聖人則仁。此其為能弘道也。莊子天運篇云。夫芻狗之未陳也。盛以篋衍。巾以文繡。尸祝齊戒以將之。及其已陳也。行者踐其首脊。蘇者取而爨之而已。

天地不仁章第五

天地不仁。以萬物為芻狗。聖人不仁。以百姓為芻狗。天地之間。其猶橐籥乎。虛而不屈。動而愈出。多言數窮。不如守中。

生物仁也。天地雖生物而不以為功。與物相忘也。養民仁也。聖人雖養民而不以為恩。與民相忘也。不仁。不有其仁也。芻狗已用而棄之。相忘之喻也。二十八章曰。上德不德。是以有德。不仁孟子盡心云。君子所過者化。所存者神。上下與天地同流。

性理大全云。程子曰。老子語道德而雜權詐。本末舛矣。申韓蘇張皆其

猶不德也。莊子齊物曰大仁不仁。天地曰至德之世相愛而不知以為仁。亦是此意。芻狗之為物。祭則用之。已祭則棄之。喻其不著意而相忘爾。以精言之。則有所過者化之意。而說者以為視民如草芥。則謬矣。大抵老莊之學。喜為驚駭俗之言。故其語多有病。此章大旨。不過曰天地無容心於生物。聖人無容心於養民。却如此下語。涉於奇怪。而讀者不精。遂有深弊。故曰申

ノ不言

韓之慘刻原於芻狗百姓之意雖老子亦不容辭其責矣籥者橐之管也橐籥用而風生焉其體雖虛而用之不屈動則風生愈出愈有天地之間其生萬物也亦然橐籥之於風何嘗容心天地之於生物亦何嘗容心故以此喻之況用之則有風不用則無亦有造化之意歟猶曰每每也守中默然閉其喙也意謂天地之道不容以言盡多言則每每至於自窮不如默然而忘

流之弊也。申韓原道德之意而爲刑名。後世猶或師之。蘇張得權詐之說。而爲縱橫。其失益遠矣。是以無傳焉。又曰申韓與老子道甚懸絶。然其原乃自老子來。朱子曰。張文潛說老子惟靜。故能知變。然其勢必至於忍心無情。視天下之人。皆如土偶尒。其心都冷冰冰地了。便是殺人也不䘏。故其流多入於變詐刑名。太史公將他與申韓同傳非強安排。其源流實是如此。或問黃老清淨無爲之學也。申韓之學出於黃老。流入於刑名慘刻。前輩謂無情之極。至於無恩。然否。潛室陳氏曰。纔無情便無恩。莫脉如此。

老子翼云。橐佗各反。橐籥。冶鑄所用致風之器也。橐者。外之櫝。所以受籥也。籥者內之管。所以鼓橐也。

陸佃云。橐囊也。韋囊吹火曰韛。

道春按莊子所

謂。天地爲大鈞。造化爲大冶之語。自老子所謂天地橐籥轉換來。林子曰。中者。中宮也。膻閭深入三寸。謂之中宮。亦曰庭。男子謂之氣海。婦人謂之子宮。論語陽貨篇。子曰。天何言哉。朱子註云。四時行百物生。莫非天理發見流行之實。不待言而可見。聖人一動一靜。莫非妙道精義之發。亦天而已。豈待言而顯哉。

性理大全朱子曰。谷神。谷只是虛而能受。神。謂無所不應也。又云虛而不屈。動而愈出。有一物之不受。則虛而屈矣。有一物之不應。是動而不能出焉。玄牝或云。玄是衆妙之門。牝是万物之祖。是不分牝。只是木孔承筍能受底物事。如今門擐。謂之牡。鐶則謂之牝。鎖管便是牝。鎖鬚便是牡。雌雄謂之牝牡。可見玄者是妙底。牝不是

言。子曰予欲無言。天何言哉。四時行焉。百物生焉。亦此意也。但聖人之語粹而易明。此書則鼓舞出入。使人難曉。或者以爲戒人之多言。則與上意不貫矣。如此看得破。非惟一章之中首末貫串。語意明白。而其文簡妙高古。亦豈易到哉

谷神不死章第六

谷神不死。是謂玄牝。玄牝之門。是謂天地根。綿綿若存。用之不勤。

那一樣底牝問谷神不死。曰谷之虛也。聲達焉則響應之。乃神化之自然也。是謂玄牝。玄妙也牝是有所受而能生物者也。至妙之理。有生之意焉。程子所以取老子之説也。又曰玄牝。蓋言万物之感。而應之不窮。又言受而不先。如言聖人執左契而不責於人契有左右。所以銜右。言左契受之義也。

韻會云。谷養也。人能養神。則不死。玄天也於人鼻。牝地也。於人為口。天食人以五氣。從鼻入藏於心。地食人以五味。從口入藏於胃。

老子翼第三。鄒浩曰。玄牝之門。取諸吾身。則鼻也。鼻者息之所由以出入。綿綿若存。用之不勤。則其息深矣。云外降出入。而其常守知此。然後知谷神之所以不死。

此章乃脩養一項功夫之所自出老子之初意却不專為修養也精則實神則虛谷者虛也谷神者虛中之神者也言人之神自虛中而出故常存而不死玄遠而無極者也牝虛而不實者也此二字只形容一箇虛字天地亦自此而出故曰根綿綿不已不絶之意若存者若有若無也用於虛無之中故不勞而常存即所謂虛而不屈動而愈出是也晦翁曰至妙之理有生生

道春按列子第一載谷神不死以下。凡一字。云黃帝書曰。此老子全章之文。而曰黃帝書。則知老子之學。亦有所傳。但其書時盡見。云列子擧此以證不生不化之說。

林子天地不自生。非天地之無私乎。而卒能長且久者。非天地之成其私乎。而後其身而身先外其身而身存。是聖人之德與天同也。

大學薛氏集解。程子有言曰。老子之言竊弄闔闢者也。予嘗以其言為然。迺今觀之。殆不然矣。加此章者。苟不深原其

之意存焉。此語亦好。但其意亦近於養生之論。此章雖可以為養生之用。而初意實不專主是也。

天長地久章第七

天長地久。天地所以能長且久者。以其不自生。故能長生。是以聖人。後其身而身先。外其身而身存。非以無私邪。故能成其私。

此章以天地喻聖人無容心之意。天地之生萬

溥心尒。正如程子之所訶矣。然要其歸乃在於無私。夫無私者豈竊弄闔闢之謂哉。

杜甫詩。江山如有待。花柳更無私。又云寂〻春將晩欣〻物自私。

大明録入理章。曰有眞空。有頑昏〻、知以前無非有覺虛明寂照。爲天地之宗。此眞空也。

物自然而然無所容心故千萬歲猶一日也聖人之脩身無容心於先後無容心於内外故莫之先而常存是以其無私而能成其私也此一私字是就身上說來非公私之私也君以私爲公私之私則不得謂之無容心矣此語又是老子誘人爲善之意乃釋氏翻出來則無此等語矣故謂之眞空實有眞空便是無私之意實有者便是能成其私之意但說得來又高似一層

山谷詩水德通万物發
源會時亨

上善若水章第八

上善若水水善利萬物而不爭處衆人所惡故幾於道矣居善地心善淵與善仁言善信政善治事善能動善時夫唯不爭故無尤矣

此章又以水喩無咎心之意也上善者至善也謂世間至善之理與水一同水之爲善能利萬物而何嘗自以爲能順流而不逆不爭也就卑就

林子曰動善時仕止久速各當其可、

濕不以人之所惡爲惡也以此觀水則近於道矣幾者近也居善地言居之而安也心善淵言其定而靜也與善仁言其仁以及物也言善信言出口皆實理也政善治以之正國則必治也事善能以之處事則無不能也動善時隨所動而皆得其時也此七句皆言有道之士其善如此而不自以爲能故於天下無所爭而亦無尤怨之者此即汝惟不爭天下莫與汝爭能也解

大尚讀文

蘓子由老子觧云。水唯不爭。故兼七善而無尤。

老子翼云。持而盈之。謂盈而持之也。揣而鋭之。謂鋭而揣之也。古文多倒語耳。懼其溢而左右以扳之。曰持。懼其折而節量以治之曰揣。

者多以此爲水之上善七。故其説多柔弱。非老子之本旨。

持而盈之章第九

持而盈之。不如其已。揣而鋭之。不可長保。金玉滿堂。莫之能守。富貴而驕。自遺其咎。功成名遂身退。天之道。

此章只言進不如退。故以持盈揣鋭爲喩。器之盈者必溢。持之則難。不如不盈之易。持已者易盈之意也揣治也銳銛也治器而至於極銛極銳無有不折不若不銳者可以長保富而至於金玉滿堂必不能長保居王公之位而至於驕盈必遺其咎故欲全其功保其名者必知早退乃爲天道功成名遂是隨其大小而能自全者故曰成曰遂若不知自足則何時爲成耶何時爲遂耶此四字須子細看

載營魄章第十

朱子語類云。載營魄抱一。能無離乎。一便是魄。抱便是載。蓋以火養水也。魄是水以火載之。營字恐是熒字。光也。古字或通用。可知。蘇潁濱解云。神載魄而行。言魄是箇沉滯之物。須以神去載他。令他升舉。其說云聖人則以魄隨神而動。衆人則神役於魄。他全不曉得。老子大意他解神載魄而行。便是箇剛強升舉應意思老子之意正不如此。只是要柔伏退步耳。觀他這一章。盡說柔底意思云。載營魄抱一。能無離乎。專氣致柔能無嬰兒乎。天門開闔。能無雌乎。老子一書意思都是如此。他只要退步。不與你爭。如一箇人叫孝跳躑我這裏。只是不做聲。只管退步少間叫哮跳躑者。自然屈而我之柔伏應自有余。老子心最毒其所以不與人争者。乃所以深争之也。其設心指意。

載營魄抱一能無離乎專氣致柔能如嬰兒乎滌除玄覽能無疵乎愛民治國能無爲乎天門開闔能無雌乎明白四達能無知乎生之畜之生而不有爲而不恃長而不宰是謂玄德

營魂也神也魄精也氣也此二字老子之深意載猶車載物也安一載字在上而貫營魄二字於下如謎語然魄以載營則爲衆人營以載魄

鄭是如此閙時。他只是如此柔伏。遇著那剛強底人。他便是如此待佊。如云惟天下之至柔。馳騁天下之至堅。又云以無爲取天下。便是他柔之發用功効処。又曰魄是一。魂是二。一是火。二抱一火守水。載魄動守静也。專氣致柔。只看他這箇甚麼樣工夫。專非守之謂也。只是專一無間斷致柔。是到那柔之極処。纔有一毫發露便是剛。這氣便粗了。筆乗云。蓋心有是非。氣無分別。故令心使氣則強也。專氣而不以心。不間之則柔。專氣致柔者。所謂純氣之守也。心也。以覺爲礙。以解爲約也。

筆乗。滌除玄覽。点金屑雖精入眼爲翳。

翼云。天門以此心而言。開闔以心之運動変化而言。

則爲聖人。合而言之。則營魄爲一。離而言之。則魂魄爲二。抱者合也。其意蓋曰能合而一之。使無離乎。將離而二之乎。故曰抱一能無離乎。此六字意亦甚隱。正要人自參自悟也。嬰兒未有聞見。則其氣專。致者極也。柔者順也。能如嬰兒專氣致柔。則能抱一矣。故曰能如嬰兒乎。此老子詰問之語也。蓋曰人能如此乎。此下數句皆然。蕩滌瑕垢而觀見玄冥。則必有分別之心。無疵者無分別也雖蕩滌瑕垢而有不垢不淨之心則能抱一矣有愛民治國之功而有無爲而爲之心則能抱一矣陰陽闔闢有雌雄交感之理而無雌雄交感之心則能抱一矣天門即天地間自然之理也此亦借造物以爲喩縁此等語遂流入修養家或有因是而爲邪說者誤世多矣明白四達無所不通也而以無知爲知則抱一矣生之畜之言造化之間生養萬物也造

物何嘗視之以為有何嘗恃之以為能雖為萬物之長而何嘗有宰制萬物之心如此而後謂之玄妙之德此章之意大抵主於無為而為自然而然無為自然則其心常虛故以神載魄而不以魄載神此聖人之事以魄載神則著迹矣老子一書大抵只是能實而虛能有而無則為至道縱說横說不過此理

三十輻章第十一

朱子語類云問三十輻共一轂當其無有車之用無是車之坐処否曰恐不然若以坐処為無則上文自是就輻轂而言與下文戸牖埏埴是一例語其嘗思之無是轂中空処惟其中空故能受輻而運轉不窮猶傘柄上木管子衆骨所會者不知名何縁管子中空又可受傘柄而開闔下上車之轂亦猶是也莊子所謂枢始得其環中以應無窮亦此意也

三十輻共一轂當其無有車之用埏埴以爲器當其無有器之用鑿戸牖以爲室當其無有室之用故有之以爲利無之以爲用

轂車中之容軸者也輻輪之股也轂惟虛中故可以行車埏埴陶者之器也虛而負故可以成器戸牖室中之通明處也此三者皆是譬喩虛者之爲用故曰有之以爲利無之以爲用直器

室皆實有之利也而其所以爲車爲器爲室皆
虛中之用以此形容一無字可謂奇筆

五色章第十二

五色令人目盲五音令人耳聾五味令人
口爽馳騁田獵令人心發狂難得之貨令
人行妨是以聖人爲腹不爲目故去彼取
此

目盲謂能惑視也耳聾謂能惑聽也口爽失正

味也心發狂不定也行妨謂妨害德行也此五者皆務外而失内腹内也目外也聖人務内不務外故去彼而取此彼上五者也此道也老子諸章結語多精絶務外亦不特此五事舉其凡可以類推

寵辱若驚貴大患若身 古注

寵辱章第十三

寵辱若驚貴大患若身何謂寵辱（何謂寵辱若驚 古注）辱為下（寵為上 古注）得之若驚失之若驚何謂貴大患若吾

朱子語類云。問寵辱若驚。貴大患若身。曰從前理會此章不得。

老子翼云。貴大患若身。當云貴身若大患也。倒而言之。古語如此。

道春案。貴以身為天下等語亦見莊子在宥篇。

所以有大患者爲吾有身及吾無身吾有何患故貴以身爲天下則可寄於天下愛以身爲天下乃可以託於天下喆而也寵辱不足驚而人驚之身爲大患而人貴之先提起兩句下面却解何謂者不足言也寵辱一也本不足言而人以辱爲下自崩好惡之心故得之失之皆能驚動其心此即患得患失之意身者我之累也無身則無我矣而人反

論語陽貨篇子曰。鄙夫可與事君也與哉。其未得之也。患得之。既得之。患失之。苟患失之。無所不至矣。
道春按。朱子曰。楊朱之學原於老子。其拔一毛利天下不爲也。是爲我也。老子所謂貴以身爲天下。亦此意也。

以爲貴是不知其真身之身也知其真身之可貴知其真身之可愛雖得天下不足以易之人能如此則可以寄託於天下之上矣寄託二字便有天下不與（論語文）之意此章兩何謂自有兩意乃古文之妙處

視之不見章第十四

視之不見名曰夷聽之不聞名曰希摶之不得名曰微此三者不可致詰故混而爲

翼云李約注夷平也漠漠然無異見也希無也少也或終身不得或亦得之微細也妙也彷彿似有追之又失此三者不可致詰

老子翼云謂有不可謂無不可故以恍惚名之

又云惚恍者。出入变化不主故常之謂也正韻云。恍惚微妙不測皃。道春按。是謂恍惚迎不見其首。隨不見其後。與顔子贍之在前忽焉在後。朱子注。恍惚不可為象相似。而不同矣。宜致思焉。

其上不皦。其下不昧。繩繩兮不可名。復歸於無物。是謂無狀之狀。無象之象。是謂惚恍。迎之不見其首。隨之不見其後。執古之道。以御今之有。能知古始。是謂道紀。

此章形容道之無迹。夷平也。希微不可見之意三字初無分別。皆形容道之不可見不可聞不可得耳。搏執也。三者。希夷微也。三者之名。不可致詰。言不可分別也。故混而一。一者。言皆道也。此朱子語類云豫兮若冬涉川猶兮若畏四鄰儼若客老子說話大抵如此只是欲得退步占姦不要與事物接如治人事天莫若嗇迫之而後動不得已而後起皆是這樣意思故為其學者多流於術數如申韓之徒皆是也其後兵家亦祖其說如陰符經之類是也又云老子之術自有退後一著事也不攙前去做說也不會說將出但任你做得很損了自家徐出以應之如人當紛爭之際自出僻靜处坐任其如何彼之利害長短一一都冷看破了從旁下一著定是的當此固是不好底術數然較之今者浮躁胡說亂道底人彼又較勝因舉老子語豫兮若冬涉川猶兮若畏四鄰儼若客渙若冰將釋于旁深於老子之學曹參學之而有体而無用

翼云豫猶皆獸名豫象

兩句是老子自解上三句老子自曰不可致詰而解者猶以希夷微分別之看其語脉不破故有此拘泥耳不皦不明也不昧不暗也上下俯仰也上下二十字亦不可拘但言此道不明不暗上下求之皆不可見耳繩繩多也多而不可名其終皆歸於無物故為無狀之狀無象之象所謂無狀之狀無象之象亦惚恍耳迎之而不見其首無始也隨之而不見其後無終也執古之

屬也。壠石謂犬爲猶。象
舶前知其行遲疑。犬先
人行尋。又曰回轉故遲
回不果。謂之猶豫。

道言其初自無而出也以其初之無而御今之
有則可以知古始之所謂道者矣紀綱紀也道
紀猶人紀猶言王道之綱也

古之善爲士章第十五

古之善爲士者微妙玄通深不可識夫惟
不可識故強爲之容豫兮若冬涉川猶兮
若畏四鄰儼若客渙若冰將釋敦兮其若
樸曠兮其若谷渾兮其若濁孰能濁以靜

能敝不新成　希逸
能敝不新成　呂吉甫
能敝不新成　子由
能敝不新成　王元澤
能敝不新成　邵弁
能敝不新成　王純甫
能敝不新成　十九史注
敝作蔽

之徐清孰能安以久之徐生保此道者不欲盈夫惟不盈是以能敝不新成

此章形容有道之士通於玄微妙可謂深於道矣而無所容其識知惟其中心之虚不知不識故其容之見於外者皆出於無心故曰強爲之容豫兮以下乃是形容有道者之容自是精到冬涉川難渉之意也豫容與之與也遅回之意也猶夷猶也人之畏四隣而不敢有爲也容者

黄叔度
漢安帝
時人

後漢書郭林宗謂黄憲（列傳四十三）汪汪若千頃陂澄之不清撓之不濁不可量也
見世說（黄憲字叔度汝南慎陽人也）

不自由之意儼凝定也渙散也若冰之將釋似散而未散也敦厚也樸渾然之意也曠達也谷虛也渾兮其若濁澄之而不清撓之而不濁也於濁之中而持之以靜則徐而自清安不動也安之而久徐徐而動故曰徐生孰能者言孰能若此乎徐優游之意也此兩句只是不清不濁不動不靜濁中有清動中有靜耳不欲盈者虛也敝故也保此道者其中常虛則但見故而

不新此便是首章所謂常道處敝而不新則千載如一日矣能如此而後爲道之大成是以能敝不新是一句成是一句

致虛極章第十六

致虛極守靜篤萬物並作吾以觀其復夫物芸芸各歸其根歸根曰靜靜曰復命復命曰常知常曰明不知常妄作凶知常容容乃公公乃王王乃天天乃道道乃久沒

性理大全。朱子曰。老子之学。只要退步柔伏。不與你爭。纔有一毫圭張計較思慮之心。這氣便麁了。故曰致虛極守靜篤云。又曰致虛極守靜篤之類。老子初間。亦只是要放退。未要故出。那無状來及至反一反方說以無事取天下。如云反者道之動。弱者道之用之類。楊龜山曰。老意去盡。然后可以應世。老子曰。公乃至。上蔡。謝氏曰。動而不已。其神乎。滯而有迹。其鬼乎。往來不息。神也。摧仆歸根。鬼也。朱子曰。歸根本老子語。畢竟是箇何曾說動。此性。只是天地之性。當。初亦不是自彼來而入此。亦不是自往而復歸。如月影。在這盆水裏。除了這盆水。這影便無了。豈是這月又歸去。那裡明年又復來。生這枝上。

太極圖說云。太極動而生陽。動極而靜。靜而生陰。靜極復動。一動一靜互為其根。分陰分陽兩儀立焉。

身不殆

致虛致知之致也。學道而至於虛。虛而至於極。則其守靜也篤矣。篤固也。能虛能靜。則於萬物之並作而觀其復焉。作生也。復歸根復命之時也。此便是常無欲以觀其妙常有欲以觀其竅。芸猶紛紛也。物之生也。雖芸芸之多。而其終也各歸其根。既歸根矣。則是動極而靜之時。此是本然之理。於此始復。故曰復命。得至復命處。乃是常久而不易者能知常久而不易之道方謂之明此便是道可道非常道名可名非常名之意人惟不知此常久不易之道故有妄想妄動皆失道之凶也知常則其心與天地同大何物不容旣能容矣則何事不公王天下者卽此公道是也以公道而王則與天同矣天卽道也故曰王乃天天乃道久常也人能得此常道則終其身無非道也又何殆乎自天子以至庶人皆

諸子品節注云。太上下知有之。諸家解曰。下天下也。上古之時天下但知有君而已。似為穿鑿。下字疑作不字。太上不知有之。忘言也。無數無譽。世道既衰。則親之譽之畏之。以至侮之云。吳幼清曰。太上猶言最上。云謂大道之世。相忘于無為。民不知有其上也。云

然

太上章第十七

太上下知有之。其次親之譽之。其次畏之。其次侮之。故信不足焉。有不信。猶兮其貴言。功成事遂。百姓皆曰我自然。

太上言上古之世也。下。天下也。上古之時。天下之人但知有君而已。而皆相忘於道化之中。及其後也。民之於君。始有親譽之意。又其後也。始

檀弓下云。有虞氏未施信於民而信之。夏后氏未施敬於民。而敬之。殷人作誓而民始畔眫。周人作會而民始疑。

風俗通云堯時有老人含哺鼓腹擊壤而歌曰日出而作日入息鑿井

有畏懼之意又其後也始有玩侮之意此言世道愈降愈下矣上德既衰誠信之道有所不足故天下之人始有不信之心此商人作誓民始叛周人作會民始疑之意民既不信矣而為治者猶安然以言語為貴故有號令教詔之事豈不愈重民之疑乎猶兮猶也猶兮乃安然之意太上之時功既成矣事既遂矣天下之人陰受其賜而不自知皆曰我自然如此所謂帝力於

我何加是也。既謂遺言之非，而以此一句結之，是僞今而思古也。

大道廢章第十八

大道廢有仁義，智慧出有大僞，六親不和有孝慈，國家昏亂有忠臣。

大道行則仁義在其中，仁義之名立，道漸漓矣。故曰大道廢有仁義。譬如智慧日出而後天下之詐僞生，六親不和而後有孝慈之名，國家昏

而飲耕田而食帝力何有於我哉

翼云。六親王弼云。父子兄弟夫婦也。孝慈孝子慈孫也。子由曰。堯非不孝也。獨稱舜無瞽瞍也。伊尹周公非不忠也。而獨稱龍逢比干。無桀紂也。林子曰儒者言仁義即道者以道不越於仁義也老子別仁義於道者以道大於仁義也文同而意異

亂之時而後有忠臣之名此三句皆是譬喻及

發明上一句也

絶聖棄智章第十九

絶聖棄智民利百倍絶仁棄義民復孝慈

絶巧棄利盜賊無有此三者以爲文不足

故令有所屬見素抱樸少私寡欲

聖知之名出而後天下之害生不若絶之棄之

而天下自利仁義之名出而後有孝不孝慈不

慈分別之論。不若絕而去之。與道相忘。則人皆歸於孝慈之中。而無所分別也。巧利作而後盜賊起。不若絕而棄之。即所謂不貴難得之貨。使民不為盜也。聖知仁義巧利。三者皆世道日趨於文。故有此名。以知道者觀之。是文也。反不足以治天下。不若屬民而使之見素抱樸。少私寡欲。而天下自無事矣。令使也。屬猶周禮屬民讀法之屬也。此意蓋謂文治愈勝。世道愈薄。不若

周礼注疏十二云。州長各屬其州之民而讀法。以致其德行道藝而勸之。註屬猶合也。聚也。因聚而勸戒之。疏云合聚一州之民也。

筆乘云。屬如莊子屬其性乎仁義之屬。猶附著也。文不足以治天下。不若使之屬意乎見素抱樸。見素抱樸則少私寡欲。而天下無事矣。

樗家云。絶學無爲閑道人。東坡云。人生識字憂患始

道春按此章多用衆人我獨字。屈原漁父辭本於此。

還淳反朴如上古之時也此亦一時憤世之言

絶學無憂章第二十

絶學無憂唯之與阿相去幾何善之與惡相去何若人之所畏不可不畏荒兮其未央哉衆人熙熙如享太牢如春登臺我獨泊兮其未兆若嬰兒之未孩乘乘兮若無所歸衆人皆有餘我獨若遺我愚人之心也哉沌沌兮俗人昭昭我獨若昏俗人察

説文飂音留高風也一音力作反長風貌。

韻會呵虎何反。博雅呵呵哂哂笑也。一曰氣出。一曰慢應聲。集韻或作歌通作訶。老子道德經唯之與阿相去幾何。僅有遲速之分。速則爲恭。遲則爲慢。異云唯上聲。阿爲何反。皆應聲。唯恭而阿慢也。

察我獨悶悶。澹兮其若海。飂兮似無所止。衆人皆有以。我獨頑且鄙。我獨異於人。而貴求食於母。

爲道日損。爲學日益。此等字義。不可與儒書同論。學則離道矣。絶學而歸之無。則無憂矣。唯阿皆諾也。人之學者以善爲勝。惡是猶曰唯勝阿也。不若併善之名無之。此即天下皆知美之爲美。斯惡矣之意。雖然古之知道者。雖以善惡皆

傳灯録三十永嘉集覚大師證道歌云々君不見絶学無爲閑人云云又云万象森羅影現中一顆圓明非内外豁達空撥因果莽々蕩々招殃禍

不可爲而何嘗無所畏凡人之所畏者我未嘗不畏之若皆以爲不足畏則其爲荒亂何所窮極荒亂也未央無窮極也禪家曰豁達空撥因果便是人之所畏而不畏也莽莽蕩蕩招殃禍便是荒兮其未央哉衆人之樂於世味也如享太牢如春登臺而我獨甘守淡泊百念不形如嬰兒未孩之時乗乗然無所歸止兆形也萌也此心不萌不動故曰未兆嬰兒方生也孩稍長也

贏余成切利又有余也

鵩鳥賦澹虖若深渕之靚氾虖若不繫之舟

嬰兒之心全無知識乗乗若動不動之意無所歸不著迹也此我之所以異於衆人也衆人皆有求贏餘之心而我獨若遺棄之我豈愚而如此沌沌然乎沌沌渾沌無知之貌此意蓋謂我之為道以不足為樂而無有餘之心非我愚而汝智也昏昏悶悶即沌沌是也俗人昭昭察察而我獨昏昏悶悶此其所以異於人也其心淡泊如乘舟大海之中風飂然而無所止宿此即

王純甫註言此盛德容
良皆從道出云云
堯夫曰有物先天地無
形本寂寥能爲万象主
不逐四時凋
筆乘甫始也
道春按衆甫字義子由

乘乘若無歸之意也有以有爲也衆人皆有爲
而我耳於不求故若頑若鄙我豈眞頑鄙哉我
之所以異於人者味於道而已有名萬物之母
母即道也食味也貴求食於母言以求味於道
爲貴也

孔德之容章第二十一

孔德之容唯道是從道之爲物唯恍唯惚
惚兮恍其中有象恍兮惚其中有物惚兮

希逸皆言甫美也。万物之美也。吉甫息齊弱侯皆言甫始也。群有之妙也。天地万物之始也。純甫曰。衆甫天地万物。凡自道而出者。皆是也。衆甫與化遷流而道則終古自若。吾何以知衆甫爲道所閲哉。衆甫往而道常存。若傳舍之閲過容然也。蘓子瞻曰。逝者如斯。而未嘗往也。盈虚者如彼而卒莫消長也。與此意合。又按諸子品節注。閲歷也。甫父同。男子之美称。衆父者。古今歷代之聖賢也。自古及今。道之屬於衆父久矣。吾何以知衆甫之得道哉。以斯道之屬於衆甫耳。廣書店舎多閲同也

諸子品節註閲歷也甫父同男子美称也衆父古今歷代之聖賢也自古及今道之屬衆父久矣吾何以知衆父之得道哉以斯道之屬衆父耳

冥兮其中有精。其精甚眞。其中有信。自古及今。其名不去。以閲衆甫。吾何以知衆甫之然哉。以此。

孔盛也。知道之士。唯道是從。而其見於外也。自有盛德之容。德之爲言得也。得之於己曰德。道不可見。而德可見。故以德爲道之容。孟子曰。動容周旋中禮。盛德之至。與此句差異。但讀莊老者當以莊老字義觀之。若欲合之孔孟。則字多

此章以此二字。文字結尾之簡妙也。見容齋隨筆。

窒礙矣。唯恍唯惚言道之不可見也。雖不可見而又非無物。故曰其中有象。其中有物。其中有精。此即真空而後實有也。其精甚真。其中有信此兩句發明無物之中真實有物。不可以為虛言也。信實也。道之名在於古今。一日不可去。而萬善皆由此出。衆甫衆美也。閱歷閱也。萬善往來皆出此道也。以此者以道也。言衆甫之所自出。吾何以知其然。蓋以此道而已。此等結語亦

筆乘緇囊生者。蘇其多
歧亡羊者。若干歧路。
蘓注曰不自見故能見
物鏡不自照故能照物
如便使自見自照則自
為之不暇而何暇及物
哉
韻會伐矜伐也。自矜其
功能曰伐。又曰矜居陵
切。驕矜自負貌。詩小戎
廌矜大也。
大禹謨孔氏註。自賢曰矜。自功曰伐。疏云。自言
已賢曰矜。自言已功曰伐。

其文字之精覈

曲則全章第二十二

曲則全枉則直窪則盈弊則新少則得多
則惑是以聖人抱一為天下式不自見故
明不自是故彰不自伐故有功不自矜故
長夫唯不爭故天下莫能與之爭古之所
謂曲則全者豈虛言哉誠全而歸之

能曲而後能全能枉而後能直能窪而後能盈

林子曰夫惟不争釋氏無諍三昧孔子曰君子無所争由是觀之不争之教三氏之所同也

能弊而後能新能少而後能多此皆能不足而後能有餘能真空而後實有之意少則得多則惑只是少則多三字文絡繹作兩句也者虚也無也不足也聖人所抱只這一件道理所以爲天下之法式不自見不自是不自伐不自矜皆是不有其有之意我既虚心而無所争於天下又何争之有長可又也既如此説了却提起前面曲則全一句作如此歸結亦是文之奇處

天地之與我無所欠闕我但當全而歸之耳又它何所事也誠者實也言實當如此也曲枉窪弊四句皆是設喻以發明下面之意而已

希言自然章第二十三

希言自然故飄風不終朝驟雨不終日孰爲此者天地天地尚不能久而況於人乎故從事於道者（從事於道從事也 古注）道者同於道德者同於德失者同於失同於道者道亦樂得之同於

筆乘或曰首楞嚴言非因緣非自然而老子以自然爲宗有以異乎余曰無以異也夫所惡夫自然者有所自而自有所然而然也有所自而自有所然而然則是自然也在有物之上出非物之下是釋氏之所訶也老聃明自然矣獨不曰無名天地之始乎知無名則其自也無自則其然也無然其自無自其然無然而因若緣曷能囿之故曰精覺妙明非「因」非緣非自然非不自然離一切相蓋所謂不可道之常道如此

德者德亦樂得之同於失者失亦樂得之

信不足有不信

天地之間只自然兩字可以盡天地之理極少也謂此二十字其言不多而天地之理不過如此而已飄風驟雨雖天地爲之而亦不終朝不終日人之得喪窮達又豈可常哉從事於道者言學道者也道行也德得也可行則行我亦無違焉可得則得我亦無違焉可失則失我亦無違

焉同者隨順而無違之意可行我亦樂得之可得我亦樂得之可失我亦樂得之行止得失我皆樂之此所以為知道之士然此事須信得及方可若信處纔有未足則於此有不能自信者

焉信不足有不信

跂者不立章第二十四

跂者不立跨者不行自見者不明自是者不彰自伐者無功自矜者不長其在道也

跂者不立　右注

衍云。舉踵曰跂。張足曰跨。立欲增高。則反害其立。行欲增濶。則反害其行也

息齋注。石無足。而立風無足。而行。蓋由立者不知矣立行者不知其行也

周易乾卦云。亢龍有悔盈不可久也

莊子云。駢拇枝指。出乎性哉。注云。拇足大指也。指手指也。駢合也。枝旁生也。

曰餘食贅行。物或惡之。故有道者不處也

足不著地曰跂。跂而立則不能久。跨者兩股不相著也。跨則不可以行。此兩句是譬喻也。自見自是自伐自矜。皆是有其有而不化者。不明自蔽也。不彰名不顯也。不長不可久也。易曰。盈不可久也。亦是此意。餘食贅行。皆長物也。有道者無迹。有迹則為長物矣。自餘曰贅。莊子駢拇枝指之意也。食之餘。棄形之贅。疣人必惡之。此有

傅大士曰。有物先天地。無形本寂寥。能為万象生不逐四時凋。羅什曰妙理常存。故曰有物。万物不能分。故曰混成。

道者所以不費也。言不以迹自累也

有物混成章第二十五

有物混成先天地生寂兮寥兮獨立而不改周行而不殆可以為天下母吾不知其名字之曰道強為之名曰大大曰逝逝曰遠遠曰反故道大天大地大王亦大域中有四大而王處一焉人法地地法天天法道道法自然

有物混成道也無極而大極也其生在天地之先注言天地自是而出也寂兮寥兮不可見也獨立而不改常久而不易也周行而不殆行遽而不息也可以爲天下母天下萬物之所由生也吾不知其名不可得而名也名不可得字之曰道字者代名之謂也曰道不足以盡之又強而名之曰大大不足以盡之又名之曰逝逝者往也不可追逐也逝不足以盡之又強而名之曰

遠遠者不可近也不可得而親附也遠又不足以盡之又強而名之曰反反者復歸於根之意也此皆鼓舞之文在莊子此類尤多或以反爲反求諸身則非矣域中有四大王居其一蓋言人居天地之間但知有王之爲大而不知王之上其大者又有三焉然而人則法地地則法天天則法道道又法於自然是自然又大於道與天地也其意但謂道至於自然而極如此發揮

可謂奇論

重爲輕根章第二十六

重爲輕根靜爲躁君是以君子終日行不離輜重雖有榮觀燕處超然如何萬乘之主而以身輕天下輕則失臣躁則失君

有重則有輕有靜則有躁根者言輕自重而生也君者言躁以靜爲主也有道之人終日行而不著於輜重之間言無重則無輕也無靜則無

作斤或安而行之。或利
而行之。或勉強而行之。
滕文公下云。居天下之
廣居。註廣居。仁也。

躁也。離麗也。其胷中之所見極天下之至美。故
曰榮觀。雖有此榮觀而居之以安。故超然在於
輕重靜躁之外。燕安也。處居也。猶吾書所謂安
行廣居也。為萬乘之主。若不知身之為重。則不
能超然於事物之外。必至有輕躁之失。失臣者
不足以臣服天下也。失君者言自失所主也。以
身輕天下者。言以天下為重。以身為輕也。不輕
其身則知道矣。知道則知自然矣。知自然則無

靜無重矣而況有輕躁乎

善行無轍迹章第二十七

善行無轍迹善言無瑕讁善計不用籌筴善閉無關楗而不可開善結無繩約而不可解是以聖人常善救人故無棄人常善救物故無棄物是謂襲明故善人不善人之師不善人善人之資不貴其師不愛其資雖知大迷是謂要妙

善言善行善計善閉善結五者皆譬喩也其意但謂以自然爲道則無所容力亦無所著迹矣聖人雖異於衆人而混然與之而未嘗有自異之心所以不見其迹也聖人之道可以救人可以救物其於人物也亦甚異矣而未嘗有棄人棄物之心和光同塵而與之爲一故曰襲明襲者藏也襲明即莊子所謂滑疑之耀也善人可以師範一世雖異於不善之人而天下若無

齊物論云是故滑疑之耀聖人所圖也爲是不用而寓諸庸此之謂以明
逸注云滑疑言不分不曉也滑乱而可疑似明而不明也耀明也聖人之心其所主者未嘗著迹故其所見之処若無
記曰揜而充窒曰襲
襲明言藏其明而不露也

性理大全朱子曰。老子之學。知其雄守其雌。為天下谿。知其白守其黒。為天下谷。所謂谿所謂谷。只是低下処。譲底在高処。他只要在卑下処。

不善之人則誰知善人之為善是不善人乃為善人之資也資者言其賴之以自別也此兩句又發明上面無棄人無棄物之意若有棄人棄物之心則是有師而不知貴有資而不知愛雖自以為智而不知乃迷之大者知此道者可謂要妙之道

知其雄章第二十八

知其雄守其雌為天下谿為天下谿常德

全不與俗争。他這工夫極難。

歆艷者。歆羨之義也。大雅皇矣云。無然歆羨。注云。歆欲之動也。羨愛慕也。言肆情以狥物也。

不離。復歸於嬰兒。知其白。守其黒。爲天下式。爲天下式。常德不忒。復歸於無極。知其榮。守其辱。爲天下谷。爲天下谷。常德乃足。復歸於樸。樸散則爲器。聖人用之則爲官長。故大制不割。

知雄守雌。不求勝也。知白守黒。不分別也。知榮守辱。無歆艷也。知守有能爲而不爲之意。谿谷在下。水所歸也。言如此則天下歸之。式天下以為式也常德即首章所謂常道也不離無間斷也不忒無差失也乃足備全之也嬰兒無知也無極無物也樸太樸也天地之始也太樸既散而後有器即形而上謂之道形而下謂之器也聖人以形而上者用形而下者則天地之間各有其職聖人兼三才以御萬物雖職覆職載亦聽命於我是為天地之間官於物者之長也莊子曰官天地天地之職亦造化之一官守耳官

莊子德充符云。官天地。府万物。口義云。天覆地載。天生地成。各職其職而已

林子全書云淮南子曰狂者無憂聖人亦無憂故通而無爲也與塞而無爲也其無爲則同其所以無爲則異也

司馬溫公曰爲之則傷自然執之則乖通變

或呴或吹注云呴溫也吹寒也

離也以道制物謂之大制大制則道器不相離矣此亦無爲而爲自然而然之意

將欲取天下章第二十九

將欲取天下而爲之者吾見其不得已天下神器不可爲也爲者敗之執者失之凡物或行或隨或噓或吹或強或羸或載或隳是以聖人去甚去奢去泰

天下神器豈人力所可得道盛德至天下歸之

説文嘘。吹也。一曰出氣急曰吹。緩曰嘘。

而不得辭而後可以有天下若前取天下之心而强爲善以求有得決不可得矣此三句是譬喻也其意蓋言凡天下之事不可以有心求也爲者則必敗執者則必失是皆有心之累也故有道者之於物行者聽其自行隨者聽其自隨嘘者聽其自嘘吹者聽其自吹强者聽其自强羸者聽其自羸成者聽其自成隳者聽其自隳是皆自然而然而已行隨猶先後也載成也甚

奢泰三者皆過當之名亦前章餘食贅行之意
聖人去之者無心無累無爲無求也此章結得
其文又奇甚奢泰三字只是一意但如此下語
非唯是其鼓舞之筆亦申言甚甚不可之意其
言玄妙則曰玄之又玄則曰大曰逝曰遠皆是
一様文法讀者不悟其意而不見他文字奇處
又多牽强之説

以道佐人主章第三十

集解所謂甚奢泰者非
若後世奢淫踰侈之事
凡增有爲於易簡之外
者皆是也

好還　林子曰猶言出乎尔者反乎尔者也

國語九一范蠡曰夫勇者逆德也兵者凶器也爭者事之末也。子由解云兵雖或能勝其禍必還報之楚靈齊湣秦始皇漢孝武或以殺其身或以禍其子孫

以道佐人主者不以兵強天下其事好還師之所處荆棘生焉大軍之後必有凶年故善者果而已矣不敢以取強焉果而勿矜果而勿伐果而勿驕果而不得已果而勿強物壯則老是謂非道非道早已

佐人主而以強兵爲心則非知道者矣何者兵凶器也我以害人人亦將以害我故曰其事好還用師之地農不得耕則荆棘生矣用兵之後

品節注云。其事好還。言迭為勝負循環之理。云云吉甫註云。其事好還。出乎尓者反尓者也。易蒙卦。蒙曰。山下出泉。蒙君子以果行育德。伊川傳云。其出而未能通行。則以果決其所行。觀其始出而未有所向則以養育其明德也。

傷天地之和氣則必有凶年之菑此意但言好戰求勝非國之福七句只是譬喻君人之為善其果者在我而何嘗敢以此求勝於人故曰不敢以取強果易言果行育德是也其果者在我而不形諸外則無矜伐驕強之名而其應事也常有不得已之意此亦知雄守雌之論強者不能終強矜者不能終矜譬如萬物既壯則老必至矣不知此理而欲以取強於天下皆不道者

焦竑序。老子明道之書也。而唐王眞也者。至以爲譚兵而作豈佳兵善戰之言夫有以啓之歟。余曰老子非言兵也。明致柔也。天下之喜強者。莫不逾於兵。而猶然以柔詘也。

三略云。聖王之用兵非樂之也。將以誅暴討亂。也。所以優游恬淡而不進者。重傷人物也夫兵者不祥之器。天道惡之不得已而用之。是天道也。講義老子嘗以佳兵爲不祥之器矣。范應元以爲凶器矣。

翼云。純甫云。此章自兵者不祥之器。以下似古

也既知此爲不道則當急去之故曰早已者已而勿爲也

夫佳兵章第三十一

夫佳兵者不祥之器物或惡之故有道者不處是以君子居則貴左用兵則貴右兵者不祥之器非君子之器不得已而用之恬淡爲上故不美也若美必樂之樂之者是樂殺人也夫樂殺人者不可得志於天

之義疏渾入于經者詳
其文義可見。
林子曰東方盛德在木
主生者也西方盛德在
金主殺者也故吉礼貴
左所以見其好生也凶
礼貴右所以見其惡殺
也

下矣故吉事尚左凶事尚右是以偏將軍
處左上將軍處右言居上勢則以喪禮處
之殺人衆多以悲哀泣之戰勝以喪禮處
之
此章全是以兵爲喻兼當時戰爭之習勝故以
此語戒之佳兵喜用兵者也以用兵爲佳此不
祥之人也以不祥之人而行不祥之事故曰不
祥之器此天下之所惡故有道者不爲之一日君

息齊注。孫呉之論兵。審虚實辨奇正。其言詳矣。然虚實奇正之本。孫呉未必知之也。老氏曰。恬淡為上勝而不美。夫以恬淡言兵。誠若不類。然不知恬淡則静。々者勝之本也。狂躁則動。々者敗之基也。

詩小雅裳々者華云。左之左之。君子宜之。右之右之。君子有之。毛傳云。左陽道朝祀之事。右陰道喪戎之事。疏云。以天下之事多矣。大總不過吉凶。故舉左右以目之。左陽道謂嘉慶之事。朝

子之居每以左為貴而兵則尚右便是古人亦以兵為不祥之事非君子之所樂用必不得已而後為之不幸而用兵必以恬淡為尚恬淡無味也即是不得已之意也雖勝亦不以為喜不美者言用兵不是好事也若以用兵為喜則是以殺人為樂豈能得志於天下孟子曰不嗜殺人者能一之亦此意也偏將軍之職位本在上將軍之下今上將軍居右而偏將軍居左是古

者人所樂祀者古之大故爲陽也右陰道謂憂凶之事喪者人所哀戎者有所殺故也爲陰也品節注云君子居則尚左而兵事則尚右左陽右陰吉事陽而凶事陰兵喪皆凶故屬陰而居右也上將軍爲用兵之主故居右居上將軍之勢出入皆用喪礼云云

人以兵爲凶事故以喪禮處之左陽也右陰也喪禮則尚陰幸而戰勝亦當以居喪之禮泣死者而悲哀之可也以勢而言下反居上故曰言居上勢此章之意蓋言人之處世有心於求勝者皆爲凶而不爲吉也

道常無名章第三十二

道常無名樸雖小天下不敢臣侯王若能守萬物將自賓天地相合以降甘露人莫

之令而自均始制有名名亦既有夫亦將
知止知止所以不殆譬道之在天下由川
谷之於江海也

道常無名即可名非常名也無名之樸道也雖
若至小而天下莫不尊之孰敢畀之故曰不敢
臣為侯王者若能守此道則萬物自賓服之矣
天至高也下而接乎地天氣下降地氣上騰而
後甘露降焉天地和則甘露降民之在天下自

生自養莫不均平誰實使之自然之道也若容心而使則不得其均平矣道之始本無名萬物既作而後有道之名制作也是樸散而爲器也此名既有則一生二二生三何所窮已知道之士當於此而知止則不循名而逐末矣循名逐末則危殆之所由生也知止則不殆矣川谷之水必歸之江海而後止天下萬物必歸之道而後止故曰道之在天下猶川谷之於江海也

形而上者樸形而下者器

異云。羅什曰在生而不生曰久。在死而不死曰壽。陸農師註。列子之不化。莊子之不死。佛氏之不滅。與死而不亡同意。是以聖人之生也。與死同謂之神。聖人之死也。與生同謂之壽。言其生死之未有異也。夫唯生死同狀而万物一府。故夫身如蜩甲。蜕蚘寓之而已。蓋蜩之甲已死而其蜩未嘗亡。蚘之蜕已腐而其蚘未嘗喪。何則其真者雖死不滅也。曰夫至人不焚于火。不溺于水。虎不能搏。兕不能觸。乘虚不墜。觸石不礙。而未嘗有死。則又曰死而不亡何也。蓋聖人之于時隨之而已。時之所當行。聖人不強避。時之所當止。聖人不強爲。視其天而已故有能之而能死有死而不亡者也。

知人者智章第三十三

知人者智。自知者明。勝人者有力。自勝者強。知足者富。強行者有志。不失其所者久。死而不亡者壽。

智私智也。明在内者也。有力角力於外者也。強在内之果也。自勝者強。勝己之私。謂之克也。知足者富。無不足則常有餘也。志勝氣。則其強也不弱。得其所安則久而不變也。故曰不失其所者

久孔子曰朝聞道夕死可矣死而不亡者壽亦此意也此一句非言語所可解自證自悟可也

大道汎兮章第三十四

大道汎兮其可左右萬物恃之以生而不辭功成不居衣被萬物而不爲主故常無欲可名於小矣萬物歸焉而不知主可名於大矣是以聖人能成其大也以其不自大故能成其大

汎兮其可左右無所係著也物物皆道之所生何嘗辭之既生矣何嘗居之以為功哉被蒙賴也萬物皆蒙賴其利而道何嘗有主宰之心邪然而無所欲可謂之自小矣故曰可名於小道雖小而萬物歸之以為主道亦不自知豈不謂之大乎惟其能小所以能大聖人之所以不為大者故能成其大也此所以守其雌為天下谿之意

執大象章第三十五

執大象天下往往而不害安平泰樂與餌過客止道之出言淡乎其無味視之不足見聽之不足聞用之不可既

大象者無象之象也天下往者執道而往行之天下也以道而行則天下孰得而害之天下無所害則安矣平矣泰矣三字亦只一意也樂鐘鼓之樂也餌飲食也張樂設餌以待來者終

林子曰大象者道也無象之象是謂大象

補注未嘗與之而遽奪則勢有所不極理有所不足勢不極則取之難理不足則物不服然此幾于用智也與管仲孫武無異聖人與也俗其迹固有相似者也聖人乘理而世俗用智如商賈巧于射利聖人知剛強之不足恃故以柔弱自處天下之剛強方相傾相軋而吾獨柔弱以待之及其大者傷小者死而吾以不校坐待其斃此所謂勝也然聖人豈有意為此以勝

物哉。知勢之自然而居其自然耳。然之為物非有爪牙之利足以勝物也。然方託於深渕。金弥有力者。莫能執之。及其脫渕而陸則蠢然一物耳。何能為哉。聖人居下柔弱。而剛強者。莫能傷非徒莫能傷也。又將以金制其後此不亦天下之利器也哉。然惟脫于渕然后人得制之。聖人唯処于柔弱而不厭。故終能服天下。此豈與衆人失之者哉。

性理大全程子曰。予奪翕張理所有也。而老子之言非也與之〻意。乃在乎取之。張之〻意。乃在乎翕之。權詐之術也。又云老子書其言自不相入処。如氷炭。其初意欲談道之極玄妙処。後來却入做權詐者上去。如將欲取之必固與之之類。又曰朱子曰。程子云老子之言竊弄闔闢者何也。曰如將欲取之必固與之〻類。是他亦

食盡客過則止矣。過者去也。是逆旅必有散時也。道之可味雖若甚淡。視之雖不可見。聽之雖不足聞。言其不足悅耳目也。而用之於今古而不盡。此即物有盡而道無窮之意。道之出言道形於言也。猶曰道之為言也

將欲噏之章第三十六

將欲噏之必固張之。將欲弱之必固強之。將欲廢之必固興之。將欲奪之必固與之

窺得些道理，將來竊弄。如所謂代大匠斵則傷手者。謂如人之惡者，不必自去治他，自有別人與化理會。只是右便宜不肯自犯手做。又曰，康節嘗言老氏得易之体，孟子得易之用。非也。老子自有老子之体用，孟子自有孟子之体用。將欲取之，必固與之，此老子之体用也。存心養性，充廣其四端，此孟子之体用也。

是謂微明。柔之勝剛，弱之勝強。魚不可脫於淵，國之利器不可以示人。

此章前八句，皆是譬喩。只是得便宜處失便宜之意。翕歛也，弛也。張者必弛，強者必弱，與必有奪，得必有失。與得也，奪失也。人惟不知，自以為善而不知此理。雖晦而實明，故曰微明。微猶晦也。言雖微而甚易見也。但能柔弱，必可以勝剛強。此亦守雌守黑之意。淵喩道也，魚喩人也。人

林子曰，集解程子嘗曰，老子書其言自不相入處，如水炭。其初意欲談道之極玄妙處，後來却入權詐上去。如將欲奪之，必固與之之類。竊謂此章首明物盛則衰之理，次言剛強之不如柔弱，末則因戒人之不可用剛也。豈誠權詐之術而乎。二篇之言相反哉。夫仁義聖智，老子且猶病之，況權詐乎。按史記陳平本治黃帝老子之

術及其封侯嘗有言曰我多陰謀道家之所禁吾世即廢亦已矣終不能復起以吾多陰禍也由是言之謂老子爲權數之學是襲犯其所禁而復爲書以教人者必不然矣

之不能外於道猶魚之不可脫於淵也國之利器若以示人盜賊之招也道之爲用在我若自暴露而以求勝於物亦猶以國之利器而示人也此亦前章善者果而已不可以取強之意

道常無爲章第三十七

道常無爲而無不爲侯王若能守萬物將自化化而欲作吾將鎭以無名之樸無名之樸亦將不欲不欲以靜天下將自正

此章與道常無名章語勢皆同無為無不為自然而然也侯王若能守此無為之道則不求化萬物而萬物自化矣天地之間萬化欲作之時吾但以無名之樸鎮之化萬物之變也萬變俱作相尋不已而我但以自然處之彼自紛紛我自安安故曰鎮下句化字不可拈上句化字說無名之樸何也亦無欲而已無欲則靜靜則天下自正矣不欲即無欲也不字又有勿字意用

功ヲ亂リ也

老子鬳齋口義上

老子鬳齋口義下

鬳丨齋　林丨　希逸

上德不德章第三十八

上德不德是以有德下德不失德是以無德上德無爲而無以爲下德爲之而有以爲上仁爲之而無以爲上義爲之而有以爲上禮爲之而莫之應則攘臂而仍之故失道而後德失德而後仁失仁而後義失

義而後禮夫禮者忠信之薄而亂之首也前識者道之華而愚之始也是以大丈夫處其厚不取其薄居其實不居其華故去彼取此

上德之人有德而不自知其德化也惟其能化是以有德不失德者執而未化也執而未化則未可以爲有德故曰無德上德下德只前章大上其次之論無爲而無以爲即無爲而無不爲

翼云仍一作扔

也以者有心也無以爲是無心而爲之也下德之有以爲則爲容心矣既言上德下德又以仁義繼之上仁爲之而無以爲以仁爲上德也上義爲之而有以爲以義爲下德也老子之學以禮爲強世先以仁義抑揚言之而後及於禮則禮爲愈下矣爲之而莫之應強民而民不從之也仍引也民不從而強以手引之強掣拽之也只是形容強民之意故曰攘臂而仍之道自然

也德有得也自然者化有得者未化故曰失道而後德仁者有愛利之心比之德又下矣義者有斷制之心比之仁又下矣禮者有強民之意比之義又下矣老子之言仁義禮其字義皆與孔孟不同就其書而求其意可也若論正當字義則皆失之禮者忠信之薄言脩飾於外而不由中矣其意以禮為出於人偽故曰亂之首前識者多識前言往行也以多識為智則非道之

道春按清寧靈盈生貞押韻也裂發竭蹶蹙押韻也

實矣華者務外也以此爲智反以自愚故曰愚之始曰厚曰實只是務內之意去彼取此者言其不爲禮而爲道也此者道也

昔之得一章第三十九

昔之得一者天得一以清地得一以寧神得一以靈谷得一以盈萬物得一以生王侯得一以爲天下貞其致之一也天無以清將恐裂地無以寧將恐發神無以靈將

恐歇谷無以盈將恐竭萬物無以生將恐滅侯王無以爲貞而貴高將恐蹷故貴以賤爲本高以下爲基是以侯王自稱孤寡不穀此其以賤爲本邪非乎故致數車無車不欲琭琭如玉落落如石

一者道也天之所以清明而垂象地之所以安静而載物神之所以虚而靈谷之所以虚而盈皆此道也萬物之所以生亦此道也侯王之所

易繫辭云。乾坤毀則无以見易。易不可見則乾坤或幾乎息矣。四十五章
翼發々泄也。

以保正萬邦亦此道也其致之者言其清寧靈盈生正皆因此道而得之裂猶周易言毀也發言動而不定也歇消滅而不靈也竭盡也虛則能受不虛則盡止而不可受矣蹷顛也蹷貴高之位而無此則顛蹷矣曰賤曰下即前章所謂少則得之意皆虛而不自有也貴賤高下兩句亦只是譬喩無賤何以為貴無下何以能高下與賤乃貴高之基本也侯王之稱曰孤曰寡人

莊子駢拇篇云。枝於仁者。擢德塞性以收名聲使天下簧鼓以奉不及之法非乎。而曾史是已。後章曾曾子也史子魚也。

曰不穀皆是自卑之辭又以此為虛而不自有之喻非乎者言我如此說豈有不然者乎莊子曰非乎而曾史是也亦是此類文勢此兩字文之奇處數車無車一本作數輿無輿輿字誤也此兩句本是譬喻若作譽字則與下文如玉如石意不相屬矣致至也故致猶曰其至也車者總名也隨件而數之則為輪為轂為輻為衡為軾遂無車矣車遂為虛名矣如玉如石則琭琭

李卓君老子評云。揚用脩曰。按佛經三教論曰。五千文者容成所作。老子為尹談。蓋述而不作。又按莊子引容成氏曰。除日無歲。無外無內。則容成氏固有書矣。老子述而不作。此其明証。

荘子則陽篇云容成氏曰除日無歳無内無外

易説卦云艮東北之卦也万物之所成終而所成始也故曰成

然落落然終不可易車則可有而可無至石則一定而不可易可有可無則近於道虚而能化也一定不可易則不化矣荘子曰除日無歳亦數車無車之意

反者道之動章第四十

反者道之動弱者道之用天下之物生於有有生於無

反者古註李也

反者復也靜也靜者動之所由生即易所謂艮

言乎艮。程子曰。艮。止也。生也。止則使生。不止則不生。此艮終始万物。又曰。陰陽生長之際。无截然斷終之理。故相挽掩遍終始万物。万物盛乎艮。此侭神妙須研窮這个理。

所以成終成始也能弱而後能強專於強則折矣動以靜為用強以弱為用故曰反者道之動弱者強之用如此造語文法也有天地然後有萬物故曰物生於有然天地孰生之天地之始生於太虛是生於無也因動靜強弱而又推言有無之始也老子之學大抵主於虛主於弱主於卑故以天地之間有無動靜推廣言之亦非專言天地也

君平曰。中士所聞非至美也。下士所見非至善也。中士所賤。下士所笑乃美善之美善者也。

翼云。應人之名。而終以見還曰貸。趙志堅云。貸者暫借。非長與也。且者權成非久固也。欲使象貸者不長往。得成者非久住。惑貸荷成速。返於道。元沢注。大器者業也。至人以其糠粃土苴爲器。而器未嘗不大也。孔

上士聞道章第四十一

上士聞道勤而行之中士聞道若存若亡下士聞道大笑之不笑不足以爲道故建言有之明道若昧夷道若纇進道若退上德若谷大白若辱廣德若不足建德若偷質眞若渝大方無隅大器晩成大音希聲大象無形道隱無名夫惟道善貸且成

勤而行者言聞而必信也若存若亡者且信且

子以管仲爲小器則帝王之功其大器乎。

疑又以爲有又以爲無也最下鄙俚之人則直笑之耳惟最下之人以之爲笑方見吾道之高退之論又且曰人笑之則以爲善況道乎建言者立言也言自古立言之士有此數語明道若昧以下數句是也此亦是設辭言此數句不出於我自古有之也明道若昧惟昧則明前章曰自見者不明又曰不自見故明即此也進道若退者能退則爲進也楊子所謂以退爲進也夷乎

佛書云迷故三界城悟故十方空本來無東西

也夷道大道也大道則無分別類同也和光同塵之意也上德若谷能虛而不自實也太白若辱不皎皦以自異也廣德若不足若自足則狹矣偷竊也欲為而不敢為也建立其德是有為者而為之以不敢為所以能建立也質真若渝真實之質純一而無變而自有若已渝變之意此亦足而不自足之意太方者太虛也太虛之間雖有東西南北孰見其方隅哉大器晩成如

何處有南北。又云西方非西方。山谷詩。人間北看成南。上繫辭十一章云法象莫大乎天地。變通莫大乎四時。此云後章者末八十一章之詞也。

鑄鼎之類。豈能速就哉。大音希聲。天地之間音之大者莫大於風霆。豈常有哉。希者不多見也。大象天地也。易曰。法象莫大於天地。天地之形誰得而盡見之。道隱無名。不可得而名也。此數句或是指實之語。或是譬喻之語。其意皆主於能虛能無而已。貸者與也。推以及人也。有道者能以與人而不自有也。成者道之大成也。成已成物而後謂之大成也。後章又曰。既以與人已翼云。凡動物背止於後陰靜也。耳目口鼻居前陽動也。故曰負陰抱陽。植物則背寒向煖。而冲氣運乎其間。　木絶水曰梁。木負棟亦曰梁。取其力之強也。故曰強梁。金人銘曰。強梁者不得其死。好勝者必遇其敵。蓋古人嘗以此爲教。而我亦教之。但老子猶尊之曰教父者。如言万物之母也。謂母主養。父主教。故言生則曰母。言教則曰父。

愈多亦此意也

道生一章第四十二

道生一。一生二。二生三。三生萬物。萬物負陰而抱陽。冲氣以爲和。人之所惡。唯孤寡不穀。而王公以爲稱。故物或損之而益。益之而損。人之所教。亦我義教之。強梁者不得其死。吾將以爲教父。

一太極也。二天地也。三三才也。言皆自無而生道者無物之始自然之理也三才極既立而後萬物生焉萬物之生皆抱負陰陽之氣以沖虚之理行乎其間所以為和也人之所惡莫如孤寡不穀而王公以為稱此亦譬喻有道者自卑自賤之意其意蓋謂天地人皆自無而有萬物以陰陽為質而其所以生生者皆沖虚之和氣學道者當體此意則必以能虚能無為貴天下之物或欲損之而反以為益或欲益之而反以為

覃云。馳騁役使也，堅猶剛強，不曰剛強曰堅，變

損損益之理有不可常如月盈則必缺此益之而損也既缺則必盈此損之而益也人之所教猶言今世人之所以設教彼亦曰我之所教皆義理也但知求益但知求勝而不知剛者必折盈不可久故曰強梁者不得其死也若吾以道教之則皆在衆人之上是世之所師者又當以我為師也故曰吾將以為教父

文叶韻也。無間無内也。至剛者天下莫能勝，而至柔能役之。無内者天下莫能破，而無有能入之。二語皆設喩，以明無爲之有益也。　子由注云，以堅御堅，不折則碎。以柔御堅，柔亦不靡，堅亦不病。求之於物，則水是也。以有入有，捍不相受。以無入有，無未嘗勞，有未嘗覺。求之于物，則鬼神是也。是以聖人唯能無爲，故能役使衆強出入群有。

天下之至柔章第四十三

天下之至柔馳騁天下之至堅無有入於無間是以知無爲之有益也不言之教無爲之益天下希及之矣

堅者易折柔者常存以至柔而行於至堅之間如水之穿石是也無間無縫罅也無有即無形也如人身營衛之間可謂無間而氣脈得行之無隙之隙而日月之光亦入之此皆無有入於

冀ム多猶重也。

無間也此兩句譬喩也以此而觀則知無爲無不爲者至理也不言而教自行無爲而功自成此皆至道之妙用而天下之人知不及之故曰天下希及之有益有功用也

名與身章第四十四

名與身孰親身與貨孰多得與亡孰病是故甚愛必大費多藏必厚亡知足不辱知止不殆可以長久

子由注云譬如躁之不能靜靜之不能躁耳夫躁能勝寒而不能勝热靜能勝热而不能勝寒皆滯于一偏而非其正

貨

名貨皆外物也無益於吾身則雖得雖亡何足爲病而不知道者每以此自病愛着所著則必自費心力以求之愛愈甚則費愈大此言貨也貪而多藏一旦而失之其亡也必厚無所藏則無所失藏之少則失亦少多藏乃所以厚亡也此二句發明下三句也惟知足者不至於自辱知止者不至於危殆如此而後可以長久此三句却是千古萬古受用不盡者

也。唯泊然清淨不染于一。非成非缺非盈非冲。非直非屈。非巧非拙非辯非訥。而後無所不勝。可以爲天下正矣。

老甫註云。寒熱皆天地之所爲。有形之所不免也。而一躁焉則可以勝熱。以一時之躁靜。猶可以勝天地之所行。况夫体無爲也清靜。以爲天下正。則安往而不勝者乎。

大成若缺章第四十五

大成若缺。其用不敝。大盈若冲。其用不窮。大直若屈。大巧若拙。大辯若訥。躁勝寒。靜勝熱。清靜爲天下正。

有成則有缺。大成者常若缺。則其用不敝矣。有盈則有虛。大盈者常若虛。則其用不窮矣。前章曰。窪則盈。敝則新。即此意。大直則常若屈。然枉則直也。曲則全也。大巧者常若稍然。不自矜也。

大辯者常若訥，然不容言也。躁之勝者其極必寒，靜之勝者其極必熱，躁靜只是陰陽字，言陰陽之氣滯於一偏，皆能為病，惟道之清靜，不有不無，不動不靜，所以為天下之正，猶曰為天下之式也。

天下有道章第四十六

天下有道，郤走馬以糞；天下無道，戎馬生於郊。罪莫大於可欲，禍莫大於不知足，

糞云。郤屏去也。糞々田也。兵切清本糞下有車字。以張衡東京賦郤走馬以糞車為証。戎馬戰馬也。郊交也。二國相交之境也。戎馬生於郊。言兵文不還也。一性之內無欠無余。人能安之無往不足。故曰知足之足常足。文選第三。東京賦郤走馬以糞車。何惜騄耳與飛兔。注云老子云。天下有道郤走馬以糞。々者田糞々者田糞車也。言礼義大布甲兵不起郤走馬以務農雖有駿馬終無所用誰復愛惜之。又云郤。退也。林子曰昔司馬季主天不足西北星辰西北移地不滿東南以海為池夫天地且不足

而況人乎

莫大於欲得故知足之足常足

以善走之馬却以糞田即不責難得之貨之意

戎馬生於郊言争戰也戰争之事皆自欲心而始欲心既萌何時而足唯得是務所以為罪為禍為咎也惟知足者以不足者為足則常足矣

此又發明前章知足不辱之意

不出戸章第四十七

不出戸知天下不窺牖見天道其出彌遠

易繫辭唯神也。故不疾而速。不行而至。注所以通志而成務者。神之所爲也。

其知彌少是以聖人不行而知不見而名不爲而成

天下雖大人情物理一而已矣雖不出戸亦可知天道雖隱陰陽變化千古常然雖不窺牖亦可見者必出而求之則足迹所及所知能幾目力所及所見能幾用力愈勞其心愈昏故曰其出彌遠其知彌少此亦設喩以發明下句而已不行而自知不求見而自有名不爲而自成聖

補注苟一日知道顧視万物無一非妄。去妄以求復性。是謂之損。孔子謂子貢曰。女以予為多學而識之者與。曰然非與。曰非也予一以貫之。天妄以求復性。可謂損矣。

取開元疏云。猶攝化也。無事即無為也。無為自化清靜自正。

林子曰何以謂之無為而無不為中庸曰至誠無息周濂溪曰誠無為又曰寂然不動者誠也蓋寂然不動之中而有真不息者在也何為之

人之道其為用也如此易曰不疾而速不行而至亦此意也

為學日益章第四十八

為學日益為道日損損之又損以至於無為無為而無不為矣故取天下者常以無事及其有事不足以取天下

為學則日日求自益為道則日日求自損故前言絶學無憂蓋言道不在於見聞也太慧云讀

有

書多者無明愈多亦此意也黜聰明隳肢體去智與故則損之又損則可以無為無不為矣取天下者必以無心有心者反失之三代之得天下何容心哉因當時戰爭之俗借以爲喻其言亦足以戒此書多有此意無事有事即無心有心也

聖人無常心章第四十九

聖人無常心以百姓心爲心善者吾亦善

冥云惵偪慴反

之不善者吾亦善之得善矣信者吾信之
不信者吾亦信之得信矣聖人之在天下
惵惵為天下渾心百姓皆注其耳目聖人
皆孩之

無常心者心無所主也以百姓之心為心則在
我者無心矣善不善在彼而我常以善待之初
無分別之心則善常在我在我之善我自得之
故曰得善矣子曰苟志於仁矣無惡也與此意

字書云惵徒頰切恐懼也盈葉

同信不信者在彼而我常以信待之初無疑間之心則信常在我在我之信我自得之故曰得信矣子曰不億不信亦此意也其曰吾亦善之亦信之者非以其不善爲善非以其不信爲信也但應之以無心而已惵惵不自安之意聖人無自矜自足之心故常有不自安之意渾其心者渾然而不露圭角此心渾然所以無善不善信不信之分也注其耳目者人皆注其視聽於

聖人而聖人皆以嬰兒待之故曰皆孩之此無棄人之意也

出生入死章第五十

出生入死生之徒十有三死之徒十有三民之生動之死地亦十有三夫何故以其生生之厚蓋聞善攝生者陸行不遇兕虎入軍不被甲兵兕無所投其角虎無所措其爪兵無所容其刃夫何故以其無死地

子由注云。性無生死。出則爲生。入則爲死。用物取精以自滋養者。生之徒也。聲色臭味以自戕賊者。死之徒也。二者既分生死之道矣吾又知作而不知休。知言而不知默。知思而不知忘。以趣于盡則所謂動而之死地者也生死之道以十言之三者各居其三矣。豈非生死之道九而不生不死之道一而已矣。不生不死則易所謂

古註曰言生死之類各有十三謂九竅四関也

寂然不動者也。老子言其九不言其一。使人自得之以寄無思無為之妙也。有生則有死。故生之徒。即死之徒也。人之所賴于生者。厚則死之道。常十九。聖人常在不生不死中。生地且無。焉有死地哉。筆乘云。此十分之中。舉居其九。皆生々之厚者也。夫有生必有死。是生固死之地也云云。諸子品節注云。凡出於生則入於死矣。生之類不一。死之類不一。凡民之求生動而入於死地者。亦不一也。何者以其貪生。故求生而得死也。徒類也。十有三言多也。生々之厚。凡富貴利達肥甘聲色奉養皆是云々。評云。十有三諸家類多穿鑿。往々為古人所惑。

焉

出生入死此四字一章之綱領也生死之機有竅妙處出則為生入則為死出者超然而脫離之也入者迷而自汨沒也能入而出惟有道者則然矣有十二辰歳有十二月日有十二時十二者終始之全也十二而下又添一數便是十三分明只是一箇一字不謂之一而曰十三此正其作文之奇處言人之生死皆原於此一

者幾也即其幾而求之養之得其道則可以長
生久視養之不得其道則與萬物同盡徒者言
其類也一字本難言且以一念之始強名之亦
未爲的切著要自體認也民之生者言人之在
世其所以動而趍於死地者皆在此一念之初
纔把得不定動即趍於死地矣動非動靜之動
乃動輙之動也之往也死地死所也夫何故者
發問之辭也此數語爲今古養生者學問之祖

老子經　卷下　十七

鄭 釋名曰。重也。鄭重慇懃也。

巽云不期而會曰遇

山海經兕出湘水之南蒼黑色

尒雅云兕形如野牛一角重千斤

莊子太宗師篇云登高不慄入水不濡入火不熱

故老子於此說得亦鄭重生者我所以生也生生者我所以養其生也養其生而過於厚所以動即趍於死地此亦輕其身而後身存無而後能有虛而後能盈損而後能益之意說到此處又提起箇蓋聞言我聞古之善養生者雖陸行於深山而不遇兕虎入於軍旅之中而不被兵甲惟其無心則物不能傷之兕所以不能觸虎所以不能害兵所以不能傷惟其無心故也莊

子曰入水不濡入火不熱亦是此意夫何故又發一問言物之所以不能傷者以我能虚能損能無而無所謂死地也此章凡下兩箇夫何故其意甚鄭重乃老子受用之妙處所以如此申言之昔有某寺前一池惡蛟處之人皆不敢近一僧自遠來初不之知行至池邊遂解衣而浴見者告之曰此中有蛟甚惡不可浴也僧曰我無害物之心物無傷人之意遂浴而出老子之

通義曰管子曰。虛無無形之謂道。化育万物之謂德。

說似於虛言以此而觀則其言亦不虛矣

道生之章第五十一

道生之德畜之物形之勢成之是以萬物莫不尊道而貴德道之尊德之貴夫莫之命而常自然故道生之畜之長之育之成之孰之養之覆之生而不有爲而不恃長而不宰是謂玄德

道自然也無也凡物皆自無而生故曰道生之

德則有迹矣故曰畜之畜者有也物則有形矣故曰物形之勢則有對矣故曰勢成之陰陽之相偶四時之相因皆勢也莫之命者猶曰莫之爲而爲也非有所使然則爲常自然矣尊貴者言其超出乎萬物之上也命或作爵非也長之育之成之孰之養之覆之皆言既生既有之後其在天地之間生生不窮皆造化之力也然造物不有之以爲有不恃之以爲功雖爲之長而

無主宰之心。此所以爲玄妙之德。玄德即造化也。前章言失道而後德。此言道生德畜。尊道貴德。則此章德字。比前章又別。讀老子者不可如此拘礙。

天下有始章第五十二

天下有始。以爲天下母。既得其母。以知其子。既知其子。復守其母。沒身不殆。塞其兌閉其門。終身不勤。開其兌。濟其事。終身不

通義門意也。閉門不思也。

巽云襲常猶前言襲明
密而不露也記曰揜而
亢求衣曰襲

敉見小曰明守柔曰強用其光復歸其明
無遺身殃是謂襲常
天下有始以為天下母即有名萬物之母也母
造化也子萬物也知有造化而後知有萬物知
有萬物又當知有造化蓋言無能生有有出於
無知有者不可以不知無常無欲以觀其妙常
有欲以觀其徼亦是此意沒身不殆者言知此
則終身無危殆之事也兌口也人身則有口人

家則有門皆以喻萬物所由出之地前言玄牝便是此意塞其兌閉其門藏有於無而不露也不勤不勞而成功也開其兌出而用之也濟其事用之而求益也濟益也如此則其危不可救矣所見者大能斂而小則爲至明所主者剛退而守柔則爲至強即不自見故明不自矜故長也光者明之用明者光之體用其光而歸之於明則無殃咎矣知用而不知藏則遺殃之道也

盜誇。冀作盜竽。誤作盜夸。今徒轉非本。韓非解朝甚除也者。獄訟繁也。獄訟繁則田荒。云云。則府倉虛。虛之則國貧。云云而民俗滛侈。云云則衣食之業絶。云云則民不得無飾巧詐。云云則知采文。云云之謂服文采。獄訟繁倉庫虛。而有以滛為俗。則

襲者蔽也常者不易也襲常者言蔽其用而不窮也常或作裳非

使我介然章第五十三

使我介然有知行於大道唯施是畏大道甚夷而民好徑朝甚除田甚蕪倉甚虛服文采帶利劍饜飲食資財有餘是謂盜誇非道哉

介然固而不化之意至道無知無行若固執而

國之傷也。者以利劍刺之故曰帶利劍諸夫飾智故以至於國若其私家必富。云云故曰資貨有余。國有如是者。則愚民不得無術而效之。云云則小盜生。由是觀之。大姦作則小盜隨。大姦唱則小盜和。竽也者。五聲之長者也。故竽先則鐘瑟隨。竽唱則諸樂皆和。今大姦作則俗之民唱。云云則々小盜必和。故服文采帶利劍。厭飲食而資貨有余者是之謂盜竽矣。

路狹而邪為徑

不化有知而有行則凡所施為皆有道者之所畏也故曰惟施是畏夷平也大道甚平人之求道不知適正好行利徑之路譬如有國家者治其朝廷則甚整除治也為宮室臺榭之類也朝廷雖美而田畝皆蕪倉廩皆虛而且以文采為服佩帶利劍厭足飲食積其資財務為富強此如盜賊之人自誇其能是豈可久此譬喻語也言人不知大道而自矜聰明自誇聞見此好徑

之徒也豈知至道故曰非道哉老子之文如此等勲可謂工絶

善建不拔章第五十四

善建者不拔善抱者不脱子孫以祭祀不輟修之身其德乃眞修之家其德乃餘修之鄉其德乃長修之國其德乃豐修之天下其德乃普故以身觀身以家觀家以鄉觀鄉以國觀國以天下觀天下吾何以知

天下之然哉以此
長上聲建者無不拔抱者無不脫建德而抱朴則不拔不脫矣有子孫之家祭祀必不輟道生一一生二二生三三生萬物生生而不窮亦猶子孫之嗣其家也此三句皆是設喻以言道雖無有而實長存也脩諸身則實而無僞脩諸家則積而有餘慶脩諸鄉則爲一鄉之所尊脩諸國則其及人者愈盛脩諸天下則其及人也愈

脩長蕃也豐盛也普徧也即吾一身而可以觀他人之身即吾之一家而可以觀他人之家即吾之一鄉而可以觀他人之鄉推之於國於天下皆然言道之所用皆同也以此者道也以道而觀則天下無不然

含德之厚章第五十五

含德之厚比於赤子毒蟲不螫猛獸不據攫鳥不搏骨弱筋柔而握固未知牝牡之

翼云。毒虫蜂蠆之類。以尾端肆毒曰螫。猛獸虎豹之類。以爪按拏曰據。攫鳥鵰鶚之類。以羽距擊觸曰搏。趙志堅曰。以四指握拇指。爲握固。峻子再反也。說文云。赤子陰也。号平聲。嗄所嫁反。聲嘶也。又啼極無聲曰嗄。一作嗌不嗄。黃茂材云。古本無嗌字。嗌不嗄。莊子之文後人增入之。祥吉凶之候也。[illegible]會朘藏回反。說文赤子陰也。从肉夋聲。又或作朘。見老子。或作屡凿聲類。又遵綿坂義同。又即委切。又先韵。荀緑切。縮云嗌於反。咽也。亦。嗄可訝切。聲破也。臨濟録夫如嘆嗄之器。不堪駈醍醐。如大器者。直要不受人惑。注嘆音酒。嗄所嫁切。本綱鹿部韓悉曰。上師授予鹿朘丸方云。鹿稟純陽而朘者。天地初分之氣。牝牡相感之性也。時珍曰。老子云、朘子催反。赤子陰也。今作鹿精之名亦未爲穩。

合而朘作精之至也終日號而嗌不嗄和之至也知和曰常知常曰明益生曰祥心使氣曰強物壯則老是謂不道不道早已

含德藏蓄而不露也厚者至也含德而極其至則如赤子然毒蟲不螫猛獸不據攫鳥不搏言物莫能傷之也亦入水不濡入火不熱之意赤子之骨至弱其筋至柔而手之所握甚固未知有雌雄之事而其朘亦作者精氣盛也朘赤子

莊子庚桑楚篇老子曰云云兒子終日嗥而嗌不嗄和之至也

莊子達生篇純氣之守也

僖公十六年。左傳云。隕石于宋。五隕星也。襄公曰。是何祥也。吉凶焉在。注祥吉凶之先見者。疏云吉之先見謂之祥。凶之先見謂之妖。此總云祥者彼對文耳。書序云。亳有祥桑穀共生于朝五行傳云青祥白祥之類。惡事亦稱爲祥。々是總名。

之命原也終日雖號而其嗌不嗄者心無喜怒氣本和也嗌咽喉也嗄氣逆也赤子純一專固故能如此而有道者亦然只是不動心也和者純氣之守也知此至和之理則可以常久而不易矣知此常久之理可謂明於道矣生不可益強求益之則爲殃矣祥妖也故曰益生曰祥傳曰是何祥也即此祥字之意以心使氣是志動氣也強者暴也暴則非道矣故曰心使氣曰強

以此為強無有不折如物之壯無有不老此皆不謂之道早已速已之而勿為也已者止也三句已見第三十章

知者不言章第五十六

知者不言言者不知塞其兌閉其門挫其銳解其紛和其光同其塵是謂玄同不可得而親不可得而踈不可得而利不可得而害不可得而貴不可得而賤故為天下貴

知者不言言者不知謂道不可容言也必塞兌閉門而藏之於密必挫其銳而磨礱之使無圭角必解其紛而條理之使不紊亂必和光同塵而不自暴露此（莊子）所謂至玄至妙同然而然之理也有此玄同之道則天下不可得而親又不可得而疏言其超出於親疏利害貴賤之外也此道之所以爲天下貴也

以正治國章第五十七

曰天下曰人者。緩辭也。
聖人云下四句説無事可以取天下也

以正治國以奇用兵以無事取天下吾何以知其然哉以此夫天下多忌諱而民彌貧人多利器國家滋昏民多技巧奇物滋起法令滋彰盜賊多有故聖人云我無爲而民自化我好靜而民自正我無事而民自富我無欲而民自樸

以正治國言治國則必有政事以奇用兵用兵則必須詐術二者皆爲有心無爲而爲則可以

得天下之心故曰以無事取天下吾何以知其有心之不可而無心之爲可以此道也忌諱防禁也利器人世便利之用也技巧工匠之巧也奇物如桔槔機械等物是也機心既勝機事愈生故法令愈明而盜賊愈盛此言有心之害皆譬喩語也故古之聖人但曰無爲好靜無事無欲而天下自治矣聖人云又見後章

其政悶悶章第五十八

缺殘缺也。一作歟。乍失乍貞。

其政悶悶其民醇醇其政察察其民缺缺禍兮福所倚福兮禍所伏孰知其極其無正邪正復爲奇善復爲妖民之迷其日固已久矣是以聖人方而不割廉而不劌直而不肆光而不耀

悶悶者不作聰明也察察者煩碎也醇醇自樂也缺缺不足也此亦有心則爲害無心則自治之意禍福無常更相倚伏孰知其所極止正者

定也其無正耶言倚伏無窮不可得而定也天下之事奇或爲正正或爲奇善或爲妖妖或爲善是非利害莫不皆然此亦禍福倚伏之意世人迷而不知徒分奇正徒分妖善其迷蓋非一日矣惟聖人之爲道雖有方而無隅雖有廉而不劌雖直而不可伸雖光而不見其耀劌割也無隅則不削矣廉上廉遠地之廉不劌不傷也廉利則易傷肆伸也不伸不見其直也耀光之

漢書賈誼傳十八云。人主之尊譬如堂。群臣如陛。衆庶如地。故陛九級上廉遠地則堂高。陛亡級廉近地則堂卑。高者難攀。卑者易陵。理勢然也。注級等也。廉側隅也。

老子經　卷之下　二十六

玉篇劌居衛反利傷也

翼云。柢一作蔕。〻花趺也。蔕蔕同。

熖者也此皆藏有於無之意。

治人事天章第五十九

治人事天莫如嗇夫惟嗇是以早復早復謂之重積德重積德則無不克無不克則莫知其極莫知其極可以有國有國之母可以長久是謂深根固柢長生久視之道

嗇者有餘不盡用之意嗇則能有而無能實而虛宜其可以治人宜其可以事天早復者言嗇

則歸復於根極者早矣早不遠也復返本還元也德至此則愈積愈盛矣重愈積之意也克能也德愈盛則於事無不可能也莫知其極者用之不窮也用之不窮則可以爲國而長久也者養也以善養人者服天下也治國者如此養生者亦如此養生而能嗇則可以深其根固其柢可以長生可以久視根柢元氣之母也久視精神全可以久視而不瞬也今之服氣者或有此

術雖非老子之學可以驗老子之言此章乃以
治國喻養生也

治大國章第六十

治大國若烹小鮮以道莅天下其鬼不神
非其鬼不神其神不傷人非其神不傷人
聖人亦不傷夫兩不相傷故德交歸焉
此章先頻一句以言不擾之意烹小鮮者攪之
則碎治國者擾之則亂清淨無爲安靜不擾此

道義烹或作亨

治國之道也既提起下句如此下面却言三才之道皆是不擾而已以道莅天下此天下字包三才而言之凡在太虛之下臨之以道天則職覆地則職載聖人則職教三者各職其職而不相侵越則皆得其道矣神陽也鬼陰也不曰陰陽而曰神鬼此正其著書立言之意不欲盡顯露也其鬼不神者言地主於陰而不干於陽非其鬼不神者言不特地為然也地盡地之道不

干於天而天盡天之道亦不干於人故曰其神不傷人非其神不傷人者言非特天盡天之道而不干於人聖人亦盡聖人之道而不干於天地也幽則為陰陽明則為聖治此兩者自不相傷則其德皆歸之言天地得自然之道聖人亦得自然之道各有其德而不相侵越故曰交歸之不相傷者不相侵也聖人亦不傷之下一本多一民字誤也

逼義而取於人

大國者下流章第六十一

大國者下流天下之交天下之牝牝常以
靜勝牡以靜為下故大國以下小國則取
小國小國以下大國則取大國故或下以
取或下而取大國不過欲兼畜人小國不
過欲入事人夫兩者各得其所欲故大者
宜為下
此章借大國小國之得所欲以喻知道之人宜

謙宜靜非教人自下以取勝也三代而下世有取國之事故因其所見以為喻爾下流者自處於卑下也大國之人能自卑下則可以合天下之交譬如牝者以靜而勝其牡也自下者以靜為道故曰以靜為下以大取小曰以取以小取大曰而取此兩句文字亦奇特大國之意不過欲兼畜天下之人以為強盛小國之意不過欲鑴刺求入於人二者皆非自下不可惟能自下

黄茂材注。知荊門軍事淳煕間造老子翼

則兩者皆得其欲然則知道之大者必以謙下為宜矣此句乃一章之結語其意但謂強者須能弱有者須能無始為知道一書之主意章章如此解者多以其設喩處作眞實說故騈隂有老子勞攘之論獨黄茂材解云此一篇全是借物明道此語最的當但不能推之於他章故亦有未通處

道者萬物之奥章第六十二

道者萬物之奧善人之寶不善人之所保美言可以市尊行可以加人人之不善何棄之有故立天子置三公雖有拱璧以先駟馬不如坐進此道古之所以貴此道者何也不曰求以得有罪以免邪故爲天下貴

道者萬物之奧此提起一句贊美言之也此下却言道在天下人人有之無智無愚其爲善人

離婁下云。中也養不中。才也養不才。

句會云落居也人所聚居

者有道之人固寶之愛之矣其不善人者有道之人亦保合容之此即中以養不中之意市人之相與以利交也亦能為美言以相悅一鄉之間纔有一善可尊者人亦推敬之可以加於人之上以此而觀則此性之善何嘗絕於天下然則人之不善者知道之士其可棄之邪美言可以市市者自售也如今藥家有曰不欺廣惠者是以美言自售也尊行可以加人如鄉落之間

孟子離婁下云。西子蒙不潔。則人皆掩鼻而過之。雖有惡人。齊戒沐浴則以祀上帝。

或有長厚者或有好善者其鄉人亦未嘗不稱尊之此二句蓋謂雖庸人亦未嘗不知此道之爲善拱璧以先駟馬聘賢之禮也卑義厚禮求賢而致之三公之位不若能虛能謙以求此道故曰不如坐進此道且古之以此道爲貴者何也求則得之道本在我爲仁由己由人乎哉有罪以免者言一念之善則可以改過卽惡人齋戒沐浴可以事上帝也不曰者如謂詩不云乎

論語憲問篇或曰以德報怨何如子曰何以報德以直報怨以德報德集注云或人所稱今見老子書德謂恩惠也

道無賢愚悟則得之此所以為可貴故曰故為天下貴

為無為章第六十三

為無為事無事味無味大小多少報怨以德圖難於其易為大於其細天下難事必作於易天下大事必作於細是以聖人終不為大故能成其大夫輕諾必寡信多易必多難是以聖人猶難之故終無難

無爲而後無不爲故曰爲無爲無所事於事而後能集其事故曰事無事無所著於味而後能知味故曰味無味能大者必能小能多者必能少能報怨者必以德能圖難者必先易能爲大者必先於其細自味無味以下皆譬喻也難事必作於易大事必作於細只是上意申言之也聖人不自大而能謙能卑所以成其大輕諾者多過當故必至於失信以易心處事者多至於

難成此亦借喻語也但添一夫字其意又是一轉前言易矣恐人以輕易之心視之故加此斡轉曰易非輕易也聖人猶以難心處事遂至於無難況他人乎此意蓋謂前言易者無為無事而易行也非以輕易為易也

其安易持章第六十四

其安易持其未兆易謀其脆易破其微易散為之於未有治之於未亂合抱之木生

於毫末九層之臺起於累土千里之行始於足下爲者敗之執者失之聖人無爲故無敗無執故無失民之從事常於幾成而敗之愼終如始則無敗事是以聖人欲不欲不貴難得之貨學不學復衆人之所過以輔萬物之自然而不敢爲

方其安時持之則易及至於危則難持矣事之未萌謀之則易及其形見則難謀矣脆而未坚

攻則易破及其已堅則難攻矣迹之尚微攻則易散及其已盛則難散矣事必爲於未有之先治必謀於未亂之始合抱之木其生也必自毫末而始九層之臺其築也必自一簣之土而始千里之行必自發足而始凡此以上皆言學道者必知幾此幾字有精有粗如十三之一亦幾也無始之始亦幾也自然之然亦幾也至於爲至於執則皆有迹矣故曰爲者敗之執者失之

聖人爲以不爲爲執以無執故無敗無失凡人之從事於斯世其所爲之事皆有可成之幾而常敗之者不見其幾而泥其迹也不求事之終而致愼於事之始則無敗事矣衆人之所不欲者聖人欲之衆人之所貴者聖人不貴之難得之貨借喻語也衆人之所不學者聖人學之衆人之所過而不視者聖人反而視之復反也此亦借喻語也聖人惟其如此於事事皆有不敢爲

之心而後可以輔萬物之自然

古之善爲道章第六十五

古之善爲道者非以明民將以愚之民之難治以其智多以智治國國之賊不以智治國國之福知此兩者亦楷式能知楷式是謂玄德玄德深矣遠矣與物反矣乃至於大順

聰明道之累也聖人之教人常欲使之晦其聰

明不至於自累故曰非以明民將以愚之愚字
下得過當秦之愚黔首此語誤之故晦翁所以
謂之勞攘也智巧多則民愈難治故以智治國
者反爲國之害蓋上下相尋皆以知巧則亂之
所由生故曰以智治國國之賊不以智治國國
之福兩者智與不智也能知智之爲賊不智之
爲福則亦可以爲天下法矣能知此法則可謂
之玄妙之德深矣遠矣者歎美之辭也反者復

也與萬物皆反復而求其初則皆歸於太順之
中矣太順即自然也

江海爲百谷王章第六十六

江海所以能爲百谷王者以其善下之故
能爲百谷王是以聖人欲上民必以言下
之欲先民必以身後之是以聖人處上而
民不重處前而民不害是以天下樂推而
不厭以其不爭故天下莫能與之爭

百谷之水皆歸之江海江海爲百谷之尊而乃居百谷之下此借物以喩自卑者人高之自後者人先之之意以言下之如曰愚夫愚婦一能勝予是也以身後之稽于衆舍己從人是也聖人非欲上民欲先民而後爲此也其意蓋謂雖聖人欲處民上民先猶且如此況他人乎語意抑揚稍過當耳聖人雖處天下之上而民不以爲厭己雖居天下之前而民不以爲害己擧天

下皆樂推之而不厭者以聖人有不爭之道故
天下莫能與之爭也不重不厭也丁章三是以
亦猶轂繫辭丁章數是故也

天下皆謂章第六十七

天下皆謂我大似不肖夫惟大故似不肖
若肖久矣其細我有三寶寶而持之一曰
慈二曰儉三曰不敢爲天下先慈故能勇
儉故能廣不敢爲天下先故能成器長今

捨慈且勇捨儉且廣捨後且先死矣。夫慈以戰則勝以守則固天將救之以慈衛之大似不肖常時有此語也故老子舉以爲諭亦前章不穀孤寡之意天下皆謂者言天下皆有此常語也夫惟大故似不肖至大者必以至小之心處之肖象也慊然似無所肖象自小之意也若自以爲有所肖象則爲細人矣非大人之量也此二句乃老子以當時俗語如此發明也

重耳及甕乙子饗之子
王請殺之
左傳僖公二十三年。楚
子曰。晉公子廣而儉。注
公占廣而体儉。疏云。廣
大者失於奢僭。故美其
能儉也。晉公子重耳也。
其寐也魂交其覺也形
開與接爲構日以心鬭
齊物論注。構合也。應於
外者爲搆。言人夜則安
寢。平旦以來遇合之間
便有應搆。内從其心。如

一本於謂我下添道字其細下添也夫字皆誤
也三寶其道可寶而用之也我有者人人有貴
於巳也惟慈故能勇惟儉故能廣惟能不敢先
故爲天下之長左傳曰晉公子廣而儉正用此
語儉收斂也廣開豁也亦小而後能大之意器
形也成器即成形也凡在地之成形者我皆爲
之長故曰成器長今人捨慈而用其勇捨儉而
用其廣捨後而用其先此非保身之道也故曰

戰鬬然。日々如是。故曰亅即孟子可謂。且晝之所為有梏亡之者。

莊子達生篇子列子問關尹曰至人潛行不窒。蹈火不熱。行乎万物之上而不慄。請問何以至此。關尹子曰是純氣之守也。

死矣戰交物而動也猶莊子曰與接為搆日以心鬬也守猶莊子曰純氣之守也人能以慈為主則外可勝物內可自守故曰以戰則勝以守則固救佑助也衛自衛其身也能以慈衛天所佑也此語隱然有譏責今人不能之意能者天誘其衷則不能者天奪之鑒矣前言三寶此舉其一能慈則二者在其中矣

善為上章第六十八

四善字三言用兵一言用人三言用巳一言忘巳也。

善為士者不武，善戰者不怒，善勝者不與，善用人者為之下。是謂不爭之德，是謂用人之力，是謂配天古之極。

士，士師之官也。武猶曰健吏也。作士明刑，豈以健吏戰而怒忿兵也。不與，不與物為對也。用人為之下，即前章以下取國之意。四者之善，皆不爭之喻也。不爭之德，可以配天，可以屈羣力用天下，自古以來，無加於此，故曰古之極。

翼行行列也

用兵有言章第六十九

用兵有言吾不敢為主而為客不敢進寸而退尺是謂行無行攘無臂仍無敵執無兵禍莫大於輕敵輕敵幾喪吾寶故抗兵相加哀者勝矣

用兵有言者亦舉當時之語以為喻也用兵者不敢為主而為客重於進而易於退以不行為行以不攘為攘以無求敵而引敵以無執為

詩擊鼓擊ー注踊躍坐作擊刺之狀也。兵謂戈戟之屬。隱公四年衛州吁自立之時言有鋒鏑死亡之憂。

執此皆兵家示怯示弱以誤敵之計仍引也引敵致師也如此用兵方有能勝之道若輕敵而自矜自眩則必至於喪敗不爭而勝實也輕敵以求勝則喪其寶矣故兩敵之國抗兵以相加能自哀者常勝哀者感然不以用兵爲喜也擊鼓其鏜踊躍用兵則非哀者矣此章全是借戰事以喻道推此則書中借喻處其例甚明

吾言甚易知章第七十

吾言甚易知甚易行天下莫能知莫能行言有宗事有君夫惟無知是以不我知知我者希則我貴矣是以聖人被褐懷玉

吾言甚易知甚易行而天下之人莫有知者莫有行者此歎時之不知己也宗主也君亦主也衆言之中有至言故曰言有宗舉世之事道爲之主故曰事有君世無知至言至道之人所以莫有知我者故曰夫惟無知始不我知既言天

下不我知矣又曰知我者希則我貴矣也即前章不笑不足以爲道之意聖人之道足於已而不形於外猶被褐而懷玉故人不得見之也

知不知章第七十一

知不知上不知知病夫唯病病是以不病聖人不病以其病病是以不病

於其至知而若不知此道之上也於不可知之中而自以爲知此學道之病也人能病其知之

為病則無此病矣聖人之所以不病者善知此知之為病而病之所以不病此一章文最奇或以上為尚又於首句添兩矣字誤矣

民不畏威章第七十二

民不畏威大威至矣無狹其所居無厭其所生夫惟不厭是以不厭是以聖人自知不自見自愛不自貴故去彼取此

不畏刑者常遭刑章首之言借喻也居廣居也

董注見顯也

孟子云天下之廣居注謂仁也

生長生久視之理也人皆自狹其所居自厭其所生不安於退而務進不觀於無而惑於有是自狹也自厭也無者戒救之辭言不可如此也夫惟不厭者而能久安故曰是以不厭只就下句細繹一厭字不及狹字文法也聖人雖知道而若不自見然能晦也雖愛其身而若不自貴然能謙能賤也去彼者去衆人狹厭之心而自取足於斯道也故曰取此

坦然 古注作繟然注繟寛也

論語子曰。臨事而懼好謀而成。

易謙卦云。天道虧盈而益謙。地道變盈而流謙鬼神害盈而福謙。人道惡盈而好謙。或問謙之爲義不知天地人鬼何以皆好尚之。朱子曰。太極中本無物。若事業功勞於我何有。觀天地生万物而不言所利可見矣。

勇於敢章第七十三

勇於敢則殺勇於不敢則活此兩者或利或害天之所惡孰知其故是以聖人猶難之天之道不爭而善勝不言而善應不召而自來坦然而善謀天網恢恢疎而不失

勇於敢爲者必至於自戕其身臨事而懼是勇於不敢也活者可以自全也敢者之害不敢者之利二者甚曉然天道惡盈而好謙則勇於敢

繫辞上云乾以易知坤以簡能本義云乾健而動即其所知便能始物而无所難故為以易而知大始坤順而静凡其所能皆從乎陽而不自

者非特人惡之天亦惡之也而世之人未有知其然者故曰孰知其故嘆世人之不知也聖人猶難之者言聖人於此亦以此道為難能也天惟不争而萬物莫得而勝之天惟不言而自有感應之理陰陽之往來不待人召之而自至坦然簡易也乾以易知坤以簡能即坦然善謀之意也天道恢恢譬如網然雖甚疎闊而無有漏失者言善惡吉凶無一毫不定也聖人之於道

作故爲以績而能成物

雖以無爲不爭而是非善否一毫不可亂此數句又以天喩道也

民不畏死章第七十四

民不畏死奈何以死懼之若使民常畏死而爲奇者吾得執而殺之孰敢常有司殺者殺夫代司殺者殺是謂代大匠斲夫代大匠斲者希有不傷手矣

此章言人之分別善惡自爲好惡至於泰甚著

袤字彙曰徐嗟切音斜不正也周礼有舉奇袤則相及

皆非知道也故以世之用刑者喻之言用刑者不過以死懼其民而民何嘗畏死使民果有畏死之心則為奇衺者吾執而刑之則自此人皆不敢為矣故曰吾得執而殺之孰敢今奇衺者未嘗不殺而民之犯者日衆則民何嘗畏死哉司殺者造物也天地之間為善為惡常有造物者司生殺之權其可殺者造物自殺之故曰常有司殺者殺為國而切切於用刑是代造物者

皐陶謨曰天討有罪五刑五用哉。

司殺也以我之拙工而代大匠斲削則鮮有不傷其手者此借喻之中又借喻也此章亦因當時嗜殺故有此言其意亦豈盡廢刑哉天討有罪亦無容心可矣

民之飢章第七十五

民之飢以其上食税之多是以飢民之難治以其上之有爲是以難治民之輕死以其求生之厚是以輕死夫唯無以生爲者

是賢於貴生

食税之多言取於民者太過也上之有爲言爲治者過用智術也上貪利則民愈飢上好智則民愈難治此兩句亦借喻也凡人過於自愛反以喪其身飲食太多亦能生病此其一也過於自愛自養欲以謀生故曰求生之厚輕用其身以自取死故曰輕死志其身而後身存故曰無以生爲者賢於貴生貴生猶前章曰益生求生

之厚者也賢猶勝也

人之生章第七十六

人之生也柔弱其死也堅強萬物草木之生也柔脆其死也枯槁故堅強者死之徒柔弱者生之徒是以兵強則不勝木強則共強大處下柔弱處上

柔弱堅強皆借喻也老子之學主於尚柔故以人與草木之生死爲喻徒類也是以而下又以

翼合手曰拱。董音如字。言人共伐之也。蘇注本自拱抱以上必伐矣。左僖三十二年傳。蹇叔哭之曰。孟子吾見師之出而不見其入也。公使謂之曰。尒何知。中壽尒墓之木拱矣。杜註。合手曰拱。公羊傳僖公三十三年。秦伯將襲鄭。百里子與蹇叔子諫曰。千里而襲人。未有不亡者也。秦伯怒曰。若爾之年者宰上之木拱矣。注。宰冢也。拱可以手抱。羅山按。穀梁注拱合抱。公羊注。拱以手散抱。左傳注。合手曰拱。尚書疏兩手搤之曰拱。

兵與木而喻之兵之恃強者必不勝木之初生
者皆柔久而堅強至於拱抱則將枯矣故知道
者以柔弱爲上堅強爲下共猶枽上木拱之拱
也

天之道章第七十七

天之道其猶張弓乎高者抑之下者舉之
有餘者損之不足者補之天之道損有餘
而補不足人之道則不然損不足以奉有

餘孰能有餘以奉天下唯有道者是以聖人為而不恃功成而不處其不欲見賢

天之道惡盈而好謙猶弓之張者不反則必弛也高者必至於自抑有餘者必至於自損而自下者必舉自屈者必伸自損者必益是天之於物每每然也而人之為道何為而不然乃欲損人而益己欲以天下之不足而為己之有餘失天意矣唯有道之人乃能損我之有餘以奉

易損卦彖曰。損下益上。其道上行。益卦彖曰。益損上益下。民說无疆。自上下下。其道大光。

天下故曰孰能有餘以奉天下惟有道者勿言損益亦是此意此亦借以喻道也聖人所以雖有爲於天下而不以自恃雖功成而不居其功雖有至賢之行而不欲以此自見此爲道曰損必至於損之而又損也

天下柔弱章第七十八

天下柔弱莫過於水而攻堅強者莫之能勝其無以易之弱之勝強柔之勝剛天下

韓非子曰。千丈之堤。以螻蟻之穴而壞。

莫不知莫能行故聖人云受國之垢是謂社稷主受國之不祥是謂天下王正言若反

水爲至弱而能攻堅強世未有能勝之者千金之堤敗於蟻穴之漏是弱之勝強者無以易於水也故曰其無以易之弱能勝強柔能勝剛如水之易見人莫不知之而至道在於能柔能弱者莫之能行也故古之聖人常有言曰能受一

國之垢者方可爲社稷主能受一國之不祥者方可爲天下王此即知其榮守其辱之意不祥者不美之名也蓋位至高者不可與天下求勝須能忍辱則可以居人之上垢與不祥不可受之受也似反一世之常言其實正論故曰正言若反聖人云三字自佳一本以云爲言誤也

和大怨章第七十九

和大怨必有餘怨安可以爲善是以聖人

吳注契者刻木爲券。中分之，各執其一。而合之以表信。取財物于人曰責。契有左右，左契在主財物者之所。右契以付來取財物之人。

執左契而不責於人有德司契無德司徹

天道無親常與善人

恩怨兩忘方知至道人有大怨於我而必欲與之和雖無執怨之心猶知怨之爲怨則此心亦未化矣雖曰能與之和此心未化則餘怨尚在安得謂之善道此誠到理之言亦借喻也左契者如今人合同文字也一人得左一人得右故曰左契此契在我則其物必可索聖人雖執此

契而不以索於人忘而化也此亦借喩之語有德者則司主此契而無求索之心無德者則以明白爲主徹明也猶今人言必與之計分曉也有德司契者善人也天雖無私親而此等有德之人天必佑之故曰常與善人

小國寡民章第八十

小國寡民使有什伯人之器而不用使民重死而不遠徙雖有舟輿無所乘之雖有

通義與文王既沒文不在茲。當今之世舍我其誰同意。

吳注十人爲什。百人爲佰。什佰之器重大之器。衆所共也。不用者不嘗爲不貪求重大之器無所用也。重死者視死爲重事。而愛養其生不遠徙者。生於此。死于此。不他適也。老子欲挽衰周復還大古。國大則民衆難治。得小國寡民。而治之使其民毋慕于外。自足于内如此也。舟車甲兵。非一人所可獨用。謂什佰之器。孟子公孫丑上云。鷄鳴狗吠相聞。而達乎四境。而齊有其民矣。孟子公孫丑上云。伯夷伊尹孔子得百里之地。而君之。皆能朝諸侯有天下。

甲兵無所陳之。使民復結繩而用之。甘其食。美其服。安其居。樂其俗。隣國相望。雞狗之聲相聞。民至老死不相往來。

小國寡民。猶孟子言得百里之地。皆可以朝諸侯一天下之意。老子蓋曰。有道之人。若得至小之國。不多之民。并而居之。使有什伯如今人之保伍也。人人皆有可用之器。而不求自用。是人皆有士君子之行。而安於自退也。重死而不遠

繫辭下云。上古結繩而治。後世聖人易之以書契。百官以治。万民以察。蓋取諸夬。朱子曰。結繩今溪洞諸蠻。猶有此俗。又有刻板者。凡年月日時以至人馬糧草之數。皆刻板爲記。都不相乱。徐氏曰。書文字也。契令納也。言有不能記者。書識之。事有不能信者。契驗之。取明决之義。

徙小人皆畏罪不爲惡而各安其居也雖有册輿無所乘之不致遠以求利也雖有甲兵而不陳列不恃力以求勝也舍書契而用結繩復於素朴也甘食美衣安居而樂俗隣國雖近雞狗之聲雖相聞而老死不相往來各自足而不相求也此老子因戰國紛爭而思上古淳朴之俗欲復見之也觀其所言亦有自用之意。

信言不美章第八十一

不積三句如者之不博也天之道四句善者之不辨也。　知者洗心藏密空空自如隨感而應隨應而竭。故曰不積此實過化存神之意。

齊物論云。道隱於小成。言隱於榮華。

信言不美美言不信善者不辯辯者不善知者不博博者不知聖人不積既以爲人已愈有既以與人已愈多天之道利而不害聖人之道爲而不爭

眞實之言則無華采有華采者非眞實之言也莊子曰言隱於榮華即此意也善純也純德之人則無所容言又何辯乎好辯則非純德者矣知道之知不以博物爲能以博物爲誇非知道

者也聖人之道虛而已何所積乎未嘗不爲人也而在己者愈有未嘗不與人也而在己者愈多其猶天道然虛而不屈動而愈出爲人與人言以道化物也天之道雖有美利而不言所利則已見有利而無害纔有利之之名則害亦見矣聖人之道無爲而無以爲而未嘗自恃其有故不與物爭而天下莫能與爭一書之意大抵以不爭爲主故亦以此語結之

老子鬳齋口義下

正保戊子暮春吉旦
書林豐興堂重刊行

灊水宇先生考訂

王注老子道德經

附考異　攷正　考

陸德明音義

松山堂藏版

老子考訂

［日］宇佐美灊水　撰

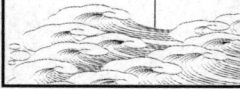

刻老子王註序

太史公曰老子所貴道虛無因應變化於無爲班孟堅曰道家者清虛以自守卑弱以自持自有老子之言莊列呂韓淮南諸書祖而述之蓋公嚴遵之徒治而推之曹參汲黯之儔用之治民後世慕尚者繼踵而起其道易簡而得功尤多矣可謂有裨

于治道也。雖然讀老子者不可不知其弊
也。余謂老子出於易者也。易之為書也道
陰陽消長而及出處進退語默有陰道焉
有陽道焉。老子唯主陰道而貴謙虚敷衍
退步之術耳。見虚無一途八十一章無往
而不寓無焉。猶楚辭數十篇無不歸怨者
矣。夫主張一偏者必有所遺矣。荀卿曰老

子有見於詘無見於信聖人之道會萃衆美兼智仁勇老子之書智者之言也以智廢智併廢仁與勇欲勝而上之此一偏已所謂執一而廢百者也禮樂刑政五倫之道皆是聖人所造非自然之道也雖曰則天而制作在人且主人情以立教正乎治也舍是而恬憺無為夫如禽何却是爭奪

益甚故所謂無為者在聖人制作中行之
人簡耳在他書其禮樂度數之言諄々可
聽者可以見已唯其在衰世懲末學拘腐
之説道也迂治官煩擾之勞下也濫人臣
義忠之遇害也慘而見退虚守默之為愈
而已亦是一偏也豈無信時予余別有論
矣要之周末諸子之言各有一長先王之

道之裂也或足為救時之用焉學者不眩於文辭識其意之所主其弊之所在而博其知見可也王輔嗣之註意在標宗會而不在章句猶如九方皐之求馬矣郭象註莊子張湛註列子皆倣焉為魏晉註家一體也老子正文諸書所引有不存者則固有脫文而文字異同亦甚多矣焦竑翼註

有考異王註舊刻附孫鑛古今本攷正今共標於層冠以考異攷正二考外尚有異同諸書隨見隨記及王註錯誤今改正者共冠考一字而標於層陸德明音義便于誦讀又舉異同誤脱間有不可改補加圈分附王註王註今本多亂脱無善本可取正挍以歲月或當有所得余別有所志不

能專意於此書以俟後之君子

明和己丑冬十月

南總宇惠撰

東江平鱗書

老子道德眞經卷一

魏　山陽　王弼　註

唐　蘇州　陸德明　音義

日本　南總　宇惠　考訂

○陸德明經典釋文序錄云老子者姓李名耳河上公云名重耳字伯陽陳國苦縣厲鄉人也史記云字聃又云曲仁里人云陳國相人生而皓首劉向列仙傳云受學於容成

於殷時爲周柱下史史記云爲周守藏史或言是老萊子蓋百六十餘歲或言二百餘歲衆家皆云先爲柱下史轉爲守藏史葛洪云文王時爲主藏史武王時爲柱下史或云老子在黃帝時廣成子一云爲天老在堯時爲務光子在殷時爲彭祖在周爲柱下史觀周之衰乃西出關周敬王時爲關令尹喜說道德二篇尚虛無無爲劉向云西過流沙莫知所終班固云道家者清虛以自守卑弱以自持此人君南

面之術也漢文帝竇皇后好黃老
言有河上公者居河之湄結草爲
菴以老子教授文帝徵之不至自
詣河上責之河上公乃踊身空中
文帝改容謝之於是作老子章句
四篇以授文帝言治身治國之要
其後談論者莫不宗尚玄言唯王
輔嗣妙得虛無之旨今依王本博

釆衆家以明同異河上公章句四卷不詳名氏毋丘望之章句二卷字仲都京兆人漢長陵三老嚴遵注二卷字君平蜀都人漢徴士又作老子指歸十四卷虞翻注二卷王弼注二卷又作老子指略卷鍾會注二卷羊祜解釋四卷字叔子泰山平陽人晉太傅鉅平成侯范望州注訓二卷字叔文會稽人呉尚書郎王尚述二卷字君曾琅邪人東晉江州刺史封杜忠侯程韶

考 據隋經籍志、□當作嚴

集解二卷、鉅鹿人、東晉郎中關內侯邯鄲氏注二卷、不詳何人常氏注二卷、不詳何人盈氏注二卷、孟子注二卷、或云孟康、康字公休、安平廣宗人、魏中書監廣陵亭侯巨生内解二卷、不詳何人袁眞注二卷、字彥仁、陳郡人、晉西中郎將、豫州刺史、張嗣注二卷、張憑注二卷、孫登集注二卷、字仲山、太原中都人、東晉尚書郎、蜀才注二卷、釋慧琳注二卷、釋慧□注

二卷、陳留人、本姓范、宋世沙門、王玄載注二卷、
顧懽堂誥四卷、一作老子義疏、節解二卷、
不詳作者、或云老子所作、云河上公作、劉遺民玄譜
一卷、字遺民、彭城人、東晋柴桑令、想余注二卷、
不詳何人、一云張魯、或云劉表、字公旗、沛國豐人、漢鎮南將軍、關
内侯、戴逵音一卷、字安道、譙國人、東晋散騎常侍太子
中庶子、徵不就、近代有梁武帝父子及周
弘正、講疏、北學有杜弼注、世頗行、

考韓非子解老篇作道之可道非常道也

之

○音義云道生天地之先德道之用也

上篇

一章

道可道非常道名可名非常名（可道之道可名之名指事造形非其常也故不可道不可名也）無名天地之始有名萬物之母（凡有皆始於無故未形無名之時則爲萬物之始及其有形有名之時則長之育之亭之毒之爲其母也言道以無形無名始成萬物以始以成而

考 無當作母

考 已則之則

不知其所以玄之又玄也故常無欲以觀其妙妙者微之極也萬物始於微而後成始於無而後生故常無欲空虛可以觀其始物之妙常有欲以觀其徼徼歸終也凡有之爲利必以無爲用欲之所本適道而後濟故常有欲可以觀其終物之徼也○徼小道也邊也微妙也古弔反此兩者同出而異名同謂之玄玄之又玄衆妙之門兩者始與無也同出者同出於玄也異名所施不同也在首則謂之始在終則謂之母玄者冥也默然無有也始母之所出也不可得而名故不可言同名曰玄而言謂之玄者取於不可得而謂之然也謂之然則不可以定乎一玄而已則

考異 蘇己作矣下皆上一有天下字龍興碑無故字傳奕古本相上竝有之字
攷正 今本較作形
考 偏共當作徧
考 明當作名

行是名則失之遠矣故曰玄之又玄也衆妙皆從同而出故曰衆妙之門也

二章

天下皆知美之爲美斯惡已皆知善之爲善斯不善已故有無相生難易相成長短相較高下相傾音聲相和前後相隨美者人心之所進樂也惡者人心之所惡疾也美惡猶喜怒也善不善猶是非也喜怒同根是非同門故不可得偏舉也此六者皆陳自然不可偏舉之明數也○較音角又音校量深淺也傾高下不正貌去營反是以聖人處無爲之事

考異萬物作焉而不辭碑本作作而不爲始古本功成而不居作功成不處

攷正弗居一本作不居

考異夫唯不居古本作不處

考異古本作使民心

自然已足、爲則敗也。行不言之教、萬物作焉而不辭、生而不有、爲而不恃、智慧自備、爲則僞也。功成而弗居、因物而用、功自彼成、故不居也。夫唯弗居、是以不去、使功在己則功不可久也。

三章

不尚賢使民不爭、不貴難得之貨使民不爲盜、不見可欲使心不亂、賢猶能也、尚者嘉之名也、貴者隆之稱也。唯能是任、尚也曷爲、唯用是他、貴之何爲。尚賢顯名、榮過其任、爲而常校、

考異 古本治下有也一無之治

考異 不敢爲也一無敢字古本無也字無不治古本作無不爲矣彭非木作無不治矣

能相射貴貨過用貪者競趣穿窬探篋沒命而盜故可欲不見則心無所亂也〇稱尺證反一本作號一本作名曷何葛反何也校音教射食亦反穿音川窬音俞又音豆探吐南反

是以聖人之治虛其心實其腹心懷智而腹懷食虛有智而實無知也〇治直吏反弱其志強其骨骨無知以幹志生事以亂〇弱其志心虛則志弱也強其良反又作彊常使民無知無欲守其真也使夫知者不敢爲也知者謂知爲也〇夫音符知者音智爲無爲則無不治

四章

考異冲古本作盅
考淮南子道應訓或作又
考異開元本蘇本或下有似
攷正今本兮作乎
考異紛碑本作忿湛兮無兮
攷正似或存今本或作若
考異或碑本作常
考翼註本不知下有其
考異誰之子陳碧虛司馬本無之

道冲而用之或不盈淵兮似萬物之宗挫其銳解其紛和其光同其塵湛兮似或存吾不知誰之子象帝之先

夫執一家之量者不能全家執一國之量者不能成國窮力舉重不能爲用故人雖知萬物治也治而不以二儀之道則不能贍也地雖形魄不法於天則不能全其寧天雖精象不法於道則不能保其精冲而用之用乃不能窮滿以造實實來則溢故冲而用之又復不盈其爲無窮亦已極矣形雖大不能累其體事雖殷不能充其量萬物舍此而求主主其安在乎不亦淵兮似萬物之宗乎銳挫而無損紛解而不勞和光而不汙其體同塵而不渝

其眞不亦湛兮似或存乎地守其形德不能過其載天嗛其象德不能過其覆天地莫能及之不亦似帝之先乎帝天帝也○冲直隆反盈本亦作滿淵首河上作乎挫子臥反銳悅歲反紛拂云反河上云芬湛直減反量音亮贍涉艷反造七報反復扶又反盈或作滿累力僞反舍音捨又作捨汚音烏渝羊朱反

五章

天地不仁以萬物爲芻狗天地任自然無爲無造萬物自相治理故不仁也仁者必造立施化有恩有爲造立施化則物失其眞有恩有爲則物不具存物不具存則不足以備載矣地不爲獸生芻而獸食芻不爲人生狗而人

考慧當作惠

考異屈河上陸作詘

考異多言礙本作多聞

考物樹至不

食狗無為於萬物而萬物各適其所用則莫不贍矣若慧由己樹未足任也○芻楚俱反狗古口反治直吏反有為于偽反下有為不為皆同聖人不仁以百姓為芻狗聖人與天地合其德以百姓比芻狗也天地之間其猶橐籥乎虛而不屈動而愈出橐排橐也籥樂籥也橐籥之中空洞無情無為故虛而不得窮屈動而不可竭盡也天地之中蕩然任自然故不可得而窮猶若橐籥也○橐他各反籥音藥掘求物反又其月反河上作屈屈竭也顧作掘云猶竭也愈羊主反又羊朱反排扶拜反洞同貢反多言數窮不如守中愈為之則愈失之矣物樹其惡事錯其言不濟

齊恐有脫誤
不言之不一作其

不言不理必窮之數也槖籥而守數中則無窮盡棄己任物則莫不理若槖籥有意於為聲也則不足以共吹者之求也○數王云理數也顧云勢數也共音恭亦音拱

六章

考異古本列子竝作天地之根

考列子張湛注引此謂天地之根作謂之玄北又極上有太綿上有曰

谷神不死是謂玄牝玄牝之門是謂天地根綿綿若存用之不勤

谷神谷中央無谷也無形無影無逆無違處卑不動守靜不衰谷以之成而不見其形此至物也處卑而不可得名故謂天地之根綿綿若存用之不勤門玄牝之所由也本其所由與極同體故謂之天地之根也欲言存邪則不見其形欲言亡邪萬物以之生故綿綿若存也無物不成用

考異碑本作天地長久黃茂材天地之下有之碑本無且
攷正長生一作久長
考異長生碑本作長久河上陸作以其無私古本非作不
考林希逸本無以其之其

而不勞也故曰用而不勤也○谷古木反
中央無者也河上本作浴浴者養也牝頻
忍反舊云扶比反簡文
扶緊反央無一本作空

七章

天長地久天地所以能長且久者以其不
自生自生則與物爭不自生則物歸也故能長生是以聖
人後其身而身先外其身而身存非以其
無私耶故能成其私無私者無爲於身也身先身存故[illegible][illegible]成
其私也○私邪河
上直云以其無私

考異碧虛司馬曹而作又處古本作居
考異林本無之字
考異葉本道下有矣
攷正仁一作人正一作政
考異尤下一有矣
考異持司馬作特揣而鋭之古本作敳

八章

上善若水水善利萬物而不爭處衆人之所惡人惡卑也○處本作居惡烏路反注同故幾於道道無水有故曰幾也○幾音機近也又一音祈居善地心善淵與善仁言善信正善治事善能動善時夫唯不爭故無尤言人皆應於治道也○治直吏反

九章

持而盈之不如其已持謂不失德也既不失其德又盈之勢必

而梲之王弼亦作梲保碑本作寶

考異 堂古本作室驕司馬作憍

考群書治要作還自遺咎

攷正 功遂身退今本作功成名遂身退

考異 功成名遂身退碑本作名成功遂身退王弼作功遂身退又名作事

傾危故不如其已者謂乃揣而鋭之不可更不如無德無功者也

長保既揣末令尖又鋭之令利勢必摧衂故不可長保也○揣初委反又丁果反志瑞反顧云治也簡文章摞反而挩音鋭梲字音蒬奪反又徒活反河上作鋭令力征反尖子廉反摧粗雷反衂女六反

金玉滿堂莫之能守不若其已○堂本或作室

富貴而驕自遺其咎不可長保也○遺唯季反以之反咎求九反

功遂身退天之道四時更運功成則移○遂本又作成更音庚

十章

考異抱古本
作褱無離乎
一無乎下同

考淮南子道
應訓致作至
攷正一作能
如嬰兒

考疵之之之
疑衍

考知今本作
爲

考釋文以知
乎以下十二
字元文次在

載營魄抱一能無離乎載猶處也營魄人之常居處也一人

之眞也言人能處常居之宅抱一清神能常無離乎則萬物自賓也○離力智反

專氣致柔能嬰兒乎專任也致極也言任自然之氣致至柔之

和能若嬰兒之無所欲乎則物全而性得矣滌除玄覽能無疵

乎玄物之極也言能滌除邪飾至於極覽能不以物介其明疵之其神乎則終與

玄同也○滌徒歷反疵在斯反邪似嗟反介音界愛民治國能無

知乎任術以求成運數以求匿者智也玄覽無疵猶絕聖也治國無以智猶棄

智也能無以智乎則民不辟而國治之也○民治河上本又作活以知乎音智河上

處昌慮反下今考注意移手此又據釋文無知之間恐脱以字【考】闢當作闔

【攷正】今本爲作知

【考異】生之畜之一無此四字

本又直作智

天門開闔能爲雌乎 天門謂天下之所由從也開闔治亂之際也或開或闔經通於天下故曰天門開闔也雌應而不倡因而不爲言天門開闔能爲雌乎則物自賓而處自安矣○闔戸臘反倡尺亮反處昌慮反

明白四達能無爲乎 言至明四達無迷無惑能無以爲乎則物化矣所謂道常無爲侯王若能守則萬物自化

生之 不塞其原也 畜之 不禁其性也

生而不有爲而不恃長而不宰是謂玄德 不塞其原則物自生何功之有不禁其性則物自濟何爲之恃物自長足不吾宰成有德無主非玄如何凡言玄德皆有德而不知其主出乎幽冥○長

考以實疑

考異司馬碧虛挻作挺

丁丈反

十一章

三十輻共一轂，當其無，有車之用。轂所以能統三十輻者，無也。以其無能受物之故，故能以實統衆也。○輻音福，車輻。轂古木反，車轂。當丁浪反。車音居，又去於反。

埏埴以爲器，當其無，有器之用。

鑿戶牖以爲室，當其無，有室之用。故有之以爲利，無之以爲用。木埴壁所以成三者，而皆以無爲用也。言無者有之所以爲利，皆賴無以爲用也。○挻始然反，河上云和也，宋衷注本云經同。

圖君恐尸

聲類云、柔也、字林云、長也、君連反、又一曰、柔埏方言云取也、如淳作、繫埴市力反、河上曰、土也、司馬云、埴土可以為器、釋名云埴職杜弼云埴、黏土也、鑿在各反

十二章

五色令人目盲、五音令人耳聾、五味令人口爽、馳騁田獵令人心發狂、爽差失也、失口之用、故謂之爽、夫耳目口心皆順其性也、不以順性命、反以傷自然、故曰盲聾爽狂也、〇五色青赤白黑黃也、令力征反、盲眉庚反、五音宮商角徵羽也、聾力東反、五味、酸鹹甘辛苦也、爽、差也、河上云、亡也、騁敕領反、狂求匡反、難得之貨、令人行

妨難得之貨塞人正路故令人行妨也○行下孟反妨音芳是以聖人為腹不為目故去彼取此為腹者以物養己為目者以物役己故聖人不為目也○去羌呂反

十三章

寵辱若驚貴大患若身何謂寵辱若驚寵為下得之若驚失之若驚是謂寵辱若驚寵必有辱榮必有患驚辱等榮患同也為下得寵辱榮患若驚則不足以亂天下也○簡文云寵得也辱失也顧云若而也貴大患貴重也河上公畏也大患若身河上

考正 何謂寵辱若驚今本無若驚二字寵為下諸本寵作辱 考異 寵為下碧虛作寵為上辱為下 考 是謂寵辱若驚林本無此六字注驚辱恐寵辱為下二字可疑恐有脫誤亂

云空也何謂寵辱若驚、河上本無若驚二字、何謂貴大患若身。大患榮寵之屬也生之厚必入死之地故謂之大患也人迷之於榮寵返之於身故曰大患若身也。吾所以有大患者、爲吾有身、由有其身也。及吾無身、歸之自然也。吾有何患。故貴以身爲天下、若可寄天下、無以易其身故曰貴也如此乃可以托天下也○身爲于僞反易以豉反。愛以身爲天下、若可托天下、無物可以損其身故曰愛也如此乃可以寄天下也不以寵辱榮患損易其身然後乃可以天下付之也。

字亦可疑作治乃通曰下恐脫貴字

【考異】大患者一無者古本及作苟患下有乎

【攷正】故貴以身爲天下若可寄天下今本作故貴以身爲天下者則可以寄於天下愛以身爲天下若可托天下今本作愛以身爲天下者乃可以託於天下

【考異】故貴以身爲天下者可以寄天下愛以身爲天下者可以託

天下古本作貴以身爲天下者則可以託天下矣愛以身爲天下者則可以寄天下矣開元本則作若無二矣一寄託下並有於

考異 此三者一無此故混而爲一蘇故下有復古本一下有者上下古本作上之下之繩々兮一無兮無物之象蘇作無象之象是謂惚怳碑本無四字古本作芴芒執古之道古本道

十四章

視之不見名曰夷聽之不聞名曰希搏之不得名曰微此三者不可致詰故混而爲一無狀無象無聲無響故能無所不通無所不往不得而知更以我耳目體不知爲名故不可致詰混而爲一也○名武征反曰夷顧云平也曰希希疏也靜也搏音博簡文補各反曰微細也致詰起吉反故混戶本反其上不皦其下不昧繩繩不可名復歸於無物是謂無狀之狀無物之象欲言無邪而物由以成欲言有邪而不見其形故曰

下有可

考 式恐或誤

無狀之狀無物之象也○皦古曉反眀式云胡老反昧侮對反繩食陵反又民忍反梁帝云無涯際之貌顧云無窮不可序或曰寬急河上本作繩復音服是謂惚恍○不可得而定也恍虛往反迎之不見其首隨之不見其後執古之道以御今之有有有其事能知古始是謂道紀無形無名者萬物之宗也雖今古不同時移俗易故莫不由乎此以成其治者也故可執古之道以御今之有上古雖遠其道存焉故雖在今可以知古始也○治直吏反

十五章

攷正豫兮一作與兮　考異豫猶一下並有兮

攷正今本作儼若客渙若冰將釋　考異客碑本作容釋作汋敦兮其若樸碑本作混若樸曠兮其若谷碑本無兮其渾兮其若濁碑本作混若濁靜古本

古之善爲士者微妙玄通深不可識夫唯不可識故強爲之容豫兮若冬涉川（冬之涉川豫然若欲度若不欲度其情不可得見之貌也○強其丈反豫如字本或作懊簡文與此同也）猶兮若畏四鄰（四鄰合攻中央之主猶然不知所趣向者也上德之人其端兆不可覩德趣不可見亦猶此也）儼兮其若客渙兮若冰之將釋敦兮其若樸曠兮其若谷混兮其若濁（凡此諸若皆言其容象不可得而形名也○儼魚檢反樸普角反又作朴混胡本反）孰能濁以靜之徐清孰能安

上有澄　考一本靜上有止　考異古本二徐上有而部本安作谷　攷正久動今本無動字敝一作蔽　考異故能敝不新成古本作是以能敝而不成碑本李榮本作能敝復成　考一本敝作蔽淮南子道應訓作故能弊而不新成　考注極篤眞正疑有誤字　攷正吾以觀復今本觀下多其字

以久動之徐生。夫晦以理物則得明，濁以靜物則得清，安以動物則得生，此自然之道也。孰能者言其難也，徐者詳慎也。保此道者不欲盈。盈必溢也。夫唯不盈，故能蔽不新成。蔽覆蓋也。〇蔽必世反，王云覆蓋也，鍾婢世反，梁武同也。覆芳富反。

十六章

致虛極，守靜篤。言致虛物之極篤，守靜物之眞正也。萬物並作，動作生長。長丁丈反。吾以觀復。以虛靜觀其反復。凡有起於虛，動起於靜，故萬物雖並動作，卒復歸於虛靜，是物之極篤也。〇卒子恤反，又尊恤反。

考異芸芸諸子作云云

攷正各復歸其根今本無復字是謂作靜曰

考注敫昧常作皦昧十四章及五十五章注可証

考異公乃王王乃天碑本作公能生生能天葉本無沒身不殆

夫物芸芸，各復歸其根。各反其所始也歸根曰靜，是謂復命。復命曰常。歸根則靜，故曰靜。靜則復命，故曰復命也。復命則得性命之常，故曰常也知常曰明。不知常，妄作凶。常之為物，不偏不彰，無皦昧之狀、溫涼之象，故曰知常曰明也。唯此復乃能包通萬物，無所不容。失此以往，則邪入乎分，則物離分，故曰不知常則妄作凶也。○離，力智反。分，扶問反知常容，無所不包通也容乃公，無所不包通，則乃至於蕩然公平也公乃王，蕩然公平，則乃至於無所不周普也王乃天，無所不周普，則乃至於同乎天也天乃道，與天合德，體道

汲正今本下作不親而作親之

大通則乃至於極虛無也道乃久窮極虛無得道之常則乃至於不有極也

沒身不殆無之爲物水火不能害金石不能殘用之於心則虎兕無所投其齒角兵戈無所容其鋒刃何危殆之有乎○兕徐子反鋒芳逢反

十七章

大上下知有之大上謂大人也大人在上故曰大上大人在上居無爲之事行不言之教萬物作焉而不爲始故下知有之而已○大音太王云謂上公也顧云太古上德之人也

其次親而譽之不能以無爲居事不言爲教立善行施使下得親而譽之也○施始豉反

其次畏之不能復以恩仁

考異彭本無其次陳作其次畏而侮之
改正今本信不上多故字信焉無焉字
考異言不足有不信王弼有二焉
改正悠兮一作猶兮
考異猶兮其貴言一無兮碑本作其猶貴言事遂二作名遂皆曰司馬無皆
改正今本謂作曰

令物而賴。

其次侮之

不能法以正齊民而以智治國下知避之其令不從故曰侮之也○侮亡甫反

信不足焉有不信焉

言從上也夫御體失性則疾病生輔物失真則疵釁作信不足焉則有不信此自然之道也已處不足非智之所濟也○疵字斯反釁許靳反

悠兮其貴言功成事遂百姓皆謂我自然

自然其端兆不可得而見也其意趣不可得而覩也無物可以易其言言必有應故曰悠兮其貴言也居無爲之事行不言之教不以形立物故功成事遂而百姓不知其所以然也○悠孫登張憑杜弼俱作由一本猶用也應應對之應

考異廢出古本下並有焉

考於疑智誤

攷正慧智今本作智慧

考異孝慈一作孝子忠臣古本作貞臣

考之道二字可疑恐有錯睍

十八章

大道廢有仁義失無爲之事更以於慧立善道進物也慧智出有大僞行術用明以察姦僞趣覩形見物知避之故智慧出則大僞生也〇知音智趣七喩反或音促見賢遍反六親不和有孝慈國家昏亂有忠臣甚美之名生於大惡所謂美惡同門六親父子兄弟夫婦也若六親自和國家自治則孝慈忠臣不知其所在矣魚相忘於江湖之道則相濡之德生也〇大惡烏路反治直吏反則濡而朱反又而注反

十九章

【考異】此三者以爲文不足程以爲無此文古本以爲文而未足也

【考】據釋文人恐行之訛

【考異】善古本作美

絶聖棄智民利百倍絶仁棄義民復孝慈絶巧棄利盜賊無有此三者以爲文不足故令有所屬見素抱樸少私寡欲 聖智才之善也仁義人之善也巧利用之善也而直云絶文甚不足不令之有所屬無以見其指故曰此三者以爲文而未足故令人有所屬屬之於素樸寡欲○百倍蒲罪反令力征反屬之欲反注同見賢遍反樸普角反善一本作傑行下孟反

○二十章

絶學無憂唯之與阿相去幾何善之與惡

攷正 不可一作不敢

考異 譽恐學誤

考異 荒兮其未央哉碑本作莽其未央古本無哉

考 返恐反誤

考異 如享古

相去何若人之所畏不可不畏下篇爲學者日益爲道者日損然則學求益所能而進其智者也若將無欲而足何求於益不知而中何求於進夫鷰雀有匹鳩鴿有仇寒鄉之民必知旃裘自然已足益之則憂故續鳧之足何異截鶴之脛畏譽而進何異畏刑唯阿美惡相去何若故人之所畏吾亦畏焉未敢恃之以爲用也○唯遺癸反舊云維水反去歟慮反幾居豈反燕於見反雀將鷰反鳩九求反鴿古合反仇音求鱣之然反本又作旃裘音求鳧音符截昨結反鶴戶各反

荒兮其未央哉歎與俗相返之遠也衆人熙熙如享太牢如春登臺衆人迷於美進惑於榮利欲進心競故熙

本作若享如春如作若

攷正如春登臺今本作如登春臺

考異怕兮古本作魄未兆

攷正儽儽兮今本作乘乘

考異乘乘兮古本作儽儽

考異林本無而字

熙若享太牢如春登臺也○熙許其反若亨普庚反殺煮也簡文許庚反河上公作饗用也牢力刀反

我獨泊兮其未兆如嬰兒之未孩

言我廓然無形之可名無兆之可舉如嬰兒之未能孩也○廓苦郭反河上本作泊普白反咳胡來反說文字本或作孩

儽儽兮若無所歸

若無所宅○儽儽兮力追反一本曰損益也敗也欺也說文音雷古本河上作乘乘兮

衆人皆有餘而我獨若遺

衆人無不有懷有志盈溢胸心故曰皆有餘也我獨廓然無爲無欲若遺失之也

我愚人之心也哉

絕愚之人心無所別析意無所好惡猶然其情不可覩我頽然若此也○別彼

攷正沌沌一作渾渾 考異昭昭察察古本作昏昭昭皆謷謷 考注別別下別字恐剖誤 考異悶悶古本作閔閔 攷正澹兮其若海一作忽若海 如海一作忽若海 飂兮若無止一作漂兮若無止一作膠兮似無所止一作寂若無所止 考異忽若晦寂若無所止晦一作海一作忽兮其若晦飄兮似無所止一作澹兮其若海飂

列反析星歷反好呼報反沌沌兮無所別析不可爲名○沌本又作忳徒損反又徒門反簡文音頓俗人昭昭耀其光也○昭章遙反一本作照我獨若昏俗人察察分別別析也我獨悶悶澹兮其若海情不可覩○悶如字澹兮其若海徒紺反古本河上作忽兮若海嚴遵作忽兮若晦飂兮若無止無所繫縶○飂力幽反梁作飄簡文云數遙反河上淵兮縶張立反一作執衆人皆有以用也皆欲有所施用也而我獨頑似鄙無所欲爲悶悶昏昏若無所識故曰頑且鄙也我獨異於人而貴食母食母生之本也人者皆棄生民

兮若無止一作飄兮其若海飂兮若無所止　考而我之而一本無　攷正似鄙一作且鄙　考異異於人古本上有欲　攷正食母一作求食於母　攷正惚兮等句一作惚兮怳怳兮惚芴兮冥　考怳一作怳　考異怳惚古本作芒芴惚兮怳兮其中有象一無其字句末有兮字下同　考注其中有

之本貴末飾之華故曰我獨欲異於人○母如字

二十一章

孔德之容惟道是從孔空也惟以空爲德然後乃能動作從道○德之容鍾云法也簡云狀也道之爲物惟怳惟惚怳惚無形不繫之歎○怳況往反又呼廣反惚兮怳兮其中有象怳兮惚兮其中有物以無形始物不繫成物萬物以始以成而不知其所以然故曰怳兮惚兮惚兮怳兮其中有象也窈兮冥兮其中有精窈冥深遠之歎深遠不可得而見然而萬物由之其可得見以定其眞故

象疑象上脫物

考異　其精甚眞碑本無此

考　注說當作閱衆甫之狀哉狀多作然

曰窈兮冥兮其中有精也其精甚眞其中○窈窈鳥了反冥莫經反有信信信驗也物反窈冥則眞精之極得萬物之性定故曰其精甚眞其中有信也自古及今其名不去至眞之極不可得名無名則是其名也自古及今無不由此而成故曰自古及今其名不去也以閱衆甫衆甫物之始也以無名說萬物始也○說一云悅吾何以知衆甫之狀哉以此此上之所云也言吾何以知萬物之始於無哉以此知之也○狀哉河上本直云吾何狀哉

二十二章

考其名則當作則其明

考異直古本碑本並作正

曲則全不自見其名則全也○見賢遍反枉則直不自是則其是彰也○枉音往窪則盈不自伐則其功有也○窪烏瓜反簡文烏麻反顧云洿敝則新不自矜則其德長也○蔽必世反少則得多則惑自然之道亦猶樹也轉多轉遠其根轉少轉得其本多則遠其眞故曰惑也少則得其本故曰得也○遠于萬反是以聖人抱一爲天下式一少之極也式猶則之也不自見故明不自是故彰不自伐故有功不自矜故長夫惟不爭故天下莫能與之爭古之所謂曲則全者豈

考異言哉古本言下有也
攷正故飄風今本無故字
考異終朝終古本作崇下同地下有也
攷正道者同於道三句一本無
考淮南子道應訓無一道者
考異德者同於德失者同於失古本作從事於德者德者同於德從事於失者失者同於失
考德之訓得固也然按此注語當時王

虛言哉誠全而歸之○見賢遍反彰音章

二十三章

希言自然聽之不聞名曰希下章言道之出言淡兮其無味也視之不足見聽之不足聞然則無味不足聽之言乃是自然之至言也○淡徒暫反一作澹

故飄風不終朝驟雨不終日孰爲此者天地天地尚不能久而況於人乎言暴疾美興不長也○飄毗遙反又扶遙反驟狀救反

故從事於道者道者同於道從事謂舉動從事於道者也道以無形無爲成濟萬物故從事於道者以

所據本或應作德者同於得下文二德字亦並當作得

考異 同於道者道亦樂得之古本無同樂二字下同

攷正 樂字本無失亦樂得之一作樂失信不足焉二句今本俱無焉字

考異 信不足古本足下有焉

無爲爲君不言爲教綿綿若存而物得其眞與道同體故曰同於道○河上於道者絕句

德者同於德 得少也少則得故曰得也行得則與得同體故曰同於得也

失者同於失 失累多也累多則失故曰失也行失則與失同體故曰同於失也

同於道者道亦樂得之同於德者德亦樂得之同於失者失亦樂得之 言隨行其所故同而應之

信不足焉有不信焉 忠信不足於下焉有不信也

二十四章

攷正今本企作跂

考異司馬曹陳蘇在茲作於物或惡之或一作故

攷正不處下今多一也字

企者不立物尚進則失安故曰企者不立○企苦賜反河上作跂跨者不行自見者不明自是者不彰自伐者無功自矜者不長其在道也曰餘食贅行其唯於道而論之若郤至之行盛饌之餘也本雖美更可薉也本雖有功而自伐之故更爲肬贅者也○跨苦化反贅專稅反疣贅也簡文云之睿反河上云贅貪也行下孟反注同郤去逆反郤至晉大夫自伐事見左傳成公十六年肬音尤物或惡之故有道者不處○惡烏路反

二十五章

考注先天上疑脫曰字　考異陸王弼寥作寞　攷正今本立字下多而字

有物混成先天地生混然不可得而知而萬物由之以成故曰混成也不知其誰之子故先天地生○混古本反先悉薦反寂兮寥兮獨立不改寂寞無形體也無物之匹故曰獨立也返化終始不失其常故曰不改也○宗本亦作寂寞音莫河上云寥空無形也鍾會作飂云空蹤無質也周行而不殆可以爲天下母周行無所不至而免殆能生全大形也故可以爲天下母也○殆田賴反危也吾不知其名名以定形混成無形不可得而定故曰不知其名也字之曰道夫名以定形字以稱可言道取於無物而不由也是混成之中可言之稱最大也○稱尺證反強

考異　司馬程作強名之曰大

考異　域中有四大而王居其一焉陳無此兩句

考訂　法而下恐有脫字

爲之名曰大　吾所以字之曰道者取其可言之稱最大也責其字定之所由則繫於大大有繫則必有分有分則失其極矣故曰強爲之名曰大○強其丈反

大曰逝　逝行也不守一大體而已周行無所不至故曰逝也

逝曰遠遠曰反　遠極也周無所不窮極不偏於一逝故曰遠也不隨於所適其體獨立故曰反也

故道大天大地大王亦大　天地之性人爲貴而王是人之主也雖不職大亦復爲大與三匹故曰王亦大也○復扶又反

域中有四大　四大道天地王也凡物有稱有名則非其極也言道則有所由然後謂之爲道然則是道稱中之大也不若無稱之大也無稱不可得而名曰

攷正 今本居作處亦無其字

域也道天地王皆在乎無稱之內故曰域中有四大者也而王居其一焉處人主之大也人法地地法天天法道道法自然法謂法則也人不違地乃得全安法地也地不違天乃得全載法天也天不違道乃得全覆法道也道不違自然乃得其性法自然者在方而法方在圓而法圓於自然無所違也自然者無稱之言窮極之辭也用智不及無知而形魄不及精象精象不及無形有儀不及無儀故轉相法也道順自然天故資焉天法於道地故則焉地法於天人故象焉所以為主其一之者主也

二十六章

重爲輕根，靜爲躁君。凡物輕不能載重，小不能鎭大，不行者使行，不動者制動，是以重必爲輕根，靜必爲躁君也。○輕起政反，躁早報反。是以聖人終日行不離輜重。以重爲本，故不離。○離音利，輜側其反，重直用反。雖有榮觀，燕處超然。不以經心也。○觀古亂反，宴處於見反，簡文云謂情思之所宴居。奈何萬乘之主，而以身輕天下？輕則失本，躁則失君。輕不鎭重也，失本爲恣身也，失君爲失君位也。○萬乘繩證反，謂天子也。本河上作臣。失君謂失君位也。恣息浪反。

【攷正】聖人一作君子

【考異】奈何古本作如之何【考】林本奈作如

【攷正】失本今本作失臣

【考異】失根古本碑本作失本諸本作失臣

【考異】善行，古本行下有者，下並同。
【攷正】善數，今本作善計。
【考異】善計不用籌策，古本作善數者無籌策。又策作筭。
【攷正】鍵，今本作揵。

二十七章

善行無轍迹。順自然而行，不造不始，故物得至而無轍迹也。○善行，下孟反。無徹，梁云應車邊，今作彳邊者，古字少也。跡，河上作迹。

善言無瑕讁。順物之性，不別不析，故無瑕讁可得其門也。○瑕，下家反。疵過也。讁，直革反。譴責也。別，彼列反。

善數不籌策。因物之數，不假形也。○數，色主反，簡文色具反。河上作計。籌，直由反。策，初厄反。

善閉無關鍵而不可開，善結無繩約而不可解。自物因然，不設不施，故不用關鍵繩約而不可解也。此五者，皆言不造不施，因物之性，不以形制物也。○揵，其偃反，距

考釋 文好裕長三字有音而正文注並不見此三字疑有脫誤 攷正 常善救人四句一本無故一作而 考異 是以至棄物傅奕云古無此獨河上有之 攷正 善人者不善人者今本人字下俱無者字

門也所好呼報反裕羊注反長丁丈反

是以聖人常善救人故無棄人

聖人不立形名以檢於物不造進向以殊棄不肖輔萬物之自然而不爲始故曰無棄人也不尚賢能則民不爭不貴難得之貨則民不爲盜不見可欲則民心不亂常使民心無欲無惑則無棄人矣

常善救物故無棄物是謂襲明故善人者不善人之師

舉善以師不善故謂之師矣

不善人者善人之資

資取也善人以善齊不善以善棄不善也故不善人善人之所取也

不貴其師不愛其資雖智大迷

雖有其智自任其智不因物於其道必失故曰雖智

【攷正】爲天下式等重句一本無

大迷。是謂要妙。

二十八章

知其雄，守其雌，爲天下谿。爲天下谿，常德不離，復歸於嬰兒。雄先之屬，雌後之屬也。知爲天下之先也必後也。是以聖人後其身而身先也。谿不求物而物自歸之。嬰兒不用智而合自然之智。○谿，苦奚反，或作溪。離，力智反。知其白，守其黑，爲天下式。式，模則也。模，莫胡反。○爲天下式，常德不忒。○忒，差也。忒，吐得反。顧云：差也，爽也。復歸於無極。不可窮也。知其榮，守其辱爲天下谷爲天下谷常德乃足復歸於樸此三者言常反終後乃德全其所處也下章云反者道之動也功不可取常處其母也○樸普角反樸散則爲器聖人用之則爲官長樸眞也眞散則百行出殊類生若器也聖人因其分散故爲之立官長以善爲師不善爲資移風易俗復使歸於一也○長丁丈反行下孟反爲于僞反故大制不割大制者以天下之心爲心故無割也○割乾遏反

考異 古本作大制無割

二十九章

將欲取天下而爲之吾見其不得已天下

攷正 今本之字下多者字

考異 天下神

器古本上有夫爲者碑本著作故下同

考異 故物蘇葉黃陳故竝作凡呴陸王作歔一作隨噓古本作吹羸古本作剉王本作挫載作古本作培碑本作接隳古本作隨是以司馬以作故

神器。神無形無方也。器合成也。無形以合、故謂之神器也。不可爲也。爲者敗之、執者失之。萬物以自然爲性、故可因而不可爲也、可通而不可執也。物有常性、而造爲之、故必敗也。物有往來、而執之、故必失矣。故物或行或隨、或歔或吹、或强或羸、或挫或隳。是以聖人去甚、去奢、去泰。凡此諸或、言物事逆順反覆、不施爲執割也。聖人達自然之至、暢萬物之情。故因而不爲、順而不施。除其所以迷、去其所以惑。故心不亂而物性自得之也。○歔音虛、河上本作呴、許具反。羸力爲反。挫作臥反、搦也。簡文在臥反。河上作載。隳許規反、毀也。去羌呂反。

考 注文無治字據釋文似為始之始作治

考異 大軍之後必有凶年碑本無此

攷正 今本作故善果而已矣多故矣二字強字下多焉字

三十章

以道佐人主者不以兵強天下。以道佐人主尚不可以兵強於天下，況人主躬於道者乎。其事好還。為始者務欲立功生事，而有道者務欲還反無為，故云其事好還也。()好呼報反，還音旋，治直吏反。師之所處，荊棘生焉。大軍之後，必有凶年。言師凶害之物也，無有所濟，必有所傷，賊害人民，殘荒田畝，故曰荊棘生也。()凶年天應惡氣，災害五穀，盡傷人也。善者果而已，不敢以取強。果猶濟也。言善用師者趣以濟難而已矣，不以兵力取強於天下也。()難乃旦反。果而

考異　果而勿強古本上有是一作是謂

考異　不道古本碑本並作非道

考異　之器一無此二字

考異　一本兵下無者

攷正　君子居則句上令本多是以二字

考異　恬淡爲上勝而不美

勿矜果而勿伐果而勿驕吾不以師道爲尚不得已而用何矜驕之有也果而不得已果而勿強言用兵雖趣功果濟難然時故不得已當復用者但當以除暴亂不遂用果以爲強也○復扶又反物壯則老是謂不道不道早已壯武力暴興也喩以兵強於天下者也飄風不終朝驟雨不終日故暴興必不道早已也

三十一章

夫佳兵者不祥之器物或惡之故有道者不處君子居則貴左用兵則貴右兵者不

而美之者是樂殺人也夫樂殺人者不可得志於天下矣奕本作以恬憺爲上故不美也若美必樂之樂之者是樂殺人也夫樂人之殺人者不可以得志於天下矣碑本志作意無矣字【考】林本與奕本同而以恬憺作恬淡無人之二字及可〻〻以【故正】今本吉事句上多故字偏將軍句上多是以字

祥之器非君子之器不得已而用之恬淡爲上勝而不美而美之者是樂殺人夫樂殺人者則不可以得志於天下矣吉事尚左凶事尚右偏將軍居左上將軍居右言以喪禮處之殺人之衆以哀悲泣之戰勝以喪禮處之佳各牙反善也河上飾也惡烏路反恬撲嫌反木或作栝梁武音膽澹徒暫反本亦作惔音同又音談字同河上本作恢梁武云苦回反簡文恬惔樂五教反又音洛戰勝式證反

言字下多居上勢則四字之衆作衆多考異衆多下古本有則下同攷正哀悲作悲哀考異翼注王純甫云此章自兵者不祥之器以下似古之義疏渾入于經者詳其文義可見考異一無樸雖小攷正天下莫能臣也今本作天下不敢臣考異侯王粱武本陸本古本竝作王侯

三十二章

道常無名樸雖小天下莫能臣也侯王若能守之萬物將自賓道無形不繫常不可名以無名爲常故曰道常無名也樸之爲物以無爲心也亦無名故將得道莫若守樸夫智者可以能臣也勇者可以武使也巧者可以事役也力者可以重任也樸之爲物憒然不偏近於無有故曰莫能臣也抱樸爲無不以物累其眞不以欲害其神則物自賓而道自得也天下莫能臣也河上本作天下不敢侯王粱武作王侯隤徒回反天地相合以降甘露民莫之令而自均言天地相合則

攷正能守之今本無之字
考異萬物一作天下
考異自均古本下有焉
考異猶川谷古本猶作由
攷正猶川谷之於江海一今本於作與下有也字
考與當作於

甘露不求而自降我守其眞性無爲則民不令而自均也始制有名名亦既有夫亦將知止知止所以不殆始制謂樸散始爲官長之時也始制官長不可不立名分以定尊卑故始制有名也過此以往將爭錐刀之末故曰名亦既有夫亦將知止也遂任名以號物則失治之母也故知止所以不殆也○長丁丈反分憒問反錐音魚治直吏反譬道之在天下猶川谷之於江海川谷之以求江與海非江海召之不召不求而自歸者世行道於天下者不令而自均不求而自得故曰猶川谷之與江海也

三十三章

考異 知人者智，古本下有也，下竝同。

考異 韓非子自知者明作自見之謂明，自勝者強作自勝之謂強。

考異 有力葉無有

考異 不失其所，邵所下有止。

知人者智，自知者明。知人者智而已矣，未若自知者超智之上也。

勝人者有力，自勝者強。勝人者有力而已矣，未若自勝者無物以損其力。用其智於人，未若用其智於己也；用其力於人，未若用其力於己也。明用於己，則物無避焉；力用於己，則物無改焉。

知足者富，知足自不失，故富也。

強行者有志，勤能行之，其志必獲，故曰強行者有志矣。○行，下孟反。

不失其所者久，以明自察，量力而行，不失其所，必獲久長矣。

死而不亡者壽。雖死而以為生之道不亡，乃得全其壽。身沒而道猶存，況身存而道不卒乎。

攷正 今本汎作氾而生作以生不名作不居衣養作衣被又一作愛養常無欲上多一故字

考異 可名於小一作可名爲小一作可名於小矣下同歸焉古本作歸不爲主爲一作知

攷正 爲主今本作知止爲大今本作於大以其終不自爲大故能成其大今本以其上多是以聖人能成其大也一句無終爲二字

三十四章

大道汎兮其可左右言道氾濫無所不適可左右上下周旋而用則無所不至也○氾本又作汎周張並同萬物恃之而生而不辭功成不名有衣養萬物而不爲主常無欲可名於小萬物皆由道而生既生而不知其所由故天下常無欲之時萬物各得所若道無施於物故名於小矣○衣於既反河上作愛施始豉反萬物歸焉而不爲主可名爲大萬物皆歸之以生而力使不知其所由此不爲小故復可名於大矣○復扶又反以其終不

考異 以其不自大 古本具下有終 考異 林本作功成不居衣被萬物而不爲主故常無欲可名於小矣萬物歸焉而不知主可名於大矣是以聖人能成其大也以其不自大故能成其大

自爲大。故能成其大。爲大於其細，圖難於其易，（）以其終不自爲大。河上本云是以聖人終不爲大也。易以鼓反

三十五章

考異 執大象 古本下有者 攷正 安平大 大字各作泰 考異 注不編當作不偏 考異 出口古本碑本口並作言淡乎古

執大象天下往。大象，天象之母也。不寒不溫不涼，故能包統萬物，無所犯傷。主若執之，則天下往也。往而不害安平大。無形無識，不偏不彰，故萬物得往而不害妨也。樂與餌，過客止。道之出口，淡乎其無味，視之不足見，聽之不足聞，用之不可既。言道之深大。人聞道之言，乃更不如樂與餌應時感悅人心也。

本作淡兮

樂與餌則能令過客止而道之出言淡然無味視之不足見則不足以悅其目聽之不足聞則不足以娛其耳若無所中然乃用之不可窮極也○樂音岳餌而志反過古臥反道之出尺類反淡徒暫反又徒覽反說音悅令力征反中丁仲反

三十六章

考異　歙古本作翕王弼作潝

將欲歙之必固張之將欲弱之必固強之將欲廢之必固興之將欲奪之必固與之

考異　奪韓非子作取注將物之將與其之與共衍字

是謂微明將欲除強梁去暴亂當以此四者因物之性令其自戮不假刑爲大以除將物也故曰微明也足其張令之足而又求其張則衆所歙也與其張之

攷正柔弱勝剛強今本作柔勝剛弱勝強又作柔之勝剛弱之勝強

考韓非子作損弱勝強

考異脫古本作侻

考韓非子淵上有深字

考異邦一作國

考異侯王古本作王侯

攷正守之今

不足而改其求。張者愈益而已，反危。○偷簡作歙，又作給。河上本作噏也。許及反。顧云闔塞也。去羲呂反。

柔弱勝剛強。魚不可脫於淵。國之利器不可以示人。利器利國之器也。唯因物之性不假形以理物。器不可覩而物各得其所，則國之利器也。示人者任刑也。刑以利國則失矣。魚脫於淵則必見失矣。利國器而立刑以示人亦必失也。○脫代活反。

三十七章

道常無爲，順自然也。而無不爲。萬物無不由爲以治以成之也。侯王若能守之，萬物將自化。化而欲作，吾

本無之字
考異鎮以一作鎮之以
考注無名上恐脫以字
攷正夫亦將無欲今本無夫字無字作不字
考異不欲以靜一作無欲
攷正自定今本定作正

將鎮之以無名之樸
化而欲作作欲成也吾將鎮之無名之樸不爲主也
無名之樸夫亦將無欲
無欲競也○吾將鎮之以無名之樸夫亦將無欲簡文無作不河上本作吾將鎮之河上者非老子所作也
不欲以靜天下將自定

老子上篇終

老子道德眞經卷二

魏　山陽　王弼　註

唐　蘇州　陸德明　音義

日本　南總　宇惠　考訂

下篇○德者得也道生萬物有得獲有故名德經四十四章一本四十三

三十八章

上德不德是以有德下德不失德是以無德上德無爲而無以爲下德爲之而有以

考異　古本無以爲作無不爲有以爲作

無以爲

考異 仍之王弼作扔

考 韓子後下皆有失字薄下有也字首下有乎字

考異 亂之首也愚之始也一無二也

考 韓子華下有也字始作首下有也字

攷正 不居其薄居今本作處處其實處今本作居

考異 處其厚不處其薄居其實不居其華古本四句

爲上仁爲之而無以爲上義爲之而有以爲上禮爲之而莫之應則攘臂而扔之故失道而後德失德而後仁失仁而後義失義而後禮夫禮者忠信之薄而亂之首前識者道之華而愚之始是以大丈夫處其厚不居其薄處其實不居其華故去彼取此

德者得也常得而無喪利而無害故以德爲名焉何以得德由乎道也何以盡德以無爲用以無爲用則莫不載也故物無焉則無物不經有焉則不足以免其生

並作處

是以天地雖廣以無爲心聖王雖大以虛爲主故曰以復而視則天地之心見至日而思之則先王之至覩也故滅其私而無其身則四海莫不瞻遠近莫不至殊其己而有其心則一體不能自全肌骨不能相容是以上德之人唯道是用不德其德無執無用故能有德而無不爲不求而得不爲而成故雖有德而無德名也下德求而得之爲而成之則立善以治物故德名有焉求而得之必有失焉爲而成之必有敗焉善名生則有不善應焉故下德爲之而有以爲也無以爲者無所偏爲也凡不能無爲而爲之者皆下德也仁義禮節是也將明德之上下輒舉下德以對上德至于無以爲極下德下之量上仁是也足及於無以爲而猶爲之焉爲之而無以爲故有

考 正眞據後語當作正直若據抑抗則改作枉直乃通

考 富而之而疑衍

爲之爲之患矣本在無爲母在無名棄本捨母而適其子功雖大焉必有不濟名雖美焉僞亦必生不能不爲而成不興而治則乃爲之故有弘普博施仁愛之者而愛之無所偏私故上仁爲之而無以爲也愛不能兼則有抑抗正眞而義理之者忿枉祐直助彼攻此物事而有以心爲矣故上義爲之而有以爲也直不能篤則有游飾修文禮敬之者尚好修敬校責往來則不對之間忿怒生焉故上禮爲之而莫之應則攘臂而扔之夫大之極也其唯道乎自此已往豈足尊哉故雖德盛業大富而有萬物猶各得其德而未能自周也故天不能爲載地不能爲覆人不能爲贍萬物雖貴以無爲用不能捨無以爲體也不能捨無以爲體則失其爲大矣所謂失道而後德

考 德當作得

考 不順典制恐有謬誤聽恐耽字釋文有耽字

也以無爲用德其母故能已不勞焉而物無不理下此已往則失用之母不能無爲而貴博施不能博施而貴正直不能正直而貴飾敬所謂失德而後仁失仁而後義失義而後禮也夫禮也所始首於忠信不篤通簡不陽責備於表機微爭制夫仁義發於內爲之猶僞況務外飾而可久乎故夫禮者忠信之薄而亂之首也前識者前人而識也卽下德之倫也竭其聰明以爲前識役其智力以營庶事雖德其情姦巧彌密雖豐其譽愈喪篤實勞而事昏務而治薉雖竭聖智而民愈害舍己任物則無爲而泰守夫素樸則不順典制聽彼所獲棄此所守識道之華而愚之首故苟得其爲功之母則萬物作焉而不辭也萬事存焉而不勞也用不以形御不以名故仁義

考 貞當作眞

考 誠當作僞

可顯禮敬可彰也夫載之以大道鎭之以無名則物無所尚志無所營各任其貞事用其誠則仁德厚焉行義正焉禮敬清焉棄其所載舍其所生用其成形役其聰明仁則誠焉義其競焉禮其爭焉故仁德之厚非用仁之所能也行義之正非用義之所成也禮敬之清非用禮之所濟也載之以道統之以母故顯之而無所尚彰之而無所競用夫無名故名以篤焉用夫無形故形以成焉守母以存其子崇本以擧其末則形名俱有而邪不生大美配天而華不作故母不可遠本不可失仁義母之所生非可以爲母形器匠之所成非可以爲匠也捨其母而用其子棄其本而適其末名則有所分形則有所止雖極其大必有不周雖盛其美必有患憂功在爲之豈足

處也○應應對如字攘若羊反臂必寐反而扔人證反又音仍引也因也字林云就也數也原也故去羌呂反無喪息浪反心見賢遍反肌己其反又音既無所偏音遍之量音亮母莫后反舍本音捨博施始豉反偏音篇抑於力反亢苦浪反忿枉紆放反尚好呼報反校音教贍涉艷反治直吏反穢於廢反耽都南反行下孟反遠于萬反一本作弃

三十九章

昔之得一者昔始也一數之始而物之極也各是一物之生所以爲主也物皆各得此一以成既成而舍以居成居成則失其母故皆裂發歇滅蹶也○裂

考異 萬物得一以生，君平本無此，并下萬物無以生將恐滅四字。侯王，古本作王侯，下同。天下貞，貞一作正。

攷正 其致之，今本下多一也二字。

攷正 侯王無以貴高，今本無以下多爲貞而三字。

考齊 氣貴以高以上共有

力竭反 天得一以清，地得一以寧，神得一以靈，谷得一以盈，萬物得一以生，侯王得一以爲天下貞，其致之。各以其一致此清寧靈盈生貞。天無以清將恐裂，用一以致清耳，非用清以清也。守一則清不失，用清則恐裂也。故爲功之母不可舍也。是以皆無用其功，恐喪其本也。地無以寧將恐發，神無以靈將恐歇，谷無以盈將恐竭，萬物無以生將恐滅，侯王無以貴高將恐蹷。故貴以賤爲本，高以下爲基。是以侯

辭字

攷正 自謂一作自稱 此非一作此其 考異 此其古本作是其非乎古本作非歟 攷正 譽無譽一作車無車又作輿無輿 考異 琭琭如玉 琭一作錄 如古本作若 下同 攷正 珞珞一作落落 考註 二譽一作輿

王自謂孤寡不穀此非以賤爲本耶非乎

故致數譽無譽不欲琭琭如玉珞珞如石

清不能爲清盈不能爲盈皆有其母以存其形故清不足貴盈不足多貴在其母而母無貴形貴乃以賤爲本高乃以下爲基故致數譽乃無譽也玉石琭琭珞珞體盡於形故不欲也○恐歟許謁反恐蹶蹇月反其月反又居衛反數色主反譽逸注反毀譽也琭音祿珞音絡又音歷

四十章

反者道之動

高以下爲基貴以賤爲本有以無爲用此其反也動皆知

攷正 天下萬物 萬一作之

其所無則物通矣故曰反者道之動也

弱者道之用

柔弱同通不可窮極

天下萬物生於有有生於無

天下之物皆以有爲生有之所始以無爲本將欲全有必反於無也

四十一章

考異 聞道大笑之古本道下有而故建言一無故

考 一本言下有者

考異 有之下有曰

考 進道若退

上士聞道勤而行之

有志也

中士聞道若存若亡下士聞道大笑之不笑不足以爲道

故建言有之

建猶立也

明道若昧

光而不耀○昧悔對反

進道若退

後其身而身先外其身而身存

夷道若纇

纇坳也大

林本在若纇下纇作颣註坰集韻若對切音塊蓋與塊通 考異辱古本作黷偷作媮

攷正質眞若渝眞一作直 考異渝古本作輸 考注故渝故下恐脫若

夷之道，因物之性，不執平以割物，其平不見，乃更反若纇坰也。○纇，雷對反，簡文云之也，河上作纇，一本作纇，內如銳反，又苦對反，不見，賢遍反。**上德若谷，**不德其德，無所懷也。**太白若辱，**知其白，守其黑，太白然後乃得。**廣德若不足，**廣德不盈，廓然無形，不可滿也。**建德若偷，**偷，匹也，建德者，因物自然，不立不施，故若偷匹。**質眞若渝，**質眞者，不矜其眞，故渝。**大方無隅，**方而不割，故無隅也。**大器晚成，**大器成天下，不持全別，故必晚成也。○別，彼列反。**大音希聲，**聽之不聞名曰希，不可得聞之音也。有聲則有分，有分則不宮而商矣。分則不能統衆，故有聲者非大音也。○分，符問反。

大象無形有形則有分有分者不溫則炎不炎則寒故象而形者非大象○炎于沾反

道隱無名夫唯道善貸且成凡此諸善皆是道之所成也在象則爲大象而大象無形在音則爲大音而大音希聲物以之成而不見其成形故隱而無名也貸之非唯供其乏而已一貸之則足以永終其德故曰善貸也成之不加機匠之裁無物而不濟其形故曰善成○貸吐代反恭一作供裁音才又才代反

四十二章

道生一一生二二生三三生萬物萬物負

考異王公以為稱古本作王侯以自稱也

考異或益林本無或字

考異人之所教我亦教之古本作人之

陰而抱陽沖氣以為和人之所惡唯孤寡不穀而王公以為稱故物或損之而益或益之而損萬物萬形其歸一也何由致一由於無也由無乃一一可謂無已謂之一豈得無言乎有言有一非二如何有一有二遂生乎三從無之有數盡乎斯過此以往非道之流故萬物之生吾知其主雖有萬形沖氣一焉百姓有心異國殊風而得一者王侯主焉以一為主一何可舍愈多愈遠損則近之損之至盡乃得其極既謂之一猶乃至三況本不一而道可近乎損之而益豈虛言也所惡烏路反稱尺證反可舍音捨愈遠于萬反人之所教我亦教之我之

所以教我亦我之所以教人一作人之所教亦我義教之教父古本作學父

非強使人從之也而用夫自然舉其至理順之必吉違之必凶故人相教違之必自取其凶也亦如我之教人勿違之也○非強其丈反

強梁者不得其死吾將以爲教父

強梁則必不得其死人相教爲強梁則必如我之教人不當爲強梁也舉其強梁不得其死以教耶若云順我教之必吉也故得其違教之徒適可以爲教父也

四十三章

天下之至柔馳騁天下之至堅

氣無所不入水無所不出於經○騁勑領反

無有入無間吾是以知無爲

改正無有入無間今本入字下多於字

考異 古本淮南子並作出於無有入於無閒吾是以知無爲之有益也一無吾也二字希及之政和本下有矣

攷正 是故甚愛今本無是故

之有益虛無柔弱無所不通無有不可窮至柔不可折以此推之故知無爲之有益也○折章舌反又常列反不言之教無爲之益天下希及之

四十四章

名與身孰親尚名好高其身必疏○好呼報反身與貨孰多貪貨無厭其身必少○無厭於鹽反又於艷反得與亡孰病得多利而亡其身何者爲病也是故甚愛必大費多藏必厚亡甚愛不與物通多藏不與物散求之者多攻之者衆爲物所病故大費厚亡也

〔考〕一本弊作敝韻會小補敝筆別切老子云云〔考異〕沖古本作盅屈作詘

知足不辱知止不殆可以長久　○賁芳貴反藏才浪反

四十五章

大成若缺其用不弊　隨物而成不爲一象故若缺也○缺窺悦反弊婢庶反不爲于僞反

大盈若沖其用不窮　大盈充足隨物而與無所愛矜故若沖也

大直若屈　隨物而直直下在一故若屈也○屈九物反僞也

大巧若拙　大巧因自然以成器不造爲異端故若拙也

大辯若訥　大辯因物而言己無所造故若訥也○訥怒忽反

躁勝

【考異】却走馬以糞，古本糞作播，吳幼清本作以糞車。【考異】韓子糞下有也，郊下有矣。【改正】禍莫句上，一本多罪莫大于可欲一句。【考異】咎莫大於欲得，韓非古本作咎莫憯於欲得故

寒，靜勝熱，清靜爲天下正。躁罷然後勝寒，靜無爲以勝熱，以此推之，則清靜爲天下正也。靜則全物之眞，躁則犯物之性。故惟清靜乃得如上諸大也。〇躁，早報反。罷，音皮。

四十六章

天下有道，却走馬以糞。天下有道，知足知止，無求於外，各修其內而已。故却走馬以治田糞也。〇却，除也。糞，弗問反。天下無道，戎馬生於郊。貪欲無厭，不修其內，各求於外，故戎馬生於郊也。禍莫大於不知足，咎莫大於欲得。故知足之足常

知足之足常足矣司馬無之足又無矣〔考〕韓子作知足之爲足矣

〔考異〕不出戶知天下不窺牖見天道古本出戶窺牖下俱有可以二字韓非作不出於戶可以知天下不窺於牖可以見天道其出彌遠彌古本作镾下同韓非遠下有者〔考〕其知韓非知作智〔考異〕不行而知作不行而至

足矣（○禍莫大於不知足河上本有此句上有罪莫大於可欲一句咎其九反）

四十七章

不出戶知天下不窺牖見天道（事有宗而物有主途雖殊而同歸也慮雖百而其致一也道有大常理有大致執古之道可以御今雖處於今可以知古始故不出戶窺牖而可知也○窺起規反羑牖二同由九反）其出彌遠其知彌少（無在於一而求之於衆也道視之不可見聽之不可聞搏之不可得如其知之不須出戶若其不知出愈遠愈迷也○搏波洛反）是以聖人不行而知不見而名（得物之致故雖不行

【考異】不見而名　韓子名作明

而慮可知也。識物之宗，故雖不見，而是非之理可得而名也。

不爲而成。

明物之性，因之而已，故雖不爲，而使之成矣。

四十八章

爲學日益，

務欲進其所能，益其所習。

爲道日損。

務欲反虛無也。

損之又損，以至於無爲。無爲而無不爲。

有爲則有所失，故無爲乃無所不爲也。

取天下常以無事。

動常因也。

及其有事，

自己造也。

不足以取天下。

失統本也。

【考異】爲學爲道　古本下共有者。又損之無爲　一無之無爲。而無不爲矣　古本作無爲則無不爲。

【攷正】取天下　一作故取天下者。

【考異】不足以取天下　古本作又不足以取天下矣。

【攷正】德善德信一作得善矣得信矣聖人在天下今本在字上多之字歙歙今作惵惵

【考異】歙歙下一有焉渾其心古本作渾渾焉

【考】渾其心林本無其

【考異】孩之陸王弼作咳

四十九章

聖人無常心以百姓心爲心 動常因也 善者吾善之不善者吾亦善之 各因其用則善不失也 德善無棄人也 信者吾信之不信者吾亦信之德信

聖人在天下歙歙爲天下渾其心百姓皆注其耳目 各用聰明○歙歙許及反一本作惵惵河上本作怵顧云許葉反危懼貌簡文云河上公作怵渾胡本反注之樹反 聖人皆孩之 皆使和而無欲如嬰兒也夫天地設位聖人成能人謀鬼謀百姓與能者能者與之資者

取之能大則大資貴則貴物有其宗事有其主如此則可見疏克且而不懼於欺蔽纊塞耳而無感於慢又何爲勞一身之聽明以察百姓之情哉夫以明察物物亦競以其明應之以不信察物物亦競以不信應之夫天下之心不必同其所應不敢異則莫肯用其情矣甚矣害之大也莫大於用其明矣夫在智則人與之訟在力則人與之爭智不出於人而立乎訟地則窮矣力不出於人而立乎爭地則危矣未有能使人無用其智力乎己者也如此則已以一敵人而人以千萬敵己也若乃多其法網煩其刑罰塞其經路攻其幽宅則萬物失其自然百姓喪其手足鳥亂於上魚亂於下是以聖人之於天下歙歙焉心無所主也爲天下渾心焉意無所適莫也無所

察焉百姓何避無所求焉百姓何應無避無應則莫不用其情矣人無爲舍其所能而爲其所不能舍其所長而爲其所短如此則言者言其所知行者行其所能百姓各皆注其耳目焉吾皆孩之而已○咳胡來反本或作孩冕音勉旒音留説文作塗充如字黈吐口反纊苦放反戚七歷反慢武晏反徑經定反塞息浪反適丁歷反舍音捨

五十章

出生入死出生地入死地生之徒十有三死之徒十有三人之生動之死地十有三夫何故

攷正　人今本作民動之死地今本地字

下多一亦字

考異 人之生動之死地韓非子古本作民之生生而動動皆之死地之厚古本下有也

考 不被甲兵被一作避措其爪韓非子措作錯

考異 夫何故古本下有也無死地古本下有焉

考 注無以主爲生主當作生

以其生生之厚蓋聞善攝生者陸行不遇兕虎入軍不被甲兵兕無所投其角虎無所措其爪兵無所容其刃夫何故以其無死地

十有三猶云十分有三分取其生道全生之極十分有三耳取死之道全死之極十分亦有三耳而民生生之厚更之無生之地焉善攝生者無以生爲生故無死地也器之害者莫甚乎戈兵獸之害者莫甚乎兕虎而令兵戈無所容其鋒刃虎兕無所措其爪角斯誠不以欲累其身者也何死地之有乎夫蚖蟺以淵爲淺而鑿穴其中鷹鸇以山爲卑而增巢其上矰繳不能及網罟不能到可謂處於無死地

矣然而卒以甘餌乃入於無生之地豈非生生之厚乎故物苟不以求離其本不以欲渝其眞雖入軍而不害陸行而不可犯也赤子之可則而貴信矣○兕徐履反被皮彼反投音頭錯七路反而令力征反鋒芳逢反累劣偽反蟺徒多反又音壇又本作蟮蘘音習蘼憶矜反鸇之然反埤音婢蟷作能反繳諸若反網亡兩反罟音古卒子戌反餌如止反離音利

五十一章

道生之德畜之物形之勢成之物生而後畜畜而後形形而後成何由而生道也何得而畜德也何由而形物也何使而成勢也唯因也

攷正夫莫之命命一作爵常自然上今本多一而字
考異夫莫之爵一無夫
考注命並作爵四字不類王注恐後人

傍記異同遂混入耳〔攷正〕德畜之今本無德停之毒之今本作成之熟之〔考異〕亭之毒之作成之熟之養之古本作蓋之〔考正〕亭毒二字諸本多作成熟第一章王注已引用亭毒二字此釋文亦音亭毒二字則王注舊本作亭毒審矣又按初學記帝王部老子曰亭之毒之蓋之覆之王弼注曰亭謂品其形

故能無物而不形唯勢也故能無物而不成凡物之所以生功之所以成皆有所由有所由焉則莫不由乎道也故推而極之亦至道也隨其所因故各有稱焉（）稱尺證反

是以萬物莫不尊道而貴德

道者物之所由也德者物之所得也由之乃得故曰不得不失尊之則害不得不貴也

道之尊德之貴夫莫之命常自然

命並作爵

故道生之德畜之長之育之亭之毒之養之覆之

謂成其實各得其庇蔭不傷其體矣○長張丈反亭之如字別也毒之徒篤反庇必寐反又音秘亦作芘蔭於鴆反

生而不有爲而不恃

爲而不有

長

毒，謂成其質。以是觀之，今本王注蓋多脫誤。

考異 有始，古本始下有可。攷正 既知其母，知，今本作復。

考異 復知，部本作以知。攷正 沒其不殆，其，今本作身。

而不宰，是謂玄德。有德而不知其主也，出乎幽冥，故謂之玄德也。

五十二章

天下有始，以爲天下母。善始之，則善養畜之矣，故天下有始，則可以爲天下母矣。既知其母，復知其子。既知其子，復守其母，沒其不殆。母，本也；子，末也。得本以知末，不舍本以逐末也。○復，扶又反，又音服。塞其兌，閉其門，兌，事欲之所由生；門，事欲之所由從也。○其兌，徒外反。簡云：言□河上本作銳，銳自言也。終身不勤。無事永逸，故終身不勤也。開其兌，濟其事，終身不救。不閉

其原而濟其事故雖終身不救見小曰明守柔曰強爲治之功

不在大見大不明見小乃明守強不強守柔乃強也○見賢遍反小曰音越

用其光顯道以去民迷復歸其明不明察也無遺身殃是謂習常道之常也○遺唯季反

【攷正】習常今本作襲常【考異】葉作襲襲非

五十三章

使我介然有知行於大道唯施是畏言若使我可介然有知行大道於天下唯施爲之是畏也○介音界大道甚夷而民好徑言大道蕩然正平而民猶尚舍之而不由好從邪徑況復施爲以塞

【考異】而民好徑碧虛司馬蘇林並作民

甚好徑

【考異】服文綵林本綵作采韓非子同一本作繡

【攷正】財貨一作資財韓非子作貨資

【考異】資貨有餘古本作貨財一作資財

【攷正】盜夸作盜竽夸作誇非道也哉今本無也

【考異】非道哉趙志堅作盜夸非道

【攷正】善建不拔今本建下多者字子孫以今本無以

【考異】子孫祭祀不輟彭耜

○大道之中乎故曰大道甚夷而民好徑好呼報反徑經定反邪徑復扶又反朝甚除朝宮室也除潔好也○朝直遙反潔好如字田甚蕪倉甚虛朝甚除則田甚蕪倉甚虛設而衆害生也○蕪音無服文綵帶利劒厭飲食財貨有餘是謂盜夸非道也哉凡物不以其道得之則皆邪也邪則盜也夸而不以其道得之竊位也故舉非道以明非道則皆盜夸也○厭於豔反夸口花反盜夸非道也哉河上本同

五十四章

善建不拔固其根而後營其末故不拔也○拔皮八反顧云私善抱

本孫下有以韓非子作子孫以其世世祭祀不絶【攷正】脩之於身五句今本皆無於【考異】其德乃眞趙志堅乃作能下同乃餘趙作能有餘【攷正】脩之於國國一作邦【考異】翼註邦一作國漢人避高帝諱改之於韻不叶今從韓非本【考】注亦皆如人之道也前後疑有訛誤【考異】何以古本作奚以

者不脫不貪於多齊其所能故不脫也○齊才細反子孫以祭祀不輟子孫傳此道以祭祀則不輟也○不輟張劣反孫傳直專反脩之於身其德乃眞脩之於家其德乃餘以身及人也修之身則眞修之家則有餘修之不廢所施轉大脩之於鄉其德乃長脩之於國其德乃豐脩之於天下其德乃普故以身觀身以家觀家以鄉觀鄉以國觀國彼皆然也以天下觀天下以天下百姓心觀天下之道也天下之道逆順吉凶亦皆如人之道也吾何以知天

攷正 天下然哉今本下下多之字 考異 然哉韓非子哉作也

考異 含德之厚比於赤子古本作含德之厚者比之于赤子也 攷正 蜂蠆虺蛇四字今本作毒蟲二字 全作今本作峻作 考異 峻古本作朘陸作全至也碧唐蘇曹無也下同 攷正 不嗄上

下然哉以此 此上之所云也言吾何以得知天下乎察己以知之不求於外也所謂不出戶以知天下者也

五十五章

含德之厚比於赤子蜂蠆虺蛇不螫猛獸不據攫鳥不搏 赤子無求無欲不犯衆物故毒蟲之物無犯之人也含德之厚者不犯於物故無物以損其全也○比必履反蜂芳逢反蠆勑賣反虺虛鬼反蛇食奢反螫失亦反又呼各反河上云毒蟲不螫攫俱縛反不搏音博 骨弱筋柔而握固 以柔弱之故故握能周固○筋居勤反篇者俗握於學反 未

今本多嗌字

【考異】不嗄，一作嗌不嗄。黄茂材曰：古本無嗌，後人以莊子之文增入之。古本嗄作歔歔，於曲切，氣逆也。

【考】注曰明也，日上恐脫故曰知常四字。

知牝牡之合而全作，作，長也。無物以損其身，故能全長也。言含德之厚者，無物可以損其德，渝其眞。柔弱不爭而不摧折，皆若此也。○牝，頻忍反。牡，牟后反。全，如字。河上作朘，子和反。本一作朘，說文子和反，又子壘反，云赤子陰也。字埀反。

精之至也。終日號而不嗄，無爭欲之心，故終日出聲而不嗄也。○號，戸毛反。嗄，一邁反，氣逆也，又於介反。而聲不嗄，當作噫。和之至也。知和曰常，物以和爲常，故知和則得常也。知常曰明，不皦不昧，不溫不涼，此常也。無形不可得而見，曰明也。益生曰祥，生不可益，益之則夭也。○則夭，於驕反，又於表反。心使氣曰強，心宜無有

考異曰強古本作則強是謂古本作謂之不道碑本作非道

使氣則強○物壯則老謂之不道不道早強其良反已○壯側諒反

五十六章

考異知者不言古本言下有也

攷正解其分分今本作紛玄同下今本無故字

考異不可得而疎不可得而害不可得而賤古本上並有亦字

知者不言因自然也言者不知造事端也塞其兌閉其門挫其銳含守質也○挫子臥反銳悅歳反解其分除爭原也和其光無所特顯則物無偏爭也同其塵無所特賤則物無偏恥也是謂玄同故不可得而親不可得而疎可得而親則可得而疎也不可得而利不可得而害可得

考異 以正，古本正作政。無事，違真本事作為。

考 奇正之正，疑兵字誤，或是邪字。

攷正 吾何以知其然哉，今本無哉字。

而朴則可得而害也。不可得而貴，不可得而賤，可得而貴則可得而賤也。故為天下貴，無物可以加之也。

五十七章

以正治國，以奇用兵，以無事取天下。以道治國則國平，以正治國則奇正起也，以無事則能取天下也。上章云其取天下者常以無事，及其有事又不足以取天下也。故以正治國則不足以取天下，而以奇用兵也。夫以道治國，崇本以息末；以正治國，立辟以攻末。本不立而末淺，民無所及，故必至於奇用兵也。吾何以知其然哉？以此。天下多忌諱，考異吾何以知天下之然哉一作吾何以知其然哉以此 考林本天下上有夫字民多作人多人多作民多 攷正伎一作技 考異民多技巧奇物滋起古本作民多智慧衺事滋起滋彰古本作滋章我無欲而民自樸河上本此下有我無情而民自清

而民彌貧民多利器國家滋昏利器凡所以利己之器也民強則國家弱人多伎巧奇物滋起民多智慧則巧偽生巧偽生則邪事起法令滋彰盜賊多有立正欲以息邪而奇兵用多忌諱欲以恥貧而民彌貧利器欲以強國者也而國愈昏多皆舍本以治末故以致此也故聖人云我無為而民自化我好靜而民自正我無事而民自富我無欲而民自樸上之所欲民從之速也我之所欲唯無欲而民亦無欲而自樸也此四者崇本以息末也

考異悶悶古本作閔閔　考淳淳林本作醇醇　考異醇醇古本作偆偆　考注察察上當補其政二字

孜正所倚所伏今本上無二之字其無正一作其無上一作其爲正下多一耶字

孜正善復爲妖妖今本作訞人之迷人

五十八章

其政悶悶，其民淳淳。言善治政者，無形無名，無事無正可舉，悶悶然卒至於大治，故曰其政悶悶也。其民無所爭競，寬大淳淳，故曰其民淳淳也。

其政察察，其民缺缺。立刑名，明賞罰，以檢姦僞，故曰察察也。殊類分析，民懷爭競，故曰其民缺缺。

禍兮福之所倚，福兮禍之所伏。孰知其極？其無正。言誰知善治之極乎？唯無可正舉，無可形名，悶悶然而天下大化，是其極也。

正復爲奇，以正治國，則便復以奇用兵矣，故曰正復爲奇。

善復爲妖。立善以和萬物，則便復有妖之

【考】一作民

【考】一本作人之迷也其日固久矣韓非子作其日故以久矣注舍去其邪舍當作令

【考異】廉而不劌劌纂微作撅非

【考】注令去其邪四字衍沸當作拂直若上當補大字此語見四十五章

【考】光而不燿燿本多作耀韓非子同

患也人之迷其日固久言人之迷惑失道固久矣不可便正善治是以聖人方而不割以方導物舍去其邪不以方割物所以責廉而不劌謂大方無隅○令力征反去羌呂反廉清廉也劌傷也以清廉清民令去其邪令去其汙不以清廉劌傷於物也○不劌居衛反河上作害傷也汙直而不肆音烏以直導物令去其僻而不以直激沸於物也所謂直若屈也○僻必亦反激經覔反又古堯反拂苦佛反光而不燿以光鑒其所以迷不以光照求其隱匿也所謂明道若昧也此皆崇本以息末不攻而使復之也○燿以照反匿女力反

【攷正】莫若嗇 今本若作如
【考異】是謂早服 謂韓非子作以服 一作復 謂之重積德 韓非子作是謂重積德
【攷正】克 今本作尅
【考異】黃無下莫知其極四字

五十九章

治人事天莫若嗇。莫如猶莫過也。嗇，農夫。農人之治田，務去其殊類，歸於齊一也。全其自然，不急其荒病，除其所以荒病，上承天命，下綏百姓，莫過於此。○嗇，生力反。河上云：貪也。去，羌呂反。

夫唯嗇，是謂早服。早服，常也。○早復音服。

早服謂之重積德。唯重積德，不欲銳速，然後乃能使早服其常，故曰早服謂之重積德者也。○重，直容反。

重積德則無不克，無不克則莫知其極。道無窮也。

莫知其極，可以有國。以有窮而涖國，非能有國也。

有國之母，可

攷正 柢今本作蔕

考異 深根固柢韓非子作深其根固其柢柢一作蔕

考異 韓非子作治大國者

考異 其神不傷人韓非子下有也字

以長久。國之所以安謂之母重積德是唯圖其根然後營末乃得其終也

是謂深根固柢長生久視之道。○柢丁計反亦作蔕

六十章

治大國若亨小鮮。不擾也躁則多害靜則全眞故其國彌大而其主彌靜然後乃能廣得衆心矣○亨普庚反不當加火鮮音仙

以道莅天下其鬼不神。治大國則若亨小鮮以道莅天下則其鬼不神也○莅力至反□無此字說文作𨽻

非其鬼不神其神不傷人。神不害自然也物守自然則神無所加神無所加則不知神之爲神也

非其神不傷

攷正　聖人亦不傷人人一作之
考異　聖人亦不傷之韓非子作不傷民
考　林本作聖人亦不傷

人。聖人亦不傷人。道洽則神不傷人神不傷人則不知神之爲神道洽則聖人亦不傷人聖人不傷人則亦不知聖人之爲聖也猶云非獨不知神之爲神亦不知聖人之爲聖也夫恃威網以使物者治之衰也使不知神聖之爲神聖道之極也○治直吏反

夫兩不相傷。故德交歸焉。神不傷人聖人亦不傷人聖人不傷人神亦不傷人故曰兩不相傷也神聖合道交歸之也

六十一章

大國者下流。江海居大而處下則百川流之大國居大而處下則天下

考異 天下之牝，一作天下之交牝。考異 以靜爲下，古本作以其靜故爲之下也，司馬作以其靜爲之下，一無此句。

流之故曰大國下流也 天下之交天下所歸會也天下之牝靜而不求物自歸之也○牝頻忍反牝常以靜勝牡以靜爲下以其靜故能爲下也牝雌也雄躁動貪欲雌常以靜故能勝雄也以其靜復能爲下故物歸之也○靜復扶又反故大國以下小國大國以下猶云以大國下小國○下遐嫁反則取小國小國則附之○取七揄反又七喻反小國以下大國則取大國大國納之也故或下以取或下而取言唯修卑下然後乃各得其所○卑下遐嫁反大國不過欲兼畜人小國不過欲入事

考異故大者宜爲下一無故字一作爲之下

人。夫兩者各得其所欲，大者宜爲下。小國修下，自全而已，不能令天下歸之。大國修下，則天下歸之。故曰各得其所欲，則大者宜爲下也。○過古禾反，又古臥反。

考異奧下一本有也字善人之寶司馬程之下有所

考異加人彭本作加於人

六十二章

道者萬物之奧。奧猶曖也，可得庇蔭之辭。○奧於六反，曖也。河上烏報反。曖音愛，暗也。說文作僾。庇必寐反，本秘反。蔭於鴆反。善人之寶，寶以爲用也。不善人之所保。保以全也。美言可以市尊，行可以加人。言道無所不先，物無有貴於此也。雖有珍寶璧馬，無以匹

攷正 拱一作珙

考異 坐進此道古本作進此道也

攷正 何一作何也

考異 一無何不曰纂微書陳曰作日

考異 以求本多作求以

考異 有罪以免邪罪下有

之美言之則可以奪衆貨之賈故曰美言可以市也尊行之則千里之外應之故曰可以加於人行下孟反

○人之不善何棄之有不善當保道以免放

故立天子置三公言以尊行道也

雖有拱璧以先駟馬不如坐進此道此道上之所云也言故立天子置三公尊其位重其人所以爲道也物無有貴於此者故雖有拱抱寶璧以先駟馬而進之不如坐而進此道也○有拱居勇反璧并歷反以先悉薦反以爲于僞反

古之所以貴此道者何不曰以求得有罪以免耶故爲天下貴以求則得求以免則得免無所而不施故

爲天下貴也

○曰于月反

同[考]注所而而字疑衍

六十三章

爲無爲事無事味無味以無爲爲居以不言爲教以恬淡爲味治之極也○淡徒暫反

大小多少報怨以德小怨則不足以報大怨則天下之所欲誅順天下之所同者德也

[考異]圖難於其易古本難下有乎下同

圖難於其易爲大於其細

[考異]韓非子易下細下共有也字

天下難事必作於易天下大事必作於細

[考異]天下難事難上有之下大事上同

是以聖人終不爲大故能成其大夫輕諾必寡信多易必多難是以聖人

[考異]輕諾多易古本下各有者

猶難之以聖人之才猶尚難於細易況非聖人之才而欲忽於此乎故曰猶難之也○易以豉反必多難乃且反故終無難矣

六十四章

其安易持其未兆易謀以其安不忘危持之不忘亡謀之無功之勢故曰易也其脆易泮其微易散雖失無入有以其微脆之故未足以興大功故易也此四者皆說慎終也不可以無之故而不持不可以微之故而弗散也無而弗持則生有焉微而不散則生大焉故慮終之患如始之禍則無敗事○脆七歲反河上本作膬昌睿反泮普半反爲之於未有

猶難之程猶作由［攷正］終無難矣今本無矣字

［考異］韓非子持下謀下共有也字［攷正］易泮今本作易破［考異］易判判一作泮一作破

［考異］爲之於未有古本作爲之乎其未

有下同豪一作毫九成一作九層千里之行一作百仞之高

攷正是以聖人無爲今本無是以二字

考異一無聖人常於幾成一於下有其無敗事一下有矣

謂其安未兆也治之於未亂謂微脆也合抱之木生於毫末九層之臺起於累土千里之行始於足下爲者敗之執者失之當以慎終除微慎微除亂而以施爲治之形名執之反生事原巧辟滋作故敗失也○於累劣被反敗必賣反施始志反辟必亦反是以聖人無爲故無敗無執故無失民之從事常於幾成而敗之不慎終也慎終如始則無敗事是以聖人欲不欲不貴難得之貨好欲雖微爭尚爲之興難得之貨雖細貪盜爲之起也○好呼報反

考異 復衆人古本復上有以
考 韓非子復下有歸過下有也注喩於以下七字疑有錯誤
考異 以恃萬物之自然而不敢爲恃舊並作輔爲下一有也
考異 古本作以其多智也
攷正 今本無故字
考異 國之賊國之福下古本各有也

學不學、復衆人之所過。不學而能者自然也。喩於不學者過之也。故學不學以復衆人之所過。以輔萬物之自然而不敢爲。

六十五章

古之善爲道者、非以明民、將以愚之。明謂多見攷詐蔽其樸也。愚謂無知守眞順自然也。民之難治、以其智多。多智巧詐故難治也。故以智治國、國之賊。智猶治也。以智而治國所以謂之賊者、故謂之智也。民之難治、以其多智也。當務塞兌閉門、令無知無欲而以智術動民。邪心既動，復以巧術防民之僞。民知其術，防隨而避之。思惟密巧，奸僞益滋。故曰以智治國，國之賊也。○令力征反，復扶又反。

不以智治國，國之福。知此兩者亦稽式。常知稽式，是謂玄德。玄德深矣遠矣，稽，同也。今古之所同則而不可廢。能知稽式，是謂玄德。玄德深矣遠矣。○稽式，古兮反。嚴、河上作楷式。與物反矣，反其眞也。然後乃至大順。

六十六章

江海所以能爲百谷王者，以其善下之，故

攷正 知此兩者，一作有能知此兩者。稽式，今本作楷式。

考異 知此兩者亦稽式，古本作常知此兩者亦稽式。

攷正 常知，一作能知。然後乃至大順，今本無然後二字。

考異 乃至，古本作乃復至。

考異 乃至下，一本有於字。

考異 以其善下之，古本下有也。

攷正 是以欲上民今本是以下多聖人二字民一本通作人

考異 以其言下之古本作必以其言下之一作必以言下之下句同民不害古本下有也

攷 林本無道字

考異 夫惟大故似不肖清源本無此句其細也夫一

能爲百谷王。是以欲上民，必以言下之；欲先民，必以身後之。是以聖人處上而民不重，處前而民不害。是以天下樂推而不厭。以其不爭，故天下莫能與之爭。○善下言下遐嫁反厭於豔反

六十七章

天下皆謂我道大似不肖。夫唯大，故似不肖。若肖，久矣其細也夫。久矣其細猶曰其細久矣肖則失其

無也夫
考注夫字當在也字下
考異寶而持之一作持而寶之寶一作保慈故能勇古本上有夫
考韓非子成器上有為字器作事
考異舍其慈且勇一無其下二句同死矣古本作是謂入死門以戰則勝一作以陣則正
考注正當作勝

所以為大矣故夫曰若肖久矣其細也〇夫音扶唯大絶句我有三寶持而保之一曰慈二曰儉三曰不敢為天下先慈故能勇夫慈以陳則勝以守則固故能勇也〇以陳直忍反儉故能廣節儉愛費天下不匱故能廣也〇費芳味反匱其貴反不敢為天下先故能成器長唯後外其身為物所歸然後乃能立成器為天下利為物之長也〇器長張丈反今舍慈且勇且猶取也〇舍音捨舍儉且廣舍後且先死矣夫慈以戰則勝相愍而不避於難故正也〇辟音避於難乃旦反以守則

考異以慈衛之葉本上有必

考異古本作古之善爲士者不武也

攷正善勝敵今本作善戰勝又一作善勝戰不與一作不爭

考異善勝敵一無敵字

攷正爲之下今本無之字

考異古之極古本下有也

考異用兵有言古本下有曰

固天將救之以慈衛之

六十八章

善爲士者不武士卒之帥也武尚先陵人也○卒尊忽反帥所類反善戰者不怒後而不先應而不唱故不在怒善勝敵者不與不與爭也善用人者爲之下是謂不爭之德是謂用人之力用人而不爲之下則力不爲用也是謂配天古之極

六十九章

用兵有言吾不敢爲主而爲客不敢進寸

攷正 扔今本作仍

考異 仍無敵執無兵古本作執無兵仍無敵輕敵古本作無敵輕敵幾喪吾寶古本作無敵則幾亡吾寶抗兵相加哀者勝矣古本作抗兵相若則哀者勝矣

而退尺、是謂行無行、彼遂不止○爲于僞反無行戶剛反攘無臂、扔無敵、行謂行陳也言以謙退哀慈不敢爲物先用戰猶行無行攘無臂執無兵扔無敵也言無有與之抗也○攘若羊反扔音仍執無兵、禍莫大於輕敵、輕敵幾喪吾寶、言吾哀慈謙退非欲以取強無敵於天下也不得已而卒至於無敵斯乃吾之所以爲大禍也寶三寶也故曰幾亡吾寶○幾音祈又音機故抗兵相加、哀者勝矣、抗舉也加當也哀者必相惜而不趣利避害故必勝

七十章

考異 天下莫能知莫能行古本作而人莫之能知莫之能行不我知也一無也

考 淮南子道應訓作不吾知也注不知之不恐而謖

攷正 則我者貴一作則我貴矣

考異 被褐一作披褐一褐下有而

吾言甚易知甚易行天下莫能知莫能行可不出戶窺牖而知故曰甚易知也無爲而成故曰甚易行也惑於躁欲故曰莫之能知也迷於榮利故曰莫之能行也言有宗事有君宗萬物之宗也君萬物之主也夫唯無知是以不我知以其言有宗事有君之故故有知之人不得不知之也知我者希則我者貴唯深故知之者希也知我益希我亦無匹故曰知我者希則我者貴也是以聖人被褐懷玉被褐者同其塵懷玉者寶其眞也聖人之所以難知以其同塵而不殊懷玉而不渝故難知而爲貴也○被音備褐戶葛反

考異上古本作尚矣病古本作病矣
考淮南子道應訓作知而不知尚矣不知而知病也韓非子作聖人之不病也以其不病是以無病也
攷正則大威至今本上無則字下多矣字狎今本作狹

七十一章

知不知上。不知知病。不知知之不足任則病也夫唯病病。是以不病。聖人不病。以其病病。是以不病。

七十二章

民不畏威。則大威至。無狎其所居。無厭其所生。清淨無爲謂之居。謙後不盈謂之生。離其清淨行其躁欲棄其謙後任其威權則物擾而民僻威不能復制民民不能堪其威則上下大潰矣天誅將至故曰

【考異】夫唯不厭，吳幼清作夫唯不狎

民不畏威則大威至無狎其所居無厭其所生言威力不可任也○無狎戸甲反厭於艷反離力智反擾而小反碎夫唯不厭匹亦反復扶又反潰戸對反不自厭也是以不厭不自厭是以天下莫之厭是以聖人自知不自見不自見其所知以耀光行威也○見賢遍反自愛不自貴自貴則物狎厭居生故去彼取此○去羌呂反

【考】齊字可疑

七十三章

勇於敢則殺必不得其死也勇於不敢則活必齊命也

【考異】此兩者，一此上有知字，非

此兩者或利或害俱勇而所施者異利害不同故曰或利或害也

考 下恐衍

考 雖當作惟

考異 繟然而善謀繟一作坦一作默

考 注先事而設誠誡恐誠

攷正 疎而不失失一作漏

天之所惡孰知其故是以聖人猶難之孰誰也言誰能知天下之所惡意故邪其唯聖人夫聖人之明猶難於勇敢況無聖人之明而欲行之也故曰猶難之也○之所惡烏路反難乃旦反天之道不爭而善勝天雖不爭故天下莫能與之爭不言而善應順則吉逆則凶不言而善應也不名而自來處下則物自歸繟然而善謀垂象而見吉凶先事而設誠安而不忘危未兆而謀之故曰繟然而善謀也○繟音闡坦吐但反梁王尚鍾會孫登張嗣本有此坦平大貌河上作墠墠寬也坦尺善反又上單反見賢遍反先悉薦反天網恢恢疎而不失

考異 民下一有常吾得執而殺之孰敢古本作吾得而殺之孰敢也一得作豈

攷正 夫司殺者今本大字下多代字者字下多殺字是大匠斲今本是字下多謂代二字夫代大匠斲者今本無者字希有不傷其手矣一本無其字一本矣上多者字

考異 有司殺者殺而代司殺者殺而一作夫是下一有謂希不自

○恢古回反

七十四章

民不畏死奈何以死懼之若使民常畏死而爲奇者吾得執而殺之孰敢詭異亂群謂之奇也常有司殺者殺夫司殺者是大匠斲夫代大匠斲者希有不傷其手矣爲逆順者之所惡忿也不仁者人之所疾也故曰常有司殺也○是大匠斲陟角反

七十五章

傷其手矣一一作希有不傷手矣一作希不傷其手矣 考注爲逆順者之所惡忿也順者倒

考異民之飢古本下有者下二句同食稅之多也一無也下同以其生生之厚也一一作以其上求生之厚唯無以生爲者一上有夫一爲下有貴貴生政和本下有也

考翼註本無萬物二字 考異柔脆脆一作弱

民之饑以其上食稅之多是以饑民之難治以其上之有爲是以難治民之輕死以其求生之厚是以輕死夫唯無以生爲者是賢於貴生言民之所以僻治之所以亂皆由上不由其下也民從上也○治直吏反僻匹亦反

七十六章

人之生也柔弱其死也堅強萬物草木之生也柔脆其死也枯槁故堅強者死之徒

攷正 故堅強者今本無故字

考異 之徒古本下有也下句同兵強古本下有者共一本作折強大處下古本作故堅強處下

柔弱者生之徒是以兵強則不勝強兵以暴於天下者物之所惡也故必不得勝○強其兩反舊其良反脃七歲反槁苦老反木強則共物所加也強大處下木之本也柔弱處上枝條是也

七十七章

攷正 其猶張弓與今本與作乎字

考異 其猶張弓乎古本作其猶張弓者歟部猶作由非

攷正 補之今

天之道其猶張弓與高者抑之下者舉之有餘者損之不足者補之天之道損有餘而補不足人之道則不然與天地合德乃能包之如天之

本作與之
考損不足一句當屬上
考異古本作孰能損有餘而奉不足于天下者其唯有道者乎一功成而不居一作功成不居見賢耶一無耶
攷正見賢下一有也字
攷正今本作天下柔弱莫過於水
考異能先先一作勝
考翼註本易之下有也字
考異以其無以易之也一

道如人之量則各有其身不得相均如唯無身無私乎自然然後乃能與天地合德

○與音餘抑於力反量音亮身去羌呂反

損不足以奉有餘孰能有餘以奉天下唯有道者是以聖人為而不恃功成而不處其不欲見賢

言唯能處盈而全虛損有以補無和光同塵蕩而均者唯其道也是以聖人不欲示其賢以均天下

七十八章

天下莫柔弱於水而攻堅強者莫之能勝以其無以易之

以用也其謂水也言用水之柔弱無物可以易之也

無以也柔之
勝剛弱之勝
強一上有故
無二之莫不
知莫能行古
本作莫不知
而莫之能行
考淮南子道
應訓作柔之
勝剛也弱之
勝強也二受
上共有能
考異故聖人
云故一作是
以古本人下
有之言是謂
一作是為
致正受國不
祥今本受國
下多之字
考異若反古
本下有也
考異和大怨
一下有者必

○天下莫柔弱於水河上本作天下柔弱莫過於水弱之勝強柔之勝剛天下莫不知莫能行是以聖人云受國之垢是謂社稷主受國不祥是謂天下王正言若反○垢古口反

七十九章

和大怨必有餘怨不明理其契以致大怨已至而德以和之其傷不復故必有餘怨也○怨紆万反安可以為善是以聖人執左契左契防怨之所由生也○契苦計反而不責於人有

有餘怨一無必故有德司契一無故

考異使民有什伯之器一無民一作外伯人之器

考伯當作佰

考異六而不用一下有也使民重死而不遠徙葉本無此句

考一本人作民

考異六甘其食古本上有至治之極民各

德司契。有德之人念思其契不令怨生而後責於人也○今力征反無德司徹。徹司人之過也天道無親，常與善人。

八十章

小國寡民。國既小民又寡尚可使反古況國大民衆乎故舉小國而言也使有什伯之器而不用。言使民雖有什伯之器而無所用何患不足也○伯絕句河上本使民重死而不遠徙。使民不用惟身是寶不貪貨賂故各安其居重死而不遠徙也○賂音路雖有舟輿，無所乘之；雖有甲兵，無所陳之。使人復結

六字安其俗俗一作居樂其業業一作俗

攷正犬今本作狗

考異音一作聲使民至一無使而不相往來一無而相下有與

考異善者不辯辯者不善古本作善言不辯辯言不善不積不一作無

考異魏策老子曰聖人無積盡以爲人己愈有旣以與人己愈多

考異天之道

繩而用之甘其食美其服安其居樂其俗鄰國相望鷄犬之聲相聞民至老死不相往來無所欲求○輿音餘河上云車使人復音服又扶又反樂音洛

八十一章

信言不美實在質也美言不信本在樸也善者不辯辯者不善知者不博極在一也博者不知聖人不積無私自有唯善是與任物而已旣以爲人己愈有物所尊也○人己基倚反愈音與旣以與人己愈多物所歸也天

一無之

之道利而不害動常生成之也聖人之道爲而不爭順天之利不相傷也○不爭爭鬭注同

老子下篇終

舊跋

王弼老子道德經二卷眞得老子之學歟蓋嚴君平指歸之流也其言仁義與禮不能自用必待道以用之天地萬物各得於一豈特有功於老子哉凡百學者蓋不可不知乎此也予於是知弼本深於老子而易則末矣其於易多假諸老子之旨而老子無資於易者其有餘不足之迹斷可見

也、嗚呼學其難哉、彌知佳兵者不祥之器、至於戰勝以喪禮處之、非老子之言、乃不知常善救人、故無棄人、常善救物、故無棄物、獨得諸河上公、而古本無有也、賴傅奕能辨之、爾然彌題是書、曰道德經、不析乎道德而上下之、猶近於古歟、其文字則多誤謬、殆有不可讀者、令人惜之、嘗謂彌之於老子、張湛之於列子、郭象之於莊子、杜

預之於左氏范甯之於穀梁毛萇之於詩
郭璞之於爾雅完然成一家之學後世雖
有作者未易加也予既繕寫弼書并以記
之政和乙未十月丁丑嵩山晁說之鄜時
記

舊跋

咸平聖語有曰老子道德經治世之要明
皇解雖燦然可觀王弼所注言簡意深眞

得老氏清淨之旨克自此求弼所注甚力而近世希有蓋久而後得之往歲攝建寧學官嘗以刋行既又得晁以道先生所題本不分道德而上下之亦無篇目克喜其近古繕寫藏之乾道庚寅分教京口復鏤板以傳若其字之謬訛前人已不能證克焉敢輙易姑俟天知者三月二十四日左從事郎充鎭江府府學教授熊克謹記

作者及版本

林羅山(一五八三—一六五七),一名信勝,又名忠,字子信,通稱又三郎,後來又以僧號「道春」稱呼。據説林羅山的名字是由他的儒學老師藤原惺窩根據宋代某學者在廣東羅浮山研學《春秋》的故事而命名的。羅山出生於京都,幼小就顯露其才藝,十三歲入建仁寺學禪未成,十五歲歸家讀書,二十二歲經人介紹入惺窩學門。此時提出已讀書目四百四十餘種,其中不乏中國諸子等典籍。慶長十六年(一六一一)隨德川家康出訪京都,後爲將軍家侍讀,專務調研古籍,出版《大藏一覽》《群書治要》,編纂《本朝編年録》等。思想上崇尚朱子學,反對王陽明之學。

《老子鬳齋口義注》爲五孔線裝和式刻本。書高二十八點五厘米,共一册。封面題簽脱落。本書爲林羅山在林希逸《老子鬳齋口義》文本天頭上作批注,亦名爲《老子經注》。上下兩分册,上分册正文前爲林希逸《老子鬳齋口義發題》。發題之後爲正文,正文每頁爲八行,每行十八個字。頭注文爲小字。正文與注文均有訓點符號。上分册從道可道章第一開始,到道常無爲章第三十七爲止。下分册從上德不德章第三十八開始,到信言不美章第八十一爲止。少有蟲蛀,但不礙文意,雖有訓點符號,也不影響閲讀。

宇佐美灊水（一七一〇—一七七六），名惠，字自迪，通稱惠助，號灊水。出生於上總國夷隅郡（即屬千葉縣夷隅郡）的一個富裕的農商之家。十七歲到江户（東京）入荻生徂徠門下，攻讀經學。師歿之後，仍留在萱園塾學習古文辭學。其間一度歸故里，後又重返江户，開設私塾。晚年爲松江藩出仕，忠實地繼承了荻生徂徠的經學作風。著述除《老子考訂》外，還有《弁道考注》《弁名考注》《論語征考》《學則考》等。

《老子考訂》爲四孔線裝和式刻本。書高二十六厘米，分上下兩册。封面題簽「王注老子道德經」。内封印有「灊水宇先生考訂，王注老子道德經，附考異、攷正、考、陸德明音義，松山堂藏版」。正文前收署名南總宇惠撰、由署名東江平鱗書寫的《刻老子王注序》。上册從上篇一章始到三十七章止；下册從三十八章始到八十一章和舊跋止。無蟲蛀，字跡清晰，便於閲讀。

中國典籍日本注釋叢書

老莊卷

2

莊子考訂

[日]林羅山　等撰
張培華　編

目録

莊子考訂 ［日］服部南郭 撰

莊子考訂

[日] 服部南郭　撰

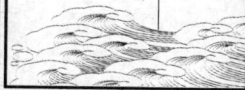

南華眞經舊序

河南郭象子玄撰

夫莊子者可謂知本矣故未始藏其狂言言雖無會而獨應者也夫應而非會則雖當無用言非物事則雖高不行與夫寂然不動不得已而後起者固有間矣斯可謂知無心者也夫心無爲則隨感而應應隨其時言唯謹爾故與化爲體流萬代而冥物豈曾設對獨遘而游談乎方外哉此其所以不經而爲百家之冠也然莊生雖未體之言則至

矣通天地之統序萬物之性達死生之變而明內聖外王之道上知造物無物下知有物之自造也其言宏綽其旨玄妙至至之道融微旨雅泰然遣放放而不敖故曰不知義之所適猖狂妄行而蹈其大方含哺而熙乎澹泊鼓腹而游乎昆芒至人極乎無親孝慈終於兼忘禮樂復乎已能忠信發乎天光用其光則其朴自成是以神器獨化於玄冥之境而源流深長也故其長波之所蕩高風之所扇暢乎物宜適乎民願弘其鄙解其懸灑落之

以上述其書有益

功未加、而矜夸所以散、故觀其書、超然自以爲已當經崐崘、涉太虛、而游惚怳之庭矣、雖復貪婪之人、進躁之士、暫而攬其餘芳、味其溢流、彷彿其音影、猶足曠然有忘形自得之懷、況探其遠情、而玩永年者乎、遂綿邈清遐、去離塵埃、而返冥極者也、

讀郭注莊子

蒙莊子善屬書離辭指事類情且其言洸洋自恣以適己可謂太史公能知莊生矣後世附注蓋數十家曷嘗不自謂得其玄珠然其書辭往往故作譎怪玩世固亦一家言不可類推加以邈古儻有一二轉訛錯脫固已不可攻焉而大抵後諸注家每以箋釋不全爲慊而覽者亦責其備不已而後務多其説強拗相軋率苟而已近乎遁辭則彼之與此均乎不通也至其演玄理固自惚恍無象言

旨可言孰知其極如塗塗附亦終歸乎不可言已且莊生騏驥奔逸豈猶可屑後之蠅附者哉其神而有知故當獨笑於無何有之鄉然莊生既已洸洋自恣曼衍窮年後之因此逐影摶空不可極止亦其勢爾而所謂其理不竭其來不蛻芒乎昧乎未之盡者莊生大觀千載之上葢預言之郭子玄亦清言家耳當時多已因此誇其超詣而其所言者特未定也則未知果且與是類乎獨要其會歸事事不必曲說可稱有識故亦得令辭滿上乃懸

河瀉水、不獨見推於古昔、迄今亦可以孤行、則吾有取於郭子玄、

南郭服元喬題

莊子南華眞經篇目

第一卷

内篇

第二卷

第三卷

目録終

凡有演而为义者，嫡而为义者，固也。亦有影而为释者，判而为释者，皆而

是郭注巧处

门人某某所記

莊子南華眞經卷一

郭　象注

内篇

逍遥遊

夫小大雖殊而放於自得之場則物任其性事稱其能各當其分逍遥一也豈容勝負於其間哉

北冥有魚其名爲鯤鯤之大不知其幾千里也化而爲鳥其名爲鵬

鵬鯤之實吾所未詳也夫莊子之大意在乎逍遥遊放無爲而自得故極小大之致以明性分之適達觀之士宜要其會歸而遺其所寄不足事事曲與生說自不害其弘旨皆可略之

鵬之背不知其幾千里也怒而飛其翼

疏本理固上有小物必自生於小處小處亦必生彼小物

南華經　卷一　一

若垂天之雲是鳥也海運則將徙於南冥南冥者天池也非冥海不足以運其身非九萬里不足以負其翼此豈好奇哉直以大物必自生於大處大處亦必自生此大物理固自然不患其失又何厝心於其間哉齊諧者志怪者也諧之言曰鵬之徙於南冥也水擊三千里摶扶搖而上者九萬里夫翼大則難舉故摶扶搖而後能上九萬里乃足自勝耳既有斯翼豈得決然而起數仞而下哉此皆不得不然非樂然也去以六月息者也夫大鳥一去半歲至天池而息小鳥一飛半朝槍榆枋而止此比所能則有間矣其於適性一也野馬也塵埃也生物之以息相吹也此皆鵬之所馮以飛者耳野馬者遊氣也天之蒼蒼其正色邪其遠而無所至極

邪、其視下也亦若是則已矣、今觀天之蒼蒼竟未知便是天之正色邪天之爲遠而無極邪鵬之自上以視地亦若人之自此視天則止而圖南矣言鵬不知道里之遠近輒足以自勝而逝也且夫水之積也不厚、則負大舟也無力、覆杯水於坳堂之上、則芥爲之舟、置杯焉則膠、水淺而舟大也、此皆明鵬之所以高飛者、翼大故耳夫質小者、所資不待大、則質大者、所用不得小矣故理有至分物有定極各足稱事其濟一也若乃失乎忘生之主而營生於至當之外事不任力、動不稱情、則雖垂天之翼不能無窮、決起之飛不能無困矣風之積也不厚、則其負大翼也無力、故九萬里則風斯在下矣、而後乃今培風、背負青天、而莫之夭閼者、而後乃

池

今將圖南、夫所以乃今將圖南者、非其好高而慕遠也、風不積則天關不通、故耳、此大鵬之逍遙也、蜩與鷽鳩笑之曰、我決起而飛、槍榆枋、時則不至而控於地而已矣、奚以之九萬里而南爲、苟足於其性、則雖大鵬無以自貴於小鳥、小鳥無羨於天池、而榮願有餘矣、故小大雖殊、逍遙一也、適莽蒼者、三飡而反、腹猶果然、適百里者、宿舂糧、適千里者、三月聚糧、所適彌遠、則聚糧彌多、故其翼彌大、則積氣彌厚也、之二蟲又何知、二蟲謂鵬蜩也、對大於小、所以均異趣也、夫趣之所以異、豈知異而異哉、皆不知所以然而自然耳、自然耳不爲也、此逍遙之大意、小知不及大知、小年不及大年、物各有性、性各有極、皆如年知、豈跂尚之所及哉、自此以下、至于列子、歷舉年知之大小各信其一方未有足以相傾者也然後統以無待之人遺彼忘我冥此羣異異方同得而我無功名是故統小大者無小無大者也苟有乎小大則雖大鵬之與斥鴳宰官之與御風同爲累物耳齊死生者無死無生者也苟有乎死生則雖大椿之與蟪蛄彭祖之與朝菌均於短折耳故遊於無小無大者無窮者也冥乎不死不生者無極者也若夫逍遥而繫於有方則雖放之使遊而有所窮矣未能無待也

奚以知其然也朝菌不知晦朔蟪蛄不知春秋此小年也楚之南有冥靈者以五百歲爲春五百歲爲秋上古有大椿者以八千歲爲春八千歲爲秋而彭祖乃今以久特聞衆人匹之不亦悲乎夫年知不相及若此之懸也比於衆人之所悲亦可悲矣而衆人未嘗悲此者以其性各有極

也苟知其極、則毫分不可相跂、天下又何所悲乎哉、夫物未嘗以大欲小、而必以小羡大、故舉小大之殊、各有定分、非羡欲所及、則羡欲之累、可以絕矣、夫悲生於累、累絕則悲去、悲去而性命不安者、未之有也、湯之問棘也是已、湯之問棘亦云、物各有極、任之則條暢、故莊子以所問爲是也、窮髮之北、有冥海者、天池也、有魚焉、其廣數千里、未有知其修者、其名爲鯤、有鳥焉、其名爲鵬、背若泰山、翼若垂天之雲、摶扶搖羊角而上者九萬里、絕雲氣、負青天、然後圖南、且適南冥也、斥鴳笑之曰、彼且奚適也、我騰躍而上、不過數仞而下、翱翔蓬蒿之間、此亦飛之至也、而彼且奚適也、此小大之辯也、各以得性爲至、自盡爲極也、向言二蟲殊翼、故所至不同、或翺翔天池、或畢志榆枋、直各稱體而足、不知所以然也、今言小大之辯、各有自然之素、既非跂慕之所及、亦各安其天性、不悲所以異、故再出之、故夫知效一官、行比一鄉、德合一君、而徵一國者、其自視也、亦若此矣、亦猶鳥之自得於一方也、而宋榮子猶然笑之、未能齊、故有笑、且舉世而譽之而不加勸、舉世而非之而不加沮、審自得也、定乎內外之分、內我而外物、辯乎榮辱之竟、榮己而辱人、斯已矣、亦不能復過此、彼其於世、未數數然也、足於身、故間於世也、雖然、猶有未樹也、唯能自是耳、未能無所不可也、夫列子御風而行、冷然善也、冷然輕妙之貌旬有五日而後反苟有待焉則雖御風而行不能以一時而周也彼於致福者未數數然也自然御風行耳非數數然求之也此雖免乎行猶有所待者也非風則不得行斯必有待也唯無所不乘者無待耳若夫乘天地之正而御六氣之辯以遊無窮者彼且惡乎待哉天地者萬物之總名也天地以萬物爲體而萬物必以自然爲正自然者不爲而自然者也故大鵬之能高斥鴳之能下椿木之能長朝菌之能短凡此皆自然之所能非爲之所能也不爲而自能所以爲正也故乘天地之正者即是順萬物之性也御六氣之辯者即是遊變化之塗也如斯以往則何往而有窮哉所遇斯乘又將惡乎待哉此乃至德之人玄同彼我者之逍遙也苟有待焉則雖列子之輕妙猶不能以無風而行故必得其所待然後逍遙耳而況大鵬乎夫唯與物

冥而循大變者，爲能無待而常通，豈自通而已哉，又順有待者，使不失其所待，所待不失，則同於大通矣。故有待無待，吾所不能齊也，至於各安其性，天機自張，受而不知，則吾所不能殊也。夫無待猶不足以殊有待，況有待者之巨細乎。故曰：至人無己，無己故順物，順物而至矣。神人無功，夫物未嘗有謝生於自然者，而必欣賴於針石，故理至則迹滅矣。今順而不助，與至理爲一，故無功。聖人無名。聖人者，物得性之名耳，未足以名其所以得也。堯讓天下於許由，曰：日月出矣，而爝火不息，其於光也，不亦難乎！時雨降矣，而猶浸灌，其於澤也，不亦勞乎！夫子立而天下治，而我猶尸之，吾自視缺然，請致天下。許由曰：子治天下，天下既已治也。夫能令天下治，不治

疏本無而堯之堯
注定為聖分
疏後皆同
疏本作斯之由三字

天下者也、故堯以不治治之、非治之而治者也、今許由方明既治、則無所代之、而治實由堯、故有子治之言、宜忘言以尋其所況、而或者遂云治之而治者堯也、不治而堯得以治者許由也、斯失之遠矣、夫治之由乎不治、爲之出乎無爲也、取於堯而足、豈借之許由哉、若謂拱默乎山林之中、而後得稱無爲者、此莊老之談、所以見棄於當塗、當塗者、自必於有爲之域而不反者、斯由之也、而我

猶代子、吾將爲名乎、名者實之賓也、吾將爲賓乎、

夫自任者對物、而順物者與物無對、故堯無對於天下、而許由與稷契爲匹矣、何以言其然邪、夫與物冥者、故羣物之所不能離也、是以無心玄應、唯感之從、汎乎若不繫之舟、東西之非己也、故無行而不與百姓共者、亦無往而不爲天下之君矣、以此爲君、若天之自高、實君之德也、若獨亢然立乎高山之頂、非夫人有情於自守、守一家之偏尚、何得專此、此故俗中之一物、而爲堯之外臣耳、若以

外臣代乎内主、斯有爲君之名、而無任君之實也、鷦鷯巢於深林、不過一枝、偃鼠飲河、不過滿腹、性各有極、苟足其極、則餘天下之財也、歸休乎君、予無所用天下爲、均之無用、而堯獨有之、明夫懷豁者無方、故天下樂推而不厭、庖人雖不治庖、尸祝不越樽俎而代之矣、庖人尸祝、各安其所司、鳥獸萬物、各足於所受、帝堯許由、各靜其所遇、此乃天下之至實也、各得其實、又何所爲乎哉、自得而已矣、故堯許天地雖異、其於逍遙一也、肩吾問於連叔曰、吾聞言於接輿、大而無當、往而不反、吾驚怖其言、猶河漢而無極也、大有逕庭、不近人情焉、連叔曰、其言謂何哉、曰藐姑射之山、有神人居焉、肌膚若

至至一作至足

王一作至

唯

冰雪、淖約若處子、此皆寄言耳、夫神人卽今所謂聖人也、夫聖人雖在廟堂之上、然其心無異於山林之中、世豈識之哉、徒見其戴黃屋、佩玉璽、便謂足以纓紱其心矣、見其歷山川、同民事、便謂足以憔悴其神矣、豈知至至者之不虧哉、今言王德之人、而寄之此山、將明世所無由識、故乃託之於絕垠之外、而推之於視聽之表耳、處子者、不以外傷內、不食五穀、吸風飲露、俱食五穀、而獨爲神人、明神人者非五穀所爲、而特禀自然之妙氣、乘雲氣、御飛龍、而遊乎四海之外、其神凝、使物不疵癘、而年穀熟、吾以是狂而不信也、夫體神居靈、而窮理極妙者、雖靜默閒堂之裏、而玄同四海之表、故乘兩儀、而御六氣、同人羣、而驅萬物、苟無物而不順、則浮雲斯乘矣、無形而不載、則飛龍斯御矣、遺身而自得、雖澹然而不待、坐忘行忘、忘而爲之、故行若曳枯木、止若聚死灰、是以云其神凝也、其神凝、則不凝者自得矣、世皆齊其所見而斷之、豈嘗信此哉、連叔曰、然、瞽者無以與乎文章之觀、聾者無以與乎鍾鼓之聲、豈唯形骸有聾盲哉、夫知亦有之、不知至言之極妙、而以爲狂而不信、此知之聾盲也、是其言也、猶時女也、謂此接輿之所言者、自然爲物所求、但知之聾盲者、謂無此理、之人也、之德也、將旁礴萬物以爲一世蘄乎亂、孰弊弊焉以天下爲事、夫聖人之心、極兩儀之至會、窮萬物之妙數、故能體化合變、無往不可、旁礴萬物、無物不然、世以亂故求我、我無心也、我苟無心、亦何爲不應世哉、然則體玄而極妙者、其所以會通萬物之性、而陶鑄天下之化、以成堯舜之名者、常以不爲爲之耳、孰弊弊焉勞神苦思、以事爲事、然後能乎、之人也、物莫之傷、夫安於所傷、則傷不能傷、傷不能傷、而物亦不傷之也大浸稽天而不溺、大旱金石流土山焦而不熱、無往而不安、則所在皆適、死生無變於己、況溺熱之間哉、故至人之不嬰乎禍難、非辟之也、推理直前、而自然與吉會、是其塵垢粃糠、將猶陶鑄堯舜者也、孰肯以物爲事、堯舜者世事之名耳、爲名者非名也、故夫堯舜者、豈直堯舜而已哉、必有神人之實焉、今所稱堯舜者、徒名其塵垢粃糠耳、宋人資章甫而適諸越、越人斷髮文身、無所用之、堯治天下之民、平海内之政、往見四子藐姑射之山、汾水之陽、窅然喪其天下焉、夫堯之無用天下爲、亦猶越人之無所用章甫耳、然遺天下者、固天下之所宗、天下雖宗堯、而堯未嘗有天下也、故窅然喪之、而常遊心於絕冥之境、雖寄坐萬物之上、而未始不逍遥也、四子者、蓋寄言以明堯之不一於堯耳、夫堯實冥矣、其迹則堯也、自迹觀冥、外内異域、未足怪也、世徒見堯之爲堯、豈識其冥哉、故將求四子於海外、而據堯於所見、因謂與物同波者、失其所以逍遥也、然未知至遠之所順者更近、而至高之所會者反下也、若乃厲然以獨高爲至、而不夷乎俗者、斯山谷之士、非無待者也、奚足以語至極而遊無窮哉

惠子謂莊子曰、魏王貽我大瓠之種、我樹之成、而實五石、以盛水漿、其堅不能自舉也、剖之以爲瓢、則瓠落無所容、非不呺然大也、吾爲其無用而掊之、莊子曰、夫子固拙於用大矣、宋人有善爲不龜手之藥者、世世以洴澼絖爲事、其藥能令手不拘坼、故常

漂絮於水中也客聞之、請買其方百金、聚族而謀曰、我世世爲洴澼絖、不過數金、今一朝而鬻技百金、請與之、客得之、以說吳王、越有難、吳王使之將、冬與越人水戰、大敗越人、裂地而封之、能不龜手一也、或以封、或不免於洴澼絖、則所用之異也、今子有五石之瓠、何不慮以爲大樽而浮乎江湖、而憂其瓠落無所容、則夫子猶有蓬之心也夫、蓬非直達者也、此章言物各有宜、苟得其宜、安往而不逍遙也惠子謂莊子曰、吾有大樹、人謂之樗、其大本擁腫、而不中繩墨、其小枝卷曲、而不

均

中規矩立之塗匠者不顧今子之言大而無用衆所同去也莊子曰子獨不見狸狌乎卑身而伏以候敖者東西跳梁不避高下中於機辟死於罔罟今夫斄牛其大若垂天之雲此能爲大矣而不能執鼠今子有大樹患其無用何不樹之於無何有之鄉廣莫之野彷徨乎無爲其側逍遥乎寢臥其下不夭斤斧物無害者無所可用安所困苦哉夫小大之物苟失其極則利害之理均用得其所則物皆逍遥也

齊物論夫自是而非彼美己而惡人物莫不皆然然故是非雖異而彼我均也

の文章　喪

南郭子綦隱几而坐、仰天而噓、嗒焉似喪其耦、同天人、均彼我、故外無與爲歡、而嗒焉解體、若失其配匹、顏成子游立侍乎前曰、何居乎、形固可使如槁木、而心固可使如死灰乎、死灰槁木、取其寂寞無情耳、夫任自然、而忘是非者、其體中獨任天眞而已、又何所有哉、故止若立枯木、動若運槁枝、坐若死灰、行若游塵、動止之容、吾所不能一也、其於無心而自得、吾所不能二也、今之隱几者、非昔之隱几者也、子游常見隱几者而未見若子綦也、子綦曰、偃不亦善乎、而問之也、今者吾喪我、汝知之乎、吾喪我、我自忘矣、我自忘矣、天下有何物足識哉、故都忘外內、然後超然俱得、女聞人籟、而未聞地籟、女聞地籟、而未聞天籟夫、籟簫也、夫簫管參差、宮商異律、故有短長高下、萬殊之聲、聲雖萬殊、而所稟之度一也、然則優劣無所錯其間矣、況之風物、異音同是、而咸自取焉、則天地之籟見矣、子游曰、敢問其方、子綦曰、夫大塊噫氣、其名爲風、大塊者無物也、夫噫氣者、豈有物哉、氣塊然而自噫耳、物之生也、莫不塊然而自生、則塊然之體大矣、故遂以大塊爲名、是唯無作、作則萬竅怒呺、言風唯無作、作則萬竅皆怒動而爲聲也、而獨不聞之翏翏乎、長風之聲山林之畏佳、大風之所扇動也、大木百圍之竅穴、似鼻似口似耳似枅似圈似臼似洼者似污者、此畏隹衆竅之所似激者謞者叱者吸者叫者譹者宎者咬者、此畏隹衆竅之聲殊前者唱于、而隨者唱喁、泠風則小和、飄風則大和、夫聲之宮商、雖千變萬化、唱和大小、莫不稱其所受而各當其分、厲風濟、則衆竅爲虛、濟止也、烈風作則衆竅實、及其止則衆竅虛、虛實雖異、其於各得則同、而獨不見之調調之刁刁乎、調調刁刁動搖貌也、言物聲既異、而形之動搖亦又不同也、動雖不同、其得齊一耳、豈調調獨是而刁刁獨非乎、子游曰、地籟則衆竅是已、人籟則比竹是已、敢問天籟、子綦曰、夫吹萬不同、而使其自已也、此天籟也、夫天籟者、豈復別有一物哉、即衆竅比竹之屬、接乎有生之類、會而共成一天耳、無既無矣、則不能生有、有之未生、又不能爲生、然則生生者誰哉、塊然而自生耳、自生耳、非我生也、我既不能生物、物亦不能生我、則我自然矣、自己而然、則謂之天然、天然耳、非爲也、故以天言之、以天言之、所以明其自然也、豈蒼蒼之謂哉、而或者謂天籟役物使從已也、夫天且不能自有、況能有物哉、故天也者、萬物之總名也、莫適爲天、誰主役物乎、故物各自生、而無所出焉、此天道也、咸其自取、怒者其誰邪、物皆自得之耳、誰主怒之使然哉、此重明天籟也、大知閑閑、小知閒閒、此蓋知之不同、大言炎炎、小言詹詹、此蓋言語之異、其寐也魂交、其覺也形開、此蓋寤寐之異、與接爲構、日以心鬭、縵者窖者密者、此蓋交接之異、小恐惴惴、大恐縵縵、此蓋恐悸之異、其發若機栝、其司是非之謂也、其留如詛盟、其守勝之謂也、此蓋動止之異、其殺如秋冬、以言其日消也、其衰殺日消、有如此者、其溺之所爲之、不可使復之也、其溺而遂往、有如此者、其厭也如緘、以言其老洫也、其厭没於欲、老而愈洫、有如此者、近死之心、莫使復陽也、其利患輕禍、陰結遂志、有如此者、喜怒哀樂慮嘆變慹姚佚啓態、此蓋性情之異者樂出虛蒸成菌、此蓋事變之異也、自此以上、略舉天籟之無方、自此以下、明無方之自然也、物各自然、不知所以然而然、則形雖彌異、自然彌同也、日夜相代乎前、而莫知其所萌、日夜相代、代故以新也、夫天地萬物、變化日新、與時俱往、何物萌之哉、自然而然耳、已乎已乎、旦暮得此、其所由以生乎、言其自生非彼無我、非我無所取、是亦近矣、彼自然也、自然生我、我自然生、故自然者、卽我之自然、豈遠之哉、而不知其所爲使、凡物云云、皆自爾耳、非相爲使也、故任之而理自至矣、若有眞宰、而特不得其朕、萬物萬情、趣舍不同、若有眞宰使之然也、起索眞宰之朕迹、而亦終不得、則明物皆自然、無使物然也、可行已信、今夫行者、信已可得行也、而不見其形、不見所以得行之形有情而無形、情當其物、故形不別見也、百骸九竅六藏、賅而存焉、付之自然、而莫不皆存也、吾誰與爲親、直自存耳、汝皆說之乎、其有私焉、皆說之、則是有所私也、有私則不能賅而存矣、故不說而自存、不爲而自生也、如是皆有爲臣妾乎、若皆私之、則志過其分、上下平相冒、而莫爲臣妾矣、臣妾之才、而不安臣妾之任、則失矣、故知君臣上下、手足外內、乃天理自然、豈直人之所爲哉、其臣妾不足以相治乎、夫臣妾但各當其分耳、未爲不足以相治也、相治也者、若手足耳目、四肢百體、各有所司、而更相御用也、其遞相爲君

未

臣乎、夫時之所賢者爲君、才不應世者爲臣、若天之自高、地之自卑、首自在上、足自居下、豈有遞哉、雖無錯於當、而必自當也、其有眞君存焉、任之而自爾、則非僞也、如求得其情與不得、無益損乎其眞、凡得眞性、用其自爲者、雖復皁隸、猶不顧毀譽、而自安其業、故知與不知、皆自若也、若乃開希幸之路、以下冒上、物喪其眞、人忘其本、則毀譽之間、俛仰失錯也、一受其成形、不亾以待盡、言物各有分、故知者守知以待終、而愚者抱愚以至死、豈有能中易其性者也、與物相刃相靡、其行盡如馳、而莫之能止、不亦悲乎、羣品云云、逆順相交、各信其偏見、而恣其所行、莫能自反、此比衆人之所悲者、亦可悲矣、而衆人(未)嘗以此爲悲者、性然故也、物各性然、又何物足悲哉、終身役役、而不見其成功、夫物情無極、知足者鮮、故得此不止、復逐於彼、皆疲役終身、未厭其志、死而後已、故其成功者、無時可見也、**薾然疲役、而不知其所歸、可不哀邪、**凡物各以所好役其形骸、至于疲困薾然、不知所以好此之歸趣云何也、**人謂之不死、奚益、**言其實與死同、**其形化、其心與之然、可不謂大哀乎、**言其心形並馳、困而不反、比於凡人所哀、則此眞哀之大也、然凡人未嘗以此爲哀、則凡所哀者、不足哀也、**人之生也、固若是芒乎、其我獨芒、而人亦有不芒者乎、**凡此上事、皆不知所以然而然、故曰芒也、今夫知者皆不知所以知而自知矣、生者不知所以生而自生矣、萬物雖異、至於生不由知、則未有不同者也、故天下莫不芒也、**夫隨其成心而師之、誰獨且無師乎、**夫心之足以制一身之用者、謂之成心、人自師其成心、則人各自有師矣、人各自有師、故付之而自嘗、奚必知代、而心自取者有之、愚一本作與有焉、夫以成代不成、非知也、心自得耳、故愚者亦師其成心、未肯用其所謂短、而舍其所謂長者也、未成乎心而有是非、是今日適越而昔至也、今日適越、昨日何由至哉、未成乎心、是非何由生哉、明夫是非者、羣品之所不能無、故至人兩順之、是以無有爲有、無有爲有、雖有神禹、且不能知、吾獨且奈何哉、理無是非、而惑者以爲有、此以無有爲有也、惑心已成、雖聖人不能解、故付之自若、而不強知也、夫言非吹也、言者有言、各有所說、故異於吹、其所言者、特未定也、我以爲是、而彼以爲非、彼之所是、我又非之、故未定也、未定也者、由彼我之情偏、果有言邪、以爲有言邪、然未足以有所定、其未嘗有言邪、以爲無言邪、則據此已有言、其以爲異於鷇音、亦有辯乎、其無辯乎、夫言與鷇音、其致一也、有辯無辯、誠未可定也、天下之情不必同、而所言不能異、故是非紛紜、莫知所定、道惡乎隱而有眞僞、言惡乎隱而有是非、道焉不在、言何隱蔽而有眞僞是非之名、紛然而起、道惡乎往而不存、皆存言惡乎存而不可、皆可道隱於小成、言隱於榮華、夫小成榮華、自隱於道、而道不可隱、則眞僞是非者、行於故榮華、而止於實當、見於小成、而滅於大全也、有儒墨之是非、以是其所非、而非其所是、儒墨更相是非而天下皆儒墨也、故百家並起、各私所見、而未始出其方也、欲是其所非、而非其所是、則莫若以明、夫有是有非者、儒墨之所是也、無是無非者、儒墨之所非也、今欲是儒墨之所非、而非儒墨之所是者、乃欲明無是無非也、欲明無是無非、則莫若還以儒墨反覆相明、反覆相明、則所是者非是、而所非者非非矣、非非則無非、非是則無是、物無非彼、物無非是、物皆自是、故無非是、物皆相彼、故無非彼、無非彼、則天下無是矣、無非是、則天下無彼矣、無彼無是、所以玄同也、自彼則不見、自知則知之、故曰、彼出於是、是亦因彼、夫物之偏也、皆不見彼之所見、而獨自知其所知、自知其所知、則自以爲是、自以爲是、則以彼爲非矣、故曰彼出於是、是亦因彼、彼是相因而生者也、彼是、方生之說也、雖然、方生方死、方死方生、方可方不可、方不可方可、因是因非、因非因是、夫死生之變、猶春秋冬夏四時行耳、故生死之狀雖異、其於各安所遇一也、今生者方自謂生爲生、而死者方自謂生爲死、則無生矣、生者方自謂死爲死、而死者方自謂死爲生、則無死矣、無生無死、無可無不可、故儒墨之辯、吾所不能同也、至於各宜其所、吾所不能異也、是以聖人不由、而照之于天、亦因是也、夫懷豁者、因天下之是非、而自無是非也、故不由是非之塗、而是非無患不當者、直明其天然而無所奪故也、是亦彼也、我亦爲彼所彼、彼亦是也、彼亦自以爲是、彼亦一是非、此亦一是非、此亦自是而非彼、彼亦自是而非此、此與彼各有一是一非於體中也、果且有彼是乎哉、果且無彼是乎哉、今欲謂彼爲彼、而彼復自是、欲謂是爲是、而是復爲彼所彼、故彼是有無、未果定也、彼是莫得其偶、謂之道樞、偶對也、彼是相對、而聖人兩順之、故無心者與物冥、而未嘗有對於天下也、此居其樞要、而會其玄極、以應夫無方也、樞始得其環中、以應無窮、夫是非反覆、相尋無窮、故謂之環、環中空矣、今以是非爲環、而得其中者、無是無非也、無是無非、故能應、夫是非是非無窮、故應亦無窮、是亦一無窮、非亦一無窮也、天下莫不自是、而莫不相非、故一是一非、兩行無窮、唯涉空得中者曠然無懷、乘之以游也、故曰莫若以明、以指喻指之非指、不若以非指喻指之非指也、以馬喻馬之非馬、不若以非馬喻馬之非馬也、天地一指也、萬物一馬也、夫自是而非彼、彼我之常情也、故以我指喻彼指、則彼指於我指、獨爲非指矣、此以指喻指之非指也、若覆以彼指還喻我指、則我指於彼指、復爲非指矣、此以非指喻指之非指也、將明無是無非、莫若反覆相喻、反覆相喻、則彼之與我、既同於自是、又均於相非、均於相非、則天下無是、同於自是、則天下無非、何以明其然邪、是若果是、則天下不得復有非之者也、非若果非、亦不得復有是之者也、今是非無主、紛然殽亂、明此區區者、各信其偏見、而同於二致耳、仰觀俯察、莫不皆然、是以至人知天地一指也、萬物一馬也、故浩然大寧、而天地萬物、各當其分、同於自得、而無是無非也、可乎可、可於已者、即謂之可、不可乎不可、不可於已者、即謂之不可、道行之而成、無不成也、物謂之而然、無不然也、惡乎然、然於然、惡乎不然、不然於不然、物固有所然、物固有所可、各然其所然、各可其所可、無物不然、無物不可、故爲是舉莛與楹、厲與西施、恢恑憰怪、道通爲一、夫莛橫而楹縱、厲醜而西施好、所謂齊者、豈必齊形狀同規矩哉、故舉縱橫好醜、恢恑憰怪、各然其所然、各可其所可、則形雖萬殊、而性同得、故曰道通爲一也、其分也成也、夫物或此以爲散、而彼以爲成、其成也毀也、我之所謂成、而彼或謂之毀、凡物無成與毀、復通爲一、夫成毀者生於自見而不見彼也、故無成與毀、猶無是與非也、唯達者知通爲一、爲是不用、而寓諸庸、庸也者用也、用也者通也、通也者得也、夫達者無滯於一方、故忽然自忘、而寄當於自用、自用者莫不條暢而自得也、適得而幾矣、幾盡也、至理盡於自得也、因是已、達者因而不作、已而不知其然、謂之道、夫達者之因是、豈知因爲善而因之哉、不知所以因、而自因耳、故謂之道也、勞神明爲一、而不知其同也、謂之朝三、何謂朝三、曰狙公賦芧、曰朝三而莫四、衆狙皆怒、曰然則朝四而莫三、衆狙皆悅名實未虧而喜怒爲用亦因是也、夫達者之於一、豈勞神哉若勞神明於爲一、不足賴也、與彼不一者、無以異矣亦同衆狙之或因所好而自是也、是以聖人和之以是非而休乎天鈞、莫之偏任、故付之自均而止也、是之謂兩行任天下之是非古之人其知有所至矣、惡乎至、有以爲未始有物者、至矣盡矣、不可以加矣、此忘天地、遺萬物、外不察乎宇宙、內不覺其一身、故能曠然無累、與物俱往而無所不應也、其次以爲有物矣而未始有封也、雖未都忘猶能忘其彼此、其次以爲有封焉而未始有是非也、雖未能忘彼此、猶能忘彼此之是非也、是非之彰也、道之所以虧也、無是非乃全也、道

彰

之所以虧、愛之所以成、道虧則情有所偏、而愛有所成、未能忘愛釋私、玄同彼我也、果且有成與虧乎哉、果且無成與虧乎哉、有之與無、斯不能知、乃至有成與虧、故昭氏之鼓琴也、無成與虧、故昭氏之不鼓琴也、夫聲不可勝舉也、故吹管操弦、雖有繁手、遺聲多矣、而執籥鳴弦者、欲以彰聲也、彰聲而聲遺、不彰聲而聲全、故欲成而虧之者、昭文之鼓琴也、不成而無虧者、昭文之不鼓琴也、昭文之鼓琴也、師曠之枝策也、惠子之據梧也、三子之知幾乎、幾盡也、夫三子者、皆欲辯非已所明以明之、故知盡慮窮、形勞神倦、或枝策假寐、或據梧而瞑、皆其盛者也、故載之末年、賴其盛故能久、不爾早困也、唯其好之也、以異於彼、言此三子、唯獨好其所明、自以殊於衆人、其好之也、欲以明之、明示衆人、欲使同乎我之所好、彼非所明而明之、故以堅白之昧終、是猶對牛鼓簧耳、彼竟不明、故己之道術、終於昧然也、而其子又以文之綸終、終身無成、昭文之子、又乃終文之緒、亦卒不成、若是而可謂成乎、雖我亦成也、此三子雖求明於彼、彼竟不明、所以終身無成、若三子而可謂成、則雖我之不成亦可謂成也、若是而不可謂成乎、物與我無成也、物皆自明、而不明彼、若彼不明、即謂不成、則萬物皆相與無成矣、故聖人不顯此以耀彼、不捨己而逐物、從而任之、各宜其所能、故曲成而不遺也、今三子欲以己之所好、明示於彼、不亦妄乎、是故滑疑之耀、聖人之所圖也、爲是不用而寓諸庸、此之謂以明、夫聖人無我者也、故滑疑之耀、則圖而域之、恢恑憰怪、則通而一之、使羣異各安其所安、衆人不失其所是、則已不用於物、而萬物之用用矣、物皆自用、則孰是孰非哉、故雖放蕩之變、屈奇之異、曲而從之、寄之自用、則用雖萬殊、歷然自明、

今且有言於此、不知其與是類乎、其與是不類乎、類與不類、相與爲類、則與彼無以異矣、

今以言無是非、則不知其與言有者類乎不類乎、欲謂之類、則我以無爲是、而彼以無爲非、斯不類矣、然此雖是非不同、亦固未免於有是非也、則與彼類矣、故曰類與不類、又相與爲類、則與彼無以異也、然則將大不類、莫若無心、既遣是非、又遣其遣、遣之又遣之、以至於無遣、然後無遣、無不遣、而是非自去矣、

雖然、請嘗言之、

至理無言、言則與類、故試寄言之、

有始也者、

有始則有終、

有未始有始也者、

謂無終始、而一死生、

有未始

有夫未始有始也者、夫一之者、未若不一而自齊、斯又忘其一也、有有也者、有有則美惡是非具也有無也者、有無而未知無無也、則是非好惡猶未離懷、有未始有無也者、知無無矣、而猶未能無知、有未始有夫未始有無也者、俄而有無矣、而未知有無之果孰有孰無也、此都忘其知也、爾乃俄然始了無耳、了無則天地萬物、彼我是非、豁然確斯也、今我則已有謂矣、謂無是非、即復有謂、而未知吾所謂之其果有謂乎、其果無謂乎、又不知謂之有無、爾乃蕩然無纖芥於胸中也、天下莫大於秋毫之末、而太山爲小、莫壽乎殤子、而彭祖爲夭、天地與我並生、而萬物與我爲一、夫以形相對、則太山大於秋豪也、若各據其性分、物冥其極、則形大未爲有餘、形小不爲不足、苟各足於其性、則秋豪不獨小其小、而太山不獨大其大矣、若以性足爲大、則天下之足未有過於秋豪也、若性足者非大、則雖太山亦可稱小矣、故曰、天下莫大於秋豪之末、而太山爲小、太山爲小、則天下無大矣、秋豪爲大、則天下無小也、無小無大、無壽無夭、是以蟪蛄不羨大椿、而欣然自得、斥鴳不貴天池、而榮願以足、苟足於天然、而安其性分、故雖天地未足爲壽、而與我竝生、萬物未足爲異、而與我同得、則天地之生、又何不竝、萬物之得、又何不一哉

既已爲一矣、且得有言乎

萬物萬形、同於自得、其得一也、巳自一矣、理無所言

既已謂之一矣、且得無言乎、

夫名謂生於不明者也、物或不能自明其一、而以此逐彼、故謂一以正之、既謂之一、卽是有言矣

一與言爲二、二與一爲三、自此以往、巧歷不能

得而況其凡乎夫以言言一而一非言也則一與言爲二矣二既一矣言又二之有
一有二得不謂之三乎夫以一言言一猶乃成三況尋其支流凡物殊稱雖有善數莫之能紀也故
一之者與彼未殊而忘一者無言而自一故自無適有以至於三而況
自有適有乎夫一無言也而有言則至三況尋其末數其可窮乎無適焉因
是已各止於其所能乃最是也夫道未始有封冥然無不在也言未始
有常彼此言之故是非無定主爲是而有畛也道無封故萬物得恣其分域
請言其畛有左有右各異便也有倫有義物物有理事事有宜有
分有辯羣分而類別也有競有爭並逐曰競對辯曰爭此之謂八德
畧而判之有此八德六合之外聖人存而不論夫六合之外謂萬物性分

之表耳、夫物之性表、雖有理存焉、而非性分之內、則未嘗以感聖人也、故聖人未嘗論之、若論之、則是引萬物、使學其所不能也、故不論其外、而八畛同於自得也、六合之內、聖人論而不議、陳其性而安之 春秋經世、先王之志、聖人議而不辯、順其成迹、而擬乎至當之極、不執其所是以非衆人也、故分也者、有不分也、辯也者、有不辯也、夫物自分、事事自別、而欲由已以分別之者、不見彼之自別也 曰何也、聖人懷之、以不辯爲懷耳、聖人無懷、衆人辯之以相示也、故曰、辯也者、有不見也、不見彼之自辯、故辯已所知以示之、夫大道不稱、付之自稱無所稱謂、大辯不言、已自別也 大仁不仁、無愛而自存也 大廉不嗛、夫至足者、物之去來非我也、故無所容其嗛盈、大勇不忮、無徃而不順、故能無險而不往、道昭而不道、以此明彼、彼此俱失矣、言辯而不及、不能及其自分、仁常而不成、物無常愛、而常愛必不周、廉清而不信、激然廉清、貪名者耳、非眞廉也、勇忮而不成、忮逆之勇、天下共疾之、無敢舉足之地也、五者园而幾向方矣、此五者、皆以有爲傷當者也、不能止乎本性、而求外無已、夫外不可求、而求之、譬猶以圓學方、以魚慕鳥耳、雖希翼鸞鳳、擬規日月、此愈近、彼愈遠、實學彌得、而性彌失、故齊物、而偏尚之累去矣、故知止其所不知至矣、所不知者、皆性分之外也、故止於所知之内而至也、孰知不言之辯、不道之道、若有能知、此之謂天府、浩然都任之也、注焉而不滿、酌焉而不竭、至人之心若鏡、應而不藏、故曠然無盈虛之變也、而不知其所由來、至理之來、自然無迹、此之謂葆光、任其自明、故其光不弊也、故昔者堯問於舜曰、我欲伐宗膾胥敖、南面而不釋然、其故何也、於安任之道未弘、故聽朝而不怡也、將寄明齊一之理於大聖、故發自怪之問、以起對也、舜曰、夫三子者、猶存乎蓬艾之間、夫物之所安無陋也、則蓬艾乃三子之妙處也、若不釋然何哉、昔者十日並出、萬物皆照、夫重明登天、六合俱照、無有蓬艾而不光被也、而況德之進乎日者乎、夫日月雖無私於照、猶有所不及、德則無不得也、而今欲奪蓬艾之願、而伐使從已、於至道豈弘哉、故不釋然神解耳、若乃物暢其性、各安其所安、無遠近幽深、付之自若、皆得其極、則彼無不當、而我無不怡也、齧缺問乎王倪曰、子知物之所同是乎、曰吾惡

雖然疏本作然乎曰然乎猶雖然也

乎知之、所同未必是、所異不獨非、而彼我莫能相正、故無所用其知、子知子之所不知邪、曰吾惡乎知之、若自知其所不知、即爲有知、有知、則不能任羣才之自當、然則物無知邪、曰吾惡乎知之、都不知、乃曠然無不任矣、雖然嘗試言之、以其不知故未敢正言、試言之耳、庸詎知吾所謂知之非不知邪、魚游於水、水物所同、咸謂之知、然自鳥觀之、則向所謂知者、復爲不知矣、夫蛣蜣之知在於轉丸、而笑蛣蜣者、乃以蘇合爲貴、故所同之知、未可正據、庸詎知吾所謂不知之非知邪、所謂不知者、直是不同耳、亦自一家之知、且吾嘗試問乎女、已不知其正、故試問女、民溼寢則腰疾偏死、鰌然乎哉、木處則惴慄恂懼、猨猴然乎哉、三者孰知正處、此畧舉三者、以明萬物之異便民食芻豢、麋鹿食薦、蝍且甘帶、鴟鴉耆鼠、四者孰知正味、此畧舉四者、以明美惡之無主、猨猵狙以爲雌、麋與鹿交、鰌與魚游、毛嬙麗姬、人之所美也、魚見之深入、鳥見之高飛、麋鹿見之決驟、四者孰知天下之正色哉、此畧舉四者、以明天下所好之不同也、不同者而非之、則無以知所同之必是、自我觀之、仁義之端、是非之塗、樊然殽亂、吾惡能知其辯、夫利於彼者、或害於此、而天下之彼我無窮、則是非之竟無常、故唯莫之辯、而任其自是、然後蕩然俱得、齧缺曰、子不知利害、則至人固不知利害乎、未能妙其不知、故猶嫌至人當知之、斯懸之未解也、王倪

書

曰、至人神矣、〔無心而無不順〕大澤焚、而不能熱、河漢沍、而不能寒、疾雷破山、風振海、而不能驚、〔夫神全形具、而體與物冥者雖涉至變、而未始非我、故蕩然無蔕介於胸中也、〕若然者、乘雲氣、〔寄物而行、非我動也〕騎日月、〔有晝夜、而無死生也、〕而游乎四海之外、〔夫唯無其知、而任天下之自爲、故馳萬物而不窮也、〕死生無變於己、〔與變爲體、故死生若一、〕而況利害之端乎、〔況利害於死生、愈不足以介意、〕瞿鵲子問乎長梧子曰、吾聞諸夫子、聖人不從事於務、〔務自來、而理自應耳、非從而事之也、〕不就利、不違害、〔任而直前、無所避就、〕不喜求、〔求之不喜、直取不怒、〕不緣道、〔獨至者也〕無謂有謂、有謂無謂、〔凡有稱謂者、皆非吾所謂也、彼各自

謂耳、故無彼有謂、而有此無謂也、而游乎塵垢之外、凡非眞性、皆塵垢也、夫
子以爲孟浪之言、而我以爲妙道之行也、吾子以
爲奚若、長梧子曰、是黃帝之所聽熒也、而丘也何
足以知之、且女亦太早計、見卵而求時夜、見彈而
求鴞炙、夫物有自然、理有至極、循而直往、則冥然自合、非所言也、故言之者孟浪、而聞之者
聽熒、雖復黃帝、猶不能使萬物無懷、而聽熒至竟、故聖人付當於塵垢之外、而玄合乎視聽之表、照
之以天、而不逆計、放之自爾、而不推明也、今瞿鵲子、方聞孟浪之言、而便以爲妙道之行、斯亦無異
見卵而責司晨之功、見彈而求鴞炙之實也、夫不能安時處順、而探變求化、當生而慮死、執是以辯
非、皆逆計之徒也、予嘗爲女妄言之、言之則孟浪也、故試妄言之、女以

疏本何下有也字

妄聽之奚、若正聽妄言、復爲太早計也、故亦妄聽之何、旁日月、挾宇宙、以死生爲晝夜、旁日月之喻也、以萬物爲一體、挾宇宙之譬也、爲其脗合、置其滑涽、以隸相尊、以有所賤、故尊卑生焉、而滑涽紛亂、莫之能正、各自是於一方矣、故爲脗然自合之道、莫若置之勿言、委之自爾也、脗然無波際之謂也、衆人役役、馳騖於是非之境也、聖人愚芚、芚然、無知而直往之貌、參萬歲而一成純、純者不雜者也、夫舉萬歲而參其變、而衆人謂之雜矣、故役役然勞形怵心而去彼就此、唯大聖無執、故芚然直往而與變化爲一、一變化、而常游於獨者也、故雖參糅億載、千殊萬異、道行之而成、則古今一成也、物謂之而然、則萬物一然也、無物不然、無時不成、斯可謂純也、萬物盡然、無物不然、而以是相蘊、蘊積也、積是於萬歲、則萬歲一是也、積然於萬物、則萬物盡然也、故不知

背

死生先後之所在、彼我勝負之所如也、予惡乎知說生之非惑邪、死生一也、而獨說生、欲與變化相背、故未知其非非惑也、予惡乎知惡死之非弱喪而不知歸者邪、少而失其故居、名爲弱喪、夫弱喪者、遂安於所在、而不知歸於故鄉也、焉知生之非夫弱喪、焉知死之非夫還歸而惡之哉、麗之姬、艾封人之子也、晉國之始得之也、涕泣沾襟、及其至於王所、與王同筐牀、食芻豢、而後悔其泣也、一生之內、情變若此、當此之日、則不知彼、況夫死生之變、惡能相知哉、予惡乎知夫死者不悔其始之蘄生乎、蘄求也、夢飲酒者、旦而哭泣、夢哭泣者、旦而田獵、此寤寐之事變也、事苟變、情亦異、則死生之願不得同矣、故生時樂生、則死時樂死矣、死生雖異、其於各得所願一也、則何係哉、方其夢也、不知其夢也、由此觀之、當死之時、亦不知其死、而自適其志也、夢之中、又占其夢焉、夫夢者、乃復夢中占其夢、則無以異於寤者也、覺而後知其夢也、當所遇、無不足也、何爲方生而憂死哉、且有大覺、而後知此其大夢也、夫大覺者聖人也、大覺者乃知夫患慮在懷者皆未寤也、而愚者自以爲覺、竊竊然知之、君乎牧乎、固哉、夫愚者大夢而自以爲寤、故竊竊然以所好爲君上、而所惡爲牧圉、欣然信一家偏見、可謂固陋矣、丘也與女皆夢也、未能忘言而神解、故非大覺也、予謂女夢、亦夢也、即復夢中之占夢也、夫自以爲夢、猶未寤也、況竊竊然自以爲覺哉、是其言也、其名爲弔詭、夫非常之談、故非常人之所知、故謂之弔

旦

疏本是之下有耳字

當卓詭、而不識其懸解、萬世之後而一遇大聖、知其解者、是旦暮遇之也、言能蜿然無係、而玄同死生者至希也、既使我與若辯矣、若勝我、我不若勝、若果是也、我果非也邪、我勝若、若不吾勝、我果是也、而果非也邪、若而皆汝也其或是也、其或非也邪、其俱是也、其俱非也邪、我與若不能相知也、則人固受其黮闇、吾誰使正之、不知而後推、不見而後辯、辯之而不足以自信、以其與物對也、辯對終日、黮闇至竟、莫能正之、故當付之自正耳、使同乎若者正之、既與若同矣、惡能正之、使同乎我者正之、既同乎我矣、惡能正之、同故是之未足信也使異乎我與若者正之、既異乎我與若矣、惡能正之、異故相非耳、亦不足據、使同乎我與若者正之、既同乎我與若矣、惡能正之、是若果是、則天下不得復有非之者也、非若信非、則亦無緣復有是之者也、今是其所同、而非其所異、異同既具、而是非無主、故夫是非者、生於好辯、而休乎天均、付之兩行、而息乎自正也、然則我與若與人俱不能相知也、而待彼也邪、各自正耳、待彼不足以正此、則天下莫能相正也、故付之自正而至矣、何謂和之以天倪、天倪者、自然之分也、曰是不是、然不然、是若果是也、則是之異乎不是也亦無辯、然若果然也、則然之異乎不然也亦無辯、是非然否、彼我更對、故無辯、無辯、故和之以天倪、安其自然之分而已、不待彼以正此、化聲之相待、若其不相待、是非之辯爲化聲、夫化聲之相待、俱不足以相正、故若不相待也、和之以天倪、因之以曼衍、所以窮年也、和之以自然之分、任其無極之化、尋斯以往、則是非之境自泯、而性命之致自窮也、忘年忘義、振於無竟、故寓諸無竟、夫忘年、故玄同死生、忘義、故彌貫是非、是非死生、蕩而爲一、斯至理也、至理暢於無極、故寄之者、不得有窮也、

罔兩問景曰、曩子行、今子止、曩子坐、今子起、何其無特操與、罔兩、景外之微陰也、景曰、吾有待而然者邪、言天機自爾、坐起無待、無待而獨得者、孰知其故、而責其所以哉、吾所待又有待而然者邪、若責其所待、而尋其所由、則尋責無極、卒至於無待、而獨化之理明矣、吾待

蛇蚹蜩翼邪、若待蛇蚹蜩翼、則無特操之所由、未爲難識也、今所以不識、正由不待斯類、而獨化故耳、惡識所以然、惡識所以不然、世或謂罔兩待景、景待形、形待造物者、請問夫造物者、有邪無邪、無也、則胡能造物哉、有也、則不足以物衆形、故明乎衆形之自物、而後始可與言造物耳、是以涉有物之域、雖復罔兩、未有不獨化於玄冥者也、故造化者無主、而物各自造、物各自造、而無所待焉、此天地之正也、故彼我相因、形景俱生、雖復玄合、而非待也、明斯理也、將使萬物各反所宗於體中、而不待乎外、外無所謝、而內無所矜、是以誘然皆生、而不知所以生、同焉皆得、而不知所以得也、今罔兩之因景、猶云俱生而非待也、則萬物雖聚而共成乎天、而皆歷然莫不獨見矣、故罔兩非景之所制、而景非形之所使、形非無之所化也、則化與不化、然與不然、從人之與由己、莫不自爾、吾安識其所以哉、故任而不助、則本末內外、暢然俱得、泯然無迹、若乃

傳

責此近因、而忘其自爾、宗物於外、喪主於內、而愛尚生矣、雖欲推而齊之、然其所尚、已存乎胸中、何夷之得有哉、

昔者莊周夢爲胡蝶、栩栩然胡蝶也、自喻適志與、自快得意、悅豫而行、不知周也、方其夢爲胡蝶、而不知周、則與殊死不異也、然所在無不適志、則當生而係生者、必當死而戀死矣、由此觀之、知夫在生而哀死者誤也、俄然覺、則蘧蘧然周也、自周而言、故稱覺耳、未必非夢也、不知周之夢爲胡蝶與、胡蝶之夢爲周與、今之不知胡蝶、無異於夢之不知周也、而各適一時之志、則無以明胡蝶之不夢爲周矣、世有假寐而夢經百年者、則無以明今之百年非假寐之夢者也、周與胡蝶、則必有分矣、夫覺夢之分、無異於死生之辯也、今所以自喻適志、由其分定、非由無定也、此之謂物化、夫時不暫停、而今不遂存、

故昨日之夢、於今化矣、死生之變、豈異於此、而勞心於其間哉、方爲此、則不知彼、夢爲胡蝶是也、取之於人、則一生之中、今不知後、麗姬是也、而愚者竊竊然自以爲知生之可樂、死之可苦、未聞物化之謂也、

南華經卷一　　二八

南華經卷一

莊子南華眞經卷二

郭象注

内篇

養生主

夫生以養存、則養生者、理之極也、若乃養過其極、以養傷生、非養生之主也、

吾生也有涯、所禀之分、各有極也、而知也無涯、夫舉重携輕、而神氣自若、此力之所限也、而尚名好勝者、雖復絶膂、猶未足以慊其願、此知之無涯也、故知之爲名、生於失當、而滅於冥極、冥極者、任其至分、而無豪銖之加、是故雖負萬鈞、苟當其所能、則忽然不知重之在身、雖應萬機、泯然不覺事之在己、此養生之主也、以有涯隨無涯、殆已、以有限之

性、壽無極之知、安得而不困哉、已而為知者殆而已矣、已困於知、而不知止、又為知以救之、斯養而傷之者、眞大殆也、為善無近名、為惡無近刑、志善惡而居中、任萬物之自為、悶然與至當為一、故刑名遠已、而全理在身也、緣督以為經、順中以為常也、可以保身、可以全生、可以養親、養親以適可以盡年、苟得中而宜度、則事事無不可也、養生非求過分、蓋全理盡年而已矣、夫庖丁為文惠君解牛、手之所觸、肩之所倚、足之所履、膝之所踦、砉然嚮然、奏刀騞然、莫不中音、合於桑林之舞、乃中經首之會、言其因便施巧、無不閑解、盡理之甚、既適牛理、又合音節、文惠君曰、譆、善哉、技蓋至此乎、庖丁釋刀對曰、臣之

齊物論進乎日
大宗師進於知

所好者道也、進乎技矣、直寄道理於技耳、所好者非技也、始臣之解牛之時、所見無非牛者、未能見其理間三年之後、未嘗見全牛也、但見其理間也方今之時、臣以神遇、而不以目視、闇與理會官知止而神欲行、司察之官廢、縱心而順理、依乎天理、不橫截也批大郤、有際之處、因而批之令離、導大窾、節解窾空、就導令殊、因其固然、刀不妄加技經肯綮之未嘗、技之妙也、常游刃於空、未嘗經槩於微礙也、而況大軱乎、軱戾大骨、衄刀刃也、良庖歲更刀、割也、不中其理闇也族庖月更刀、折也、中骨而折刀也今臣之刀十九年矣、所解數千牛矣、而刀刃若新發於硎、硎砥石也彼節者有閒、而刀刃者無厚、以無厚入有閒、恢恢乎其於遊刃、必有餘地矣、是以十九年、而刀刃若新發於硎、雖然、每至於族、吾見其難爲、交錯聚結爲族怵然爲戒、視爲止、不復屬目於他物也行爲遲、徐其手也動刀甚微、謋然已解、得其宜則用力少如土委地、理解而無刀迹、若聚土也提刀而立、爲之四顧、爲之躊躇滿志、逸足容豫、自得之謂善刀而藏之、拭刀而弢之也文惠君曰、善哉、吾聞庖丁之言、得養生焉、以刀可養、故知生亦可養公文軒見右師而驚曰、是何人也、惡乎介也、介偏刖之名天與、其人與、知之所無奈何天也、犯其所知人也曰天也、非人也、天之生是使獨也、偏則曰獨、夫師一家之知、而不能兩存其足、則是知其無所奈何、若以右師之知、而必求兩全、則心神內困、而形骸外弊矣、豈直偏刖而已哉、人之貌有與也、兩足共行曰有與、有與之貌、未有疑其非命也、以是知其天也、非人也、以有與者命也、故知獨者亦非我也、是以達生之情者、不務生之所無以爲、達命之情者、不務命之所無奈何也、全其自然而已、澤雉十步一啄、百步一飮、不蘄畜乎樊中、蘄求也、樊所以籠雉也、夫俯仰乎天地之間、逍遥乎自得之場、固養生之妙處也、又何求於入籠而服養哉、神雖王、不善也、夫始乎適、而未嘗不適者、忘適也、雖心神長王、志氣盈豫、而自放於清曠之地、忽然不覺善之爲善也、老聃死、秦失弔之、三號而出、人弔亦弔、人號亦號、弟子曰、非夫子之友邪、怪其不向戸觀化、乃至三號也、曰然、然則弔焉若此可乎、曰然、至人無情、與衆號耳、故若斯可也、始也吾以爲其人也、而今非也、向吾入而弔焉、有老者哭之、如哭其子、少者哭之、如哭其母、彼其所以會之、必有不蘄言而言、不蘄哭而哭者、嫌其先物施惠、不在理上往、故致此甚愛也、是遁天倍情、忘其所受、天性所受、各有本分、不可逃、亦不可加、古者謂之遁天之刑、感物大深、不止於當、遁天者也、將馳騖於憂樂之境、雖楚戮未加、而性情已困、庸非刑哉、適來夫子時也、時自生也、適去夫子順也、理當死也、安時而處順、哀樂不能入也、夫哀樂生於失得也、今玄通合變之士、無時而不安、無順

而不虛、冥然與造化爲一、則無往而非我矣、將何得何失、孰死孰生哉、故任其所受、而哀樂無所錯其間矣、

古者謂是帝之縣解、以有係者爲縣、則無係者縣解也、縣解而性命之情得矣、此養生之要也、

指窮於爲薪、火傳也、窮盡也、爲薪猶前薪也、前薪以指、指盡前薪之理、故火傳而不滅、心得納養之中、故命續而不絕、明夫養生乃生之所以生也、

不知其盡也、夫時不再來、今不一停、故人之生也、一息一得耳、向息非今息、故納養而命續、前火非後火、故爲薪而火傳、火傳而命續、由夫養得其極也、世豈知其盡而更生哉、

人間世

與人羣者、不得離人、然人間之變、故世世異宜、唯無心而不自用者、爲能隨變所適、而不荷其累也

顏回見仲尼請行、曰、奚之、曰、將之衛、曰、奚爲焉、曰

回聞衛君其年壯、其行獨、（不與民同欲也）輕用其國、（夫君人者、動必乘人、一怒則伏尸流血、一喜則軒冕塞路、故君人者之用國、不可輕也、）而不見其過、（莫敢諫也）輕用民死、（輕用之於死也）死者以國量乎澤若蕉、（舉國而輸之死地、不可稱數、視之若草芥也、）民其無如矣、（無所依歸）回嘗聞之夫子曰、治國去之、亂國就之、醫門多疾、願以所聞思其則、庶幾其國有瘳乎、仲尼曰、譆、若殆往而刑耳、（其道不足以救彼患）夫道不欲雜、（宜正得其人）雜則多、多則擾、擾則憂、憂而不救、（若夫不得其人、則雖百醫守病、適足致疑、而不能一愈也、）古之至人、先存諸己、而後存諸人、（有其具然後可以接物也）所存於己者未定、何暇至於暴人之所行、不虛心以應物、而役思以犯難、故知其所存於己者未定也、夫唯外其知以養眞、寄妙當於羣才、功名歸物、而患慮遠身、然後可以至於暴人之所行也、且若亦知夫德之所蕩、而知之所爲出乎哉、德蕩乎名、知出乎爭、德之所以流蕩者、矜名故也、知之所以橫出者、爭善故也、雖復桀跖、其所矜惜、無非名善也、名也者相軋也、知也者爭之器也、二者凶器、非所以盡行也、夫名知者、世之所用也、而名起則相軋、知用則爭興、故遺名知、而後行可盡也、且德厚信矼、未達人氣、名聞不爭、未達人心、而彊以仁義繩墨之言術暴人之前者、是以人惡有其美也、夫投人夜光、鮮不案劍者、未達故也、今囘之德信、與其不爭之名、彼所未達也、而强以仁義準繩於彼、彼將謂囘欲毀人以自成也、是故至人不役志以經世、而虛心以應物、誠信著於天地、不爭暢於萬物、然後萬物歸懷、天地不逆、故德音發、而天下響會、景行彰、而六合俱應、而後始可以經寒暑、涉治亂、而不與逆鱗迕也、

命之曰菑人、菑人者、人必反菑之、適不信受、則謂與己爭名、而反害之、

若殆爲人菑夫、且苟爲悅賢而惡不肖、惡用而求有以異、苟能悅賢惡愚、聞義而服、便爲明君也、苟爲明君、則不苦無賢臣、汝往亦不足復奇、如其不爾、往必受害、故以有心而往、無往而可、無心而應、其應自來、則無往而不可也、

若唯無詔、王公必將乘人而鬭其捷、汝唯有寂然不言耳、言則王公必乘人、以君人之勢、而角其捷辯、以距諫飾非也、

而目將熒之、其言辯捷、使人眼眩、而

色將平之、（不能復自異於彼也、）口將營之、（自救解不暇也）容將形之、心且成之、（乃且釋已以從彼也、）是以火救火、以水救水、名之曰益多、（適不能救、乃更足以成彼之盛、）順始無窮、（尋常守故未肯變也）若殆以不信厚言、必死於暴人之前矣、（未信而諫、雖厚爲害、）且昔者桀殺關龍逢、紂殺王子比干、是皆修其身以下傴拊人之民、以下拂其上者也、（龍逢比干、居下而任上之憂、非其事也、）故其君因其修以擠之、是好名者也、（不欲令臣有勝君之名也）昔者堯攻叢枝胥敖、禹攻有扈、國爲虛厲、身爲刑戮、其用兵不止、而求實無已、是皆求名實者也、而獨不聞之乎、夫暴君非徒求恣其欲、乃復求名、但所求者非其道耳、名實者、聖人之所不能勝也、而況若乎、惜名貪欲之君、雖復堯禹、不能勝化也、故與衆攻之、而汝乃欲空手而徃化之以道哉、雖然、若必有以也、嘗以語我來、顏回曰、端而虛、正其形、而虛其心也、勉而一、言遜而不二也、則可乎、曰惡惡可、言未可也、夫以陽爲充孔揚、言衞君亢陽之性、充張於內、而甚揚於外、強禦之至也、采色不定、喜怒無常常人之所不違、莫之敢逆因案人之所感、以求容與其心、夫頑強之甚、人以快事感已、已陵藉而乃抑挫之、以求從容自放、而遂其後心也、名之曰日漸之德不成、而況大德乎、言乃少多無回降之勝也將執而不化、故守其本意也、外合而内不訾、其庸詎可乎、外合而内不訾、卽向之端虛而勉一耳、言此未足以化之、然則我内直而外曲、成而上比、顏回更說此三條也、内直者與天爲徒、與天爲徒者、知天子之與己皆天之所子、而獨以己言蘄乎而人善之、蘄乎而不善之邪、物無貴賤、得生一也、故善與不善、付之公當耳、一無所求於人也、若然者人謂之童子、是之謂與天爲徒、依乎天理、推己性命、若嬰兒之直徃也、外曲者、與人之爲徒也、擎跽曲拳、人臣之禮也、人皆爲之、吾敢不爲邪、爲人之所爲者、人亦無疵焉、是之謂與人爲徒、外形委曲、隨人事之所當爲也、成而上比

疏本作有心而為之

者、與古爲徒、成於今而比於古也、其言雖教、讁之實也、雖是常教有諷責之旨、古之有也、非吾有也、若然者雖直不爲病、寄直於古故無以病我也、是之謂與古爲徒、若是則可乎、仲尼曰、惡惡可、大多政法而不諜、當理無二、而張三條以攻之、與事不冥也、雖固亦無罪、雖未弘大亦且不見咎責、雖然止是耳矣、夫胡可以及化、罪則無矣、化則未也、猶師心者也、挾三術以適彼、非無心而付之天下也、顏回曰、吾無以進矣、敢問其方、仲尼曰齋、吾將語若、有而爲之、其易邪、夫有其心而爲之者、誠未易也、易之者皞天不宜、以有爲爲易、未見其宜也、顏回曰、回之家貧、唯不飲酒、不茹葷者數月矣、若此則可以爲齋乎、曰是祭祀之齋、非心齋也、回曰、敢問心齋、仲尼曰、若一志、去異端而任獨也、無聽之以耳、而聽之以心、無聽之以心、而聽之以氣、聽止於耳、心止於符、氣也者、虛而待物者也、遣耳目、去心意、而符氣性之自得、此虛以待物者也、唯道集虛、虛者心齋也、虛其心則至道集於懷也、顏回曰、回之未始得使、實自回也、未使心齋、故有其身、得使之也、未始有回也、既得心齋之使、則無其身、可謂虛乎、夫子曰、盡矣、吾語若、若能入遊其樊、而無感其名、放心自得之場、當於實而止、入則鳴、不入則止、譬之宮商、應而無心、故曰鳴也、夫無心而應者、任彼耳、不強應也、無門無毒、使物自若、無門者也、付天下之自安、無毒者也、毒治也、一宅而寓於不得已、不得已者、理之必然者也、體至一之宅、而會乎必然之符也、則幾矣、理盡於斯絕迹易、無行地難、不行則易、欲行而不踐地、不可能也、無爲則易、欲爲而不傷性、不可得也、爲人使、易以僞、爲天使、難以僞、視聽之所得者粗、故易欺也、至於自然之報、細故難僞也、則失眞少者、不全亦少、失眞多者、不全亦多、失得之報未有不當其分者也、而欲違天爲僞、不亦難乎聞以有翼飛者矣、未聞以無翼飛者也、聞以有知知者矣、未聞以無知知者也、言必有其具、乃能其事、今無至虛之宅、無由有化物之實也、瞻彼闋者、虛室生白、夫視有若無、虛室者也、虛室而純白獨生矣、吉祥止止、夫吉祥之所集者、至虛至靜也、夫且不止、是之謂坐馳、若夫不止於當、不會於極、此爲以應坐之日而馳騖不息也、故外敵未至、而內已困矣、豈能化物哉、夫徇耳目內通、而外於心知、鬼神將來舍、而況人乎、夫使耳目閉而自然得者、心知之用外矣、故將任性直通、無往不冥、尚無幽昧之責、而況人間之累乎、是萬物之化也、禹舜之所紐也、伏羲几蘧之所行終、而況散焉者乎、言物無貴賤、未有不由心知耳目以自通者也、故世之所謂知者、豈欲知而知哉、所謂見者、豈謂見而見哉、若夫知見可以欲爲而得者、則欲賢可以得賢、爲聖可以得聖乎、固不可矣、而世不知知之自知、因欲爲知以知之、不見見之自見、因欲爲見以見之、不知生之自生、又將爲生以生之、故見目而求離婁之明、見耳而責師曠之聰、故心

身處註疏本作處身

神奔馳於內、耳目竭喪於外、身處不適、則與物不冥矣、不冥矣、而能合乎人間之變、應乎世世之節者、未之有也、葉公子高將使於齊、問於仲尼曰、王使諸梁也甚重、重其使、欲有所求也、齊之待使者、蓋將甚敬而不急、恐直空報其敬、而不肯急應其求也、匹夫猶未可動也、而況諸侯乎、吾甚慄之、子嘗語諸梁也曰、凡事若小若大、寡不道以懽成、夫事無小大、少有不言以成爲懽者耳、此仲尼之所嘗告諸梁也、事若不成、則必有人道之患、夫以成爲懽者、不成則怒矣、此楚王之所不能免也、事若成、則必有陰陽之患、人患雖去、然喜懼戰於胸中、固已結氷炭於五藏矣、若成若不成、而後無患者、唯有德者能之、成敗若任之於彼、而莫足以患心者、唯有德者乎、吾食也執粗而不臧、爨無欲清之人、對火而不思涼、明其所餼儉薄也、今吾朝受命、而夕飲冰、我其內熱與、所餼儉薄、而內熱飲冰者、誠憂事之難、非美食之爲、吾未至乎事之情、而既有陰陽之患矣、事若不成、必有人道之患、是兩也、事未成、則唯恐不成耳、若果不成、則恐懼結於內、而刑網羅於外也、爲人臣者、不足以任之、子其有以語我來、仲尼曰、天下有大戒二、其一命也、其一義也、子之愛親命也、不可解於心、自然結固不可解也、臣之事君義也、無適而非君也、無所逃於天地之間、千人聚、不以一人爲主、不亂則散、故多賢不可以多君、無賢不可以無君、此天人之道、必至之宜、是之謂大戒、若君可逃、而親可解、則不足戒也、是以夫事其親者、不擇地而安之、孝之至也、夫事其君者、不擇事而安之、忠之盛也、自事其心者、哀樂不易施乎前、知其不可奈何、而安之若命、德之至也、知不可奈何者命也而安之、則無哀無樂、何易施之有哉、故冥然以所遇爲命、而不施心於其間、泯然與至當爲一、而無休戚於其中、雖事凡人、猶無往而不適、而況君親乎、爲人臣子者、固有所不得已、行事之情、而忘其身、事有必至、理固常通、故任之則事濟、事濟而身不存者、未之有也、又何用心於有身哉、何暇至於悅生而惡死、夫子其行可矣、理無不通、故當任所遇而直前耳、若乃信道不篤、而悅惡存懷、不能與至當俱往、而謀生慮死、未見能成其事者也、立請復以所聞、凡交近則必相靡以信、近者得接、故以其信驗、親相靡服也、遠則必忠之以言、遙以言傳意也言必或傳之、夫傳兩喜兩怒之言、天下之難者也、夫喜怒之言、若過其實、傳之者宜使兩不失中、故未易也、夫兩喜必多溢美之言、兩怒必多溢惡之言、溢過也、喜怒之言、常過其當也、凡溢之類妄、嫌非彼言、似傳者妄作、妄則其信之也莫、莫然疑之莫則傳言者殃、就傳過言、似於誕妄、受者有疑、則傳言者橫以輕重爲罪也、故法言曰、傳其常情、無傳其溢言、則幾乎全、雖聞臨時之過言、而勿傳也、必稱其常情、而要其誠致、則近於全也、且以巧鬭力者始乎陽、（本共好戲、）常卒乎陰、（欲勝情至、潛興害彼、）太至則多奇巧、（不復循理、）以禮飲酒者始乎治、（尊卑有別、旅酬有次、）常卒乎亂、（湛湎淫液也、）太至則多奇樂、（淫流縱横、無所不至、）凡事亦然、始乎諒、常卒乎鄙、其作始也簡、其將畢也必巨、（夫煩生於簡、事起於微、此必至之勢矣、）言者風波也、行者實喪也、（夫言者風波也、故行之則實喪也、）夫風波易以動、實喪易以危、（故遺風波而弗行、則實不喪矣、夫事得其實、則危可安、而蕩可定也、）故忿設無由、巧言偏辭、（夫忿怒之作、無他由也、常由巧言過實偏辭失當、）獸死不擇音、氣息茀然、於是並生心厲、（譬之野獸、蹴之窮地、意急情盡、則和聲不至、而氣息不理、茀然暴怒、俱生痝疵、以相對之、剋核太至、則必有不肖之心應之、而不知其然也、夫寬以容物、物必歸焉、尅核太精、則鄙吝心生、而不自覺也、故大人蕩然、放物於自得之場、不苦人之能、不竭人之歡、故四海之交可全、苟爲不知其然也、孰知其所終、苟不自覺、安能知禍福之所齊詣也、故法言曰、無遷令、傳彼實也、無勸成、任其自成、過度益也、益則非任實、遷令勸成殆事、此事之危殆、美成在久、美成者任其時化、譬之種植、不可一朝成、惡成不及改、彼之所惡、而勸彊成之、則悔敗尋至、可不愼與、且夫乘物以遊心、寄物以爲意也、託不得已以養中至矣、任理之必然者、中庸之符全矣、斯接物之至也、何作爲報也、當任齊所報之實、何爲爲齊作意於其間哉、莫若爲致命、此其難者、直爲致命最易、而以喜怒施心、故難也、顏闔將傅衛靈公太子、而問於蘧伯玉曰、有人於此、其德天殺、與之爲無方、則危吾國、與之爲有方、則危吾身、夫小人之性、引之軌制則憎已、縱其無度則亂邦、其知適足以知人之過、而不知其所以過、不知民過之由已、故罪責於民、而不自改、若然者吾奈之何、蘧伯玉曰、善哉問乎、戒之愼之、正女身哉、反覆與會俱、所以爲正身、形莫若就、心莫若和、形不乖迕、和而不同、雖然、之二者有患、就不欲入、就者形順、入者還與同、和不欲出、和者義濟、出者自顯伐、形就而入、且爲顚爲滅爲崩爲蹶、若遂與同、

疏本作北人

崖

則是顚危而不扶持、與彼俱亡矣、故當模格天地、但不立小異耳、心和而出、且爲聲爲名爲妖爲孽、自顯和之、且有含垢之聲、濟彼之名、彼將惡其勝己、妄生妖孽、故當悶然若晦、玄同光塵、然後不可得而親、不可得而踈、不可得而利、不可得而害、彼且爲嬰兒、亦與之爲嬰兒、彼且爲無町畦、亦與之爲無町畦、彼且爲無崖、亦與之爲無崖、達之入於無疵、不小立圭角以逆其鱗也、女不知夫螳蜋乎、怒其臂以當車轍、不知其不勝任也、是其才之美者也、夫螳蜋之怒臂、非不美也、以當車轍、顧非敵耳、今知之所無奈何、而欲彊當其任、卽螳蜋之怒臂也、戒之愼之積伐而美者以犯之、幾矣、積汝之才、伐汝之美、以犯人、此危殆之道、女不

知夫養虎者乎、不敢以生物與之、爲其殺之之怒
也、恐其因有殺心而遂怒也不敢以全物與之、爲其決之之怒
也、方使虎自齧分之、則因用力而怒矣、時其饑飽、達其怒心、知其所以怒而
順之虎之與人異類、而媚養己者順也、故其殺者逆
也、順理則異類生愛、逆節則至親交兵、夫愛馬者、以筐盛矢、以蜄盛
溺、矢溺至賤、而以寶器盛之、愛馬之至也、適有蚉蝱僕緣、僕僕然羣著馬而
拊之不時、雖救其患、而掩馬之不意、則缺銜毀首碎胸、掩其不備、故驚
而至此、意有所至、而愛有所亡、可不愼邪、意至除患、率然拊之、
以致毀碎、失其所以愛矣、故當世接物、逆順之際、不可不愼也、匠石之齊、至乎曲

樹

轅見櫟社樹、其大蔽牛、絜之百圍、其高臨山十仞、而後有枝、其可以爲舟者旁十數、觀者如市、匠伯不顧、遂行不輟、弟子厭觀之、走及匠石曰、自吾執斧斤以隨夫子、未嘗見材如此其美也、先生不肯視、行不輟何邪、曰巳矣、勿言之矣、散木也、以爲舟則沈、以爲棺槨則速腐、以爲器則速毀、以爲門戸則液樠、以爲柱則蠹、是不材之木也、無所可用、故能若是之壽、（不在可用之數、故曰散木、）匠石歸、櫟社見夢曰、女將惡乎比予哉、若將比予於文木邪、（凡可用之木爲文木、）夫柤梨橘柚果蓏之屬、實熟則剝、剝則辱、大枝折、小枝泄、此以其能苦其生者也、故不終其天年而中道夭、自掊擊於世俗者也、物莫不若是、物皆以自用傷且予求無所可用久矣、幾死、乃今得之、數有睥睨已者、唯今匠石明之耳、為予大用、積無用乃為濟生之大用使予也而有用、且得有此大也邪、若有用久見伐且也若與予也皆物也、奈何哉其相物也、而幾死之散人、又惡知散木、以戲匠石匠石覺而診其夢、弟子曰、趣取無用、則為社何邪、猶嫌其以為社自榮、不趣取於無用而已、曰、密、若無言、彼亦直寄焉、社自來寄耳、非此木求之為社也以為不知已者詬厲也、言此木乃以社為不知已而見辱病也、豈榮之哉、不為社者、且幾有翦乎、本自以無用為用、則雖不為社、亦終不近於翦伐之害、且也彼其所保與衆異、彼以無保為保、而衆以有保為保、而以義譽之、不亦遠乎、利人長物、禁民為非、社之義也、夫無用者泊然不為、而羣才自適、用者各得其敘、而不與焉、此無用之所以全也、汝以社譽之、無緣近也、南伯子綦游乎商之丘、見大木焉、有異、結駟千乘、隱將芘其所藾、其枝所蔭可以隱芘千乘、子綦曰、此何木也哉、此必有異材夫、仰而視其細枝、則拳曲而不可以為棟梁、俯而視其大根、則軸解而不可以為棺槨、咶

疏本天作夫

其葉則口爛而爲傷嗅之則使人狂醒三日而不已子綦曰此果不材之木也以至於此其大也嗟乎神人以此不材天王不材於百官故百官御其事而明者爲之視聰者爲之聽知者爲之謀勇者爲之扞夫何爲哉玄默而已而羣材不失其當則不材乃材之所至賴也故天下樂推而不厭乘萬物而無害也宋有荆氏者宜楸柏桑其拱把而上者求狙猴之杙者斬之三圍四圍求高名之麗者斬之七圍八圍貴人富商之家求樿傍者斬之故未終其天年而中道之夭於斧斤此才之患也有材者未能無惜也故解之以牛之白顙者與豚之亢鼻者

情

疏本脅下有遊字

與人有痔病者、不可以適河、巫祝解除、棄此三者、必妙選騂具、然後敢用、

此皆巫祝以知之矣、巫祝於此亦知不材者全所以爲不祥也、

此乃神人之所以爲大祥也、夫全生者天下之所謂祥也、巫祝以不材爲不祥、而弗用也、彼乃以不祥全生、乃大祥也、神人者無心而順物者也、故天下之所謂大祥、神人不逆

支離疏者、頤隱於齊、肩高於頂、會撮指天、五管在上、兩髀爲脅、挫鍼治繲、足以餬口、鼓筴播精、足以食十人、上徵武士、則支離攘臂於其間、其無用、故不自竄匿、

上有大役、則支離以有常疾不受功、不任作役、故

上與病者粟、則受三鍾與十束薪、役則不與、賜則受之、夫

支離其形者、猶足以養其身、終其天年、又況支離其德者乎、神人無用於物、而物各得自用、歸功名於羣才、與物冥而無迹、故免人間之害、處常美之實、此支離其德也、孔子適楚、楚狂接輿遊其門曰、鳳兮鳳兮、何如德之衰也、當順時直前、盡乎會通之宜耳、世之衰盛、蔑然不足覺、故曰何如、來世不可待、往世不可追也、趣當盡臨時之宜耳、天下有道、聖人成焉、天下無道、聖人生焉、付之自爾、而理自生成、生成非我也、豈爲治亂易節哉、治自求成、故遺成而不敗、亂自求生、故忘生而不死、方今之時、僅免刑焉、不瞻前顧後、而盡當今之會、冥然與時世爲一、而後妙當可全、刑名可免、福輕乎羽、莫之知載、足能行而放之、手能執而任之、聽耳之所聞、視目之

假

所見知止其所不知能止其所不能用其自用為其自爲态其性內而無纖芥於分外此無爲之至易也無爲而性命不全者未之有也性命全而非福者理未聞也故夫福者即向之所謂全耳非假物也豈有寄鴻毛之重哉率性而動動不過分天下之至易也舉其自舉載其自載天下之至輕也然知以無崖傷性心以欲惡蕩眞故乃釋此無爲之至易而行彼有爲之至難棄夫自舉之至輕而取夫載彼之至重此世之常患也

禍重乎地莫之知避

舉其性內則雖負萬鈞而不覺其重也外物寄之雖重不盈錙銖有不勝任者矣爲內福也故福至輕爲外禍也故禍至重禍至重而莫之知避此世之大迷也

已乎已乎臨人以德殆乎殆乎畫地而趨

夫畫地而使人循之其迹不可掩矣有其已而臨物與物不宜矣故大人不明我以耀彼而任彼之自明不德我以臨人而付人之自得故能彌貫萬物而玄同彼我泯然與

侻一作悅是

天下爲一、而内外同福也迷陽迷陽、無傷吾行、迷陽猶亡陽也、亡陽任獨、不蕩於外、則吾行全矣、天下皆全其吾、則凡稱吾者莫不皆全也、吾行郤曲、無傷吾足、曲成其行、各自足矣、山木自寇也、膏火自煎也、桂可食故伐之、漆可用故割之、人皆知有用之用、而莫知無用之用也、有用則與彼爲功、無用則自全其生、夫割肌膚以爲天下者、天下之所知也、使百姓不失其自全、而彼我俱適者、侻然不覺妙之在身也、

德充符德充於内、應物於外、外内玄合、信若符命、而遺其形骸也、

魯有兀者王駘、從之遊者、與仲尼相若、弟子多少敵孔子常季問於仲尼曰、王駘兀者也、從之遊者、與夫子

假

中分魯、立不教、坐不議、虛而往、實而歸、各自得而足也固有不言之教、無形而心成者邪、惟其形殘而心乃充足也、夫心之全也遺身形、忘五藏、忽然獨往、而天下莫能離、是何人也、仲尼曰、夫子聖人也、丘也直後而未往耳、丘將以爲師、而況不若丘者乎、奚假魯國、丘將引天下而與從之、夫神全心具、則體與物冥、與物冥者、天下之所不能遠、奚但一國而已哉、常季曰、彼兀者也、而王先生、其與庸亦遠矣、若然者、其用心也、獨若之何、仲尼曰、死生亦大矣、人雖日變、然死生而不得之變、變之大也、與之變、彼與變俱、故生死不變於彼、雖天地覆墜、亦將不與之

假

遺、（斯順之也）審乎無假、（明性命之固當）而不與物遷、（任物之自遷）命物之化、（以化爲命而無乖迕）而守其宗也、（不離至當之極）常季曰、何謂也、仲尼曰、自其異者視之、肝膽楚越也、（恬苦之性殊、則美惡之情背、）自其同者視之、萬物皆一也、（雖所美不同、而同有所美、各美其所美、則萬物一美也、各是其所是、則天下一是也、夫因其所異而異之、則天下莫不異、而浩然大觀者、官天地、府萬物、知異之不足異、故因其所同而同之、則天下莫不皆同、又知同之不足有、故因其所無而無之、則是非美惡、莫不皆無矣、夫是我而非彼、美己而惡人、自中知以下、至于昆蟲、莫不皆然、然此明乎我、而不明乎彼者爾、若夫玄逼泯合之士、因天下以明天下、天下無曰我非也、即明天下之無非、無曰彼是也、即明天下之無是、無是無非、混而爲一、故能乘變任化、迕物而不慴、夫若然者、且不知耳目之所宜、宜生於不宜者也、無美無惡、則無不宜、無不宜、故亡其宜也、而遊心乎德之和、都亡宜、故無不任也、都任之而不得者、未之有也、無不得而不和者、亦未聞也、故放心於天地之間、蕩然無不當、而擴然無不適也、物視其所一、而不見其所喪、視喪其足、猶遺土也、體夫極數之妙心、故能無物而不同、無物而不同、則死生變化、無往而非我矣、故生爲我時、死爲我順、時爲我聚、順爲我散、聚散雖異、而我皆我之、則生故我耳、未始有得、死亦我也、未始有喪、夫死生之變、猶以爲一、既覩其一、則說然無係、玄同彼我、以死生爲寤寐、以形骸爲逆旅、去生如脫屣、斷足如遺土、吾未見足以纓茀其心也、常季曰、彼爲己、以其知、嫌王駘未能忘知而自存、得其心以其心、嫌未能遺心而自得、得其常心、物何爲最之哉、夫得其常心、平往者也、嫌其不能平往、而與物過常、故使物就之、仲尼曰、人莫鑑於流水而鑑於止水、夫止水之致鑑者、非爲止以求鑑也、故王駘之聚衆、衆自歸之、豈引物使從已、唯止能止衆止、動而爲之、則不能居衆物之止、受命於地、唯松柏獨也在冬夏青青、夫松柏特稟自然之鍾氣、故能爲衆木之傑耳、非能爲而得之也、受命於天、唯舜獨也正、言特受自然之正氣者至希也、下首則唯爲松柏、上首則唯有聖人、故凡不正者皆來求正耳、若物皆有青全、則無貴於松柏、人各自正、則無羨於大聖而趣之、幸能正生以正衆生、幸自能正耳、非爲正以正之、夫保始之徵、不懼之實、勇士一人、雄入於九軍、將求名而能自要者、而猶若是、非能遺名、而無不任、

假

而況官天地、府萬物、冥然無不體也直寓六骸、所謂逆旅象耳目、人用耳目、亦用耳目、非須耳目、一知之所知、而心未嘗死者乎、知與變化俱、則無往而不冥、此知之一者也、心與死生順、則無時而非生、此心之未嘗死也、彼且擇日而登假、人則從是也、以不失會爲擇耳、斯人無擇也、任其天行而時動者也、故假借之人由此而最之耳、彼且何肯以物爲事乎、其恬漠故全也申徒嘉兀者也、而與鄭子產同師於伯昏無人、子產謂申徒嘉曰、我先出、則子止、子先出、則我止、蓋與刖者並行其明日又與合堂同席而坐、子產謂申徒嘉曰、我先出、則子止、子先出、則我止、今我將出、子可以止乎、其未邪、質而問之、欲使必不並已、且子見執政而不違、子齊執政乎、常以執政自多、故直云子齊執政、便謂足以明其不遜、申徒嘉曰、先生之門、固有執政焉如此哉、此論德之處、非計位也、子而說子之執政、而後人者也、笑其矜說在位、欲處物先、聞之曰、鑑明則塵垢不止、止則不明也、久與賢人處則無過、今子之所取大者先生也、而猶出言若是、不亦過乎、事明師、而鄙吝之心猶未去、乃眞過也、子產曰、子旣若是矣、若是形殘猶與堯爭善、計子之德不足以自反邪、言不自顧省、而欲輕蔑在位、與有德者並、計子之德、故不足以補形殘之遷、申徒嘉曰、自狀其過以不當亡者衆（多自陳其過狀、以已爲不當亡者衆也、）不狀其過以不當存者寡（默然知過、自以爲應死者少也、）知不可奈何、而安之若命、唯有德者能之、遊於羿之彀中、中央者中地也、然而不中者命也、（羿古之善射者、弓矢所及爲彀中、夫利害相攻、）則天下皆羿也、自不遺身忘知與物同波者、皆遊於羿之彀中耳、雖張毅之出、單豹之處、猶未免於中地、則中與不中、唯在命耳、而區區者、各有其所遇、而不知命之自爾、故免乎弓矢之害者、自以爲巧、欣然多己、及至不免、則自恨其謬、而志傷神辱、斯未能達命之情者也、夫我之生也、非我之所生也、則一生之内、百年之中、其坐起行止、動靜趣舍、性情知能、凡所有者、凡所無者、凡所爲者、凡所遇者、皆非我也、理自爾耳、而横生休戚乎其中、斯又逆自然而失之者也、人以其全足笑吾不全足者衆矣、皆不知命、而有斯笑、我怫然而怒、見其不知命而怒、斯又未知命也、而適先生之所、則廢然而反、見至人之知命遺形、故廢向者之怒而復常、不知先生之洗我以善邪、不知先生洗我以善道故邪、我爲能自反邪、斯自忘形而遣累、吾與夫子遊十九年矣、而未嘗知吾兀者也、忘形故也、今子與我遊於形骸之内、而子索我於形骸之外、不亦過乎、形骸外矣、其德内也、今子於我德遊耳、非與我形交、而索我外好、豈不過哉、子產蹵然改容更貌曰、子無乃稱、已悟則厭其多言也魯有兀者叔山無趾、踵見仲尼、踵頻也仲尼曰、子不謹前、既犯患若是矣、雖今來何及矣、無趾曰、吾唯不知務而輕用吾身、吾是以亡足、人之生也理自生矣直莫之爲而任其自生、斯重其身而知務者也若乃忘其自生、謹而矜之、斯輕用其身、而不知務也、故五藏相攻於內、而手足傷殘於外也、今吾來也、猶有尊足者存、刖一足、未足以虧其德、明夫形骸者逆旅也、吾是以務全之也、去其矜謹、任其自生、斯務全也、夫天無不覆、地無不載、天不爲覆、故能常覆、地不爲載、故能常載、使天地而爲覆載、則有時而息矣、使舟能沈而爲人浮、則有時而沒矣、故物爲焉、則未足以終其生也、吾以夫子爲天地、安知夫子之猶若是也、責其不謹不及天地也、孔子曰、丘則陋矣、夫子胡不入乎、請講以所聞、無趾出、聞所聞而出、全其無爲也、孔子曰、弟子勉之、夫無趾兀者也、猶務學以復補前行之惡、而況全德之人乎、全德者生便忘生無趾語老聃曰、孔丘之於至人、其未邪、彼何賓賓以學子爲、怪其方復學於老聃彼且蘄以諔詭幻怪之名聞、不知至人之以是爲己桎梏邪、夫無心者、人學亦學、然古之學者爲己、今之學者爲人、其弊也遂至乎爲人之所爲矣、夫師人以自得者、率其常然者也、舍己效人、而逐物於外者、求乎非常之名者也、夫非常之名乃常之所生也、故學者非爲幻怪也、幻怪之生必由於學、禮者非爲華薄也、而華薄之興、必由於禮、斯必然之理、至人之所無奈何故以爲己之桎梏、老聃曰、胡不直使彼以死生爲一條、以可不可爲一貫者、解其桎梏、其可乎、

疏本直作真

疏本作爲人

欲以直理冥之、冀其無迹。無趾曰、天刑之、安可解、今仲尼非不冥也、顧自然之理、行則影從、言則響隨、夫順物則名迹斯立、而順物者非爲名也、非爲名則至矣、而終不免乎名、則孰能解之哉、故名者影響也、影響者形聲之桎梏也、明斯理也、則名跡可遺、名迹可遺、則尚彼可絕、尚彼可絕、則性命可全矣、

魯哀公問於仲尼曰、衛有惡人焉、曰哀駘它、惡醜也丈夫與之處者、思而不能去也、婦人見之、請於父母曰、與人爲妻、寧爲夫子妾者數十而未止也、未嘗有聞其唱者也、常和而已矣、無君人之位以濟乎人之死、明物不由權勢而往無聚祿以望人之腹、明非求食而往又以惡駭天下、明不以形美故往和而不

亘

疏本作汜若辭

唱、非招而致之知不出乎四域、不役思於分外且而雌雄合乎前、夫才全者、與物無害、故入獸不亂羣、入鳥不亂行、而爲萬物之靈藪是必有異乎人者也、寡人召而觀之、果以惡駭天下、與寡人處、不至以月數、而寡人有意乎其爲人也、未經月、已覺其有遠處、不至乎期年、而寡人信之、國無宰、而寡人傳國焉、委之以國政悶然而後應、寵辱不足以驚其神氾而若辭、人辭亦辭寡人醜乎卒授之國、無幾何也、去寡人而行、寡人卹焉、若有亡也、若無與樂是國也、是何人者也、仲尼曰、丘也嘗使於楚矣、適見㹠子食於其死母者、食乳也少焉眴若皆棄之而走、不見已焉爾、不得類焉爾、夫生者以才德爲類、死而才德去矣、故生者以失類而走也、故含德之厚、比於赤子、無往而不爲之赤子也、則天下莫之害、斯得類而明已故也、情苟類焉、則雖形不與同、而物無害心、情類苟亡、則雖形同母子、而不足以固其志矣、所愛其母者、非愛其形也、愛使其形者也、使形者才德也戰而死者、其人之葬也不以翣資、翣者武所資也、戰而死者無武也、翣將安施、刖者之屨、無爲愛之、所愛屨者、爲足故耳皆無其本矣、翣屨者以足武爲本爲天子之諸御、不爪翦、不穿耳、全其形也取妻者止於外不得復使、恐傷其形形全猶足以爲爾、採擇嬪御、及燕爾新婚、本以形好爲意者也、故形之全也、猶足以降至尊之情、回貞女之操也而況全德之人乎、德全而物愛之宜矣今哀駘它未言而信、無功而親、使人授己國、唯恐其不受也、是必才全而德不形者也、哀公曰、何謂才全、仲尼曰、死生存亡、窮達貧富、賢與不肖、毀譽、饑渴寒、暑、是事之變、命之行也、其理故當不可逃也故人之生也非誤生也生之所有、非妄有也天地雖大萬物雖多、然吾之所遇、適在於是、則雖天地神明、國家聖賢、絕力至知、而弗能違也、故凡所不遇、弗能遇也、其所遇、弗能不遇也、凡所不爲、弗能爲也、其所爲、弗能不爲也、故付之而自當矣日夜相代乎前、夫命行事變、不舍晝夜、推之不去、留之不停、故才全者、隨所遇而任之、而知不能規乎其始者也、夫始非知之所規、而故非情之所留是以知命之必行事之必變者豈於終規始在新戀故哉雖有至知而弗能規也逝者之往吾奈之何哉故不足以滑和苟知性命之固當則雖死生窮達千變萬化淡然自若而和理在身矣不可入於靈府靈府者精神之宅也夫至足者不以憂患經神若皮外而過去使之和豫通而不失於兌苟使和性不滑靈府閒豫則雖涉乎至變不失其兌然也使日夜無郤泯然常任之而與物爲春羣生之所賴也是接而生時於心者也順四時而俱化是之謂才全何謂德不形曰平者水停之盛也天下之平莫盛於停水也其可以爲法也無情至平故天下取正焉內保之而外不蕩也內保其明外無情爲玄鑒洞照與物無私故能全其平而行其法也德者成和之修也

事得以成、物得以和、謂之德也、德不形者、物不能離也、無事不成無物不和、此德之不形也、是以天下樂推而不厭、哀公異日以告閔子曰始也吾以南面而君天下、執民之紀、而憂其死、吾自以爲至通矣、今吾聞至人之言、恐吾無其實、輕用吾身、而亡吾國、吾與孔丘非君臣也、德友而已矣、聞德充之風者、雖復哀公猶欲遺形骸忘貴賤也、闉跂支離無脤說衞靈公、靈公說之、而視全人、其脰肩肩、甕㼜大癭說齊桓公、桓公說之、而視全人、其脰肩肩、偏情一往、則醜者更好、而好者更醜也、故德有所長、而形有所忘、其德長於順物、則物忘其醜、長於逆物、則物忘其好、人不忘其所忘、而忘其所不忘、此謂誠忘、生則愛之、死則棄之、故德者世之所不忘也、形者理之所不存也、故夫忘形者非忘也、不忘形而忘德者、乃誠忘也、故聖人有所遊、遊於自得之場、放之而無不至者、才德全也、而知爲孽、約爲膠、德爲接、工爲商、此四者自然相生、其理已具、聖人不謀惡用知不斲惡用膠、無喪惡用德、不貨惡用商、自然已具、故聖人無所用其巳也、四者天鬻也、天鬻也者、天食也、言自然而禀之、旣受食於天、又惡用人、旣禀之自然、其理巳足、則雖沈思以免難、或明戒以避禍、物無妄然、皆天地之會、至理所趣、必自思之、非我思也、必自不思、非我不思也、或思而免之、或思而不免、或不思而免之、或不思而不免、凡此皆非我也、又奚爲哉、任之而自至也有人之形、視其形貌若人無人之情、掘若槁木之枝有人之形、故羣於人、類聚羣分、自然之道、無人之情、故是非不得於身、無情故付之於物也眇乎小哉、所以屬於人也、形貌若人謷乎大哉、獨成其天、無情故浩然無不任、無不任者有情之所未能也、故無情而獨成天也、惠子謂莊子曰、人故無情乎、莊子曰然、惠子曰、人而無情、何以謂之人、莊子曰、道與之貌、天與之形、惡得不謂之人、人之生也、非情之所生也、生之所知、豈情之所知哉、故有情於爲離曠、而弗能也、然離曠以無情而聰明矣、有情以爲賢聖、而弗能也、然賢聖以無情而賢聖也、豈直賢聖絶遠、而離曠難慕哉、雖下愚聾瞽、及鷄鳴狗吠、豈有情於爲之、亦終不能也、不問遠之與近、雖去已一分、顏孔之際、終莫之得也、是以觀之萬物、反取諸身、耳目不能以易任成功、手足不能以代司致業、故嬰兒之始生也、不以目求乳、不以耳向明、不以足操物、不以手求行、豈百骸無定司、形貌無素主、而專由情以制之哉

惠子曰、既謂之人、惡得無情、未解形貌之非情也、

莊子曰、是非吾所謂情也、以是非爲情、則無是無非、無好無惡者、雖有形貌、直是人耳、情將安寄、吾所謂無情者、言人之不以好惡內傷其身、任當而直前者非情也、常因自然而不益生也、止於當也

惠子曰、不益生、何以有其身、未明生之自生、理之自足、

莊子曰、道與之貌、天與之形、生理已自足於形貌之中、恒任之則身存、無以好惡內傷其身、夫好惡之情、非所以益生、秖足以傷身、以其生之有分也、今

子外乎子之神、勞乎子之精、倚樹而吟、據槁梧而暝、夫神不休於性分之內則外矣、精不止於自生之極則勞矣、故行則倚樹而吟、坐則據梧而瞑、言有情者之自困也、天選子之形、子以堅白鳴、言凡子所爲外神勞精倚樹據梧、且吟且瞑、此世之所謂情也、而云天選、明夫情者非情之所生、而況他哉、故雖萬物萬形、云爲趣舍、皆在無情中來、又何用情於其間哉、

莊子南華眞經卷二

莊子南華眞經卷三

郭象注

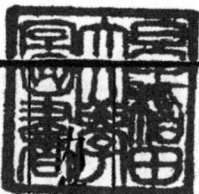

内篇

大宗師

雖天地之大、萬物之富、其所宗而師者無心也、

知天之所爲、知人之所爲者至矣、知天人之所爲者皆自然也、則内放其身、而外冥於物、與衆玄同、任之而無不至也、知天之所爲者、天而生也、天者自然之謂也、夫爲爲者、不能爲而爲自爲耳、爲知者、不能知而知自知耳、自知耳、不知也、不知也、則知出於不知矣、自爲耳、不爲也、不爲也、則爲出於不爲矣、爲出於不爲、故以不爲爲主、知出於不知、故以不知爲宗、是故眞人遺知而知、不爲而爲、自然而生、坐忘而得、故知稱絶而爲名去

也、知人之所爲者、以其知之所知、以養其知之所不知、終其天年而不中道夭者、是知之盛也、人之生也、形雖七尺、而五常必具、故雖區區之身、乃舉天地以奉之、故天地萬物、凡所有者、不可一日而相無也、一物不具、則生者無由得生、一理不至、則天年無緣得終、然身之所有者、知或不知也、理之所存者、爲或不爲也、故知之所知者寡、而身之所有者衆、爲之所爲者少、而理之所存者博、在上者莫能器之、而求其備焉、人之所知不必同、而所爲不敢異、異則僞成矣、僞成而眞不丧者、未之有也、或好知不倦、以困其百體、所好不過一枝、而舉根俱弊、斯以其所知、而害所不知也、若夫知之盛也、知人之所爲者有分、故任而不彊也、知人之所知者有極、故用而不蕩也、故所知不以無涯自困、則一體之中、知與不知、闇相與會而俱全矣、斯以其所知、養所不知也、雖然有患、雖知盛、未若遺知任天之無患也、**夫知有所待而後當、**夫知者未能無可無不可、故必有待也、若乃任天而生者、則遇物而當也、**其所待者特未定也、**有待則無定也、**庸詎知吾所謂天之非人乎、所謂人之非天乎、**我生有涯天也、必欲益之人也、然此人之所謂耳、物無非天也、天也者自然也、人皆自然、則治亂成敗、遇與不遇、非人爲也、皆自然耳、**且有眞人而後有眞知、**有眞人而後天下之知皆得其眞而不可亂也、**何謂眞人、古之眞人不逆寡、**凡寡皆不逆則所順者衆、**不雄成、**不恃其成、而處物先、**不謩士、**縱心直前而羣士自合、非謀謩以致之、**若然者過而弗悔、當而不自得也、**直自全當而無過耳、非以得失經心、**若然者登高不慄、入水不濡、入火不熱、是知之**

假

能登假於道也若此、言夫知之登至於道者若此之遠也、理固自全、非畏死也、故眞人陸行、而非避濡也、遠火而非逃熱也、無過而非措當也、故雖不以熱爲熱、而未嘗赴火、不以濡爲濡、未嘗蹈水、不以死爲死、未嘗喪生、故夫生者豈生之而生哉、成者豈成之而成哉、故任之而無不至者眞人也、豈有槩意於所遇哉、古之眞人、其寢不夢、無意想也其覺無憂、當所遇而安也其食不甘、理當食耳其息深深、眞人之息以踵、乃在根本中來衆人之息以喉、屈服者其嗌言若哇、氣不平暢其耆欲深者其天機淺、深根寧極、然後反一無欲古之眞人、不知說生、不知惡死、與化爲體其出不訢、其入不距、泰然而任之翛然而往、翛然而來而已矣、寄之至理、故往來而

不難不忘其所始、不求其所終、終始變化皆忘之矣豈直逆忘其生、而猶
復揉求死意也、受而喜之、不問所受者何物、遇之而無不適也、忘而復之、復之
不由於識乃至是之謂不以心捐道、不以人助天、是之謂
眞人、人生而靜、天之性也、感物而動、性之欲也、物之感人無窮、人之逐欲無節、則天理滅矣、眞
人知用心則背道、助天則傷生、故不爲也、若然者其心志、所居而安爲志其容
寂、雖行而無傷於靜其顙頯、頯大朴之貌淒然似秋、殺物非爲威也煖
然似春、生物非爲仁也喜怒通四時、夫體道合變者、與寒暑同其溫嚴、而未嘗
有心也、然有溫嚴之貌、生殺之節、故寄名於喜怒、與物有宜而莫知其極、
無心於物、故不奪物宜、無物不宜、故莫知其極、故聖人之用兵也、亡國而

不失人心、利澤施乎萬世、不爲愛人、因人心之所欲亡而亡之故不失人心也、夫白日登天、六合俱照、非愛人而照之也、故聖人之在天下、煖焉若陽春之自和、故蒙澤者不謝、凄乎若秋霜之自降、故彫落者不怨、故樂通物、非聖人也、夫聖人無樂也、直莫之塞、而物自通、有親非仁也、至仁無親、任理而自存、天時非賢也、時之者、未若忘時而自合之賢也、利害不通非君子也、不能一是非之塗、而就利違害、則傷德而累當矣、行名失巳非士也、善爲士者、遺名而自得、故名當其實、而福應其身、亡身不眞、非役人也、自失其性、而矯以從物、受役多矣、安能役人、若狐不偕務光伯夷叔齊箕子胥餘紀他申徒狄、是役人之役、適人之適、而不自適其適者

殉人疏本作效人迹是

如若不足也疏本作如不足者也

懷

也、斯皆舍己殉人、殉彼傷我也、古之真人、其狀義而不朋、與物同宜、而非朋黨、若不足而不承、沖虛無餘、如若不足也、下之而無不上、若不足而不承也、與乎其觚而不堅也、常遊於獨、而非固守、張乎其虛而不華也、暢然無懷、乃至於實、邴邴乎其似喜乎、至人無喜、暢然和適、故似喜也、崔乎其不得已乎、動靜行止、常居必然之極、滀乎進我色也、不以物傷已也、與乎止我德也、無所趣也、厲乎其似世乎、至人無厲、與世同行、故若厲也、謷乎其未可制也、高放而自得、連乎其似好閉也、綿邈深遠、莫見其門、悗乎忘其言也、不識不知、而天機自發、故悗然也、以刑爲體、刑者治之體、非我爲、以禮爲翼、禮者世之所以自行耳、非我制、以知爲

已

時、知者自將之動、非我唱、以德爲循、德者自彼所循、非我作、以刑爲體者、綽乎其殺也、任治之自殺、故雖殺而寬、以禮爲翼者、所以行於世也、順世之所行、故無不行、以知爲時者、不得已於事也、夫高下相受不可逆之流也、小大相羣不得已之勢也、曠然無情、羣知之府也、承百流之會、居師人之極者、奚爲哉、任時世之知、委必然之事、付之天下而已、以德爲循者、言其與有足者至於丘也、丘者所以本也、以性言之、則性之本也、夫物各有足、足於本也、付羣德之自循、斯與有足者、至於本也、本至而理盡矣、而人眞以爲勤行者也、凡此皆自彼而成、成之不在己、則雖處萬機之極、而常閑暇自適、忽然不覺事之經身、悗然不識言之在口、而人之大迷、眞謂至人之爲勤行者也、故其好之也一、其弗好之也一、常無心而順彼、故好與不好、所善所惡、與彼無二也其一也一、其不一也一、其一也、天徒也、其不一也、人徒也、夫眞人同天人、均彼我、不以其一異乎不一、其一與天爲徒、無有而不一者、天也其不一與人爲徒、彼彼而我我者人也天與人不相勝也、是之謂眞人夫眞人同天人、齊萬致、萬致不相非、天人不相勝、故曠然無不一、冥然無不任、而玄同彼我也、死生命也、其有夜旦之常天也、其有晝夜之常、天之道也、故知死生者命之極、非妄然也、若夜旦耳、奚所係哉人之有所不得與、皆物之情也、夫眞人在晝得晝、在夜得夜、以死生爲晝夜、豈有所不得乎、人之有所不得、而憂娛在懷、皆物情耳、非理也、彼特以天爲父、而身猶愛之、而況其卓乎、卓者獨化之謂也、夫相因之功、莫若

假

獨化之至也、故人之所因者天也、天之所生者獨化也、人皆以天爲父、故晝夜之變、寒暑之節、猶不敢惡、隨天安之、況乎卓爾獨化、至於玄冥之竟、又安得而不任之哉、既任之、則死生變化、唯命之從也、人特以有君爲愈乎已、而身猶死之、而況其眞乎、夫眞者不假於物而自然也、夫自然之不可避、豈直君命而已哉、泉涸魚相與處於陸、相呴以濕、相濡以沫、不如相忘於江湖、與其不足而相愛、豈若有餘而相忘、與其譽堯而非桀也、不如兩忘而化其道、夫非譽皆生於不足、故至足者、忘善惡、遺死生、與變化爲一、曠然無不適矣、又安知堯桀之所在邪、夫大塊載我以形、勞我以生、佚我以老、息我以死、夫形生老死皆我也、故形爲我載、生爲我勞、老爲我佚、死爲我息、四者雖變、未始非

舉

我、我奚惜哉、故善吾生者、乃所以善吾死也、死與生皆命也、無善則已、有善則生不獨善也、故若以吾生爲善乎、則吾死亦善也、夫藏舟於壑、藏山於澤、謂之固矣、方言生死變化之不可逃、故先舉無逃之極、然後明之以必變之符、將任化而無係也、然而夜半有力者負之而走、昧者不知也、夫無力之力、莫大於變化者也、故乃揭天地以趨新、負山嶽以舍故、故不暫停、忽已涉新、則天地萬物、無時而不移也、世皆新矣、而自以爲故、舟日易矣、而視之若舊、山日更矣、而視之若前、今交一臂而失之、皆在冥中去矣、故向者之我、非復今我也、我與今俱往、豈常守故哉、而世莫之覺、故謂今之所遇可係而在、豈不昧哉、藏小大有宜、猶有所遯、不知與化爲體、而思藏之使不化、則雖至深至固、各得其所宜、而無以禁其日變也、故夫藏而有之者、不能止其遯也、無

疏本獨上有足字

藏而任化者、變不能變也、若夫藏天下於天下、而不得所遯、是恒物之大情也、無所藏而都任之、則與物無不冥、與化無不一、故無外無內、無死無生、體天地而合變化、索所遯而不得矣、此乃常存之大情、非一曲之小意特犯人之形而猶喜之、若人之形者、萬化而未始有極也、人形乃是萬化之一遇耳、未獨喜也、無極之中所遇者皆若人耳、豈特人形可喜而餘物無樂邪、其爲樂可勝計邪、本非人而化爲人、化爲人失於故矣、失故而喜、喜所遇也、變化無窮、何所不遇、所遇而樂、樂豈有極乎、故聖人將遊於物之所不得遯而皆存、夫聖人遊於變化之途、放於日新之流、萬物萬化、亦與之萬化、化者無極、亦與之無極、誰得遯之哉、夫於生爲亡、而於死爲存、於死爲存、則何時而非存哉、善夭善老、善始善終、人猶效之、此自均於百年之內、不善少而否老、未能體變化齊死生也、然其平粹猶足以師人也、又況萬物之所係而一化之所待乎、此玄同萬物、而與化為體、故其為天下之所宗也、不亦宜乎、夫道有情有信無為無形、有無情之情故無為也、有無常之信、故無形也、可傳而不可受、古今傳而宅之、莫能受而有之、可得而不可見、咸得自容、而莫見其狀、自本自根、未有天地、自古以固存、明無不待有而無也、神鬼神帝、生天、生地、無也豈能生神哉、不神鬼帝、而鬼帝自神、斯乃不神之神也、不生天地、而天地自生、斯乃不生之生也、故夫神之果不足以神而不神則神矣、功何足有、事何足恃哉、在太極之先而不為高、在六極之下而不為深、先天地生而不爲久、長於上古而不爲老、言道之無所不在也、故在高爲無高、在深爲無深、在久爲無久、在老爲無老、無所不在、而所在皆無也、且上下無不格者、不得以高卑稱也、內外無不至者、不得以表裏名也、與化俱移者、不得言久也、終始常無者、不得謂老也、狶韋氏得之以挈天地、伏戲得之以襲氣母、維斗得之終古不忒、日月得之終古不息、堪坏得之以襲崑崙、馮夷得之以遊大川、肩吾得之以處大山、黃帝得之以登雲天、顓頊得之以處玄宮、禺強得之立乎北極、西王母得之坐乎少廣、莫知其始、莫知其終、彭祖得之上及有虞、下及五伯、傅說得之以相武下、奄有天下、乘東維騎箕尾而比於列星、道無能也、此言得之於道、乃所以明其自得耳、自得耳、道不能使之得也、我之未得、又不能爲得也、然則凡得之者、外不資於道、内不由於己、掘然自得而獨化也、夫生之難也、猶獨化而自得之矣、既得其生、又何患於生之不得而爲之哉、故爲生果不足以全生、以其生之不由於己爲也、而爲之則傷其眞生也、

南伯子葵問乎女偊曰、子之年長矣、而色若孺子、何也、曰吾聞道矣、（聞道則任其自生、故氣色全也、）南伯子葵曰、道可得學邪、曰惡惡可、子非其人也、夫卜梁倚有聖人之才、而無聖人之道、我有聖人之道、而無聖人之才、吾欲以教之、庶幾其果爲聖人乎、不然、以聖

人之道、告聖人之才、亦易矣、吾猶守而告之、參日而後能外天下、外猶遺也已外天下矣、吾又守之七日而後能外物、物者朝夕所須、切已難忘已外物矣、吾又守之九日、而後能外生、都遺也已外生矣、而後能朝徹、遺生則不惡死、不惡死、故所遇卽安、豁然無滯、見機而作、斯朝徹也朝徹而後能見獨、當所遇而安之、忘先後之所接、斯見獨者也見獨而後能無古今、與獨俱徃無古今而後能入於不死不生、夫係生故有死、惡死故有生、是以無係無惡、然後能無死無生、殺生者不死、生生者不生、其爲物無不將也、任其自將、故無不將、無不迎也、任其自迎、故無不迎、無不毀也、任其

讙本無之名之上有及字

自毀、故無不毀、無不成也、任其自成、故無不成、其名爲攖寧、夫與物冥者、物縈亦縈、而未始不寧也、攖寧也者、攖而後成者也、物縈而獨不縈則敗矣、故縈而任之、則莫不曲成矣、南伯子葵曰、子獨惡乎聞之、曰、聞諸副墨之子、副墨之子、聞諸洛誦之孫、洛誦之孫、聞之瞻明、瞻明聞之聶許、聶許聞之需役、需役聞之於謳、於謳聞之玄冥、玄冥者、所以名無而非無也、玄冥聞之參寥、夫階名以至無者、必得無於名表、故雖玄冥猶未極、而又推寄於參寥、亦玄之又玄也、參寥聞之疑始、夫自然之理、有積習而成者、蓋階近以至遠、研粗以至精、故乃七重而後無之名、九重而後疑無是始也、子祀子輿子犁子來四人相與語曰、孰能以無爲首、以生爲脊、以死爲尻、孰知死生存亡之一體者、吾與之友矣、四人相視而笑、莫逆於心、遂相與爲友、俄而子輿有病、子祀往問之、曰偉哉夫造物者、將以予爲此拘拘也、曲僂發背、上有五管、頤隱於齊、肩高於頂、句贅指天、陰陽之氣有沴、沴陵亂也其心閒而無事、不以爲患跰𨇤而鑑于井、曰、嗟乎夫造物者、又將以予爲此拘拘也、夫任自然之變者無嗟也與物嗟耳、子祀曰、女惡之乎、曰亡、予何惡、浸假而化予之左臂以爲雞、予因以求時夜、浸假而化予之

假　假

假

右臂以爲彈、予因以求鴞炙、浸假而化予之尻以
爲輪、以神爲馬、予因而乘之、豈更駕哉、浸漸也、夫體化合變、則無往而不因、無因而不可也、且夫得者時也、當所遇之時、世謂之得、失者
順也、時不暫停、順往而去、世謂之失、安時而處順、哀樂不能入也、
此古之所謂縣解也、而不能自解者、物有結之、一不能自解、則衆物共結之矣、故能解則無所不解、則無所而解也、且夫物不勝天久
矣、吾又何惡焉、天不能無晝夜、我安能無死生、而惡之哉、俄而子來有
病、喘喘然將死、其妻子環而泣之、子犂往問之、曰、
叱、避、無怛化、夫死生猶寤寐耳、於理當寐、不願人驚之、將化而死、亦宜無爲怛之也、倚

於　翅下同　曰

其戸與之語曰、偉哉造化、又將奚以汝爲、將奚以
汝適、以汝爲鼠肝乎、以汝爲蟲臂乎、子來曰、父母
扵子、東西南北、唯命之從、陰陽於人、不趐於父母、
自古或有能違父母之命者、未有能違陰陽之變、而距晝夜之節者也、彼近吾死、而
我不聽、我則悍矣、彼何罪焉、死生猶晝夜耳、未足爲違也、時當死亦非
所禁、而横有不聽之心、適足捍逆於理、以速其死、其死之速、由於我悍、非死之罪也、彼謂死耳、在生故以死爲彼、
夫大塊載我以形、勞我以生、佚我以老、息
我以死、故善吾生者、乃所以善吾死也、理常俱也今大
冶鑄金、金踊躍曰、我且必爲鏌鋣、大冶必以爲不

祥之金、今一犯人之形、而曰人耳人耳、夫造化者必以爲不祥之人、人耳人耳、唯願爲人也、亦猶金之踊躍、世皆知金之不祥、而不能任其自化、夫變化之道、靡所不遇、今一遇人形、豈故爲哉、生非故爲、時自生耳、矜而有之、不亦妄乎、今一以天地爲大鑪、以造化爲大冶、惡乎往而不可哉、人皆知金之有係爲不祥、故明己之無異於金、則所係之情可解、可解則無不可也、成然寐、蘧然覺、寐寤自若、不以死生累心、

子桑戸孟子反子琴張三人相與友、曰孰能相與於無相與、相爲於無相爲、夫體天地、冥變化者、雖手足異任、五藏殊管、未嘗相與、而百節同和、斯相與於無相與也、未嘗相爲、而表裏俱濟、斯相爲於無相爲也、若乃役其心志、以恤手足、運其股肱、以營五藏、則相營

愈篤、而外內愈困矣、故以天下爲一體者、無愛爲於其間也、孰能登天遊霧、撓挑無極、無所不任相忘以生、無所終窮、忘其生則無不忘矣故能隨變任化、無所窮竟、三人相視而笑、莫逆於心、遂相與友、若然者豈友哉、蓋寄明至親、而無愛念之近情也、莫然有間而子桑戶死、未葬、孔子聞之、使子貢往待事焉、或編曲、或鼓琴、相和而歌曰、嗟來桑戶乎、嗟來桑戶乎、而已反其眞、而我猶爲人猗、人哭亦哭、俗內之迹也、齊死生、忘哀樂、臨尸能歌、方外之志也、子貢趨而進曰、敢問臨尸而歌禮乎、二人相視而笑曰、是惡知禮意、夫知禮意者、必遊外以經內、守母以存子、稱情而直往也、若乃矜乎名聲、牽乎形制、則孝不在誠、慈不在實、父子兄弟、懷情相欺、豈禮之大意哉、 子貢反以告孔子曰、彼何人者邪、修行無有、而外其形骸、臨尸而歌、顏色不變、無以命之、彼何人者邪、孔子曰、彼遊方之外者也、而丘遊方之內者也、夫理有至極、外內相冥、未有極遊外之致、而不冥於內者也、未有能冥於內而不遊於外者也、故聖人常遊外以弘內、無心以順有、故雖終日揮形、而神氣無變、俯仰萬機、而淡然自若、夫見形而不及神者、天下之常累也、是故覩其與羣物並行、則莫能謂之遺物而離人矣、觀其體化而應務、則莫能謂之坐忘而自得矣、豈直謂聖人不然哉、乃必謂至理之無此、是故莊子將明流統之所宗、以釋天下之可悟、若直就稱仲尼之如此、或者將據所見以排之、故超聖人之內迹而寄方外於數子、宜忘其所寄、以尋述作之大意、

假注

則夫遊外弘內之道、坦然自明、而莊子之書、故是超俗蓋世之談矣、外內不相及、而丘使女往弔之、丘則陋矣、夫弔者方內之近事也、施之於方外則陋矣、彼方且與造物者爲人、而遊乎天地之一氣、皆冥之故無二、彼以生爲附贅縣疣、若疣之自縣贅之自附、此氣之時聚非所樂也、以死爲決疣潰癰、若疣之自決癰之自潰、此氣之自散非所惜也、夫若然者、又惡知死生先後之所在、死生代謝未始有極與之俱往、則無往不可、故不知勝負之所在也、假於異物、託於同體、假因也、今死生聚散、變化無友皆異物也、無異而不假、故所假雖異、而共成一體也、忘其肝膽、遺其耳目、任之於理而冥往也、反覆終始、不知端倪、五臟猶忘、何物足識哉、未始有識、故能放身於變化之塗、玄同於反覆之波、而不知終始之所極也、芒然彷徨乎塵垢之外、逍遥乎無爲之業、所謂無爲之業、非拱默而已、所謂塵垢之外、非伏於山林也、彼又惡能憒憒然爲世俗之禮、以觀衆人之耳目哉、其所以觀示於衆人者、皆其塵垢耳、非方外之寘物也、子貢曰、然則夫子何方之依、子貢不聞性與天道、故見其所依、而不見其所以依也、夫所以依者不依也、世豈覺之哉、曰、丘天之戮民也、以方內爲桎梏、明所貴在方外也、夫遊外者依內、離人者合俗、故有天下者、無以天下爲也、是以遺物而後能入羣、坐忘而後能應務、愈遺之、愈得之、苟居斯極、則雖欲釋之、而理固自來、斯乃天人之所不赦者也、雖然、吾與汝共之、雖爲世所桎梏、但爲與汝共之耳、明己恒自在外也、子貢曰、敢問其方、問所以遊外而共內之意孔子曰、魚相造乎水、人相造乎道、相造乎水者、穿池而養給、相造乎道者、無事而生定、所造雖異、其於由無事以得事、自方外以共內、然後養給而生定、則莫不皆然也、俱不自知耳、故成無爲也、故曰、魚相忘乎江湖、人相忘乎道術、各自足而相忘者、天下莫不然也、至人常足、故常忘也、子貢曰、敢問畸人、問向之所謂方外而不耦於俗者又安在也、曰、畸人者、畸於人而侔於天、夫與內冥者、遊於外也、獨能遊外以冥內、任萬物之自然、使天性各足、而帝王道成、斯乃畸於人而侔於天也、故曰、天之小人、人之君子、人之君子、天之小人也、以自然言之、則人無小大、以人理言之、則侔於天者、可謂君子矣、顏回問仲尼曰、孟孫才、其母死、哭泣無涕、中心不慼、居喪不哀、無是三者、以善喪蓋魯國、固有無其實而得其名者乎、回一怪之、魯國觀其禮、而顔回察其心、仲尼曰、夫孟孫氏盡之矣、進於知矣、盡死生之理、應内外之宜者、動而以天行、非知之匹也、唯簡之而不得、簡擇死生、而不得其異、若春秋冬夏四時行耳、夫已有所簡矣、孟孫氏不知所以生、不知所以死、已簡而不得、故無不安、無不安、故不以生死槩意、而付之自化也、不知就先、不知就後、所遇而安、若化爲物、不違化也、以待其所不知之化已乎、死生宛轉、與化爲一、猶乃忘其所知於當今、豈待所未知、而豫憂者哉、且方將化、惡知不化哉、方將不化、

未

旦

惡知已化哉、已化而生、焉知未生之時哉、未化而死、焉知已死之後哉、故無所避就、而與化俱生也、吾特與汝其夢未始覺者邪、夫死生猶覺夢耳、今夢自以爲覺、則無以明覺之非夢也、苟無以明覺之非夢、則亦無以明生之非死矣、死生覺夢、未知所在、當其所遇、無不自得、何爲在此而憂彼哉、且彼有駭形而無損心、以變化爲形之駭動耳、故不以死生損累其心、有旦宅而無情死、以形骸之變爲旦宅之日新耳、其情不以爲死、孟孫氏特覺、人哭亦哭、是自其所以乃、夫常覺者、無往而有逆也、故人哭亦哭、正自是其所宜也、且也相與吾之耳矣、夫死生變化、吾皆吾之、既皆自吾、吾何失哉、未始失吾、吾何憂哉、無逆、故人哭亦哭、無憂、故哭而不哀焉、庸詎知吾所謂吾之乎、靡所不吾也、故玄同外內、彌貫古今、與化日新、豈知吾之所在也且汝夢爲鳥而厲乎天、夢爲魚而沒於淵、言無往而不自得也不識今之言者、其覺者乎、其夢者乎、夢之時自以爲覺、則焉知今者之非夢邪、亦焉知其非覺邪、覺夢之化、無往而不可、則死生之變、無時而足惜也、造適不及笑、獻笑不及排、所造皆適、則忘適矣、故不及笑也、排者推移之謂也、夫禮哭必哀、獻笑必樂、哀樂存懷、則不能與適推移矣、今孟孫常適、故哭而不哀、與化俱往也、安排而去化、乃入於寥天一、安於推移、而與化俱去、故乃入於寂寥、而與天爲一也、自此以上、至于子祀、其致一也、所執之喪異、故歌哭不同、意而子見許由、許由曰、堯何以資汝、資者給濟之謂意而子曰、堯謂我、汝必躬服仁義而明言是非、許由曰、而奚

疏本形作刑

來爲軹、夫堯既已黥汝以仁義、而劓汝以是非矣、汝將何以遊夫遥蕩恣睢轉徙之塗乎、言其將以形教自虧殘、而不能復遊夫自得之場、無係之塗也、意而子曰、雖然、吾願遊於其藩、不敢復求涉中道也、且願遊其藩傍而已、許由曰、不然、夫盲者無以與乎眉目顏色之好、瞽者無以與乎青黃黼黻之觀、意而子曰、夫無莊之失其美、據梁之失其力、黃帝之亡其知、皆在鑪捶之間耳、言天下之物、未必皆自成也、自然之理、亦有須冶鍛而爲器者耳、故此之三人、亦皆聞道而後亡其所務也、此皆寄言以遣云爲之累、庸詎知夫造物者之不息我黥而補我劓、使我乘成以隨先生邪、夫率性直往者自然也、往而傷性、性傷而能改者、亦自然也、庸詎知我之自然、當不息黥補劓而乘可成之道以隨夫子邪、而欲棄而勿告、恐非造物之至、許由曰、噫未可知也、我爲汝言其大畧、吾師乎吾師乎、𩐈萬物而不爲義、澤及萬世而不爲仁、皆自爾耳、亦無愛爲於其間也、安所寄其仁義、長於上古而不爲老、日新也覆載天地、刻彫衆形而不爲巧、自然故非巧也此所遊已、遊於不爲而師於無師也顏回曰、回益矣、以損之爲益矣仲尼曰、何謂也、曰回忘仁義矣、曰可矣、猶未也、仁者兼愛之迹、義者成物之功、愛之非仁、仁迹行焉、成之非義、義功見焉、存夫仁義、不足以知愛利之由無心、故忘之可也、但忘功迹、故猶未玄達、它日復見、曰回益矣、曰何謂也、曰回忘禮樂矣、曰可矣、猶未也、禮者形體之用、樂者樂生之具、忘其具、未若忘其所以具也、它日復見、曰回益矣、曰何謂也、曰回坐忘矣、仲尼蹵然曰、何謂坐忘、顏回曰、墮枝體、黜聰明、離形去知、同於大通、此謂坐忘、夫坐忘者、奚所不忘哉、既忘其迹、又忘其所以迹者、內不覺其一身、外不識有天地、然後曠然無與變化爲體、而無不通也、仲尼曰、同則無好也、無物不同、則未嘗不適、未嘗不適、何好何惡哉、化則無常也、同於化者、唯化所適、故無常也、而果其賢乎、丘也請從而後也、

子輿與子桑友、而霖雨十日、子輿曰、子桑殆病矣、裹飯而往食之、此二

人相爲於無相爲者也、今裹飯而徃食者、乃任之天理而自爾、非相爲而後徃也、至子桑之門、則若歌若哭、鼓琴曰、父邪母邪、天乎人乎、有不任其聲而趨舉其詩焉、子輿入曰、子之歌詩、何故若是、嫌其有情所以趨出遠理曰、吾思夫使我至此極者而弗得也、父母豈欲吾貧哉、天無私覆、地無私載、天地豈私貧我哉、求其爲之者而不得也、然而至此極者命也夫、言物皆自然、無爲之者也、

應帝王夫無心而任乎自化者、應爲帝王也、

齧缺問於王倪、四問而四不知、齧缺因躍而大喜、

行以告蒲衣子、蒲衣子曰、而乃今知之乎、有虞氏不及泰氏、夫有虞氏之與泰氏、皆世事之迹耳、非所以迹也、所以迹者無迹也、世孰名之哉、未之嘗名、何勝負之有邪、然無迹者、乘羣變、履萬世、世有夷險、故迹有不及也、有虞氏其猶藏仁以要人、亦得人矣、而未始出於非人、夫以所好爲是人、所惡爲非人者、唯以是非爲域者也、夫能出於非人之域者、必入於無非人之竟矣、故無得無失、無可無不可、豈直藏仁而要人也、泰氏其臥徐徐、其覺于于、一以已爲馬、一以已爲牛、夫如是又奚是人非人之有哉、斯可謂出於非人之域、其知情信、任其自知、故情信、其德甚眞、任其自得、故無僞、而未始入於非人、不入乎是非之域、所以絶於有虞之世、肩吾見狂接

疏本如作知

輿、狂接輿曰、日中始何以語女、肩吾曰、告我君人者、以己出經式義度、人孰敢不聽而化諸、狂接輿曰、是欺德也、以己制物、則物失其眞、其於治天下也、猶涉海鑿河、而使蚉負山也、夫寄當於萬物、則無事而自成、以一身制天下、則功莫就、而任不勝也、夫聖人之治也、治外乎、全其性分之內而已、正而後行、各正性命確乎能其事者而已矣、不爲其所不能、且鳥高飛以避矰弋之害、鼷鼠深穴乎神丘之下、以避熏鑿之患、禽獸猶各有以自存、故帝王任之而不爲、則自存也、而曾二蟲之無知、言汝曾不如此二蟲之各存而不待教乎天根遊於殷陽、至蓼水之上、適遭無名人、而問焉曰、請問爲天下、無名人曰、去汝鄙人也、何問之不豫也、問爲天下、則非起於予大初止於玄冥也、方將與造物者爲人、任人之自爲厭則又乘夫莽眇之鳥、以出六極之外、而遊無何有之鄉、以處壙埌之野、莽眇、羣碎之謂耳、乘羣碎、馳萬物、故能出處常通、而無狹滯之地、汝又何帠以治天下感予之心爲、言皆放之自得之場、則不治而自治也、又復問、無名人曰、汝遊心於淡、任其性而無所飾焉則淡矣合氣於漠、漠然靜於性而止順物自然而無容私焉、而天下治矣、任性自生公也、心欲益之私也、容私果不足以生生、而順公乃全也、陽子居見老聃曰、有人於此、嚮疾彊梁、物徹疏明、學道不勌、如是者可比明王乎、老聃曰、是於聖人也、胥易技係、勞形怵心者也、（言此功夫容身不得、不足以比聖王、）且也虎豹之文來田、猨狙之便、執斄之狗來藉、如是者可比明王乎、（此皆以其文章技能、係累其身、非涉虛以御乎無方也、）陽子居蹵然曰、敢問明王之治、老聃曰、明王之治、功蓋天下、而似不自已、（天下若無明王、則莫能自得、今之自得、實明王之功也、然功在無爲、而還任天下、天下皆得自任、故似非明王之功、）化貸萬物、而民弗恃、（夫明王皆就足物性、故人人皆云我自爾、而莫知恃賴於明王、）有莫舉名、使物自喜、（雖有蓋天下之功、而不舉以爲已名、

暇

暇

故物皆自以爲得而喜、立乎不測、居變化之塗、日新而無方、而遊於無有者也、與萬物爲體、則所遊者虛也、不能冥物、則迕物不暇、何暇遊虛哉、鄭有神巫曰季咸、知人之死生存亡禍福壽夭、期以歲月旬日若神、鄭人見之、皆棄而走、不憙自聞死日也、列子見之而心醉、歸以告壺子曰、始吾以夫子之道爲至矣、則又有至焉者矣、謂季咸之至、又過於夫子、壺子曰、吾與汝既其文、未既其實、而固得道與、衆雌而無雄、而又奚卵焉、言列子之未懷道也、而以道與世亢必信夫、故使人得而相汝、未懷道則有心、有心而亢其一方、以必信於世、故可得而相之、嘗試與來、以予示之、明日列子與之見壺子、出而謂列子曰、嘻、子之先生死矣、弗活矣、不以旬數矣、吾見怪焉、見濕灰焉、列子入泣涕沾襟、以告壺子、壺子曰、鄉吾示之以地文、萌乎不震不正、萌然不動、亦不自正、與槁木同其不華、濕灰均於寂魄、此乃至人無感之時也、夫至人其動也天、其靜也地、其行也水流、其止也淵默、淵默之與水流、天行之與地止、其於不爲而自爾一也、今季咸見其尸居而坐忘、卽謂之將死、覩其神動而天隨、因謂之有生、誠應不以心、而理自玄符、與變化升降、而以世爲量、然後足爲物主、而順時無極、故非相者所測耳、此應帝王之大意也、是殆見吾杜德機也、德機不發曰杜嘗又與來、明日又與之見壺子、出而謂列子曰、幸矣子之先生遇我也有瘳矣、全然有生矣、吾見其杜權矣、權機也、今乃自覺昨日之所見、見其杜權、故謂之將死、列子入以告壺子、壺子曰、鄉吾示之以天壤、天壤之中、覆載之功見矣、比之地文、不猶外乎、此應感之容也、名實不入、任自然而覆載、則天機玄應、而名利之飾、皆爲棄物、而機發於踵、常在極上起、是殆見吾善者機也、機發而善於彼、彼乃見之、嘗又與來、明日又與之見壺子、出而謂列子曰、子之先生不齊、吾無得而相焉、試齊、且復相之、列子入以告壺子、壺子曰、吾鄉示之以太沖莫勝、居太沖之極、浩然泊心、而玄同萬方、故勝負莫得厝其間也、是殆見吾衡氣機也、無往不平、混然一之、以管闚天者、莫見其涯、故似不齊、鯢桓之審爲淵、止水之審爲淵、流水之審爲淵、淵有九名、此處三焉、淵者靜默之謂耳、夫水常無心、委順外物、故雖流之與止、鯢桓之與龍躍、常淵然自若、未始失其靜默也、夫至人用之則行、捨之則止、行止雖異、而玄默一焉、故畧舉三異以明之、雖波流九變、治亂紛如、居其極者、常淡然自得、泊乎忘爲也、嘗又與來明日又與之見壺子、立未定、自失而走、壺子曰、追之、列子追之不及、反以報壺子曰、已滅矣、已失矣、吾弗及已、壺子曰、鄉吾示之以未始出吾宗、雖變化無常、深根寧極也、吾與之虚而委蛇、無心而隨物化、不知其誰何、汎然無所係也、因以爲弟靡，因以爲波流，故逃也。變化頹靡，世事波流，無往而不因也。夫至人一耳，然應世變而時動，故相者無所措其目，自失而走。此明應帝王者無方也。然後列子自以爲未始學而歸，三年不出。爲其妻爨，食豕如食人。忘貴賤也。於事無與親，唯所遇耳。雕琢復朴，去華取實。塊然獨以其形立。外飾去也。紛而封哉，雖動而眞不散也。一以是終。使物各自終。無爲名尸，因物則物各自當其名也。無爲謀府，使物各自謀也。無爲事任，付物使各自任。無爲知主。無心則物各自主其知也。體盡無窮，因天下之自爲，故馳萬物而無窮。而遊無朕，任物故無迹。盡其所受乎天，足則止也。而無見得，見得則不知止。亦虛而已。不虛則不能任羣實。至人之用心若鏡、鑒物而無情不將不逆、應而不藏、來即應、去即止、故能勝物而不傷、物來即鑒、鑒不以心、故雖天下廣、而無勞神之累、南海之帝爲儵、北海之帝爲忽、中央之帝爲渾沌、儵與忽時相與遇於渾沌之地、渾沌待之甚善、儵與忽謀報渾沌之德曰、人皆有七竅、以視聽食息、此獨無有、嘗試鑿之、日鑿一竅、七日而渾沌死、爲者敗之

莊子南華眞經卷三

莊子南華眞經卷四

郭　象注

外篇

駢拇

駢拇枝指、出乎性哉、而侈於德、附贅縣疣、出乎形哉、而侈於性、夫長者不爲有餘、短者不爲不足、此則駢贅皆出於形性、非假物也、然駢與不駢、其性各足、而此獨駢枝、則於衆以爲多、故曰侈耳、而惑者或云非性、因欲割而棄之、是道有所不存、德有所不載、而人有棄材、物有棄用也、豈是至治之意哉、夫物有小大、能有少多、所大卽駢、所多卽贅、駢贅之分、物皆有之、若莫之任、是都棄萬物之性也、多方乎仁義而用之者、列於五藏哉、而非道德之正也、夫與物冥者無多也、故多方於仁義者、雖列於五藏、然自一家之正耳、未能與物無方而各正性命、故曰非道德之正、夫方之少多、天下未之有限、然少多之差、各有定分、豪芒之降、卽不可以相跂、故各守其方、則少多無不自得、而或者聞多之不足以正少、因欲棄多而任少、是舉天下而棄之、不亦妄乎、是故駢於足者、連無用之肉也、枝於手者、樹無用之指也、直自性命、不得不然、非以有用故然也、多方駢枝於五藏之情者、淫僻於仁義之行、五藏之情、直自多方耳、而少者橫復尚之、以至淫僻、而失至當於體中也、而多方於聰明之用也、聰明之用、各有本分、故多方不爲有餘、少方不爲不足、然情欲之所蕩、未嘗不賤少而貴多也、見夫可貴而矯以尚之、則自多於本用、而困其自然之性、若乃忘其所貴、而保其素朴、則與性無多、而異方俱全矣、是故駢於明者、亂五色淫文章、青黃黼黻之煌煌、非乎、而離朱是已、多於聰者、亂五聲淫六律、金石絲竹黃鐘大呂之聲、非乎、而師曠是已、夫有耳目者、未嘗以慕聾盲自困也、所困常在於希離慕曠、則離曠雖性聰明、乃是亂耳目之主也、枝於仁者、擢德塞性、以收名聲、使天下簧鼓、以奉不及之法、非乎、而曾史是已、夫曾史性長於仁耳、而性不長者、橫復慕之、慕之而仁、仁已僞矣、天下未嘗慕桀跖、而必慕曾史、則曾史之簧鼓天下、使失其眞性、甚於桀跖也、駢於辯者、纍瓦結繩竄句遊心於堅白同異之間、而敝跬譽無用之言、非乎、而楊墨是已、夫騁其奇辯、致其危辭者、未嘗容思於檮机之口、而必競辯於楊墨之間、則楊墨乃亂羣言之主也、故此皆多駢旁枝之道、非天下之至正也、此數子皆師其天性、直自多駢旁枝、各自是一家之正耳、然以一正萬、則萬不正矣、故至正者不以己正天下、使天下各得其正而已、彼正正者、不失其性命之情、物各任性、乃正正也、自此已下、觀之至正可見矣、故合者不爲駢、以枝正合、乃謂合爲駢、而枝者不爲跂、以合正枝、乃謂枝爲跂、長者不爲有餘、以短正長、乃謂長有餘、短者不爲不足、以長正短、乃謂短不足、是故鳧脛雖短、續之則憂、鶴脛雖長、斷之則悲、各自有正、不可以此正彼、而損益之、故性長非所斷、性短非所續、無所去憂也、

如其性分非所斷續而任之、則無所去憂、而憂自去也、意仁義其非人情乎、
夫仁義自是人之情性、但當任之耳、彼仁人何其多憂也、恐仁義非人情而憂之者、眞可謂多憂也、且夫駢於拇者決之則泣、枝於手者齕
之則啼、二者或有餘於數、或不足於數、其於憂一
也、謂之不足、故泣而決之、以爲有餘、故啼而齕之、夫如此、舉羣品萬殊、無釋憂之地矣、唯各安其
天性、不決駢而齕枝、則曲成而無傷、又何憂哉、今世之仁人、蒿目而憂世
之患、兼愛之迹可尚、則天下之目亂矣、以可尚之迹蒿令有患、而遂憂之、此爲陷人於難、而後
拯之也、然今世正謂此爲仁也、不仁之人、決性命之情、而饕貴富、
夫富貴所以可饕、由有蒿之者也、若乃無可尚之迹、則人安其分、將量力受任、豈有決己效彼以饕

竊非望哉、故意仁義其非人情乎、自三代以下者、天下何其囂囂也、夫仁義自是人情也、而三代以下、橫共囂囂、棄情逐迹、如將不及、不亦多憂乎、且夫待鉤繩規矩而正者、是削其性也、待繩約膠漆而固者、是侵其德也、屈折禮樂、呴俞仁義、以慰天下之心者、此失其常然也、天下有常然、常然者、曲者不以鉤、直者不以繩、圓者不以規、方者不以矩、附離不以膠漆、約束不以纆索、故天下誘然皆生、而不知其所以生、同焉皆得、而不知其所以得、夫物有常然、任而不助則泯然自得、而不自覺也、故古今不二、不可虧

假

也、同物、故與物無二、而常全、則仁義又奚連連如膠漆纆索而遊乎道德之間爲哉、任道自得、則抱朴獨往、連連假物、無爲其間也、使天下惑矣、仁義連連、祇足以惑物、使喪其眞、夫小惑易方、大惑易性、夫東西易方、於體未虧、矜仁尚義、失其常然、以之死地、乃大惑也、何以知其然邪、自虞氏招仁義以撓天下也、天下莫不奔命於仁義、夫與物無傷者、非爲仁也、而仁迹行焉、令萬理皆當者、非爲義也、而義功見焉、故當而無傷者、非仁義之招也、然而天下奔馳、棄我殉彼、以失其常然、故亂心不由於醜、而恒在美色、撓世不出於惡、而恒由仁義、則仁義者、撓天下之具也、是非以仁義易其性與、雖虞氏無易之情、而天下之性、固以異矣、故嘗試論之、自三代以下者、天下莫不以物易其性矣、自三代以上、實有無爲之迹、無爲之迹、亦有爲者之所尚也、尚之則失其自然之素、故雖聖人有不得已、或以槃夷之事、易垂拱之性、而況悠悠者哉、小人則以身殉利、士則以身殉名、大夫則以身殉家、聖人則以身殉天下、夫鶉居而鷇食、鳥行而無章者、何惜而不殉哉、故與世常冥、唯變所適、其迹則殉世之迹也、所遇者或時有槃夷禿脛之變、其迹則傷性之迹也、然而雖揮斥八極、而神氣無變、手足槃夷、而居形者不擾、則奚殉哉、無殉也、故乃不殉其所殉、而迹與世同殉也、故此數子者、事業不同、名聲異號、其於傷性以身爲殉一也、臧與穀二人相與牧羊而俱亡其羊、問臧奚事、則挾筴讀書、問穀奚事、則博塞以遊、二人者、事業不同、其於亡羊均也、伯夷死名於首陽之下、盜跖死利於東陵之上、二人者所死不同、其於殘生傷性均也、奚必伯夷之是、而盜跖之非乎、天下之所惜者生也、今殉之太甚、俱殘其生、則所殉是非、不足復論、天下盡殉也、彼其所殉仁義也、則俗謂之君子、其所殉貨財也、則俗謂之小人、其殉一也、則有君子焉、有小人焉、若其殘生損性、則盜跖亦伯夷已、又惡取君子小人於其間哉、天下皆以不殘爲善、今均於殘生、則雖所殉不同、不足復計也、夫生奚爲殘、性奚爲易哉、皆由乎尚無爲之迹也、若知迹之由乎無爲而成、則絶尚去甚、而反冥我極矣、堯桀將均於自得、君子小人奚辨哉、且夫屬其性乎仁義者、雖通如曾史、非吾所謂臧也、以此係彼爲屬、屬性於仁、殉仁者耳、故不善也、屬其性於五味、雖通如俞兒、非吾所謂臧也、率性通味乃善屬其性乎五聲、雖通如師曠、非吾所謂聰也、屬其性乎五色、雖通如離朱、非吾所謂明也、不付之於我、而屬之於彼、則雖通之如彼、而我已喪矣、故各任其耳目之用、而不係於離曠、乃聰明也、吾所謂臧、非仁義之謂也、臧於其德而已矣、善於自得、忘仁而仁、吾所謂臧者、非所謂仁義之謂也、任其性命之情而已矣、謂仁義爲善、則損身以殉之、此於性命還自不仁也、身且不仁、其如人何、故任其性命、乃能及人、及人而不累於己、彼我同於自得、斯可謂善也、吾所謂聰者、非謂其聞彼也、自聞而已矣、吾所謂明者、非謂其見彼也、自見而已矣、夫絶離棄曠、自任聞見、則萬方之聰明、莫不皆全也、夫不自見而見彼、不自得而得彼者、是得人之得、而不自得其得者也、適人之適、而不自適其適者也、此舍己效人者也、雖效之若人、而已已占矣、夫適人之適、而不自適其適、雖盜跖與伯夷、是同爲淫僻也、苟以失性爲淫僻、則雖所失之塗異、其於失之一也、余愧乎道德、是以上不敢爲仁義之操、而下不敢爲淫僻之行也、愧道德之不爲、謝冥復之無迹、故絶操行、忘名利、從容吹累、遺我忘彼、若斯而已矣、

馬蹄

馬、蹄可以踐霜雪、毛可以禦風寒、齕草飲水、翹足而陸、此馬之眞性也、（駑驥各適於性而足）雖有義臺路寢、無所用之、（馬之眞性非辭鞍而惡乘、但無羨於榮華、）及至伯樂、曰我善治馬、燒之剔之、刻之雒之、連之以羈馽、編之以皁棧、馬之死者、十二三矣、（有意治之、則不治矣、治之爲善、斯不善也、）饑之渴之、馳之驟之、整之齊之、前有橛飾之患、而後有鞭筴之威、而馬之死者、已過半矣、（夫善御者將以盡其能也、盡能在於自任、而乃走作馳步、求其過能之用、故有不堪而多死焉、若乃任駑驥之力、適遲疾之分、雖則足迹接乎八荒之表、而衆馬之性全矣、而或者聞任馬之性、乃謂放而不乘、聞無爲之風、遂云行不如臥、何其往而不返哉、斯失乎莊生之旨遠矣陶者曰、我善治埴、圓者中規、方者中矩、匠人曰、我善治木、曲者中鉤、直者應繩、夫埴木之性、豈欲中規矩鉤繩哉、然且世世稱之曰、伯樂善治馬、而陶匠善治埴木、此亦治天下者之過也、世以任自然而不加巧者、爲不善於治也、揉曲爲直、厲駑習驥、能爲規矩以矯拂其性、使死而後已、乃謂之善治也、不亦過乎、吾意善治天下者不然、以不治治之、乃善治也、彼民有常性、織而衣、耕而食、是謂同德、夫民之德、小異而大同、故性之不可去者、衣食也、事之不可廢者、耕織也、此天下之所同而爲本者也、守

鄉

斯道者、無為之至也、一而不黨、命曰天放、放之而自一耳、非黨也、故謂之天放、故至德之世、其行填填、其視顛顛、此自足於內、無所求及之貌、當是時也、山無蹊隧、澤無舟梁、不求非望之利、故止於一家而足、萬物羣生、連屬其鄉、混芒而同得也、則與一世而淡漠焉、豈國異而家殊也、禽獸成羣、草木遂長、足性而止、無吞夷之欲、故物全、是故禽獸可係羈而遊、鳥鵲之巢可攀援而闚、與物無害、故物馴也、夫至德之世、同與禽獸居、族與萬物並、惡乎知君子小人哉、同乎無知、其德不離、知則離道以善也、同乎無欲、是謂素樸、欲則離性以飾也、素樸而民性得矣、無煩乎知欲也、及至聖人、聖人者民得性之迹耳、非所以迹也、此云及至聖人、猶云及至其迹也、蹩躠爲仁、踶跂爲義、而天下始疑矣、澶漫爲樂、摘僻爲禮、而天下始分矣、夫聖迹既彰、則仁義不眞、而禮樂離性、徒得形表而已矣、有聖人卽有斯弊、吾若是何哉、故純樸不殘、孰爲犧樽、白玉不毀、孰爲珪璋、道德不廢、安取仁義、性情不離、安用禮樂、五色不亂、孰爲文采、五聲不亂、孰應六律、凡此皆變樸爲華、棄本崇末、其於天素有殘廢矣、世雖貴之、非其貴也、夫殘樸以爲器、工匠之罪也、毀道德以爲仁義、聖人之過也、工匠則有規矩之制、聖人則有可尚之迹、夫馬、陸居則食草飲水、喜則交頸相靡、怒則分背相踶、馬知已此矣、御其眞知、乘其自然、則萬里之路可至、而羣馬之性不失、夫加之以衡扼、齊之以月題、而馬知介倪闉扼鷙曼詭銜竊轡、故馬之知而能至盜者、伯樂之罪也、馬性不同、而齊求其用、故有力竭而態作者、夫赫胥氏之時、民居不知所爲、行不知所之、含哺而熙、鼓腹而遊、民能已此矣、此民之眞能也、及至聖人、屈折禮樂、以匡天下之形、縣跂仁義、以慰天下之心、而民乃始踶跂好知、爭歸於利、不可止也、此亦聖人之過也、其過皆由乎迹之可尚也

胠篋

將爲胠篋探囊發匱之盜而爲守備、則必攝緘縢、固扃鐍、此世俗之所謂知也、然而巨盜至、則負匱揭篋擔囊而趨、唯恐緘縢扃鐍之不固也、然則鄉之所謂知者、今乃爲大盜積者也、知之不足恃也如此故嘗試論之、世俗所謂知者、有不爲大盜積者乎、所謂聖者、有不爲大盜守者乎、何以知其然邪、昔者齊國鄰邑相望、雞狗之音相聞、罔罟之所布、耒耨之所刺、方二千餘里、闔四竟之內、所以立宗廟社稷、治邑屋州閭鄉曲者、曷嘗不法聖人哉、然而田成子一旦殺齊君、而盜其國、（法聖人者、法其迹耳、夫迹者已去之物、非應變之具也、奚足尚而執之哉、執成迹以御乎無方、無方至而迹滯矣、所以守國、而爲人守之也、）所盜者、豈獨其國邪、并與其聖知之法而盜之、（不盜其聖法、乃無以取其國也、）故田成子有乎盜賊之名、而身處堯舜之安、小國不敢非、大國不敢誅、十二世有齊國、則是不乃竊齊國、并與其聖知之法、以守其盜賊之身乎、（言聖法唯人所用、未足以爲全當之具、）嘗試論之、世俗之所謂至知者、有不爲大盜積者乎、所謂至聖者、有不爲大盜守者乎、何以知其然邪、昔者龍逢斬、比干剖、萇弘胣、子胥靡、故四子之賢、而身不免乎戮、言暴亂之君、亦得據君人之威以戮賢人、而莫之敢亢者、皆聖法之由也、向無聖法、則桀紂焉得守斯位而放其毒使天下側目哉、故跖之徒問於跖曰、盜亦有道乎、跖曰、何適而無有道邪、夫妄意室中之藏聖也、入先勇也、出後義也、知可否知也、分均仁也、五者不備而能成大盜者、天下未之有也、五者所以禁盜、而反爲盜資也、由是觀之、善人不得聖人之道不立、跖不得聖人之道不行、天下之善人少、而不善人多、則聖人之利天

脣

下也少而害天下也多、信哉斯言、斯言雖信而猶不可亡聖者、由天下之知未能都亡、故須聖道以鎮之也、羣知不亡而獨亡聖知、則天下之害又多於有聖矣、然則有聖之害雖多、猶愈於亡聖之無治也、雖愈於亡聖、故未若都亡之無害也、甚矣天下莫不求利、而不能一亡其知、何其迷而失致哉、故曰、脣竭則齒寒、魯酒薄而邯鄲圍、

聖人生而大盜起、夫竭脣非以寒齒、而齒寒、魯酒薄非以圍邯鄲、而邯鄲圍、聖人生非以起大盜、而大盜起、此自然相生、必至之勢也、夫聖人雖不立尚於物、而亦不能使物不尚也、故人無貴賤、事無眞僞、苟效聖法、則天下吞聲而闇服之、斯乃桀跖之所至賴、而以成其大盜者也、

掊擊聖人、縱舍盜賊、而天下始治矣、夫聖人者天下之所尚也、若乃絶其所尚、而守其素朴、棄其禁令、而代以寡欲、此所以掊擊聖人、而我素朴自全、縱舍盜賊、而

彼姦自息也、故古人有言曰、閑邪存誠、不在善察、息淫去華、不在嚴刑、此之謂也、夫川竭而谷虛、丘夷而淵實、聖人已死、則大盜不起、竭川非以虛谷、而谷虛、夷丘非以實淵、而淵實、絕聖非以止盜、而盜止、故止盜在去欲、不在彰聖知、天下平而無故矣、非惟息盜爭尚之迹、故都去矣、聖人不死、大盜不止、雖重聖人而治天下、則是重利盜跖也、將重聖人以治天下、而桀跖之徒、亦資其法、所資者重、故所利不得輕也、爲之斗斛以量之、則并與斗斛而竊之、爲之權衡以稱之、則并與權衡而竊之、爲之符璽以信之、則并與符璽而竊之、爲之仁義以矯之、則并與仁義而竊之、小盜之所困、乃大盜之所資而利也、何以知其然邪、彼竊鉤者誅、竊國者爲諸侯、諸侯之門而仁義存焉、則是非竊仁義聖知邪、故逐於大盜、揭諸侯、竊仁義并斗斛權衡符璽之利者、雖有軒冕之賞弗能勸、斧鉞之威弗能禁、夫軒冕斧鉞、賞罰之重者也、重賞罰以禁盜、然大盜者又逐而竊之、則反爲盜用矣、所用者重、乃所以成其大盜也、大盜也者、必行以仁義、平以權衡、信以符璽、勸以軒冕、威以斧鉞、盜此公器、然後諸侯可得而揭也、是故仁義賞罰者、適足以誅竊鉤者也、此重利盜跖而使不可禁者、是乃聖人之過也、夫跖之不可禁、由所盜之利重也、利之所以重、由聖人之不輕也、故絕盜在賤貨、不在重聖也、故曰、魚不可脫於淵、國之利器不可以示人、魚失淵則爲人禽、利器明則爲盜賁、故不可示人、彼聖人者、天下之利器也、夫聖人者、誠能絶聖棄知、而反冥物極、物極各冥、則其迹利物之迹也、器猶迹耳、可執而用曰器也、非所以明天下也、示利器於天下、所以資其盜賊、故絶聖棄知、大盜乃止、去其所資、則未施禁而自止也、擿玉毀珠、小盜不起、賤其所寶、則不加刑而自息也、焚符破璽、而民朴鄙、除矯詐之所賴者、則無以行其姦巧、掊斗折衡、而民不爭、夫小平乃大不平之所用也、殫殘天下之聖法、而民始可與論議、外無所矯、則内全我朴、而無自失之言也、擢亂六律、鑠絶竽瑟、塞瞽曠之耳、而天下始人含其聰矣、滅文章、散五采、膠離朱之目、而天下始人含其明矣、夫聲色離曠、有耳目者之所貴也、受生有分、而以所貴引之、則性命喪矣、若乃毀其所貴、棄彼任我、則聰明各全、人含其眞也、毀絶鈎繩、而棄規矩、攦工倕之指、而天下始人有其巧矣、故曰、大巧若拙、夫以蜘蛛蛣蜣之陋、而布網轉丸、不求之於工匠、則萬物各有能也、所能雖不同、而所習不敢異、則若巧而拙矣、故善用人者、使能方者爲方、能圓者爲圓、各任其所能、人安其性、不責萬民以工倕之巧、故衆技以不相能似拙、而天下皆自能、則大巧矣、夫用其自能、則規矩可棄、而妙匠之指可攦也、削曾史之行、鉗楊墨之口、攘棄仁義、而天下之德始玄同矣、去其亂羣之率、則天下各復其朴、而同於玄德也、彼人含其明、則天下不鑠矣、人含其聰、則天下不累矣、人含其知、則天下不惑矣、人含其德、則天下不僻矣、彼曾史楊墨師曠工倕離朱者、皆外立其德、而以爚亂天下者也、此數人者、所稟多方、故使天下躍而效之、效之則失我、我失由彼、則彼爲亂主矣、夫天下之大患者失我也、法之所無用也、若夫法之所用者、視不過於所見、故衆目無不明、聽不過於所聞、故衆耳無不聽、事不過於所能、故衆技無不巧、知不過於所知、故羣性無不適、德不過於所得、故羣德無不當、安用立所不逮於性分之表、使天下奔馳而不能自反哉、子獨不知至德之世乎、昔者容成氏、大庭氏、伯皇氏、中央氏、栗陸氏、驪畜氏、軒轅氏、赫胥氏、尊盧氏、祝融氏、伏羲氏、神農氏、當是時也、民結繩而用之、足以紀要而已甘其食、美其服、適故常甘、當故常美、若思夫侈靡、則無時慊矣、樂其俗、安其居、鄰國相望、雞狗之音相聞、民至老死而不相往來、無求之至若此之時、則至治已、今遂至使民延頸舉踵曰其所有賢者、嬴糧而趣之、則內棄其親、而外去其主之事、足跡接乎諸侯之境、車軌結乎千里之外、至治之迹、猶致斯弊、則是上好知之過也、上謂好知之君、知而好之、則有斯過矣、上誠好知而無道、則天下大亂矣、何以知其然邪、夫弓弩畢弋機變之知多、則鳥亂於上矣、鉤餌網罟罾笱之知多、則魚亂於水矣、削格羅落罝罘之知多、則獸亂於澤矣、（攻之愈密、避之愈巧、則雖禽獸、猶不可圖之以知、而況人哉、故治天下者、唯不任知、任知無妙也、）知詐漸毒頡滑堅白解垢同異之變多、則俗惑於辯矣、（上之所多者、下不能安其少也、性少而以逐多則迷也、）故天下每每大亂、罪在於好知、故天下皆知求其所不知、而莫知求其所已知者、（不求所知、而求所不知、此乃舍己效人、而不止其分也、）皆知非其所不善、而莫知非其所已善者、（善其所善、爭尚之所由生也、）是以大亂、故上悖日月之明、下爍山川之精、中墮四時之施、惴耎之蟲、肖翹之物、莫不失其性、甚矣夫

佞

好知之亂天下也、夫吉凶悔吝、生於動也、而知之所動、誠能搖蕩天地、運御羣生、故君人者、胡可以不忘其知哉、自三代以下者是已、舍夫種種之民、而悅夫役役之佞、釋夫恬淡無爲、而悅夫啍啍之意、啍啍已亂天下矣、啍啍以已誨人也

在宥

聞在宥天下、不聞治天下也、宥使自在則治、治之則亂也、人之生也直、莫之蕩、則性命不過、欲惡不爽、在上者不能無爲、上之所爲、而民皆赴之、故有誘慕好欲、而民性淫矣、故所貴聖王者、非貴其能治也、貴其無爲而任物之自爲也、在之也者、恐天下之淫其性也、宥之也者、恐天下之遷其德也、天下

不淫其性、不遷其德、有治天下者哉、無治乃不遷淫昔堯之治天下也、使天下欣欣焉、人樂其性、是不恬也、桀之治天下也、使天下瘁瘁焉、人苦其性、是不愉也、夫堯雖在宥天下、其迹則治也、治亂雖殊、其於失後世之恬愉、使物爭尚畏鄙、而不自得則同耳、故譽堯而非桀、不如兩忘也、夫不恬不愉、非德也、非德也、而可長久者、天下無之、恬愉自得、乃可長久、人大喜邪、毗於陽、大怒邪、毗於陰、陰陽并毗、四時不至、寒暑之和不成、其反傷人之形乎、使人喜怒失位、居處無常、思慮不自得、中道不成章、此皆堯桀之流、使物喜怒太過、以致斯患也、人在天地之

暇

暇

中、最能以靈知喜怒、擾亂羣生、而振蕩陰陽也、故得失之間、喜怒集乎百姓之懷、則寒暑之和敗、四時之節差、百度昏亡、萬事失落也、於是乎天下始喬詰卓鷙、而後有盜跖曾史之行、故舉天下以賞其善者不足、慕賞乃善、故賞不能供、舉天下以罰其惡者不給、畏罰乃止、故罰不能勝、故天下之大、不足以賞罰、自三代以下者、匈匈焉終以賞罰爲事、彼何暇安其性命之情哉、忘賞罰而自善、性命乃大足耳、夫賞罰者、聖王之所以當功過、非以著勸畏也、故理至則遺之、然後至一可反也、而三代以下、遂尋其事迹、故匈匈焉、與迹競逐、終以所寄爲事、性命之情、何暇而安哉、而且說明邪、是淫於色也、說聰邪、是淫於聲也、說仁邪、是

助

誤

亂于德也、說義邪、是悖於理也、說禮邪、是相於技也、說樂邪、是相於淫也、說聖邪、是相於藝也、說知邪、是相於疵也、當理無悅、悅之則致淫悖之患矣、相疵也、天下將安其性命之情、之八者、存可也、亡可也、存亡無所在、任其所受之分、則性命安矣、天下將不安其性命之情、之八者、乃始臠卷傖囊而亂天下也、必存此八者、則不能縱任自然、故爲臠卷傖囊也、而天下乃始尊之惜之、甚矣天下之惑也、不能遺之、已爲誤矣、而乃復尊之以爲貴、豈不甚惑哉、豈直過也而去之邪、乃齊戒以言之、跪坐以進之、鼓歌以儛之、吾若是何哉、非直由寄而過

殉　暇

去也、乃珍貴之如此、故君子不得已而臨莅天下、莫若無爲、無爲也、而後安其性命之情、無爲者、非拱默之謂也、直各任其自爲、則性命安矣、不得已者、非迫於威刑也、直抱道懷朴、任乎必然之極、而天下自安也、故貴以身於爲天下、則可以託天下、愛以身於爲天下、則可以寄天下、若夫輕身以赴利、棄我而徇物、則身且不能安、其如天下何、故君子苟能無解其五藏、無擢其聰明、解擢則傷也、尸居而龍見、淵默而雷聲、出處語默、常無其心、而付之自然、神動而天隨、神順物而動、天隨理而行、從容無爲、而萬物炊累焉、若遊塵之自動、吾又何暇治天下哉、任其自然而已、崔瞿問於老聃曰、不治天下、安臧人心、老聃曰、女愼無攖人心、攖之則傷其自善也人心排下而進上、排之則下、進之則上、言其易搖蕩也、上下囚殺、無所排進、乃安全耳淖約柔乎剛強、言能淖約、則剛強者柔矣、廉劌彫琢、其熱焦火、其寒凝冰、夫焦火之熱、凝冰之寒、皆喜怒并積之所生、若乃不彫不琢、各全其朴、則何冰炭之有哉其疾俛仰之間、而再撫四海之外、風俗之所動也其居也淵而靜、其動也縣而天、靜之可使如淵、動之則係天、而踊躍也、僨驕而不可係者、其唯人心乎、人心之變靡所不爲、順而放之、則靜而自通、治而係之、則跋而僨驕、僨驕者不可禁之勢也昔者黃帝始以仁義攖人之心、夫黃帝非爲仁義也、直與物冥、則仁義之迹自見、迹自見、則後世之

皆

心、必自殉之、是亦黃帝之迹、使物攖也、堯舜於是乎股無胈、脛無毛、以養天下之形、愁其五藏以爲仁義、矜其血氣以規法度、然猶有不勝也、堯於是放讙兜於崇山、投三苗於三峗、流共工於幽都、此不勝天下也、夫施及三王、而天下大駭矣、夫堯舜帝王之名、皆其迹耳、我寄斯迹、而迹非我也、故駭者、自世世彌駭、其迹愈粗、粗之與妙、自塗之夷險耳、遊者豈常改其足哉、故聖人一也、而有堯舜湯武之異、明斯異者、時世之名耳、未足以名聖人之實也、故夫堯舜者、豈直堯舜而已哉、是以雖有矜愁之貌、仁義之迹、而所以迹者故全也、下有桀跖、上有曾史、而儒墨畢起、於是乎喜怒相疑、愚知相欺、善否相非、誕

琢

信相譏、而天下衰矣、莫能齊於自得大德不同、而性命爛漫矣、立小異而不止於分天下好知、而百姓求竭矣、知無涯而好之、故無以供其求於是乎釿鋸制焉、繩墨殺焉、椎鑿決焉、彫琢性命遂至於此天下脊脊大亂、罪在攖人心、故賢者伏處大山嵁巖之下、而萬乘之君憂慄乎廟堂之上、故夫任自然而居當、則賢愚襲情、而貴賤履位、君臣上下、莫匪爾極、而天下無患矣、斯迹也、攖天下之心、使奔馳而不可止、故中知以下、莫不外飾其性以眩惑衆人、惡直醜正、蕃徒相引、是以任真者失其據、而崇僞者竊其柄、於是主憂於上、民困於下矣、今世殊死者相枕也、桁楊者相推也、刑戮者相望也、而儒墨乃始離跂攘臂乎桎梏之閒、意甚矣哉、其無愧而不知恥也甚矣、由腐儒守迹、故致斯禍、不思捐迹反一、而方復攘臂、用迹以治迹、可謂無愧而不知恥之甚也、吾未知聖知之不爲桁楊椄槢也、仁義之不爲桎梏鑿枘也、桁楊以椄槢爲管、而桎梏以鑿枘爲用、聖知仁義者、遠於罪之迹也、迹遠罪、則民思尚之、尚之則矯詐生焉、矯詐生、而禦奸之器不具者、未之有也、故棄所尚、則矯詐不作、矯詐不作、則桁楊桎梏廢矣、何鑿枘椄槢之爲哉、焉知曾史之不爲桀跖嚆矢也、嚆矢矢之猛者、言曾史爲桀跖之利用也、故曰、絕聖棄知、而天下大治、去其所以攖也、黃帝立爲天子十九年、令行天下、聞廣成子在於空同之上、故往見之、曰我聞吾子達於至道、敢問至道之精、吾欲取天地之精、以佐五穀、以養民人、吾又欲官陰陽以遂羣生、爲之奈何、廣成子曰、而所欲問者物之質也、問至道之精、而所可謂質也、欲官者物之殘也、不任其自爾、而欲官之、故殘也、自而治天下、雲氣不待族而雨、草木不待黃而落、日月之光益以荒矣、而佞人之心翦翦者、又奚足以語至道、黃帝退捐天下、築特室、席白茅、閒居三月、復往邀之、廣成子南首而臥、黃帝順下風、膝行而進、再拜稽首而問曰、聞吾子達於至道、敢問治身奈何而可以

有韵之文例於老子間多此類

生

久長、廣成子蹙然而起曰、善哉問乎、人皆自修、而不治天下、則天下治矣、故善之也、來吾語女至道、至道之精、窈窈冥冥、至道之極、昏昏默默、窈冥昏默、皆了無也、夫莊老之所以屢稱無者何哉、明生物者無物、而物自生耳、自生耳、非爲生也、又何有爲於已生乎、無視無聽、抱神以靜、形將自正、忘視而自見、忘聽而自聞、則神不擾而形不邪也、必靜必清、無勞女形、無搖女精、乃可以長生、任其自動、故閒靜而不夭也、目無所見、耳無所聞、心無所知、女神將守形、形乃長生、此皆率性而動、故長生也、愼女內、全其眞也、閉女外、守其分也、多知爲敗、知無崖故敗、我爲女遂於大明之上矣、至彼至陽之

有韻之文

原也、爲女入於窈冥之門矣、至彼至陰之原也、夫極陰陽之原、乃遂於大明之上、入於窈冥之門也、天地有官、陰陽有藏、但當任之愼守女身、物將自壯、我守其一、以處其和、故我修身千二百歲矣、吾形未常衰、取於盡性命之極、極長生之致耳、身不夭、乃能及物也、黃帝再拜稽首曰、廣成子之謂天矣、天無爲也廣成子曰、來余語女、彼其物無窮、而人皆以爲終、彼其物無測、而人皆以爲極、徒見其一變也得吾道者、上爲皇、而下爲王、皇王之稱隨世之上下耳、其於得遍變之道、以應無窮一也、失吾道者、上見光、而下爲土、失、無窮之道、則自信於一變、而不能均同上下、故俯仰異心、今夫百昌皆生於土、而反於土、故余將去女、土無心者也、生於無心、故當反守無心而獨往也、入無窮之門、以遊無極之野、與化俱也吾與日月參光、吾與天地爲常、都任之也當我緡乎、遠我昏乎、物之去來皆不覺也人其盡死、而我獨存乎、以死生爲一體則無往而非存雲將東遊、過扶搖之枝、而適遭鴻蒙、鴻蒙方將拊脾雀躍而遊、雲將見之、倘然止、贄然立曰、叟何人邪、叟何爲此、鴻蒙拊脾雀躍不輟、對雲將曰、遊、雲將曰、朕願有問也、鴻蒙仰而視雲將曰、吁、雲將曰、天氣不和、地氣鬱結、六氣不調、四時不節、今我願合六氣之精以育羣生、爲之柰何、鴻蒙拊脾雀躍掉頭曰、吾弗知吾弗知、雲將不得問、又三年、東遊過有宋之野、而適遭鴻蒙、雲將大喜、行趨而進曰、天忘朕邪、天忘朕邪、再拜稽首、願聞於鴻蒙、鴻蒙曰、浮遊不知所求、而自得所求也猖狂不知所往、而自得所往也遊者鞅掌、以觀無妄、夫內足者、舉目皆自正也、朕又何知、以斯而已也雲將曰、朕也自以爲猖狂、而民隨予所往、朕也不得已於民、今則民之放也、夫乘物非爲迹、而迹自彰、猖狂非招民、而民自往、故爲民所放效而不得已也、願聞一言、

二十一

宥靜文

止一作昆

鴻蒙曰、亂天之經、逆物之情、玄天弗成、若夫順物性而不治、則情不逆而經不亂、玄默成而自然得也、解獸之羣而鳥皆夜鳴、雖其所以靜也、災及草木、禍及止蟲、皆坐而受害也、意、治人之過也、夫有治之迹、亂之所由生也、雲將曰、然則吾奈何、鴻蒙曰、意、毒哉、言治人之過深、僊僊乎歸矣、僊僊坐起之貌、嫌不能隤然遁放、故遣使歸、雲將曰、吾遇天難、願聞一言、鴻蒙曰、意、心養、夫心以用傷、則養心者、其唯不用心乎、汝徒處無爲、而物自化、墮爾形體、吐爾聰明、倫與物忘、理與物皆不以存懷、而闇付自然、則無爲而自化矣、大同乎涬溟、與物無際、解心釋神、莫然無魂、坐忘任獨、萬物云云、各

復其根、各復其根而不知、不知而復、乃眞復也、渾渾沌沌、終
身不離、渾沌無知、而任其自復、乃能終身不離其本也、若彼知之、乃是離
之、知而復之、與復乖矣、無問其名、無闚其情、物故自生、闚問則失
其自生也、雲將曰、天降朕以德、示朕以默、躬身求之、乃
今也得、知而不默、常自失也、再拜稽首、起辭而行、世俗之人、
皆喜人之同乎巳、而惡人之異於巳、同於巳而
欲之、異於巳而不欲者、以出乎衆爲心也、心欲出羣爲衆
携也、夫以出乎衆爲心者、曷常出乎衆哉、衆皆以出衆爲心、故所
以爲衆人也、若我亦欲出乎衆、則與衆無異、而不
能相出矣、夫衆皆以相出爲心、而我獨無往而不

疏本攜作儁

同、乃大殊於衆、因衆以寧所聞、不如衆技衆矣、吾
而爲衆主也、一
人之所聞、不如衆技多、故因衆則寧、而欲爲人之
也、若不因衆、則衆之千萬皆我敵也、
國者、此攬乎三王之利、而不見其患者也、夫欲爲人之國
者、不因衆之自爲、而以巳爲之者、此爲徒求三王
主物之利、而不見巳爲之患也、然則三王之所以
利、豈爲之哉、因天下之自爲而任耳、此以人之國僥倖也、幾何僥倖
而不喪人之國乎、其存人之國也、無萬分之一、而
喪人之國也、一不成而萬有餘喪矣、巳與天下相因而成者也、今
以一巳而專制天下、則天下塞矣、巳豈逼哉、故一身旣不成、而萬方有餘喪矣、悲夫、有土
者之不知也、夫有土者有大物也、有大物者、不可

以物物、不能用物、而爲物用、卽是物耳、豈能物物哉、不能物物、則不足以有大物矣、而不物故能物物、夫用物者、不爲物用也、不爲物用、斯不物物矣、不物物、故物天下之物使各自得也、明乎物物者之非物也、豈獨治天下百姓而已哉、出入六合、遊乎九州、用天下之自爲、故馳萬物而不窮、獨往獨來、是謂獨有、人皆自異、而已獨羣遊、斯乃獨往獨來者也、獨有斯獨、可謂獨有矣、獨有之人、是之謂至貴、夫與衆玄同、非求貴於衆、而衆人不能不貴、斯至貴也、若乃信其偏見、而以獨異爲心、則雖同於一致、故是俗中之一物耳、非獨有者也、未能獨有、而欲饕竊軒冕、冒取非分、衆豈歸之也哉、故非至貴也、大人之教、若形之於影、聲之於響、百姓之心、形聲也、大人之教、影響也、大人之於天下何心哉、猶影響之隨形聲

主

耳、有問而應之、盡其所懷、使物之所懷各得自盡也爲天下配、問者爲主應故爲配處乎無響、寂以待物行乎無方、隨物轉化挈汝適復之撓撓、撓撓自動也、提挈萬物、使復歸自動之性、卽無爲之至也以遊無端、與化俱故無端出入無旁、玄同無表與日無始、與日新俱故無始也頌論形軀、合乎大同、其形容與天地無異大同而無已、有已則不能大同也無已、惡乎得有有、天下之難無者已也、已旣無矣、則羣有不足復有之、覩有者、昔之君子、能美其名者耳覩無者、天地之友、覩無則任其獨生也賤、而不可不任者、物也、卑而不可不因者、民也、因其性而任之則治、反其性而淩之則亂、夫民物之所以卑而賤者、不能因任故也、是以任賤者貴、因卑

德

者尊此必然之符也匿而不可不爲者事也夫事藏於彼故匿也彼各自爲故不可不爲但當因任耳麤而不可不陳者法也法者妙事之迹也安可以迹麤而不陳妙事哉遠而不可不居者義也當乃居之所以爲遠親而不可不廣者仁也親則苦偏故廣乃仁耳節而不可不積者禮也夫禮節者患於係一故物物體之則積而周矣中而不可不高者德也事之下者雖中非德一而不可不易者道也事之難者雖一非道況不一哉神而不可不爲者天也執意不爲雖神非天況不神哉故聖人觀於天而不助順自爲而已成於德而不累自然與高會也出於道而不謀不謀而一所以爲易會於仁而不恃恃則不廣薄於

義而不積、率性居遠非積也應於禮而不諱、自然應禮非由忌諱接於事而不辭、事以理接、能否自任、應動而動、無所辭讓齊於法而不亂、御粗以妙、故不亂也、恃於民而不輕、恃其自爲耳不輕用也、因於物而不去、因而就任之不去其本也物者莫足爲也、而不可不爲、夫爲者、豈以足爲故爲哉、自體此爲、故不可得而止也、不明於天者不純於德、不明自然則有爲、有爲而德不純也、不通於道者無自而可、不能虛已以待物、則事事失會、不明於道者悲夫、何謂道、有天道、有人道、無爲而尊者天道也、在上而任萬物之自爲也有爲而累者人道也、以有爲爲累者、不能率其自德也、主者天道也、同乎天之任物、則自然居物上、臣者人道也、各當所任天道之與人道也相去遠矣、君任無爲而委百官、百官有所司、而君不與焉、二者俱以不爲而自得、則君道逸、臣道勞、勞逸之際、不可同日而論之也、不可不察也、不察則君臣之位亂矣

德

莊子南華眞經卷五

郭象注

天地篇

天地雖大、其化均也、均於不爲而自化也萬物雖多、其治一也、一以自得爲治人卒雖衆、其主君也、天下異心、無心者主也、君原於德、而成於天、以德爲原、無物不得、得者自得而不謝、所以成天、故曰、玄古之君、天下無爲也、天德而已矣、任自然之運動以道觀言、而天下之君正、無爲者自然爲君、非邪也、以道觀分、而君臣之義明、各當其分、則無爲位上、有爲位下也、以道觀能、而天下之官治、官各當其所能則治矣以道汎觀、而萬物之應備、無爲也、則天下各以其無爲應之故通於天地者德也、萬物莫不皆得、則天地通、行於萬物者道也、道不塞其所由、則萬物自得其行矣、上治人者事也、使人人自得其事能有所藝者技也、技者萬物之末用也技兼於事、事兼於義、義兼於德、德兼於道、道兼於天、夫本末之相兼、猶手臂之相包、故一身和、則百節皆適、天道順、則本末俱暢、故曰、古之畜天下者、無欲而天下足、無爲而萬物化、淵靜而百姓定、記曰、通於一而萬事畢、無心得而鬼神服、一無爲而羣理都舉、夫子曰、夫道覆載萬物者也、洋洋乎大哉、君子不可以不刳心焉、有心則累其自然、故當刳而去之、無為為之之謂天、不為此為、而此為自為、乃天道、無為言之之謂德、不為此言、而此言自言、乃眞德、愛人利物之謂仁、此任其性命之情也不同同之之謂大、萬物萬形、各止其分、不引彼以同我、乃成大耳、行不崖異之謂寬、玄同彼我、則萬物自容、故有餘、有萬不同之謂富、我無不同、故能獨有斯萬、故執德之謂紀、德者人之綱要、德成之謂立、非德而成者、不可謂立、循於道之謂備、夫道非偏物也、不以物挫志之謂完、內自得也、君子明於此十者、則韜乎其事、心之大也、心大故事無不容也、沛乎其爲萬物逝也、德澤滂沛、任萬物之自往也、若然者、藏金於山、藏珠於淵、不貴難得之物、不利貨財、乃能忘我、況貨財乎、不近貴富、自來寄耳、心常去之遠也、不樂壽、不哀夭、所謂縣解不榮通、不醜窮、忘壽夭於胸中、況窮通之間哉、不拘一世之利以爲已私分、皆委之萬物也、不以王天下爲已處顯、忽然不覺榮之在身、顯則明、不顯則默而已萬物一府、死生同狀、蜕然無所在也夫子曰、夫道淵乎其居也、漻乎其清也、金石不得無以鳴、聲由寂彰故金石有聲、不考不鳴、因以喻體道者、物感而後應也、萬物孰能定之、應感無方夫王德之人、素逝而恥通於事、任素而往耳、非好通於事

也、

立之本原、而知通於神、本立而知不逆故其德廣、任素通神而德彌廣其心之出、有物採之、物採之而後出耳、非先物而唱也、故形非道不生、生非德不明、存形窮生、立德明道、非王德者邪、蕩蕩乎忽然出、勃然動、而萬物從之乎、此謂王德之人、忽勃皆無心而應之貌、動出無心、故萬物從之、斯蕩蕩矣、故能存形窮生、立德明道、而成王德也、視乎冥冥、聽乎無聲、冥冥之中、獨見曉焉、無聲之中、獨聞和焉、若夫視聽、而不寄之於寂、則有闇昧而不和也故深之又深、而能物焉、窮其原而後能物物、神之又神、而能精焉、極至順而後能盡妙、故其與萬物接也、至無而供其求、

北

我確斯而都任彼、則彼求自供、時騁而要其宿、大小長短修遠、皆然而任之、會其所極而已、黃帝遊乎赤水之北、登乎崑崙之丘、而南望還歸、遺其玄珠、此寄明得眞之所由使知索之而不得、言用知不足以得眞使離朱索之而不得、使喫詬索之而不得也、聰明喫詬失眞愈遠、乃使象罔、象罔得之、黃帝曰、異哉、象罔乃可以得之乎、明得眞者非用心也、象罔卽眞也、堯之師曰許由、許由之師曰齧缺、齧缺之師曰王倪、王倪之師曰被衣、堯問於許由曰、齧缺可以配天乎、謂爲天子吾藉王倪以要之、欲因其師以要而使之許由曰、殆哉圾

且

且

乎天下、（圾危也）齧缺之爲人也、聰明叡知、給數以敏、其性過人、（聰敏過人、則使人跛之、屢傷於人也）而又乃以人受天、（用知以求復其自然）彼審乎禁過、而不知過之所由生、（夫過生於聰知、而又役知以禁之、其過彌甚矣、故曰無過在去知、不在於強禁）與之配天乎、彼且乘人而無天、（若與之天下、彼且遂使後世任知而失眞）方且本身而異形、（夫以萬物爲本、則羣變可一、而異形可同、斯迹也、將遂使後世由已以制物、則萬物乖矣）方且尊知而火馳、（賢者當位於前、則知見尊於後、奔競而火馳也）方且爲緒使、（將與後世事役之端）方且爲物絯、（將遂使後世拘牽而制物）方且四顧而物應、（將遂使後世指麾以動物、令應工務）方且應衆宜、（將遂使後世不能忘善、而利仁以應衆宜也、方且與物化、將遂使後世與物相遂、而不能自得於內、而未始有恆、此皆盡當時之宜也、然今日受其德、而明日承其弊矣、故日未始有恆、夫何足以配天乎、雖然有族有祖、其事類可得而祖效可以爲衆父、而不可以爲衆父父、衆父者所以迹也治亂之率也、言非但治、乃爲亂率、北面之禍也、夫桀紂非能殺賢臣、乃南賴聖知之迹以禍之、面之賊也、田恆非能殺君、乃資仁義以賊之、堯觀乎華、華封人曰、嘻、聖人、請祝聖人、使聖人壽、堯曰辭、使聖人富、堯曰辭、使聖人多男子、堯曰辭、封人曰、壽富多男子、人之所欲也、女獨不欲何邪、堯曰、多男子則多懼、

授

富則多事、壽則多辱、是三者非所以養德也、故辭、封人曰、始也我以女爲聖人邪、今然、君子也、天生萬民、必授之職、多男子而授之職、則何懼之有、物皆得所而志定也富而使人分之、則何事之有、寄之天下、故無事也、夫聖人鶉居無意而期安也而鷇食、仰物而足鳥行而無彰、率性而動非常迹也、天下有道、則與物皆昌、猖狂妄行而自蹈大方也天下無道、則修德就閒、雖湯武之事、苟順天應人、未爲不閒也、故無爲而無不爲者、非不閒也、千歲厭世、去而上僊、夫至人極壽命之長、任窮通之變、其生也天行、其死也物化、故云厭世而上仙也、乘彼白雲、至于帝鄉、氣之散無不之三患莫至、身常無殃、則何辱之有、封人去之、堯隨之曰、請問、封人曰退已、堯治天下、伯成子高立爲諸侯、堯授舜、舜授禹、伯成子高辭爲諸侯而耕、禹往見之、則耕在野、禹趨就下風、立而問焉、曰昔堯治天下、吾子立爲諸侯、堯授舜、舜授予、而吾子辭爲諸侯而耕、敢問其故何也、子高曰、昔堯治天下、不賞而民勸、不罰而民畏、今子賞罰而民且不仁、德自此衰、刑自此立、後世之亂自此始矣、夫子闔行邪、無落吾事、俋俋乎耕而不顧、夫禹時、三聖相承、治成德備、功美漸去、故史籍無所載、仲尼不能間、是以雖有天下而不與焉、斯乃有而無之也、故考其時、而禹爲最優、計其人則雖三聖、故一堯耳、時無聖人、故天下之心、俄然歸啟、夫至公而居當者、付天下於百姓、取與之非己、故失之不求、得之不辭、忽然而往、侗然而來、是以受非毁於廉節之士、而名列於三王、未足怪也、莊子因斯以明堯之弊、弊起於堯而釁成於禹、況後世之無聖乎、寄遠迹於子高、使棄而不治、將以絶聖而返一、遺知而寧極耳、其實則未聞也、夫莊子之言、不可以一塗詰、或以黄帝之迹、秃堯舜之脛、豈獨貴堯而賤禹哉、故當遺其所寄、而録其絶聖棄知之意焉、

泰初有無、無有無名、

無有故無所名

一之所起、有一而未形、

一者有之初、至妙者也、至妙故未有物理之形耳、夫一之所起、起於至一、非起於無也、然莊子之所以屢稱無於初者何哉、初者未生而得生、得生之難、而猶上不資於無、下不待於知、突然而自得此生矣、又何營生於已生、以失其

喙鳴

自生哉、物得以生謂之德、夫無不能生物、而云物得以生、乃所以明物生之自
得、任其自得、斯可謂德也、未形者有分、且然無間謂之命、留動
而生物、物成生理謂之形、形體保神、各有儀則謂
之性、夫德形性命、因變立名、其於自爾一也、性修反德、德至同於初、
恒以不爲而自得之同乃虛、虛乃大、不同於初、而中道有爲、則其懷中故爲有物也、
有物而容養之德小矣、合喙鳴、無心於言而自言者、合於喙鳴、喙鳴合、與天
地爲合、天地亦無心而自動其合緡緡、若愚若昏、坐忘而自合耳、非照
察以合之、是謂玄德、同乎大順、德玄而所順者大矣夫子問於老
聃曰、有人治道若相放、可不可、然不然、若相放效、强以不可

爲可、不然爲然、斯矯其性情也、辯者有言曰、離堅白、若縣寓、言其高顯易見若是則可謂聖人乎、老聃曰、是胥易技係、勞形怵心者也、執狸之狗成思、猨狙之便自山林來、言此皆失其常然也丘、予告若、而所不能聞、與而所不能言、凡有首有趾、無心無耳者衆、首趾猶始終也、無心無耳言其自化、有形者與無形無狀而皆存者盡無、言有形者善變、不能與無形無狀者並存也、故善治道者、不以故自持也、將順日新之化而已、其動止也、其死生也、其廢起也、此又非其所以也、此言動止死生盛衰廢興、未始有恒、皆自然而然、非其所用而然、故放之而自得也、有治在人、不在乎主自用忘乎物、忘乎天、其名爲忘己、天物皆忘、非獨忘己、復何所有哉、忘己之人、是之謂入於天、人之所不能忘者己也、己猶忘之、又奚識哉、斯乃不識不知、而冥於自然、

蔣閭葂見季徹曰、魯君謂葂也曰、請受教、辭不獲命、既已告矣、未知中否、請嘗薦之、吾謂魯君曰、必服恭儉、拔出公忠之屬、而無阿私、民孰敢不輯、季徹局局然笑曰、若夫子之言、於帝王之德、猶螳蜋之怒臂以當車軼、則必不勝任矣、必服恭儉、非忘儉而儉也、拔出公忠、非忘忠而忠也、故雖無阿私、而不足以勝矯詐之任也、且若是則其自爲處、危其觀臺、此皆自處高顯、若臺觀之可覩也、多物將往、將使物不止於

本性之然、而矯跂自多以附之、投迹者衆、亢足投迹、不安其本步也、蔣閭葂覤覤然驚曰、葂也汒若於夫子之所言矣、雖然、願先生之言其風也、季徹曰、大聖之治天下也、搖蕩民心、使之成教易俗、舉滅其賊心、而皆進其獨志、若性之自爲、而民不知其所由然、夫志各有趣、不可相效也、故因其自搖而搖之、則雖搖而非爲也、因其自蕩而蕩之、則雖蕩而非動也、故其賊心自滅、獨志自進、教成俗易、悶然無迹、復性自爲、而不知所由、皆云我自然矣、舉皆也、若然者、豈兄堯舜之教民、溟涬然弟之哉、溟涬、自貴之謂也、不肯多謝堯舜而推之爲兄也、欲同乎德而心居矣、居者不逐於外也、心不居則德不同也、子貢南遊於楚、反於晉、過漢陰、見一丈人方將爲圃畦、鑿隧而入井、抱甕而出灌、搰搰然用力甚多、而見功寡、子貢曰、有械於此、一日浸百畦、用力甚寡、而見功多、夫子不欲乎、爲圃者卬而視之曰、奈何、曰鑿木爲機、後重前輕、挈水若抽、數如泆湯、其名爲槔、爲圃者忿然作色而笑曰、吾聞之吾師、有機械者、必有機事、有機事者、必有機心、機心存於胸中、則純白不備、純白不備、則神生不定、神生不定者、道之所不載也、吾非不知、羞而不爲也、夫用時之所用者乃純備

暇

也、斯人欲修純備、而抱一守古、失其旨也、子貢瞞然慙俯而不對、有閒、爲圃者曰、子奚爲者邪、曰孔丘之徒也、爲圃者曰、子非夫博學以擬聖、於于以蓋衆、獨弦哀歌以賣名聲於天下者乎、汝方將忘汝神氣、墮汝形骸、而庶幾乎、不忘不墮、則無庶幾之道、而身之不能治、而何暇治天下乎、子往矣、無乏吾事、子貢卑陬失色、項項然不自得、行三十里而後愈、其弟子曰、向之人何爲者邪、夫子何故見之變容失色、終日不自反邪、曰始吾以爲天下一人耳、謂孔子也、不知復有夫人、吾聞之夫

假

子、事求可、功求成、用力少、見功多者、聖人之道、聖人之道、卽用百姓之心耳、今徒不然、執道者德全、德全者形全、形全者神全、神全者聖人之道也、託生與民並行、而不知其所之、汒乎淳備哉、功利機巧、必忘夫人之心、此乃聖王之道、非夫人也、子貢聞其假修之說而服之、未知純白者之同乎世也、若夫人者、非其志不之、非其心不爲、雖以天下譽之、得其所謂、謷然不顧、以天下非之、失其所謂、儻然不受、天下之非譽、無益損焉、是謂全德之人哉、我之謂風波之民、此宋榮子之徒、未足以爲全德、子貢之迷沒於此人、卽若列子之心

假

（醉於季咸也、）反於魯以告孔子、孔子曰、彼假修渾沌氏之術者也、（以其背今向古修爲世事、故知其非眞渾沌也、）識其一、不知其二、（徒識修古抱灌之朴、而不知因時任物之易也、）治其內、而不治其外、（夫眞渾沌都不治也、豈以外內爲異而偏有所治哉、）夫明白入素、無爲復朴、體性抱神、以遊世俗之間者、汝將固驚邪、（此眞渾沌也、故與世同波、而不自失、則雖游於世俗、而泯然無迹、豈必使汝驚哉、）且渾沌氏之術、予與汝何足以識之哉、（在彼爲彼、在此爲此、渾沌玄同、孰識之哉、所識者常識其迹耳、）諄芒將東之大壑、適遇苑風於東海之濱、苑風曰、子將奚之、曰將之大壑、曰奚爲焉、曰夫大壑之爲物也、注焉而不滿、酌焉而不竭、吾將遊焉、苑風曰、夫子無意于横目之民乎、願聞聖治、諄芒曰、聖治乎、官施而不失其宜、拔舉而不失其能、畢見其情事、而行其所爲、皆因而任之行言自爲而天下化、使物爲之則不化也手撓顧指、四方之民、莫不俱至、此之謂聖治、言其指麾顧眄、而民各至其性也、任其自爲故、願聞德人、曰德人者居無思、行無慮、率自然耳不藏是非美惡、無是非於胸中、而任之天下、四海之内共利之之謂悅、共給之之爲安、無自私之懷也怊乎若嬰兒之失其母也、儻乎若行而失其道也、

謂一作爲

虞

財用有餘、而不知其所自來、飲食取足、而不知其所從、此謂德人之容、德者神人迹也、故曰容、願聞神人、願聞所以迹也、曰上神乘光、與形滅亡、乘光者乃無光、此謂照曠、無我而任物、空虛無所懷者、非闇塞也、致命盡情、天地樂、而萬事銷亡、情盡命至、天地樂矣、事不妨樂、斯無事矣、萬物復情、此之謂混冥、情復而混冥無迹也、門無鬼與赤張滿稽觀於武王之師、赤張滿稽曰、不及有虞氏乎、故離此患也、門無鬼曰、天下均治、而有虞氏治之邪、其亂而後治之與、言二聖俱以亂故治之、則揖讓之與用師、直是時異耳、未有勝負於其間也、赤張滿稽曰、天下均

疏本翼本並爲均作爲者

治之爲願、而何計以有虞氏爲、均治則願各足矣、復何爲計有虞氏之德而推以爲均哉、許無鬼之言是也、有虞氏之藥瘍也、天下皆患創亂、故求虞氏之藥、禿而施髢、病而求醫、孝子操藥以修慈父、其色燋然、聖人羞之、明治天下者非以爲榮、至德之世不尚賢、賢當其位、非尚之也、不使能、能者自爲、非使之也、上如標枝、出物上而不自高也、民如野鹿、放而自得也、端正而不知以爲義、相愛而不知以爲仁、實而不知以爲忠、當而不知以爲信、率性自然、非由知也、蠢動而相使、不以爲賜、用其自動、故動而不謝、是故行而無迹、主能任其自行、故無迹也、事而無傳、各止其分、故不傳教於彼也、孝子不諛其親、忠臣不諂其君、臣子之盛也。親之所言而然、所行而善、則世俗謂之不肖子、君之所言而然、所行而善、則世俗謂之不肖臣、而未知此其必然邪、此直違俗而從君親、故俗謂不肖耳、未知至當正在何許、世俗之所謂然而然之、所謂善而善之、則不謂之道諛之人也、然則俗故嚴於親而尊於君邪、言俗不爲尊嚴於君親、而從俗、俗不謂之諂、明尊嚴不足以服物、則服物者更在於從俗也、是以聖人未嘗獨異於世、必與時消息、故在皇爲皇、在王爲王、豈有背俗而用我哉、謂巳道人、則勃然作色、謂巳諛人、則怫然作色、世俗遂以多同爲正、故謂之道諛、則作色不受、而終

隨

身道人也、終身諛人也、亦不問道理、期於相善耳、合譬飾辭聚衆也、是終始本末不相坐、夫合譬飾辭、應受道諛之罪、而世復以此得人、以此聚衆、亦爲從俗者、恒不見罪坐也、垂衣裳、設采色、動容貌、以媚一世、而不自謂道諛、與夫人之爲徒、通是非、而不自謂衆人、愚之至也、世皆至愚、乃更不可不從、知其愚者、非大愚也、知其惑者、非大惑也、大惑者終身不解、大愚者終身不靈、夫聖人道同、而帝王殊迹者、誠世俗之惑不可解、故隨而任之、三人行而一人惑、所適者猶可致也、惑者少也、二人惑則勞而不至、惑者勝也、而今也以天下惑、予雖有祈嚮不可得也不亦悲乎天下都惑雖我有求嚮至道之情而終不可得故堯舜湯武隨時而已大聲不入於里耳非委巷之所尚也折楊皇荂則嗑然而笑俗人得嘖曲則同聲動笑也是故高言不止於衆人之心不以存懷至言不出俗言勝也此天下所以未曾用聖而常自用也以二缶鍾惑而所適不得矣各自信據故而不知所之

郭注作垂踵說

今也以天下惑予雖有祈嚮其庸可得邪知其不可得也而強之又一惑也故莫若釋之而不推即而同之不推誰其比憂趣令得當時之適不強推之令解也則相與無憂於一世矣厲之人夜半生其子遽取火而視之汲汲然唯恐

其似巳也、厲惡人也、言天下皆不顧爲惡、及其爲惡、或迫於苛役、或迷而失性耳、然迷者自思復、而厲者自思善、故我無爲、而天下自化、百年之木、破爲犧樽、青黃而文之、其斷在溝中、比犧樽於溝中之斷、則美惡有間矣、其於失性一也、跖與曾史、行義有間矣、然其失性均也、且夫失性有五、一曰五色亂目、使目不明、二曰五聲亂耳、使耳不聰、三曰五臭薰鼻、困惾中顙、四曰五味濁口、使口厲爽、五曰趣舍滑心、使性飛揚、此五者、皆生之害也、而楊墨乃始離跂自以爲得、非吾所謂得也、夫得者困、可以爲得乎、

於
在

則鳩鴞之在於籠也、亦可以爲得矣、且夫趣舍聲色以柴其內、皮弁鷸冠搢笏紳修以約其外、內支盈於柴柵、外重纆繳、睆睆然在纆繳之中、而自以爲得、則是罪人交臂歷指、而虎豹在於囊檻、亦可以爲得矣、

天道

天道運而無所積、故萬物成、帝道運而無所積、故天下歸、聖道運而無所積、故海內服、此三者皆恣物之性、而無所牽滯也明於天、通於聖、六通四辟於帝王之德者其

自爲也、昧然無不靜者矣、任其自爲、故雖六通四辟、而無傷於靜也聖人之靜也、非曰靜也善故靜也、善之乃靜、則有時而動也萬物無足以鐃心者故靜也、斯乃自得也水靜則明燭鬚眉、平中準、大匠取法焉、水靜猶明、而況精神聖人之心靜乎、天地之鑒也、萬物之鏡也、夫有其具、而任其自爲、故所照無不洞明夫虛靜恬淡、寂漠無爲者、天地之平、而道德之至、凡不平不至者、生於有爲故帝王聖人休焉、未嘗動也休則虛、虛則實、實者倫矣、倫理也虛則靜、靜則動、動則得矣、不失其所以動靜則無爲、無爲也、則任事者責矣、夫無爲也、則羣

才萬品、各任其事、而自當其責矣、故曰、巍
巍乎舜禹之有天下、而不與焉、此之謂也、無爲則
俞俞、俞俞者憂患不能處、年壽長矣、俞俞然從容
自得之貌
夫虛靜恬淡、寂漠無爲者、萬物之本也、尋其本、皆
在不爲中
來、
也
明此以南鄉、堯之爲君也、明此以北面、舜之爲
臣也、以此處上、帝王天子之德也、以此處下、玄聖
素王之道也、此皆無爲之至也、有其道爲天下所
歸、而無其爵者、所謂素王自貴也、
以此退居而閒遊、江海山林之士服、以此進爲而
撫世、則功大名顯而天下一也、此又其次也、故退
則巢許之流、進則
伊望之倫也、夫無爲之體大矣、天下何所不爲哉、
故主上不爲冢宰之任、則伊呂靜而司尹矣、冢宰

不爲百官之所執、則百官靜而御事矣、百官不爲萬民之所務、則萬民靜而安其業矣、萬民不易彼我之所能、則天下之彼我靜而自得矣、故自天子以下、至于庶人、下及昆蟲、孰能有爲而成哉、是故彌無爲而彌尊也、靜而聖、動而王、時行則行、時止則止、無爲也而尊、自然爲物所尊奉樸素而天下莫能與之爭美、夫美配天者唯樸素也夫明白於天地之德者、此之謂大本大宗、與天和者也、天地以無爲爲德、故明其宗本、則與天地無逆也、所以均調天下、與人和者也、夫順天所以應人也、故天和至、而人和盡也、與人和者、謂之人樂、與天和者、謂之天樂、天樂適則人樂足矣莊子曰、吾師乎、吾師乎、韲萬物而不爲戾、變而相雜、故曰韲、自韲耳、非吾師之

疏本雜作離

暴戾、澤及萬世而不爲仁、仁者兼愛之名耳、無愛故無所稱仁、長於上古而不爲壽、壽者期之遠耳、無期故無所稱壽、覆載天地、刻彫衆形、而不爲巧、巧者爲之妙耳、皆自爾、故無所稱巧、此之謂天樂、忘樂而樂足、故曰、知天樂者、其生也天行、其死也物化、靜而與陰同德、動而與陽同波、故知天樂者、無天怨、無人非、無物累、無鬼責、故曰、其動也天、其靜也地、動靜雖殊、無心一也、一心定而王天下、其鬼不祟、其魂不疲、常無心、故王天下而不疲病、一心定而萬物服、言以虛靜推於天地、通於萬物、此之謂天樂、我心常靜、則萬物之心通矣、通則服、不通則叛、天、樂者聖人之心以畜天下也、聖人之心、所以畜天下者奚爲哉、天樂而巳、夫帝王之德、以天地爲宗、以道德爲主、以無爲爲常、無爲也、則用天下而有餘、有餘者閒暇之謂也、有爲也、則爲天下用而不足、不足者汲汲然欲爲物用也、欲爲物用、故可得而臣也、及其爲臣、亦有餘也、故古之人貴夫無爲也、上無爲也、下亦無爲也、是下與上同德、下與上同德、則不臣、下有爲也、上亦有爲也、是上與下同道、上與下同道、則不主、夫工人無爲於刻木、而有爲於用斧、主上無爲於親事、而有爲於用臣、臣能親事、主能用臣、斧能刻木、而工能用斧、各當其能、則天理自然、非有爲也、若乃主代臣事、則非主矣、臣秉主用、則非臣矣、故各司其任、則上必無爲而用天下、上下咸得、而無爲之理至矣、下必有爲爲天下用、此不易之道也、無爲之言、不可不察也、夫用天下者、亦有用之爲耳、然自得此爲、率性而動、故謂之無爲也、今之爲天下用者、亦自得耳、但居下者親事、故雖舜禹爲臣、猶稱有爲、故對上下、則君靜而臣動、比古今、則堯舜無爲、而湯武有事、然各用其性、而天機玄發、則古今上下無爲、誰有爲也、故古之王天下者、知雖落天地、不自慮也、辯雖彫萬物、不自說也、能雖窮海內、不自爲也、夫在上者、患於不能無爲、而代人臣之所司、使咎繇不得行其明斷、后稷不得施其播殖、則羣才失其任、而主上困於役矣、故冕旒垂目、而付之天下、天下皆得其自爲、斯乃無爲而無不爲者也、故上下皆無爲矣、但上之無爲則用下、下之無爲則自用也、天不

産而萬物化、地不長而萬物育、所謂自爾帝王無爲而
天下功、功自彼成故曰、莫神於天、莫富於地、莫大於帝
王、故曰、帝王之德配天地、同乎天地之無爲也此乘天地、馳
萬物、而用人羣之道也、本在於上、末在於下、要在
於主、詳在於臣、三軍五兵之運、德之末也、賞罰利
害五刑之辟、教之末也、禮法度數刑名比詳、治之
末也、鐘鼓之音、羽旄之容、樂之末也、哭泣衰絰隆
殺之服、哀之末也、此五末者、須精神之運、心術之
動、然後從之者也、夫精神心術者、五末之本也、任自然運動、則五事之末不振而

末

自舉也、末學者古人有之、而非所以先也、所以先者本也、君先而臣從、父先而子從、兄先而弟從、長先而少從、男先而女從、夫先而婦從、夫尊卑先後、天地之行也、故聖人取象焉、言此先後雖是人事、然皆在至理中來、非聖人之所作也、天尊地卑、神明之位也、春夏先秋冬後、四時之序也、萬物化作、萌區有狀、盛衰之殺、變化之流也、夫天地至神、而有尊卑先後之序、而況人道乎、明夫尊卑先後之序、固有物之所不能無也、宗廟尚親、朝廷尚尊、鄉黨尚齒、行事尚賢、大道之序也、言非但人倫所尚也、語道而非其序者、

末

非其道也、語道而非其道者、安取道、（所以取道爲有序也）是故古之明大道者、先明天、而道德次之、（天者自然也、自然既明、則物得其道也、）道德已明、而仁義次之、（物得其道、而和理自適也）仁義已明、而分守次之、（理適而不失其分也）分守已明、而形名次之、（得分、而物物之名、各當其形也）形名已明、而因任次之、（無所復改）因任已明、而原省次之、（物各自任、則罪責除也、）原省已明、而是非次之、（各以得性爲是、失性爲非、）是非已明、而賞罰次之、（賞罰者失得之報也、夫至治之道、本在於天、而末極於斯）賞罰已明、而愚知處宜、貴賤履位、（言各當其才也）仁賢不肖襲情、（各自行其所能之情）必分其能、無相易業必由其名、名當其實、故由名而實不濫也以此事上、以此畜下、以此治物、以此修身、知謀不用、必歸其天、此之謂太平、治之至也、故書曰、有形有名、形名者古人有之、而非所以先也、古之語大道者、五變而形名可舉、九變而賞罰可言也、自先明天以下至形名而五、至賞罰而九、此自然先後之序也、驟而語形名、不知其本也、驟而語賞罰、不知其始也、倒道而言、迕道而說者、人之所治也、安能治人、治人者必順序驟而語形名賞罰、此有知治之具、非知治之道、治道先明天、不爲棄賞罰也、但當不失其先後之序耳、可用於天下、不足以用天下、此之謂辯士一曲之人也、夫用天下者、必大通順序之道、禮法數度形名比詳、古人有之、此下之所以事上、非上之所以畜下也、寄此事於羣才、斯乃畜下也、昔者舜問於堯曰、天王之用心何如、堯曰、吾不敖無告、無告者所謂窮民也、不廢窮民、恒加恩也、苦死者、嘉孺子、而哀婦人、此吾所以用心已、舜曰、美則美矣、而未大也、堯曰、然則何如、舜曰、天德而出寧、與天合德、則雖出而擬、日月照而四時行、若晝夜之有經、雲行而雨施矣、此皆不爲而自然也、堯曰、然則膠膠擾擾乎、自嫌有事、子天之合也我人之合也夫天地者古之所大也而黃帝堯舜之所共美也故古之王天下者奚爲哉天地而已矣孔子西藏書於周室子路謀曰由聞周之徵藏史有老聃者免而歸居夫子欲藏書則試往因焉孔子曰善往見老聃而老聃不許於是繙十二經以說老聃中其說曰大謾願聞其要孔子曰要在仁義老聃曰請問仁義人之性邪孔子曰然君子不仁則不成不義則不生仁義眞人之性也又將奚爲矣老聃曰請問何謂仁義孔子曰中

心物愷、兼愛無私、此仁義之情也、此常人之所謂仁義者也、故寄孔老以正之、老聃曰、意幾乎後言、夫兼愛不亦迂乎、夫至仁者無愛而直前也、無私焉乃私也、世所謂無私者、釋己而愛人、夫愛人者、欲人之愛己、此乃甚私、非忘公而公也、夫子若欲使天下無失其牧乎、則天地固有常矣、日月固有明矣、星辰固有列矣、禽獸固有羣矣、樹木固有立矣、皆已自足、夫子亦放德而行、循道而趨、已至矣、不待於兼愛也、又何偈偈乎揭仁義、若擊鼓而求亡子焉、無由得之、意夫子亂人之性也、事至而愛、當義而止、斯忘仁義者也、常念之則亂眞矣、士成綺見老子而問曰、

斂

吾聞夫子聖人也，吾固不辭遠道而來願見，百舍重趼而不敢息。今吾觀子非聖人也，鼠壤有餘蔬，言其不惜物也而棄妹，不仁也，無近恩故曰棄生熟不盡於前，至足故恒有餘而積斂無崖。萬物歸懷來者受之不小立界畔也老子漠然不應。不以其言槃意士成綺明日復見，曰：昔者吾有刺於子，今吾心正卻矣，何故也？自怪刺譏之心所以壞也老子曰：夫巧知神聖之人，吾自以為脫焉，脫過去也昔者子呼我牛也而謂之牛，呼我馬也而謂之馬。隨物所名苟有其實，人與之名而弗受，有實故不以毀譽經心也再受其殃。一毀一譽若受之於心、則名實俱累、斯所以再受其殃也、吾服也恒服、服者容行之謂也、不以毀譽自殃、故能不變其容、吾非以服有服、有為為之、則不能恒服、士成綺鴈行避影、履行遂進、而問修身若何、老子曰、而容崖然、進趨不安之貌、而目衝然、衝出之貌、而顙頯然、高露發美之貌、而口闞然、虓器之貌、而狀義然、踶跂自持之貌、似繫馬而止也、志在奔馳、動而持、不能自舒放也、發也機、趣舍速也、察而審、明是非也、知巧而覩於泰、泰者多於本性之謂也、巧於見泰、則拙於抱朴、凡以為不信、凡此十事以為不信性命、而蕩夫毀譽、皆非修身之道也、邊竟有人焉、其名為竊、亦知汝所行非正人也、夫子曰、夫道於大不終、於小不遺、故萬物備廣、廣乎其無不容也、淵乎其不可測也、形德仁義神之末也、非至人孰能定之、夫至人有世、不亦大乎、而不足以爲之累、（用世故不患其大也）天下奮棅、而不與之偕、（靜而順之）審乎無假、而不與利遷、（任眞而直往也）極物之眞、能守其本、故外天地、遺萬物、而神未嘗有所困也、通乎道、合乎德、退仁義、（進道德也）賓禮樂、（以情性爲主也）至人之心有所定矣、（定於無爲也）世之所貴道者書也、書不過語、語有貴也、語之所貴者意也、意有所隨、意之所隨者、不可以言傳也、而世因貴言傳書、

識

世雖貴之哉、猶不足貴也、爲其貴非其貴也、其貴恒在意言之表故視而可見者、形與色也、聽而可聞者、名與聲也、悲夫、世人以形色名聲爲足以得彼之情、夫形色名聲果不足以得彼之情、得彼情唯忘言遺書者耳則知者不言、言者不知、而世豈識之哉、此絕學去尚之意也桓公讀書於堂上、輪扁斲輪於堂下、釋椎鑿而上、問桓公曰、敢問公之所讀爲何言邪、公曰、聖人之言也、曰聖人在乎、公曰、已死矣、曰然則君之所讀者、古人之糟魄已夫、桓公曰、寡人讀書、輪人安得議乎、有說則可、無說則死、輪扁曰、臣也以臣之事觀之、斲輪徐則甘而不固、疾則苦而不入、不徐不疾、得之於手、而應於心、口不能言、有數存焉於其間、臣不能以喻臣之子、臣之子亦不能受之於臣、是以行年七十而老斲輪、此言物各有性、教學之無益也、古之人與其不可傳也死矣、然則君之所讀者、古人之糟魄已夫、當古之事、已滅於古矣、雖或傳之、豈能使古在今哉、古不在今、今事已變、故絕學任性、與時變化而後至焉、

天運

天其運乎、（不運而自行也）地其處乎、（不處而自止也）日月其爭於所乎、（不爭所而自代謝也）孰主張是、孰綱維是、（皆自爾）孰居無事推而行是、（無則無所能推、有則各自有事、然則無事而推行是者誰乎哉、各自行耳、）意者其有機緘而不得已邪、意者其運轉而不能自止邪、（自爾故不可知也）雲者爲雨乎、雨者爲雲乎、（二者俱不能相爲、各自爾也、）孰隆施是、孰居無事淫樂而勸是、風起北方、一西一東、有上彷徨、孰噓吸是、孰居無事而披拂是、敢問何故、（設問所以自爾之故）巫咸袑曰、來吾語女、天有六極五常、（夫物事之近、或知其故、然尋其原以至乎極、則無故而自爾也、自爾

假

則無所稍問其故也、但當順之、帝王順之則治、逆之則凶、夫假學可變、而天性不可逆也、九洛之事、治成德備、監照下土、天下戴之、此謂上皇、順其自爾故也、「商大宰蕩問仁於莊子、莊子曰、虎狼仁也、曰何謂也、莊子曰、父子相親、何爲不仁、曰請問至仁、莊子曰、至仁無親、無親者、非薄惡之謂也、夫人之一體非有親也、而首自在上、足自處下、府藏居內、皮毛在外、外內上下、尊卑貴賤、於其體中、各任其極、而未有親愛於其間也、然至仁足矣、故五親六族、賢愚遠近、不失分於天下者、理自然也、又奚取於有親哉、大宰曰、蕩聞之、無親則不愛、不愛則不孝、謂至仁不孝可乎、莊子曰、不然、夫至仁尚矣、孝固不足以言之、必言之於忘仁忘孝之地、然後至矣、此非過孝之言也、不及孝之言也、凡名生於不及者、故過仁孝之名、而涉乎無名之境、然後至焉、夫南行者至於郢、北面而不見冥山、是何也、則去之遠也、冥山在乎北極、而南行以觀之、至仁在乎無親、而仁愛以言之、故郢雖見、而愈遠冥山、仁孝雖彰、而愈非至理也、故曰、以敬孝易、以愛孝難、以愛孝易而忘親難、忘親易、使親忘我難、使親忘我易、兼忘天下難、兼忘天下易、使天下兼忘我難、夫至仁者、百節皆適、則終日不自識也、聖人在上、非有爲也、恣之使各自得而已耳、自得其爲、則衆務自適、羣生自足、天下安得不各自忘我哉、各自忘矣、主其安在乎、斯所謂兼忘也、夫德遺堯舜、而不爲也、遺堯舜然後堯舜之德全耳、若係之在心、則非自得也、利澤施於萬世、天下莫知也、泯然常適、豈直太息而言仁孝乎哉、失於江湖、乃思濡沫、夫孝悌仁義、忠信貞廉、此皆自勉以役其德者也、不足多也、故曰、至貴國爵并焉、并者除棄之謂也、夫貴在於身、身猶忘之、況國爵乎、斯貴之至也、至富國財并焉、至富者自足而已、故除天下之財也、至願名譽并焉、所至願者適也、得適而仁孝之名都去矣、是以道不渝、去華取實故也、

北門成問於黃帝曰、帝張咸池之樂於洞庭之野、吾始聞之懼、復聞之怠、卒聞之而惑、蕩蕩默默、乃不自得、不自得、坐忘之謂也、帝曰、女殆其然哉、吾奏

有韻文

徵一作徽

之以人、徵之以天、行之以禮義、建之以太清、由此觀之、知夫至樂者、非音聲之謂也、必先順乎天、應乎人、得於心、而適於性、然後發之以聲、奏之以曲耳、故咸池之樂、必待黃帝之化、而後成焉、夫至樂者、先應之以人事、順之以天理、行之以五德、應之以自然、然後調理四時、太和萬物、四時迭起、萬物循生、一盛一衰、文武倫經、一清一濁、陰陽調和、流光其聲、自然律呂、以滿天地之間、但當順而不奪、則至樂全、蟄蟲始作、吾驚之以雷霆、因其自作、而用其所以動、其卒無尾、其始無首、運轉無極、一死一生、一僨一起、所常無窮、以變化爲常、則所常者無窮也、而一不可待、汝故懼也、初聞

（無窮之變、不能待之以一、故懼然悚聽、）吾又奏之以陰陽之和、燭之以日月之明、（所謂用天之道）其聲能短能長、能柔能剛、變化齊一、不主故常、（齊一於變化、故不主故常、）在谷滿谷、在阬滿阬、（至樂之道無不周也）塗郤守神、（塞其兌也）以物爲量、（大制不割）其聲揮綽、（所謂闡諧）其名高明、（名當其實則高明也）是故鬼神守其幽、（不離其所）日月星辰行其紀、（不失其度）吾止之於有窮、（常在極上住也）流之於無止、（隨變而往也）子欲慮之而不能知也、望之而不能見也、逐之而不能及也、（故闇然恣使化去）儻然立於四虛之道、（弘敞無偏之謂）倚於槁梧而吟、（無所復爲也）目知窮乎所欲見、力屈乎所欲逐、吾既不及已矣、言物之知力各有所齊限形充空虛、乃至委蛇、女委蛇故怠、夫形充空虛無身也、無身故能委蛇、委蛇任性、而悚懼之情怠也、吾又奏之以無怠之聲、意既怠矣、乃復無怠、此其至也、調之以自然之命、命之所有者非爲也、皆自然耳故若混逐叢生、混然無係、隨從而生、林樂而無形、至樂者適而已、適在體中、故無別形、布揮而不曳、自布耳幽昏而無聲、所謂至樂動於無方、夫動者豈有方而後動哉居於窈冥、所謂寧極或謂之死、或謂之生、或謂之實、或謂之榮、行流散徙、不主常聲、隨物變也世疑之、稽於聖人、明聖人應世非唱也聖也者、達於情而遂於命也、故有情有命者莫不資焉天機不張、而五官皆備、此之謂天樂、忘樂而樂足、非張而後備、無言而心說、心說在適不在言也故有焱氏爲之頌曰、聽之不聞其聲、視之不見其形、充滿天地、苞裹六極、女欲聽之而無接焉、而故惑也、此乃無樂之樂、樂之至也樂也者始於懼、懼故祟、懼然竦聽、故是祟耳、未大和也、吾又次之以怠、怠故遁、迹稍滅也卒之於惑、惑故愚、愚故道、道可載而與之俱也、以無知爲愚、愚乃至也、孔子西遊於衞、顏淵問師金曰、以夫子之行爲奚如、師金曰、惜乎而夫子其窮哉、顏淵曰、何也、師金曰、

眯　眯

夫芻狗之未陳也、盛以篋衍、巾以文繡、尸祝齊戒以將之、及其已陳也、行者踐其首脊、蘇者取而爨之而已、將復取而盛以篋衍、巾以文繡、遊居寢臥其下、彼不得夢、必且數眯焉、（廢棄之物、於時無用、則更致他妖也、）今而夫子亦取先王已陳芻狗、取弟子遊居寢臥其下、故伐樹於宋、削迹於衛、窮於商周、是非其夢邪、圍於陳蔡之間、七日不火食、死生相與鄰、是非其眯邪、（此皆絕聖棄知之意耳、無所稍嫌也、夫先王典禮、所以適時用也、時過而不棄、即爲民妖、所以興矯效之端也、）夫水行莫如用舟、而陸行莫如用車、以

時

舟之可行於水也、而求推之於陸、則沒世不行尋常、古今非水陸與、周魯非舟車與、今蘄行周於魯、是猶推舟於陸也、勞而無功、身必有殃、彼未知夫無方之傳、應物而不窮者也、時移世異、禮亦宜變、故因物而無所係焉、斯不勞而有功也、且子獨不見夫桔槔者乎、引之則俯、舍之則仰、彼人之所引、非引人也、故俯仰而不得罪於人、故夫三皇五帝之禮義法度、不矜於同而矜於治、期於合時宜應治體而已故譬三皇五帝之禮義法度、其猶柤梨橘柚邪、其味相反、而皆可於口、故禮義法度者、應時而變者也、彼以爲美、而此或以爲惡、故當應時而變、然後皆適也、今取猨狙而衣以周公之服、彼必齕齧挽裂盡去而後慊、觀古今之異、猶猨狙之異乎周公也、故西施病心而矉其里、其里之醜人見而美之、歸亦捧心而矉其里、其里之富人見之、堅閉門而不出、貧人見之、挈妻子而去之走、彼知美矉而不知矉之所以美、況夫禮義、當其時而用之則西施也、時過而不棄則醜人也、惜乎而夫子其窮哉、孔子行年五十有一而不聞道、乃南之沛見老聃、老聃曰、子來乎、吾聞子北方之賢者也、子亦得道乎、孔子曰、未得也、老子曰、子惡乎求之哉、曰吾求之於度數、五年而未得也、老子曰、子又惡乎求之哉、曰吾求之於陰陽、十有二年而未得、此皆寄孔老以明絕學之義也老子曰、然使道而可獻、則人莫不獻之於其君、使道而可進、則人莫不進之於其親、使道而可以告人、則人莫不告其兄弟、使道而可以與人、則人莫不與其子孫、然而不可者無他也、中無主而不止、心中無受道之質、雖聞道而過去也、則外無正而不行、中無主、則外物亦無正已者也、故未嘗遍也、由中出者、不受於外、聖

假

假

人不出、由中出者、聖人之道也、外有能受之者乃出耳、由外入者、無主於中、聖人不隱、由外入者、假學以成性者也、雖由假學成、然要當內有其質、若無主於中、則無以藏聖道也、名公器也、夫名者天下之所共用、不可多取、矯飾過實多取者也、多取而天下亂也、仁義先王之蘧廬也、猶傳舍也止可以一宿、而不可久處、覯而多責、夫仁義者、人之性也、人性有變、古今不同也、故游寄而過去、則冥若無滯、而係於一方則見、見則僞生、僞生而責多矣、古之至人、假道於仁、託宿於義、隨時而變、無常迹也、以遊逍遙之墟、食於苟簡之田、立於不貸之圃、逍遙無爲也、有爲則非仁義苟簡易養也、且從其簡故易養也不貸無出也、不貸者不損巳以爲物也古者謂是采眞之遊、遊而任之則眞采也、采眞則色不爲矣、以富爲是者不能讓祿、以顯爲是者不能讓名、親權者不能與人柄、天下未有以所非自累者、而各沒命於所是、所是而以沒其命者、非立乎不貸之圃也、操之則慄、舍之則悲、舍之悲者、操之不能不慄也、而一無所鑒、以闚其所不休者、是天之戮民也、言其知進而不知止、則性命喪矣、所以爲戮、怨恩取與諫教生殺八者正之器也、唯循大變無所湮者、爲能用之、故曰、正者正也、其心以爲不然者、天門弗開矣、守故不變、則失正矣、孔子見老聃而語仁義、老聃曰、夫播穅眯目、則天地四方易位矣、蚊虻噆膚、則通昔不寐矣、外物加之雖小、而傷性已大也、夫仁義憯然乃憤吾心、亂莫大焉、尚之以加其性故亂吾子使天下無失其朴、質全而仁義著吾子亦放風而動、總德而立矣、風自動而依之、德自立而秉之、斯易持易行之道也、又奚傑然若負建鼓而求亡子者邪、言夫揭仁義以趨道德之鄉、其猶揭鼓而求逃者、無由得也、夫鵠不日浴而白、烏不日黔而黑、自然各已足黑白之朴、不足以爲辯、俱自然耳、無所偏尚、名譽之觀、不足以爲廣、夫至足者忘名譽、忘名譽乃廣耳、泉涸魚相與處於陸、相呴以濕、相濡以沫、言仁義之譽、皆生於不足、不若相忘於江湖、斯乃忘仁而仁者也孔子見老聃歸、三日不談、弟子問曰、夫子見老聃、亦將何規哉、孔子曰、吾乃今於是乎見龍、龍合而成體、散而成章、謂老聃能變化乘乎雲氣而養乎陰陽、言其因御無方自然已足予口張而不能嗋、予又何規老聃哉、子貢曰、然則人固有尸居而龍見、雷聲而淵默、發動如天地者乎、賜亦可得而觀乎、遂以孔子聲見老聃、老聃方將倨堂而應微曰、予年運而徃矣、子將何以戒我乎、子貢曰、夫三王五帝之治天下不同、其係聲名一也、而先生獨以爲非聖人、如何哉、老聃曰、小子少進、子何以謂不同、對曰、堯授舜、舜授禹、禹用力、而湯用兵、文王順紂而不敢逆、武王逆紂而不肯順、故曰不同、老聃曰、小子少進、余語女三王五帝之治天下、黃帝之治天下、使民心一、民有其親死不哭、而民不非也、若非之則強哭堯之治天下、使民心親、民有爲其親殺其殺、而民不非也、殺降也、言親疏有降殺、舜之治天下、使民心競、民孕婦十月生子、子生五月而能言、教之速也不至乎孩而始誰、誰者別人之意也、未孩巳擇人、言其競教速成也、則人始有夭矣、不能同彼我則心競於親疏故不終其天年也、禹之治天下、使民心變、人有心、而兵有順、此言兵有順、則天下已有不順故也、殺盜非殺、盜自應死、殺之順也、故非殺、人自爲種、而天下耳、不能大齊萬物、而人人自別、斯人自爲種也、承百代之流、而會乎當今之變、其弊至於斯者非禹也、故曰天下耳、言聖知之迹、非亂天下、而天下必有斯亂、是以天下大駭、儒墨皆起、此乃百代之弊其作始有倫、而今乎婦女、今之以女爲婦、而上下悖逆者、非作始之無理、但至理之弊、遂至於此、何言哉、弊生於理、故無所復言、余語女三皇五帝之治天下、名曰治之而亂莫甚焉、必弊故也三皇之知、上悖日月之明、下睽山川之精、中墮四時之施、其知憯於蠣蠆之尾、鮮規之獸、莫得安其性命之情者、而猶自以爲聖人、不可恥乎、其無恥也、子貢蹵蹵然立不安、子貢本謂老子獨絶三王、故欲同三王於五帝耳、今又見老子逼毀五帝、上及三皇、則失其所以爲談矣、孔子謂老聃曰、丘治詩書禮樂易春秋六經、自以爲久矣、孰知其故矣、以奸者七十二君、論先王之道、而明周召之迹、一君無所鉤用、甚矣夫人之難說也、道之難明邪、老子曰、幸矣、子之不遇治世之君也、夫六經先王之陳迹也、豈其所以迹哉、所以迹者眞性也、夫任物之眞性者、其迹則六經也、今子之所言猶迹也、夫迹履之所出、而迹豈履哉、况今之人事、則以自然爲履、六經爲迹、夫白鶂之相視、眸子不運而風化、蟲雄鳴於上風、雌應於下風而化、鶂以眸子相視、蟲以鳴聲相應、俱不待合而便生子、故曰風化、類自爲雌雄、故風化、夫同類之雌雄、各自有以相感、相感之異、不可勝極、苟得其類、其化不難、故乃有遥感而風化也性不可易、命不可變、時不可止、道不可壅、故至人皆順而通之苟得於道、無自而不可、雖化者無方而皆可也失焉者無自而可、所在皆不可也孔子不出三月、復見曰、丘得之矣、烏鵲孺、魚傅沫、細要者化、言物之自然各有性也有弟而兄啼、言人之性舍長而視幼故啼也久矣夫丘不與化爲

人不與化爲人、安能化人、夫與化爲人者、任其自化者也、若繙六經以說則疏也、老子曰可、丘得之矣、

莊子南華眞經卷五

莊子南華眞經卷六

郭象注

外篇

刻意

刻意尚行、離世異俗、高論怨誹、爲亢而已矣、此山谷之士、非世之人、枯槁赴淵者之所好也、語仁義忠信恭儉推讓、爲修而已矣、此平世之士、教誨之人、遊居學者之所好也、語大功立大名、禮君臣正上下、爲治而已矣、此朝廷之士、尊主彊國之人、致

避暇

功并兼者之所好也、就藪澤、處閒曠、釣魚閒處、無爲而已矣、此江海之士、避世之人、閒暇者之所好也、吹呴呼吸、吐故納新、熊經鳥申、爲壽而已矣、此道引之士、養形之人、彭祖壽考者之所好也、此數子者所好不同、恣其所好、各之其方、亦所以爲逍遥也然此僅各自得焉、能靡所不樹哉、若夫使萬物各得其分而不自失者、故當付之、無所執爲也、若夫不刻意而高、無仁義而修、無功名而治、無江海而閒、不道引而壽、所謂自然無不忘也、無不有也、忘故能有、若有之則不能救其忘矣、故有者非有之而有也、忘而有之也、澹然無極、而衆美從之、若厲己以爲之、則不能無極、而衆惡生、此、天地之道、聖人之德也、不爲萬物、而萬物自生者天地也、不爲百行、而百行自成者聖人也、故曰、夫恬惔寂漠、虛無無爲、此天地之平、而道德之質也、非夫寂漠無爲也、則危其平而喪其質也、故曰、聖人休、休焉則平易矣、休乎恬惔寂漠、息乎虛無無爲、則雖歷乎險阻之變、常平夷而無難、平易則恬惔矣、患難生於有爲、有爲亦生於患難、故平易恬惔、交相成也、平易恬惔、則憂患不能入、邪氣不能襲、泯然與正理俱往、故其德全而神不虧、夫不平不惔者、豈唯傷其形哉、神德並喪於內也、故曰、聖人之生也天行、任自然而運動、其死也物化、蛻然無所係、靜而與陰同德、動而與陽同波、動靜無心、而付之陰陽也、不爲福先、不爲禍始、感而後應、無所唱也迫而後動、會至乃動不得已而後起、任理而起、吾不得已也、去知與故、循天之理、天理自然、知故無爲乎其間、故無天災、災生於違天無物累、累生於逆物無人非、與人同者衆必是焉無鬼責、同於自得故無責其生若浮、其死若休、汎然無所惜也不思慮、付之天理不豫謀、理至而應光矣而不燿、用天下之自光、非吾燿也、信矣而不期、用天下之自信、非吾期也、其寢不夢、其覺無憂、其神純粹、一無所欲其魂不罷、有欲乃疲虛無恬惔、乃合天德、乃與天地合恬惔之德也故曰、悲樂者德之邪、喜怒者道之過、好惡者德之失、故心不憂樂、德之至也、至德常適、故情無所槩、一而不變、靜之至也、靜而一者無不可變也、所於忤、虚之至也、其心豁然確盡、乃無纖介之違、不與物交、淡之至也、物自來耳、至淡者無交物之情、無所於逆、粹之至也、若雜乎濁欲則有所不順、故曰、形勞而不休則弊、精用而不已則勞、勞則竭、物皆有當、不可失也、水之性、不雜則清、莫動則平、鬱閉而不流、亦不能清、天德之象也、象天德者、無心而偕會也、故曰、純粹而不雜、無非至當之事也、靜一而不變、常在當上住、淡而無爲、與會俱而已矣、動而以天行、若夫逐欲而動人行也、此養神之道也、夫有干越之劍者、柙而藏之、不敢用也、寶之

至也、况敢輕用其神乎精神四達並流、無所不極、上際於
天、下蟠於地、夫體天地之極、應萬物之數、以爲精神者、故若是矣、若是而有落天地之
功者、任天行耳、非輕用也、化育萬物、不可爲象、所育無方其名爲同
帝、同天帝之不爲純素之道、唯神是守、守而勿失、與神爲
一、常以純素、守乎至寂、而不蕩於外、則冥也、一之精通、合于天倫、精者物之
眞也野語有之曰、衆人重利、廉士重名、賢士尚志、聖
人貴精、與神爲一、非守神也、不遠其精、非貴精也、然其迹則貴守之也、故素也者、
謂其無所與雜也、純也者、謂其不虧其神也、苟以不虧
爲純、則雖百行同舉、萬變參備、乃至純也、苟以不雜爲素、則雖龍章鳳姿、倩乎有非常之觀、乃至素

遠

疏本生上有知字

也、若不能保其自然之質、而雜乎外飾、則雖犬羊之鞹、庸得謂之純素哉、能體純素謂之眞人、

繕性

繕性於俗學以求復其初、已治性於俗矣、而欲以俗學復性命之本、所以求者、愈非其道也、滑欲於俗思以求致其明、已亂其心於欲、而方復役思以求明、思之愈精、失之愈遠、謂之蔽蒙之民、若夫發蒙者、必離俗去欲、而後幾焉、

古之治道者、以恬養知、恬靜而後知不蕩、知不蕩、而性不失也、生而無以知爲也、謂之以知養恬、夫無以知爲、而任其自知、則雖知周萬物、而恬然自得也、知與恬交相養、而和理出其性、知而非爲則無害於

恬恬而自爲則無傷於知、斯可謂交相養矣、二者交相養、則和理之分、豈出他哉、夫德和也、道理也、和故無不得、道故無不理、德無不容仁也、無不容者非爲仁也、而仁迹行焉、道無不理義也、無不理者、非爲義也、而義功著焉、義明而物親忠也、若夫義明而不由忠、則物愈疏、中純實而反乎情樂也、仁義發中、而還任本懷、則志得矣、志得矣、其迹則樂也、信行容體而順乎文、禮也、信行容體、而順乎自然之節文者、其迹則禮也、禮樂偏行、則天下亂矣、以一體之所履、一志之所樂、行之天下、則一方得而萬方失也、彼正而蒙己德、德則不冒、冒則物必失其性也、各正性命、而自蒙己德、則不以此冒彼也、若以此冒彼、安得不失其性哉、古之人在混芒之中、與一世而

疏本冀本維作繼

澆

得澹漠焉，當是時也，陰陽和靜，鬼神不擾，四時得節，萬物不傷，羣生不夭，人雖有知，無所用之，任其自然而已。此之謂至一。當是時也，莫之爲而常自然。物皆自然，故至一也。逮德下衰，夫德之所以下衰者，由聖人不維世，則在上者不能無爲，而美無爲之迹，故致斯弊也。及燧人伏戲始爲天下，是故順而不一。世已失一，惑不可解，故釋而不推，順之而已。德又下衰，及神農黃帝始爲天下，是故安而不順。安之於其所安而已。德又下衰，及唐虞始爲天下，興治化之流，澆淳散朴，聖人無心，任世之自成，成之淳薄，皆非聖也，聖能任世之自得耳，豈能使世得聖哉？故皇王之迹，與世俱遷，而聖人之道，未始不全也、離道以善、善者過於適之稱、故有善而道不全、險德以行、行者違性而行之、故行立而德不夷、然後去性而從於心、以心自役則性去也、心與心識、彼我之心、競爲先識、無復任性也、知而不足以定天下、忘知任性、斯乃定也、然後附之以文、益之以博、文滅質、博溺心、文博者心質之飾也、然後民始惑亂、無以反其性情而復其初、初謂性命之本、由是觀之、世喪道矣、道喪世矣、世與道交相喪也、夫道以不貴、故能存世、然世存則貴之、貴之道斯喪矣、道不能使世不貴、而世亦不能不貴於道、故交相喪也、道之人何由興乎世、世亦何由興乎道哉、若不貴乃交相興也、道無以興乎世、世無以興乎道、雖聖人不在山林之中、其德隱矣、今所以不隱、由其有情以典也、何由而典、由無貴也、隱故不自隱、若夫自隱而用物、則道世交相典矣、何隱之有哉、古之所謂隱士者、非伏其身而弗見也、非閉其言而不出也、非藏其知而不發也、時命大謬也、莫知反一以息迹、而逐迹以求一、愈得迹、愈失一、斯大謬矣、雖復起身以明之、開言以出之、顯知以發之、何由而交典哉、祇所以交喪也、當時命而大行乎天下、此澹漠之時也則反一無迹、反任物性、而物性自一、故無迹不當時命而大窮乎天下、此不能澹漠之時也、則深根寧極而待、雖有事之世、而聖人未始不澹漠也、故深根寧極、而待其自爲耳、斯道之所以不喪也、此存身之道也、未有身存而世不典者也古之存身者、不以辯飾知、任其眞知而已不以知窮天下、此淡泊之情也不以知窮德、守其自得而已危然處其所而反其性已、又何爲哉、危然獨正之貌道固不小行、游於坦途德固不小識、塊然大通小識傷德、小行傷道、故曰、正已而已矣、樂全之謂得志、自得其志、獨夷其心、而無哀樂之情、斯樂之全者也古之所謂得志者、非軒冕之謂也、謂其無以益其樂而已矣、全其內而足今之所謂得志者、軒冕之謂也、軒冕在身、非性命也、物之儻來寄也、寄之其來不可圉、其去不可止、在外物耳、得失之非我也故不爲軒冕肆志、淡然自若、不覺寄之在身、不爲窮約趨俗、曠然而得、不覺窮之在身、其樂彼與此同、彼此謂軒冕與窮約故無憂而已矣、亦無欣歡之喜也今寄去則不樂、由是觀之、雖樂、未嘗不荒也、夫寄去則不樂者、寄來則荒矣、斯以外易內也、故曰、喪巳於物、失性於俗者、謂之倒置之民、營外虧內、其置倒也、

秋水

秋水時至、百川灌河、涇流之大、兩涘渚崖之間、不辯牛馬、言其廣也於是焉河伯欣然自喜、以天下之美爲盡在巳、順流而東、行至於北海、東面而視、不見

水端、於是焉河伯始旋其面目、盳洋向若而歎曰、野語有之曰、聞道百、以爲莫巳若者、我之謂也、且夫我嘗聞少仲尼之聞、而輕伯夷之義者、始吾弗信、今我睹子之難窮也、吾非至於子之門則殆矣、吾長見笑於大方之家、知其小而不能自大、則理分有素、跂尚之情、無爲乎其間、北海若曰、井鼃不可以語於海者、拘於虛也、夏蟲不可以語於冰者、篤於時也、曲士不可以語於道者、束於教也、夫物之所生而安者、趣各有極、今爾出於崖涘、觀於大海、乃知爾醜、爾將可與語大理矣、以其知分、故可與言

癸 下同

埋也

天下之水、莫大於海、萬川歸之、不知何時止而不盈、尾閭泄之、不知何時已而不虛、春秋不變、水旱不知、此其過江河之流、不可爲量數、而吾未嘗以此自多者、自以比形於天地、而受氣於陰陽、吾在於天地之間、猶小石小木之在大山也、方存乎見少、又奚以自多、窮百川之量而縣於河、河縣於海、海縣於天地、則各有量也、此發辭氣者、有似乎觀大可以明小、尋其意則不然、夫世之所患者不夷也、故體大者快然謂小者爲無餘、質小者塊然謂大者爲至足、是以上下夸跂、俯仰自失、此乃生民之所惑也、惑者求正、正之者莫若先極其差、而因其所謂、所謂大者至足也、故秋豪無以累乎天地矣、所謂小者無餘也、故天地無以過乎秋豪矣、然後惑者有由而反、各知其極、物安其分、逍遙者用其本步、而遊乎自得之場矣、此莊子之所以發德音也、若如惑者之說、轉以小大相傾、則相傾者無窮矣、若夫覩大而不安其小、視少而自以爲多、將奔馳於勝負之竟、而助天民之矜夸、豈達乎莊生之旨哉、計四海之在天地之間也、不似礨空之在大澤乎、計中國之在海內、不似稊米之在大倉乎、號物之數謂之萬、人處一焉、人卒九州穀食之所生、舟車之所通、人處一焉、此其比萬物也、不似豪末之在於馬體乎、小大之辯、各有階級、不可相跂、五帝之所連、三王之所爭、仁人之所憂、任士之所勞、盡此矣、不出乎一域伯夷辭之以爲名、仲尼語之以爲博、此其自多也、不似爾向之自多於水乎。物有定域、雖至知不能出焉、故起大小之差、將以申明至理之無辨也、河伯曰、然則吾大天地而小豪末可乎、北海若曰、否、夫物量無窮、物物各有量時無止、死與生皆時行分無常、得與失皆分終始無故、日新也是故大知觀於遠近、故小而不寡、各自足也大而不多、亦無餘也知量無窮、攬而觀之、知遠近大小之物各有量證曏今故、曏明也、今故猶古今、故遙而不悶、遙長也掇而不跂、掇猶短也知時無止、證明古今、知變化之不止於死生也、故不以長而悒悶、短故爲跂也察乎盈虛、故得而不喜、失而不憂、知分之無常也、察其一盈一虛、則知分之不常於得也、故能忘其憂喜、明乎坦塗、死生者日新之正道、故生而不說、死而不禍、知終始之不可故也、明終始之日新也、則知故之不可執而留矣、是以涉日新而不愕、舍故而不驚、死生之化若一、計人之所知、不若其所不知、所知各有限也、其生之時、不若未生之時、生時各有年也、以其至小、求窮其至大之域、是故迷亂而不能自得也、莫若安於所受之分而已、由此觀之、又何以知豪末之足以定至細之倪、又何以知天地之足以窮至大之域、以小求大、理終不得、各安其分、則大小俱足矣、若豪末不求天地之功、則周身之餘、皆為棄物、天地不見大於秋豪、則顧其形象、裁自足耳、將何以知細之定細、大之定大也河伯曰、世之議者皆曰、至精無形、至大不可圍、是信情乎、北海若曰、夫自細視大者不盡、自大視細者不明、目之所見有常極、不能無窮也、故於大則有所不盡、於細則有所不明、直是目之所不逮耳、精與大皆非無也、精詎知無形而不可圍者哉、夫精、小之微也、垺、大之殷也、故異便、大小異、故所便不得同、此勢之有也、若無形而不可圍、則無此異便之勢也、夫精粗者、期於有形者也、有精粗矣、故不得無形無形者、數之所不能分也、不可圍者、數之所不能窮也、可以言論者、物之粗也、可以意致者、物之精也、言之所不能論、意之所不能察致者、不期精粗焉、唯無而已、何精粗之有哉、夫言意者有也、而所言所意者無也、故求之於言意之表、而入乎無言無意之域、而後至焉、是故大人之行、不出乎害人、大人者無意而任天行也、舉足而投諸吉地、豈出害人之塗哉、不多仁恩、無害而不自多其恩動不爲利、應理而動、而理自無害、不賤門隸、任其所能、而位當於斯耳、非由賤之故措之斯職、貨財弗爭、各使分定不多辭讓、適中而已事焉不借人、各使自任不多食乎力、足而已不賤貪汙、理自無欲行殊乎俗、已獨無可無不可、所以與俗殊、不多辟異、任理而自殊爲在從衆、從衆之所爲不賤佞諂、自然正直世之爵祿不足以爲勸、戮恥不足以爲辱、外事不棲於心知是非之不可爲分細

相

大之不可爲倪、故玄同也聞曰道人不聞、任物而物性自通、是則功名歸物矣、故不聞、至德不得、得者生於失也、物各無失、則得名去也、大人無己、任物而已約分之至也、約之以至其分、故冥也、夫唯極乎無形而不可圍者爲然河伯曰、若物之外、若物之内、惡至而倪貴賤、惡至而倪大小、北海若曰、以道觀之、物無貴賤、各自以足也物觀之、自貴而相賤、此區區者、乃道之所錯綜而齊之者也、以俗觀之、貴賤不在己、斯所謂倒置也以差觀之、因其所大而大之、則萬物莫不大、因其所小而小之、則萬物莫不小、知天地之爲稊米也、知豪末之爲丘山也、則差數觀矣、所大者足也、所小者無餘也、故因其性足以名大、則豪末丘山、不得異其名、因其無餘以稱小、則天地稊米、無所殊其稱、若夫觀差而不由斯道、則差數相加、幾微相傾、不可勝察也、以功觀之、因其所有而有之、則萬物莫不有、因其所無而無之、則萬物莫不無、知東西之相反、而不可以相無、則功分定矣、天下莫不相與爲彼我、而彼我皆欲自爲、斯東西之相反也、然彼我相與爲脣齒、脣齒者未嘗相爲、而脣亡則齒寒、故彼之自爲、濟我之功弘矣、斯相反而不可以相無者也、故因其自爲、而無其功、則天下之功、莫不皆無矣、因其不可相無、而有其功、則天下之功、莫不皆有矣、若乃忘其自爲之功、而思夫相爲之惠、惠之愈勤、而僞薄滋甚、天下失業、而情性瀾漫矣、故其功分、無時可定也、以趣觀之、因其所然而然之、則萬物莫不然、因其所非而非之則萬物莫不非、知堯桀之自然而相非、則趣操覩矣、物皆自然、故無不然、物皆相非、故無不非、無不非則無然矣、無不然則無非矣、無然無非者堯也、有然有非者桀也、然此二君各受天素、不能相爲、故因堯桀以觀天下之趣操、其不能相爲也可見矣、昔者堯舜讓而帝、之噲讓而絕、湯武爭而王、白公爭而滅、夫順天應人而受天下者、其迹則爭讓之迹也、尋其迹者、失其所以迹矣、故絕滅也、由此觀之爭讓之禮、堯桀之行、貴賤有時、未可以爲常也、梁麗可以衝城而不可以窒穴、言殊器也、騏驥驊騮一日而馳千里、捕鼠不如狸狌、言殊技也、鴟鵂夜撮蚤

豪末

察豪末、晝出瞋目而不見丘山、言殊性也、就其殊而任之則萬物莫不當也故曰、蓋師是而無非、師治而無亂乎、是未明天地之理、萬物之情者也、夫天地之理、萬物之情以得我爲是、失我爲非、適性爲治、失和爲亂、然物無定極、我無常適、殊性異便、是非無主、若以我之所是、則彼不得非、此知我而不見彼者耳、故以道觀者、於是非無當也、付之天均、恣之兩行、則殊方異類、同焉皆得也、是猶師天而無地、師陰而無陽、其不可行明矣、然且語而不舍、非愚則誣也、天地陰陽對生也、是非治亂互有也、將奚去哉帝王殊禪、三代殊繼、差其時、逆其俗者、謂之簒夫、當其時、順其俗者、謂之義之徒、默默乎河伯、女

百類

惡知貴賤之門、小大之家、（俗之所貴、有時而賤、物之所大、世或小之、故順物之迹、不得不殊、斯五帝三王之所以不同也）河伯曰、然則我何爲乎、何不爲乎、吾辭受趣舍、吾終奈何、北海若曰、以道觀之、何貴何賤、是謂反衍、（貴賤之道反覆相尋、）無拘而志、與道大蹇、（自拘執則不夷於道）何少何多、是謂謝施、（隨其分故所施無常）無一而行、與道參差、（不能隨變則不齊於道）嚴乎若國之有君、其無私德、（公當而已）繇繇乎若祭之有社、其無私福、（天下之所同求）泛泛乎其若四方之無窮、其無所畛域、（泛泛然無所在）兼懷萬物、其孰承翼、（奄御羣生、反之分內、而平往者也、豈扶踈而承翼哉、）

是謂無方、（無方故能以萬物爲方）萬物一齊、孰短孰長、（莫不皆足）道無終始、物有死生、（死生者無窮之變耳、非終始也）不恃其成、（成無常處）一虛一滿、不位乎其形、（不以形爲位而守之不變）年不可舉、（欲舉之令去而不能）時不可止、（欲止之使停又不可）消息盈虛、終則有始、（變化日新未嘗守故）是所以語大義之方、論萬物之理也、物之生也、若驟若馳、（但當就用耳）無動而不變、無時而不移、（故不可執而守）何爲乎、何不爲乎、夫固將自化、（若有爲不爲於其間、則敗其自化矣）河伯曰、然則何貴於道邪、（以其自化）北海若曰、知道者必達於理、達於理者必明於權、明於權者不以物害己、知道者知其無能也、無能也則何能生我、我自然而生耳、而四支百體、五藏精神、已不爲而自成矣、又何有意乎生成之後哉、達乎斯理者、必能遺過分之知、遺益生之情、而乘變應權、故不以外傷內、不以物害己、而常全也至德者火弗能熱、水弗能溺、寒暑弗能害、禽獸弗能賊、夫心之所安、則危不能危、意無不適、故苦不能苦也非謂其薄之也、雖心所安、亦不使犯之、言察乎安危、知其不可逃也寧於禍福、安乎命之所遇謹於去就、審去就之非己莫之能害也、不以害爲害、故莫之能害、故曰、天在內、人在外、天然在內、而天然之所順者在外、故大宗師曰、知天人之所爲者至矣、明內外之分皆非爲也、德在乎天、恣人任知、則流蕩失素也、知天人之行、本乎天、位乎得、此天然之知自行、而不出乎分者也、故雖行於外、而常本乎天、而位乎得矣、躑躅而屈伸、與機會相應者、有斯變也、反要而語極、知雖落天地、事雖接萬物、而常不失其要極、故天人之道全也、曰何謂天、何謂人、北海若曰、牛馬四足、是謂天、落馬首、穿牛鼻、是謂人、人之生也、可不服牛乘馬乎、服牛乘馬、可不穿落之乎、牛馬不辭穿落者、天命之固當也、苟當乎天命、則雖寄之人事、而本在乎天也、故曰、無以人滅天、穿落之可也、若乃走作過分、驅步失節、則天理滅矣、無以故滅命、不因其自爲、而故爲之者、命其安在乎、無以得殉名、所得有常分、殉名則過也、謹守而勿失、是謂反其眞、眞在性分之内、夔憐蚿、蚿憐蛇、蛇憐風、風憐目、目憐心、夔謂蚿曰、吾以一足跉

倪疏本作悗　欲　任

踔而行、予無如矣、今子之使萬足獨奈何。蚿曰、不然、子不見夫唾者乎、噴則大者如珠、小者如霧、雜而下者不可勝數也、今予動吾天機、而不知其所以然、蚿謂蛇曰、吾以衆足行、而不及子之無足何也、蛇曰、夫天機之所動、何可易邪、吾安用足哉、物之生也、非知生而生也、則生之行也、豈知行而行哉、故足不知所以行、目不知所以見、心不知所以知、俛然而自得矣、遲速之節、聰明之鑒、或能或否、皆非我也、而或者因欲有其身、而矜其能、所以逆其天機、而傷其神器也、至人知天機之不可易也、故捐聰明、棄智慮、魄然忘其為、而任其自動、故萬物無動而不逍遥也、蛇謂風曰、予動吾脊脅而行、則有似也、今子蓬蓬然起於北海、蓬蓬然入於南海、而似無有何也、風曰然、予蓬蓬然起於北海、而入於南海也、然而指我則勝我、鰌我亦勝我、雖然夫折大木蜚大屋者唯我能也、故以衆小不勝爲大勝也、爲大勝者、唯聖人能之、恣其天機、無所與爭、斯小不勝者也、然乘萬物御羣才之所爲、使羣才各自得、萬物各自爲、則天下莫不逍遙矣、此乃聖人所以爲大勝也、孔子遊於匡、宋人圍之數匝、而弦歌不惙、子路入見曰、何夫子之娛也、孔子曰、來吾語女、我諱窮久矣、而不免命也、求通久矣、而不得時也、將明時命之固當、故寄之求諱、當堯舜而天下無窮人、非知得也、當桀紂而天下無通人、非知失也、時勢適然、無爲勞心於窮通之間夫水行不避蛟龍者、漁父之勇也、陸行不避兕虎者、獵夫之勇也、白刃交於前、視死若生者、烈士之勇也、情各有所安知窮之有命、知通之有時、臨大難而不懼者、聖人之勇也、聖人則無所不安由處矣、吾命有所制矣、命非已制故無所用其心也、夫安於命者、無徃而非逍遙矣、故雖匡陳羑里、無異於紫極閒堂也、無幾何、將甲者進辭曰、以爲陽虎也、故圍之、今非也、請辭而退、公孫龍問於魏牟曰、龍少學先生之道、長而明仁義之行、合同異、離堅白、然不然、可不可、困百家之知、窮衆口之辯、吾自以爲至達已、今吾聞莊子之言、汒焉異之、不知論之不及與、知之弗若與、今吾無所開吾喙、敢問其方、公子牟隱几大息、仰天而笑曰、子獨不聞夫埳井之鼃乎、謂東海之鱉曰、吾樂與、吾跳梁乎井幹之上、入休乎缺甃之崖、赴水則接腋持頤、蹶泥則沒足滅跗、還虷蟹與科斗、莫吾能若也、且夫擅一壑之水、而跨跱埳井之樂、此亦至矣、夫子奚不時來入觀乎、此猶小鳥之自足於蓬嵩東海之鱉、左足未入、而右膝已縶矣、明大之不遊於小非樂然於是逡巡而却、告之海曰、夫千里之遠、不足以舉其大、千仞之高、不足以極其深、禹之時十年九潦、而水弗爲加益、湯之時八年七旱、而崖不爲加損、夫不爲頃久推移、不以多少進退者、此亦東海之大樂也、於是埳井之鼃聞之、適適然驚、規規然自失也、以小羨大故自失且夫知不知是非之竟、而猶欲觀於莊子之言、是猶使蚉負山、商蚷馳河也、必不勝任矣、物各有分、不可強相希效、且夫知不知論極妙之言、而自適一時之利者、是非埳井之鼃與、且彼方跐黃泉而登大皇、無南無北、奭然四解、淪於不測、無東無西、始於玄冥、反於大通、言其無不至也子乃規規然而求之以察、索之以辯、夫遊無窮者非察辯所得是直用管闚天、用錐指地也、不亦小乎、子往矣、非其任者去之可也且子獨不聞夫壽陵餘子之學行於邯鄲與、未得國能、又失其故行矣、直匍匐而歸耳、以此效彼兩失之今子不去、將忘子之故、失子之業、公孫龍口呿而不合、舌舉而不下、乃逸而走、莊子釣於濮水、楚王使大夫二人往先焉曰、願以竟內累矣、莊子持竿不顧曰、吾聞楚有神龜、死已三千歲矣、王巾笥而藏之廟堂之上、此龜者寧其死爲留骨而貴乎、寧其生而曳尾於塗中乎、二大夫曰、寧生而曳尾塗中、莊子曰往矣、吾將曳尾於塗中、性各有所安也惠子相梁、莊子往見之、或謂惠子曰、莊子來、欲代子相、於是惠子恐搜於國中、三日三夜、揚兵整旅莊子往見之曰、南方有鳥、其名鵷鶵、子知之乎、夫鵷鶵發於南海、而飛於北海、非梧桐不止、非練實不食、非醴泉不飲、於是鴟得腐鼠鵷鶵過之仰而視之曰嚇今子欲以子之梁國而嚇我邪言物嗜好不同願各有極莊子與惠子遊於豪梁之上莊子曰儵魚出遊從容是魚樂也惠子曰子非魚安知魚之樂莊子曰子非我安知我不知魚之樂欲以起明相非而不可以相知之義耳子非我尚可以知我之非魚則我非魚亦可以知魚之樂也惠子曰我非子固不知子矣子固非魚也子之不知魚之樂全矣舍其本言而給辯以難也莊子曰請循其本子曰女安知魚樂云者既已知吾知之而問我我知之濠上也尋惠子之本言云非魚則無緣相知耳今子非我也而云女安

知魚樂者、是知我之非魚也、苟知我之非魚、則凡相知者、果可以此知彼、不待是魚然後知魚也、故循子安知之云、已知吾之所知矣、而方復問我、我正知之於濠上耳、豈待入水哉、夫物之所生而安者、天地不能易其處、陰陽不能回其業、故以陸生之所安、知水生之所樂、未足稱妙耳、

至樂

天下有至樂無有哉、有可以活身者無有哉、忘歡而後樂足、樂足而後身存、將以爲有樂邪、而至樂無歡、將以爲無樂邪、而身以存而無憂、今奚爲奚據、奚避奚處、奚就奚去、奚樂奚惡、擇此八者、莫足以活身、唯無擇而任其所遇者乃全耳、夫天下之所尊者、富貴壽善也、所樂者身安厚味美服好色音聲也、所下者貧賤夭

惡也、所苦者身不得安逸、口不得厚味、形不得美服、目不得好色、耳不得音聲、若不得者、則大憂以懼、其爲形也亦愚哉、凡此失之無傷於形、而得之有損於性、今反以不得爲憂、故愚夫富者苦身疾作、多積財而不得盡用、其爲形也亦外矣、内其形者、知足而已、夫貴者夜以繼日、思慮善否、其爲形也亦疏矣、故親其形者、自得於身中而已、人之生也、與憂俱生、壽者惽惽、久憂不死、何之苦也、其爲形也亦遠矣、夫遺生然後能忘憂、忘憂而後生可樂、生可樂而後形是我有、富是我物、貴是我榮也、烈士爲天下見善矣、未足以活身、吾未知善之誠善邪、誠不善邪、若以爲善矣、不足活身、以爲不善矣、足以活人、（善則過當、故不周濟、）故曰、忠諫不聽、蹲循勿爭、（唯中庸之德爲然）故夫子胥爭之以殘其形、不爭名亦不成、誠有善無有哉、（故當緣督以爲經也）今俗之所爲與其所樂、吾又未知樂之果樂邪、果不樂邪、吾觀夫俗之所樂、舉羣趣者、誙誙然如將不得已、（舉羣趣其所樂、乃不避死也、）而皆曰樂者、吾未之樂也、亦未之不樂也、（無懷而恣物耳）果有樂無有哉、吾以無爲誠樂矣、（夫無爲之樂無憂而已）又俗之所大苦也、故曰、至樂無樂、至譽無譽、（俗以鏗鏘爲樂、美善爲譽天下是非、果未可定也、雖然、無爲可以定是非、我無爲而任天下之是非、是非者各自任則定矣、至樂活身、唯無爲幾存、百姓足則吾身近乎存也請嘗試言之、天無爲以之清、地無爲以之寧、皆自清寧耳、非爲之所得、故兩無爲相合、萬物皆化、不爲而自合、故皆化、若有意乎爲之、則有時而滯也、芒乎芴乎、而無從出乎、皆自出耳、未有爲而出之也、芴乎芒乎、而無有象乎、無有爲之象萬物職職、皆從無爲殖、皆自殖耳故曰、天地無爲也、而無不爲也、若有爲、則有不齊也、人也孰能得無爲哉、得無爲、則無樂而樂至矣、莊子妻死、惠子弔之、莊子則方箕踞鼓盆而

偃

歌、惠子曰、與人居長子老身、死不哭亦足矣、又鼓盆而歌、不亦甚乎、莊子曰不然、是其始死也、我獨何能無槩然、察其始而本無生、非徒無生也、而本無形、非徒無形也、而本無氣、雜乎芒芴之間、變而有氣、氣變而有形、形變而有生、今又變而之死、是相與爲春秋冬夏四時行也、人且偃然寢於巨室、而我噭噭然隨而哭之、自以爲不通乎命、故止也、未明而槩、已達而止、斯所以誨有情者、將令推至理、以遣累也、支離叔與滑介叔觀於冥伯之丘、崐崘之虛、黃帝之所休、俄而柳生

假

假

其左肘、其意蹷蹷然惡之、支離叔曰、子惡之乎、滑介叔曰、亡、予何惡、生者假借也、假之而生、生者塵垢也、死生爲晝夜、且吾與子觀化而化及我、我又何惡焉、斯皆先示有情、然後尋至理以遣之、若云我本無情、故能無憂、則夫有情者、遂自絕於遠曠之域、而迷困於憂樂之竟矣莊子之楚、見空髑髏髐然有形、撽以馬捶、因而問之曰、夫子貪生失理而爲此乎、將子有亡國之事、斧鉞之誅、而爲此乎、將子有不善之行、愧遺父母妻子之醜、而爲此乎、將子有凍餒之患、而爲此乎、將子之春秋故及此乎、於是語

疏本諸作視

卒、援髑髏枕而臥、夜半髑髏見夢曰、子之談者似辯士、諸子所言、皆生人之累也、死則無此矣、子欲聞死之說乎、莊子曰然、髑髏曰、死無君於上、無臣於下、亦無四時之事、從然以天地爲春秋、雖南面王、樂不能過也、莊子不信曰、吾使司命復生子形、爲子骨肉肌膚、反子父母妻子閭里知識、子欲之乎、髑髏深矉蹙頞曰、吾安能棄南面王樂而復爲人間之勞乎、舊說云、莊子樂死惡生、斯說謬矣、若然何謂齊乎、所謂齊者、生時安生、死時安死、生死之情既齊、則無爲當生而憂死耳、此莊子之旨也顔淵東之齊、孔子有憂色、子貢下席而問曰、小子敢問、回東之齊、夫子有憂色何邪、孔子曰、善哉女問、昔者管子有言、丘甚善之、曰褚小者不可以懷大、綆短者不可以汲深、夫若是者、以爲命有所成而形有所適也、夫不可損益、故當在之而已吾恐回與齊侯言堯舜黃帝之道、而重以燧人神農之言、彼將內求於己而不得、不得則惑、人惑則死、內求不得、將求於外、舍內求外、非惑如何、且女獨不聞邪、昔者海鳥止於魯郊、魯侯御而觴之于廟、奏九韶以爲樂、具太牢以爲膳、鳥乃眩視憂悲、不敢食一臠、不敢飲一杯、三日而死、此以已養養鳥也、非以鳥養養鳥也、夫以鳥養養鳥者、宜栖之深林、遊之壇陸、浮之江湖、食之鰌鰷、隨行列而止、委虵而處、彼唯人言之惡聞、奚以夫譊譊爲乎、咸池九韶之樂、張之洞庭之野、鳥聞之而飛、獸聞之而走、魚聞之而下入、人卒聞之、相與還而觀之、魚處水而生、人處水而死、彼必相與異、其好惡故異也、故先聖不一其能、不同其事、各隨其情名止於實、義設於適、是之謂條達而福持、實而適故條達性常得故福持列子行

鼃

食於道、從見百歲髑髏、攓蓬而指之曰、唯予與女知、而未嘗死、未嘗生也、（各以所遇爲幾）若果養乎、予果歡乎、（歡養之實未有定在）種有幾、（變化種數不可勝計）得水則爲𢇁、得水土之際、則爲鼃蠙之衣、生於陵屯、則爲陵舄、陵舄得鬱棲、則爲烏足、烏足之根爲蠐螬、其葉爲胡蝶、胡蝶胥也、化而爲蟲、生於竈下、其狀若脫、其名爲鴝掇、鴝掇千日爲鳥、其名爲乾餘骨、乾餘骨之沫爲斯彌、斯彌爲食醯、頤輅生乎食醯、黃軦生乎九猷、瞀芮生乎腐蠸、羊奚比乎不箰久竹生青寧、青寧生程，程生馬，馬生人，人又反入於機，萬物皆出於機，皆入於機。此言一氣而萬形，有變化而無死生也。

莊子南華眞經卷六

南華經卷之六　第十四

莊子南華眞經卷七

郭　象注

篇

達生

達生之情者、不務生之所無以爲、生之所無以爲者、分外物也、達命之情者、不務知之所無奈何、知之所無奈何者、命表事也、養形必先之物、物有餘而形不養者有之矣、知止其分、物稱其生、生斯足矣、有餘則傷也、有生必先無離形、形不離而生亡者有之矣、守形大甚、故生亡也、生之來不能却、其去不能止、非我所制、則無為有懷於其間、悲夫世之人、以為養形足以存生、故彌養之、而彌失之、而養形果不足以存生、養之彌厚、則死地彌至、則世奚足為哉、莫若放而任之、雖不足為、而不可不為者、其為不免矣、性分各自為者、皆在至理中來、故不可免也、是以善養生者、從而任之、夫欲免為形者、莫如棄世、棄世則無累、無累則正平、正平則與彼更生、更生則幾矣、更生者、日新之謂也、付之日新、則性命盡矣、事奚足棄、而生奚足遺、棄事則形不勞、遺生則精不虧、所以遺棄之夫形全精復、與天為一、俱不為也天地者萬物之父母也、無所偏為、故能子萬物、合則成體、散則成始、所在皆成無常處 形精不虧、是謂能移、與化俱也 精而又精、反以相天、還輔其自然也 子列子問關尹曰、至人潛行不窒、其心虛、故能御羣實、 蹈火不熱、行乎萬物之上而不慄、至適故無不可耳、非物往可之、 請問何以至於此、關尹曰、是純氣之守也、非知巧果敢之列、居予語女、凡有貌象聲色者皆物也、物何以相遠、唯無心者獨遠耳 夫奚足以至乎先、是色而已、同是形色之物耳、未足以相先也、 則物之造乎不形、而止乎無所化、常游於極 夫得是而窮之者、物焉得而止焉、夫至極者、非物所制、 彼將處乎不淫之度、止於所受之分 而

遻

藏乎無端之紀、（寘然與變化日新）遊乎萬物之所終始、（終始者物之極）壹其性、（飾則二矣）養其氣、（不以心使之）合其德、（不以物離性）以通乎物之所造、（萬物皆造於自爾）夫若是者、其天守全、其神無郤、物奚自入焉、夫醉者之墜車、雖疾不死、骨節與人同、而犯害與人異、其神全也、乘亦不知也、墜亦不知也、死生驚懼不入乎其胸中、是故遻物而不慴、彼得全於酒而猶若是、（醉故失其所知耳、非自然無心）而況得全於天乎、聖人藏於天、故莫之能傷也、（不闚性分之外、故曰藏、）復讎者不折鏌干、（夫干將鏌鋣、雖與讎爲用、然報讎者不事折之、以其無心、雖有忮心者、不怨飄瓦、飄落之瓦、雖復中人、人莫之怨者、由其無情、是以天下平均、凡不平者、由有情、故無攻戰之亂、無殺戮之刑者、由此道也、無情之道大矣、不開人之天、而開天之天、不慮而知、開天也、知而後感、開人也、然則開天者、性之動也、開人者、知之用也、開天者德生、性動者、遇物而當、足則忘餘、斯德生也、開人者賊生、知用者、從感而求、勸而不已、斯賊生也、不厭其天、不忽於人、任其天性而動、則人理亦自全矣、民幾乎以其眞、民之所患、僞之所生、常在於知用、不在於性動也、仲尼適楚、出於林中、見痀僂者承蜩、猶掇之也、仲尼曰、子巧乎、有道邪、曰、我有道也、五六月累丸二而不墜、則失者錙銖、累二丸於竿頭、是用手之停審也、其承蜩所失者、不過錙銖之間也、累三而不墜、則失者十一、所失愈少累五而不墜、猶掇之也、停審之至、故乃無所復失、吾處身也、若厥株拘、吾執臂也、若槁木之枝、不動之至雖天地之大、萬物之多、而唯蜩翼之知、吾不反不側、不以萬物易蜩之翼、何爲而不得、遺彼故得此孔子顧謂弟子曰、用志不分、乃凝於神、其痀僂丈人之謂乎、顏淵問仲尼曰、吾嘗濟乎觴深之淵、津人操舟若神、吾問焉曰、操舟可學邪、曰可、善游者數能、言物雖有性、亦須數習而後能耳、若乃夫没

暇

人、則未嘗見舟而便操之也、沒人、謂能鶩沒於水底、吾問焉、而不吾告、敢問何謂也、仲尼曰、善游者數能、忘水也、習以成性、遂若自然、若乃夫沒人之未嘗見舟而便操之也、彼視淵若陵、視舟之覆、猶其車却也、視淵若陵、故視舟之覆於淵、猶車之却退於坂也、覆却萬方陳乎前、而不得入其舍、覆却雖多、而猶不以經懷、以其性便故也、惡往而不暇、所遇皆閒暇也、以瓦注者巧、以鉤注者憚、以黃金注者殙、所要愈重、則其心愈矜也、其巧一也、而有所矜、則重外也、凡外重者內拙、夫欲養生全內者、其唯無所矜重也、田開之見周威公、威公曰、吾聞祝腎學生、學生者務中適吾子與祝腎遊、亦何聞焉、田開之曰、開之操拔篲以侍門庭、亦何聞於夫子、威公曰、田子無讓、寡人願聞之、開之曰、聞之夫子曰、善養生者若牧羊然、視其後者而鞭之、威公曰、何謂也、田開之曰、魯有單豹者、巖居而水飲、不與民共利、行年七十、而猶有嬰兒之色、不幸遇餓虎、餓虎殺而食之、有張毅者、高門縣薄、無不走也、行年四十、而有內熱之病以死、豹養其內、而虎食其外、毅養其外、而病攻其內、此二子者、皆不鞭其後者也、夫守一方之事、至於過理者、不及於會通之適也、鞭其後者、去其不及也、仲尼曰、無入而藏、藏既內矣、而又入之、此過於入也、無出而陽、陽既外矣、而又出之、此過於出也、柴立其中央、若槁木之無心、而中適是立也、三者若得、其名必極、名極而實當也、夫畏塗者十殺一人、則父子兄弟相戒也、必盛卒徒而後敢出焉、不亦知乎、人之所取畏者、衽席之上、飲食之間、而不知為之戒者、過也、十殺一耳、便大畏之、至於色欲之害、動皆之死地、而莫不冒之、斯過之甚也、祝宗人玄端以臨牢筴、說彘曰、汝奚惡死、吾將三月豢汝、十日戒、三日齊、藉白茅、加汝肩尻乎彫俎之上、則汝為之乎、爲彘謀曰、不如食以糠糟、而錯之牢筴之中、自爲謀、則苟生有軒冕之尊、死得於腞楯之上、聚僂之中、則爲之、爲彘謀則去之、自爲謀則取之、所異彘者何也、欲贍則身亡、理常俱耳、不閒人獸也、桓公田於澤、管仲御、見鬼焉、公撫管仲之手曰、仲父何見、對曰、臣無所見、公反、誒詒爲病、數日不出、齊士有皇子告敖者曰、公則自傷、鬼惡能傷公、夫忿滀之氣、散而不反、則爲不足、上而不下、則使人善怒、下而不上、則使人善忘、不上不下、中身當心、則爲病、桓公曰、然則有

竈

鬼乎、曰有、沉有履、竈有髻、戶內之煩壤、雷霆處之、東北方之下者、倍阿鮭蠪躍之、西北方之下者、則泆陽處之、水有罔象、丘有峷、山有夔、野有彷徨、澤有委蛇、公曰、請問委蛇之狀何如、皇子曰、委蛇其大如轂、其長如轅、紫衣而朱冠、其爲物也、惡聞雷車之聲、則捧其首而立、見之者殆乎霸、桓公輾然而笑曰、此寡人之所見者也、於是正衣冠與之坐、不終日而不知病之去也、此章言憂來而累生者不明也、患去而性得者達理也、

紀渻子爲王養鬭雞、十日而問雞已乎、曰未

鱉　黿鼉

也、方虛憍而恃氣、十日又問、曰未也、猶應嚮景、十日又問、曰未也、猶疾視而盛氣、十日又問、曰幾矣、雞雖有鳴者、已無變矣、望之似木雞矣、其德全矣、異雞無敢應者、反走矣、此章言養之以至於全者、猶無無敵於外、況自全乎

孔子觀於呂梁、縣水三十仞、流沫四十里、黿鼉魚鱉之所不能游也、見一丈夫游之、以爲有苦而欲死也、使弟子並流而拯之、數百步而出、被髮行歌而游於塘下、孔子從而問焉、曰吾以子爲鬼、察子則人也、請問蹈水有道乎、曰亡、吾無道、吾始乎故、

長乎性，成乎命，與齊俱入，與汨偕出，磨翁而旋入者，齊也；回伏而湧出者，汨也。從水之道，而不爲私焉，任水而不任已。此吾所以蹈之也。孔子曰：何謂始乎故，長乎性，成乎命？曰：吾生於陵而安於陵，故也；長於水而安於水，性也；不知吾所以然而然，命也。此章言人有偏能，得其所能而任之，則天下無難矣。用夫無難以涉乎生生之道，何往而不通也。

梓慶削木爲鐻，鐻成，見者驚猶鬼神，不似人所作也。魯侯見而問焉，曰：子何術以爲焉？對曰：臣工人，何術之有！雖然，有一焉。臣將爲鐻，未嘗敢以耗氣也，必齊以靜心。齊三日，而不敢懷慶賞爵祿、齊五日不敢懷非譽巧拙、齊七日輒然忘吾有四枝形體也、當是時也、無公朝、視公朝若無、則政慕之心絕矣、其巧專而外骨消、性外之事去也、然後入山林、觀天性形軀至矣、然後成見鐻、然後加手焉、不然則已、必取材中者也、則以天合天、不離其自然也、器之所以疑神者其是與、盡因物之妙、故乃疑是鬼神所作耳、東野稷以御見莊公、進退中繩、左右旋中規、莊公以爲文弗過也、使之鉤百而反、顏闔遇之、入見曰、稷之馬將敗、公密而不應、少焉果敗而反、公曰、子何以知之、曰、其馬力竭矣、

矩

而猶求焉，故曰敗。斯明至當之不可過也工倕旋而蓋規矩，指與物化，而不以心稽，故其靈臺一而不桎。雖工倕之巧，猶任規矩，此言因物之易也忘足，履之適也；忘要，帶之適也；百體皆適，則都忘其身也知忘是非，心之適也；是非生於不適耳不內變，不外從，事會之適也；所遇而安，故無所變從也始乎適而未嘗不適者，忘適之適也。識適者猶未適也有孫休者，踵門而詫子扁慶子曰：休居鄉不見謂不修，臨難不見謂不勇，然而田原不遇歲，事君不遇世，賓於鄉里，逐於州部，則胡罪乎天哉？休惡遇此命也？扁子曰：子

暇

獨不聞夫至人之自行邪、忘其肝膽、遺其耳目、（闇付自然也）芒然彷徨乎塵垢之外、（凡非眞性皆塵垢也）逍遙乎無事之業、（凡自爲者、皆無事之業也）是謂爲而不恃、（率性自爲耳非恃而爲之、）長而不宰、（任其自長耳非宰而長之、）今汝飾知以驚愚、修身以明汙、昭昭乎若揭日月而行也、汝得全而形軀具而九竅、無中道天於聾盲跛蹇、而比於人數、亦幸矣、又何暇乎天之怨哉、子往矣、孫子出、扁子入、坐有間、仰天而歎、弟子問曰、先生何爲歎乎、扁子曰、向者休來、吾告之以至人之德、吾恐其驚而遂至於惑也、弟子曰、不然、孫子之所言是邪、先生之所言非邪、非固不能惑是、孫子所言非邪、先生所言是邪、彼固惑而來矣、又奚罪焉、扁子曰、不然、昔者有鳥止於魯郊、魯君說之、爲具太牢以饗之、奏九韶以樂之、鳥乃始憂悲眩視、不敢飲食、此之謂以己養養鳥也、若夫以鳥養養鳥者、宜棲之深林、浮之江湖、食之以委蛇、則平陸而已矣、各有所便也今休款啟寡聞之民也、吾告以至人之德、譬之若載鼷以車馬、樂鴳以鍾鼓也、彼又惡能無驚乎哉、此章言善

養生者、各任性分之適而至矣、

山木

莊子行於山中、見大木枝葉盛茂、伐木者止其旁而不取也、問其故、曰無所可用、莊子曰、此木以不材得終其天年、夫子出於山、舍於故人之家、故人喜、命豎子殺鴈而烹之、豎子請曰、其一能鳴、其一不能鳴、請奚殺、主人曰、殺不能鳴者、明日弟子問於莊子曰、昨日山中之木、以不材得終其天年、今主人之鴈、以不材死、先生將何處、莊子笑曰、周將處夫材與不材之間、材與不材之間、似之而非也、故未免乎累、設將處此耳、以此未免於累、竟不處山中、若夫乘道德而浮遊者則不然、無譽無訾、一龍一蛇、與時俱化、而無肯專爲、一上一下、以和爲量、浮遊乎萬物之祖、物物而不物於物、則胡可得而累邪、此神農黃帝之法則也、故莊子亦處焉若夫萬物之情、人倫之傳、則不然、合則離、成則毀、廉則挫、尊則議、有爲則虧、賢則謀、不肖則欺、胡可得而必乎哉、悲夫、弟子志之、其唯道德之鄉乎、不可必、故待之不可以一方也、唯與時俱化者、爲能涉變而常通耳、市南宜僚見魯侯、魯侯有憂色、市南子曰、君有憂色何也、魯侯曰、吾學先王之道、修先君之業、吾敬鬼尊賢、親而行之、無須臾離、居然不免於患、吾是以憂、市南子曰、君之除患之術淺矣、（有其身而矜其國、故雖憂懷萬端、尊賢尚行、而患慮愈深矣、）夫豐狐文豹棲於山林、伏於巖穴、靜也、夜行晝居、戒也、雖飢渴隱約、猶且胥疏於江湖之上、而求食焉、定也、然且不免於罔羅機辟之患、是何罪之有哉、其皮爲之災也、今魯國獨非君之皮邪、吾願君刳形去皮、洒心去欲、而遊於無人之野、欲令無其身忘其國、而任其自化也、南越有邑焉、名爲建德之國、寄之南越、取其去魯之遠也、其民愚而朴、少私而寡欲、知作而不知藏、與而不求其報、不知義之所適、不知禮之所將、猖狂妄行、乃蹈乎大方、各恣其本步、而人人自蹈其方、則萬方得矣、不亦大乎、其生可樂、其死可葬、言可終始處之、吾願君去國捐俗、與道相輔而行、所謂去國捐俗、謂蕩除其胸中也、君曰、彼其道遠而險、又有江山、我無舟車、奈何、眞謂欲使之南越、市南子曰、君無形倨、形倨、躓礙之謂、無留居、留居、滯守之謂、以爲君車、形與物夷、心與物化、斯寄物以自載也、君曰、彼其道幽遠而無人、吾誰與爲鄰、吾無糧、我無食、安得而至焉、市南子曰、少君之費、寡君之欲、雖無糧而乃足、所謂知足則無所不足也君其涉於江而浮於海、望之而不見其崖、愈往而不知其所窮、絶情欲之遠也送君者皆自崖而反、君欲絶、則民各反守其分君自此遠矣、超然獨立於萬物之上也故有人者累、有人者、有之、以爲己私也、見有於人者憂、見有於人者爲人所役用也、故堯非有人、非見有於人也、雖有天下、皆寄之百官委之萬物而不與焉、斯非有人也、因民任物而不役己、斯非見有於人也、吾願去君之累、除君之憂、而獨與道遊於大莫之國、欲令蕩然無有國之懷方舟而

假

濟於河、有虛船來觸舟、雖有惼心之人不怒、有一人在其上、則呼張歙之、一呼而不聞、再呼而不聞、於是三呼邪、則必以惡聲隨之、向也不怒而今也怒、向也虛而今也實、人能虛己以遊世、其孰能害之、世雖變其於虛己以免害一也北宮奢爲衛靈公賦斂以爲鐘、爲壇乎郭門之外、三月而成上下之縣、王子慶忌見而問焉曰、子何術之設、奢曰、一之間無敢設也、泊然抱一耳非敢假設以益事也奢聞之、既雕既琢、復歸于朴、還用其本性也侗乎其無識、任其純朴而已儻乎其怠疑、無所趣也萃乎

傳

芒乎、其送往而迎來、無所欣說來者勿禁、往者勿止、任彼也從其強梁、順乎衆也隨其曲傳、無所係也因其自窮、用其不得不爾故朝夕賦斂而毫毛不挫、當故無損而況有大塗者乎、泰然無執、用天下之自爲、斯大通之塗也、故曰、經之營之、不日成之孔子圍於陳蔡之間、七日不火食、大公任往弔之曰、子幾死乎、曰然、子惡死乎、曰然、自同於好惡耳聖人無好惡也任曰、予嘗言不死之道、東海有鳥焉、名曰意怠、其爲鳥也、翂翂翐翐而似無能、引援而飛、迫脅而棲、既弘大舒緩又心無常係進不敢爲前、退不敢爲後、常從容處中食不敢先嘗、必

汙

取其緒、其於隨物而已是故其行列不斥、與羣俱也而外人卒不得害、是以免於患、患害生於役知以奔競直木先伐、甘井先竭、才之害也子其意者飾知以驚愚、修身以明汙、昭昭乎如揭日月而行、故不免也、夫察焉小異、則與衆爲迕矣、混然大同、則無獨異於世矣、故夫昭昭者、乃冥冥之迹也、將寄言以遺迹、故因陳蔡以託意、昔吾聞之大成之人曰、自伐者無功、功成者墮、名成者虧、侍功名以爲已成者、未之嘗全、孰能去功與名而還與衆人、功自衆成故還之道流而不明、脉然而自行耳居得行而不名處、彼皆居然自得此行耳、非由名而後處之、純純常常、乃比於狂、無心而動故也削迹

假

損勢、不爲功名、功自彼成、故勢不在我、而名迹皆去、是故無責於人、人亦無責焉、恣情任彼、故彼各自當其責也、至人不聞、子何喜哉、寂泊無懷、乃至人也、孔子曰、善哉、辭其交遊、去其弟子、逃於大澤、衣裘褐、食杼栗、取於棄人間之好也、入獸不亂羣、入鳥不亂行、若草木之無心、故爲鳥獸所不畏、鳥獸不惡、而況人乎、蓋寄言以極推至誠之信、任乎物、而無受害之地也、孔子問子桑雩曰、吾再逐於魯、伐樹於宋、削迹於衞、窮於商周、圍於陳蔡之間、吾犯此數患、親交益疏、徒友益散、何與、子桑雩曰、子獨不聞假人之亡與、林回棄千金之璧、負赤

匹帛疏本作財帛疑財布訛

子而趨、或曰、爲其布與、赤子之布寡矣、布謂匹帛也爲其累與、赤子之累多矣、棄千金之璧、負赤子而趨、何也、林回曰、彼以利合、此以天屬也、夫以利合者、迫窮禍患害相棄也、以天屬者、迫窮禍患害相收也、夫相收之與相棄亦遠矣、且君子之交淡若水、小人之交甘若醴、君子淡以親、去利故淡、道合故親也、小人甘以絶、飾利故甘、利不可常、故有時而絶也、彼無故以合者、則無故以離、夫無故而自合者天屬也、合不由故、則故不足以離之也、然則有故而合、必有故而離矣、孔子曰、敬聞命矣、徐行翔佯而歸、絶學捐書、弟子

假

無挖於前、其愛益加進、（去飾任素故也）異日桑雽又曰、舜之將死、眞泠禹曰、汝戒之哉、形莫若緣、情莫若率、（因形率情、不矯之以利也、）緣則不離、率則不勞、（形不假、故常全、情不矯、故常逸、）不離不勞、則不求文以待形、（任朴而直前也）不求文以待形、固不待物、（朴素而足）莊子衣大布而補之、正緳係履而過魏王、魏王曰、何先生之憊邪、莊子曰、貧也、非憊也、士有道德不能行、憊也、衣弊履穿、貧也、非憊也、此所謂非遭時也、王獨不見夫騰猿乎、其得柟梓豫章也、攬蔓其枝、而王長其閒、雖羿逢蒙不能眄睨也、（遭時得地、則申其長技、故雖羿之善射、莫之能害、）及其得柘棘枳枸之間也、危行側視、振動悼慄、此筋骨非有加急而不柔也、處勢不便、未足以逞其能也、今處昏上亂相之間、而欲無憊、奚可得邪、此比干之見剖心、徵也夫、（勢不便、而強爲之、則受戮矣、）孔子窮於陳蔡之間、七日不火食、左據槁木、右擊槁枝、而歌猋氏之風、有其具而無其數、有其聲而無宮角、木聲與人聲、犁然有當於人之心、顏回端拱還目而窺之、仲尼恐其廣已而造大也、愛已而造哀也、曰回無受天損易、唯安之故易無受人益難、物之倘來不可禁禦無始而非卒也、於今爲始者、於昨爲卒、則所謂始者即是卒矣、言變化之無窮、人與天一也、皆自然夫今之歌者其誰乎、任其自爾、則歌者非我也、回曰、敢問無受天損易、仲尼曰、饑渴寒暑、窮桎不行、天地之行也、運物之泄也、不可逃也言與之偕逝之謂也、所謂不識不知而順帝之則也爲人臣者、不敢去之、執臣之道猶若是、而況乎所以待天乎、所在皆安、不以損爲損、斯待天而不受其損也、何謂無受人益難、仲尼曰、始用四達、感應旁通爲四達爵祿並至而不窮、旁通故可以御高大也物之所利、乃非己也、非己求而取之吾命有在外者也、人之生必外有接物之命、非如瓦石止於形質而已、君子不爲盜、賢人不爲竊、吾若取之何哉、竊盜者私取之謂也、今賢人君子之致爵祿、非私取也、受之而已、故曰、鳥莫知於鷾鴯、目之所不宜處不給視、雖落其實、棄之而走、避禍之速其畏人也而襲諸人間、未有自疏外於人、而人存之者也、畏社人而入於人間、此鳥之所以稱知也、社稷存焉爾、況之至人、則玄同天下、故天下樂推而不厭、相與社而稷之、斯無受人益之所以爲難也何謂無始而非卒、仲尼曰、化其萬物而不知其禪之者、莫覺其變焉知其所終、焉知其所始、正而待之而已耳、日夜相代、未始有極、故正而待之、無所爲懷也、何謂人與天一邪、仲尼曰、有人天也、有天亦天也、凡所謂天、皆明不爲而自然、人之不能有天性也、言自然則自然矣、人安能故有此自然哉、自然耳、故曰性、聖人晏然體逝而終矣、晏然無矜、而體與變俱也、莊周游乎雕陵之樊、覩一異鵲自南方來者、翼廣七尺、目大運寸、感周之顙、而集於栗林、莊周曰、此何鳥哉、翼殷不逝、目大不覩、蹇裳躩步、執彈而留之、覩一蟬、方得美蔭而忘其身、螳蜋執翳而搏之、見得而忘其形、執木葉以自翳於蟬、而忘其形之見乎異鵲也、異鵲從而利之、見利而忘其眞、目能覩、翼能逝、此鳥之眞性也、今見利故忘之、莊周怵然曰、噫物固相累、相爲利者恒相爲累二類相召也、夫有欲於物者、物亦有欲之、捐彈而反走、虞人逐而誶之、誶問之也莊周反入、三月不庭、藺且從而問之、夫子何爲頃間甚不庭乎、莊周曰、吾守形而忘身、夫身在人間世有夷險、若推夷易之形於此世、而不度此世之所宜、斯守形而忘身者也、觀於濁水、而迷淸淵、見彼而不明、卽因彼以自見幾忘反鑒之道也、且吾聞諸夫子曰、入其俗、從其俗、不違其禁令也今吾遊於雕陵而忘吾身、異鵲感吾顙、遊於栗林而忘眞、栗林虞人以吾爲戮、吾所以不庭也、以見問爲戮、夫莊子推平於天下、故每寄言以出意、乃毀仲尼、賤老聃、上掊擊乎三皇、下痛病其一身也、「陽子之宋宿於逆旅、逆旅人有妾二人、其一人美、其一人惡、惡者貴、而美者賤、陽子問其故、逆旅小子對曰、其美者自美、吾不知其美也、其惡者自惡、吾不知其惡也、陽子曰、弟子記之、行賢而去自賢之行、安往而不愛哉、言自賢之道無時而可

田子方

田子方侍坐於魏文侯、數稱谿工、文侯曰、谿工子之師邪、子方曰、非也、無擇之里人也、稱道數當、故無擇稱之、文侯曰、然則子無師邪、子方曰有、曰子

假

之師誰邪、子方曰、東郭順子、文侯曰、然則夫子何
故未嘗稱之、子方曰、其爲人也眞、無假也人貌而天、
雖貌與人同而獨任自然虛緣而葆眞、虛而順物故眞不失、清而容物、夫淸
者患於大潔、今清而容物、與天同也、物無道、正容以悟之、使人之意
也消、曠然淸虛、正已而已、而物邪自消、無擇何足以稱之、子方出、
文侯儻然終日不言、召前立臣而語之曰、遠矣全
德之君子、始吾以聖知之言、仁義之行爲至矣、吾
聞子方之師、吾形解而不欲動、口鉗而不欲言、自覺
其近吾所學者直土梗耳、非眞物也夫魏直爲我累耳、如至

貴者以人爵爲累也溫伯雪子適齊舍於魯魯人有請見之者溫伯雪子曰不可吾聞中國之君子明乎禮義而陋於知人心吾不欲見也至於齊反舍於魯是人也又請見溫伯雪子曰往也蘄見我今也又蘄見我是必有以振我也出而見客入而歎明日見客又入而歎其僕曰每見之客也必入而歎何邪曰吾固告子矣中國之民明乎禮義而陋乎知人心昔之見我者進退一成規一成矩從容一若龍一若虎槃辟其步委蛇其迹其諫我也似子其道我也似父

禮義之弊有斯飾也是以數也、仲尼見之而不言、已知其心矣子路曰、吾子欲見溫伯雪子久矣、見之而不言、何邪、仲尼曰、若夫人者、目擊而道存矣、亦不可以容聲矣、目裁往、意已達、無所容其德音也、顏淵問於仲尼曰、夫子步亦步、夫子趨亦趨、夫子馳亦馳、夫子奔逸絕塵、而回瞠若乎後矣、夫子曰、回何謂邪、曰夫子步亦步也、夫子言亦言也、夫子趨亦趨也、夫子辯亦辯也、夫子馳亦馳也、夫子言道、回亦言道也、及奔逸絕塵、而回瞠若乎後者、夫子不言而信、不比而周、無器

齊物論三見此語如注意不同

而民滔乎前、而不知所以然而已矣、仲尼曰、惡可不察與、夫哀莫大於心死、而人死亦次之夫心以死爲死、乃更速其死、其死之速、由哀以自喪也、無哀則已、有哀則心死者、乃哀之大也、日出東方而入於西極、萬物莫不比方皆可見也有目有趾者、待是而後成功、目成見功、足成行功也、是出則存、是入則亡、直以不見爲亡耳、竟不亡、萬物亦然、有待也而死、有待也而生、待隱謂之死、待顯謂之生、竟無死生也、吾一受其成形、而不化以待盡夫有不得變而爲無、故一受成形、則化盡無期也、效物而動、自無心也、日夜無隙、化恒新也、而不知其所終、不以死爲死也薰然其成形、薰然自成、又奚爲哉、知命不能規乎其前、丘以是日徂、不係於前、與變俱往、故日徂、吾終身與女交一臂而失之、可不哀與、夫變化不可執而留也、故雖執臂相守、而不能令停、若哀死者、則此亦可哀也、今人未嘗以此爲哀、奚獨哀死邪、女殆著乎吾所以著也、彼已盡矣、而女求之以爲有、是求馬於唐肆也、唐肆非停馬處也、言求向者之有、不可復得也、人之生、若馬之過肆耳、恒無駐須臾、新故之相續、不舍晝夜也、著見也、言女殆見吾所以見者耳、吾所以見者日新也、故已盡矣、女安得有之、吾服女也甚忘、服者思存之謂也、甚忘謂過去之速也、言女去忽然、思之恒欲不及、女服吾也亦甚忘、俱爾耳、不問賢之與聖、未有得停者、雖然、女奚患焉、雖忘乎故吾、吾有不忘者存、

不忘者存、謂繼之以日新也、雖忘故吾、而新吾已至、未始非吾、吾何患焉、故能離俗絕塵、而與物無不冥也、孔子見老聃、老聃新沐、方將被髮而乾、慹然似非人、寂泊之至孔子便而待之、少焉見曰、丘也眩與、其信然與、向者先生形體、掘若槁木、似遺物離人而立於獨也、無其心身而後外物去也老聃曰、吾遊於物之初、初未有而歘有、故遊於物初、然後明有物之不爲而自有也孔子曰、何謂邪、曰心困焉而不能知、口辟焉而不能言、欲令仲尼必求之於言意之表也嘗爲女議乎其將、試議陰陽以擬向之無形耳、未之敢必、至陰肅肅、至陽赫赫、肅肅出乎天、赫赫發乎地、言其交也兩者交通成和而物生焉、或爲之紀、而莫見其形、莫見爲紀之形、明其自爾、消息滿虛、一晦一明、日改月化、日有所爲、未嘗守故、而莫見其功、自爾故無功、生有所乎萌、萌於未聚也、死有所乎歸、歸於散也、始終相反乎無端、而莫知乎其所窮、所謂迎之不見其首、隨之不見其後、非是也、且孰爲之宗、孔子曰、請問遊是、老聃曰、夫得是至美至樂也、得至美而遊乎至樂、謂之至人、至美無美、至樂無樂、故也、孔子曰、願聞其方、曰、草食之獸、不疾易藪、水生之蟲、不疾易水、行小變而不失其大常也、死生亦小變也、喜怒哀樂、不入於胸次、知其小變而不失大常、夫天下也者、萬物之所一也、得其所一而同焉、則四支百體、將爲塵垢、而死生終始、將爲晝夜、而莫之能滑、而況得喪禍福之所介乎、愈不足患棄隸者若棄泥塗、知身貴於隸也、知身之貴於隸故棄之若遺土耳、苟知死生之變、所在皆我、則貴者常在也、貴在於我而不失於變、所貴者我也、而我與變俱、故無失也、且萬化而未始有極也、夫孰足以患心、已爲道者解乎此、所謂縣解孔子曰、夫子德配天地、而猶假至言以修心、古之君子、孰能脫焉、老聃曰、不然、夫水之於汋也、無爲而才自然矣、

生

至人之於德也、不修而物不能離焉、若天之自高、地之自厚、日月之自明、夫何修焉、不修不爲而自得也孔子出以告顏回曰、丘之於道也、其猶醯雞與、醯雞者甕中之蠛蠓微夫子之發吾覆也、吾不知天地之大全也、比吾全於老聃、猶甕中之與天地矣、莊子見魯哀公、哀公曰、魯多儒士、少爲先生方者、莊子曰、魯少儒、哀公曰、舉魯國而儒服、何謂少乎、莊子曰、周聞之、儒者冠圜冠者知天時、履句屨者知地形、緩佩玦者事至而斷、君子有其道者、未必爲其服也、爲其服者、未必知其道也、公固以爲不然、何不號於國中曰、無此道而爲此服者、其罪死、於是哀公號之五日、而魯國無敢儒服者、獨有一丈夫儒服而立乎公門、公卽召而問以國事、千轉萬變而不窮、莊子曰、以魯國而儒者一人耳、可謂多乎、德充於內者、不修飾於外、百里奚爵祿不入於心、故飯牛而牛肥、使秦穆公忘其賤與之政也、有虞氏死生不入於心、故足以動人、內自得者外事全也

宋元君將畫圖、衆史皆至、受揖而立、舐筆和墨、在外者半、有一史後至者、儃儃然不趨、受揖不立、因

假

之舍、公使人視之、則解衣槃礴贏、君曰可矣、是眞畫者也、（内足者神間而意定）文王觀於臧、見一丈夫釣、而其釣莫釣、（聊以卒歲）非持其釣有釣者也、（竟無所求）常釣也、（不以得失經意、其於假釣而已、）文王欲舉而授之政、而恐大臣父兄之弗安也、欲終而釋之、而不忍百姓之無天也、於是旦而屬之夫夫曰、昔者寡人夢見良人、黑色而顀、乘駁馬而偏朱蹄、號曰、寓而政於臧丈人、庶幾乎民有瘳乎、諸大夫蹵然曰、先君王也、文王曰、然則卜之、諸大夫曰、先君之命王其無它、又何卜焉、

功

遂迎臧丈人而授之政、典法無更、偏令無出、三年、文王觀於國、則列士壞植散羣、長官者不成德、斔斛不敢入於四竟、列士壞植散羣、則尚同也、所謂和其光同其塵、長官者不成德、則同務也、潔然自成、則與衆務異也、斔斛不敢入於四竟、則諸侯無二心也、天下相信、故能同律度量衡也、文王於是焉以爲大師、北面而問曰、政可以及天下乎、臧丈人昧然而不應、泛然而辭、朝令而夜遁、終身無聞、爲功者非已、故於成而身不得不退、事遂而名不得不去、名去身退、乃可以及天下也、顔淵問於仲尼曰、文王其猶未邪、又何以夢

爲乎、仲尼曰、默、女無言、夫文王盡之也、（任諸大夫而不自任、）
（斯盡之也、）而又何論刺焉、彼直以循斯須也、（斯須者、百姓之情、當
僞未悟之頃、故文王循而發之、以合其大情也、）列御寇爲伯昏無人射、引
之盈貫、（盈貫謂溢鏑也）措杯水其肘上、（左手如柂、右手如附枝、右手放發、而
左手不知、故可措之杯水也、）發之、適矢復沓、（矢去也、箭適去、復歃沓也、）方矢
復寓、（箭方去、未至的、已復寄杯於肘上、言其敏捷之妙也）當是時、猶象人也、（不動
之至）伯昏無人曰、是射之射、非不射之射也、嘗與
汝登高山、履危石、臨百仞之淵、若能射乎、於是無
人遂登高山、履危石、臨百仞之淵、背逡巡、足二分

垂在外、揮御冦而進之、御冦伏地汗流至踵、伯昏無人曰、夫至人者上闚青天、下潛黃泉、揮斥八極、神氣不變、揮斥猶縱放也、夫德充於内、則神滿於外、無遠近幽深、所在皆明、故審安危之機、而泊然自得也今女怵然有恂目之志、爾於中也殆矣夫、不能明至分、故有懼、有懼而所喪多矣、豈唯射乎

有吾問於孫叔敖曰、子三爲令尹而不榮華、三去之而無憂色、吾始也疑子、今視子之鼻間栩栩然、子之用心獨奈何、孫叔敖曰、吾何以過人哉、吾以其來不可却也、其去不可止也、吾以爲得失之非我也、而無憂色而已

奚、我何以過人哉、且不知其在彼乎、其在我乎、其在彼邪亡乎我、在我邪亡乎彼、曠然無係、玄同彼我、則在彼非獨亡、在我非獨存也、方將躊躇、方將四顧、何暇至乎人貴人賤哉、躊躇四顧、謂無可無不可、仲尼聞之曰、古之眞人、知者不得説、美人不得濫、盜人不得劫、伏戲黃帝不得友、伏戲黃帝者功號耳、非所以功者也、故況功號於所以功、相去遠矣、故其名不足以友其人也、死生亦大矣、而無變乎已、況爵祿乎、若然者、其神經乎大山而無介、入乎淵泉而不濡、處卑細而不憊、充滿天地、旣以與人、已愈有、割肌膚以爲天下者、彼我俱失也、使人人自得而巳者、與人而不損於巳也、其神明充滿天地、故所在皆可、所在皆可、故不損巳爲物、而放於自得之地也、楚王與凡君坐、少焉楚王左右曰、凡亡者三、言有三亡徵也、凡君曰、凡之亡也、不足以喪吾存、遺凡故也、夫凡之亡、不足以喪吾存、則楚之存、不足以存存、夫遺之者、不以亡爲亡、則存亦不足以爲存矣、曠然無矜、乃常存也、由是觀之、則凡未始亡、而楚未始存也、存亡更在於心之所措耳、天下竟無存亡、

知北遊

知北遊於玄水之上、登隱弅之丘、而適遭無爲謂焉、知謂無爲謂曰、予欲有問乎若、何思何慮則知

道、何處何服則安道、何從何道則得道、三問而無爲謂不答也、非不答、不知答也、知不得問、反於白水之南、登狐闋之上、而睹狂屈焉、知以之言也問乎狂屈、狂屈曰、唉、予知之、將語若、中欲言而忘其所欲言、知不得問、反於帝宮、見黃帝而問焉、黃帝曰、無思無慮始知道、無處無服始安道、無從無道始得道、知問黃帝曰、我與若知之、彼與彼不知也、其孰是耶、黃帝曰、彼無爲謂眞是也、狂屈似之、我與汝終不近也、夫知者不言、言者不知、故聖人行不言之教、任其自行、斯不言之教也、道不可致、道在自然、非可言致者也、不可至、不失德、故稱德、稱德而不至也、仁可爲也、義可虧也、禮相僞也、故曰、失道而後德、失德而後仁、失仁而後義、失義而後禮、禮者道之華而亂之首也、禮有常則、故矯效之所由生也、故曰、爲道者日損、損華僞也、損之又損之、以至於無爲、無爲而無不爲也、華去而朴全、則雖爲而非爲也、今已爲物也、物失其所、故有爲物、欲復歸根、不亦難乎、其易也、其唯大人乎、其歸根之易者、唯大人耳、大人體合變化、故化物不難、生也死之徒、知變化之道者、不以爲異、死也生之始、孰知其紀、更相爲始、則未知孰死孰生也、

耳

美

人之生、氣之聚也、聚則爲生、散則爲死、俱是聚也、俱是散也、若死生爲徒、吾又何患、患生於異故萬物一也、是其所美者爲神奇、其所惡者爲臭腐、臭腐復化爲神奇、神奇復化爲臭腐、故曰、通天下一氣耳、各以所美爲神奇、所惡爲臭腐耳、然彼之所美、我之所惡也、我之所美、彼或惡之、故通共神奇、通共臭腐耳、死生彼我豈殊哉聖人故貴一、知謂黃帝曰、吾問無爲謂、無爲謂不應我、非不我應、不知應我也、吾問狂屈、狂屈中欲告我、而不我告、非不我告、中欲告而忘之也、今予問乎若、若知之、奚故不近、黃帝曰、彼其眞是也、以其不知也、此其似之也、以其忘之也、予與若終不近也、以其知之也、狂屈聞之、以黃帝爲知言、明夫自然者非言知之所得、故當昧乎無言之地、是以先舉不言之標、而後寄明於黃帝、則夫自然之冥物、槩乎可得而見也、天地有大美而不言、四時有明法而不議、萬物有成理而不說、此孔子之所以云予欲無言聖人者原天地之美、而達萬物之理、是故至人無爲、任其自爲而已大聖不作、唯因任也觀於天地之謂也、觀其形容、象其物宜、與天地不異、今彼神明至精、與彼百化、百化自化、而神明不奪、物已死生方圓、莫知其根也、夫死者已自死、生者已自生、圓者已自圓、方者已自方、未

有爲其根者故莫知扁然而萬物自古以固存豈待爲之而後存焉六
合爲巨未離其內計六合在無極之中則陋矣秋豪爲小待之
成體秋豪雖小非無亦無以容其質天下莫不沈浮終身不故日新
也陰陽四時運行各得其序不待爲之惛然若亡而存
昭然若存則亡矣油然不形而神絜然有形則不神萬物畜而不
知此之謂本根畜之而不得其本性之根故不知其所以畜也可以觀於
天矣與天同觀齧缺問道乎被衣被衣曰若正汝形一
汝視天和將至攝汝知一汝度神將來舍德將爲
汝美道將爲汝居汝瞳焉如新生之犢而無求其

故言未卒，齧缺睡寐，被衣大說，行歌而去之，曰：形若槁骸，心若死灰，眞其實知，不以故自持，與變俱也。媒媒晦晦，無心而不可與謀，彼何人哉？獨化者也。舜問乎丞曰：道可得而有乎？曰：汝身非汝有也，汝何得有夫道。夫身者非汝所能有也，塊然而自有耳。身非汝所有，而況無哉。舜曰：吾身非吾有也，孰有之哉？曰：是天地之委形也。生非汝有，是天地之委和也。性命非汝有，是天地之委順也。若身是汝有者，則美惡死生，當制之由汝。今氣聚而生，汝不能禁也；氣散而死，汝不能止也。明其委結而自成耳，非汝有也。孫子非汝有，是天地之委蛻也。氣自委結

而蟬蛻也　故行不知所往、處不知所持、食不知所味、皆在自爾中來、故不知也　天地之彊陽氣也、又胡可得而有邪、彊陽猶運動耳、明斯道者、庶可以遺身而忘生也、　孔子問於老聃曰、今日晏閒、敢問至道、老聃曰、汝齋戒、疏瀹而心、澡雪而精神、掊擊而知、夫道窅然難言哉、將爲汝言其崖畧、夫昭昭生於冥冥、有倫生於無形、精神生於道、皆所以明其獨生、而無所資借　形本生於精、皆由精以至粗　而萬物以形相生、故九竅者胎生、八竅者卵生、言萬物雖以形相生、亦皆自然耳、故胎卵不能易種而生、明神氣之不可爲也、　其來無迹、其往無崖、無門無房、四逵之皇皇也、夫率自然之性、遊無迹之塗者、放形骸於天地之間、寄精神於八方之表、是以無門無房、四達皇皇、逍遙六合、與化偕行也、邀於此者、四枝彊、思慮恂達、耳目聰明、其用心不勞、其應物無方、人生而遇此道、則天性全、而精神定、天不得不高、地不得不廣、日月不得不行、萬物不得不昌、此其道與、言此皆不得不然、而自然耳、非道能使然也、且夫博之不必知、辯之不必慧、聖人以斷之矣、斷棄知慧、而付之自然也、若夫益之而不加益、損之而不加損者、聖人之所保也、使各得其正分而已、故無用知慧爲也、淵淵乎其若海、容恣無量、魏魏乎其終則復始也、與化俱者、乃積無窮之紀、可謂魏魏、運量萬物而不匱、用物而不役己、故不匱也、則君子之道、彼其外與、各取於身而足、萬物皆往資焉而不匱、此其道與、還用物故我不匱、此明道之贍物、在於不贍、不贍而物自得、故曰此其道與、言至道之無功、無功乃足稱道也、中國有人焉、非陰非陽、無所偏名、處於天地之間、直且爲人、敖然自放、所遇而安、了無功名、將反於宗、不逐末也、自本觀之、生者喑醷物也、直聚氣也、雖有壽夭、相去幾何、須臾之說也、奚足以爲堯桀之是非、死生猶未足殊、況壽夭之間哉、果蓏有理、物無不理、但當順之、人倫雖難、所以相齒、人倫有知慧之變、故難也、然其知慧自相齒耳、但當從而任之、聖人遭之而不違、順所遇也、過之而不宗、宜過而過調而應之德也、偶而應之道也、調偶和合之謂也。帝之所興、王之所起也、如斯而已人生天地之間、若白駒之過郤、忽然而已、乃不足惜注然勃然、莫不出焉、油然漻然、莫不入焉、出入者變化之謂耳、言天下未有不變也已化而生、又化而死、俱是化也生物哀之、死物不哀人類悲之、死類不悲解其天弢、墮其天袠、獨脫也紛乎宛乎、變化絪縕魂魄將往、乃身從之、乃大歸乎、無爲用心於其間也不形之形、形之不形、不形形乃成、若形形之則敗其形矣是人之所同知也、雖知之、然不能任其自形、而反形之、所以多敗非將至之所務也、務則不至此衆人之所同論也雖論之、然故不能不務、所以不至也彼至則不論、恍然不覺乃至論則不至、明見無値、闇至乃値辯不若默、道不可聞、聞不若塞、此之謂大得、默而塞之、則無所奔逐、故大得東郭子問於莊子曰、所謂道惡乎在、莊子曰、無所不在、東郭子曰、期而後可、欲令莊子指名所在莊子曰、在螻蟻、曰、何其下邪、曰、在稊稗、曰、何其愈下邪、曰、在瓦甓、曰、何其愈甚邪、曰、在屎溺、東郭子不應、莊子曰、夫子之問也、固不及質、舉其標質言、無所不在、而方復怪此、斯不及質也正獲之問於監市履狶也、每下愈況、狶大豕也、夫監市之履豕、以知其肥瘦者、愈履

有動之文

其難肥之處、愈知豕肥之要、今問道之所在、而每況之於下賤、則明道之不逃於物也必矣、汝唯莫必、無乎逃物、若必謂無之逃物、則道不周矣、道而不周、則未足以爲道、至道若是、大言亦然、明道不逃物周徧咸三者、異名同實、其指一也、嘗相與遊乎無何有之宮、同合而論、無所終窮乎、若遊有、則不能周徧咸也、故同合而論之、然後知道之無不在、知道之無不在、然後能曠然無懷、而遊彼無窮也、嘗相與無爲乎、澹而靜乎、漠而清乎、調而閒乎、此皆無爲故也寥已吾志、寥然空虛無往焉而不知其所至、志苟寥然、則無所往矣、無往焉、故往而不知其所至、有往焉、則理未動而志驚矣、去而來而不知其所止、斯順之也吾已往來焉、而不知其所終、但往來不由於知耳、不爲不往來也往來者、自然之常理也、其有終乎、彷徨乎馮閎、大知入焉、而不知其所窮、馮閎者虚廓之謂也、大知遊乎寥廓、恣變化之所知、故不知也、物物者、與物無際、明物物者無物、而物自物耳、物自物耳、故冥也、而物有際者、所謂物際者也、物有際、故每相與不能冥然、眞所謂際者也、不際之際、際之不際者也、不際者、雖有物物之名、直明物之自物耳、物物者竟無物也、際其安在乎、謂盈虚衰殺、彼爲盈虚非盈虚、彼爲衰殺非衰殺、彼爲本末非本末、彼爲積散非積散也、既明物物者無物、又明物之不能自物、則爲之者誰乎哉、皆忽然而自爾也、妸荷甘與神農同學於老龍吉、神農隱几闔戶

晝瞑、婀荷甘日中奓戶而入曰、老龍死矣、神農隱
几擁杖而起、嚗然投杖而笑、起而悟夫死之不足驚、故還放杖而笑也、
曰天知予僻陋慢訑、故棄予而死、已矣、夫子無所
發予之狂言而死矣夫、自肩吾已下、皆以至言爲狂而不信也、故非老龍連
叔之徒、莫足與言也、弇堈弔聞之曰、夫體道者、天下之君子
所繫焉、言體道者人之宗主今於道、秋豪之端、萬分未得處
一焉、秋豪之端細矣、又未得其萬分之一、而猶知藏其狂言而死、又
況夫體道者乎、明夫至道非言之所得也、唯在乎自得耳、視之無形、聽
之無聲、於人之論者、謂之冥冥、所以論道而非道

也、冥冥而猶復非道、明道之無名也、於是泰清問乎無窮曰、子知道乎、無窮曰、吾不知、又問乎無爲、無爲曰、吾知道、曰子之知道亦有數乎、曰有、曰其數若何、無爲曰、吾知道之可以貴可以賤可以約可以散、此吾所以知道之數也、泰清以之言也問乎無始曰、若是則無窮之弗知、與無爲之知、孰是而孰非乎、無始曰、不知深矣、知之淺矣、弗知内矣、知之外矣、於是泰清中而歎曰、弗知乃知乎、知乃不知乎、孰知不知之知、凡得之不由於知乃冥也、無始曰、道不可聞、聞而非也、

形乎注無物疏本作無形

假

道不可見見而非也道不可言言而非也故默成乎不聞不見之域而後至焉知形形之不形乎形自形耳形形者竟無物也道不當名有道名而竟無物故名之不能當也無始曰有問道而應之者不知道也雖問道者亦未聞道不知故問問之而應則非道也不應則非問者所得故雖問之亦終不聞也道無問問無應絕學去教而歸於自然之意也無問問之是問窮也所謂責空無應應之是無內也實無而假有以應者外矣以無內待問窮若是者外不觀乎宇宙內不知乎大初是以不過乎崑崙不遊乎大虛若夫婁落天地遊虛涉遠以入乎冥冥者不應而已矣光曜問乎無有曰夫

子有乎、其無有乎、光曜不得問、而孰視其狀貌、窅然空然、終日視之而不見、聽之而不聞、搏之而不得也、光曜曰至矣、其孰能至此乎、予能有無矣、而未能無無也、及爲無有矣、何從至此哉、此皆絕學之意也、於道絕之、則夫學者乃在根本中來矣、故學之善者、其唯不學乎、大馬之捶鉤者年八十矣、而不失豪芒、玷捶鉤之輕重、而無豪芒之差也、大馬曰、子巧與、有道與、曰臣有守也、臣之年二十而好捶鉤、於物無視也、非鉤無察也、是用之者、假不用者也、以長得其用、而況乎無不用者乎、物孰不資焉、都無懷則物來皆應冉求問於仲尼曰、未有天地可知邪、仲尼曰、可、古猶今也、言天地常存、乃無未有之時、冉求失問而退、明日復見曰、昔者吾問未有天地可知乎、夫子曰、可、古猶今也、昔者吾昭然、今日吾昧然、敢問何謂也、仲尼曰、昔之昭然也、神者先受之、虛心以待命、斯神受也、今之昧然也、且又爲不神者求邪、思求更致不了無古無今、無始無終、非唯無不得化而爲有也、有亦不得化而爲無矣、是以夫有之爲物、雖千變萬化、而不得一爲無也、不得一爲無、故自古無未有之時而常存也、未有子孫而有子孫可乎、言世世無極冉求未對、仲尼曰、已矣、未應矣、不以生生死、夫死者獨化而死耳、非夫生者生此死也、不以死死生、生者亦獨化而生耳、死生有待邪、獨化而足、皆有所一體、死與生各自成體、有先天地生者物邪、物物者非物、物出不得先物也、猶其有物也無已、誰得先物者乎哉、吾以陰陽爲先物、而陰陽者即所謂物耳、誰又先陰陽者乎、吾以自然爲先之、而自然即物之自爾耳、吾以至道爲先之矣、而至道者乃至無也、既以無矣、又奚爲先、然則先物者誰乎哉、而猶有物無已、明物之自然、非有使然也、聖人之愛人也、終無已者、亦乃取於是者也、取於自爾、故恩流百代而不廢、

顏淵問乎仲尼曰、回嘗聞諸夫子曰、無有所將、無有所迎、回敢問其遊、仲尼曰、古之人、外化而

内不化、以心順形而形自化今之人、内化而外不化、以心使形與物化者、一不化者也、常無心故一不化、一不化、乃能與物化耳、安化安不化、化與不化、皆任彼耳、斯無心也、安與之相靡、直無心而恣其靡順自化耳、非將迎之、必與之莫多、不將不迎則足而止狶韋氏之囿、黄帝之圃、有虞氏之宮、湯武之室、言夫無心而任化、乃羣聖之所遊處、君子之人、若儒墨者師、故以是非相整也、而況今之人乎、整和也、夫儒墨之師、天下之難和者、而無心者猶能和之、而況其凡乎、聖人處物不傷物、至順也不傷物者、物亦不能傷也、在我而已唯無所傷者、爲能與人相將迎、無心故至順、至順故能無所將迎、而義冠於將迎也、山林與、皋壤與、使我欣欣然而樂與、山林皋壤未善於我、而我便樂之、此爲無故而樂也、樂未畢也、哀又繼之、夫無故而樂、亦無故而哀也、則凡所樂不足樂、凡所哀不足哀也、哀樂之來、吾不能禦、其去弗能止、悲夫、世人直謂物逆旅耳、不能坐忘自得、而爲哀樂所寄也、夫知遇而不知所不遇、知之所遇者、卽知之、知之所不遇者、卽不知也、知能能而不能所不能、所不能者、不能強能也、由此觀之、知與不知、能與不能、制不由我也、當付之自然耳、無知無能者、固人之所不免也、受生各有分也、夫務免乎人之所不免者、豈不亦悲哉、至言去言、至爲去爲、皆自得也、齊知之所知、則淺矣、夫由知而後得者、假學者

耳、故淺也、

莊子南華眞經卷七

莊子南華眞經卷八

郭　象注

雜篇

庚桑楚

老聃之役有庚桑楚者、偏得老聃之道、以北居畏壘之山、其臣之畫然知者去之、其妾之挈然仁者遠之、（畫然飾知、挈然矜仁、）擁腫之與居、（擁腫朴也）鞅掌之爲使、（鞅掌自得）居三年、畏壘大壤、（壤一作穰）畏壘之民相與言曰、庚桑子之始來、吾灑然異之、（異其棄智而任愚）今吾日計之而不

賓一作實

足、歲計之而有餘、夫與四時俱者無近功庶幾其聖人乎、子胡不相與尸而祝之、社而稷之乎、庚桑子聞之、南面而不釋然、弟子異之、庚桑子曰、弟子何異於予、夫春氣發而百草生、正得秋而萬賓成、夫春與秋、豈無得而然哉、大道已行矣、夫春秋生成、皆得自然之道、故不爲也、吾聞至人尸居環堵之室、而百姓猖狂不知所如往、直自往耳、非由知也、今以畏壘之細民、而竊竊焉欲俎豆予于賢人之間、我其杓之人邪、不欲爲物標杓吾是以不釋於老聃之言、聃云、功成事遂、而百姓皆謂我自爾、今畏壘反此、故不釋然、弟子曰、不然、夫尋常之溝、巨魚無所還其體、而鯢鰌爲之制、步仞之丘陵、巨獸無所隱其軀、而蘖狐爲之祥、（爲子謂大人必有豐祿也）且夫尊賢授能、先善與利、自古堯舜以然、而況畏壘之民乎、夫子亦聽矣、庚桑子曰、小子來、夫函車之獸、介而離山、則不免于罔罟之患、呑舟之魚、碭而失水、則蟻能苦之、故鳥獸不厭高、魚鱉不厭深、（去利違害乃全）夫全其形生之人、藏其身也、不厭深眇而已矣、（若嬰身於利祿、則粗而淺、）且夫二子者、又何足以稱揚哉、（二子謂堯舜）是其於辯也、將妄鑿垣墻而殖蓬蒿也、將令後世、妄行穿鑿、而殖穢亂也、簡髮而櫛、數米而炊、理雖刀之末也、竊竊乎又何足以濟世哉、混然一之、無所治爲乃濟、舉賢則民相軋、將戾拂其性、以待其所尚、任知則民相盜、眞不足而以知繼之則僞矣、僞以求生、非盜而何、之數物者、不足以厚民、民之於利甚勤、子有殺父、臣有殺君、正晝爲盜、日中穴坏、無所復顧、吾語汝大亂之本、必生於堯舜之間、其末存乎千世之後、千世之後、其必有人與人相食者也、堯舜遺其迹、飾僞播其後、以致斯弊、南榮趎蹙然正坐曰、若趎之年者已長矣、將惡乎託業以及此言邪、庚桑子曰、全汝形、守其分也抱汝生、無攪乎其生之外也無使汝思慮營營、若此三年、則可以及此言也、南榮趎曰、目之與形、吾不知其異也、而盲者不能自見、耳之與形、吾不知其異也、而聾者不能自聞、心之與形、吾不知其異也、而狂者不能自得、目與目、耳與耳、心與心、其形相似、而所能不同、苟有不同、則不可強相法效也、形之與形亦辟矣、未有閉之而物或間之邪、欲相求而不能相得、兩形閉、而不能相得將有間也今謂趎曰、全汝形、抱汝生、勿使汝思慮營營、趎勉聞道達耳矣、早聞形隔故難化也庚桑子曰、辭盡矣、曰奔蜂不能化藿

趎

蠋、越雞不能伏鵠卵、魯雞固能矣、雞之與雞、其德非不同也、有能與不能者、其才固有巨小也、今吾才小不足以化子、子胡不南見老子、南榮趎贏糧、七日七夜、至老子之所、老子曰、子自楚之所來乎、南榮趎曰唯、老子曰、子何與人偕來之衆也、挾三言而來故南榮趎懼然顧其後、老子曰、子不知吾所謂乎、南榮趎俯而慙、仰而歎曰、今者吾忘吾答、因失吾問、老子曰、何謂也、南榮趎曰、不知乎、人謂我朱愚、知乎、反愁我軀、不仁則害人、仁則反愁我身、不義

竿

則傷彼、義則反愁我己、我安逃此而可、此三言者、趎之所患也、願因楚而問之、老子曰、向吾見若眉睫之間、吾因以得汝矣、今汝又言而信之、若規規然若喪父母、揭竿而求諸海也、汝亡人哉、惘惘乎、汝欲反汝情性而無由入、可憐哉、南榮趎請入就舍、召其所好、去其所惡、十日自愁、復見老子、老子曰、汝自灑濯、孰哉鬱鬱乎、然而其中津津乎猶有惡也、夫外韄者、不可繁而捉、將內揵、內韄者不可繆而捉、將外揵、揵關揵也、耳目外也、心術內也、夫全形抱生、莫若忘其心術、遺其耳曰、若乃聲色攖於外、則心術塞於內、欲惡攖於內、則耳目喪於外、故必無得無失、而後爲通也、外內韄者、道德不能持、而況放道而行者乎、偏韄由不可、況外內俱韄乎、將耳目眩惑於外、而心術流蕩於內、雖繫手以執之、綢繆以持之、弗能止也、南榮趎曰、里人有病、里人問之、病者能言其病、然其病病者猶未病也、若趎之聞大道、譬猶飲藥以加病也、趎願聞衛生之經而已矣、老子曰、衛生之經、能抱一乎、不離其性能勿失乎、還自得也能無卜筮而知吉凶乎、當則吉、過則凶、無所卜也能止乎、止於分也能已乎、無追故迹能舍諸人而求諸己乎、全我而不效彼能翛然乎、無停迹也能侗然乎、

無節礙也
能兒子乎、兒子終日嗥而嗌不嗄、和之至也、
任聲之自出、不由於喜怒、
終日握而手不掜、共其德也、
任手之自握、非獨得也、
終日視而目不瞚、偏不在外也、
任目之自見、非係於色也、
行不知所之、
任足之自行無所趣、
居不知所爲、
縱體而自任也、
與物委蛇、
斯順之也、
而同其波、
物波亦波、
是衛生之經已、南榮趎曰、然則是至人之德已乎、
若能自改而用此言、便欲自謂至人之德、
曰非也、是乃所謂氷解凍釋者、
能乎、明非自爾、
夫至人者、相與交食乎地、而交樂乎天、
自無其心、皆與物共、
不以人物利害相攖、不相與爲怪、不相與爲謀、不相與爲事、翛

疏本作便可謂至人之德邪

疏本本文釋者下有能乎二字是

然而往、侗然而來、是謂衛生之經已、曰然則是至乎、謂已便可得此言而至邪曰未也、吾固告女曰、能兒子乎、非以此言爲不至也、但能聞而學者、非自至耳、苟不自至、則雖聞至言、適可以爲經、胡可得至哉、故學者不至、至者不學也、兒子動不知所爲、行不知所之、身若槁木之枝、而心若死灰、若是者禍亦不至、福亦不來、禍福無有、惡有人災也、禍福生於失得、人災由於愛惡、今槁木死灰、無情之至、則愛惡失得無自而來、宇泰定者、發乎天光、夫德宇泰然而定、則其所發者天光耳、非人耀、發乎天光者、人見其人、天光自發、則人見其人、物見其物、物各自見、而不見彼、所以泰然而定也、人有修者、乃今有恆、人而修人、則自得矣、所以常泰有恒者，人舍之，天助之。常泰故能反居我宅，而自然獲助也。人之所舍，謂之天民；天之所助，謂之天子。出則天子，處則天民。此二者俱以泰然而自得之，非爲而得之也。學者學其所不能學也，行者行其所不能行也，辯者辯其所不能辯也。凡所能者，雖行非爲，雖習非學，雖言非辯。知止乎其所不能知，至矣。所不能知，不可強知，故止斯至也。若有不即是者，天鈞敗之。意雖欲爲，爲者必敗，理終不能。備物以將形，因其自備而順其成形。藏不虞以生心，心自生耳。非虞而出之虞者，億度之謂。敬中以達彼，理自達彼耳，非慢中而敬外。若是而萬惡至者，皆天也，而非人也，天理自有窮通。有爲而致惡者乃是人不足以滑成、安之若命、故其成不滑、不可內於靈臺、靈臺者心也、清暢故憂患不能入、靈臺者有持、有持者、謂不動於物耳、其實非持、而不知其所持、若知其所持則持之而不可持者也、持則失也不見其誠己而發、此安發作每發而不當、發而不由己誠、何由而當、業入而不舍、事不居其分內每更爲失、發由己誠乃爲得也爲不善乎顯明之中者、人得而誅之、爲不善乎幽間之中者、鬼得而誅之、明乎人、明乎鬼者、然後能獨行、幽顯無愧於心、則獨行而不懼、券內者行乎無名、券分也、夫遊於分內者、行不由於名、券外者志乎期費、有益無益、期欲損己以爲物也行乎無名者、唯庸有光、

氷

本有斯光、因而用之、志乎期費者、唯賈人也、雖巳所無、猶借彼而販賣也、人見其跂、猶之魁然、夫期費者、人巳見其跂矣、而猶自以爲安、與物窮者物入焉、窮謂終始與物且者、其身之不能容、焉能容人、且謂券外而跂者、跂者不立、焉能自容、不能自容、焉能容人、人不獲容則去也、不能容人者無親、無親者盡人、身且不能容、則雖巳非巳、況能有親乎、故盡是他人、兵莫憯于志、鏌鎁爲下、夫志之所攖、焦火凝冰、故其爲兵甚於劍戟也、寇莫大於陰陽、無所逃於天地之間、非陰陽賊之、心則使之也、心使氣則陰陽徵結於五藏、而所在皆陰陽也、故不可逃、道通其分也、其成也毀也、成毀無常分、而道皆通、所惡乎分者、其分也

奇淵至不可讀、蓋淵故爲句棘、安知淵有脫誤、注亦互牽強、後又多此類

以備、不守其分而求備焉、所以惡分也、所以惡乎備者、其有以備、本分不備、而有以求備、所以惡備也、若其本分素備、豈惡之哉、故出而不反、見其鬼、不反守其分內、則其死不久、出而得、是謂得死、不出而無得、乃得生、滅而有實、鬼之一也、已滅其性矣、雖有斯生、何異於鬼、以有形者象無形者而定矣、雖有斯形、苟能曠然無懷、則生全而形定也、出無本、欻然自生、非有本、入無竅、欻然自死、非有根、有實而無乎處、有長而無乎本剽、有所出而無竅者有實、言出者自有實耳、其所出無根竅以出之、有實而無乎處者宇也、宇者有四方上下、而四方上下未有窮處、有長而無本剽者宙也、宙者有古今之長、而古今之長無極、有乎生、

有乎死、有乎出、有乎入、入出而無見其形、死生出入、皆欻然自爾、無所由、故無所見其形、是謂天門、天門者萬物之都名也、謂之天門、猶云衆妙之門也、天門者無有也、萬物出乎無有、死生出入皆欻然自爾、未有爲之者也、然則聚散隱顯、故有出入之名、徒有名耳、竟無出入、門其安在乎、故以無爲門、以無爲門則無門也、有不能以有爲有、夫有之未生、以何爲生乎、故必自有耳、豈有之所能有乎、必出乎無有、此所以明有之不能爲有而自有耳、非謂無能爲有也、若無能爲有、何謂無乎、而無有一無有、一無有、則遂無矣、無者遂無、則有自欻生明矣、聖人藏乎是、任其自生而不生生、古之人其知有所至矣、惡乎至、有以爲未始有物者、至矣盡矣、弗可以加矣、其次

以爲有物矣、將以生爲喪也、喪其散而之乎聚也以死爲反
也、還融液也是以分已、雖欲均之然已分矣其次曰、始無有、既而
有生、生俄而死、以無有爲首、以生爲體、以死爲尻、
孰知有無死生之一守者、吾與之爲友、是三者雖
異公族也、或有而無之、或有而一之、或分而齊之、故謂三也、此三者雖有盡與不盡、然俱
能無是非於胸中、故謂之公族、昭景也、著戴也、甲氏也、著封也、非
一也、此四者雖公族、然已非一、則向之三者、已復差之、有生黬也、直聚氣也披
然曰移是、既披然而有分、則各是其所是也、是無常在、故曰移、嘗言移是、非
所言也、所是之移、已著於言前矣、雖然不可知者也、不言其移、則其移不

廁

可知、故試言也、臘者之有膍胲、可散而不可散也、物各有用觀室者、周於寢廟、又適其偃焉、偃謂屏側爲是舉移是、寢廟則以饗燕、屏廁則以偃溲、當其偃溲、則寢廟之是、移於屏廁矣、故是非之移、一彼一此、誰能常之、故至人因而乘之則均耳、請嘗言移是、是以生爲本、物之變化、無時非生、生、則所在皆本也、以知爲師、所知雖異而各師其知、因以乘是非、乘是非者無是非也、果有名實、物之名實、果各自有、因以己爲質、質主也、物各謂己是、足以爲是非之主、使人以爲己節、人皆謂己是、故莫適、因以死償節、當其所宗、非其眞脫也、若然者、以用爲知、以不用爲愚、以徹爲名、以窮爲辱、不能隨所遇而安之、移是今之人也、玄古之人無是

（無非、何移之有、）是蜩與鷽鳩同於同也、（同共是其所同）蹍市人之
足、則辭以放驁、（稱巳脫誤以謝之）兄則以嫗、（言嫗詡之無所辭謝）大
親則巳矣、（明恕素足）故曰、至禮有不人、（不人者、視人若巳、視人若巳、則
不相辭謝、斯乃禮之至也、）至義不物、（各得其宜、則物物皆我也、）至知不謀、（謀而
後知、非自然知、）至仁無親、（譬之五藏、未會相親、而仁巳至也、）至信辟金、（金玉
者小信之質耳、至信則除矣、）徹志之勃、解心之謬、去德之累、達
道之塞、貴富顯嚴名利六者、勃志也、容動色理氣
意六者、謬心也、惡欲喜怒哀樂六者、累德也、去就
取與知能六者、塞道也、此四六者不盪胸中則正、

正則靜、靜則明、明則虛、虛則無爲而無不爲也、盪動也道者德之欽也、生者德之光也、性者生之質也、性之動謂之爲、以性自動、故稱爲耳、此乃眞爲、非有爲也、爲之僞謂之失、知者接也、知者謨也、知者之所不知猶睨也、夫目之能視、非知視而視也、不知視而視、不知知而知耳、所以爲自然、若知而後爲、則知僞也、動以不得已之謂德、若得已而動、則爲強動者耳、故失也、動無非我之謂治、動而效彼則亂名相反而實相順也、有彼我之名故反、名得其實則順、羿工乎中微而拙乎使人無已譽、善中則善取譽矣、理常俱、聖人工乎天而拙乎人、任其自然天也、有心爲之人也、夫工乎天而俍乎人者、唯全人能之、工於天即俍於人矣、謂之全人、全人則聖人也、唯蟲能蟲、唯蟲能天、能還守蟲、即是能天、全人惡天、惡人之天、而況吾天乎人乎、都不知而任之、斯而謂工乎天、一雀適羿、羿必得之威也、威以取物、物必逃之、以天下爲之籠、則雀無所逃、天下之物、各有所好、所好各得、則逃將安在、是故湯以胞人籠伊尹、秦穆公以五羊之皮籠百里奚、是故非以其所好籠之而可得者無有也、介者拸畫、外非譽也、畫所以飾容貌也、刖者之貌、既以虧殘、則不復以好醜在懷、故拸而棄之、胥靡登高而不懼、遺死生也、無賴於生、故不畏死、夫復謵不餽而忘人、不識人之所惜忘

出怒

人、因以爲天人矣、無人之情、則自然爲天人、故敬之而不喜、侮之而不怒者、唯同乎天和者爲然、彼形殘胥靡、而有同乎天和、況天和之自然乎、怒出不怒、則怒出於不怒矣、出爲無爲、則爲出於無爲矣、此故是無不能生有、有不能爲生之意也、欲靜則平氣、欲神則順心、有爲也、欲當則緣於不得已、不得已之類、聖人之道、平氣則靜理足、順心則神功至、緣於不得已、則所爲皆當、故聖人以斯爲道、豈求無爲於恍惚之外哉、

徐無鬼

徐無鬼因女商見魏武侯、武侯勞之曰、先生病矣、

苦於山林之勞、故乃肯見於寡人、徐無鬼曰、我則勞於君、君有何勞於我、君將盈耆欲、長好惡、則性命之情病矣、君將黜耆欲、掔好惡、則耳目病矣、耆欲好惡、內外無可、我將勞君、君有何勞於我、武侯超然不對、不說其言、少焉、徐無鬼曰、嘗語君吾相狗也、下之質執飽而止、是狸德也、中之質若視日、上之質若亡其一、吾相狗、又不若吾相馬也、吾相馬、直者中繩、曲者中鉤、方者中矩、圓者中規、是國馬也、而未若天下馬也、天下馬有成材、若卹若失、若喪其一、若是

者超軼絶塵、不知其所、武侯大說而笑、夫眞人之言何遜哉
唯物所好之可也、徐無鬼出、女商曰、先生獨何以說吾君
乎、吾所以說吾君者、橫說之、則以詩書禮樂、從說
之、則以金板六弢、奉事而大有功者、不可爲數、而
吾君未嘗啟齒、是直樂鴳以鐘鼓耳故愁今先生何以說吾君
使吾君說若此乎、徐無鬼曰、吾直告之吾相狗馬
耳、女商曰、若是乎、曰子不聞夫越之流人乎、去國
數日、見其所知而喜、各思其本性之所好去國旬月、見所嘗
見於國中者喜、及期年也、見似人者而喜矣、不亦

去人滋久、思人滋深乎、各得其所好則無思、無思則忘其所以喜也、夫逃虛空者、藜藋柱乎鼪鼬之逕、踉位其空、聞人足音跫然而喜矣、而況乎昆弟親戚之謦欬其側者乎、得所至樂、則大悅也久矣夫莫以眞人之言謦欬吾君之側乎、所以未嘗啓齒也、夫眞人之言、所以得吾君性也、始得之而喜、久得之則忘、徐無鬼見武侯、武侯曰、先生居山林、食芧栗、厭葱韭、以賓寡人久矣、夫今老邪、其欲干酒肉之味邪、其寡人亦有社稷之福邪、徐無鬼曰、無鬼生於貧賤、未嘗敢飲食君之酒肉、將來勞君也、君曰、何哉、奚勞寡人曰勞君之神與形、武侯曰何謂邪、徐無鬼曰、天地之養也一、不以爲君而恣之無極登高不可以爲長、居下不可以爲短、君獨爲萬乘之主、以苦一國之民、以養耳目鼻口、如此違天地之平也夫神者不自許也、物與之耳夫神者好和而惡姦、與物共者和也、私自許者姦也、夫姦病也、故勞之、唯君所病之何也、武侯曰、欲見先生久矣、吾欲愛民、而爲義偃兵、其可乎、徐無鬼曰、不可、愛民、害民之始也、愛民之迹、爲民所尚、尚之爲愛、愛已僞也、爲義偃兵、造兵之本也、爲義則名彰、名彰則競興、競興則喪其眞矣、父子君臣、懷情相欺、雖欲偃兵、其可得

逆

乎、君自此爲之則殆不成、從無爲爲之乃成耳凡成美惡器
也、美成於前、則僞生於後、故成美者、乃惡器也、君雖爲仁義、幾且僞哉、
民將以僞繼之耳、未肯爲眞也、形固造形、仁義有形、故僞形必作、成固有伐、
成則顯也變固外戰、失其常然君亦必無盛鶴列於麗譙之
間、鶴列陳兵也、麗譙高樓也、無徒驥於錙壇之宮、步兵曰徒、但不當爲義愛
民耳、亦無爲盛兵走馬、無藏逆於得、得中有逆則失耳無以巧勝人、
守其朴、而朴各有所能則平、無以謀勝人、率其眞知、而知各有所長則均、無以
戰勝人、以道應物、物服而無勝名、夫殺人之士民、兼人之土地、
以養吾私與吾神者、其戰不知孰善、勝之惡乎在、

（不知以何爲善、則雖尅非巳勝）君若勿巳矣、修胸中之誠、以應天地之情而勿攖、（若未能巳、則莫若修巳之誠、）夫民死巳脫矣、君將惡乎用夫偃兵哉、（甲兵無所陳、非偃也、）黃帝將見大隗乎具茨之山、方明爲御、昌寓驂乘、張若謵朋前馬、昆閽滑稽後車、至於襄城之野、七聖皆迷、無所問塗、（聖者名也、名生而物迷矣、雖欲之乎大隗、其可得乎、）適遇牧馬童子、問塗焉曰、若知具茨之山乎、曰、然、若知大隗之所存乎、曰然、黃帝曰、異哉小童、非徒知具茨之山、又知大隗之所存、請問爲天下、小童曰、夫爲天下者、亦若此而巳矣、又奚事焉、各自若則無事矣、無事乃可以爲天下也、予少而自遊於六合之內、予適有瞀病、有長者教予曰、若乘日之車、而遊於襄城之野、日出而遊、日入而息、今予病少痊、予又且復遊於六合之外、夫爲天下亦若此而巳、予又奚事焉、夫爲天下、莫過自放任、自放任矣、物亦奚攖焉、故我無爲而民自化、黃帝曰、夫爲天下者、則誠非吾子之事、事由民作、雖然請問爲天下、令民自得、必有道也、小童辭、黃帝又問、小童曰、夫爲天下者、亦奚以異乎牧馬者哉、亦去其害馬者而巳矣、馬以過分爲害、黃帝再拜稽首稱天師而退、師夫天然而失其過矣則大隗至也知士無思慮之變則不樂、辯士無談說之序則不樂、察士無淩誶之事則不樂、皆囿於物者也、不能自得於內、而樂物於外、故各以所樂囿之、則萬物不召而自來、非強之也招世之士興朝、中民之士榮官、筋力之士矜難、勇敢之士奮患、兵革之士樂戰、枯槁之士宿名、法律之士廣治、禮樂之士敬容、仁義之士貴際、士之不同若此、故當之者不可易其方、農夫無草萊之事則不比、商賈無市井之事則不比、能同則事同、所以比、庶人有旦暮之業則勸、業得其志故勸百工有器械之巧則壯、事非其巧則惰錢財不積則貪者憂、物得所者而樂也權勢不尤則夸者悲、勢物之徒樂變、權勢生於事變遭時有所用、不能無爲也、凡此諸士、用各有時、時用則不能自已也、苟不遭時、則雖欲自用、其可得乎、故貴賤無常、此皆順比於歲、不物於易者也、士之所能、故有其極、若四時之不可易耳、各當其時物、順其倫次、則各有用矣、是以順歲則時序、易性則不物、物而不物、非毀如何、馳其形性、潛之萬物、終身不反、悲夫、不守一家之能、而之夫萬方、以要時利、故有匍匐而歸者、所以悲也莊子曰、射者非前期而中、謂之善射、天下皆羿也、可乎、不期而中、謂誤中者也、非善射也、若謂謬中爲善射、是則天下皆可謂之羿、可乎、言不可也、惠子曰可、莊子曰、天下非有公是也、而各是其所是、天下皆堯也、可乎、若謂謬中者羿也、則私自是者、亦可謂堯矣、莊子以此明妄中者非羿、而自是者非堯、惠子曰可、莊子曰、然則儒墨楊秉四、與夫子爲五、果孰是邪、若皆堯也、則五子何爲復相非乎、或者若魯遽者邪、其弟子曰、我得夫子之道矣、吾能冬爨鼎而夏造氷矣、魯遽曰、是直以陽召陽、以陰召陰、非吾所謂道也、吾示子乎吾道、於是乎爲之調瑟、廢一於堂、廢一於室、鼓宮宮動、鼓角角動、音律同矣、俱亦以陽召陽而橫自以爲是、夫或改調一弦、於五音無當也、隨調而改鼓之二十五弦皆動、無聲則無以相動、有聲則非同

未

不應、今改此一弦、而二十五弦皆改、其以急緩爲調也、未始異於聲、而音之君已、魯遽以此夸其弟子、然亦以同應同耳、未獨能爲其事也、且若是者邪、五子各私所見、而是其所是、然亦無異於魯遽之夸其弟子、而未能相出也、惠子曰、今夫儒墨楊秉且方與我以辯、相拂以辭、相鎭以聲、而未始吾非也、則奚若矣、未始吾非者、各自是也、惠子便欲以此爲至、莊子曰、齊人蹢子於宋者、其命閽也不以完、投之異國、使門者守之、出便與子、不保其全、此齊人之不慈也、然亦自以爲是、故爲之、其求鈃鍾也、以束縛、乃反以愛鍾器爲是、束縛、恐其破傷、其求唐子也、而未始出域、有遺類矣、唐失也、失亡其子、而不能遠索、遺其氣類、而亦未始自非、人之自是有斯謬矣、夫楚人寄而蹢閽者、俱寄止、而不能自投於高地也、夜半於無人之時、而與舟人鬭、未始離於岑、而足以造於怨也、岑岸也、夜半獨上人船、未離岸、已共人鬭、言齊楚二人、所行若此、而未嘗自以爲非、今五子自是、豈異斯哉、

莊子送葬、過惠子之墓、顧謂從者曰、郢人堊漫其鼻端、若蠅翼、使匠石斲之、匠石運斤成風、聽而斲之、瞑目恣手、盡堊而鼻不傷、郢人立不失容、宋元君聞之、召匠石曰、嘗試爲寡人爲之、匠石曰、臣則嘗能斲之、雖然臣之質死久矣、自夫子之死也、吾無以爲質矣、吾無與言之矣、非夫不動之質、忘言之對、則雖至言

下畔列子作
下不叛

妙斲、而無所用之、管仲有病、桓公問之曰、仲父之病病矣、可不謂云、至於大病、則寡人惡乎屬國而可、管仲曰、公誰欲與、公曰鮑叔牙、曰不可、其爲人潔廉善士也、其於不已若者不比之、又一聞人之過、終身不忘、使之治國、上且鉤乎君、下且逆乎民、其得罪於君也、將弗久矣、公曰、然則孰可、對曰、勿已則隰朋可、其爲人也、上忘而下畔、高而不亢、愧不若皇帝、而哀不已若者、故無棄人、以德分人謂之聖、以財分人謂之賢、以賢臨人、未有得人者也、以賢下人、未有不得人者也、其於國有不聞也、其於家有不見也、勿已則隱、朋可、若皆聞見則事鍾於己、而羣下無所措手足、故遺之可也、未能盡遺、故僅可也、「吳王浮於江、登乎狙之山、衆狙見之、恂然棄而走、逃於深蓁、有一狙焉、委蛇攫搔、見巧乎王、王射之敏給、敏疾也、給續括也、搏捷矢、捷速也、矢往雖速、而狙猶能搏、王命相者趨射之、狙執死、王顧謂其友顏不疑曰、之狙也、伐其巧、恃其便、以敖予、以至此殛也、戒之哉、嗟乎無以汝色驕人哉、顏不疑歸而師董梧、以助其色、去樂辭顯、三年而國人稱之、稱其忘巧遺色」而任大素朴南伯子綦隱几而坐、仰天而嘘、顏成子入見曰、夫子物之尤也、形固可使若槁骸、心固可使若死灰乎、曰吾嘗居山穴之中矣、當是時也、田禾一覩我、而齊國之衆三賀之、以得見子綦爲榮我必先之、彼故知之、我必賣之、彼故鬻之、若我而不有之、彼惡得而知之、若我而不賣之、彼惡得而鬻之、嗟乎我悲人之自喪者、吾又悲夫悲人者、吾又悲夫悲人之悲者、其後而日遠矣、子綦知夫爲之不足以救彼、而適足以傷我、故以不悲悲之、則其悲稍去、而泊然無心、枯槁其形、所以爲日遠矣、仲尼之楚、楚王觴之、孫叔敖執

僚弄

爵而立、市南宜僚受酒而祭曰、古之人乎於此言已、古之言者必於會同曰丘也聞不言之言矣未之嘗言、聖人無言、其所言者百姓之言耳、故曰不言之言、苟以言為不言、則雖言出於口、故為未之嘗言、於此乎言之、今將於此言於無言市南宜僚弄丸而兩家之難解、孫叔敖甘寢秉羽、而郢人投兵、此二子息訟以默、澹泊自若、而兵難自解、丘願有喙三尺、苟所言非己、則雖終身言、故為未嘗言耳、是以有喙三尺、未足稱長、凡人閉口、未是不言、彼之謂不道之道、彼謂二子此之謂不言之辯、此謂仲尼故德總乎道之所一、道之所容者雖無方、然總其大歸、莫過於自得、故一也、而言休乎知之所不知至矣、言止其分、非至如何道之所一者、德不能同也、各自得耳、非相知之同也、而道一也、所不能知者、辯不能舉也、非其分、故不能舉名若儒墨而凶矣、夫儒墨欲同所不能同、舉所不能舉、故凶、故海不辭東流大之至也、明受之無所辭、所以成大、聖人并包天地澤及天下、而不知其誰氏、汎然都任是故生無爵、有而無之死無謚、謚所以名功、功不在已、故雖謚而非已有、實不聚、令萬物各知足名不立、功非已爲、故名歸於物、此之謂大人、若爲而有之則小矣狗不以善吠爲良、人不以善言爲賢、賢出於性、非言所爲、而況爲大乎、夫大愈不可爲而得夫爲大不足以爲大、而況爲德乎、唯自然乃德耳夫大備矣、莫若天地、然奚求焉、而大備矣、天地大備、非求之也、知大備者、無求無失無棄、不以物易己也、知其自備者、不營己而求物、故無求無失無棄也、反己而不窮、反守我理、我理自通、循古而不摩、順常性而自至耳、非摩拭、大人之誠、不爲而自得、故曰誠、子綦有八子、陳諸前、召九方歅曰、爲我相吾子、孰爲祥、九方歅曰、梱也爲祥、子綦瞿然喜曰、奚若、曰梱也將與國君同食以終其身、子綦索然出涕曰、吾子何爲以至於是極也、九方歅曰、夫與國君同食、澤及三族、而況於父母乎、今夫子聞之而泣、是禦福也、子則祥矣、父則不祥、子綦曰、歎女何足以識之、而梱祥邪、盡於酒肉入於鼻口矣、而何足以知其所自來、吾未嘗爲牧、而牂生於奧、未嘗好田、而鶉生於宎、若勿怪何邪、夫所以怪、出於不意故也、吾所與吾子遊者、遊於天地、不有所爲吾與之邀樂於天、吾與之邀食於地、隨所遇於天地耳、邀遇也吾不與之爲事、不與之爲謀、不與之爲怪、怪異也、循常任性、脫然自爾、吾與之乘天地之誠、而不以物與之相攖、斯不爲也吾與之一委蛇、而不與之爲事所宜、斯順耳、今無攖也也、然有世俗之償焉、夫有功於物、物乃報之、凡有吾不爲功而償之何也怪徵者、必有怪行、殆乎非我與吾子之罪、幾天與之也、今無怪行、而有怪徵、故知其天命也、吾以是泣也、夫爲而然者、勿爲則已矣、不爲而自至、則不可奈何也、故泣之、無幾何、而使梱之於燕、盜得之於道、全而鬻之則難、不若刖之則易、全恐其逃、故不如刖之易售也、於是刖而鬻之於齊、適當渠公之街、然身食肉而終、齧缺遇許由曰、子將奚之、曰將逃堯、曰奚謂邪、曰夫堯畜畜然仁、吾恐其爲天下笑、後世其人與人相食與、仁者爭尚之原故也、夫民不難聚也、愛之則親、利之則至、譽之則勸、致其所惡則散、愛利出乎仁

假 禽 假

義、捐仁義者寡、利仁義者衆、夫仁義之行、唯且無誠、仁義既行、將僞以爲之、且假夫禽貪者器、仁義可見、則夫貪者將假斯器、以獲其志、是以一人之斷制利天下、若夫仁義各出其情、則其斷制不止乎一人、譬之猶一覕也、覕割也、萬物萬形、而以一劑割之、則有傷也、夫堯知賢人之利天下也、而不知其賊天下也、夫唯外乎賢者知之矣、外賢則賢不僞、有暖姝者、有濡需者、有卷婁者、所謂暖姝者、學一先生之言、則暖暖姝姝而私自說也、自以爲足矣、而未知未始有物也、意盡形教、豈知我之獨化於玄冥之竟哉、是以謂暖姝者也、濡需者豕蝨是

鄧　蝨

也擇疏鬣自以爲廣宮大囿奎蹏曲隈乳間股脚自以爲安室利處不知屠者之一旦鼓臂布草操煙火而已與豕俱焦也此以域進此以域退此其所謂濡需者也非有通變貌世之才而偷安乎一時之利者皆豕蝨者也卷婁者舜也羊肉不慕蟻蟻慕羊肉羊肉羶也舜有羶行百姓悅之故三徙成都至鄧之虛而十有萬家堯聞舜之賢舉之童土之地曰冀得其來之澤舜舉乎童土之地年齒長矣聰明衰矣而不得休歸所謂卷婁者也聖人之形不異凡人故耳目之用衰也至於精神則始終常全耳若

少則未成、及長而衰、則聖人之聖、曾不崇朝、可乎、是以神人惡衆至、衆自至耳、非好而致之、衆至則不比、不比則不利也、明舜之所以有天下、出於不得已耳、豈此而利之、故無所甚親、無所甚疎、抱德煬和、以順天下、此謂眞人、於蟻棄知、於魚得計、於羊棄意、於民則蒙澤、於舜則形勢、以目視目、以耳聽耳、以心復心、此三者未能無其耳目心意也、若然者其平也繩、未能去繩而自平、其變也循、未能絕迹而玄會、古之眞人、以天待之、居無事以待不以事、事斯得、人入天、以有事求無事、事愈荒、古之眞人、得之也生、失之也死、得之也死、失之也生、死生得失、各隨其所居耳、於生爲得、於死或復爲失、

靡 踐

未始有常也、藥也其實堇也桔梗也雞雍也豕零也、是時爲常者也何可勝言、當其所須則無賤、非其時則無貴、貴賤有時、誰能常也句賤也以甲楯三千棲於會稽、唯種也能知亡之所以存、唯種也不知其身之所以愁、故曰、鴟目有所適、鶴脛有所節、解之也悲、各適其一時之用、不能靡所不可、則有時而失、有時而失、故有時而悲矣、解去也、故曰、風之過河也有損焉、日之過河也有損焉、有形者自然相與爲累、唯外夫形者、磨之而不磷、請只風與日相與守河、而河以爲未始其攖也、實已損矣、而不自覺、恃源而往者也、所以不覺、非不損也、恃源往也、故水之守土也審、影之守人也審、物之守物也審、無意則止於然、所以爲審、故目之於明也殆、耳之於聰也殆、心之於殉也殆、有意則無崖故殆凡能其於府也殆、殆之成也不給改、所以貴其無能、而任其天然、禍之長也茲萃、萃聚也、苟不能忘知、則禍之長也多端矣、其反也緣功、反守其性、則其功不作而成、其果也待久、欲速則不果而人以爲己寶、不亦悲乎、己寶謂有其知能故有亡國戮民無已、皆有其身之禍不知問是也、不知問禍之所由、由乎有心、而修心以救禍也、故足之於地也踐、雖踐、恃其所不蹍、而後善博也、人之知也少、雖少、恃其所不知、而後知天之所謂也、夫忘天地、遺萬物、然後蜩翼可得而知也、況欲知天之所謂、而可以不無其心哉、知大一、知大陰、知大目、知大均、知大方、知大信、知大定、至矣、大一通之、道也大陰解之、用其分內、則萬事無滯也、大目視之、用萬物之自見、亦大目也、大均緣之、因其本性、令各自得、則大均也、大方體之、體之使各得其分、則萬方俱得、所以為大方也、大信稽之、命之所期無令越逸、斯大信也、大定持之、眞不撓則自定、故持之以大定、斯不持也、盡有天、夫物未有無自然者也循有照、循之則明、無所作也、冥有樞、至理有極、但當冥之、則得其樞要也、始有彼、始有之者彼也、故我述而不作、則其解之也、似不解之者、夫解任彼、則彼自解、解之無功、故似不解、其知之也、似不知之也、用彼知也不知而後知之、我不知則彼知自用、彼知自用、則天下莫不皆知也、其間之也、不可以有崖、應物宜而無方而不可以無崖、各以其分頡滑有實、萬物雖頡滑不同、而物物各自有實也、古今不代、各自有故、而不可相代不可以虧、宜各盡其分也則可不謂有大揚搉乎、搉而揚之有大限也闔不亦問是已、奚惑然爲、若問其大搉、則物有至分、故忘已任物之理可得而知也、奚爲而惑若此也、以不惑解惑、復於不惑、是尚大不惑、夫惑不可解、故尚大不惑、愚之至也、是以聖人從而任之、所以皇王殊迹、隨世爲名也、

則陽

則陽遊於楚、夷節言之於王、王未之見、夷節歸、彭

假

陽見王果曰、夫子何不譚我於王、王果曰、我不若公閱休、彭陽曰、公閱休奚爲者邪、曰冬則擉鼈于江、夏則休乎山樊、有過而問者、曰此予宅也、言此者以抑彭陽之進趨 夫夷節已不能、而況我乎、吾又不若夷節、夫夷節之爲人也、無德而有知、不自許以之神其交、固顛冥乎富貴之地、言已不若夷節之好富貴能交結、意盡形名、任知以干上也、非相助以德、相助消也、苟進故德薄、而名消 夫凍者假衣於春、暍者反冬乎冷風、言已順四時之施、不能赴彭陽之意、 夫楚王之爲人也、形尊而嚴、其於罪也、無赦如虎、非夫佞人正德、其孰能撓焉、故聖人其窮也、使家人忘其貧、淡然無欲、樂足於所遇、不以侈靡爲貴、而以道德爲榮、故其家人不識貧之可苦、其達也、使王公忘爵祿、而化卑、輕爵祿而重道德、超然坐忘、不覺榮之在身、故使王公失其所以爲高、其於物也、與之爲娛矣、不以爲物自苦、其於人也、樂物之通而保己焉、通彼而不喪我、故或不言而飲人以和、人各自得、斯飲和矣、豈待言哉、與人並立而使人化、望其風而靡之、父子之宜、彼其乎歸居、使彼父父子子、各歸其所、而一閒其所施、其所施同天地之德、故閒靜而不二、其於人心者、若是其遠也、故曰待公閱休、欲其釋楚王而從閱休、將以靜泰之風鎮其動心也、聖人

則不知以下注一本無

達綢繆、所謂玄通周盡一體矣、無內外而皆洞照而不知其然性也、不知其然而自然者非性如何復命搖作而以天爲師、搖者自搖、作者自作、莫不復命而師其天然也、人則從而命之也、此非起名而高其迹、師性而動、其迹自高、故人不能下其名也、憂乎知而所行恆無幾時、其有止也、若之何、任知而行、則憂患相繼、生而美者、人與之鑑、不告則不知其美於人也、鑑、鏡也、鑑物無私、故人美之、令夫鑑者、豈知鑑而鑑邪、生而可鑑、則人謂之鑑耳、若人不相告、則莫知其美於人、譬之聖人、人與之名、則不知其美於人、生便有見物之美而爲無心、人與作名言鏡耳、故人美之、若不相告、卽莫知其美於人、若知之、若不知之、若聞之、若不聞之、其可喜也終無已、夫鑑之可喜、由其無情、不問知與不知、聞與不聞、來即鑑之、故終無已、若鑑由聞知、則有時而廢也、人之好之亦無已、性也、若性所不好、豈能久照、聖人之愛人也、人與之名、不告則不知其愛人也、聖人無愛若鏡耳、然而事濟於物、故人與之名、若人不相告、則莫知其愛人也、若知之、若不知之、若聞之、若不聞之、其愛人也終無已、蕩然以百姓爲芻狗、而道合於愛人、故能無已、若愛人由乎聞知、則有時而衰也、人之安之亦無已、性也、性之所安、故能久、舊國舊都、望之暢然、得舊猶暢然、況得性乎、雖使丘陵草木之緡、緡合也、入之者十九、猶之暢然、況見見聞聞者也、見所嘗見、聞所嘗聞、而猶暢然、況體其體、用其性也、以十仞之臺縣衆閒者也、衆之所肎、雖危猶閒、況聖人之無危冉相氏得其環中以隨成、冉相氏古之聖王也、居空以隨物、物自成、與物無終無始、無幾無時、忽然與之俱往日與物化者、一不化者也、日與物化、故常無我、常無我故常不化也、闔嘗舍之、言夫爲者何不試舍其所爲乎夫師天而不得師天、唯無所師、乃得師天、與物皆殉、其以爲事也、若之何、雖師天猶未免於殉、奚足事哉、師天猶不足稱事、況又下斯邪、夫聖人未始有天、未始有人、未始有始、未始有物、與世偕行而不替、所行之備而不洫、其合之也若之何、都無乃冥合湯得其司御門尹登恒爲之傅之、委之百官而不與焉從師而不圃、任其自聚、非圃之也、縱其自散、非解之也、得其隨成、爲之司其名、司御之屬、亦能隨物之自成也、而湯得之、所以名寄於物而物不在已、之名嬴法、得其兩見、名法者已過之迹、而非適足也、故曰嬴、然無心者、寄治於羣司、則其名迹並見於彼、仲尼之盡慮、爲之傅之、仲尼曰天下何思何慮、慮已盡矣、若有纖芥之慮、豈得寂然不動、應感無窮、以輔萬物之自然也、容成氏曰、除日無歲、今所以有歲而存日者、爲有死生故也、若無死無生、則歲日之計除也、無內無外、無彼我則無內外也、魏瑩與田侯牟約、田侯牟背之、魏瑩怒、將使人刺之、犀首聞而恥之曰、君爲萬乘之君也、而以匹夫從讎、衍請受甲二十萬、爲君攻之、虜其人民、係其牛馬、使其君内熱發於背、然後拔其國、忌也出走、然後扶其背、折其脊、季子聞而恥之曰、築十仞之城、城者既十仞矣、則又壞之、此胥靡之所苦也、今兵不起七年矣、此王之基也、衍亂人、不可聽也、華子聞而醜之曰、善言伐齊者亂人也、善言勿伐者亦亂人也、謂伐之與不伐亂人也者、又亂人也、君曰、然則若何、曰君求其道而已矣、惠子聞之而見戴晉人、戴晉人曰、有所謂蝸者、君知之乎、曰然、蝸至微而有兩角有國於蝸之左角者曰觸氏、有國於蝸之右角者曰蠻氏、時相與爭地而戰、伏尸數萬、逐北旬有五日而後反、誠知所爭者、若此之細也、則天下無爭矣、君曰噫、其虛言與、曰臣請爲君實之、君以意在四方上下有窮乎、君曰無窮、曰知游心於無窮、而反在通達之國、人迹所及爲通達、謂今四海之內也、若存若亡乎、君曰然、今自以四海爲大、然計在無窮之中、若有若無也、曰通達之中有魏、於魏中有梁、於梁中有王、王與蠻氏有辯乎、君曰無辯、王與蠻氏俱有限之物耳、有限則不問大小、俱不得與無窮者計也、雖後天地共在無窮之中、皆莀如也、況魏中之梁、梁中之王、而足爭哉、客出、而君惝然若有亡也、自悼所爭者細、客出、惠子見、君曰、客大人也、聖人不足以當之、惠子曰、夫吹筦也、猶有嗃也、吹劍首者吷而已矣、堯舜人之所譽也、道堯舜於戴晉人之前、譬猶一吷也、會不足聞孔子之楚、舍於蟻丘之漿、其鄰有夫妻臣妾登極者、子路曰、是稷稷何爲者邪、仲尼曰、是聖人僕也、是自埋於民、與民同自藏於畔、進不榮華退不枯槁其聲銷、損其名也其志無窮、規是生也其口雖言、其心未嘗言、所言者皆世言方且與世違、而心不屑與之俱、心與世異是陸沈者也、人中隱者、譬無水而沈也是其市南宜僚邪、子路請往召之、孔子曰已矣、彼知丘之著於已也、著明也知丘之適楚也、以丘爲必使楚王之召已也、彼且以丘爲佞人也、夫若然者、其於佞人也、羞聞其言、而況親見其身乎、而何以爲存、不如舍之以從其志子路往視之、其室虛矣、果逃去也長梧封人問子牢曰、君爲政焉勿鹵莽、治民焉勿滅裂、鹵莽滅裂輕脫末略不盡其分昔予爲禾、耕而鹵莽之、則其實亦鹵莽而報予、芸而滅裂之、其實亦滅裂而報予、予來年變齊、深其耕而熟耰之、功盡其分無所不至其禾繁以滋、予終年厭飧、莊子聞之曰、今人之治其形、理其心、多有似封人之所謂、遁其天、離其性、滅其情、亡其神以衆爲、夫遁離滅亡、以衆爲之所致也、若各致其極則何患也故鹵莽其性者、欲惡之孽爲性萑葦、萑葦害禾稷、欲惡傷正性、蒹葭始萌、以扶吾形、形扶疏則神氣傷尋擢吾性、以欲惡引性、不止於當、並潰漏發、不擇所出、漂疽疥癰、内熱溲膏是也、此鹵莽之報也、故治性者、安可以不齊其至哉、柏矩學於老聃、曰請之天下遊、老聃曰、已矣、天下猶是也、又請之老聃曰、汝將何始、曰始於齊、至齊見辜人焉、推而強之、解朝服而幕之、號天而哭之曰、子乎子乎、天下有大菑、子獨先離之、曰莫爲盜、莫爲殺人、殺人大菑、謂自此以下事、大菑既有、則雖戒以莫爲、其可得已乎、榮辱立然後覩所病、各自得則無榮辱、得失紛紜、故榮辱立、榮辱立、則夸其所謂辱、而跂其所謂榮矣、奔馳乎夸跂之間、非病如何、貨財聚然後覩所爭、若以知足爲富、將何爭乎、今立人之所病、聚人之所爭、窮困人之身使無休時、欲無至此得乎、上有所好、則下不能安其本分、古之君人者、以得爲在民、以失爲在己、君莫之失、則民自得矣以正爲在民、以枉爲在己、君莫之枉、則民自正故一形有失其形者、退而自責、夫物之形性、何爲而失哉、皆由人君撓之、以至斯患耳、故自責、今則不然、匿爲物而

則

愚不識、反其性匿也、用其性顯也、故爲物所顯則皆識、大爲難而罪不敢、爲物所易則皆敢重爲任而罰不勝、輕其所任則皆勝遠其塗而誅不至、適其足力則皆至民知力竭、則以僞繼之、將以避誅罰也日出多僞、士民安取不僞、主日興僞、士於何許得其眞乎、夫力不足則僞、知不足則欺、財不足則盜、盜竊之行、於誰責而可乎、當責上也蘧伯玉行年六十而六十化、亦能順世而不係於彼我故也未嘗不始於是之、而卒詘之以非也、順物而暢物情之變然也未知今之所謂是之非五十九非也、物情之變未始有極萬物有乎生、而莫見其根、有乎出、而莫見其門、無根無門、忽爾自然、故莫見也、唯無其生、亡其出者、爲能都其門、而測其根也、人皆尊其知之所知、而莫知恃其知之所不知而後知、可不謂大疑乎、我所不知、物有知之者矣、故用物之知、則無所不知、獨任我知、知其寡矣、今不恃物以知、而自尊其知、則物不告我、非大疑如何、已乎已乎、且無所逃、不能用彼、則寄身無地、此則所謂然與然乎、自謂然者、天下未之然也、

仲尼問於大史大弢伯常騫狶韋曰、夫衛靈公飲酒湛樂、不聽國家之政、田獵畢弋、不應諸侯之際、其所以爲靈公者何邪、大弢曰、是因是也、靈卽是無道之諡也、伯常騫曰、夫靈公有妻三人、同濫而浴、男女同浴、此無

禮也、史鰌奉御而進、所摶幣而扶翼、以鰌爲賢、而奉御之勞、故摶幣而扶翼之、使其不得終禮、此其所以爲肅賢也、幣者奉御之物、其慢若彼之甚也、見賢人若此其肅也、是其所以爲靈公也、欲以肅賢補其私慢、靈有二義、亦可謂善、故仲尼問焉、豨韋曰、夫靈公也死、卜葬於故墓不吉、卜葬於沙丘而吉、掘之數仞得石槨焉、洗而視之有銘焉、曰不馮其子、靈公奪而里之、夫靈公之爲靈也久矣、子謂蒯聵也、言不馮其子靈公、將奪安處也、夫物皆先有其命、故來事可知也、是以凡所爲者、不得不爲、凡所不爲者、不可得爲、而愚者以爲之在已、不亦妄乎、之二人何足以識之、徒識已然之見事耳、未知已然之出於自然也、少知問於大公調曰、何謂丘里之言、大公調曰、丘里者合十姓百名、而以爲風俗也、合異以爲同、散同以爲異、今指馬之百體而不得馬、而馬係於前者、立其百體而謂之馬也、是故丘山積卑而爲高、江河合水而爲大、大人合并而爲公、無私於天下、則天下之風一也、是以自外入者、有主而不執、由中出者、有正而不距、自外入者、大人之化也、由中出者、民物之性也、性各得正、故民無違心、化必至公、故主無所執、所以能合丘里而并天下、一萬物而夷羣異也、四時殊氣天不賜、故歲成、殊氣自有、故能常有、若本無之而由天賜、則有時而廢、五官殊職君不私故

離

明本文武下有殊能二字

國治、殊職自有其才、故任之耳、非私而與之、文武大人不賜、故德備、文者自文、武者自武、非大人所賜也、若由賜而能、則有時而闕矣、豈唯文武、凡性皆然、萬物殊理、道不私、故無名、無名故無爲、無爲而無不爲、名止於實、故無無爲、實各自爲、故無不爲、時有終始、世有變化、故無心者斯順禍福淳淳、流行反覆至有所拂者、而有所宜、於此爲戾、於彼或以爲宜、自殉殊面、各自信其所是、不能諍也、有所正者、有所差、正於此者、或差於彼、比於大澤、百材皆度、無棄材也觀乎大山、木石同壇、合異以爲同也此之謂丘里之言、言於丘里則天下可知少知曰、然則謂之道足乎、大公調曰、不然、今計物之數、不止於萬、而期曰萬物者以數之多者、號而讀之也、夫有數之物、猶不止於萬、況無數之數、謂道而足邪、是故天地者、形之大者也、陰陽者、氣之大者也、道者爲之公、物得以通、通物無私、而强字之曰道、因其大以號而讀之則可也、所謂道可道也、已有之矣、乃將得比哉、名已有矣、故乃將無可得而比邪、則若以斯辯、譬猶狗馬、其不及遠矣、今名之辯無、不及遠矣、故謂道猶未足也、必在乎無名無言之域、而後至焉、雖有名、故莫之比也、少知曰、四方之內、六合之裏、萬物之所生惡起、問此者、或謂道能生之、大公調曰、陰陽相照相蓋相治、四時相代、相生相殺、言此皆其自爾、非無所生、欲

疏本精下有微字

惡去就、於是橋起、雌雄片合、於是庸有、凡此事故云爲趣舍近起於陰陽之相照、四時之相代也、安危相易、禍福相生、緩急相摩、聚散以成、此名實之可紀、精之可志也、過此以往至於自然之故、誰知所以也、隨序之相理、橋運之相使、窮則反、終則始、此物之所有、皆物之所有、自然而然耳、非無能有之也、言之所盡、知之所至、極物而已、物表無所復有、故言知不過極物也、覩道之人、不隨其所廢、不原其所起、廢起皆自爾、無所原隨也、此議之所止、極於自爾、故無所議、少知曰、季眞之莫爲、接子之或使、二家之議、孰正於其情、孰徧於其理、季眞曰、道莫爲也、接子曰、道或使、或

疏本意下有解

前條何之明
稍

祖一作阻

（使者有使物之功也、）大公調曰、雞鳴狗吠、是人之所知、雖有大知、不能以言讀其所自化、又不能以意其所將爲、（物有自然、非爲之所能也、由斯而觀、季眞之言當也、）斯而析之、精至於無倫、大至於不可圍、（皆不爲而自爾、）或之使、莫之爲、未免於物、而終以爲過、（物有相使、亦皆自爾、故莫之爲者、未爲非物也、凡物云云、皆由莫爲而過去、）或使則實、（實自使之、）莫爲則虛、（無使之也、）有名有實、是物之居、（指名實之所在、）無名無實、在物之虛、（物之所在、其實至虛、）可言可意、言而愈疏、（故求之於言意之表、而後至焉、）未生不可忌、（突然自生、制不由我、我不能禁、）已死不可徂、（忽然自死、吾不能違、）死生非遠也、

假　假　假

理不可覩、（近於身中、猶莫見其自爾、而欲憂之）或之使、莫之爲、疑之所假、（此二者世所至疑也）吾觀之本、其往無窮、吾求之末、其來無止、無窮無止、言之無也、與物同理、（物理無窮、故其言無窮、然後與物同理也、）或使莫爲、言之本也、與物終始、（恒不爲而自使然也）道不可有、有不可無、（道故不能使有、而有者常自然也）道之爲名、所假而行、（物所由而行、假名之曰道、）或使莫爲、在物一曲、夫胡爲於大方、（舉一隅便可知）言而足、則終日言而盡道、（求道於言意之表則足）言而不足、則終日言而盡物、（不能忘言而存意則不足）道物之極、言默不足以載、（夫道物之極、常莫爲而自爾、不在言與不

言、

非言非默議其有極、極於自爾非言默而議也

莊子南華眞經卷八

莊子南華眞經卷九

郭象注

雜篇

外物

外物不可必、故龍逢誅、比干戮、箕子狂、惡來死、桀紂亡、善惡之所致、俱不可必也、人主莫不欲其臣之忠、而忠未必信、故伍員流于江、萇弘死于蜀、藏其血三年而化爲碧、精誠之至人親莫不欲其子之孝、而孝未必愛、故孝已憂、而曾參悲、是以至人無心而應物、唯變所適、木與木相

霆

摩則然、金與火相守則流、陰陽錯行則天地大絯、於是乎有雷有霆、水中有火、乃焚大槐、（所謂錯行）有甚憂兩陷而無所逃、（苟不能忘形、則隨形所遭、而陷於憂樂、左右無宜也、）螴蜳不得成、（矜之愈重、則所在爲難、莫知所守、故不得成、）心若縣於天地之間、（所希跂者高而濶也）慰暋沈屯、（非清夷平暢也）利害相摩、生火甚多、（內熱故也）衆人焚和、（衆人而遺利則和、若利害存懷、則其和焚也、）月固不勝火、（大而闇則多累、小而明則知分、）於是乎有僓然而道盡、（唯僓然無矜、遺形自得、道乃盡也、）莊周家貧、故往貸粟於監河侯、監河侯曰諾、我將得邑金、將貸子三百金、可乎、莊周忿然作色曰、周昨來、有中道而呼者、周顧視車轍中有鮒魚焉、周問之曰、鮒魚來、子何爲者邪、對曰、我東海之波臣也、君豈有斗升之水而活我哉、周曰諾、我且南遊吳越之王、激西江之水而迎子、可乎、鮒魚忿然作色曰、吾失我常與、我無所處、吾得斗升之水然活耳、君乃言此、曾不如早索我於枯魚之肆、此言當理無小、苟其不當、雖大何益任公子爲大鉤巨緇、五十犗以爲餌、蹲乎會稽、投竿東海、旦旦而釣、期年不得魚、已而大魚食之、牽巨鉤錎没而下、鶩揚而奮鬐、白波若山、海水震蕩、聲侔鬼神、憚赫千里、任公子得若魚、離而腊之、自制河以東、蒼梧已北、莫不厭若魚者、已而後世輇才諷說之徒、皆驚而相告也、夫揭竿累趣灌瀆守鯢鮒、其於得大魚難矣、飾小說以干縣令、其於大達亦遠矣、是以未嘗聞任氏之風俗、其不可與經於世亦遠矣、此言志趣不同、故經世之宜小大各有所適也儒以詩禮發冢、大儒臚傳曰、東方作矣、事之何若、小儒曰、未解裙襦、口中有珠、詩固有之曰、青青之麥、生於陵陂、生不布施、死何含珠爲、接

裙

其鬢、壓其顪、儒以金椎控其頤、徐別其頰、無傷口中珠、詩禮者先王之陳迹也、苟非其人、道不虛行、故夫儒者乃有用之爲姦、則迹不足恃也、

老萊子之弟子出薪、遇仲尼、反以告曰、有人於彼、修上而趨下、長上而促下也末僂而後耳、耳却近後而上僂視若營四海、視之儡然似營他人事者不知其誰氏之子、老萊子曰、是丘也、召而來、仲尼至、曰丘去汝躬矜與汝容知、斯爲君子矣、謂仲尼能遺形去知、故以爲君子、仲尼揖而退、受其言也蹙然改容而問曰、業可得進乎、設問之、令老萊明其不可進、老萊子曰、夫不忍一世之傷、而驁萬世之患、一世爲之、則其

迹萬世爲患、故不可輕也、抑固窶眾、亡其畧弗及邪、直任之則民性不窶、
而皆自有畧、無弗及之事也惠以歡爲驁、終身之醜、惠之而歡者、無惠則
醜矣、然惠不可長、故一惠終身醜也、中民之行進焉耳、言其易進則不可妄惠之
相引以名、相結以隱、隱括進之謂也與其譽堯而非桀、不
如兩忘、而閉其所譽、閉者閉塞反無非傷也、動無非邪
也、順之則全、靜之則正、聖人躊躇以興事、以每成功、事不違本、故其
功每成、奈何哉其載焉終矜爾、矜不可載、故遺而弗有也、宋元君
夜半而夢人被髮闚阿門曰、予自宰路之淵、予爲
清江使河伯之所、漁者余且得予、元君覺使人占

之、曰此神龜也、君曰、漁者有余且乎、左右曰有、君曰、令余且會朝、明日余且朝、君曰、漁何得、對曰、且之網得白龜焉、其圓五尺、君曰、獻若之龜、龜至、君再欲殺之、再欲活之、心疑、卜之、曰殺龜以卜吉、乃刳龜七十二鑽而無遺筴、仲尼曰、神龜能見夢於元君、而不能避余且之網、知能七十二鑽而無遺筴、不能避刳腸之患、如是則知有所困、神有所不及也、神知之不足恃也如是、夫唯靜然居其所能、而不營於外者爲全、雖有至知、萬人謀之、不用其知、而用衆謀、魚不畏網、而畏鵜鶘、網無情、故得魚去小知而大知明、小知自私、大知任物、去善而自善矣、去善則善無所慕、善無所慕、則善者不矯而自善也嬰兒生無石師而能言、與能言者處也、泯然無習而自能者非跂而學彼也惠子謂莊子曰、子言無用、莊子曰、知無用而始可與言用矣、夫地非不廣且大也、人之所用容足耳、然則廁足而墊之致黃泉、人尚有用乎、惠子曰無用、莊子曰、然則無用之爲用也亦明矣、聖應其內、當事而發、已言其外、以暢事情、情暢則事通、外明則內用、相須之理然也莊子曰、人有能遊、且得不遊乎、人而不能遊、且得遊乎、性之所能、不得不爲也、性所不能不得強爲、故聖人唯莫之制、則同

疏本至作全

焉皆得、而不知所以得也、夫流遁之志、決絕之行、噫其非至知厚德之任與、非至厚則莫能任其志行、而信其殊能也、覆墜而不反、火馳而不顧、人之所好、不避是非、死生以之、雖相與爲君臣時也、易世而無以相賤、所以爲人齊同故曰、至人不留行焉、唯所遇而因之、故能與化俱也、夫尊古而卑今、學者之流也、古無所尊今無所卑、而學者尊古而卑今、失其原矣、且以狶韋氏之流觀今之世、夫孰能不波、隨時因物乃平泯也、唯至人乃能遊於世而不僻、當時應務、所在爲正、順人而不失己、本無我、我何失焉、彼教不學、教因彼往、故非學也、承意不彼、彼意自然、故承而用之、則夫萬物各至其我、目徹爲明、耳徹爲聰、鼻徹爲顫、口徹爲甘、心徹爲知、知徹爲德、凡道不欲壅、壅則哽、哽而不止則跈、當通而塞則理有不泄、而相騰踐也、跈則衆害生、生起也物之有知者恃息、凡根生者無知、亦不恃息也、其不殷非天之罪、殷當也、夫息不由知、由知然後失當、失當而後不通、故知恃息、息不恃知也、然知欲之用、制之由人、非不得已之符也、天之穿之、日夜無降、通理有常運人則顧塞其竇、無情任天竇乃開胞有重閬、閬空曠也心有天遊、遊不係也室無空虛、則婦姑勃谿、爭處也心無天遊、則六鑿相攘、攘逆大林丘山之善於人也、亦神者不勝、自然之理、有寄物而通也、德溢乎名、夫名高則利深故修德者過其當、名溢乎暴、夫禁暴則名美於德謀稽乎誸、誸急也急而後考其謀、知出乎爭、平往則無用知柴生乎守、柴塞也官事果乎衆宜、衆之所宜者不一、故官事立也春雨日時、草木怒生、銚鎒於是乎始修、夫事物之生皆有由草木之到植者過半、而不知其然、夫事由理發故不覺靜然可以補病、非不病也眥搣可以休老、非不老也寧可以止遽、非不遽也雖然、若是勞者之務也、非佚者之所、未嘗過而問焉、若是猶有勞、故佚者超然不顧聖人之所以駴天下、神人未嘗過而問焉、神人即聖人也、聖言其外、神言其內、賢人所以駴世、聖人未嘗過而問焉、君子所

以駭國、賢人未嘗過而問焉、小人所以合時、君子
未嘗過而問焉、趣步各有分、高下各有等、演門有親死者、以善
毀爵為官師、其黨人毀而死者半、慕賞而孝、去眞遠矣、斯尚賢之
過也、堯與許由天下、許由逃之、湯與務光、務光怒之、
紀他聞之、帥弟子而踆於窾水、諸侯弔之三年、申
徒狄因以踣河、其波蕩傷性、遂至於此、荃者所以在魚、得魚
而忘荃、蹄者所以在兎、得兎而忘蹄、言者所以在
意、得意而忘言、吾安得夫忘言之人而與之言哉、
至於兩聖無意、乃都無所言也、

寓言

寓言十九、寄之他人、則十言而九見信、重言十七、世之所重、則十言而七見信、卮言日出、和以天倪、夫卮滿則傾、空則仰、非持故也、況之於言、因物隨變唯彼之從、故曰日出、日出、謂日新也、日新則盡其自然之分、自然之分盡則和也、寓言十九、藉外論之、言出於己、俗多不受、故借外耳、肩吾連叔之類、皆所借也、親父不為其子媒、親父譽之、不若非其父者也、父之譽子、誠多不信、然時有信者、輒以常嫌見疑、故借外論也、非吾罪也、人之罪也、己雖信而懷常疑者、猶不受、寄之彼人則信之、人之聽有斯累也、與己同則應、不與己同則反、互相非也、同於己為是之、異於己為非之、三異同處而二異訟其所取是、必於不訟者俱異耳、而獨信其所是、非借外如何、重言十七、所以已言也、是爲耆艾、以其耆艾、故俗共重之、雖使言不借外、猶十信其七、年先矣、而無經緯本末、以期年耆者、是非先也、年在物先耳、其餘本末、無以待人、則非所以先也、期待也、人而無以先人、無人道也、人而無人道、是之謂陳人、直是陳久之人耳、而俗便共信之、此俗之所以爲安故而習常、巵言日出、和以天倪、因以曼衍、所以窮年、夫自然有分、而是非無主、無主則曼衍矣、誰能定之哉、故曠然無懷、因而任之、所以各終其天年、不言則齊、齊與言不齊、言與齊不齊也、付之與物而就用其言、則彼此是非、居然自齊、若不能因彼、而立言以齊之、則我與萬物復不齊耳、故曰無言、言彼

疏本故曰下有言字

所言、故雖有言而我竟不言也、言無言、終身言未嘗言、雖出吾口皆彼言耳
終身不言、未嘗不言、據出我口有自也而可、有自也而
不可、有自也而然、有自也而不然、惡乎然、然於然、
惡乎不然、不然於不然、惡乎可、可於可、惡乎不可、
不可於不可、自由也、由彼我之情偏、故有可不可、物固有所然、物固
有所可、各自然、各自可、無物不然、無物不可、統而言之、則無可無不可、
無可無不可而至也、非卮言日出、和以天倪、孰得其久、夫唯言隨
物制、而任其天然之分者、能無夭落、萬物皆種也、以不同形相禪、雖變
化相代、原其氣則一、始卒若環、於今爲始者、於昨已復爲卒也、莫得其倫、理自

爾故莫得是謂天均、天均者天倪也、夫均齊者豈妄哉、皆天然之分、莊子謂惠子曰、孔子行年六十而六十化、與時俱也、始時所是、卒而非之、時變則俗情亦變、乘物以遊心者、豈異於俗哉、未知今之所謂是之非五十九非也、變者不停、是不可常、惠子曰、孔子勤志服知也、謂孔子勤志服膺而後知、非能任其自化也、此明惠子不及聖人之韻遠矣、莊子曰、孔子謝之矣、而其未之嘗言、謝變化之自爾、非知力之所爲、故隨時任物、而不造言也、孔子云、夫受才乎大本、復靈以生、若役其才知、而不復其本靈、則生亡矣、鳴而當律、言而當法、鳴者律之所生、言者法之所出、而法律者衆之所爲、聖人就用之耳、故無不當、而未之嘗言、未之嘗爲也、利義陳乎前、而好惡是非、直服人之口而已矣、服用也、我無言也、我之所言、直用人之口耳、好惡是非、利義之陳、未始出吾口也、使人乃以心服、而不敢蘁立、定天下之定、口所以宣心、故用衆人之口、則衆人之心用矣、我順衆心、則衆心信矣、誰敢逆立哉、吾因天下之自定而定之、又何爲乎、巳乎巳乎、吾且不得及彼乎、因而乘之故無不及曾子再仕而心再化、曰吾及親仕三釜而心樂、後仕三千鍾不洎、吾心悲、洎及也弟子問于仲尼曰、若參者、可謂無所縣其罪乎、縣係也、謂參仕以爲親、無係祿之罪也、曰既巳縣矣、係於祿以養也夫無所縣者、可以有哀乎、夫養親以適、不問其具、若能無係、則不以貴賤經懷

疏本本文雀上有鳥字

而平和怡暢、盡色養之宜矣、彼視三釜三千鍾、如觀雀蚊虻相過乎前也、彼謂無係也、夫無係者、視榮祿若蚊虻鳥雀之在前而過去耳、豈有哀樂於其閒哉、顏成子游謂東郭子綦曰、自吾聞子之言、一年而野、外權利也、二年而從、不自專也、三年而通、通彼我也、四年而物、與物同也、五年而來、自得也、六年而鬼入、外形骸也、七年而天成、無所復爲、八年而不知死不知生、所遇皆適而安、九年而大妙、妙善也、善惡同故無往而不宜、此言久聞道知天籟之自然、將忽然自忘、則穢累日去、以至於盡耳、生有爲死也、生而有爲則喪其生、勸公以其死也有自也、自由也、由有爲、故死、由私其生、故有爲今所以勸公者、以其死之由私耳、而生陽也、無自也、夫生之陽、遂以其絶迹無爲、而忽然獨爾、非由有也、而果然乎、惡乎其所適、惡乎其所不適、然而果然、故無適無不適、而後皆適、皆適而至也、天有歷數、地有人據、吾惡乎求之、皆已自足、莫知其所終、若之何其無命也、理必自終、不由於知、非命如何、莫知其所始、若之何其有命也、不知其所以然而然、謂之命、似若有意也、故又遣命之名、以明其自爾、而後命理全也、有以相應也、若之何其無鬼邪、理必有應、若有神靈以致也、無以相應也、若之何其有鬼邪、理自相應、相應不由於故也、則雖相應而無靈也、衆罔兩問於景曰、若向也俯而今也仰、向也括而今也被髮、向也坐而今也起、向也行而今也止、何也、景曰、搜搜也、奚稍問也、動運自爾、無所稍問予有而不知其所以、自爾故不知所以予蜩甲也、蛇蛻也、似之而非也、影似形而非形火與日吾屯也、陰與夜吾代也、彼吾所以有待邪、而況乎以有待者乎、推而極之則今之所謂有待者、卒至於無待、而獨化之理彰矣彼來則我與之來、彼往則我與之往、彼強陽則我與之強陽、強陽者又何以有問乎、直自強陽運動相隨往來耳、無竟不可問也、陽子居南之沛、老聃西遊於秦、邀於郊、至於梁而遇老子、老子中道仰天而歎曰、始以汝爲可教、今不可也、陽子居不答、至舍進盥漱巾櫛、脫屨戶外、膝行而前曰、向者弟子欲請夫子、夫子行不閒、是以不敢、今閒矣、請問其故、老子曰、而睢睢盱盱、而誰與居、睢睢盱盱、跋扈之貌、人將畏難而疏遠、大白若辱、盛德若不足、陽子居蹵然變容曰、敬聞命矣、其往也舍者迎將、其家公執席、妻執巾櫛、舍者避席、煬者避竈、尊形自異、故其憚而避之也、其反也舍者與之爭席矣、去其夸矜故也

讓王

堯以天下讓許由、許由不受、又讓於子州支父、子

諸子常套問
有文章

州支父曰、以我爲天子、猶之可也、雖然、我適有幽憂之病、方且治之、未暇治天下也、夫天下至重也、而不以害其生、又况他物乎、唯無以天下爲者、可以託天下也、舜讓天下於子州支伯、子州支伯曰、予適有幽憂之病、方且治之、未暇治天下也、故天下大器也、而不以易生、此有道者之所以異乎俗者也、舜以天下讓善卷、善卷曰、余立於宇宙之中、冬日衣皮毛、夏日衣葛絺、春耕種、形足以勞動、秋收斂、身足以休食、日出而作、日入而息、逍遥於天

地之間、而心意自得、吾何以天下爲哉、悲夫子之
不知余也、遂不受、於是去而入深山、莫知其處、舜
以天下讓其友石戶之農、石戶之農曰、捲捲乎后
之爲人、葆力之士也、以舜之德爲未至也、於是夫
負妻戴、攜子以入於海、終身不反也、大王亶父居
邠、狄人攻之、事之以皮帛而不受、事之以犬馬而
不受、事之以珠玉而不受、狄人之所求者土地也、
大王亶父曰、與人之兄居而殺其弟、與人之父居
而殺其子、吾不忍也、子皆勉居矣、爲吾臣、與爲狄

人臣奚以異、且吾聞之、不以所用養害所養、因杖筴而去之、民相連而從之、遂成國於岐山之下、夫大王亶父、可謂能尊生矣、能尊生者、雖貴富不以養傷身、雖貧賤不以利累形、今世之人居高官尊爵者、皆重失之、見利輕亡其身、豈不惑哉、越人三世弒其君、王子搜患之、逃乎丹穴、而越國無君、求王子搜不得、從之丹穴、王子搜不肯出、越人薰之以艾、乘以王輿、王子搜援綏登車、仰天而呼曰、君乎君乎、獨不可以舍我乎、王子搜非惡為君也、惡爲君之患也、若王子搜者、可謂不以國傷生矣、此固越人之所欲得爲君也、韓魏相與爭侵地、子華子見昭僖侯、昭僖侯有憂色、子華子曰、今使天下書銘於君之前、書之言曰、左手攫之、則右手廢、右手攫之、則左手廢、然而攫之者、必有天下、君能攫之乎、昭僖侯曰、寡人不攫也、子華子曰、甚善、自是觀之、兩臂重於天下也、身亦重於兩臂、韓之輕於天下亦遠矣、今之所爭者、其輕於韓又遠、君固愁身傷生、以憂戚不得也、僖侯曰、善哉、教寡人者衆矣、未嘗得聞此言也、子華子可謂知輕重矣、魯君聞顏闔得道之人也、使人以幣先焉、顏闔守陋閭、苴布之衣、而自飯牛、魯君之使者至、顏闔自對之、使者曰、此顏闔之家與、顏闔對曰、此闔之家也、使者致幣、顏闔對曰、恐聽者謬而遺使者罪、不若審之、使者還反審之、復來求之、則不得已、故若顏闔者、眞惡富貴也、故曰、道之眞以治身、其緒餘以爲國家、其土苴以治天下、由此觀之、帝王之功、聖人之餘事也、非所以完身養生也、今世俗之君子、多

拜

危身棄生以殉物、豈不悲哉、凡聖人之動作也、必察其所以之、與其所以爲、今且有人於此、以隨侯之珠、彈千仞之雀、世必笑之、是何也、則其所用者重、而所要者輕也、夫生者豈特隨侯之重哉、子列子窮、容貌有飢色、客有言之於鄭子陽者曰、列禦寇蓋有道之士也、居君之國而窮、君無乃爲不好士乎、鄭子陽即令官遺之粟、子列子見使者再拜而辭、使者去、子列子入、其妻望之而拊心曰、妾聞爲有道者之妻子、皆得佚樂、今有飢色、君過而遺先生食、先生不受、豈不命邪、子列子笑謂之曰、君非自知我也、以人之言而遺我粟、至其罪我也、又且以人之言、此吾所以不受也、其卒民果作難而殺子陽、楚昭王失國、屠羊說走而從於昭王、昭王反國、將賞從者、及屠羊說、屠羊說曰、大王失國、說失屠羊、大王反國、說亦反屠羊、臣之爵祿已復矣、又何賞之有、王曰強之、屠羊說曰、大王失國、非臣之罪、故不敢伏其誅、大王反國、非臣之功、故不敢當其賞、王曰見之、屠羊說曰、楚國之法、必有重賞大功、而後得見、今臣之知不足以存國、而勇不足以死寇、吳軍入郢、説畏難而避寇、非故隨大王也、今大王欲廢法毀約而見説、此非臣之所以聞天下也、王謂司馬子綦曰、屠羊説居處卑賤而陳義甚高、子其爲我延之以三旌之位、屠羊説曰、夫三旌之位、吾知其貴於屠羊之肆也、萬鍾之祿、吾知其富於屠羊之利也、然豈可以貪爵祿而使吾君有妄施之名乎、説不敢當、願復反吾屠羊之肆、遂不受也、原憲居魯、環堵之室、茨以生草、蓬戶不完、

曾

桑以爲樞、而甕牖二室、褐以爲塞、上漏下濕、匡坐而弦、子貢乘大馬、中紺而表素、軒車不容巷、往見原憲、原憲華冠縰履、杖藜而應門、子貢曰、嘻、先生何病、原憲應之曰、憲聞之、無財謂之貧、學而不能行謂之病、今憲貧也、非病也、子貢逡巡而有愧色、原憲笑曰、夫希世而行、比周而友、學以爲人、教以爲己、仁義之慝、輿馬之飾、憲不忍爲也、曾子居衛、縕袍無表、顏色腫噲、手足胼胝、三日不舉火、十年不製衣、正冠而纓絕、捉衿而肘見、納履而踵決、曳繼而歌商頌、聲滿天地若出金石、天子不得臣、諸侯不得友、故養志者忘形、養形者忘利、致道者忘心矣、孔子謂顏回曰、回來、家貧居卑、胡不仕乎、顏回對曰、不願仕、回有郭外之田五十畝、足以給飦粥、郭内之田十畝、足以爲絲麻、鼓琴足以自娛、所學夫子之道者、足以自樂也、回不願仕、孔子愀然變容曰、善哉回之意、丘聞之、知足者、不以利自累也、審自得者、失之而不懼、行修於内者、無位而不作、丘誦之久矣、今於回而後見之、是丘之得也、中山公子牟謂瞻子曰、身在江海之上、心居乎魏闕之下、奈何、瞻子曰、重生、重生則利輕、中山公子牟曰、雖知之、未能勝也、瞻子曰、不能自勝、則從神無惡乎、不能自勝、而強不從者、此之謂重傷、重傷之人、無壽類矣、魏牟萬乘之公子也、其隱巖穴也、難爲於布衣之士、雖未至乎道、可謂有其意矣、孔子窮於陳蔡之閒、七日不火食、藜羹不糝、顏色甚憊、而弦歌於室、顏回擇菜、子路子貢相與言曰、夫子再逐於魯、削迹於衛、伐樹於宋、窮於商周、圍於陳

籍

蔡、殺夫子者無罪、藉夫子者無禁、弦歌鼓琴、未嘗絶音、君子之無恥也若此乎、顔回無以應、入告孔子、孔子推琴喟然而歎曰、由與賜細人也、召而來、吾語之、子路子貢入、子路曰、如此者可謂窮矣、孔子曰、是何言也、君子通於道之謂通、窮於道之謂窮、今丘抱仁義之道、以遭亂世之患、其何窮之爲、故内省而不窮於道、臨難而不失其德、天寒既至、霜雪既降、吾是以知松柏之茂也、陳蔡之隘、於丘其幸乎、孔子削然反琴而弦歌、子路抗然執干而舞、子貢曰、吾不知天之高也、地之下也、古之得道者窮亦樂、通亦樂、所樂非窮通也、道德於此、則窮通爲寒暑風雨之序矣、故許由娛於潁陽、而共伯得乎共首、舜以天下讓其友北人無擇、北人無擇曰、異哉后之爲人也、居於畎畝之中、而遊堯之門、不若是而已、又欲以其辱行漫我、吾羞見之、因自投清泠之淵、孔子曰、士志於仁者、有殺身以成仁、無求生以害仁、夫志尚清遐、高風邈世、與夫貪利沒命者、故有天地之降也、湯將伐桀、因卞隨而謀、卞隨曰、非吾事也、湯曰孰可、曰吾不知也、湯又因瞀光而謀、瞀光曰、非吾事也、湯曰孰可、曰吾不知也、湯曰伊尹何如、曰強力忍垢、吾不知其他也、湯遂與伊尹謀伐桀克之、以讓卞隨、卞隨辭曰、后之伐桀也謀乎我、必以我爲賊也、勝桀而讓我、必以我爲貪也、吾生乎亂世、而無道之人再來、漫我以其辱行、吾不忍數聞也、乃自投椆水而死、湯又讓瞀光曰、知者謀之、武者遂之、仁者居之、古之道也、吾子胡不立乎、瞀光辭曰、廢上非義也、殺民非仁也、人犯其難、我享其利、非廉也、吾聞之曰、非其義者、不受其祿、無道之世、不踐其土、況尊我乎、吾不忍久見也、乃負石而自沈於廬水、舊說曰、如卞隨務光者、其視天下也、若六合外、人所不能察也、斯則謬矣、夫輕天下者、不得有所重也、苟無所重、則無死地矣、以天下爲六合之外、故當付之堯舜湯武耳、淡然無係、故汎然從衆、得失無槩於懷、何自投之爲哉、若二子者可以爲殉名慕高矣、未可謂外天下也、昔周之興、有士二人、處於孤竹、曰伯夷叔齊、二人相謂曰、吾聞西方有人、似有道者、試往觀焉、至於岐陽、武王聞之、使叔旦往見之、與之盟曰、加富二等、就官一列、血牲而埋之、二人相視而笑曰、嘻異哉、此非吾所謂道也、昔者神農之有天下也、時祀盡敬、而不祈喜、其於人也、忠信盡治、而無求焉、樂與政爲政、樂與治爲治、不以人之壞自成也、不以人之卑自高也、不以遭時自利也、今周見殷之亂、而遽爲政、上謀而下行貨、阻兵而保威、割牲而盟、以爲信、揚行以說衆、殺伐以要利、是推亂以易暴也、吾聞古之士、遭治世不避其任、遭亂世不爲苟存、今天下闇、周德衰、其並乎周以塗吾身也、不如避之以潔吾行、二子北至於首陽之山、遂餓而死焉、若伯夷叔齊者、其於富貴也、苟可得已、則必不賴高節戾行、獨樂其志不事於世、此二士之節也、論語曰、伯夷叔齊餓于首陽之下不言其死也、而此云死焉、亦欲明其守餓以終、未必餓死也、此篇大意、以起高讓遠退之風、故被其風者、雖貪冒之人、乘天衢、入紫庭、猶時慨然中路而歎、況其凡乎、故夷許之徒、足以當稷契對伊呂矣、夫居山谷而弘天下者、雖不俱爲聖佐、不猶高於蒙埃塵者乎、其事雖難爲、然其風少弊、故可遺也、曰夷許之弊安在、曰許由之弊、使人飾讓以求進、遂至乎之噲也、伯夷之風、使暴虐之君、得肆其毒、而莫之敢亢也、伊呂之弊、使天下貪冒之雄、敢行篡逆、唯聖人無迹、故無弊也、若以伊呂爲聖人之迹、則伯夷叔齊、亦聖人之迹也、若以伯夷叔齊非聖人之迹邪、則伊呂之事亦非聖矣、夫聖人因物之自行、故無迹、然則所謂聖者、我本無迹、故物得其迹、迹得而強名聖、則聖者乃無迹之名也、

盜跖

孔子與柳下季爲友、柳下季之弟名曰盜跖、盜跖從卒九千人、横行天下、侵暴諸侯、穴室樞戸、驅人牛馬、取人婦女、貪得忘親、不顧父母兄弟、不祭先祖、所過之邑、大國守城、小國入保、萬民苦之、孔子謂柳下季曰、夫爲人父者、必能詔其子、爲人兄者、必能教其弟、若父不能詔其子、兄不能教其弟、則無貴父子兄弟之親矣、今先生世之才士也、弟爲盜跖、爲天下害、而弗能教也、丘竊爲先生羞之、丘

請爲先生徃說之、柳下季曰、先生言爲人父者、必
能詔其子、爲人兄者、必能教其弟、若子不聽父之
詔、弟不受兄之教、雖今先生之辯、將奈之何哉、且
跖之爲人也、心如漏泉、意如飄風、強足以拒敵、辯
足以飾非、順其心則喜、逆其心則怒、易辱人以言、
先生必無徃、孔子不聽、顏回爲馭、子貢爲右、徃見
盜跖、盜跖乃方休卒徒大山之陽、膾人肝而餔之、
孔子下車而前見謁者曰、魯人孔丘、聞將軍高義、
敬再拜謁者、謁者入通、盜跖聞之大怒、目如明星、

盱

髮上指冠、曰此夫魯國之巧僞人孔丘非邪、爲我告之、爾作言造語、妄稱文武、冠枝木之冠、帶死牛之脅、多辭繆說、不耕而食、不織而衣、搖脣鼓舌、擅生是非、以迷天下之主、使天下學士不反其本、妄作孝弟、而僥倖於封侯富貴者也、子之罪大極重、疾走歸、不然我將以子肝益晝餔之膳、孔子復通曰、丘得幸於季、願望履幕下、謁者復通、盜跖曰、使來前、孔子趨而進、避席反走、再拜盜跖、盜跖大怒、兩展其足、案劍瞋目、聲如乳虎、曰丘來前、若所言順吾意則生、逆吾心則死、孔子曰、丘聞之、凡天下有三德、生而長大美好無雙、少長貴賤見而皆說之、此上德也、知維天地、能辯諸物、此中德也、勇悍果敢、聚衆率兵、此下德也、凡人有此一德者、足以南面稱孤矣、今將軍兼此三者、身長八尺二寸、面目有光、脣如激丹、齒如齊貝、音中黃鍾、而名曰盜跖、丘竊爲將軍恥不取焉、將軍有意聽臣、臣請南使吳越、北使齊魯、東使宋衛、西使晉楚、使爲將軍造大城數百里、立數十萬戸之邑、尊將軍爲諸侯、與天下更始、罷兵休卒、收養昆弟、共祭先祖、此聖人才士之行、而天下之願也、盜跖大怒曰、丘來前、夫可規以利、而可諫以言者、皆愚陋恒民之謂耳、今長大美好、人見而說之者、此吾父母之遺德也、丘雖不吾譽、吾獨不自知邪、且吾聞之、好面譽人者、亦好背而毀之、今丘告我以大城衆民、是欲規我以利、而恒民畜我也、安可長久也、城之大者、莫大乎天下矣、堯舜有天下、子孫無置錐之地、湯武立爲天子、而後世絶滅、非以其利大故邪、且吾聞之、古者禽獸多而人民少、於是民皆巢居以避之、晝拾橡栗、暮栖木上、故命之曰有巢氏之民、古者民不知衣服、夏多積薪、冬則煬之、故命之曰知生之民、神農之世、臥則居居、起則于于、民知其母、不知其父、與麋鹿共處、耕而食、織而衣、無有相害之心、此至德之隆也、然而黃帝不能致德、與蚩尤戰於涿鹿之野、流血百里、堯舜作、立羣臣、湯放其主、武王殺紂、自是之後、以強陵弱、以衆暴寡、湯武以來皆亂人之徒也、今子修文武之道、掌天下之辯、以教後世、摓衣淺帶、矯言僞行、以迷惑天下之主、而欲求富貴焉、盜莫大於子、天下何故不謂子爲盜丘、而乃謂我爲盜跖、子以甘辭說子路、而使從之、使子路去其危冠、解其長劍、而受教於子、天下皆曰、孔丘能止暴禁非、其卒之也、子路欲殺衛君、而事不成、身菹於衛東門之上、是子教之不至也、子自謂才士聖人邪、則再逐於魯、削跡於衛、窮於齊、圍於陳蔡、不容身於天下、子教子路菹此患、上無以爲身、下無以爲人、子之道豈足貴邪、世之所高、莫若黃帝、黃帝尚不能全德、而戰涿鹿之野、流血百里、堯不慈、舜不孝、禹偏枯、湯放其主、武王伐紂、文王拘羑里、此六子者、世之所高也、孰論之、皆以利惑其眞、而強反其情性、其行乃甚可羞也、世之所謂賢士、伯夷叔齊、辭孤竹之君、而餓死於首陽之山、骨肉不葬、鮑焦飾行非世、抱木而死、申徒狄諫而不聽、負石自投於河、爲魚鱉所食、介子推至忠也、自割其股、以食文公、文公後背之、子推怒而去、抱木而燔死、尾生與女子期於梁下、女子不來、水至不去、抱梁柱而死、此四者無異於磔犬流豕、操瓢而乞者、皆離名輕死、不念本養壽命者也、世之所謂忠臣者、莫若王子比干伍子胥、子胥沈江、比干剖心、此二子者、世謂忠臣也、然卒爲天下笑、自上觀之、至于子胥比干、皆不足貴也、丘之所以說我者、若告我以鬼事、則我不能知也、若告我以人事者、不過此矣、皆吾所聞知也、今吾告子以人之情、目欲視色、耳欲聽聲、口欲察味、志氣欲盈、人上壽百歲、中壽八十、下壽六十、除病瘦死喪憂患、其中開口而笑者、一月之中不過四五日而已矣、天與地無窮、人死者有時、操有時之具、而託於無窮之間、忽然無異騏驥之馳過隙也、不能說其志意、養其壽命者、皆非通道者也、丘之所言、皆吾之所棄也、亟去走歸、無復言之、子之道狂狂汲汲、詐巧虛僞事也、非可以全眞也、奚足論哉、孔子再拜趨走、出門上車、執轡三失、目芒然無見、色若死灰、據軾低頭、不能出氣、歸到魯東門外、適遇柳下季、柳下季曰、今者闕然數日不見、車馬有行色、得

灸

微往見跖邪、孔子仰天而歎曰然、柳下季曰、跖得無逆汝意若前乎、孔子曰然、丘所謂無病而自灸也、疾走料虎頭編虎須、幾不免虎口哉、此篇寄明因衆之所欲亡而亡之、雖王紂可去也、不因衆而獨用巳、雖盜跖不可御也子張問於滿苟得曰、盍不爲行、無行則不信、不信則不任、不任則不利、故觀之名、計之利、而義眞是也、若棄名利、反之於心、則夫士之爲行、不可一日不爲乎、滿苟得曰、無恥者富、多信者顯、夫名利之大者、幾在無恥而信、故觀之名、計之利、而信眞是也、若棄名利、反之於心、則夫士之爲行、抱其天乎、子張曰、昔者桀紂貴爲天子、富有天下、今謂臧聚曰、汝行如桀紂、則有怍色、有不服之心者、小人所賤也、仲尼墨翟、窮爲匹夫、今謂宰相曰、子行如仲尼墨翟、則變容易色、稱不足者、士誠貴也、故勢爲天子、未必貴也、窮爲匹夫、未必賤也、貴賤之分、在行之美惡、滿苟得曰、小盜者拘、大盜者爲諸侯、諸侯之門、義士存焉、昔者桓公小白殺兄入嫂、而管仲爲臣、田成子常殺君竊國、而孔子受幣、論則賤之、行則下之、則是言行之情、悖戰於胸中也、不亦拂乎、故書曰、孰惡孰美、成者爲首、不成者爲尾、子張曰、子不爲行、即將疏戚無倫、貴賤無義、長幼無序、五紀六位、將何以爲別乎、滿苟得曰、堯殺長子、舜流母弟、疏戚有倫乎、湯放桀、武王殺紂、貴賤有義乎、王季爲適、周公殺兄、長幼有序乎、儒者僞辭、墨者兼愛、五紀六位、將有別乎、且子正爲名、我正爲利、名利之實、不順於理、不監於道、吾日與子訟於無約曰、小人殉財、君子殉名、其所以變其情易其性、則異矣、乃至於棄其所爲、而殉其所不爲、則一也、故曰無爲小人、反殉而天、無爲君子、從天之理、若枉若直、相而天極、面觀四方、與時消息、若是若非、執而圓機、獨成而意、與道徘徊、無轉而行、無成而義、將失而所爲、無赴而富、無徇而成、將棄而天、比干剖心、子胥抉眼、忠之禍也、直躬證父、尾生溺死、信之患也、鮑子立乾、勝子不自理、廉之害也、孔子不見母、匡子不見父、義之失也、此上世之所傳、下世之所語、以爲士者正其言、必其行、故服其殃、離其患也、此章

言尚行則行矯、貴士則士僞、故蔑行賤士、以全其內、然後行高而士貴耳無足問於知
和曰、人卒未有不興名就利者、彼富則人歸之、歸
則下之、下則貴之、夫見下貴者、所以長生安體樂
意之道也、今子獨無意焉、知不足邪、意知而力不
能行邪、故推正不忘邪、知和曰、今夫此人以爲與
已同時而生、同鄉而處者、以爲夫絕俗過世之士
焉、是專無主正、所以覽古今之時是非之分也、與
俗化世、去至重、棄至尊、以爲其所爲也、此其所以
論長生安體樂意之道、不亦遠乎、慘怛之疾、恬愉

之安、不監於體、怵惕之恐、欣懽之喜、不監於心、知爲爲、而不知所以爲、是以貴爲天子、富有天下、而不免於患也、無足曰、夫富之於人、無所不利、窮美究勢、至人之所不得逮、聖人之所不能及、俠人之勇力、而以爲威強、秉人之知謀、以爲明察、因人之德、以爲賢良、非享國而嚴若君父、且夫聲色滋味權勢之於人、心不待學而樂之、體不待象而安之、夫欲惡避就、固不待師、此人之性也、天下雖非我、孰能辭之、知和曰、知者之爲、故動以百姓、不違其

度、是以足而不爭、無以爲故不求、不足故求之、爭
四處而不自以爲貪、有餘故辭之、棄天下而不自
以爲廉、廉貪之實、非以迫外也、反監之度、勢爲天
子、而不以貴驕人、富有天下、而不以財戲人、計其
患、慮其反、以爲害於性、故辭而不受也、非以要名
譽也、堯舜爲帝而雍、非仁天下也、不以美害生也、
善卷許由得帝而不受、非虛辭讓也、不以事害已、
此皆就其利辭其害、而天下稱賢焉、則可以有之、
彼非以興名譽也、無足日、必持其名、苦體絕甘、約

養以持生、則亦久病長阨而不死者也、知和曰、平爲福、有餘爲害者、物莫不然、而財其甚者也、今富人耳營鍾鼓筦籥之聲、口嗛於芻豢醪醴之味、以感其意、遺忘其業、可謂亂矣、侅溺於馮氣、若負重行而上也、可謂苦矣、貪財而取慰、貪權而取竭、靜居則溺、體澤則馮、可謂疾矣、爲欲富就利、故滿若堵耳、而不知避、且馮而不舍、可謂辱矣、財積而無用、服膺而不舍、滿心戚醮、求益而不止、可謂憂矣、內則疑劫請之賊、外則畏寇盜之害、內周樓疏、外不敢獨行、可謂畏矣、此六者天下之至害也、皆遺忘而不知察、及其患至、求盡性竭財單以反一日之無故而不可得也、故觀之名則不見、求之利則不得、繚意絶體而爭此、不亦惑乎、此章言知足者常足

莊子南華眞經卷九

莊子南華眞經卷十

郭　象注

雜篇

說劍

昔趙文王喜劍、劍士夾門而客三千餘人、日夜相擊於前、死傷者歲百餘人、好之不厭、如是三年、國衰諸侯謀之、太子悝患之、募左右曰、孰能說王之意止劍士者、賜之千金、左右曰、莊子當能、太子乃使人以千金奉莊子、莊子弗受、與使者俱往、見太子曰、太子何以教周、賜周千金、太子曰、聞夫子明聖、謹奉千金、以幣從者、夫子弗受、悝尚何敢言、莊子曰、聞太子所欲用周者、欲絶王之喜好也、使臣上說大王而逆王意、下不當太子、則身刑而死、周尚安所事金乎、使臣上說大王、下當太子、趙國何求而不得也、太子曰然、吾王所見唯劍士也、莊子曰諾、周善爲劍、太子曰然、吾王所見劍士、皆蓬頭突鬢、垂冠曼胡之纓、短後之衣、瞋目而語難、王乃說之、今夫子必儒服而見王、事必大逆、莊子曰、請治劍服、治劍服三日、乃見太子、太子乃與見王、王脫白刃待之、莊子入殿門不趨、見王不拜、王曰、子欲何以教寡人、使太子先、曰臣聞大王喜劍、故以劍見王、王曰、子之劍何能禁制、曰臣之劍、十步一人、千里不留行、王大說之、曰天下無敵矣、莊子曰、夫爲劍者、示之以虛、開之以利、後之以發、先之以至、願得試之、王曰、夫子休、就舍待命、令設戲請夫子、王乃校劍士七日、死傷者六十餘人、得五六人、使奉劍於殿下、乃召莊子、王曰、今日試使士敦劍、

凡本作晉衛

莊子曰、望之久矣、王曰、夫子所御杖長短何如、曰臣之所奉皆可、然臣有三劍、唯王所用、請先言而後試、王曰、願聞三劍、曰有天子劍、有諸侯劍、有庶人劍、王曰、天子之劍何如、曰天子之劍、以燕谿石城爲鋒、齊岱爲鍔、晉魏爲脊、周宋爲鐔、韓魏爲夾、包以四夷、裹以四時、繞以渤海、帶以常山、制以五行、論以刑德、開以陰陽、持以春夏、行以秋冬、此劍直之無前、舉之無上、案之無下、運之無旁、上決浮雲、下絕地紀、此劍一用、匡諸侯、天下服矣、此天子之劍也、文王芒然自失、曰諸侯之劍何如、曰諸侯之劍、以知勇士爲鋒、以清廉士爲鍔、以賢良士爲脊、以忠聖士爲鐔、以豪傑士爲夾、此劍直之亦無前、舉之亦無上、案之亦無下、運之亦無旁、上法圓天、以順三光、下法方地、以順四時、中和民意、以安四鄉、此劍一用、如雷霆之震也、四封之內、無不賓服、而聽從君命者矣、此諸侯之劍也、王曰、庶人之劍何如、曰庶人之劍、蓬頭突鬢、垂冠曼胡之纓、短後之衣、瞋目而語難、相擊於前、上斬頸領、下決肝

以文章

肺、此庶人之劒、無異於鬪雞、一旦命已絶矣、無所用於國事、今大王有天子之位、而好庶人之劒、臣竊爲大王薄之、王乃牽而上殿、宰人上食、王三環之、莊子曰、大王安坐定氣、劒事已畢奏矣、於是文王不出宮三月、劒士皆服斃其處也、

漁父

孔子游乎緇帷之林、休坐乎杏壇之上、弟子讀書、孔子弦歌鼓琴、奏曲未半、有漁父者、下船而來、須眉交白、被髮揄袂、行原以上、距陸而止、左手據膝、

右手持頤以聽、曲終、而招子貢子路、二人俱對、客
指孔子曰、彼何爲者也、子路對曰、魯之君子也、客
問其族、子路對曰、族孔氏、客曰、孔氏者何治也、子
路未應、子貢對曰、孔氏者、性服忠信、身行仁義、飾
禮樂、選人倫、上以忠於世主、下以化於齊民、將以
利天下、此孔氏之所治也、又問曰、有土之君與、子
貢曰非也、侯王之佐與、子貢曰非也、客乃笑而還、
行言曰、仁則仁矣、恐不免其身、苦心勞形、以危其
眞、嗚呼遠哉、其分於道也、子貢還報孔子、孔子推

琴而起曰、其聖人與、乃下求之、至於澤畔、方將杖拏而引其船、顧見孔子、還鄉而立、孔子反走再拜而進、客曰、子將何求、孔子曰、曩者先生有緒言而去、丘不肖未知所謂、竊待於下風、幸聞咳唾之音、以卒相丘也、客曰、嘻甚矣子之好學也、孔子再拜而起曰、丘少而修學、以至于今、六十九歲矣、無所得聞至教、敢不虛心、客曰、同類相從、同聲相應、固天之理也、吾請釋吾之所有、而經子之所以、子之所以者人事也、天子諸侯大夫庶人、此四者自正、治之美也、四者離位、而亂莫大焉、官治其職、人憂其事、乃無所陵、故田荒室露、衣食不足、徵賦不屬、妻妾不和、長少無序、庶人之憂也、能不勝任、官事不治、行不清白、羣下荒怠、功美不有、爵祿不持、大夫之憂也、廷無忠臣、國家昏亂、工技不巧、貢職不美、春秋後倫、不順天子、諸侯之憂也、陰陽不和、寒暑不時、以傷庶物、諸侯暴亂、擅相攘伐、以殘民人、禮樂不節、財用窮匱、人倫不飭、百姓淫亂、天子有司之憂也、今子既上無君侯有司之勢、而下無大臣職事之官、而擅飾禮樂、選人倫、以化齊民、不泰多事乎、且人有八疵、事有四患、不可不察也、非其事而事之、謂之總、莫之顧而進之、謂之佞、希意道言、謂之諂、不擇是非而言、謂之諛、好言人之惡、謂之讒、析交離親、謂之賊、稱譽詐僞、以敗惡人、謂之慝、不擇善否、兩容頰適、偷拔其所欲、謂之險、此八疵者、外以亂人、内以傷身、君子不友、明君不臣、所謂四患者、好經大事、變更易常、以挂功名、謂之叨、專知擅事、侵人自用、謂之貪、見過不更、聞諫愈甚、謂之狠、人同於已則可、不同於已、雖善不善、謂之矜、此四患也、能去八疵、無行四患、而始可教已、孔子愀然而歎、再拜而起曰、丘再逐於魯、削迹於衛、伐樹於宋、圍於陳蔡、丘不知所失、而離此四謗者、何也、客悽然變容曰、甚矣子之難悟也、人有畏影惡迹而去之走者、舉足愈數、而迹愈多、走愈疾、而影不離身、自以爲尚遲、疾走不休、絶力而死、不知處陰以休影、處靜以息迹、愚亦甚矣、子審仁義之閒、察同異之際、觀動靜之變、適受與之度、理好惡之情、和喜怒之節、而幾於不免矣、謹修而身、愼守其眞、還以物與人、則無所累矣、今不修之身、而求之人、不亦外乎、孔子愀然曰、請問何謂眞、客曰、眞者精誠之至也、不精不誠、不能動人、故強哭者、雖悲不哀、強怒者、雖嚴不威、強親者、雖笑不和、眞悲無聲而哀、眞怒未發而威、眞親未笑而和、眞在內者、神動於外、是所以貴眞也、其用於人理也、事親則慈孝、事君則忠貞、飲酒則歡樂、處喪則悲哀、忠貞以功爲主、飲酒以樂爲主、處喪以哀爲主、事親以適爲主、功成之美無一其迹矣、事親以適、不論所以矣、飲酒以樂、不選其具矣、處喪以哀、無問其禮矣、禮者世俗之所爲也、眞者所以受於天也、自然不可易也、故聖人法天貴眞、不拘於俗、愚者反此、不能法天而恤於人、不知貴眞、祿祿而受變於俗、故不足、惜哉子之蚤湛於僞、而晩聞大道也、孔子又再拜而起曰、今者丘得過也、若天幸然、先生不羞、而比之服役而身教之、敢問舍所在、請因受業、而卒學大道、客曰、吾聞之可與往者、與之至於妙道、不可與往者、不知其道、愼勿與之、身乃無咎、子勉之、吾去子矣、吾去子矣、乃刺船而去、延緣葦間、顔淵還車、子路授綏、孔子不顧、待水波定、不聞拏音而後敢乘、子路旁車而問曰、由得爲役久矣、未嘗見夫子遇人如此之威也、萬乘之主、千乘之君、見夫子、未嘗不分庭伉禮、夫子猶有倨傲之容、今漁父杖拏逆立、而夫子曲要磬折、再拜而應、得無太甚乎、門人皆怪夫子矣、漁父何以得此乎、孔子伏軾而歎曰、甚矣由之難化也、湛於禮義有間矣、而樸鄙之心至今未去、進吾語汝、夫遇長不敬失禮也、見賢不尊不仁也、彼非至仁不能下人、下人不精、不得其眞、故長傷身、惜哉不仁之於人也、禍莫大焉、而由獨擅之、且道者萬物之所由也、庶物失之者死、得之者生、爲事逆之則敗、順之則成、故道之所在、聖人尊之、今漁父之於道、可謂有矣、吾敢不敬乎、此篇言無江海而閒者、能下江海之士也、夫孔子之所放任、豈直漁父而已哉、將周流六虛、旁通無外、蠢動之類、咸得盡其所懷、而窮理致命、固所以爲至人之道也、

至仁一作至人

列御寇

羹

列御寇之齊、中道而反、遇伯昏瞀人、伯昏瞀人曰、
奚方而反、曰吾驚焉、曰惡乎驚、曰吾嘗食於十漿、
賣漿之家而五漿先饋、言其敬已伯昏瞀人曰、若是則汝何
爲驚已、曰夫内誠不解、外自矜飾形諜成光、舉動便僻而成光儀
也以外鎮人心、其内實不足以服物使人輕乎貴老、若鎮物由乎内
實、則使人貴老之情篤也而韲其所患、言以美形動物則所患亂生也夫漿人
特爲食羹之貨、多餘之贏、其爲利也薄、其爲權也
輕、而猶若是、權輕利薄、可無求於人、而況於萬乘之主乎、身
勞於國、而知盡於事、彼將任我以事、而效我以功、

吾是以驚、伯昏瞀人曰、善哉觀乎、汝處已、人將保
汝矣、苟不遺形、則所在見保、保者聚守之謂也、無幾何而往、則戶外之
屨滿矣、伯昏瞀人北面而立、敦杖蹙之乎頤、立有
間、不言而出、賓者以告列子、列子提屨跣而走、暨
乎門曰、先生既來、曾不發藥乎、曰已矣、吾固告汝
曰、人將保汝、果保汝矣、非汝能使人保汝、而汝不
能使人無保汝也、任平而化、則無感無求、無感無求、乃不相保、而焉用
之、感豫出異也、先物施惠、惠不因彼、豫出則異也、必且有感、搖而
本才、又無謂也、必將有感、則與本性動也、與汝遊者、又莫汝告

祇

祇鄭

也、彼所小言、盡人毒也、細巧入人爲小言莫覺莫悟、何相孰也、巧者勞而知者憂、無能者無所求、飽食而遨遊、汎若不繫之舟、虛而遨遊者也、夫無其能者唯聖人耳、過此以下、至於昆蟲、未有自忘其能、而任衆人者也、鄭人緩也、呻吟裘氏之地、呻吟、吟詠之謂、祇三年、而緩爲儒、祇適也河潤九里、澤及三族、使其弟墨、儒墨相與辯、其父助翟、翟緩弟名十年而緩自殺、其父夢之、曰使而子爲墨者予也、闔胡嘗視其良、既爲秋柏之實矣、緩怨其父之助弟、故感激自殺、死而見夢、謂已既能自化爲儒、又化弟令墨、弟由已化、而不能順已、已以良師、而便怨死、精誠之至、故爲秋柏之實、夫造物者之報人也、不報其人、而報其人之天、自此巳下莊子辭也、夫積習之功爲報、報其性、不報其爲也、然則學習之功、成性而已、豈爲之哉、彼故使彼、彼有彼性、故使習彼、夫人以巳爲有以異於人、以賤其親、言緩自美其儒、謂巳能有積學之功、不知其性之自然也、夫有功以賤物者、不避其親也、無其身以平性者、貴賤不失其倫也、齊人之井飲者相捽也、故曰今之世皆緩也、夫穿井所以通泉、吟詠所以通性也、無泉亦無所穿、無性則無所詠、而世皆忘其泉性之自然、徒識穿詠之末功、因欲矜而有之、不亦妄乎、自是有德者、以不知也、而況有道者乎、觀緩之謬、以爲學父、故能任其自爾、而知故無爲乎其間也、古者謂之遁天之刑、仍自然之能、以爲巳功者逃天者也、故刑戮及之、聖人安其所安、不安其所不安、夫聖人無安無不安、順百姓之心也、衆人安其所不安、不安其所安、所安相與異、故所以爲衆人也、莊子曰、知道易、勿言難、知而不言、所以之天也、知而言之、所以之人也、古之人、天而不人、知雖落天地、未嘗開言以引物也、應其至分而已、朱泙漫學屠龍於支離益、單千金之家、三年技成、而無所用其巧、事在於適、無貴於遠功、聖人以必不必、故無兵、理雖必然、猶不必之、斯至順矣、兵其安有、衆人以不必必之、故多兵、理雖未必、抑而必之、各必其所見、則乖逆生、順於兵、故行有求、物各順性則足、足則無求、兵恃之則亡、不得已而用之、以活慘爲上者、未之古也、小夫之知、不離苞苴竿牘、苞苴以遺、竿牘以問、遺問之具、小知所殉、敝精神乎蹇淺、昏於小務、所得者淺、而欲兼濟道物太一形虛、若是者、迷惑于宇宙、形累不知太初、小夫之知、而欲兼濟導物、經虛涉遠、志大神敝、形爲之累、則迷惑而失致也、彼至人者、歸精神乎無始、而甘冥乎無何有之鄉、水流乎無形、發泄乎太清、泊然無爲、而任其天行也、悲哉乎、汝爲知在豪毛、爲知所得者細、而不知大寧、任性大寧而至、宋人有曹商者、爲宋王使秦、其往也、得車數乘、王說之、益車百乘、反於宋、見莊子曰、夫處窮閭阨巷、困窘織屨、槁項黃馘者、商之所短也、一悟萬乘之主、而從車百乘者、商之所長也、莊子曰、秦王有病召醫、破癰潰痤者、得車一乘、舐痔者得車五乘、所治愈下、得車愈多、子豈治其痔邪、何得車之多也、子行矣、夫事下然後功高、功高然後祿重、故高遠恬淡者遺榮也、魯哀公問於顏闔曰、吾以仲尼爲貞幹、國其有瘳乎、曰殆哉圾乎仲尼、圾危也、夫至人以民靜爲安、今一爲貞幹、則遺高迹於萬世、令飾競於仁義、而雕畫其毛彩、百姓既危、至人亦無以爲安、方且飾羽而畫、凡言方且、皆謂後世、從事飾畫、非任眞也、從事華辭、以支爲旨、將令後世之從事者、無實而意趣橫出也、忍性以視民、而不知不信、後世人君

遐　聖

將纂仲尼之遐軌、而遂忍性自矯僞以臨民、上下相習、遂不自知也、受乎心、宰乎神、夫何足以上民、今以上民、則後世百姓、非直外形從之而已、乃以心神受而用之、不能復自得於體中也、彼宜女與、彼百姓也、女哀公也、彼與女各自有所宜、相效則失眞、此即今之見驗予頤與、效彼非所以養巳也誤而可矣、正不可也今使民離實學僞、非所以視民也、爲後世慮、不若休之、明不謂當時也難治也、治之則僞、故聖人不治也施於人而不忘、非天布也、布而識之、非芻狗萬物也商賈不齒、況士君子乎雖以事齒之、神者弗齒、要能施惠、故於事不得不齒、以其不忘、故心神忽之、此百姓之大情也、爲外刑者、金與木也、金謂刀鋸斧鉞、木謂捶楚桎梏、爲內刑者、動與過

訊

旦

也、靜而當、則內外無刑、宵人之離外刑者、金木訊之、不由明坦之塗者謂之宵人離內刑者、陰陽食之、動而過矣、則性氣傷於內、金木訊於外也夫免乎外內之刑者、唯眞人能之、自非眞人、未有能止其矣者、故必外內受刑但不問大小、孔子曰、凡人心險於山川、難於知天、天猶有春秋冬夏且暮之期、人者厚貌深情、故有貌愿而益、有長若不肖、有順懁而達、有堅而縵、有緩而釬、言人情貌之反有如此者故其就義若渴者、其去義若熱、但爲難知耳、未爲殊無迹故君子遠使之而觀其忠、近使之而觀其敬、煩使之而觀其能、卒然問焉而觀其知、

軌

軋

急與之期而觀其信、委之以財而觀其仁、告之以危而觀其節、醉之以酒而觀其側、雜之以處而觀其色、九徵至、不肖人得矣、君子易觀、不肖難明、然觀其所以、觀其所由、察其所安、搜之有塗亦可知也、正考父一命而傴、再命而僂、三命而俯、循牆而走、孰敢不軌、言人不敢以不軌之事侮之、如而夫者、一命而呂鉅、再命而於車上儛、三命而名諸父、孰協唐許、而夫謂凡夫也、唐謂堯、許謂許由也、言而夫與考父者、雖同於唐許之事也、賊莫大乎德有心、有心於爲德、非真德也、夫真德者、忽然自得、而不知所以德也、而心有睫、率心爲德、猶之可耳、役心於眉睫之間、則僞已甚矣、及其有睫也、而内視、内視而敗矣、乃欲縣縣鬼幽隱、以深爲事、則心與事俱敗矣、凶德有五、中德爲首、何謂中德、中德也者、有以自好也、而吡其所不爲者也、吡訾也、夫自是而非彼、則攻之者非一、故爲凶首也、若中無自好之情、則參萬物之所是、所是各不自失、則天下皆思奉之矣、窮有八極、達有三必、形有六府、美髯長大、壯麗勇敢、八者俱過人也、因以是窮、窮於受役也、然天下未嘗窮於所短、而恒以所長自困、緣循偃佒困畏不若人、三者俱通達、緣循、杖物而行者也、偃佒、不能俯執者也、困畏、怯弱者也、此三者既不以事見任、乃將接佐之、故必達也、知慧外通、通外則以無涯傷其内也、勇動多怨、怯而靜、乃厚其身耳、仁義多責、天下皆望其愛、然愛之則

鍛

悟一作悟

有不周矣、達生之情者傀、傀然、大悟解之貌、達於知者肖、故多責、肖釋散也達大命者隨、泯然與化俱也達小命者遭、每在節上住乃悟也

人有見宋王者、錫車十乘、以其十乘驕穉莊子、莊子曰、河上有家貧恃緯蕭而食者、其子沒於淵、得千金之珠、其父謂其子曰、取石來鍛之、夫千金之珠、必在九重之淵、而驪龍頷下、子能得珠者、必遭其睡也、使驪龍而寤、子尚奚微之有哉、今宋國之深、非直九重之淵也、宋王之猛、非直驪龍也、子能得車者、必遭其睡也、使宋王而寤、子為齏粉矣、夫取

牽

富貴、必順乎民望也、若挾奇說、乘天衢、以嬰人主之心者、明君之所不受也、故、如有所譽、必有所試、於斯民不違、僉曰舉之、以合萬夫之望者、此三代所以直道而行之也、

或聘於莊子、莊子應其使曰、子見夫犧牛乎、衣以文繡、食以芻菽、及其牽而入於太廟、雖欲爲孤犢、其可得乎、樂生者、畏犧而辭聘、髑髏聞生而矉嚬、此死生之情異、而各自當也、

莊子將死、弟子欲厚葬之、莊子曰、吾以天地爲棺槨、以日月爲連璧、星辰爲珠璣、萬物爲齎送、吾葬具豈不備邪、何以加此、弟子曰、吾恐烏鳶之食夫子也、莊子曰、在上爲烏鳶食、在下爲螻蟻食、奪彼與此、何其偏也、以

不平平，其平也不平。以一家之平平萬物，未若任萬物之自平也。以不徵徵，其徵也不徵。徵應也，不因萬物之自應，而欲以其所見應之，則必有不合矣。明者唯爲之使，夫執其所見，受使多矣，安能使物哉。神者徵之。唯任神然後能至順，故無往不應也。夫明之不勝神也久矣，明之所及，不過於形骸也。至順則無遠近幽深，皆各自得。而愚者恃其所見入於人，其功外也，不亦悲乎。夫至順，則用發於彼，而功藏於物，若恃其所見，執其自是，雖欲入人，其功外也。

天下

天下之治方術者多矣，皆以其有爲不可加矣。爲其所有爲、則眞爲也、爲其眞爲、則無爲爲矣、又何加焉、古之所謂道術者、果惡乎在、曰無乎不在、曰神何由降、明何由出、神明由事感而後降出聖有所生、王有所成、皆原於一、使物各歸其根抱一而已無飾於外、斯聖王所以生成也、不離於宗、謂之天人、不離於精、謂之神人、不離於眞、謂之至人、以天爲宗、以德爲本、以道爲門、兆於變化、謂之聖人、凡此四名一人耳、所自言之異以仁爲恩、以義爲理、以禮爲行、以樂爲和、薰然慈仁、謂之君子、此四名之粗迹、而賢人君子之所服膺也以法爲分、以名爲表、以參爲驗、以稽爲決、其數一二三四是也、百官以此相齒、以事爲常、以衣食爲主、蕃息畜藏、老弱孤寡爲意、皆有以養民之理也、民理既然、故聖賢不逆、古之人其備乎、古之人、卽向之四名也、配神明、醇天地、育萬物、和天下、澤及百姓、明於本數、係於末度、本數明故末不離六通四辟、小大精粗、其運無乎不在、所以爲備其明而在數度者、舊法世傳之史、尚多有之、其在數度而可明者、雖多有之已疏外也、其在於詩書禮樂者、鄒魯之士、縉紳先生多能明之、能明其迹耳、豈所以迹哉、詩以道志、書以道事、禮以道行、樂以道和、易以道陰陽、春秋以道名分、其數散

如

於天下、而設於中國者、百家之學、時或稱而道之、皆道古人之陳迹耳、尚復不能常稱天下大亂、用其迹而無統故也賢聖不明、能明其迹又未易也道德不一、百家穿鑿天下多得一、各信其偏見、而不能都舉、察焉以自好、夫聖人統百姓之大情、而因爲之制、故百姓寄情於所統、而自忘其好惡、故與一世而得淡漠焉、亂則反之、人恣其近好、家用典法、故國異政、家殊俗、譬如耳目鼻口、皆有所明、不能相通、猶百家衆技也、皆有所長、時有所用、所長不同、不得常用、雖然不該不徧、一曲之士也、故未足備任也判天地之美、析萬物之理、各用其一曲故析判察古人之全、寡能備於天地之美、稱神明之容、況一曲者乎是故內聖外王之道、闇而不明、鬱而不發、全人難遇故也天下之人、各爲其所欲焉、以自爲方、悲夫、百家往而不反、必不合矣、後世之學者、不幸不見天地之純、古人之大體、大體各歸根抱一、則天地之純也、道術將爲天下裂、裂分離也、道術流弊、遂各奮其方、或以不王物、則物離性、以從其上、而性命喪矣、不侈於後世、不靡於萬物、不暉於數度、勤儉則瘁、故不暉也、以繩墨自矯、矯厲也而備世之急、勤而儉則財有餘、而急有備、古之道術、有在於是者、墨翟禽滑釐聞其風而說之、爲之大過、已之大順、不復度衆所能也作爲非樂、命之曰節用生不歌、死無服、墨子氾愛兼利而非鬭、夫物不足、則以鬭爲是、今墨子令百姓皆勤儉各有餘、故以鬭爲非也、其道不怒、但自刻也、又好學而博不異、既自以爲是、則欲令萬物皆同乎已也、不與先王同、先王則忞其羣異、然後同焉皆得、而不知所以得也、毀古之禮樂、嫌其後靡黄帝有咸池、堯有大章、舜有大韶、禹有大夏、湯有大濩、文王有辟雍之樂、武王周公作武、古之喪禮、貴賤有儀、上下有等、天子棺槨七重、諸侯五重、大夫三重、士再重、今墨子獨生不歌、死不服、桐棺三寸而無槨、以爲法式、以此教人、恐不愛人、以此自行、固不

一作名川

𣪊

𣪊

愛巳、物皆以任力稱情爲愛、今以勤儉爲法、而爲之大過、雖欲饒天下、更非所以爲愛也、未敗墨子道、但非道德、雖然、歌而非歌、哭而非哭、樂而非樂、是果類乎、雖獨成墨、而不類萬物之情、其生也勤、其死也薄、其道大觳、觳無潤也、使人憂、使人悲、其行難爲也、恐其不可以爲聖人之道、夫聖人之道、悅以使民、民得性之所樂則悅、悅則天下無難矣、反天下之心、天下不堪、墨子雖獨能任、奈天下何、離於天下、其去王也遠矣、王者必合天下之懽心、而與物俱往也、墨子稱道曰、昔者禹之湮洪水、決江河、而通四夷九州也、名山三百、支川三千、小者無數、禹親自操橐耜、而九雜天下之川、腓無胈、脛無毛、沐甚風、櫛疾雨、置萬國、禹大聖也、而形勞天下也如此、墨子徒見禹之形勞耳、未覩其性之適也、使後世之墨者、多以裘褐爲衣、以跂蹻爲服、日夜不休、以自苦爲極、謂自苦爲盡理之法曰不能如此、非禹之道也、不足謂墨、非其時而守其道、所以爲墨也相里勤之弟子、五侯之徒、南方之墨者苦獲已齒鄧陵子之屬、俱誦墨經、而倍譎不同、相謂別墨、必其各守所見、則所在無適、故於墨之中、又相與別也、以堅白同異之辯相訾、以觭偶不仵之辭相應、以巨子爲聖人、巨子最能辯其所是、以成

（其行）皆願爲之尸，（尸者主也）冀得爲其後世，至今不決。（欲爲係巨子之業也）墨翟、禽滑釐之意則是，（意在不侈靡而備世之急，斯所以爲是）其行則非也。（爲之大過故也）將使後世之墨者必自苦，以腓無胈、脛無毛相進而已矣，亂之上也，（亂莫大於逆物而傷性也）治之下也。（任衆適性爲上，今墨反之，故爲下）雖然，墨子眞天下之好也，（爲其眞好重聖賢不逆也，但不可以教人）將求之不得也，（無輩）雖枯槁不舍也，（所以爲眞好也）才士也夫！（非有德也）不累於俗，不飾於物，不苟於人，不忮於衆，（忮逆也）願天下之安寧，以活民命，人我之養，畢足而止，（不敢望有餘也）以此白

令

心、古之道術有在於是者、宋鈃尹文聞其風而悅之、作為華山之冠以自表、（華山上下均平）接萬物以別宥為始、（不欲令相犯錯）語心之容、命之曰心之行、以聏合驩、以調海內、（強以其道聏令合、調令和也）請欲置之以為主、（二子請得若此者、立以為物主也）見侮不辱、（其於以活民為急也）救民之鬬、禁攻寢兵、救世之戰、（所謂聏調）以此周行天下、上說下教、雖天下不取、強聒而不舍者也、（聏調之理然也）故曰、上下見厭而強見也、（所謂不辱）雖然、其為人太多、其自為太少、（不因其自化、而強以慰之、則其功太重也）曰請欲固置五升之飯足矣、（斯明

（自爲之太少也）先生恐不得飽、弟子雖飢、不忘天下、日夜不休、曰、我必得活哉、（謂民亦當報己也）圖傲乎救世之士哉、（揮斥高大之貌）曰君子不爲苛察、（務寬恕也）不以身假物、（必自出其力也）以爲無益於天下者、明之不如已也、（所以爲救世之士也）以禁攻寢兵爲外、以情欲寡淺爲內、其小大精粗、其行適至是而止、（未能經虛涉曠）公而不當、易而無私、決然無主、（各自任也）趣物而不兩、（物得所趣故一）不顧於慮、不謀於知、與物無擇、與之俱往、古之道術有在於是者、彭蒙田駢愼到聞其風而悅之、齊萬物以爲首、

賢

曰天能覆之而不能載之、地能載之而不能覆之、大道能包之而不能辯之、知萬物皆有所可、有所不可、故曰、選則不徧、（都用乃周）教則不至、（任其性乃至）道則無遺者矣、是故愼到棄知去己、而緣不得已、泠汰於物、以爲道理、（泠汰猶聽放也）曰知不知、將薄知而後鄰傷之者也、（謂知力淺、不知任其自然、故薄之而又鄰傷焉、）謑髁無任、而笑天下之尚賢也、（不肯當其任、而任夫衆人、衆人各自能、則無爲橫復尚賢也）縱脫無行、而非天下之大聖、（欲壞其迹、使物不殉、）椎拍輐斷、與物宛轉、（法家雖妙、猶有椎拍、故未泯合、）舍是與非、苟可以免、不師

疏本羽上有落字

知慮、不知前後、不能知是之與非、前之與後、聛目恣性、苟免當時之患也、魏然而已矣、任性獨立、推而後行、曳而後往、所謂緣於不得已、若飄風之還、若羽之旋、若磨石之隧、全而無非、動靜無過、未嘗有罪、是何故、夫無知之物、無建己之患、無用知之累、動靜不離於理、是以終身無譽、患生於譽、譽生於有建、故曰、至於若無知之物而已、無用賢聖、唯聖人然後能去知與故、循天之理、故愚知處宜、貴賤當位、賢不肖襲情、而云無用賢聖、所以爲不知道也、夫塊不失道、欲令去知如土塊也、豪傑相與笑之曰、慎到之道、非生人之行、而至死人之理、夫去知任性、然後神明洞照、所以爲

齊

賢聖也、而云土塊、乃不失道、人若土塊、非死如何、豪傑所以笑也、適得怪焉、未合至一道、故爲詭怪、田駢亦然、學於彭蒙、得不教焉、得自任之道也、彭蒙之師曰、古之道人、至於莫之是、莫之非而已矣、所謂齊萬物以爲首、其風窢然、惡可而言、逆風所動之聲、常反人、不見觀、不順民望、而不免於魭斷、雖立法、而魭斷無圭角也、其所謂道非道、而所言之韙、不免於非、韙是也、彭蒙田駢慎到不知道、道無所不在、而云土塊乃不失道、所以爲不知、雖然、槩乎皆嘗有聞者也、但不至也、以本爲精、以物爲粗、以有積爲不足、寄之天下乃有餘也、澹然獨與神明居、古之道術有在於是者關尹老聃聞其風而悅之、建之以常無有、夫無有何所能建、建之以常無有、則明有物之自建也、主之以太一、自天地以及羣物、皆各自得而已、不兼他飾、斯非主之以太一邪、以濡弱謙下爲表、以空虛不毀萬物爲實、關尹曰、在已無居、物來則應、應而不藏、故功隨物去形物自著、不自是而委萬物、故物形各自彰著、其動若水、其靜若鏡、其應若響、常無情也芴乎若亡、寂乎若清、同焉者和、得焉者失、常全者不知所得也未嘗先人而常隨人、老聃曰、知其雄、守其雌、爲天下谿、知其白、守其辱、爲天下谷、物各自守其分、則靜默而已、無雄白也、夫雄白者、非尚勝自顯者邪、尚勝自顯、豈非逐知過分、以殆其生邪、故古人不隨無崖之知、守其分內而已、故其性全、其性全、然後能及天下、能及天下、然後歸之、如谿谷也、人皆取先、己獨取後、不與萬物爭鋒、然後天下樂推而不厭、故沒其身、曰受天下之垢、雖辱後下之類、皆物之所謂垢、人皆取實、唯知有之以爲利、未知無之以爲用、己獨取虛、守冲泊以待羣實、無藏也故有餘、付萬物使各自守、故不患其少、巋然而有餘、獨立自足之謂、其行身也、徐而不費、因民所利而行之、隨四時而成之、常與道理俱、故無疾無費也、無爲也而笑巧、巧者有爲、以傷神器之自成、故無爲者、因其自生、任其自成、萬物各得自爲、蜘蛛猶能結網、則人人自有所能矣、無貴於工倕也、人皆求福、己獨曲全、委順至理則常全、故無所求福、福已足、曰苟免於咎、隨物、故物不得咎也、以深爲根、理泿爲大初之極、不可謂之淺也以約爲紀、去甚泰也曰堅則毀矣、夫至順則雖金石無堅也、迕逆則雖水氣無耎也、至順則全、迕逆則毀、斯正理也、銳則挫矣、進躁無崖爲銳常寬容於物、各守其分、則自容有餘也、不削於人、全其性也可謂至極、關尹老聃乎、古之博大眞人哉、芴漠無形、變化無常、隨物也死與生與、天地並與、神明往與、任化也芒乎何之、忽乎何適、無意趣也萬物畢羅、莫足以歸、故都任置古之道術有在於是者、莊周聞其風而悅之、以謬悠之說、荒唐之言、無端崖之辭、時恣縱而不儻、不以觭見之也、不急欲使物見其意以天下爲沈濁、不可

與莊語、累於形名、以莊語爲任而不信、故不與也、以巵言爲曼衍、以重
言爲眞、以寓言爲廣、獨與天地精神往來、而不敖
倪於萬物、其言通至理、正當萬物之性命也、不譴是非、已無是非、故恣物而
行、以與世俗處、形羣於物
還與物合、故無傷也、其書雖瓌瑋、而連犿無傷也、其辭雖參差、而諔詭可觀、不唯應當時之務、故參差、
彼其充實、不可以已、多所有也、上與造物者遊、而下與
外死生無終始者爲友、其於本也、弘大而辟、深閎
而肆、其於宗也、可謂稠適而上遂矣、雖然、其應於
化而解於物也、其理不竭、其來不蛻、芒乎昧乎未

之盡者、莊子逼以平意說巳與說他人無異也案其辭明爲汪汪然禹拜昌言亦何嫌乎此也

惠施多方、其書五車、其道舛駁、其言也不中、厤物之意曰、至大無外、謂之大一、至小無内、謂之小一、無厚不可積也、其大千里、天與地卑、山與澤平、日方中方睨、物方生方死、大同而與小同異、此之謂小同異、萬物畢同畢異、此之謂大同異、南方無窮而有窮、今日適越而昔來、連環可解也、我知天下之中央、燕之北、越之南是也、汜愛萬物、天地一體也、惠施以此爲大觀於天下、而曉辯者、天下之

鏃

辯者相與樂之、卵有毛、雞三足、郢有天下、犬可以爲羊、馬有卵、丁子有尾、火不熱、山出口、輪不蹍地、目不見、指不至、至不絶、龜長於蛇、矩不方、規不可以爲圓、鑿不圍枘、飛鳥之景未嘗動也、鏃矢之疾、而有不行不止之時、狗非犬、黃馬驪牛三、白狗黑、孤駒未嘗有母、一尺之棰、日取其半、萬世不竭、辯者以此與惠施相應、終身無窮、桓團公孫龍辯者之徒、飾人之心、易人之意、能勝人之口、不能服人之心、辯者之囿也、惠施日以其知與人之辯、特與

柢

天下之辯者爲怪、此其柢也、然惠施之口談自以爲最賢、曰天地其壯乎、施存雄而無術、南方有倚人焉、曰黄繚、問天地所以不墜不陷、風雨雷霆之故、惠施不辭而應、不慮而對、徧爲萬物説、説而不休、多而無已、猶以爲寡、益之以怪、以反人爲實、而欲以勝人爲名、是以與衆不適也、弱於德、強於物、其塗隩矣、由天地之道、觀惠施之能、其猶一蚉一蝱之勞者也、其於物也何庸、夫充一尚可、曰愈貴道幾矣、惠施不能以此自寧、散於萬物而不厭、卒

中國典籍日本注釋叢書

老莊卷

3

增註莊子因

[日]林羅山　等撰
張培華　編

目録

增註莊子因

［日］松井羅州　撰

增註莊子因

[日] 松井羅州 撰

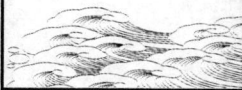

清　林西仲先生評述

日本　羅州松井先生較訂

不許翻刻
千里必究

增註

莊子因

平安　書肆　風月堂

大坂　錦山堂　崇高堂　合刻

刻莊子因題言

古今注莊子者。無慮五十家而
其說殊。其旨而殊。其要而同◎。故
其不可者無幾。實若者為林郭象。
說其雖莊老剝皮者也。
崇不可者也必玄老子深得楽而濾理根。

未嘗離縱若恍無為茂往往
像均之刻，舟畫而亂捕風
捉影，而復一無溺乎為汝妄言之
汝妄聽之之對嘗復復
生，面目者耶。將朴而休氏
莊子因之一，去因之亂，因果是之

分之以句讀段落之界而為標寫字
句之字以篇之法而推究於深原
要終實矣其起伏斷續賓主照應
穿縷穿窒之前及通以篇大
旨之因而失從返目如寂我乃
不從一無隅庖丁解牛之刃而

自得者哉。錄之而見，但約載

而實。見你彼邪亂皆者而絕

林氏原本也。故墨點綴。累說

淫僻於色與屬為之淫佚

不為才也。爭估累之餘。罷無

本。而加技巧揭毒奇。雖道及焉

化若泥于册。山影且伪，艳笑浑。
以接剔剧氏笔意，变之为画。
至文笔之冗神。丢意之之尽，
剥。况有若，沧往极不复数而
已，为戏大会之遊跑。仍见，憬世
惆怅。切，孩，手名花万者，尚於堂。

莊子因　一　三

言曰。詩以道志。書以道事。易
以道陰陽。春秋以道名分。先
達溺為大夫者不亦宜乎。
肰而言乎倏繁。悅乎莊者
言之一無端崖。惝怳之而亂流之
亂溪之。不得不至於以道中之於。

故其擇絕聖棄知，掊斗折
衡者，憤時勢之不可以之發
也矣。內篇之名也，為既入者發洩
其外也。外篇之名也，為未入者發
揮其內也。韓文公嘗言曰：
大凡物不得其平則鳴乎。

右莊子六卷
寛政壬子夏
以謹收
源暉臣識

重刻莊子因序

南華一書言無為也其内篇齊物論豐言因是因之為言依也依其自然而無所容心則無為之說云爾狸狌跳梁而機辟中七竅鑿而渾沌死工倕為規指與物化而不以心稽捶鉤者假於不用

而不失毫芒有為無為之間其得失亦大彰明較著矣故綜南華一書雖分內外雜篇總以發明無為之旨而大要不外因之一義　西仲林先生撮其中之一字以盖其文之全旨約而能該可謂善讀莊子者矣舊刻紙貴字畫不清

余徒羨汝楊君、雅意重刻、益心醇乎莊文、而有功於前刻甚大、余嘉其好古、遂欣然爲之序云。

乾隆二年秋九月晉江八十叟壺谷蔡大受書于百源書院

重訂三山林西仲先生莊子因序

昔夫子辭作而居述作者創也述者因也創則自我作古而因則竊附於古也夫子此語非特謙詞實開萬世著書之訓也梅觀自古明道之人卽有作者而未始非述卽有創者而未始非因是故伏羲覩圖書而畫奇偶堯舜本危微而傳厥中周禮治平爲姬公所手定春秋魯史經尼父之心裁雖闡古今未發之精作矣創矣實是天地不易之理述焉因焉梅故曰作而未始非述創而未始非因也自孔子沒而諸子迭興莊騷兩家爲諸子之傑出而莊子一

書尤極變幻要其反覆十餘萬言大旨不外明道德一死生齊是非寓言也重言也卮言也虛靜恬澹寂寞無爲而已自郭子玄而後譚莊者多屈就己意藉解經以爲自家著作是何異日月出矣而照以爝火之光耶時雨降矣而加以浸灌之澤耶甚矣善治莊者迎刃而解之難其人也惟三山 林西仲先生於莊子之書考證諸本釐正俗解觀其凡例總論雜說已思過半而篇中批郤導窾因其因然使莊子而在今日若昆弟親戚謦欬於其側謂蒙叟知己可謂蒙叟功臣亦無不可其所得於莊豈徒在肌膚閒

哉我
朝聖人繼出載籍聿新又幸　名公鉅卿以莊之筆說經之理
倡明斯世玩其文汪洋自恣成一家言如逍遙於無何有
之鄉神遊於廣莫野之地有識者又將謂莊子因一書可
爲蒙叟之知己且不獨爲蒙叟之知己可爲蒙叟之功臣
且不獨爲蒙叟之功臣也遂重訂以授梓人梅知書成同
好讀之學其筆端變化追其文心奥妙所謂觀鬭蛇而字
法進觀舞劍而畫事工則夫先生當日之詮是書其遺意
固不沒如一日也時

乾隆歲次丁巳秋菊月朔日晉江義里楊攀梅羹汝氏拜

題於泗濱精舍之尋芳處

增註莊子因序

古今能文之士有不讀莊者乎既讀有不贊其神奇工妙者乎余竊謂讀莊者實未嘗讀得莊而贊之者亦未嘗贊得神奇工妙處也何也蓋凡讀書家必先識得字面而後能分得句讀分得句讀

而後能尋得段落。尋得段落。而後能會得通篇大旨。及篇中眼目所注。精神所滙。此不易之法也。莊之爲文。其字面有平易醇雅者。即有生割奇創者。其句讀有徑捷雋爽者。即有艱澁糾纏者。其段落有斬截疏明者。即有曼衍錯綜者。若不逐字訓詁逐句辨定逐段分析如前此註莊諸家解其可解而置其不可解甚至穿鑿附會顛倒支離與作者大旨風馬無涉凡篇中眼目所注精神所滙悉付之雲霧惝怳雖極口嘉賛無殊醉呶夢囈莊必不受也余註莊二十有七

年矣鐫木之後分貺良友即携歸里貯建溪別墅與二三方外畸人講究丹訣借爲印證原不斷於問世寅卯閩變余家盡爲逆氛毀奪所註經書藏稿十餘種同作劫灰而是書賴有鋟板獨存懲羹吹虀不得不爲無窮之慮與近註古

文析義前後編竝行於世今且遍及海
內矣茲再加繙閱其中有鄙意所未盡
者恐初學或費探索因竭四閱月玩味
揣摩之力重開生面將內七篇逐段分
析逐句辨定逐字訓詁誓不復留毫髮
剩義而外篇雜篇雖屬內篇註脚遇有

神奇工妙處亦必細加攷訂分別圈點鈎截得其眼目所注精神所滙而後已至如贋手擬莊攙入篇內往往得罪名敎實莊之秕莠蟊賊必不可姑容者謹一一摘其紕繆從旁抹出鐫爲定本以公同好昔朱晦菴大學章句成於五十

九歲至七十一猶改註誠意章學以年進務求至當不易良工苦心千載如見余何敢妄擬古人但以數十年寢食於莊久已稔其大旨迄今論定而段落字句之間始無遺憾因歎著述之難如此海內讀莊者開卷欣賞如見其人不至

蒞然射覆牘鉤僅爲世俗虛贊當亦諒
余今日之苦心也夫
康熙戊辰季秋望日三山林雲銘西仲
氏題於西湖畫舫

舊序

余支離成性不爲事物所宜於莊爲近故少而好之久而彌篤稍長涉獵玄門諸書私念人生地上寓也其與幾何逍遥寢卧於無何有之鄉一笠一瓢此生之事業畢矣戊子以來歷今十有六載其間天損人益之游加俾畏人之鷾鴯難以自遂不得不智效一官舍鵬飛而從鷃笑自是以後爲樊雉爲廟犧爲雕陵異鵲求其俯仰而不得罪於人此其難者故有甚憂兩陷螴蜳不得成陰陽之食人與金木之訊者等吾友郤是龍善於莊案牘之餘爲余談及

齊物論、人固受其黮闇

余聆之若昆弟親戚謦欬於藜藋鼪鼬之逕也急索書覓讀之則見見聞聞舊國舊都望之暢然矣夫虛己遊世人莫能害而流遁決絶爲大道所不出則今日之余禍福淳淳相與爲風雨寒暑之序畢不足以滑成斯其所得於莊者固不在區區筌蹄間也但大道日漓去古漸遠讀莊之家自郭子玄以後言人人殊究爲曾遼之瑟無關異同使人徒受其黮闇適得怍焉余考證諸本參以管見櫛比其詞檃括其旨惟因是因非因非因是以治莊之道讀莊之書求合乎作者之意而止異日者驪龍未寤腐鼠已捐汎

墖，塔古字

若不繫之舟，虛而遨遊，將手此一編以質於大莫之國，若謂漆園功臣，漆園罪人，呼牛爲牛，呼馬爲馬，余何蘄乎而人善之，而人不善之邪，亦因之而已矣，遂以因名。

康熙癸卯歲秋七月望前三日題於金陵報恩墖寺

找音爪補不足也

凡例 計五則

一字面訓詁照塡於本句之下然後再解本句之意如本句旣解應合數句而總解者必加一小圈別之

一每段必分疏本段大意或加評語凡遇小段則加巳上二字遇全段則加通段二字俱加一小圈別之

一凡篇中綱領段中眼目必旁加重圈◎其埋伏照應處旁加黑圈●其措意精深摛詞工妙處旁加密圈○○○其轉折另提或襯貼找足處旁加密點、、、

其小住歇處必加橫截一其大住歇處必加曲截乚原

本缺畧今悉補出庶學者開卷了然不煩探索

一每篇後總論必先揭出本旨逐段節接脫卸如搆一篇全章八股文字俱要還他渾渾成成一篇妙文不敢如前此註莊諸家輒指東話西自逞機鋒將本旨盡行埋沒卻也具眼者諒必知之

一原本音註總彙二紙冠於編首今恐煩學者檢閱特改列於本字之傍舉目即得甚為省力

西仲氏再識

莊子篇目

卷之四 外篇

卷之五 雜篇

卷之六　雜篇

莊子總論

三十三篇之中反覆十餘萬言大旨不外明道德輕仁義一死生齊是非虛靜恬澹寂寞無爲而已矣篇之有内有外有雜皆出於世俗非當日著書本意内七篇是有題目之文爲莊子所手定者外篇雜篇各取篇首兩字名篇是無題目之文乃後人取莊子雜著而編次之者逍遥遊言人心多狃於小成而貴於大齊物論言人心多泥於己見而貴於虛養生主言人心多役於外應而貴於順人間世則入世之法德充符則出世之法大宗師則内而可聖應

帝王則外而可王此內七篇分著之義也然人心惟太故能虛惟虛故能順入世而後出世內聖而後外王此又內七篇相因之理也若是而大旨已盡矣外篇雜篇義各分屬而理亦互寄如駢拇馬蹄胠篋在宥天地天道皆因應帝王而及之天運則因德充符而及之秋水則因齊物論而及之至樂田子方知北遊則因大宗師而及之惟逍遙遊之旨則散見於諸篇之中外篇之義如此庚桑楚則德充符之旨而大宗師應帝王之理寄焉徐無鬼則逍遙遊之旨而人間世應帝王大宗師之理寄焉則陽亦德充符

之旨而齊物論大宗師之理寄焉外物則養生主之旨而逍遥遊之理寄焉寓言列禦寇總屬一篇爲全書收束而内七篇之理均寄焉雜篇之義如此若刻意繕性義有所屬而無味讓王盜跖説劍漁父義無所屬而多疵昔人謂爲昧者勦入非虚語也天下一篇則後人訂莊者所作是全書之後序耳然則或曰外或曰雜何也當日訂莊之意以文義易曉一意单行者列之於前而名外以詞意難解衆意兼發者置之於後而名雜故其錯綜無次如此蘇子瞻謂分章名篇皆出於世俗非莊子本意猶信

莊子雜說 計二十六則

一莊子另是一種學問與老子同而異與孔子異而同今人把莊子與老子看做一樣與孔子看做二樣此大過也

一莊子全部以內七篇爲主外篇雜篇各分屬而總不離其宗今人誦其文止在字法句法上着意全不問其旨之所在此大過也

一莊子末篇歷叙道術不與關老並稱而自爲一家其曰上與造物者游而下與外死生無終始者爲友此種學

問誠所謂不可無一不可有二者世人乃以老莊作一様看過何也

一莊子另是一種學問當在了生死之原處見之其曰遊于物之所不得遯一句即薪盡火傳之說爲全部關鑰老子所謂長生久視則同而異也孔子所謂未知生焉知死則異而同也

一莊子言逍遥言重閬心期乎大老子言儉言慈言嗇心期乎小是其工夫不同處老子言無名天地之始莊子卻言泰初有無無有無名則無名之上尚有所自始矣

是其立論不同處若云子夏之後流爲田子方子方之後流爲莊周卽謂莊子與孔子同而與老子異亦無不可也

一莊子宗老而黜孔人莫不以爲然但其言曰春秋經世先王之志聖人議而不辨何等推尊孔子若言其宗老也則老聃死一段何又有遁天倍情之譏乎要知著書之意是非固別有在難與尋章摘句者道也

一莊子只有三樣說話寓言者本無此人此事從空驀撰出來重言者本非古人之事與言而以其事與言屬之

昭代叢書所載何啻下有癡人二字

卮言者隨口而出不論是非也作者本如鏡花水月種種幻相若認爲典實加以褒譏何啻說夢

一莊子五十三篇載在漢書藝文志嚴君平作老子指歸所引用者多書中不載如閼奕意脩危言遊鳧子胥等篇世存其目則此書爲郭子玄删定無疑但外雜兩集尚有贋手未經擯斥世無明眼以爲相沿已久不敢徑道然亦不可不辨也

一莊子生於戰國兵刑法術之家徒亂人國其所云絕聖弃知掊斗折衡等語皆本於憤世嫉邪之太甚讀者不

以詞害意可也

一莊子詆訾孔子世以爲離經畔道不知拘儒剽竊乃離經畔道之尤者也攷書中所載孔子不過言其問業于老氏子貢稱夫子無常師是不足爲詆訾者也若盜跖漁父乃其徒爲之所謂其父殺人報仇其子必且行刦亦已甚矣

一莊子篇中有一語而包數義者有反覆千餘言而止發一意者有正意少而傍意多者有因一言而連類他及者此俱可置勿論惟先求其本旨次觀其段落又次尋

其眼目照應之所在亦不難曉

一莊子有易解處有艱澁難解處有可作此解彼解處俱無足疑止玩上下文來路去路再味其立言之意便迎刃自解矣

一莊子學問是和盤打筭法其議論亦用和盤打筭法讀者須知有和盤打筭法

一莊子學問有進一步法其議論亦每用進一步法讀者須知有進一步法

一莊子旨近老氏人皆知之然其中或有類於儒書或有

類於禪教合三氏之長者方許讀此書

一莊子爲解不一或以老解或以儒解或以禪解究竟牽強無當不如還以莊子解之

一莊子大旨說外死生輕仁義黜聰明詞若不殊而其每篇立意却又不一當于同處而求其異當於分處而求其合自有得於語言文字之外若草草讀過便是不曾讀

一莊子用字有與他書不同如怒而飛非喜怒之怒冷然善非善惡之善游心乎德之和非和順之和此類甚多

當具別解

一莊子命意之深處須以淺讀之為文之曲處須以直解之若一味說玄說妙只管附會入心性裏面去便成一部野狐禪矣今人蹈此病者什之八九須痛絕之

一莊子或取其文不求其理或詮其理不論其文其失一也須知有天地來止有此一種至理有天地來止有此一種至文絕不許前人開發一字後人摹倣一字至其文中之理理中之文知其解者旦暮遇之也

一莊子似個絕不近情的人任他賢聖帝王矢口便罵眼

大如許又似個最近情的人世閒里巷家室之常工技屠宰之末離合悲歡之態筆筆寫出心細如許

一莊子當隨字隨句讀之不隨字隨句讀之則無以見全書之變化又當將全書一氣讀之不將全書一氣讀之則不知隨字隨句之融洽

一莊子當以看地理之法讀之欲得正龍正穴於草蛇灰線蛛絲馬跡處尋求徒較量其山勢之大小無有是處

一莊子當以覷貝之法讀之正視之似白側視之似紫覸視之似綠究竟俱非本色纔有所見便以爲得其眞無

有是處

一莊子當以五經之法讀之使其理爲布帛菽粟日用常行之道不起疑異於心則與我相親矣

一莊子當以傳奇之法讀之使其論一人寫一事有原有委鬚眉畢張無不躍躍欲出千載而下可想見也

莊子列傳　史記

莊子者、蒙人也、名周、周嘗爲蒙漆園吏、與梁惠王齊宣王同時、其學無所不闚、然其要本歸於老子之言、故其著書十餘萬言、大抵率寓言也、作漁父盜跖胠篋、以詆訿孔子之徒、以明老子之術、畏累虛亢桑子之屬、皆空語無事實、然善屬書離辭、指事類情、用剽剝儒墨、雖當世宿學、不能自解免也、其言洸洋自恣以適己、故自王公大人不能器之、楚威王聞莊周賢、使使厚幣迎之、許以爲相、莊周笑謂楚使者曰、千金重利、卿相尊位也、子獨不見郊祭之犧牛乎、養食之數歲、衣以文繡、以入太廟、當是之時、雖欲爲孤豚、豈可得乎、子亟去、無汚我、我寧遊戲汚瀆之中自快、無爲有國者所羈、終身不仕、以快吾志焉、

冥，莫經切

志，誌同

莊子因卷之一

三山林雲銘西仲評述

內篇逍遙遊

北冥有魚，其名爲鯤，鯤之大，不知其幾千里也。○總點出大。○大字是一篇之綱。化而爲鳥，其名爲鵬，鵬之背，不知其幾千里也。○分點出背之大。怒而飛，怒，即怒呺怒生之怒，乃用力之意。其翼若垂天之雲，所覆者廣。○分點出翼之大。是鳥也，海運則將徙於南冥，海運，海氣動也，海氣動，則颶風大作，故鵬欲乘此風力而南徙也。南冥者，天池也。已上直敘鵬之能遊作案。齊諧者，志怪者也。齊諧，古書名。○南冥句，解一語作收束；齊諧句，解一語作起，外若他書，俱可無有，那能如許跌宕波折。諧之言曰、鵬之徙於南冥也、水擊三千里、鵬翼所擊而震蕩也。摶扶搖而上者九萬里、扶搖、爾雅云、飈風也。去以六月息者也。六月息、仍主半年而後止息、解蓋其任意逍遙、一去一息、動經半年、則其爲大年可知。三千里言其遠、九萬里言其高、六月息言其久、見其一大則無不大之意。諧言止此。野馬也、塵埃也、生物之以息相吹也。野馬日中遊氣也。生物、造物也。息、氣之翕闢往來也。三句寫出造物之妙、見氣至而動、使鵬得以施其擊摶之能、發明上文海運的道理。天之蒼蒼、其正色邪、其遠而無所至極邪、其視下也、亦若是則已矣。五句言天之下、有許多容得逍遙處、故鵬之徙、水擊三千里、風摶九萬里、一去動經六月、自然無礙、諸解謬妄可矣。且夫水之積也不厚、則負大舟也無力、覆杯水於坳堂之上、則芥爲之舟、置杯焉則膠、水淺而舟大也。

坳、於交切。

蜩音條

舂東容

坳堂、堂之凹處。設一喩取勢。風之積也不厚、則其負大翼也無力。根上翼若垂天之雲句。故九萬里、則風斯在下矣。纔是厚。而後乃今培風。培訓養、作活字看。就方搏之時言。背負青天而莫之夭閼者也。無有折而壅之、培之至矣。而後乃今將圖南。將者、猶未徑去、有遲回審顧之意。言不九萬里必不行也。○已上言鵬所以搏扶搖而上者九萬里之故。連用而後乃今四字、奇幻尤絕。鵬與鷽鳩笑之曰、蜩、小蟬。鷽鳩、學飛之小鳩也。○笑人倒是此輩、若鵬必不輕易笑人。我決起而飛、搶榆枋。決起、不遺餘力、即上文怒而飛也。搶、突也。榆枋、二木名。時則不至而控於地而已矣。控、投也。而已矣者、言其無他能、亦無他願也。奚以之九萬里而南爲。笑其培風而後圖南、無所用也。適莽蒼者、郊外。三餐而反、腹猶果然。有一日之食、可以不飢。適百里者宿舂糧。

當蓄數日之食適千里者三月聚糧人之出行猶計程儲糧如此況鵬圖南之遠有六月程途若不培風能免夭閼之患乎○又設一喻取勢之二蟲又何知宜其見笑小知不及大知小年不及大年知有小大由於年有小大所以不相及非對語也玩下文便知奚以知其然也朝菌不知晦朔大芝也天陰生糞上見日則死蟪蛄不知春秋寒蟬也春生夏死夏生秋死此小年也以小年僅成其爲小知者楚之南有冥靈者龜以五百歲爲春五百歲爲秋大年一上古有大椿者以八千歲爲春八千歲爲秋大年二○冥靈大椿各自爲春秋則鵬自有鵬之春秋六月之息在鵬猶一瞬也而彭祖乃今以久特聞衆人匹之不亦悲乎匹之思與之並也此世人之小知亦因其居短景與二蟲之見無異所以可悲○已上言鵬所以能六月息之故皆申明諸言因行

文融放一片不可分析故諸解愈鑿愈支眞千古恨事湯之問棘也是已棘人名列子作夏革
○立言本似荒唐欲以取信故既引齊諧又徵之湯問也窮髮之北不毛地有冥海者天
池也上天池屬南冥此屬北冥是文之變處有魚焉其廣數千里濶未有知
其修者長其名爲鯤上總言其大此分出濶長來且先言其形體然後點出魚名又其文之變
處有鳥焉其名爲鵬背若泰山翼若垂天之雲上言一物所化此則
魚是魚鳥是鳥又其變處列子湯問語止此○前引齊諧三句單証篇首徙於南冥一語未及於魚鳥之大故又引
此以實之摶扶搖羊角而上者九萬里羊角風之旋者絶雲氣負青天
然後圖南且適南冥也重述起下斥鴳笑之曰斥澤小鳥彼且奚適
也我騰躍而上不過數仞而下翱翔蓬蒿之間此亦飛之

竟境同

泠音零

至也而彼且奚適也上文之笑在自安於拙此則竟自以爲工矣亦文之變處此小大之辨也此只就物之分量言與上文小知大知小年大年立意不同亦其變處一語結上生下多少筆力

故夫知效一官行比一鄉德合一君而徵一國者其自視也亦若此矣亦莫不自以爲至此人中之最小者而宋榮子猶然笑之榮子即宋鈃宋之賢人也猶然笑貌且舉世而譽之而不加勸舉世而非之而不加沮不在所效所比所合所徵上着眼定乎內外之分辯乎榮辱之竟斯已矣重內而輕外自知有眞榮眞辱彼其於世未數數然也世間之人如此者不多見雖然猶有未樹也不能自樹立於世外猶未大也

夫列子御風而行泠然善也順利無碍之意旬有五日而後反超出于內外之分榮辱之境能自樹立於世外矣

彼於致福者未數數然也知爲善致福之人如此者亦不多得不但世俗也此雖免乎行猶有所待者也必待風而御之非大之至也若夫乘天地之正陰陽二氣之正而御六氣之辯六時消息之變以遊無窮者不死不生之門彼且惡乎待哉此是極大身分極高境界極遠程途極久閱歷用不得一毫幫襯原無所待而成此逍遙遊本旨也故曰至人無己無待於己之所有神人無功無待於功之所及聖人無名無待於名之所歸○三句發無待之義見大之至者非世俗所能與也

堯讓天下於許由曰日月出矣而爝火不息炬火也其於光也不亦難乎喻臨下之德有大小時雨降矣而猶浸灌取水潤田其於澤也不亦勞乎喻逮下之德有大小○二喻謂大者當前小者雖不退聽何益夫子立而天

下治德盛而人自化卽易所謂見龍在田天下文明者是日月出而時雨降矣而我猶尸之吾
自視缺然爝火光難浸灌澤勞矣請致天下已上讓天下之詞許由曰子治
天下天下既已治也不待別求致治之人而我猶代子吾將爲名乎
致治之名名者實之賓也吾將爲賓乎有致治之實足矣名不必居也鷦鷯巢
於深林不過一枝餘枝用不着偃鼠飲河不過滿腹餘流用不着○亦以
二喻應上有力歸休乎君休美名也找上爲名三句予無所用天下爲找上鷦鷯四句
庖人雖不治庖尸祝不越樽俎而代之矣以致祭喻治天下庖人當爲其
勞尸祝當爲其逸然格神實藉尸祝隱隱見天下治己有
其實但不肯居其名耳二句找上猶代子句○此段引証
聖人
無名

淖綽同

肩吾問於連叔曰吾聞言於接輿大而無當往而不反吾驚怖其言猶河漢而無極也（使人驚懼不已）大有逕庭（隔遠貌）不近人情焉（斷定其不信）連叔曰其言謂何哉曰藐姑射之山有神人居焉（住處）肌膚若冰雪（形）淖約若處子（態）不食五穀吸風飲露（飲食）乘雲氣御飛龍而遊乎四海之外（行動○先寫出件件出色可怪）其神凝使物不疵癘而年穀熟（不用意天下而天下賴之此無功之功出於人情之外者此一句最重○接輿言止此）吾以是狂而不信也（狂以爲妄也言其所以驚怖之故）連叔曰然（信接輿之非妄）瞽者無以與乎文章之觀聾者無以與乎鐘鼓之聲豈唯形骸有聾盲哉夫知亦有之是其言也

女音汝

蘄音祈

指瞽聾四句之言、猶時女也。時、是也、謂是言乃汝之謂也、接輿言、本可信奈不知者以不狂爲狂耳、破俗狂而不信句、之人也之德也將旁礴萬物以爲一世蘄乎亂孰弊弊焉以天下爲事旁礴、混同充塞純以神用也、蘄、求、亂、治也、弊弊、役役之意、神人無心於治世而世自受治於神人、有莫知其然之妙者、○解上文其神凝使物不疵癘而年穀熟之誡之人也物莫之傷大浸稽天而不溺大旱金石流土山焦而不熱自己先有勝物本領疵癘所○不能加水旱所不能害者、是其塵垢粃糠將猶陶鑄堯舜者也孰肯以物爲事以其精治身而出其粗迹猶可理天下而有餘成就得一個堯舜來、豈肯以物爲事將大本領小用却也其乘雲御龍遊乎四海之外者以此○此段引証神人無功

宋人資章甫而適諸越資、貨也、章甫、殷冠名、越人斷髮文身無所用

剖音掊

呺音囂

之。禮冠雖貴，無奈有用不着之時。堯治天下之民，平海內之政。在己之所有，不爲不貴矣。往見四子藐姑射之山，四子舊作許由、齧缺、王倪、被衣。汾水之陽，窅音杳然喪其天下焉。汾陽，堯都也。窅然，茫然自失之意。既見四子而回都，胸中空諸所有，即有天下在己，皆用不着，猶越人視章甫耳。此段引証至人無己。諸解牽扯可笑。

惠子謂莊子曰：魏王貽我大瓠之種，我樹之成，而實五石。所容多矣。以盛水漿，其堅不能自舉也。堅，重也。非一人之力所能持，不便於用。剖之以爲瓢，則瓠落無所容。雖便於自舉，但瓠既大，剖而小之，則所落下之片無窪坎處，可以盛物。非不呺然大也，吾爲其無用而掊之。呺然，虛大貌。掊，擊碎也。剖與不剖，俱無所用，留之何益。莊子曰：夫子固拙於用大矣。宋人有善爲不洴。扶經切。

龜手之藥者世世以洴澼絖爲事龜坼也洴澼洗也絖絮也冬月漂絮有藥故手
不坼裂、客聞之請買其方百金聚族而謀曰我世世爲洴澼
絖不過數金今一朝而鬻技百金請與之此拙於用大者客得之
以說吳王越有難吳王使之將冬與越人水戰大敗越人
冬月水戰手不坼裂故能取勝裂地而封之此善於用大者能不龜手一也或以
封或不免於洴澼絖則所用之異也又以能用不能用總斷之今子有
五石之瓠何不慮以爲大樽而浮乎江湖慮謀也以此爲舟楫如大酒樽
之形浮於江湖且其性不洸可以乘之而恣其逍遙之樂非善於用大而何而憂其瓠落無所
容夫身既容矣更何所不容而待憂乎、則夫子猶有蓬之心也夫蓬之心猶言茅塞以

卷音拳

其不能慮而徒憂所以謂之拙於用大也○此段言得其用則大不得其用則小瓠空心之物猶喻居心故謂之有蓬之心也

惠子謂莊子曰吾有大樹人謂之樗（惡木名）其大本擁腫而不中繩墨其小枝卷曲而不中規矩（皆無可用）立之塗匠者不顧（雖便於伐亦去之而不伐）今子之言大而無用衆所同去也（同眄而去之與惡木等）莊子曰子獨不見狸狌乎（狐屬）卑身而伏以候敖者（敖物之閑遊者伺而欲捕得之也）東西跳梁不避高下中於機辟死於罔罟（見害於物雖有用何益）今夫斄牛（旄牛也）其大若垂天之雲（如顏雲之聚爲大形與篇首鵬翼所比不同）此能爲大矣而不能執鼠（其技反不如狸狌以各有所長不必

相爲用也今子有大樹患其無用何不樹之於無何有之鄉廣莫之野卽以無用之地置之彷徨乎無爲其側逍遙乎寢臥其下卽以無用之身共之不夭斤斧物無害者匠者不顧正得全其生無所可用雖與斄牛不能執鼠相同安所困苦哉却免狸狌機辟罔罟之害吾言大而無用亦猶此矣豈以衆所同去爲患哉○此段言小而有用不若大而無用也樹猶樹並暗喻應世故言物無害者見無用正足以避害得遂其逍遙之樂也

逍遙徜徉自適之貌遊卽所謂心有天遊是也此三字是莊叟一生大本領故以爲內篇之冠然欲此中游行自在必先有一段海闊天空之見始不爲心所拘不爲

世所累居心應世無乎不宜矣是惟大者方能遊也逍
篇以大字作眼借鵬爲喩意以鵬之圖南其爲程遠矣
必資以九萬里之風而遷以六月之息蓋以鵬本大非
培風不能舉況南冥又非一蹴可至者人之他適計程
贏糧亦猶是巳蜩與鶯鳩輩何足知此知有大小緣其
年有大小其不相及也固宜獨不聞冥靈大椿自爲春
秋則鵬之自爲春秋可知是其六月息也在鵬不爲久
又可知矣彼彭祖者誠何足數此鵬之所以爲大如此
也雖然此非吾臆說也又非諧私言也湯之問棘亦嘗

及之矣至如鵬之適而斥鷃之笑也誠不異於二蟲所云此無他小大故也彼世之一得自喜者何以殊此乃宋榮子進矣以未樹而未大列子又進矣以有待而未大惟夫乘陰陽二氣之正御六時消息之變以遊於不死之門方可爲大即所謂至人神人聖人是也於何徵之如許由之不爲名也此無名之一證也藐姑射之不爲事也此無功之一証也堯之窅然喪天下也此無己之一証也皆能用之以成其大也然非致疑於大而無用也故不龜手之藥得其用則大不得其用則小居心

者視此矣、抑非必求其有用而始爲大也、故狸狌、犛牛、或以有用而致困、或以無用而免害、應世者視此矣、大瓠也、大樹也、又一鵬也、何不可遂其逍遙遊哉、人惟求其大而已、篇中忽而敘事、忽而引証、忽而譬喩、忽而議論、以爲斷而非斷、以爲續而非續、以爲複而非複、只見雲氣空濛、往返紙上、頃刻之間、頓成異觀、陸方壺云、絖中線引、草裏蛇眠、諳得之矣、

內篇齊物論第二

隱、憑也、

南郭子綦隱几而坐、仰天而噓、緩吹出氣、嗒然似喪其耦、嗒然相忘貌、似離人而立於獨、

居、音姬、

顏成子游立侍乎前、曰、何居乎、形固可使如槁

而汝同　噫音隘　翏一音力竹反　枅一音肓

體不木動心固可使如死灰乎。念不起今之隱几者非昔之隱

几者也。前人隱几無嘘而嗒然若此者子綦曰偃不亦善乎而問之也。今

者吾喪我汝知之乎。無我相故形槁木而無言、心死灰而無知也○解嗒然意汝聞人

籟而未聞地籟汝聞地籟而未聞天籟夫。聲所從出曰籟地籟有形而受、

天籟無形而生、即下文風所從出由於氣、喻人之有言由於知也○又自解仰天而嘘之意爲下文發端子游

曰。敢問其方。類也子綦曰。夫大塊噫氣其名爲風。噫氣滿聲是惟

無作。但緩出如今日隱几之嘘、而不動作則無事矣作則萬竅怒呺。音號而獨不聞之

翏翏乎。音流是自遠而近之聲故曰聞山林之畏佳。音律萃山林高低曲隈之處所以受風者大木

百圍之竅穴。似鼻兩竅似口一竅似耳竅斜入似枅音雞柱上橫木承棟者竅方

洼，烏攜、於花二反。

謞，音孝。

調，音條。刁，都堯反。

似圈危匜之屬、竅圓。似臼竅淺。似洼者竅曲。似污者竅廣。○已上言形之不齊。激者戞而聲止。謞者去而聲疾。叱者出而聲粗。吸者入而聲細。叫者高而聲揚。譹者音豪。下而聲濁。宎者音杳。深而聲留。咬者吹而聲續。○已上言聲之不齊。前者唱于輕倡。而隨者唱喁重和。○二句言風陣先後不同、而各形各聲中、又有不齊如此。泠音泠。風則小和輕風則隨者亦輕和。飄風則大和疾風則隨者亦重和。厲風濟則衆竅爲虛猛風渡過後、諸竅寂然矣。○三句言風勢粗細不同、而各形各聲中、又有不齊如此。上從無生有、此自有歸無、來路去路井然。而獨不見之調調之刁刁乎調調刁刁、是樹上枝葉搖動之形、故曰見。○此段描寫地籟、在衆竅受風上見。句句形容不齊之狀、爲下段知與言不齊映照。子游曰、地籟則衆竅是已。人籟則比竹是已。○比竹、簫管之類。○上言人籟、若徑撤下則漏、若再提起則無處安着、趂此一句、便補一句、是文。

上閑。與閑同。下閑。太聲。

炎。于廉于凡二反。又音談。同是非也。詹。音占。小辯也。貌。

之細處、敢問天籟。子綦曰。夫吹萬不同。而使其自己也。咸其自取。怒者其誰邪。吹、指風而言、萬、萬竅也、風之吹、萬竅也、固不同矣、但使其爲竅如此、即爲吹如此、若皆自取、其怒號者、誰爲之邪、誰字與自己相應、暗指天也○三句荅天籟、爲下有知而言起引、大知閑閑。小知閒閒。大言炎炎。小言詹詹。知與言是一篇之眼、然言又本於有知、故先提出、此四句立局、極得振裘挈領之法、有知有言、是非之所從出、便是無中生有了、大知、謂全體、小知、謂一端、大言、謂通論、小言、謂偏解、一人之身皆有、不必分別優劣、其寐也魂交。其覺也形開。與接爲構。日以心鬭。縵者。遲留不決窖者。深藏不測密者。計較不漏小恐惴惴。大恐縵縵。驚懼不寧其發若機栝。直遂不轉其司是非之謂也。其留如詛盟。執拘不移其守勝之謂也。司是非、故守勝、本是一事、但用心不同、○數者總爲是非起見、

溺、音尭、去聲、

洫、音逸、

慹、之涉切、

姚佚、音遙逸、

一人之身、無論寐覺、其殺如秋冬、以言其日消也、其溺之心鬪之變態如此、所爲之不可使復之也、旣以心鬪、則神明日勞而消衰、故殺如秋冬、若使溺之出不可復返其初、其厭也如緘、以言其老洫也、近死之心、莫使復陽也、厭音壓、旣以心鬪、則在内之閉藏、若受緘縢束縛、竟成一老洫之無水、全不流動、如速死之人、無復有生機矣、此言心鬪之害如此、文中字句新奇、若怪石異峯、非樊籬中物也、喜怒哀樂、慮嘆變慹、慮則預度未來、嘆則咨嗟際也、變則反覆不定、慹則憂疑不動、姚佚啓態、姚、尖庠、佚、縱逸、啓、開心、態、作狀、樂出虛、喻、其乍作乍止也、蒸成菌、喻其倏生倏死也、日夜相代乎前、而莫知其所萌、承上言心鬪之害如彼、非明知之而故蹈也、緣此心司是非、自有無窮之變態、無端忽生、循環相代、猶吹萬不同之籟也、已乎已乎、旦暮得此、其所由以生乎、言欲知此變態所生之由乎、藏臟同。賅音該。

非彼無我，非我無所取。是亦近矣，而不知其所為使。言非天機之動、則我不能自生、但非我有以受之、則彼亦不能觸生於我、是我與彼相因以生此無窮之變態。非甚遠而難知也。究亦莫知其誰為使然。○使字取字、應上文使其自取怒句。若有真宰，而特不得其朕。其所為使者、似有真宰存乎其中、特不能得其端倪、故不知耳。可行已信，而不見其形，有情而無形。若真宰之所使、可行則行、已足信也。其所以不見其形者、實以真宰之有情而無形耳。安可得而見哉。當求得其情而可矣。百骸九竅六藏，賅而存焉，吾誰與為親？試以不可見之情、求之於身。問其最親厚者、為誰。○第一層。汝皆說之乎？其有私焉？問人身中所有數件、或皆可親而說、無所分別乎。抑亦有所極親於其間乎。焉、亦問詞。○第二層。如是皆有為臣妾乎？問在我身中、皆為服役於我者乎。○第三層。其臣妾不足以相治乎？其

薾乃結反。忘鎮

遞相爲君臣乎乃均服役於我則不能相爲統攝或於服役之中互爲統攝乎○第四層其有眞君存焉彼遞相君臣者畢竟役人而亦役於人若眞君則不然其所以使我有無窮之變態者皆是物也眞君即眞宰○層層擊出應上其誰耶三字如求得其情與不得無益損乎其眞一受其成形不亡以待盡既知於眞君求其情矣若求之得而眞不加益求之不得而眞不加損蓋此眞自我受形以來本無喪失直待形盡而止其與我相親相私相治如此與物相刃相靡其行盡如馳而莫之能止不亦悲乎終身役役而不見其成功薾然疲役而不知其所歸可不哀邪人謂之不死奚益其形化其心與之然可不謂大哀乎人之生也固若是芒乎其我獨芒而人亦有不芒者乎眞君之至重如此乃聽其與物

相逆相順、無有底止、一且形盡、而此眞亦銷滅無存、誠可憫也。何其昧昧若此。詎以人皆若此、而無有獨覺者乎。暗伏下以明意。其行文雖似三疊、却是一氣。外篇所謂哀莫大於心死、是也。○已上言物論不齊之害。夫隨其成心而師之、誰獨且無師乎。奚必知代而心自取者有之。愚者與有焉。成心、謂人心之所至便有成見在胸中、牢不可破、無知愚皆然。知代句、即上文以知日夜相代非我無所取意。未成乎心而有是非、是今日適越而昔至也。若人心中無成見、則無是非矣。今日適越而昔至、是惠子語、莊子引之、以見其必無是事也。是以無有爲有。無有爲有、雖有神禹且不能知、吾獨且奈何哉。禹歷九州、方知九州之處。以無爲有、禹尚不能、況其他乎。自隨其成心句至此、言物論皆人心所造也。夫言非吹也。言者有言。謂言有言之理、與風吹之無心者不同。○開着非吹一語、撇開甚巧。其所言者特未定也果有言邪其未嘗有言邪其以爲異於鷇音（音冦）亦有辯乎其無辯乎　但所言之是非未有定屬有言之理與未嘗有言之理總不足計鷇音鳥雛出卵而叫音無定也言者何以異此

●道惡乎隱而有眞僞●言惡乎隱而有是非●道惡乎往而不存●言惡乎存而不可　隱蔽也有言既與鷇音無辯則道無不存言無不可也因何而存眞僞是非之別乎四語俱詰問以起下文之意

●道隱於小成●言隱於榮華故有儒墨之●是非●以是其所非而非其所是　小成謂安於偏察以自好榮華謂狃於私說以相誇此道與言所以蔽也儒墨之自是以相非者非以此歟○自言非次句至此言是非本自無定皆成心爲之耳

欲是其所非而非其所是則莫若●以明●　儒墨之是非欲有定論在用我無成心之明而已○已上言物論有齊之之法

物無非彼物無非是

自彼則不見、自知則知之、故曰彼出於是、是亦因彼、凡物各有是非、各有彼我、欲以明者、必置身於是非之外、易地以觀、斯見彼出於是、則其爲是、亦因彼而然耳。○見字、知字、皆自上面明字生來、彼是方生之說也、物方生方死、亦惠子語、莊子引之以喩是非之無定耳。○愚意齊物論一篇、全爲惠子公孫龍等而發、蓋惠子輩以善辯著名、物論所以不齊也、故篇中多引其言、又指其事云、

雖然方生方死、方死方生、方可方不可、方不可方可、因是因非、因非因是、是非之說、卽生死之說也、彼出於是者、於無是無非之中、忽然而生彼是、譬之猶方生矣、乃有生則有死、循環無窮、是非之相因、若分別之、何處分別、是以聖人不由、而照之於天、亦因是也、不由、不從也、照之於天、鑑之以自然之大則也、因是、因其各自爲是、而不參之以己見也。○照字、根上明字來、天字、生下天均天倪等字、此句最是肯綮、因是兩字、是齊物論本旨、逼篇俱發此義、

是亦彼也彼亦是也彼亦一是非此亦一是非果且有彼是乎哉果且無彼是乎哉此言因是之實在以彼之是非即爲此之是非而不見有彼之是與無彼之是也彼是莫得其偶謂之道樞樞始得其環中以應無窮是亦一無窮非亦一無窮也故曰莫若以明如是則使彼是無有偶對而我常操其是非之樞紐以得其循環之用不落於邊際之偏於以順應是非之無窮所謂以明者此已

以指喻指之非指不若以非指喻指之非指也以馬喻馬之非馬不若以非馬喻馬之非馬也天地一指也萬物一馬也公孫龍子有白馬指物二篇且謂白馬非馬辯論雖近理但不若非指非馬之喻爲更全也天地萬物不過一指一馬道之可通如此

可乎可不可乎不可道行之而成物謂之

莛音廷 恑古詭 憰音決

而然惡乎然然於然惡乎不然不然於不然物固有所然物固有所可無物不然無物不可天地萬物不過指馬既無異象矣其中之可不可然不然隨物皆有亦無物不有也故爲是舉莛與楹厲與西施恢恑憰怪道通爲一莛梁楹柱厲惡也恢大恑戾憰乖怪異也凡物之不同在道則無不通如此其分也成也其成也毀也凡物無成與毀復通爲一破碎曰分圓就曰成敗壞曰毀凡物之成毀相因平陂徃復之理無不可通如此唯達者知通爲一爲是不用而寓諸庸庸也者用也用也者通也通也者得也適得而幾矣因是已已而不知其然謂之道不用不用已是也寓諸庸者因人之是也然無物不可無物不然庸衆之中不必自用而愈有以得其用用而通通而得有不知然而然此因是之道已已無

芧音序。朝三暮四，司馬云：朝三升，暮四升也。

所不已也。勞神明爲壹而不知其同也，謂之朝三。何謂朝三？曰：狙公賦芧曰：「朝三而暮四。」衆狙皆怒。曰：「然則朝四而暮三。」衆狙皆悅。名實未虧而喜怒爲用，亦因是也。壹，執滯也。狙公之輸芧以食狙，朝三暮四與朝四暮三，於芧之本數原未嘗加損，使不因狙怒而改命之，則狙之怒終不可解矣。此亦因是之道也。是以聖人和之以是非而休乎天鈞，是之謂兩行。和，調合也。聖人知其知此，故和之以是非而止乎天然之則，自無不均，可遍爲一，故兩行而無分別也。○自以指喻指至此，言道本無不通，無容執滯，所以發明因是之故。照之以天者，心之所及；休乎天均者，道之所歸。物論之所以貴齊如此。

古之人，其知有所至矣。惡乎至？有以爲未始有物者，至矣，盡矣，不可以加矣。知道者必通於未始有物之先，方爲道之至，方爲知之至。古之人即下面所謂

知止其所不知者是也○第一層其次以爲有物矣而未始有對也對謂對待

俗本爲封費解○第二層其次以爲有對焉而未始有是非也○第三層是

非之彰也道之所以虧也有是與非則道爲既散之朴矣虧猶壞也○第四層道之

所以虧愛之所以成愛卽下面好字之義猶言崇尚也○第五層果且有成與

虧乎哉果且無成與虧乎哉成虧相因於有物之後以未始有物觀之皆無成與虧矣

有成與虧故昭氏之鼓琴也無成與虧故昭氏之不鼓琴

也昭氏鼓琴成於先而虧於後是成虧之無定如此昭文之鼓琴也師曠之枝策

也枝柱策杖節音之具也惠子之據梧也以梧爲几據而高談也三子之知幾

乎皆其盛者也故載之末年昭文之鼓琴與師曠之枝策亦猶惠子之據梧耳三人皆

滑古沒反

以其知近精故爲終身篤好載從事也唯其好之也以異於彼句其好之也欲以明之彼句非所明而明之故以堅白之昧終惠子之所好獨偏故欲明之獨切不知非所當明而明焉是以終於堅白之昧而不悟也而其子又以文之綸緒終身無成白之載于書者尋其綸緒竟無所得○諸解以文之綸緒指昭文說語意割裂支離若是而可謂成乎雖我亦成也若是而不可謂成乎物與我無成也以惠子之事觀之則物與我本無所謂成如此是故滑疑之耀聖人之所圖也爲是不用而寓諸庸○○○故滑亂疑惑之中而明出焉此聖人之所尚此之謂以明不用而寓諸庸所謂明者此已○自古之人至此承上道通爲一句因推原乎道之極無所謂是非成虧之數以見其不得不因是也物論雖欲不齊亦不可得

○三句雖平提語意却重惠子一邊

今且有言於此不知其與是類乎其與是不類乎類與不類相與爲類則與彼無以異矣雖然請嘗言之上面言無是非其旨巳悉然而無是非之言即爲有言亦未知此言果類於是否也但任其類者以爲類不類者以爲不類則我之言自與彼全矣請言其無是非之言可乎有始也者有未始有始也者有未始有夫未始有始也者有有也者有無也者有未始有無也者有未始有夫未始有無也者若言無是非之源愈進而愈深直至於無無方成極致矣○周子太極圖說個無極儒者以爲千古未發之秘不知無極之上尚有無無宋儒未曾道得俄而有無矣而未知有無之果孰有孰無也若忽從無無之中說個有無便從空落影巳不是無了則未知此有無果孰爲有乎孰爲無乎有無本無處安着也今我則巳有謂矣而未

知吾所謂之其果有謂乎、其果無謂乎、今我既有無是非之言、則已多此、無
是非之一言矣、亦未知此一言爲有說乎、爲無說乎、有說無說、我亦不能自知也、天下莫大於秋
毫之末而大山爲小、莫壽乎殤子而彭祖爲夭、天地與我
並生、而萬物與我爲一、天下之理、和盤打算、大小壽夭、總爲幻相、只見有我、便有天地、是天
地與我並生、自天地之視我與視萬物、原無兩樣、是萬物與我爲一矣、此數語是齊物論本義、既已爲
一矣、且得有言乎、既已謂之一矣、且得無言乎、既爲一矣、則無容有
言於其間、但謂之一、卽爲有言於其間矣、一與言爲二、二與一爲三、自此以往、
巧歷不能得、巧歷巧於歷數者也、而況其凡乎、故自無適有以至於
三、而況自有適有乎、無適焉、因是已、由一而生言、由言而遞生、是無窮期矣、以

畛音真

共從此適彼故也、若欲無適、則所謂因是而已。自今且有言至此、以無是非之言、即爲有言、不如併此一言而去之也。齊物論者、亦不作我出言以齊之矣。夫道未始有對、言未始有常、爲是而有畛也。夫道無往而不存、故未始有對、言無存而不可、故未始有常、蓋以有對有常、即爲畛域、而八德所從生也。請言其畛、有左有右、左與右相對而相反。有倫有義、在物曰倫、處物曰義。有分有辯、群則有分、族則有辯。有競有爭、互逐曰競、對辯曰爭。此之謂八德。六合之外、聖人存而不論、六合之內、聖人論而不議。春秋經世先王之志、聖人議而不辯。春秋立大經、以爲世道之計、此即先王之志也、其中有是有非、聖人有微詞焉、未嘗反覆稱引以示人也。莊叟可謂尊孔之至、書中貶聖處、皆非本意。故分也者有不分也、辯也者有不辯也。曰何也。聖人懷之、衆人辯之以

嗛音謙

园五官切圜同

相示也故曰辯也者有不見也聖人知有言卽以起爭故有不論不議不辯之條者以其分之辯之卽爲不分不辯之人則懷之與示之相去遠矣。○此段又從上段有言之意透下見得聖人雖有言仍不起是非之意看他雙收道言二字應上雙起針線極密此率然首尾也夫大道不稱大辯不言大仁不仁大廉不嗛大勇不忮道昭而不道言辯而不及仁常而不成廉淸而不信勇忮而不成五者园（圓同）而幾向方矣故知止其所不知至矣夫聖人有言不起是非是巳究竟不稱方爲大道不辯方爲大言卽如大仁大廉大勇亦皆不存其迹若但不道不及不成不信不成五者尚有迹存雖似圓虛漸落邊際非上乘也故知必止其所不知方爲至矣不知則在未始有物者矣應上古之人其知有所至句○通篇結穴在此惟止於所不知所以無言眞齊物論妙訣孰知不言之辯不道之道若有能知此之謂天府。注焉而不滿、酌焉而不竭、而不知其所由來。此之謂葆光。知知止其所不知者柰何、即此不言不道之知是已、知之則所謂天府、可得環中以應無窮、自然注不滿酌不竭、而不知所由來也、此葆藏其光明、亦猶聖人滑疑之耀而已、知其不知、豈非至哉。○篇中段段散行、卷舒收縱、至此忽將知不知分二對總收、意雖遁而詞實對、是散中取整法。故昔者堯問於舜曰、我欲伐宗膾胥敖、南面而不釋然、其故何也。宗一國、膾一國、胥敖一國、不釋然者、常存於胸中而不能解也。舜曰、夫三子者、猶存乎蓬艾之間。蓬艾之間、言其存國於卑微褊小之地、不足與較也。若不釋然何哉。昔者十日並出、萬物皆照。暗暗與上文照呼應。而況德之進乎日者乎。夫葆光者、德之所由成、積厚流光、自然無物不照、區區是非、總不足入其胸次、舜之告堯是已、今日之喪我、亦欲知止其所不

齧五結反、倪五稽反、

知、以渾同是非之言、物論之齊、非以此哉、

齧缺問乎王倪曰、子知物之所同是乎、物所同是、言物各有所自是也、曰、吾惡乎知之、子知子之所不知邪、曰、吾惡乎知之、然則物無知邪、曰、吾惡乎知之、三問異而三荅同、文情奇幻、雖然嘗試言之、庸詎知吾所謂知之非不知邪、庸詎知吾所謂不知之非知邪、二語是此篇之眼、蓋知則落邊見、所以爲不知、而不知則寓渾同、所以爲知、觀下文便見、且吾嘗試問乎汝、民溼寢則腰疾偏死、鰌然乎哉、木處則惴慄恂懼、猨猴然乎哉、三者孰知正處、民食芻豢、麋鹿食薦、薦、稠草也、蝍且甘帶、音疽、蝍蛆、蜈蚣也、帶、蛇也、鴟鴉嗜鼠、四者孰知正味、猨猵狙以爲音偏且

雌麋與鹿交鰌與魚游毛嬙麗姬人之所美也魚見之深入鳥見之高飛麋鹿見之決驟四者孰知天下之正色哉自我觀之仁義之端是非之塗樊然殽亂吾惡能知其辯道徧不知纔是眞知齧缺曰子不知利害則至人固不知利害乎王倪曰至人神矣大澤焚而不能熱河漢冱而不能寒疾雷破山風振海而不能驚若然者乘雲氣騎日月而遊乎四海之外死生無變於己而況利害之端乎上所言正處正味正色皆利害之端至人不但利害連生死亦不知所以爲不知之極致

瞿鵲子問乎長梧子曰吾聞諸夫子夫子孔子也聖人不從事

於務。（不以世故為事也。此句起下六句。）不就利、不違害、不喜求、（無求於世也。）不緣道、（無心依道而行也。）無謂有謂、（未嘗不言也。）有謂無謂、（未嘗有言也。）而遊乎塵垢之外。（此句承上六句、與下不從事於務句相應。）夫子以為孟浪之言、（孟浪、不着實也。）而我以為妙道之行也。吾子以為奚若。長梧子曰、是黃帝之所聽熒也。（熒、猶惑也。言此道難知、即黃帝聽之而猶惑也。）而丘也何足以知之。且汝亦太早計。見卵而求時夜、見彈而求鴞炙。（言汝此時身分尚早、未得到彼地位、何敢輕易許之乎。）予嘗為汝妄言之、汝以妄聽之。（言之則為孟浪、故以妄言之、聽之則為早計、故以妄聽之。已上先答他夫子以為孟浪三句。）奚旁日月、挾宇宙、（旁日月、挾宇宙、即上文不從事於務而遊乎塵垢之外之意。奚者、謂何道以致此也。諸解無謂。）為其

芚徒本切

說音悅

脗合置其滑涽弟為其脗合不立異同之見置其滑涽不求辨論之明則庶幾矣諸解無謂以
隸相尊衆人役役聖人愚芚故有分別高下如官之相轄以隷屬而相尊者衆人所以
役役而徒勞也聖人則不然惟若愚芚無知而已諸解無謂參萬歲而一成純雖萬歲之久事
變之雜合而一之混然純備則死生無變矣此句頂上不就利四句生下生死夢覺一段諸解無謂萬物
盡然而以是相蘊言積然於萬物而萬物盡然則是非不起矣此句頂上有謂無謂二句生下
我與若辯一段言萬歲則無不齊之時言萬物則無不齊之事矣諸解無謂予惡乎知說生之
非惑邪予惡乎知惡死之非弱喪而不知歸者邪弱喪幼年失路
之人也麗之姬艾封人之子也晉國之始得之也涕泣沾襟
及其至於王所與王同筐牀食芻豢而後悔其泣也予惡

乎知夫死者不悔其始之蘄生乎夢飲酒者旦而哭泣夢哭泣者旦而田獵方其夢也不知其夢也夢之中又占其夢焉覺而後知其夢也且有大覺而後知此大夢也而愚者自以爲覺竊竊然知之君乎牧乎君乎牧乎分貴分賤也牧牧圉也此即上文以隸相尊之意　固哉丘也與汝皆夢也予謂汝夢亦夢也再着此句方全是文家深一層法莊文中此法甚多　是其言也其名爲弔詭萬世之後而一遇大聖知其解者是旦暮遇之也弔詭至怪也萬世之遇若旦暮然言知其解之少也○已上根參萬歲而一成純句痛發不就利四字實義　旣使我與若辯矣若勝我我不若勝若果是也我果非也邪我勝若若不我勝

而汝同

我果是也而果非也邪（彼此勝無定在）其或是也其或非也邪（可以節取）其俱是也其俱非也邪（可以兩存）我與若不能相知也則人固受其黮（音啖）闇（暗昧不得明白）吾誰使正之（從中決定）使同乎若者正之既與若同矣惡能正之（必仍是若說）使同乎我者正之既同乎我矣惡能正之（必仍是我說）使異乎我與若者正之既異乎我與若矣惡能正之（必別是一說與爾我無涉）使同乎我與若者正之既同乎我與若矣惡能正之（必茲無他說與爾我雷同）然則我與若與人俱不能相知也而待彼也邪（此外更何所待惟有天已）化聲之相待若其不相待（是非之辯不一為變化之聲宜與人相待又若不必與人相待）和之以天倪（謂和）

之以天均不參已意 因之以曼衍 牽引敷演 所以窮年也 盡吾年而後已○化聲五句舊本錯簡在兩無辯句下呂吉甫更定在此義最優今從之

何謂和之以天倪曰是不是 物理 然不然 物論 是若果是也則是之異乎不是也亦無辯 以有是自當有不是 然若果然也則然之異乎不然也亦無辯 以有然自當有不然○此謂天倪和之者以此而已 忘年忘義 窮年故忘年曼衍故忘義 振於無竟故寓諸無竟 振收歛也欲歛手於無盡而忘年故寄意於無盡而忘義即上文樞得其環中以應無窮之意也又自解曼衍窮年之說○已上根萬物盡然而以是相藴句痛發有謂無謂二句實義

罔兩問景 影同 曰 罔兩影外之陰也 曩子行今子止曩子坐今子起何其無特操與 無一定之常度 景曰吾有待而然者邪 影待形而動 吾所

待又有待而然者邪形又待神而動其行止坐起皆不能自主吾待蛇蚹蜩翼邪蚹蛇腹下齟齬所以主行者惡識所以然惡識所以不然蛇以蚹行蜩以翼飛而蚹與翼不能自行自飛必有主張之者何能知其所以然不然乎蓋影之所待又有待者如此○言所以無特操之故

昔者莊周夢爲蝴蝶栩栩然蝴蝶也栩栩飛動貌自喩適志與自知可樂不知周也俄而覺則蘧蘧然周也又無蝴蝶不知周之夢爲蝴蝶與不知前此爲蝴蝶是周所夢蝴蝶之夢爲周與亦不知今此爲周是蝴蝶所夢周與蝴蝶則必有分矣明明是個兩物夢覺之不自知若此此之謂物化知雀化蛤、雉化蜃之類、故外篇云其死也物化、言人之死亦猶物之化不相知也、以夢覺驗之、則其理躍然矣○此段言天倪自動、或兩物而歸一物、或一物又疑兩物、俱成幻相、見物論本齊、相待相疑、俱非也、明道之言各有是非是謂物論物論之不齊皆起於各自爲我之心然有心則有知有知反以傷其心而究無損益乎道之數徒增紛紜耳故欲齊物論必須善用其知善用其知者止其所不知者也通篇以知不知作線曰芒曰昧爲無知曰明曰聰爲善用其知曰滑疑之耀曰葆光爲止其所不知止其所不知將奈何所謂因是也南郭子綦之喪我也盡之矣以爲人心之有是非本是無中生有猶風之吹萬不同忽成無數變態誰爲爲之是地籟也實天籟矣人心由知而有言無論大小皆

其自造千頭萬緒乍起乍滅自所謂眞君者茫不知取其不至勞神明以終身俾心與形俱盡而不已何也以其有成心也夫言等之鷇音之過耳原無有眞僞是非於其間也乃有所蔽以生儒墨彼此紛無定見是未嘗善用其知卽物之彼是易地以相觀耳惟因是而照之於天以虛相應無窮期也是豈故爲強合哉盖道原通爲一高下美惡常怪成毀所不得與焉者也達者知之勞神明爲壹者不知也此聖人照之於天亦欲止乎天則之自合所以善用其知矣夫知以何者爲至哉古之

人必置其知於未始有物之先其有物者次爲有對者又次爲以其漸及於是非也是非用則未免有成虧之弊然而是非偏竟不足爲成虧之據不但道之本通爲一卽用道者究亦無或不一也聖人所以於滑亂疑惑之中而有其明豈非置是非於不用之故哉夫無是非則無言矣乃吾試思之卽此無是非之言亦未始非言也斯言是歟則與是類斯言非歟則與非類前以人之言欲易地以相觀者此以我之言亦不妨易地以並處矣顧無是非之言何言哉必遡於無言之始矣尤有進

爲必遡於無無言之始矣尤有進焉大小壽夭天地萬物無不爲一然一卽爲言由此相適於無已是欲齊是非者反以增是非矣故不如前所謂因是已者併此無是非之一言亦可省也夫不論不議不辯聖人於有言之時卽存無言之用亦恐生八德之畛耳然猶有言之迹者存也大道大辯則不然雖不道不及不爲已甚亦難語於圓虛古之人知之所以爲至者亦惟止其所不知者矣於所不知者而能知則天府也所以得環中以應無窮者也於所知而歸之於不知則葆光也所以圓

滑疑之耀者也舜之告堯亦不過此他如利害死生付之不知也則王倪之告齧缺也君牧人我不能相知也則長梧之告瞿鵲也至於形影相待而不知所以然夢覺相疑而不知所以分則知之止於不知漸入化境矣尚何不齊之物論哉文之意中出意言外立言層層相生段段回顧倏而羊腸鳥道倏而疊嶂重巒世儒見之每不得其肯綮輒廢閣不敢復道此猶可恕乃敢率臆曲解割裂支離俾千古奇文埋沒塵土嗚呼莊叟當日下筆落想時原不許此輩輕易讀得也又何怪焉

内篇養生主第三

吾生也有涯生必有死而知也無涯應事之識所以運此生而爲其主者以有涯隨無涯殆已隨逐也此句言其理已而爲知者殆而已矣此句言其事明知其已如此而役役爲知惟有危而已矣尚何益哉。已上言不養之害爲善無近名或輕生趨義不至於要名爲惡無近刑或貪生逐利不至於陷罪緣督以爲經緣循也衣背當中之縫謂之督喻凡事皆有自然之理解如下文所謂有間是也經常也循此以爲應物之常不必復隨無涯以爲知矣時解上下文俱說不去可以保身指身體髮膚言可以全生指知覺運動言可以養親舉吾生所當爲之大者可以盡年指壽夭言四句皆所以免於勞者。已上言養生之法

庖丁爲去聲文惠君解牛手之所觸肩之所倚足之所履膝之

所踦。以一足跪而抵之。○四句寫容。音翕砉然嚮然。砉骨肉相離聲。奏刀騞然。音畫。騞破物聲。莫不中音。樂音。○三句寫聲。合於桑林之舞。湯之樂也。手足肩膝之容似之。乃中經首之會。經首咸池樂章。會音之聚也。身之砉然、刀之騞然似之。○○○○◎○○○○文惠君曰、譆善哉。技蓋至此乎。庖丁釋刀對曰。解牛已畢故。臣之所好者道也。進乎技矣。出乎技之上。始臣之解牛之時、所見無非牛者。有全牛。三年之後、未嘗見全牛也。見牛只見其理解、如體之分裂者然。所謂以神遇也。方今之時、臣以神遇而不以目視。官知止而神欲行。依乎天理。言現今。○○○◎○○○○○○官謂手足耳目之官。知止者、遇有齟齬、知當住。乃而神自欲行、循乎牛之理解、有天然之縫接處也。批大郤。音隙。際也。導大窾。空也。因其固然。所以為天理。技經肯綮之未嘗。肯着骨肉。綮結也。而況大軱乎。大骨也。言我之技未嘗在牛骨肉上經過。所以爲是道非技。良庖歲更刀。割也。技嘗經肯綮者。族庖月更刀。折也。技嘗經大軱者。今臣之刀十九年矣。所解數千牛矣。而刀刃若新發於硎。彼節者有閒。而刀刃者無厚。以無厚入有閒。恢恢乎其於遊刃必有餘地矣。是以十九年而刀刃若新發於硎。原無待於割折故。雖然每至於族。筋骨盤錯處。吾見其難爲。非可批導。怵然爲戒。警心。視爲止。注目。行爲遲。住手。動刀甚微。輕輕肆力。謋然已解。如土委地。謋然當作物斷之聲。不大用力。其不傷刀可知。提刀而立。爲之四顧。爲之躊躇。旁若無人之意。滿志。善刀而藏之。拂拭盪摩其刀。藏爲後用也。層層言所得之道在於養。不但以聲容合樂爲長技也。文惠君曰善哉吾聞庖丁之言得養生焉借文惠君之口發出正旨妙○通段發緣督以爲經之義斂事處喻應物之善所云天理固然有間等語皆喻物有自然理解無難處之事也

公文軒見右師而驚右師官名先爲是官其後以罪被刖者曰是何人也惡乎介也介特也特足故謂之介天與其人與計其生來便是獨足乎或有兩足被人害其一乎曰又更端言天也非人也天之生是使獨也獨彼一足若人天使之者然之貌有與也凡人形貌無不兩足並行如黨與然以是知其天也非人也天使其祿仕故取刖於人何與

澤雉十步一啄百步一飲求食甚難不蘄畜乎樊中神雖王不善也樊中雖有食然搜人以殺制之權神非不壯健惟不能自遂其善利之意反不如高擧遠引處於利害不攖之地喻右師受祿被刖非養生之道也○通段發爲惡無近刑之義

失音逸

老聃死秦失弔之三號而出不哀又不盡禮弟子曰非夫子之友邪疑其薄曰然是友然則弔焉若此可乎疑非弔友之禮曰然只當若此始也吾以爲其人也而今非也其人猶言個中人今知其非以其遁天也意見下文向吾入而弔焉有老者哭之如哭其子少者哭之如哭其母哀極彼其所以會之彼指老子會會合也固結人心之謂必有不蘄言而言悲悼弔詞不蘄哭而哭者以平日用情過深其死後故有自然之感動也是遁天倍情忘其所受是遁天之理而倍益以人之情忘其所受之初本未始有物也古者謂之遁天之刑情之所鍾自爲桎梏而已○已上詆老聃俱在平日上論本題是養生說及死已爲奇矣乃弔而不哭反怪夫人之哭尤爲奇也及怪夫人之哭因怪死者有以致其哭吾不知其從何落想大奇大奇適來夫子時

注哀字恐懸字

也適去夫子順也來生去死也適偶值也偶生時自生偶死理當死耳安時而處順哀樂不能入也人苟安於自然而生則不以為樂處於自然而死則不以為哀古者謂是帝之縣解人之生如物懸空中死則解其懸而下矣此皆天之所為非人得與哀樂何益○已上論入弔者不當哭之哀指窮於為薪火傳也不知其盡也指指實也作活字看與不知二字呼應薪喻形火喻神薪所以傳火為薪者既窮火亦隨盡但薪之窮可以指窮若火既盡之後則有不知其能他傳者喻形有死而神無死本不當哭也三句自明三號而出之非薄○通段發為善無近名之義

養生主者言養其所藉以生之主人即齊物論篇所謂眞君是也此篇亦從前篇生來大意謂人之生有盡而其知無窮若不得其養之道則終身役役相刃相靡遂

致其形化其心與之然矣故爲著養生主之說爲善無近名三句是一篇之綱善指德義言惡指勢利言俱就應物上講爲善爲惡不爲已甚悉循乎當然之則順而處之行所無事所謂緣督以爲經也庖丁解牛以無厚入有間批郤導窾技之神而不勞雖有族之難爲（本文云[illegible]然每至於族吾見其難爲）微動刀而已解此亦緣督爲經之術無他謬巧也養生之道豈有殊歟然或有不得其道如右師之廁身寵祿貽禍則危似爲惡而近刑者乃雉之飲啄維艱而樊籠不願則何也故知善形之不如善神矣如老聃之生用其情

死致其哀似爲善而近名者乃帝之縣解有時而薪火無盡則何也故知任人不如任天矣惟利害不攖以生而全其主哀樂不入以主而待其生則吾生有涯而實無涯也斯爲善養巳文之晰理精確體物肖似有呼有應極方極圓此莊集中所謂布帛菽粟之文不可一日離者也

莊子因卷之一

衛君出公輒也。

莊子因卷之二

三山林雲銘西仲評述

內篇人閒世第四

顏回見仲尼請行。曰奚之。曰將之衛。曰奚爲焉。曰回聞衛君。其年壯。非幼沖可待其改悔者。其行獨。非師傅可得而輔導者。輕用其國而不見其過。好用兵而自以爲是。暴人行徑。輕用民死。死者以國量乎澤若蕉。以國量猶牛馬谷量之義。乎澤若蕉。蕉言死者如平澤之蕉蘊崇相積也。俗本乎作平。乃字之誤。民其無如矣。旣不能堪。又不敢言。以彼不見其過。無如之何也。暴人流毒。回嘗聞之夫子曰。治國去之。亂國就之。爲救。醫門多疾。願以所聞思其則。

曰所聞於夫子者想出諫過之法即下文所謂政法是也庶幾其國有瘳乎。言所以往衛之故有瘳與醫疾句呼應佳絶仲尼曰。譆。若殆往而刑耳。不但救不得衛且不能自救總喝一句令人悚然夫道不欲雜。不虚雜則多。不虚則不一多則擾。不一則存於己者未定擾則憂。未定必為人所困而取憂憂而不救。雖自憂而不能自救。五句是通篇之冒言自己無眞本領止就所聞思其則自然不免此敝古之至人。先存諸己而後存諸人。所存於己者未定。何暇至於暴人之所行。無化暴之具不但不敢亦不暇矣。已上單就顏子自己身上較論且若亦知夫德之所蕩流蕩而知智同之所爲出乎哉。横出德蕩乎名。獨居美名知出乎爭。與人爭勝名也者相軋也。獨居美名人亦思傾而奪之知也者爭之器也。與人爭勝人亦思勝而擾之二者凶

而汝同

器。非所以盡行也。盡德而行則蕩盡知而行則出皆不免於軋爭之凶則存諸己者不可不思所以存之法比前深一層 且德厚信矼（音扛）也。未達人氣。名聞不爭。未達人心。而彊（上聲）以仁義繩墨之言術（述同）暴人之前者。是以人惡有其美也。命之曰菑人。即德不蕩而知不出無名爭之凶但未體貼人情而強述正言於暴人之前則形其短使彼不能堪反以我言為菑害也○術江南古藏本作衒義較優應從之 菑人者。人必反菑之。若殆為人菑夫。暴人必不自認有過而受諫亦將加菑害於我矣是存諸己者雖定及存乎人又不可不思所以存之法比前又深一層○氣字心字看得甚細下文聽之以心聽之以氣與此呼應極靈 且苟為悅賢而惡不肖。惡用而求有以異。若不惡人之有其美而不加菑是悅賢惡不肖之君也其國中何患無臣焉用汝獨表異於彼乎此必無之理也 若唯無詔。汝尚未開傴紆甫切。擠子計反。排也。

（曰詔、告之。）王公必將乘人而鬭其捷。（王公將乘汝之隙、先以言鬭汝、以求勝。）而目將熒之、（目眩不敢仰視。）而色將平之、（色沮而强爲和。）口將營之、（吻間欲吐未能。）容將形之、（依違俯仰已屈。）心且放之。（且放過以爲後圖。五句極寫一時流遁之狀、眞屬無可奈何。用叶韻、語奇甚。）是以火救火、以水救水、名之曰益多。（欲救其過、反增其過、安能有瘳於其國乎。）順始無窮。（若姑順之於始、恐將來無了期。）若殆以不信厚言、必死於暴人之前矣。（勢必當彼不相信之時而極力進諫、是交淺言深、取禍必矣。結上往而刑句。又承上何暇至於暴人之所行句、而痛發其害。）且昔者桀殺關龍逢、紂殺王子比干、是皆脩其身以下傴拊人之民、以下拂其上者也。故其君因其脩以擠之。是好名者也。（傴拊、俯身撫摩也。桀紂不肯自居有過、所以謂之好名。）

扈音戶

引証上文名軋知爭一段昔者堯攻叢枝胥敖，禹攻有扈。國爲虛厲，身爲刑戮，其用兵不止，其求實無已。室無居人曰虛，死而無後曰厲。三國明知必取禍，而猶用兵不止者，欲遂其貪耳。○引証上文暴人之所行句。是皆求名實者也，而獨不聞之乎？是指衛君輕用其國是求實，不見其過是求名。名實者，聖人之所不能勝也，而況若乎！總上二段，言龍比不能勝其君，堯禹不能勝其臣，見暴人自用，難於匡救，即往衛亦無補。雖然，若必有以也，嘗以語我來！詰其必有勝暴人之法。顏回曰：端而虛，道恐其雜，而端正以取虛。勉而一，道恐其多，而勉強以取一。則可乎？是有於己者，既定而不擾矣，或可勝暴人而無憂，此自救之法也。曰：惡，句惡可！上惡字是歎聲，下惡字斷其不可也，下倣此。夫以陽爲充孔揚，佯爲道德充滿。矜張之甚。采色不定，喜怒無常。常人

蘄音祈

之所不違。凡人無有違其意者。因案人之所感以求容與其心。因而壓服所感觸之人以爲樂。名之曰日漸之德不成。而況大德乎。這等人雖日日與處亦不能漸漬以成其德。況暫到彼而望其有聞過則喜從諫如流之大德乎。暴人之所爲如此。將執而不化。外合而內不音否訾。其庸句詎可乎。虛與一原是待物妙用。病根在端勉二字。以其執而不化也。將此以往。雖外與合而內實離。以此而欲指摘人之庸劣。其去不信厚言無幾矣。豈可免蓄乎。訾卽下文讁字之義。庸指上文日漸之德不成言。外合所以問外曲。內否所以問內直。訾其庸所以問成而上比。皆撤其偏之意。曰。然則我內直而外曲。成而上比。自成其數而上合古人之旨。內直者與天爲徒。與天爲徒者。知天子之與己皆天之所子。而獨以己言蘄乎而人善之。蘄乎而人不善之邪。言之見用不見用全不以爲意。若然者，人謂之童子。一派天機。是之謂與天爲徒。世無加罪於童子之理。政法一。外曲者，與人之爲徒也。擎跽曲拳，人臣之禮也。人皆爲之，吾敢不爲邪。無求異之迹。爲人之所爲者，人亦無疵焉。疵以爲病也。是之謂與人爲徒。世無以衆人共爲之事而獨加罪於一人之理。政法二。成而上比者，與古爲徒。其言雖教，讁之實也。雖誨其善，實責其過，有類於忤觸。古之有也，非吾有也。非我創之。若然者，雖直不爲病。是之謂與古爲徒。世無加罪於古人之理。政法三。若是則可乎。存於己者，又添出許多作用，或可以免暴人之蓄而化之乎。仲尼曰：惡。句惡可。太多政法而不諜，雖固亦無罪。諜訓間諜。極確進言者之政法過多而不探察受言者之意，雖如上文端勉執而不化彼

齋側皆反　皞胡老反　茹音汝

亦無從加罪比之未達人氣未達人心而強進言者不同矣 雖然止是耳矣。力量如此而已夫。

胡可以及化。猶師心者也。安可以及人而化之使彼忘其進言受言之迹猶自以心爲師而有得乎既不能化懸雖往衛亦無益矣 顏回曰。吾無以進矣。敢問其方。術 仲

尼曰。齋。一字亦 吾將語若。欲告猶未即告之誠重之也、○答他問其方向、有而爲之

其易耶。易之者。皞天不宜。這個道理莫說無以進即有而爲之豈是易事若謂容易終未

免落於人爲不離端兒與自然之天則了不相合矣。○答他無以進句 顏回曰。回之家貧。唯

不飲酒不茹葷者數月矣。若此則可以爲齋乎。果然認作易事 曰

是祭祀之齋。非心齋也。直掃破 回曰。敢問心齋。仲尼曰。若一

志。將心之所之打成一片 無聽之以耳。而聽之以心。事有所聞耳輙受而心則有制

故聽以心 無聽之以心而聽之以氣 耳有所接心猶逐而氣不離身故聽以氣 聽止於耳 不亂吾心 心止於符 不動吾氣符猶符驗之合即思不出位之意○上四句乃一志之功下二句乃志旣一之效又深一層 氣也者虛而待物者也 聽止心止之後則氣獨往獨來於吾身不受一物矣惟不受一物方能不將不迎而待物與大虛同體 唯道集虛 道本於未始有物故 虛 者心齋也 釋心齋二字之義○已上實發不雜不多之道欲達人心先理會自己之心欲達人氣先理會自己之氣所謂至人先存諸己而後存諸人者此也 顏回曰回之未始得使實自回也 使即下文天使人使之義猶言用也未得用之時實自成其爲回猶有己之見存也 得使之也未始有回也 不見有己動之以天也 可謂虛乎 因夫子虛而待物之語從待物上驗虛思所以存諸人也 夫子曰盡矣 無可加矣 吾語若 此虛方盡底告之以其大有所得也 若能入

遊其樊而無感其名入而遊焉有徜徉自適之意樊藩籬也感觸也勿感觸其有過之名是入則鳴不入則止語默因其受不受無門無毒一宅而寓於不得已則幾矣不別開門不自發藥渾忘物我與之共處而寄於不得已之中迫而後應則虛之極也故近道已上實發存諸人之術感字應上所感門字應上醫門毒字暗應上蕃人句絶迹易無行地難喩不爲者易爲而無迹者難爲人使易以僞爲天使難以僞動之以天容不得一毫矯持聞以有翼飛者矣未聞以無翼飛者也無行地所以難聞以有知知者矣未聞以無知知者也爲天使所以難瞻彼闋者音缺牖也虛室生白虛生明人心猶室吉祥止止心至虛時無數妙境現前猶以無知知也夫且不止是之謂坐馳不然亦虛之中有未虛者存如繫馬而止身坐於此而心逐於彼此愈見爲天使之

遽一作蘧。

葉音攝

難以僞也。又將上文易之者暤天不宜句、而痛發之、以見心齋之不易爲如此。夫徇耳目内通而外於心知。徇與循同。率也。率其聰明而通於内。屏其心之所知而外之、虛之至也。鬼神將來舍。而況人乎。吉祥所以止止、鬼神實爲之。況人本同類、能自外乎。是萬物之化也。無論其暴不暴、皆可以及化矣。禹舜之所紐也。以此爲化人的把柄。伏羲几遽之所行終。以此行之、終其身。而況散焉者乎。散衆也。言衆人尤當以此爲法則也。○已上言心齋爲存諸人之本。

葉公子高將使於齊。疑有舊怨、奉命求成。問於仲尼曰。王使諸梁也甚重。以國事所關。齊之待使者。蓋將甚敬大國使者、雖無輕忽之理。而不急。但不急人之求。匹夫猶未可動也。而況諸侯乎。吾甚慄之。以權不由己爲懼伏下兩患字子嘗語諸梁也曰。凡事若小若大。寡不道以懽成。
未有無術而能使人懼然成事者事若不成則必有人道之患。僨事取罪事若
成。則必有陰陽之患。憂思致疾若成若不成而後無患者惟有
德者能之。能置身於功罪欣戚之外○引夫子言止此吾食也執粗而不臧。平日
薄於自奉飯不擇精爨無欲清之人。即司火者亦不久立爨所苦熱而思就涼今吾朝受
命而夕飲冰。忽欲清矣我其內熱與。必非外面苦熱所致吾未至乎事之
情尚未行事而情若此而既有陰陽之患矣。業已致疾若事不成、必有人
道之患。是兩也。又不免取罪則是兩患交集於一人之身矣為人臣者不足以
任之。受不勉子其有以語我來。問所以免患之法仲尼曰。天下有大

戒二。戒法也其一命也。其一義也。子之愛親命也。不可解於心。其命相屬是以天合者臣之事君義也。無所逃於天地之閒。其分相一是以人合者是之謂大戒。解二大戒之說是以夫事其親者。不擇地而安之。不以爲患孝之至也。正是不可解夫事其君者。不擇事而安之。忠之盛也。正是無所逃。皆不閒人道之患者自事其心者。哀樂不易施乎前。知其不可奈何。而安之若命。德之至也。不問陰陽之患者。已上答他二患之閒爲人臣子者。固有所不得已。不得已三字是全段關鍵根上不可解無所逃來言只當盡人道不必復計陰陽也然欲免陰陽之患亦當於此着脚故下言托不得已以養中人道陰陽無二致也行事之情而忘其身。何暇至於悅生而惡死。何暇二字妙夫子其行可矣。已上答他不足以任之命丘請復以所聞。復白也・凡交近則必相靡以信。靡順也信符驗也近者易親不待詞命遠則必忠之以言。遠者易疏非詞命無以將其誠言必或傳之。全藉使者口宣夫傳兩喜兩怒之言天下之難者也。夫兩喜必多溢美之言。兩怒必多溢惡之言。當其言時已有此疵本非傳者之罪凡溢之類也妄。過當之言近誕妄則其信之也莫。莫無也莫則傳言者殃。至敗事後必歸罪於傳者所以為難故法言曰。古書名傳其常情不喜不怒之情無傳其溢言。則幾乎全。免於殃。已上論使者傳言之道

且以巧鬭力者。始乎陽。常卒乎陰。泰太同至則多奇巧。如戲劇格鬭始喜而相遜卒至怒而相擊以戲過甚故各出其奇巧至於死傷以禮飲酒者。始乎治。常卒

核音格反

乎亂泰至則多奇樂。如賓筵飲酒始則威儀卒則號呶以飲過甚故各逞其奇樂流於狎侮

凡事亦然。始乎諒常卒乎鄙。諒信鄙薄也凡待人始相信而卒相薄者往往有之其作始也簡其將畢也必巨。若不慎之於始而以苟簡爲之及其將成其事必大不可收拾與闘力之多奇巧飲酒之多奇樂皆必至之勢也

言者風波也。關係成敗行者實喪也。應事變遷多失其當然之實心夫風波易以動。實喪易以危。危卽下文殆事慎始者當於言行加之意而已故忿設無由忿怒之施原無他故巧言偏辭。巧則不誠偏則不正獸死不擇音氣息茀然。急不暇選言而出茀然如草之亂生也。風波動矣於是並生心厲。厲惡也此忿設之由也行之實亦喪矣剋核太至則必有不肖之心應之而不知其然也。剋急也核嚴同考其實也不肖之心欲相賊害也心厲既生必急而考其實使

彼不堪自然至此。苟爲不知其然也。孰知其所終。實喪而危矣。按春秋傳隱公五年鄭人伐宋入其郛宋使告命公聞其入郛也將救之問於使者曰師何及對曰未及國乃忿公知而故問也公怒辭曰師未及國非寡人所敢知也與此意同故法言曰。無遷令。於所傳之中勿改一言。無勸成。於所傳之外勿增一言。過度益也。凡言行之過常度皆出後來增益所以有風波實喪之喻遷令勸成殆事。惟易動故易危美成在久。既結好亦當保其有終惡成不及改。若一失好則不可挽回可不慎與。成事難而敗事易如此安可不慎其始。已上論使者臨時應對之道自凡交近則必相靡以信句至此皆答他寡不道以懽成之問且夫乘物以遊心因物付物不以成不成繫念託不得已以養中。臣子有不可解無所逃之戒至矣。何作爲報也。此外更何所作爲以報命於之父乎莫若爲致命。此其難者。欲有作爲莫若

忘其身以免人道之患安之若命以免陰陽之患皆所謂致命者也然此非人所易能矣○已上答他惟有德者能之問

顏闔將傅衛靈公太子蒯聵而問於蘧伯玉曰有人於此其德天殺音厮所賦最薄與之爲無方則危吾國與之爲有方則危吾身與許也方正則也其知適足以知人之過可以行虐而危人之身而不知其所以過可以拒諫而自危其國若然者吾奈之何苦無兩全之策蘧伯玉曰善哉問乎戒之愼之正汝身哉身兼形心言正者先自立於無過之地使知人之過者無所用矣形莫若就將順於外心莫若和調停於內雖然之二者有患就不欲入恐與之同和不欲出恐與之異形就而入且爲顛爲滅

畦戶圭反

爲崩爲蹶。太閑蕩盡此爲無方所以危國之患心和而出且爲聲爲名爲妖
爲孽。譽望所歸在彼視之直以爲不祥之人耳此爲有方所以危身之患彼且爲嬰兒亦與
之爲嬰兒。童心好弄彼且爲無町畦亦與之爲無町畦。不循法制彼
且爲無崖亦與之爲無崖。甘處卑汚。六句是就而不入妙用達之入於無
疵。達之自此至彼而順導之也隨機引誘自使彼得爲無過之人亦不必其知所以過矣此句是和而不出妙用
○已上寓有方於無方之中爲兩全之策汝不知夫螳螂乎。怒其臂以當車轍。
不知其不勝任也。怒奮力也是其才之美也。是自是也戒之愼之積
伐而美者以犯之幾矣。累誇汝善以犯其鋒猶螳臂當車瀕於危而已○應上正汝身句爲
處己之喩汝不知夫養虎者乎。不敢以生物與之爲其殺之之

蜄、市軫反

絜、戶結反、約束也。

怒也。不敢以全物與之、為其決之之怒也。決、碎也。虎殺物碎物、必奮力張威、或傷及他物。時其飢飽、達其怒心。順導之以殺其怒勢。虎之與人異類、而媚養己者、順也。故其殺者、逆也。養虎者當常防於平日。夫愛馬者、以筐盛矢、平聲 糞 以蜄盛溺。以文蛤飾溺器、愛之故重之。適有蚉䖟僕緣、僕、附也。詩大雅、景命有僕。亦訓附。而拊之不時、突然驅於馬所不覺之時。則缺銜毀首碎胸。馬驚而逸、其毀傷更甚於蚉䖟之嗜。意有所至、而愛有所亡。以一時之意、所及偶踈、將平日之愛盡棄。可不慎邪。愛馬者亦不可暫忽於一時。虎馬二段、應上形就心和一段、為處人之喻。

匠石之齊、至於曲轅、地名。見櫟社樹。以櫟樹為土神而祀之、此二十五家之私社也。其大蔽牛、牛立於樹木之後而不見。絜之百圍。一抱曰圍。其高臨山十仞而

女音汝

後有枝。其可以爲舟者旁十數。（古刳木爲舟，大始可用，十數即其旁枝也。）觀者如市，匠伯不顧，遂行不輟。弟子厭觀之，（饜飽看也）走及匠石曰：自吾執斧斤以隨夫子，未嘗見材如此其美也。先生不肯視，行不輟，何邪也。（怪之）曰：已矣，勿言之矣。（以其不足言）散木也。（不合於用，爲散）以爲舟則沈，以爲棺槨則速腐，以爲器則速毀，以爲門戶則液樠，（音蔓。松心木爲樠，液暗出如松心之膏，不耐啓閉也。）以爲柱則蠹，是不材之木也。無所可用，故能若是之壽。（久不見伐，言所以不顧而行之故）匠石歸，櫟社見夢曰：女將惡（平声）乎比予哉？（汝以予爲散木，將何木可以比得予耶）若將比予於文木邪？（文，華美也）夫柤（音查）梨橘柚果蓏（乃果反）之屬，（皆華美者）實熟掊普口反。

診直信反。

則剝則辱。（修也）大枝折。小枝泄。（漏其氣）此以其能苦其生者也。故不終其天年而中道夭。自掊擊於世俗者也。（以材自取害）物莫不若是。（人亦在內）且予求無所可用久矣。（費盡多少工夫）幾死乃今得之爲予大用。（亦嘗爲人覬覦。今得手後方免）使予也而有用。且得有此大也邪。（早掊擊於世俗矣）且也若與予皆物也。奈何哉其相（去声）物也。（何不自省）而幾死之散人。又惡知散木。（匠伯非用世者。可稱爲散人。但未有得手工夫。猶在幾死之中耳。安知散木作用之妙乎。○已上言無用正所以爲大用驗也）匠石覺而診其夢。（診占）弟子曰。趣（促同）取無用。則爲社何邪。（既急求無用而爲社。又疑有用也）曰。密。若無言。（以不知者不當言也）彼亦直寄焉。以爲不知己者詬厲也。（彼不

芘庇同

咶食紙反。

過寄迹非托社以求全正欲借此爲不知已者譏議不肯令人識破不爲社者且幾有翦乎即不爲社有幾人翦伐乎且也彼其所保與衆異別有求全道理義不係於爲社不爲社而以義喻之不亦遠乎非可以常義揣度。此段言有用於世者亦以無用成其用也

南伯子綦遊乎商之丘見大木焉有異結駟千乘隱將芘其所藾藾蔭也其枝所蔭千乘可隱而芘焉所以爲大之異子綦曰此何木也哉此必有異材夫不知其名故疑之仰而視其細枝則拳曲而不可以爲棟梁俯而視其大根則軸解而不可以爲棺槨軸解木文旋散也。無異材咶其葉則口爛而爲傷嗅之則使人狂酲三日而不已。酒病曰酲且不可近。子綦曰此果不材之木也以至於此其

大也。無斵伐故　嗟乎神人以此不材。以用也用之以免患　宋有荊氏者地名宜楸栢桑。三木名　其拱把而上者求狙猴之杙者斬之音弋杙棲狙猴之架也。以可近故。　三圍四圍求高名之麗者斬之高名即高明之家麗屋棟梁也應上拳曲句。　七圍八圍貴人富商之家求禪音善傍者斬之禪傍棺之全邊者應上軸解句以有異材故　故未終其天年而中道之夭於斧斤。此材之患也。所以不能至於極大　故解之以牛之白顙者解或作書名或作解賽與豚之亢鼻者與人有痔病者不可以適河。祭河以牛豕人為犧牲其色不純體有異與身有疾者皆不用　此皆巫祝以知之矣。知其不祥所以為不祥也。此乃神人之所以為大祥也。得免於適河之患。此段言無用於世者亦以無用成其按旁注音貴可疑。陸德明古外反。向秀音活。撮子外反。向、徐子活反。筴策頰二音。小箕曰筴。攘如羊反。

用也。

支離疏者。病僂人名。頤隱於齊。臍。肩高於頂。會撮指天。會撮、髻也。五管在上。五管、五臟之腧也。兩髀爲脅。脚、大腿也。○五句寫支離之形。挫鍼治繲。足以餬口。磨針浣衣、自食其力。鼓筴播精。足以食十人。簸米餘力在外。○數事俱可俯身爲之。故擅其能。在家已可以自遂矣。上徵武士。則支離攘臂於其間。不慮其爲兵。上有大役。則支離以有常疾不受功。不慮其爲役。上與病者粟。則受三鍾。十九斛二斗。與十束薪。獨受厚賑。○在國又無害而有利。夫支離其形者。猶足以養其身。終其天年。又況支離其德者乎。支離其德、即無所可用之意。○此段言無用之人、無在而不得受用也。

孔子適楚。楚狂接輿遊其門曰。（遊而過之）鳳兮鳳兮。何如德之衰也。（不當出而出）來世不可待。往世不可追也。（時不可得即出亦何能為）天下有道。聖人成焉。（成能）天下無道。聖人生焉。（全生）方今之時。僅免刑焉。（所以全生僅者此外無餘事也）福輕乎羽。莫之知載。（叶祭。載承也。爵祿不足為榮其輕甚矣世人乃重視之莫知所以承受之法）禍重乎地。莫之知避。（刑戮似無所逃其重極矣世人乃輕視之莫知所以避去之術。四句皆慨世之詞）已乎已乎。臨人以德。（以賢尚人取禍之道所以可已）殆乎殆乎。畫地而趨。（步步危機不敢放足而行即知避亦非易事。四句根禍重乎地二句來）迷陽迷陽。無傷吾行。（迷陽薇也有芒而味苦山間人食之出詩經註言既避世入山猶恐薇之芒刺塞路傷人不能前往）吾行郤曲。無傷吾足。（路之險阻不得不經涉猶恐舉

盜一作濫

足之難自取傷耳。四句又根畫地而趨句來。山木自寇也。山以生木自盜其氣。膏火自煎也。膏以引火自銷其質。爲忘己殉物之喻。桂可食，故伐之。漆可用，故割之。爲衒美致患之喻。六句又根臨人以德句來。人皆知有用之用，而莫知無用之用也。無用之用，是扼要語。又根上兩莫之知句來。此段言用世不用世存乎其時，不宜以材取禍。

人不能離世而自遂也。入世出世，總無不寓諸人間。故曰人間世云。然以入世之身，必思所以用世也。不知以身用世，必其身之不爲世用，而後得以成其大用焉。故或匡君國，或盡職守，或弘敎育，大約因物順應，而無容心，則世藉身而有功，身涉世以無患。是入世也，而出世焉矣。篇中虛齋是第一義。爲上乘人說法。無遷無勸。次之形就心和又次之。而總以材美爲戒。善哉仲尼之告顏子也。不信厚言無取爾。端虛勉一執而不化無取爾。太多政法而不諜無取爾。皆以其人而非天也。惟虛而待物。斯萬物之化歸焉。聖賢用世之極軌。莫不出之。豈僅爲請行之衞者言哉。雖然未可槩爲用世者道也。葉公之奉使則有傳其常情。戒其過度。遊心養中。無所作爲焉。其所謂人道之患。陰陽之患。舉無足慮矣。顏闔之爲傳則有形就不入。心和不出。達之無疵。無敢積伐焉。

其所謂無方危國有方危身舉無足慮矣若是者身雖用世亦其身未嘗爲世用也故以不用成其用者物莫不然櫟社樹之蔽牛也以其散也所以異於文木商丘木之芘藾也以其不材也所以異於楸栢桑若支離疏以其形之不足既得免於兵役又得與於粟薪是不特遠乎世之害而反資乎世之利則支離其德者可知已宜楚狂接輿以有用之用無用之用爲孔子告也曰來世曰往世入世之情窮而出世之術深矣此人間世之旨也文之古奧離奇細讀方知其妙

駘音臺

內篇德充符第五

魯有兀者王駘。（刖足曰兀。）從之遊者與仲尼相若。（言其多。）常季問於仲尼曰。王駘兀者也。（刑餘不足比數。）從之遊者與夫子中分魯。（中分魯。相若。三字警拔）立不教。坐不議。（指王駘。）虛而往。實而歸。（指從遊者。）固有不言之教。（四字出老子。）無形而心成者邪。（形雖不具而心之德已成。故能使人自得。）是何人也。（叩其人品。）仲尼曰。夫子聖人也。丘也直後而未往爾。（但在後而未往從遊耳。○苔何人之問。）丘將以爲師。而況不若丘者乎。奚假魯國。丘將引天下而與從之。（奚假猶奚但。○苔中分魯之問。）常季曰。彼兀者也。而王先生。（人稱爲王先生。）其與庸亦遠矣。（自是非常人。）若然者。其

德充符　松井[illegible]

用心也獨若之何。即其無形而心成本領仲尼曰死生亦大矣而不得與之變身有始終而心常存雖天地覆墜亦將不與之遺遺落也凡有形之物未有不歸變滅天地特有形之大者耳即當變滅而此心猶常存審乎無假而不與物遷審者知之精惟此一事實餘二則非眞故曰無假其所以不變不遺者也命物之化而守其宗也能使令物之化育而守其主宰全不在有形上着力。已上言其用心處常季曰何謂也。即其所以然之理仲尼曰自其異者視之肝膽楚越也。一身之中不相爲用是無不異自其同者視之萬物皆一也總出一氣是無不同。理本如此夫若然者指王駘且不知耳目之所宜而遊心乎德之和所宜如視聽聲色之類和即在宥篇之處和外物篇之焚和德之至美至樂處也此言忘其爲身忘其爲心者物視其所一而不見其所喪。在萬物皆一處着眼。不在肝膽楚越處着眼。視喪其足猶遺土也。於己實無損。所以絕不為意。已上又言其所以用心者。常季曰。彼為己以其知得其心。審乎無假者。以其心得其常心。不與物遷者。物何為最之哉。彼未嘗以物為事。人惟見其為兀者耳。何故尊之。問其何術能致從遊。仲尼曰。人莫鑑於流水而鑑於止水。惟止能止衆止。喻人以師為鑑。惟得常心者能使人各得其常心也。受命於地。惟松栢獨也正。在冬夏青青。木之得常心者。受命於天。惟堯舜獨也正。在萬物之首。人之得常心者。幸能正生。以正衆生。幸欣幸也。堯以諸侯而尊為天子。舜以側陋而成邑成都。人皆幸其能正己之生。以正衆人。所以為生。故最之也。夫保始之徵。萬物之始受理與氣以生。保而不失。必驗於外。不懼之實。此但守氣者。勇士一人雄入於九軍可以壓服得衆人。將求名而能自要者、而猶若是。要欲也。自要猶言自好守氣之驗、如黝舍養勇之類。而況官天地、府萬物、效其職曰官、司其藏曰府、即會物之化而守其宗也。直寓六骸、象耳目、即不知耳目之所宜。一知之所知、而心未嘗死者乎。一知之所知、即物視其所一、而不見其所喪、心未嘗死、即死生不變覆墜不遺。○有此保始本領、其可以壓服衆人、而致從遊之多、乃其徵也。二十七字作一句讀。彼且擇日而登假、待時至而冲舉。人則從是也。人自來從、不待強也。答他物何爲最之句。彼且何肯以物爲事乎。答他爲己二字。○全段言王駘之德旣充、人自從之遊、乃其符也。故以爲德充符之冠。其中精微之語、直指丹經貝葉大旨。

申徒嘉兀者也、而與鄭子產同師於伯昏無人。子產謂申徒嘉曰。我先出則子止。子先出則我止。（恥與刑餘同行。故約之。）其明日又與合堂同席而坐。子產謂申徒嘉曰。我先出則子止。子先出則我止。（叙前約。）今我將出。子可以止乎。其未邪。（問之。欲其止也。）且子見執政而不違。（避。）子齊執政乎。（豈子與我共執國政乎。○恨語。）申徒嘉曰。先生之門。固有執政焉如此哉。（固。本然之辭。○似此時始知其爲執政者。冷絕。）子而說（悅同）子之執政而後人者也。（自負其貴。撇人於後也。○率性罵破。）聞之曰。鑑明則塵垢不止。止則不明也。久與賢者處則無過。（有賢者爲鑑故。）今子之所取大者先生也。（取大。取以滋培其德而大之。）而猶出言若是。不亦過乎。（是以塵垢自蔽其明也。）子產曰。子既若是矣。（指其兀。）

彀音遘張弓也

猶與堯爭善。堯比伯昏言汝入先生之門冀得其善是猶與堯爭善矣豈可得乎計子之德
不足以自反邪。計子今日之德未必能取大於先生至於無過何不自量其過之多而但責人之過
乎
申徒嘉曰。自狀其過以不當亡者衆。自呈其過乃既犯者也猶欲掩飾以爲不當亡足者甚多
不狀其過以不當存者寡。不呈其過乃未犯者也有能自責以爲不當存足者甚少○二句先答他不足自反句
知不可奈何而安之若命惟有德者能之。既已亡足付之於命這便是德○答他計子之德句
遊於羿之彀中中央者中去声地也。然而不中者命也。在羿彀中且當必中之地然有不中乃倖免耳是足之全不全不關於有德無德皆命使然也○不說己之受刖爲不幸倒說人之不受刖爲幸正見自以爲不當亡者皆不當存者也把全足人一總罵殺
人以其全足笑吾不全足者衆矣。我拂然而

蹵子六反

怒。怒其以倖免笑人之不幸而適先生之所。則廢然而返。知安之若命不知。先生之洗我以善邪。是先生以其善洗濯我之怒使我亦不自知其所以然也。答他與羿爭善句。吾與夫子遊十九年。而未嘗知吾兀者也。既洗之後久不自知其爲兀者以不在形骸之外着意也。今子與我遊於形骸之內。同取大於先生在德上着力。而子索我於形骸之外。出入間又在足上着眼。不亦過乎。再我過字答他予既若是句。子產蹵然改容更貌曰。子無乃稱。蹵然立不安貌已悟而厭其多言故曰子無乃稱。玩改容更貌句則前此之容貌不善可知亦緣執政二字橫於胸中甚哉執政之累人也。全段謂德爲良貴勢位刑戮皆不能與許多曲折隨筆寫出無不入妙。

●魯有兀者叔山無趾。音見踵見仲尼。踵字畫出兀者腳迹妙。仲尼曰。子不謹前既犯患若是矣雖今來何及矣（斷者不可復續）無趾曰吾惟不知務而輕用吾身吾是以亡足（犯患之故）今吾來也猶有尊足者存（不說破妙）吾是以務全之也（這個若再輕用其犯患當不止於亡足今於猶存時求所以全之其來猶可及也答夫子來何及句）夫天無不覆地無不載吾以夫子為天地安知夫子之猶若是也（言不當以兀見外答夫子前既犯患句）孔子曰丘則陋矣夫子胡不入乎請講以所聞（與講學）無趾出孔子曰弟子勉之夫無趾兀者也（非全德）猶務學以復補前行之惡而況全德之人乎（無惡行可補學尤易進所以當勉）無趾語老聃曰孔丘之於至人其未邪彼何賓賓以學子為（賓賓衆盛意學于從

學弟子也舊註學於老聃大謬

彼且蘄以諔詭幻怪之名聞不知至人之以是爲己桎梏邪

講學則不能無異同人所驚異則名歸之皆己之累也所以不得爲至人

老聃曰胡不直使彼以死生爲一條以可不可爲一貫者解其桎梏其可乎

若以一死生同是非之意講學則人不驚異而名不歸其累亦解矣難講猶不講也此解其桎梏之法可以告之孔子者也

無趾曰天刑之安可解

孔子講學必不肯用此意其受好名之累猶天加刑非人所能解也申徒嘉不知己之受刑已爲奇矣無趾反說夫子之受天刑竟似己爲全人而以他人爲刑餘可憐憫者眞堪絕倒莊文奇妙至此全段言德至無名無累方算德充非講學招累可以爲符也

魯哀公問於仲尼曰衞有惡人焉曰哀駘它

音陀 醜貌者姓名

丈夫

駭胡楷反

與之處者。思而不能去也。婦人見之請於父母曰。與人爲妻寧爲夫子妾者十數而未止也。丈夫思慕猶巳常事婦人專以皮相乃又如此不知作何感動落想甚別未嘗有聞其唱也。常和人而已矣。自己未嘗先出智見止因人之所及而從其後無君人之位以濟乎人之死。無救人之權無聚祿以望人之腹。望如月望飽滿之義。無養人之林又以惡駭天下。容貌不足動人和而不唱。知不出乎四域。見識不足服人且而雌雄合乎前。卽上文丈夫之思婦人之請。用雌雄二字新闢是必有異乎人者也。已上言其平時寡人召而觀之。果以惡駭天下。與寡人處。不至以月數。不數月而寡人自意乎其爲人也。不至乎期年。而寡人信之。國無宰。而寡人傳國焉。授以國政使爲宰悶然而後應。氾然而若辭。不以爲意寡人醜乎。自媿不如卒授之國。卒以爲宰無幾何也。去寡人而行。寡人卹焉若有亡也。若無與樂是國也。思之至。已上言其至魯是何人者也。怪而問其品仲尼曰。丘也嘗使於楚矣。適見㹠豚同音嗣子食於其死母。者母既死而羣食其乳少焉眴若開目數搖而視也皆棄之而走。不見己焉爾。以其母不能視不得類焉爾。母形不能動與己不類。皆棄之故所愛其母者非愛其形也。愛使其形者也。使其形是運動此形者此言無其德而但有其形雖母子不能固其情也。設一喻戰而死者其人之葬也不以翣音生翣武所資也戰死則無武故不以葬資。刖者之屨。無爲愛之。資給也爲愛以爲可愛也皆無其本矣。無用之之本故也此言無本領之人自愛不得人之所與。○又設二喩。爲天子之諸御、嬪不爪翦、不穿耳。恐傷去声其形。取妻者止於外、不得復使。不在家中供使愈恐勞其形。形全猶足以爲爾。可以邀至尊之盼結新婚之歡。而況全德之人乎。自然動得人。又設二喩上三喩乃反言之此二喩方正言之也。今哀駘它未言而信、無功而親、未濟人望人。使人授己國、惟恐其不受也。是必才全而德不形者也。才賦於天德成於己解見下文。○已上論哀駘它人品。哀公曰。何謂才全。仲尼曰。死生存亡、身窮達、位貧富、財賢與不肖毀譽、名饑渴、食寒暑、衣是事之變、命之行也。日夜相代乎前、無一定者而知不能規乎其始者也。規計也數者如環無端知不能計其緣起。故不足以滑和。音骨不可入於靈府。看破之後故不足以滑亂其德之和而入於心使之和豫通而不失於兌。通流行之意兌悅也以居心言使日夜無郤而與物爲春。當常如此與人無乖也以待物言是接而生時於心者也。接應變也胸中自有四時之行於八卦內取出兌字於四時內取出春字總寫出一團和氣內外如一使人可親造語新闢不可思議是之謂才全。此全乎天之所賦者何謂德不形。曰。平者準水停之盛也。盛極也其可以爲法也。內保之而外不蕩也。準能內守其水而外不流凡求平者以可爲法在此德者成和之修也。和不可滑則成修此者卽爲德德不形者物不能離也。德雖不形物自合乎前猶水雖不蕩物必取則也哀公異日以告閔子曰。始也吾以南面而君天下執民之紀以憂其死自以爲至通矣歷代

帝王作用不過治民而生全之知此者自以為通徹之極矣

今吾聞至人之言、才全而德不形之說

恐吾無其實、輕用吾身而亡吾國。恐以身殉物為危亡之道

吾與孔丘非君臣也、德友而已矣。望其以德相規。全段謂德充之後必能自符有不知其然而然者引喻闡發語語未經人道

闉跂支離無脤說衞靈公、闉跂曲足以跂行踵不貼地也無脤無脣也舊註無臂非是

靈公說之、而視全人、其脰肩肩。脰頸也肩肩細小貌

甕㼜大癭說齊桓公、甕㼜大癭項下生癭大如甕㼜也

桓公說之、而視全人、其脰肩肩。二君把全人倒看壞了纔是說之至落想甚奇昔有悅一眇娼者以天下婦人皆多一目人以為絕世奇談不知其從此竊去也

故德有所長、而形有所忘。承上言德有所長則人不能忘即形不具可以相忘

反以醜爲好矣人不忘其所忘所忘所當忘者指形言而忘其所不忘所不忘所不當忘者指德言此謂誠忘不忘形而忘德是眞有善忘之病矣故聖人有所遊寄情之處純乎任天而行而知去声爲孽以識見爲不祥之物約爲膠以結信爲強合之具德爲接以心得爲接受之私工爲商以技巧爲賈人之行。四者出於人之情開好惡是非之門聖人則忘其所當忘也聖人不謀惡用知不斲惡用膠於人原不剖開何用粘合無喪去声惡用德其心原無所失何以爲得不貨惡用商在己原不求售何待技巧。聖人忘其所當忘者本於不忘其所不當忘也四者天鬻也不謀不斲無喪不貨四者皆純乎天也猶出於天所賣而得之天鬻也者天食音嗣也天獨賣與聖人者所以豢養聖人使成其德也既受食於天又惡用人所以不用智膠德商者此有人之形無人之情有人之形故羣於人、（與人同）無人之情。故是非不得於身。（與人異）眇乎小哉。（渺同）所以屬於人也。（形在天地間、爲最小之物。群於人、故與人相連屬也。）謷（音敖）乎大哉。獨成其天。（謷大、貌德之大、不但與天同體、竟自成其爲天、聖人不忘其所不當忘、其效如此。○前段以形之可忘提起、轉入德之不可忘、見聖人所以與人之情、希欲求其德之充、以爲符耳。）

惠子謂莊子曰。人故無情乎。（七情俱無、豈人之本然乎、）莊子曰。然。（本來無一物、自然如此）惠子曰。人而無情。何以謂之人。（木石之類方無情）莊子曰。道與之貌。天與之形。惡得不謂之人。（得道之用、而爲視聽言動、受天之氣、而爲五官百骸、既具此形貌、則與木石異矣、欲不謂之人得乎。）惠子曰。既謂之人。惡得無情。（有形貌則有知識分別、情何得而無。）莊子曰。是非吾所謂情也。（此說非吾言情本旨）吾所謂無情者。言人之不以好惡內傷其身。常因自然而不益生也。益生、本於老子。益生曰祥。謂裨益於所生之外。而以人爲參之也　惠子曰。不益生何以有其身。言情欲亦非本有。男女交而人以生。則人亦從益生中來也　莊子曰。道與之貌。天與之形。無以好惡內傷其身。今子外乎子之神。勞乎子之精。倚樹而吟。據槁梧而瞑。天選子之形。選子之形、照應上面道與天與二句。見得此形原不易得。乃致不得其用。殊爲可惜。此意都在言外。不可草草看過　子以堅白鳴。是益生矣。○全段謂有形而無德。無以爲德充之符。大有負於此形也。用叶韻語奇妙

有得於己之謂德。德積于中而驗於外。若符契之自合。

非形見者。所得與也。有德之人。亦遺其體之可觀。遊其

心於獨尚毋論爲何許人卽刑餘醜厲之徒在世所羞稱駭異者無不可以爲師可以爲友可以爲徒使人樂與之處而忘其爲形全或反以形全爲不足與也豈有他謬巧哉亦其心有天遊而不以人之情自累也有德而無形者尚能如此況有形乎篇中曰無假曰守宗曰和曰保始曰形骸之內曰尊足者存曰成和之脩皆德之註脚皆德充之實理段段雖說重德輕形却見得此形原不易得有人之形便當遊心乎德以期無負於天與玩末段語惠子意自見游心乎德將奈何卽所謂外

形骸者是也如王駘不過一兀者耳乃與夫子中分其教惟遊心乎德之和故以彼一知之所知本未肯以物爲事而物從而最之也非其德之充者有自符乎故自世眼而論申徒嘉有不可合席於執政鄭子產誠不能取大於先生自道眼而觀不但無趾之足似未懼乎世患而夫子之學反若陷乎天刑誠以德之所存在彼而不在此也是故魯公之信哀駘它也以其才全而德不形也衛靈之悅闉跂齊桓之悅甕㼜也以其德有所長而形有所忘也聖人於此知所從事矣同者人之形異

者人之情。遊之以天。而知約德工不相爲用。自無有好惡內傷以致益生之擾擾也。以視失外神勞精于堅白者爲何如也。而後知德貴忘形。惟忘形者方能踐形矣。此德充符之微意也。文之段段盤旋。段段換筆。神爽語雋。味永。機新。雪藕冰桃。不許人間朶頤。

內篇大宗師第六

知天之所爲。知人之所爲者。至矣。天與人相待而成。天固自然矣。又必以人爲合之。而後人事盡而天理見。故曰至。知天之所爲者。天而生也。知天之自然而生也。知人之所爲者。以其知之所知。以養其知之所不知。終其天

謩莫乎反

年而不中道夭者是知之盛也知之所不知即下文人之所不得與者知之所知即下文知之能登假於道者謂以我所能知之事而養我所不可知之數始終不輟方爲知之盛大處養從容以俟無所作爲也二語遍篇之綱雖然有患夫知有所待而後當其所待者特未定也庸詎知吾所謂天之非人乎所謂人之非天乎且有眞人而後有眞知夫爲知之盛必待其終其天年不中道夭之後方見得是處今我所待者不知將來作何結局若必待其事之既定則今尚未定爲天爲人皆未可必故有眞人而後有眞知不必有所待也何謂眞人古之眞人不逆寡不雄成寡約成全順而受謙而承窮通不計也不謩士士事也不謀而聽焉成敗不計也若然者過而弗悔當而不自得也得失不計也若然者登高不慄入水不濡入火不熱危苦不能害

訢、欣新二音、翛音悠

知之能登假於道也若此。此段言其處境之心、登假跂至也道、即大宗師也、上數語俱是見得透、方克有此、故曰知之能登假于道、所謂知其所知、惟此而已、此句承上起下絕妙、古之眞人、其寢不夢、其覺無憂、其食不甘、其息深深、眞人之息以踵、衆人之息以喉、屈服者其嗌言若哇、其耆欲深者其天機淺。此段言其居身之心、寢覺食三句提起、歸重其息深深句、言惟其如此、所以如此也、踵命蔕也、又道及衆人形容眞人耆欲之淺意、文勢波瀾曲折、胎息經伏氣之說本此、古之眞人、不知說生、不知惡死、兩不知字妙甚、若云不說生不惡死、便淺索矣、其出不訢、其入不距、翛然而往、翛然而來而已矣。出生也、入死也、距逆也、翛然往來無難之意、往入也、來出也、承上不知悅生惡死而言、不忘其所始、不求其所終、受而喜之、忘而復之、上四句言其方生方死之時、此四句、言其有生之後未死之前也。不忘其所始、知自未始有始中來也。不求其所終、知其終亦歸於未始有始而已。受而喜之、受生以後無戚戚也。忘而復之、亦虛其心以待盡也。今之求脩証者、猶落第二義。不能與道合也。

是之謂不以心損道、不以人助天。心有所變則損道、損道必求益。於有生之外、因爲以人助天矣。二句一串讀、上句是以其知之所知、下句是以養其知之所不知、蓋所知者道也。所不知者天也。不損不助、方爲養法。二語是篇篇扼要處。

是之謂眞人。此段言其宅心之心、說到死生無變于己、方是眞知、故總結之。

若然者、其心忘。三字是通篇扼要語、俗本作志、非也。其容寂。寂靜也。其顙頯。音仇　頯、寬平貌。凄然似秋、煖然似春。喜怒通四時。性情與天時合也、承上二句來。與物有宜而莫知其極。與時合、所以與物宜。故聖人之用兵也、亡國而不失人心。利澤施乎萬世、不爲愛人。此段以心忘作總頂語、下便層層推出來、由心及身、由身及人、至用兵利澤、仍如凄然煖然之意、其通時宜物、眞人聖人、無二道也、故樂通物、非聖人也、有親、非仁也、天時、非賢也、言知有天時、不如忘時而自合也、利害不通、非君子也、行名失己、非士也、亡身不眞、非役人也、言不能役人、徒受役于人耳、玩下七人自見、若狐不偕、務光、伯夷叔齊、箕子、胥餘、紀他音沱、申徒狄、是役人之役、適人之適、而不自適其適者也、狐不偕句、至此、只頂亡身不眞二句來、○上段以心忘作紐、生出許多議論、此段歷言不忘之非道、見有心爲之、皆無有是處、古之眞人、其狀義而不朋、已下極形眞人無心而爲之用、狀義而不朋、言宜於人而非黨也、若不足而不承、以謙下人、而非奉承人也、與乎其觚而不堅也、與、自然貌、所守方而不固執也、張乎其虛而不華也、張、大也、曠然無邴音丙。滀敕六反。

懷而有實際也。邴邴乎其似喜乎、崔乎其不得已乎。邴、喜貌。崔、下也。似喜事、而實不得已而應之也。滀乎進我色也、與乎止我德也。滀、聚也。容色日見其充粹、而心德日見其停蓄也。厲乎其似世乎、警乎其未可制也。厲、飄意。若與世同流合汚、而警然高放、不入於俗也。連乎其似好閉也、悗乎忘其言也。連、檢括之意。悗、俯下之意。緘默深遠而莫測者、實不識不知而天機自發也。以刑爲體、刑者、治之體、而非我爲。以禮爲翼、禮者、世之自行、而非我爲。以知爲時、知者、時之動、而非我唱。以德爲循。德者、彼所依、而非我作。以刑爲體者、綽乎其殺也。任治之自殺、雖殺亦寛也。以禮爲翼者、所以行於世也。順世之所行、故無不行也。以知爲時者、不得已於事也。時至而事起、若不得已而應之也。以德爲循者、言其與有足者至於丘也。丘、道岸也。因羣德之自循、如與有足者行至於丘也。而人眞以爲勤行者也。眞人所行如此、雖適人之適、亦自適其適而已。何嘗勤而爲之、而人不知、眞謂其勤行也。○此段根其心忘句來、見眞人之全體大用、俱非有心而爲之也。故其好之也一。其弗好之也一。其一也一。其不一也一。其一與天爲徒。其不一與人爲徒。天與人不相勝也。好、心之所用也。眞人之所爲眞人、既如彼矣。吾知其心之所用有一焉、心之所不用有一焉。其用而同者有一焉、其用而不同者有一焉。用而同者、循乎自然、所以之天也。用而不同者、因物付物、所以之人也。天人不相勝、猶不偏用也。知天之所爲、知人之所爲、此所謂眞知也。是之謂眞人。此段承上而言眞人之心物、覘其所一、隱隱發明不悦生不惡死之故、根上意以生下意也。又總結之。死生命也。其有夜旦之常、天也。人之有所不得與、皆物之情也。情、實理也。死生猶夜旦、皆

涸戶各反

必至之理、容不得一毫人爲、所謂知之所不知者此也、可不知所養乎、

彼特以天爲父、而身猶愛之、而況其卓乎、人特以有君爲愈乎己、而身猶死之、而況其眞乎、（此言當知所養也、卓者、卓立獨存之意、眞即前篇所謂眞君是也、言父言君、以見道之至尊至親、不可不圖也、）

泉涸、魚相與處於陸、相呴以濕、相濡以沫、不如相忘於江湖、（人不能離於道、猶魚不能離於水、故以魚喩養、）與其譽堯而非桀也、不如兩忘而化其道、（根上心忘來相忘、纔是所以養處、少有作爲則非道矣、）

夫大塊載我以形、勞我以生、佚我以老、息我以死、故善吾生者、乃所以善吾死也、（生死原非二理、生者如此、則死者可知、何不可兩忘乎、）

夫藏舟於壑、藏山於澤、謂之固矣、然而夜半有力者負之而走、昧者不

知也。藏小大有宜、猶有所遯。喻人之藏身雖固、猶不免隨化而遷。毋論縱極嗜慾以速其亡、卽如吐納按摩以求延年益壽、亦徒然耳。若夫藏天下於天下、而不得所遯、是恆物之大情也。有藏則有遯、無藏則無遯、大情者、實理之大歸也。特犯人之形、而猶喜之。若人之形者、萬化而未始有極也。其爲樂可勝計耶。故聖人將遊於物之所不得遯而皆存。稟人之形者、亦偶然耳。如人之形、若胎卵濕化能飛走者、正復變化無窮、何所往而不可、何所往而不樂哉。此形雖變、而眞者未嘗變、所以遊於物之所不得遯也。若佛門輪廻之說、必求証果、反多所執着矣。善夭善老、善始善終、人猶效之、又況萬物之所係、而一化之所待乎。夭老始終加下善字、便與遊字有間、此不過譽堯非桀一流人、尚未到兩忘而化於道者、乃人猶欲師效之、而況遊於物之所不得遯而皆存、

繫苦係反

爲萬物之所繫命、而一化之所待成乎、此所謂道也、道所以爲大宗師也、諸解失之、夫道有情有信、無爲無形、即所謂信而不見其形、有情而無形也、可傳而不可受、古今傳而宅之、莫能受而有之、可得而不可見、自本自根、未有天地、自古以固存、神鬼神帝、生天生地、在太極之先而不爲高、在六極之下而不爲深、先天地生而不爲久、長於上古而不爲老、道本在未始有物之先、而能包羅天地萬象也、○到此痛發道之所在、即爲物之所不得遯者也、狶（音喜）韋氏得之以挈（音挈）天地、伏戲得之以襲氣母、維斗得之、終古不忒、北斗、天之綱維、故曰維斗、日月得之、終古不息、堪坏（音丕）得之以襲崑崙、堪坏、崑崙山神也、馮（音憑）夷得之以遊大川、肩吾得之以處太山、黃帝得之以登雲天、顓頊得之、以處玄宮、禺強得之、立乎北極、禺強北方之神、西王母得之、坐乎少廣、少廣宮名、莫知其始、莫知其終、彭祖得之、上及有虞、下及五伯、傳說得之、以相武丁、奄有天下、乘東維、騎箕尾、而比於列星、此段言道之所在、凡得之者、皆不至遯于物也、○文之奔放馳驟萬馬辟易、

南伯子葵問乎女偊曰、偊音禹子之年長矣、而色若孺子、何也、曰、吾聞道矣、聖人之道南伯子葵曰、道可得學耶、欲受曰、惡、句惡可、子非其人也、無聖人之才、夫卜梁倚、人姓名有聖人之才、無不通、而無聖人之道、我有聖人之道、而無聖人之才、聞道後、用不着才、

吾欲以教之庶幾其果爲聖人乎即有其才敎亦不易以道難於學也不然以聖人之道告聖人之才亦易矣吾猶守而告之不輕敎三日而後能外天下不知有世界已外天下矣吾又守之七日而後能外物不知有人事已外物矣吾又守之九日而後能外生不知有己身已外生矣而後能朝徹平旦清明朝徹而後能見獨明心見性見獨而後能無古今獨往獨來不逐世數遷流無古今而後能入於不死不生一點靈光不隨色相存滅已上言聖人之道非可易至即敎者亦逐層有序不敢凌節而施也殺生者不死生生者不生此解不生不死實義言生殺者形受之道未嘗有生死也其爲物無不將也無不迎也無不毀也無不成也其名爲

攖 於營反

犁 禮兮反

攖寧、爲物指不生不死者、於送迎之事、成毀之物、無不順應、有所攖觸、仍不傷寧謐、又非離物與天下而自全者、攖寧也者、攖而後成者也、○此又解攖寧實義、言經許多磨錬過、方算得成道、所以爲難、既成之後、豈僅色若孺子已哉、南伯子葵曰、子獨惡乎聞之、○以其無師之智爲疑、曰、聞諸副墨之子、文字也、副墨之子、聞諸洛誦之孫、誦讀也、洛誦之孫、聞之瞻明、審視也、瞻明聞之聶許、目聶而心許也、聶許聞之需役、行以求之也、需役聞之於（音烏）謳、謳歌以樂之也、於謳聞之玄冥、深杳之中也、玄冥聞之參寥、空廓之內也、參寥聞之疑始、疑其始而未始有始也、數句巧立名色、謂道得之言語文字、而領之以心、會之以神、漸進而深、方是太宗師源頭、○此段言下手工夫次序、

子祀子輿子犁子來四人相與語曰、孰能以無爲首、以生

[齊臍同] [跰步田反、𨇤悉田反] [女音汝]

為脊、以死為尻、（音羔）（指行事言）孰知死生存亡之一體者、（指見解言）吾與之友矣。四人相視而笑、莫逆於心、遂相與為友。（不措一語、方是箇中人）

俄而子輿有病。（病僂）子祀往問之。曰、（子輿言）偉哉夫造物者、將以予為此拘拘也。曲僂（音呂）發背、上有五管、頤隱於齊、肩高於頂、句（音勾）贅指天。（解見支離疏段）陰陽之氣有沴。（陰陽之氣、所以造物者、沴、亂也。此言致病之由）其心閒而無事。（絕不介意）跰𨇤而鑑於井。（病中勉行、索照其形）曰、嗟乎、夫造物者又將以予為此拘拘也。（自見形而嘆其異。巳上自敘病體）

子祀曰、女惡之乎。（因其嘆而詰之）曰、亡（無同）、予何惡。浸假而化予之左臂以為雞、予因以求時夜。（雞能曉鳴）浸假而化予之右臂以為彈、

鴞戶驕反、

予因以求鴞炙。彈、能打鳥、浸假而化予之尻以爲輪、以神爲馬、予因而乘之、豈更駕哉。車藉輪馬、能載物而行。○數句皆甚於病傴者、上實言體之合、此設言體之分、立義既精、造句尤幻、且以韻語出之、神妙至此。且夫得者時也。得、所當爲、乃時之自至、失者順也。失、所當爲、亦順其固然、安時而處順、哀樂不能入也。自然心間無事。此古之所謂縣解、縣、懸同、懸而不能自解者、物有結之。病傴不能伸、乃爲陰陽氣縛、猶有物結之也、與前篇懸解、取義不同。且夫物不勝天久矣。卽惡之、亦無益。吾又何惡焉。結、何惡句。○此段在生存時、知生死存亡爲一體者、俄而子來有病、喘喘然將死、其妻子環而泣之。子犂往問之曰、叱、句避、句無怛化。○斥其妻子遠避、不當環泣以驚垂死之人、使不得化。○家禮氣絕乃哭、卽此意、倚其戶與之語曰、偉哉造化、又將奚以汝爲、（化作何物、）將奚以汝適、（化往何處、）以汝爲鼠肝乎、以汝爲蟲臂乎、（子平淵海曰、鼠無肝、字彙曰、有足曰蟲、無足曰豸、是蟲雖有足、實無臂、喻或化爲無物、亦無處也、○四語三意、）子來曰、父母於子、東西南北、唯命之從、陰陽於人、不翅於父母、（翅音同啻、）彼近吾死、而我不聽、（近、猶速也、聽、從也、）我則悍矣、彼何罪焉、（悍、忤逆、○答奚以汝適句、）夫大塊載我以形、勞我以生、佚我以老、息我以死、故善吾生者、乃所以善吾死也、（善、順利之意、生前如是、死後未必不如是、）今大冶鑄金、金踊躍曰、我且必爲鏌鋣、大冶必以爲不祥之金、今一犯人之形、而曰人耳人耳、夫造化者必以爲不祥之人、（欲復爲人、不可必、○答奚以汝爲句、）今以天地爲大鑪以造化爲大冶惡乎往而不可哉 總上奚爲奚適二句 成然寐蘧然覺 寐無夢故曰成然覺無知故曰蘧然猶生從無來死從無去亦不必有所爲有所往是以無爲首者也荅鼠肝蟲臂句○此段在死亡時知生死存亡爲一體者三段俱根上人之有所不得與意

子桑戶孟子反子琴張三人相與語曰孰能相與於無相與 言無心 相爲於無相爲 言無作 孰能登天遊霧撓挑無極 言遊於物外行而無迹也 相忘以生無所終窮 相忘卽下相忘於道術豈惟以此爲生不知其盡也 三人相視而笑莫逆於心遂相與友 定交方外 莫然有閒而子桑戶死 莫然猶忽然有閒有頃也 未葬 尸在牀 孔子聞之使子貢往待事焉 弔而助之 或編曲或鼓琴相和 去聲 而歌曰嗟來桑戶乎嗟來桑

尸乎招其魂而語之而已反其眞以死爲反、則以生爲喪可知、以死爲眞、則以生爲假可知、而
我猶爲人句猗音伊自歎、未能到反眞地位、以爲憾也。猗、歎聲。○絶妙挽詞、子貢趨而進
曰敢問臨尸而歌禮乎大詫異、二人相視而笑曰是惡知禮
意禮字絶妙、意字絶圓、不說破、且付之一笑、妙絶、子貢反以告孔子曰彼何人者
邪世無此人、脩行無有而外其形骸無好脩之行、而外其身、臨尸而歌顏
色不變無以命之彼何人者邪即其人品孔子曰彼遊方之外
者也出世法、而丘遊方之內者也入世法○分出人品、外內不相及而
丘使女往弔之丘則陋矣不當向彼行禮、彼方且與造物者爲人
而遊乎天地之一氣爲人、造人也、彼置身乎人之上、以同造物者爲人、而遊心於混茫一氣之

縣音玄

按旁注音貴誤潰字

初、不死不生之地、修行在此、彼以生爲附贅縣疣、本屬多餘、以死爲決𤴯潰癰、音換、乃復其舊、故外其形骸、夫若然、又惡知死生先後之所在、先死後死、何知定在、假於異物、託於同體、四大本異物、偶假借而托以爲體耳、忘其肝膽、內體可損、遺其耳目、外體可棄、反覆終始、不知端倪、生從何來、死從何去、總付不知、芒然彷徨乎塵垢之外、逍遥乎無爲之業、芒然、無知貌、塵垢之外、不入於世俗也、無爲之業、不爲乎世俗也、彼又惡能憒憒然爲世俗之禮、音貴、以觀衆人之耳目哉、憒憒、心亂貌、此言所以臨尸而歌之故、子貢曰、然則夫子何方之依、何故必依方內、曰、丘天之戮民也、方內桎梏、不能自脫、如受之天、雖然、吾與汝共之、欲從方內、而漸遊於方外、子貢曰、敢問其方、方術也、與上方字不同、孔子曰、魚相

儕[illegible]反

造乎水人相造乎道（造生育也）相造乎水者穿池而養給（不待呴濡）
相造乎道者無事而生定（不待俗禮）故曰魚相忘乎江湖人相
忘乎道術（惟相忘雖在方內可以漸遊方外此與汝共之術也）子貢曰敢問畸人（音雞）（畸零
也獨遊方外爲世俗零頭之人）曰畸人者畸於人而侔於天故曰天之小
人人之君子人之君子天之小人也（贊其品○全段根上不以人助天意）
顏回問仲尼曰孟孫才其母死哭泣無涕中心不慼居喪
不哀無是三者以善喪蓋魯國固有無其實而得其名者
乎回一怪之（虛名可興）仲尼曰夫孟孫氏盡之矣進於知矣（所謂
知之盛者）惟簡之而不得（母喪大倫所關非友喪比）夫已有所簡矣（但無涕不慼不

衰、已得其簡之道、所以謂之善喪。曾點倚門之歌、便使得源壞登木之歌、便使不得、此處極有分曉、孟孫氏不知所以生不知所以死、去來之路不知就先、不知就後、修短之數、就字疑孰字之誤、若化爲物、以待其所不知之化已乎、卽篇首知之所不知者、且方將化、惡知不化哉、方將不化、惡知已化哉、本不可知、吾特與汝其夢未始覺者邪、此頂上進於知句來、惟不知所以爲進於知、言與萬物同在造化中、不知化爲何物、如既死之人、與未死之人、彼此各不相知、蓋本有不可知者在也、今吾與汝拘於世法、猶夢未覺、豈能進於知耶、且彼有駭形而無損心、有居喪之形而不毀其性、有旦宅而無情死、情、實也、知人之生、猶方且出宅、夜必思歸、非實死也、孟孫氏特覺人哭亦哭、是自其所以乃、雖行世法、乃自行其所以然。四句頂上、人已有所簡句來、所以乃三字、是倒句法、且也相與吾之耳矣。且吾與彼、宜相與各成其爲吾、不必深惟、庸詎知吾所謂吾之乎。卽吾今日所謂吾之、言亦未知其是否也、且汝夢爲鳥而厲戾同乎天、夢爲魚而沒於淵、幻景非實、不識今之言者、其覺者乎、其夢者乎、連汝今日惟之之言、未必不如夢鳥夢魚、安可執着。○七句根上夢未始覺句、荅他善喪無實之說、造適不及笑、獻笑不及排、造適意之事、不及發笑而心已適、遇獻笑之人、不及推排而顏已笑、情之所至、自致其天、此孟孫氏人哭亦哭之理、安排而去化、乃入於寥天一、由是而進、能安於造物之推排、而併去其化之見、乃入於寥而不紛、天而不人、一而不二之域、所謂大宗師也、豈但以善喪蓋魯國已哉、此又因孟孫氏所得而推言之。○此段根上天與人不相勝意、詞義曲折奇與、諸解無一可取、

意而子見許由、許由曰、堯何以資汝、資、猶益也、意而子曰、堯謂

軹音只。黥其京反。劓魚器反。

我。汝必躬服仁義而明言是非。（資以言行）許由曰、而奚來為軹。（軹、語助詞、言受損已多、來此無益也）夫堯既已黥汝以仁義、而劓汝以是非矣。（人不全）汝將何以遊乎遙蕩恣睢轉徙之塗乎。（遙蕩非義所拘、恣睢非仁所拘、轉徙非是非所拘、此大道也、既無以遊大道、所以言不必來此）意而子曰、雖然吾願遊於其藩。（得遊塗之外籬足矣）許由曰、不然。夫盲者無以與乎眉目顏色之好、瞽者無以與乎青黃黼黻之觀。（無瞳子曰盲、有瞳子曰瞽、言質既受傷、即藩亦不得與也）意而子曰、夫無莊之失其美、（無莊美人名）據梁之失其力、（據梁力士名）黃帝之亡（去聲）其知、皆在鑪錘之間耳。（至人有數、能使人失其本質、況在後受傷者乎）庸詎知夫造物者之不息我黥而補我劓、使我乘成以隨先生邪、黥劓傷後、安知非天欲息補我歸於完成、使我乘之以受鑪錘、則來此亦非無益也。黥劓息補等字、巧甚、許由曰、噫、未可知也、受得息補與否、誠未可料、我爲汝言其大略、姑言大概、吾師乎、吾師乎、吾所師者、𩐁萬物而不爲義、𩐁、虀粉也、不躬服義、澤及萬世而不爲仁、不躬服仁、長於上古而不爲老、覆載天地刻雕衆形而不爲巧、不明言是非、四句即造物、乃遙蕩恣睢轉徙之塗、所謂大宗師也、此所遊已、能遊此、則黥息而劓補矣、豈第其落已哉。此段言心之貴忘、

顏回曰、回益矣、仲尼曰、何謂也、曰、回忘仁義矣、就行事言、曰、可矣、猶未也、第一層、它日復見、曰、回益矣、曰、何謂也、曰、回忘禮樂矣、就居心和敬言、曰、可矣、猶未也、第二層、它日復見、曰、回益矣、曰

蹵、子六反

何謂也。曰、回坐忘矣。無所不忘、仲尼蹵然曰、何謂坐忘。顏回曰、墮枝體、離形、黜聰明、去知、離形去知、同於大通。猶太虛之無礙、此謂坐忘。第三層、上二層以損爲益、此則損之又損、忘之極則也、仲尼曰、同則無好也。同則虛無爲體而不偏着、指同於大通言、化則無常也。化則形神俱妙而不拘滯、指離形去知言、而果其賢乎。果如是之賢、丘也請從而後也。不敢不勉、此段言心之忘、亦有淺深、

子輿與子桑友。而霖雨十日。子輿曰、子桑殆病矣。裹飯而往食之。至子桑之門、則若歌若哭、鼓琴曰、父邪母邪、天乎人乎。有不任其聲、而趨擧其詩焉。飢不能成聲、而其詞促也、子輿入曰、子之歌詩、何故若是。曰、吾思夫使我至此極者、而弗得也。

父母豈欲吾貧哉天無私覆地無私載天地豈私貧我哉求其爲之者而不得也然而至此極者命也夫此段根上知來求其爲之不得是知之所不知也而卒歸之命而安之所謂以其知之所知養其知之所不知也○語意若哀若樂怨而不怒得風雅之意矣

大宗師者道也分見於天人之中而獨存乎死生之外所謂物之所不得遯是也言其所立故曰卓言其所存故曰眞言其所歸故曰寥天一人貴有以得之然欲得之必以其知之所知以養其知之所不知斯兩忘而化其道以入於不死不生之鄉是人也而天矣夫知之所

不知則方生方死之時也而知之所知則有生之後未死之前也思有以養之似矣但以有生之後未死之前而為之必待於方生方死之時而驗之若未至乎其期則天與人之故尚未有定此知之難也乃眞人眞知無慮此矣眞人之處境也其窮通成敗得失安危為事之變者皆其心之所忘焉此知在而道在故也眞人之居身也其寢覺食息為事之常者皆其心之所忘焉蓋天機嗜慾之異乎人如此及進而考其宅心也於方生方死之時無所分焉於既生之後未死之前無所係焉是

心也道也天也人也一而已矣眞人之所以爲知所以爲養者非以其心之忘哉唯其心忘矣卽推而出之由心及身由身及世通時宜物豈有外焉故心之未忘則大業每坐有心之弊而不足稱心之能忘則推行自多兼濟之功而成其美此眞人之心於世無偏用者其於天於人亦無偏勝矣眞人之爲眞知如此夫然後而死生之故始可得而詳言也夫死生猶夜旦勢所必及命也人所不得而主也此知之所不知也然知之所知者則有親於父焉尊於君焉卓也眞也又天所不得而主

也所以貴於養也而養之又豈有他術哉仍以其心之忘者用之矣何也蓋形生老死人所同然雖善於藏者亦不免於遯人知人之形不易得而不知如人之形者未有窮惟藏於物之所不得遯則無有遯焉者矣此爲之於有生之後未死之前而可驗之於方生方死之時者也豈猶善夭善老善始善終者徒以善其形爲養哉若是所謂道也聖人之遊以此不惟以道本無遯亦以得道者不一人從未始有遯也然而得此豈易言哉女偊之告南伯子葵也聖人之才聖人之道合其用三日

七日九日立其期由外天下而及於無古今是自外引之使入由爲物而驗之攖寧是自内推之使出則不死不生之道於副墨洛誦漸求之而漸遠者誠哉其得之難也雖然無難也子輿之雞彈輪馬而懸解因之子來之鼠肝蟲臂而鑪冶順之此其得之者也子反琴張與造物者爲人而遊於天地之一氣此其得之者也孟孫才若化爲物以待其所不知之化此其得之者也數者皆能以其心之忘而用之矣以其心之忘而用之者必如意而子之息黥補劓願聞大畧於未忘而求其忘也

必知顏回之離形去知同於大通於既忘而求其無不忘也至子來以天地父母皆不可知而一歸之於命亦忘之極則豈非得其所知以善其所不知之意也邪眞人眞知若此而已此篇爲七篇之歸根結穴處發性命之源頭闡脩證之實義直洩造化之機以開仙佛之門此玉杵之神液染指間便能羽化者也若文之波瀾萬頃百折瀠廻古奧雜奇輪囷異木非窺豹者所能測也

內篇應帝王第七

齧五結反倪五今反。

齧缺問於王倪四問而四不知疑是問帝王之道或作齊物論中三問恐下文說不

而汝同

去。齧缺因躍而大喜。悟得所以不知之意 行以告蒲衣子。以所悟者質之 蒲衣子曰。而乃今知之乎。怪其悟之晩 有虞氏不及泰氏。泰皇 有虞氏其猶藏仁以要人。用心爲治病在藏字要字 亦得人矣。而未始出於非人。非人欺僞之人虞氏不能超出于其上以其有知也所以不及泰氏 泰氏其臥徐徐。安緩貌 其覺于于。鈍愚貌無事也 一以己爲馬。一以己爲牛。自忘其爲何等人。無名也 其知情信。情實也情則不虛信則不疑 其德甚眞。眞則不僞 而未始入於非人。何嘗不得人。總未嘗雜入於欺僞者之中。以其無知也。所以非虞氏所及。是王倪之不知正所以爲帝王之道矣。此段言得人之道。有意爲之。不若無意爲之也

肩吾見狂接輿。狂接輿曰。日中始人名何以語女。去声 叩其所聞 肩吾

曰。告我君人者、以己出經式義度。句。經常之法、式義理之制度、如三綱五常、皆所以正人也、病只在以己出三字、人孰敢不聽而化諸。人必受治、病只在孰敢不三字。○三句日中始所告之詞、接輿曰、是欺德也。欺者、虛偽不實之謂。○本領既失、其於治天下也、猶涉海鑿河、而使蚤負山也。勢既不及、力又難勝、○治功亦疎、夫聖人之治也、治外乎。經式義度、不過繩之於外、聖人豈為此、正而後行、確乎能其事而已矣。正、各正性命之正、既正之後、而所行自合於法制、確然如素能其事者、原不待繩之於外也。○駁他以己出三字、且鳥高飛以避矰弋之害、鼷鼠深穴乎神丘之下、以避熏鑿之患。而曾二蟲之無知。若治其外、則民非其性命所安、將視為患害、必有避去、如鳥鼠之高飛深穴者、豈君人之知、曾不如鳥鼠、而不計及此耶、是欺德之不可治天下如此。○

駁他、孰敢不三字、全段言以我强人、不如人之自爲正也、

天根遊於殷陽、至蓼水之上、適遭無名人而問焉、聖人無名、曰、請問爲天下、病根在爲字、無名人曰、去、斥之也、女鄙人也、何問之不預也、不預、言無預於己之事、猶言不切也、發問不切、所以謂之鄙人、予方將與造物者爲人、解見大宗師篇、○是合氣於漠、厭則又乘夫莽眇之鳥、以出六極之外、而遊無何有之鄉、以處壙埌之野、厭、足也、莽眇、輕虛貌、六極、六合也、壙埌、曠蕩也。是遊心於淡、汝又何帠以治天下、感予之心爲、帠、法也、猶俗言道理也、感觸動也、言汝又何道理以治天下、觸動我之心乎、所以謂之不預、又復問、無名人曰、汝遊心於淡、無思、合氣於漠、無爲、順物自然、而無容私焉、無失其自爲正之理、

而不參以私意、而天下治矣●●●●不必再問治天下可也、治天下是何等事、初說得最不切、繼說得最容易、奇論異想。○此段言無容心、卽所以治天下、別無治天下之法也、

陽子居見老聃曰、有人於此、嚮疾強梁、敏於向道、勇於力行、物徹疏明、物情透徹、理解通明、學道不勸、又且精進不已、、、、如是者、可比明王乎●●問其爲治、可比之明王否、老聃曰、是於聖人也●●胥易技係、勞形怵心者也、胥者、胥徒、易者、更番直事、技者、工技、係者、居肆省功、、、、皆瘁形憂心、在聖人視所問之人、與此等耳、且也虎豹之文來田、致人獵取、猨狙之便、捷執斄（音狸）之狗來藉、致人羈縻、、、、如是者可比明王乎●●以才勝物而自傷、明王必不出此、陽子居蹵然曰、敢問明王●●之治、知其非而更端問也、老聃曰、明王●●之治、功蓋天下而似不自己、、、、

已忘其功、化貸萬物、而民不恃。貸、施也。民忘其化。有莫舉名、使物自喜、不能枚舉其爲治名目、但使物欣然自得其所固有、立乎不測、而遊於無有者也。居變化之塗、泯作爲之迹、這等本領、原不待勞形怵心、以自傷矣。○此段言爲治之神、不使人見其所以爲治也、

鄭有神巫曰季咸。知人之死生存亡、禍福壽夭、期以歲月旬日若神。一見而決、且不爽定期、所以爲神巫、鄭人見之、皆棄而走。恐被指摘也、適國無不神之矣。○與下文自失而走互映。列子見之而心醉、喜之至、欲傳其術也、歸以告壺子、列子師、曰、始吾以夫子之道爲至矣、則又有至焉者矣。言其更勝。○二句乃既告其事後、而誇贊之詞。壺子曰、吾與汝既其文、未既其實、而固得道與。既、盡也、言吾與汝止盡其虛華形貌、而未盡其實落本領、汝遂固執以爲得道可乎。衆

雌而無雄、而又奚卵焉、雌鳥得雄交接、其卵始實、不然雖其有卵形、不能化育、算不得㲉卵、喩人有文無實、算不得個道也、○此駁季咸之詞、諸解不清、而以道與世亢、必信夫、故使人得而相汝、亢、抵也、言汝以己之道與世抵敵、而求必伸於外、別無權變、故呈於色、使人得相汝而中、以售其技、○此駁列子之詞、嘗試與來、以予示之、欲既其實、明日列子與之見壺子、試一次、出而謂列子曰譆、傷痛聲、子之先生死矣、弗活矣、不可救、不以旬數矣、定其只、吾見怪焉、大異於人、見濕灰焉、死灰尚有或燃之時、濕灰則不能、所以爲死、而弗活之象、○相一次、列子入泣涕沾襟以告壺子、哀其師死、壺子曰、向吾示之以地文、萌乎不震不正、藏心於中、猶大地寂然、雖有生機之萌、而不動不定、若枯槁而無生氣也、是殆見吾杜德機也、杜、閉也、閉其心得有近死道此不與世亢之一機也嘗又與來又欲再既其實明日乃與之見壺子。

試二次出而謂列子曰、幸矣、子之先生遇我也。有瘳矣。可救矣

全然有生矣。必不死吾見其杜權矣。權稱錘、喩應物之妙用也。閉藏之中、稍露動變端倪、甚有生意、所以爲有瘳必生之象。○相二次、不但能定人生死、而且能起死回生、行術之人、慣有此副自贊語頭、曲曲寫出。

列子入以告壺子。前番泣涕、此番無喜慰字樣、想亦疑其術之支離也壺子

曰、鄉吾示之以天壤、名實不入、而機發於踵。遊心於虛、猶天下地上之

間一團生意、無名象可指、只有發動之機、自下而上。是殆見吾善者機也。善即大易繼善之善。

甫離陰陽而爲性始、所以爲應物者、有類生道、此不與世亢之又一機也。嘗又與來。又欲終既其實明

日又與之見壺子。試三次出而謂列子曰、子之先生不齊、吾

無得而相焉、試齊、且復相之。變化不測、非可以相定其死生、此時技將窮矣○相三次、

列子入以告壺子、壺子曰、吾鄉示之以太冲莫勝、老子曰萬物負陰而抱陽、冲氣以爲和、合二氣爲一氣、不相勝也、是殆見吾衡氣機也。陰陽二氣既平、屈伸往來、有不可執、非生非死之道、此不與世亢之又一機也、鯢桓之審爲淵、止水之審爲淵、流水之審爲淵、淵有九名、此處三焉。總承上三觀言、淵者、深昧不測之義、審舊作潘、水之盤旋也、鯢大魚、桓盤桓也、機發於踵是鯢相、不震不正是止水、不齊是流水、故曰此處三焉○至此總收、另講一段起下波瀾、緊束、此文字當家也、嘗又與來、其無實處、欲使盡露、明日又與之見壺子、試四次、立未定、自失而走。無可開口、壺子曰、追之、必欲詰其所見、

列子追之不及、反以報壺子曰、已滅矣、已失矣、吾弗及已、

爨七亂反

伎倆已盡、羞見鄭人、連忙舍鄭國而他往、踪影俱絕、此術士行徑也、寫得好笑、壺子曰、鄉吾示之以未始出吾宗、宗、性初也、所謂未始有始也吾與之虛而委蛇、與季咸相對、心如太虛、寂感順其自然、乃不死不生至道、此不與世亢、而自無不伸者、亦無機之可名也、不知其誰何、彼捉摸不定、因以爲弟靡、音頹遯伏貌、因以爲波流、蕩漾貌、故逃也、無所用其相、有文無實之態畢露矣、然後列子自以爲未始學而歸、謬謂季咸得道、而壺子本領、毫未有聞、無學可知、安得不歸而自勉、三年不出下死工夫、爲其妻爨、食豕如食人、無分別、矜張意、於事無與親、不理俗事、○三句無與世亢、必伸之病矣、雕琢復朴、去其文、以返實、塊然獨以形立、得其實不復知有文、○二句與季咸有文無實相映、紛而封哉、雖處紛紜、而內者不出、若有所封閉者然、○此句與壺子示人相映、一以是終。終身受用不盡。○此段根

上立乎不測而遊於無有句、見帝王應世不過此法、爲下文勝物不傷張本、

無爲名尸、聲譽之歸、無爲謀府、籌度之門、無爲事任、衆務之責、無爲知主、去聲、聰明之總。無爲而無不爲故衆美交集於至虛之中、非禁止之詞也、諸解欠妥、體盡無窮、而遊無朕、未爲之先、體盡天下之紛紜、而惟置心於寂靜、盡其所受乎天、而無見得、既爲之後、不過盡其天理之所固有、亦不自見其所得、亦虛而已。始終只一無爲之心、至人之用心若鏡、不將不逆、迎、去聲。應而不藏、不逆應、體盡無窮而遊無朕句、不將應、盡其所受於天而無見得句、藏、留也、故能勝物而不傷。心不傷。此段是全篇實義、以爲後面鎖結、文陣中一奇局也、

南海之帝爲儵、音叔北海之帝爲忽、中央之帝爲渾沌、儵與忽

時相與遇於渾沌之地渾沌待之甚善儵與忽謀報渾沌之德鑿竅說是報德妙甚世人之所以爲利者正所以爲害也着眼在此佛家所謂認賊作子是已曰人皆有七竅以視聽食息此獨無有嘗試鑿之日鑿一竅七日而渾沌死此段言有爲則傷其初也

帝王所以爲治者也爲治而自我爲之不若忘乎爲我以順乎人之自治是雖爲也而無爲乃無爲也而無不爲矣應者彼來而此應之謂當彼未來之先與彼既去之後而此仍立于至虚之地若未始有攖也此應帝王之說也夫爲治者詎不欲使天下從我而我有及于天

下者哉乃使天下從我者則有蒲衣子所謂其知情信其德甚眞者焉彼經式義度徒成欺德耳無以爲也狂接輿曰正而後行確乎能其事是使天下從我不如使天下自爲從矣使我有及於天下者則有無名人所謂遊心於淡合氣於漠者焉彼嚮疾彊梁物徹疏明學道不勸徒爲勞形怵心耳無以爲也老聃曰立乎不測而遊於無有是使我有及於天下不如使我自忘其爲我矣然則爲治之要可推已善哉壺子之於季咸其有得於帝王之用乎示以地文示以天壤示以太冲莫勝而

卒歸於未始出吾宗是此之應者未有窮而彼之來者反自廢也亦惟無爲之故也且人亦知無爲之爲乎名之尸謀之府事之任知之主舉於是乎取之故於未爲之先體備乎萬有而不存其迹既爲之後適合乎本來而未見有加至人之用心惟虛若鏡不將不逆固有善於應者存也其勝物無傷豈顧問哉夫然則不必使天下之從我自無不從者矣不必使我有及於天下自無不及者矣若夫鑿其竅以自傷是未應物而先敗也於帝王夫何有篇中全以問荅引証末方說出本意作結

起伏過脉，迴異常體。顧清之食蔗云：漸入佳境。讀此當作如是觀。

莊子因卷二終

後過也

莊子因卷之三

三山林雲銘西仲評述

外篇駢拇第八

駢拇枝指出乎性哉。而侈於德。附贅縣疣出乎形哉。而侈於性。多方乎仁義而用之者。列於五藏哉。而非道德之正也。是故駢於足者。連無用之肉也。枝於手者。樹無用之指也。多方駢枝於五藏之情者。淫僻於仁義之行。而多方於聰明之用也。是故駢於明者。亂五色。淫文章。青黃黼黻之煌煌非乎。而離朱是已。多於聰者。亂五聲。淫六律。金石絲竹黃鍾大呂之聲非乎。而師曠是已。枝於仁者。擢德塞性以收名聲。使天下簧鼓以奉不及之法非乎。而曾史是已。曾史。曾參史鰌也　駢於辯者。纍瓦結繩纍瓦結繩。言聚無用之語。如瓦之纍。如繩之結也竄句。遊心於堅白同異之間。而敝跬譽無用之言非乎。敝。疲也。跬。半步而行也。形容其勞之意　而楊墨是已。故此皆多駢旁枝之道。非天下之至正也。此段言仁義本非道德之正也　彼正正者。不失其性命之情。故合者不爲駢。而枝者不爲跂。長者不爲有餘。短者不爲不足。是故鳧脛雖短。續之則憂。鶴脛雖長。斷之則悲。故性長非所斷。性短非所續。無所去憂也。此段言道德之正即性命之情性命

齕胡勿反齧也

饕吐刀反

之情各有固然不假於外之作爲所以無憂也意仁義其非人情乎彼仁義何其多憂也且夫駢於拇者決之則泣枝於手者齕之則啼二者或有餘於數或不足於數其於憂一也今世之仁人蒿目而憂世之患不仁之人決性命之性而饕貴富故意仁義其非人情乎自三代以下者天下何其囂囂也此段言仁義所以非人情者以其多憂也且夫待鉤繩規矩而正者是削其性也待繩約膠漆而固者是侵其德也屈折禮樂呴俞仁義以慰天下之心者此失其常然也天下有常然常然者曲者不以鉤直者不以繩圓者不以規方者不以矩附離音麗不以膠漆

約束不以纆（音墨）索。故天下誘然皆生、而不知其所以生。同焉皆得、而不知其所以得。故古今不二、不可虧也。則仁義又奚連連如膠漆纆索、而遊乎道德之間爲哉。使天下惑矣。此段言天下本有常然、以仁義用之、徒滋其疑擾也。夫小惑易方、大惑易性。何以知其然邪。自虞氏招仁義以撓天下也。天下莫不奔命於仁義。是非以仁義易其性與。故嘗試論之。自三代以下者、天下莫不以物易其性矣。小人則以身殉利、士則以身殉名、大夫則以身殉家、聖人則以身殉天下。故此數子者、事業不同。名聲異號、其於傷性以身爲殉一也。臧與穀二人相與牧羊而俱亡其羊問臧奚事則挾筴讀書問穀奚事則博塞以遊二人事業不同其於亡羊均也伯夷死名於首陽之下盜跖死利於東陵之上二人者所死不同其於殘生傷性均也奚必伯夷之是而盜跖之非乎。絶頂快談侏儒未免縮天下盡殉也彼其所殉仁義也則俗謂之君子其所殉貨財也則俗謂之小人其殉一也則有君子焉有小人焉。若其殘生損性則盜跖亦伯夷已又惡取君子小人於其間哉。此段言以身爲殉者不同而同歸於傷性無異同也則惑於仁義與惑於貨財等耳且夫屬其音燭性乎仁義者雖通如曾史非吾所謂臧也屬其性於五味雖通如俞兒非吾所謂臧也屬其性乎五聲雖通如師曠非吾所謂聰也屬其性乎五色雖通如離朱非吾所謂明也吾所謂臧非仁義之謂也臧於其德而已矣吾所謂臧者非所謂仁義之謂也任其性命之情而已矣吾所謂聰者非謂其聞彼也自聞而已矣吾所謂明者非謂其見彼也自見而已矣夫不自見而見彼不自得而得彼者是得人之得而不自得其得者也適人之適而不自適其適者也夫適人之適而不自適其適雖盜跖與伯夷是同爲淫僻也余愧乎道德是以上不敢爲仁義之操而下不敢爲

淫僻之行也。未仍歸道德之意仁義淫僻仍當作一串看。通篇以道德爲正宗以仁義爲駢附旨本老子

天下之至正者性命之情而道德是也乃用之而爲仁義遂有忘其所始以成淫僻之行淫僻者至正之反也故聰者聞此明者見此辯者言此於是有離朱師曠楊墨與曾史並稱而各著其所長總之其在性命之情不過爲駢枝之屬耳夫性命之情各有固然自適其適所以無憂也彼仁義則殆不然仁人憂世之患其用心也與饕貴富之不仁者等而顧曰不如此無以慰天下之

心焉是未審乎天下有常然無所假於外之故而漫以
此贅疣乎道德之間以生其惑也夫生其惑則易其性
矣易其性則殤其身矣雖俗之所謂殉者不一途究之
首陽東陵其殘生傷性無有二焉此臧穀亡羊之謂也
夫然是性與仁義果不相屬矣彼屬其性於仁義如曾
史者固自以爲臧而不知臧於其德任其性命之情始
得謂之臧也聽者聞此明者見此自聞自見不失其性
命之情所謂自適其適者也否則失其性矣淫僻之行
夷之去跡何必有間乎此吾所以貴道德而不敢爲於

陸踛同

剔敕歷反 雒音洛

道德之外也。通篇一意盤旋。文情跌宕。天際游龍。夭矯莫測。

外篇馬蹄第九

馬蹄可以踐霜雪。毛可以禦風寒。齕草飲水。翹足而陸。此馬之眞性也。雖有義臺路寢。王者之居也 無所用之。及至伯樂曰。我善治馬。燒之剔之刻之雒之。燒以火印烙也。剔剪其毛。刻削其甲也。雒絡同 連之以羈馽。音的 絡首曰羈。絡足曰馽。編之以皁棧。槽櫪也 馬之死者十二三矣。饑之渴之。馳之驟之。整之齊之。前有橛飾之患。馬銜曰橛。馬纓曰飾。而後有鞭筴之威。而馬之死者已過半矣。陶者曰。我

塡音田

善治埴。圓者中規。方者中矩。匠人曰。我善治木。曲者中鉤。直者應繩。夫埴木之性。豈欲中規矩鉤繩哉。然且世世稱之曰。伯樂善治馬。而陶匠善治埴木。此亦治天下者之過也。此亦治天下之過。言猶治天下者過用其情。而傷民性而反謂之善治也。此段喻爲治者不得民之常性。不足以爲善也。○描寫治馬情形。備極逼眞。忽插陶匠一段。作題便覺文勢紆曲。此有意爲文者也。吾意善治天下者不然。彼民有常性。織而衣。耕而食。是謂同德。同德人人皆同此耕織也一而不黨。命曰天放。天放曠蕩於天然自有之故中而己私一無所與也至德之世。其行塡塡。其視顚顚。塡塡遲重也顚顚專直也當是時也。山無蹊隧。澤無舟梁。萬物群生。連屬其鄉。水陸之道不通故各居其鄉而自相

闚窺同

連屬。禽獸成群。草木遂長。故其禽獸可係羈而遊。烏鵲之巢可攀援而闚。民無機心、不相戕賊也 夫至德之世。同與禽獸居。族與萬物並。不知其孰爲同類孰爲異類也 惡乎知君子小人哉。同乎無知。其德不離。同乎無欲。是謂素樸。素樸而民性得矣。此段言至德之世民得其常性所以爲善治也。○寫出、、、、太古景象千古在目令人神往 及至聖人。蹩音別躠薛爲仁。踶跂爲義。而天下始疑矣。澶音但漫爲樂。摘擗爲禮。而天下始分矣。蹩躠踶跂字皆從足蓋跼蹐不安之意澶漫即汗漫也摘擗屈折手足之意 故純樸不殘。孰爲犧樽。白玉不毀。孰爲珪璋。道德不廢。安取仁義。性情不離。安用禮樂。五色不亂。孰爲文采。五聲不亂。孰應六律。夫殘樸以爲器。工匠之罪也。毀道德以爲仁義。聖人之過也。此段言仁義本是造作出來以致道德凡濟皆聖人之作偏也夫馬陸居則食草飲水。喜則交頸相靡。怒則分背相踶。馬知已此矣。夫加之以衡扼。齊之以月題。月題馬額上當顱如月形者而馬知介倪闉扼鷙曼詭銜音戛詣竊轡。故馬之知而能至盜者。伯樂之罪也。介倪猶睥睨也闉曲也鷙抵也曼突也詭銜吐出銜也竊轡齧轡也皆馬之知能至於盜也言馬而不言埴木埴木無知而馬有知也夫赫胥氏之時。民居不知所爲。行不知所之。含哺而熙。鼓腹而遊。民能已此矣。及至聖人。屈折禮樂以匡天下之形。縣跂仁義以慰天下之心。縣跂如懸物而使人跂足及之而民乃始踶跂好知。

爭歸於利、不可止也、此亦聖人之過也。此段從上又推出下段流弊出來見得民之好利、皆聖人使之、則仁義禮樂果不足以治天下也。文勢疊而非複。

治天下猶治馬也。治之而適所以害之。伯樂治馬而非馬之眞性也。誠無以異於陶匠之治埴木而違埴木之性也。乃世猶各以其善稱。豈知善治天下者之所以爲善哉。夫善治天下者、亦不過使民自得其常性耳。同德天放、所以稱至德之世也。及聖人爲仁爲義爲禮爲樂。而民始非至德之民。非民之故異也。盖仁義禮樂原非常性中之所固有。以其廢道德離性情而後爲之。此工匠殘樸爲器之謂也。何疑乎伯樂治馬而馬之知至於盜，聖人治民而民之能歸於利乎。則聖人之過無以辭矣。此篇自首至末只是一意，其大旨從上篇天下有常然句生來，莊文之最易讀者。然其中之體物類情，筆筆生動。或以爲意不多而詞費，疑爲擬莊者所作，恐他手未易到此也。

外篇胠篋第十

將爲胠（音袪）篋探囊發匱之盜而爲守備，則必攝緘縢，固扃鐍（音決），此世俗之所謂知也。胠，開也。凡作文起手最難，如此突如來，如奇峯陡起，若神龍變化，無處

齊君名簡公也

覔其首尾。蘇長公常得此法。然而巨盜至、則負匱揭篋擔囊而趨、唯恐緘縢扃鐍之不固也。此句警健有力。然則鄉之所謂知者、不乃爲大盜積者也。故嘗試論之、世俗所謂知者、有不爲大盜積者乎。所謂聖者、有不爲大盜守者乎。從盜上閒閒寫過、忽落正意。下文忽入引証、文之變化莫測。何以知其然邪。昔者齊國鄰邑相望、鷄犬之音相聞、罔罟之所布、耒耨之所刺、方二千餘里。闔四竟之內、所以立宗廟社稷、治邑屋州閭鄉曲者、曷嘗不法聖人哉。然而田成子一旦殺齊君而盜其國。所盜者、豈獨其國邪。并與其聖知之法而盜之。故田成子有乎盜賊之名、而身處堯舜之安。小國不敢非。大國不敢誅。十二世有齊國。則是不乃竊齊國。并與其聖知之法。以守其盜賊之身乎。田成以私量貸公量。便是借聖人之法。以濟其竊國之私。後世王莽之金縢。惠卿輩之周禮。皆挾此術。已被莊叟一語道破。○此段引田成事作証。留下面餘地。層層說去。此末字。波瀾也。嘗試論之。世俗之所謂至知者。有不為大盜積者乎。所謂至聖者。有不為大盜守者乎。說出至字。方是議論聖人正意。即將上面文法翻跌有致。何以知其然邪。昔者龍逢斬。比干剖。萇弘胣。子胥靡。胣裂也。靡爛也。故四子之賢。而身不免乎戮。四子有聖知。其為身之緘縢扃鐍。可謂固矣。乃不足防盜。反以招盜。誠哉聖知之不足恃也。故跖之徒問於跖曰。盜亦有道乎。跖曰。何適而無有道邪。

几 幾同

夫妄意室中之藏聖也入先勇也出後義也知可否知也分均仁也五者不備而能成大盜者天下未之有也由是觀之善人不得聖人之道不立跖不得聖人之道不行天下之善人少不善人多則聖人之利天下也少而害天下也多。善人承上能逢四子來但世之爲四子者少爲跖者多故利害之數常不敵也故曰脣竭則齒寒魯酒薄而邯鄲圍聖人生而大盜起掊擊聖人縱舍盜賊而天下始治矣夫川竭而谷虛丘夷而淵實聖人已死則大盜不起天下平而無故矣聖人不死大盜不止雖重聖人而治天下則是重利盜跖也。狠手殺手取古人之法而痛詆之凡於

髮指眦裂吾不知其胸中有何憤懣竟至於斯切勿與爲韓退之見之使以常理較量全不體其立言之意也

之斗斛以量之則并與斗斛而竊之爲之權衡以稱之則并與權衡而竊之爲之符璽以信之則并與符璽而竊之爲之仁義以矯之則并與仁義而竊之何以知其然邪彼竊鉤者誅竊國者爲諸侯諸侯之門而仁義存焉則是非竊仁義聖知邪一法立一弊生申明又田成子一段意故逐於大盜揭諸侯竊仁義并斗斛權衡符璽之利者雖有軒冕之賞弗能勸斧鉞之威弗能禁此重利盜跖而使不可禁者是乃聖人之過也故曰魚不可脫於淵國之利器不可以示人引此語見得民

擿　持赤反、義与擲同。殫　音丹、盡也。

可使由不可使知之意。彼聖知者、天下之利器也。非所以明天下也。言此大盜非賞罰所能勸禁、皆由聖人利而使之故、聖人者不可以明示天下也。故絕聖棄知、大盜乃止。擿玉毀珠、小盜不起。焚符破璽、而民朴鄙。剖斗折衡、而民不爭。殫殘天下之聖法、而民始可與論議。殫殘、盡去也。論議、論道也。此言過亂盜源、當絕聖棄知也。擢亂六律、鑠絕竽瑟、鑠絕、焚而棄之也。塞瞽曠之耳、而天下始人含其聰矣。滅文章、散五采、膠離朱之目、而天下始人含其明矣。毀絕鉤繩、而棄規矩、攦工倕之指、而天下始人有其巧矣。故曰、大巧若拙。攦、折其指也。多着大巧若拙四字、便覺文勢不排。削曾史之行、鉗楊墨之口、攘棄仁義、而天下之德始玄同矣。○仍是上面文法、顛倒出之。此化板爲活法也。彼人含其明、則天下不鑠矣。人含其聰、則天下不累矣。人含其知、則天下不惑矣。人含其德、則天下不僻矣。彼曾史楊墨師曠工倕離朱者。皆外立其德、而以爚音藥亂天下者也。法之所無用也。爚、火光銷。也法之所無用、言於治天下之法、皆用不着也。子獨不知至德之世乎。昔者容成氏。大庭氏。伯皇氏。中央氏。栗陸氏。驪畜氏。軒轅氏。赫胥氏。尊盧氏。祝融氏。伏戲氏。神農氏。當是時也。民結繩而用之。甘其食、美其服、樂其俗、安其居。鄰國相望、鷄犬之音相聞。民至老死、而不相往來。自結繩至此、語本老子。若此之時、則至治已。

罝子斜反 罘音浮

今遂至使民延頸舉踵曰某所有賢者贏糧而趣之則內棄其親而外去其主之事足迹接諸侯之境車軌結乎千里之外則是上好知之過也上誠好知而無道則天下大亂矣好知以知謀相尚也相尚則高下相傾長短相形而天下日多事矣何以知其然邪夫弓弩畢弋有柄之網曰畢機變之知多則鳥亂於上矣鉤餌網罟罾笱之知多則魚亂於水矣削音峭格羅落削格木柵也捕兔鹿者用之罝罘之知多鳥罟謂之羅兔罟謂之罝罘翻車也則獸亂於澤矣知詐漸音尖毒頡滑堅白解垢同異之變多則俗惑於辯矣頡滑不正之語解垢詭曲之辭此段備言好知之生亂也機心生而機事起機事起而机禍深鳥魚人獸其亂一也故天下每每大

亂。罪在於好知。故天下皆知求其所不知。而莫知求其所已知者。皆知非其所不善。而莫知非其所已善者。是以大亂。此又推原天下大亂之由也天下之所以大亂者蓋求其所不知以異於人而不知求其所已知有本體之自同也皆知非人之所不能而不知己之所已能者亦未爲是也此乱之所由生也故上悖日月之明。下爍山川之精。中墮四時之施。惴耎之蟲。肖翹之物。莫不失其性。惴耎微息而動之物蝸牛之屬也肖翹輕飛之物蝶蛾之屬也此段言乖戾之氣感召知此實有此理其效非誣甚矣夫好知之亂天下也。自三代以下者是已。倒鎖一句遥應上面至德之世作法甚奇舍夫種種之民。而悅夫役役之佞。釋夫恬淡無爲。而悅夫啍（音諄）啍之意。啍啍已亂天下矣。種種淳厚也役

役有爲人也哼哼多言者也已亂天下要說得
際下疊言有悅之意便足亂天下而有餘也

世俗所稱治天下之法莫聖知若矣乃聖知所以治天
下而亦所以亂天下夫以其備盜者無一而非資盜者
也田成子之竊齊國即以齊國之法守其盜賊之身此
巨盜負匱揭篋擔囊之類也聖知之不足恃如此豈矯
語歟蓋聖知之法聖人舍此無以爲聖而大盜舍此即
無以爲盜若以聖人止盜是利盜也此聖人所無可如
何也誠欲無利盜乎計非絕聖棄知不可聰明巧德任
天下之自有而不使曾史楊墨師曠倕朱有獨立之名

焉。此至德之世。所由老死不相往來者。非以此邪。迨至三代以下。而人乃以賢者相傾矣。延頸舉踵。贏糧而趨。彼何爲者邪。好知之過。誰厲之階。夫使民求奇務異以尊耳目之所不及。鮮有不相率而爲僞者。此亂之道也。鳥亂於上。魚亂於水。獸亂於澤。俗惑於辯。其致一耳。然其爲好知之故者何也。求乎外之異。而忽乎內之同。備乎人之責。而矜乎己之用。是以至於亂而不知。天地萬物皆失其性。舉以此矣。夫所舍如彼也。而所悅如此。則啍啍之意。已非恬淡無爲之風。治天下者其即所以亂天下哉。此篇亦與上篇意同。但此更覺痛發憤世嫉邪。幾於已甚矣。其文情飛舞。奇致横生。林疑獨以篇中有十二世有齊國等語。以爲西漢之文。然西漢有此汪洋氣局。恐無此精鑿議論也。

外篇在宥第十一

聞在宥天下。不聞治天下也。在之也者。恐天下之淫其性也。宥之也者。恐天下之遷其德也。天下不淫其性。不遷其德。有治天下者哉。昔堯之治天下也。使天下欣欣焉人樂其性。是不恬也。桀之治天下也。使天下瘁瘁焉人苦其性。

是不愉也。夫不恬不愉。非德也。非德也。而可以長久者。天下無之。性中原無苦樂。有苦樂。皆爲淫其性也。性淫則德遷矣。堯桀之治天下。其爲害一也。人大喜邪。毗於陽。大怒邪。毗於陰。陰陽幷毗。四時不至。寒暑之和不成。其反傷人之形乎。喜怒等語。根上樂苦來。萬物負陰抱陽。沖氣爲和。所以與天地通也。有樂必至太喜而毗於陽。有苦必至大怒而毗於陰。陰陽幷毗。則天地之氣不和。反傷人之形矣。是自人致之者。亦卽自人受之也。毗助也。創論矣。使人喜怒失位。居處無常。思慮不自得。中道不成章。於是乎天下始喬音矯詰卓鷙。而後有桀跖曾史之行。喜怒失位。四亦皆不安其性命之情。是傷人之驗。喬則尚高。詰則窮盡。卓則難及。鷙則不群。皆非常之行。盜跖曾史。俱非天地之和所生也。句法雄卓。氣敵萬軍。此鉅鹿楚將也。故舉天下以賞善者不足。舉天下以罰其惡者不給。故天下之大不足以賞罰。自三代以下者。匈匈焉終以賞罰爲事。彼何暇安其性命之情哉。夫天下有盜跖曾史非天下之幸也天下不安其性命之情故有善有惡治天下者賞善而罰惡日不暇給而惟賞罰之爲則人亦惟奔走於賞罰之不足追而已性命愈不得而安也何暇二字妙而且說明邪。是淫於色也。說聰邪。是淫於聲也。說仁邪。是亂於德也。說義邪。是悖於理也。說禮邪。是相於技也。說樂邪。是相於淫也。說聖邪。是相於藝也。說知邪。是相於疵也。病痛在一說字使非可存可亡之意相助也天下將安其性命之情。之八者存可也。亡可也。天下將不安其性命之情。之八者乃始臠卷傖囊而亂

一本身下有於字下同

八者皆人不安其性命之情，所以有此臠卷不申天下也。舒之狀傖囊，猶搶攘也。兩意雙發，雙敲如千舞雙劍，遍體繞匝，異光迸躰，蘸長公慣熟此法。而天下乃始尊之惜之，甚矣天下之惑也。豈直過也而去之邪，乃齊戒以言之，跪坐以進之，鼓歌以儛之，吾若是何哉。迂儒剽竊，不得其要，其一段尊信古人糟魄處，如狂如痴，可憐可憐。故君子不得已而臨涖天下，不得已是迫而後應意。莫若無爲。無爲也，而後安其性命之情。故貴以身爲天下，則可以託天下；愛以身爲天下，則可以寄天下。能貴愛其身者，方不以身狥天下，故天下亦可以寄託於其身，以安其性命之情也。此四句出老子。故君子苟能無解其五藏，無擢其聰明，尸居而龍見，淵默而雷聲，神動而天隨，從容無爲而萬物炊累焉。（炊累，謂萬物皆囿吾生育之中，如炊氣積累而熟。）吾又何暇治天下哉。（何暇二字應上何暇句，呼應絕佳，得失判然。篇首至此是一篇，論斷起伏叫應，無法不備。熟此者，大家諸篇可束置高閣矣。）

崔瞿問於老聃曰。不治天下。安臧人心。老聃曰。汝愼無攖人心。人心排下而進上。上下囚殺。淖約柔乎剛彊。廉劌彫琢。其熱焦火。其寒凝冰。其疾俛仰之閒。而再撫四海之外。其居也淵而靜。其動也縣而天。僨驕而不可係者。其惟人心乎。（人心或爲人所排則失志鎖魂而下，或進之則希高望遠而上，上下無常，或係縛如囚，或搆鬬如殺。方其囚也，若處子綽約而柔服乎剛彊；及其殺也，若刀劍廉利劌割可以彫琢者。焦火喻其躁，凝冰喻其堅，俛仰四海喻）

其速淵靜縣夫喻其動靜之各殊而總以僨驕不可係斷之此人心所以不可攖也。○可作一部西遊記讀

昔者黃帝始以仁義攖人之心。堯舜於是乎股無胈脛無毛。以養天下之形愁其五藏以爲仁義矜其血氣以規法度。然猶有不勝也。頓句波折堯於是放讙兜於崇山投三苗於三峗流共工於幽都此不勝天下也。夫施及三王而天下大駭矣。勝任也。句法矯矯鷙鳥展翼之態下有桀跖上有曾史而儒墨畢起。於是乎喜怒相疑愚知相欺善否相非誕信相譏而天下衰矣。大德不同而性命爛漫矣。天下好知而百姓求竭矣。

堯舜勤勞湯武征伐皆以仁義攖人心也仁義之端一開故下者負不仁不義之名而爲桀跖上者得行仁行義之

名而爲曾史以至儒墨各各緣此立教彼此相勝依同之德衰性命之眞喪矣百姓於是殫思盡慮接應不暇所謂求竭也○起落頓挫奇致相生文之能事畢矣

於是乎釿音斤鋸制焉繩墨殺焉椎鑿決焉天下脊脊大亂罪在攖人心故賢者伏處大山嵁巖之下而千乘之君憂慄乎廟堂之上今世殊死者相枕也桁楊者相推也刑戮者相望也而儒墨乃始離跂攘臂乎桎梏之間噫甚矣哉其無愧而不知恥也

○釿鋸繩墨椎鑿皆刑戮之具仁義窮而刑罰用乃勢所必至其宼使賢者高蹈而遠引萬乘抱憂而孤立儒墨之徒乃始抱其仁義聖知之談於桎梏之間思有以救之孰知即仁義聖知之所致乎眞可恥也○此段疾世之談凡於大聲高罵矣

甚矣吾未知聖知之不爲桁楊椄槢也仁義之不爲桎梏鑿枘也

○音○接○習○　○音○曹○芮○

而汝同

焉知曾史之不爲桀跖嚆矢也。嚆矢響箭盜賊先聲也椄續木楔堅木言接續桁楊使堅也枘木耑所以入鑿言相合也故曰。絶聖棄知而天下大治

黄帝立爲天子十九年。令行天下四字作索顯是病根聞廣成子在於空同之上故往見之曰。我聞吾子達於至道。敢問至道之精。吾欲取天地之精以佐五穀以養人民。吾又欲官陰陽以遂羣生。爲之柰何。廣成子曰。而所欲問者物之質也。而所欲官者物之殘也。自而治天下。雲氣不待族而雨草木不待黄而落。日月之光。益以荒矣。而佞人之心翦翦者。又奚足以語至道所問者在至道之精故曰物之質質者未散之朴也所官者在官陰陽遂群生

故曰物之殘、殘者朴散之器也黄帝以仁義攖天下之心、離披解散之氣徵於陰陽驗於三光符於草木著於人心皆其所致故不足以語至道。說出下段彫喪之世景象黯然字句新奇萬年不腐黄帝退捐天下築特室席白茅閒居三月復往邀之廣成子南首而臥、黄帝順下風膝行而進。再拜稽首而問曰。聞吾子達於至道敢問治身奈何而可以長久。問治身方知物之質者廣成子蹷然而起曰。善哉問乎。來吾語女至道、至道之精窈窈冥冥至道之極。昏昏默默。四語見至道本無形所謂伭之又伭衆妙之門是言道之體無視無聽。抱神以靜形將自正必靜必清無勞女形無搖女精乃可以長生目無所見耳無所聞心無所知女神將守形形乃長生。神爲形之主無視無聽所以抱神以靜也神靜則形自正矣形正則必靜必淸形不勞而精不搖長生之理豈有外焉此言入道之法○大道歌云神一出便收來神返身中氣自回如此朝朝幷暮暮自然赤子結靈胎蓋本於此

愼女內。握固其精神也 閉女外。關鍵其耳目也 多知爲敗。泯絕其思慮也

我爲女遂於大明之上矣至彼至陽之原也爲女入於窈冥之門矣至彼至陰之原也天地有官陰陽有藏愼守女身物將自壯。然道有陰陽不可不知也吾爲汝遂於大明之上矣則見至陽其赫赫乎而至彼至陽之原則赫赫發乎地吾爲汝入於窈冥之門矣則見至陰其肅肅乎而至彼至陰之原則肅肅發乎天故太極判而兩儀分則陰主靜陽主動而天地有官矣陰中有陽陽中有陰而陰陽有藏矣此卽坎離交媾之說然惟愼守汝身如愼內閉外等語則吾身之藥物將自壯矣○此言下手工夫

我守其一而處其和。二者先天一氣

也。和卽遊心于德之和也。故我脩身千二百歲矣，吾形未嘗衰。黃帝再拜稽首曰：廣成子之謂天矣。廣成子曰：來，余語汝。彼其物無窮，而人皆以爲終；彼其物無測，而人皆以爲極。得吾道者，上爲皇而下爲王；失吾道者，上見光而下爲土。此言正答所以長生之意。彼其物者，指道而言也。蓋道超形器而獨存，不受變滅，世人不知，以爲此生有涯，皆不知道者也。得道者爲皇爲王，以其神明之用不測也。失道者見光爲土，以其形不出於照臨覆載之間而已。今夫百昌皆生於土而反於土，故余將去汝，入無窮之門，以遊無極之野。吾與日月參光，吾與天地爲常。百昌，百物也。生土反土，以其形而已。故余將去汝入無窮，遊無極，與日月天地同爲不朽。曰門曰野，皆道之所在也。當我緡乎，遠我昏乎。人其盡死而我獨存乎。當我而來者吾不知其來，遠我而去者吾不知其去，人盡死而我獨存。三命總形容長生之意。○通段言治天下爲淺，治身爲質根。上貴愛其身句來，未有舍治身而能治天下者也。語語俱爲內丹之稱。讀此則諸道書無遺蘊矣。

雲將東遊，過扶搖之枝，而適遭鴻蒙。鴻蒙方將拊脾雀躍而遊。雲將見之，倘然止，贄然立。雲將，雲也。扶搖，風也。鴻蒙，氣也。倘然，自失之貌。贄然，拱立之貌。曰：叟何人邪？叟何爲此？鴻蒙拊脾雀躍不輟，對雲將曰：遊。雲將曰：朕願有聞也。鴻蒙仰而視雲將曰：吁。吁者，不然之詞。鴻蒙意以雲將多此一同也。雲將曰：天氣不和，地氣鬱結，六氣不調，四時不節。今我願合六氣之精，以育群生，爲之柰何？鴻蒙拊髀雀躍掉頭曰。吾弗知。吾弗知。雲將所問與黃帝問同。鴻蒙答以兩弗知。其義已畢。又何須再問乎。兩弗知與下何知俱與末各復其根而不知是通段結穴無二義也雲將不得問。

又三年。東遊過有宋之野。而適遭鴻蒙。雲將大喜。行趨而進曰。天忘朕邪。天忘朕邪。天稱鴻蒙之詞也再拜稽首。願聞於鴻蒙。鴻蒙曰。浮遊不知所求。猖狂不知所往。遊者鞅掌以觀無妄。朕又何知。此猶上吾弗知之義。弗知所以為真知也猖狂放佚貌。鞅掌者外煩而心逸。如庚桑楚所謂鞅掌之為使是也。遊即上文之遊言我之遊猶髀雀躍惟鞅掌以觀化舉目間皆真機自動而已此外無有知也

雲將曰。朕也自以為猖狂。而民隨予所往。朕也不得已於民。今則民之放也。願聞一言。言我亦知猖狂自便。但民隨予而歸之。其於民誠有

不得已也今旣爲民所放效矣願聞一言亦非得已也不得已三字應上不得已而臨涖天下句鴻蒙曰。亂天下之經逆物之情玄天弗成解獸之群而鳥皆夜鳴。災及草木禍及昆蟲意噫同治人之過也。此段與廣成子所答亦同言天地萬物之不得其所皆治人者擾擾以致之耳雲將曰然則吾奈何鴻蒙曰意毒哉僊僊乎歸矣。仙仙猶翩翩也毒害也言所以爲害者蓋此仙仙之心乎歸矣言不必更問便當歸去也暗暗有教其歸根反本之意雲將曰吾遇天難願聞一言鴻蒙曰意心養汝徒。絕句處無爲而物自化。墮爾形體吐爾聰明倫與物忘。大同乎涬溟。言以心養汝徒衆不必作爲以俟物之自化然以心養又不可以心爲之也故墮形體吐聰明倫類也與物相忘則不生分別之見大同乎涬溟者總歸於無氣之始無極之先也解心釋神莫然無魂。解其心之所係。釋其神之所拘。莫然者。坐忘之象。無魂。言如槁木死灰。全無動念也。此是處無爲之極者。萬物云云。各復其根。各復其根而不知。渾渾沌沌。終身不離。若彼知之。乃是離之。無問其名。無闚其情。物故自生。萬物云云以下。言物自化也。各復其根。是安其性命之情也。各復其根而不知。連安其性命。亦不知誰爲之者。渾渾沌沌二句。以不知故能復根也。若知此是復根。則此心又着於知。遂不在於根。故物本無名。何待於問。物本無情。何待於闚。物之自生。不可強也。雲將曰。天降朕以德。示朕以默。躬身求之。乃今也得。再拜稽首。起辭而行。通段言治天下者。以無爲爲之根。上萬物炊累句來。即應帝王篇所謂遊心於淡。合氣於漠。順物自然。而無容私之註脚也。柳子厚郭槖駝傳議論本此。世俗之人。皆喜人之同乎己。而惡人之異於己也。同於己而欲之異於己而不欲者以出乎衆爲心也夫以出乎衆爲心者曷常出乎衆哉因衆以寧所聞不如衆技衆矣而欲爲人之國者此攬乎三王之利而不見其患者也此以人之國僥倖也幾乎僥倖而不喪人之國乎其存人之國也無萬分之一其喪人之國也一不成而萬有餘喪矣悲夫有土者之不知也此段從上大同句生來見世俗之人不能大同輒思以己服人故有異同之見竟究不能勝人徒以人之國僥倖未有不喪人之國者此等人之議論有土者所不當存也○文情繚繞綽約饒有別致夫有土者有大物也有大物者不可以物物而不物故能物物明乎物物者之非物也豈獨治天下而已哉出

入六合。遊乎九州。獨往獨來。是謂獨有。獨有之人。是之謂至貴。此又根上出乎衆爲心不能出乎衆之意言有國者必有不爲物用處方能用物不爲物用乃自己有个大本領如下文所云者明乎此則不特治天下已也將提挈陰陽主宰造化出入六合而遊乎九州元神默運獨往獨來至無也而實至有也○舌

大人之教。若形之於影。聲之於響。有問而應之。盡其所懷。爲天下配。如轆轤轉折變化莫測其端處乎無響。行乎無方。挈汝適復之撓撓。以遊無端。出入無旁。與日無始。人人立教自處於虛因物順應處乎無響寂以待感也行乎無方因人變化也挈汝適携天下而適道也復來也之往也復之撓撓以遊無端其往來自如撓挑無極也出入無旁獨往獨來無所依傍也與日無始則無所窮極可知矣蓋大人之教挈天下而遊於大道之中如此頌論形軀。合乎大同。大同而無己。無

己惡乎得有有。觀有者昔之君子。觀無者天地之友。夫天人之獨有如此若頌論其形軀則又與衆無異也此所謂合乎大同也既曰大同無以有己焉能獨有其有哉故見有者爲三王之徒昔之君子也若見無者則非提挈陰陽主宰造化之人不能故曰天地之友也

賤而不可不任者物也。卑而不可不因者民也。匿而不可不爲者事也。麤而不可不陳者法也。遠而不可不居者義也。親而不可不廣者仁也。節而不可不積者禮也。中而不可不高者德也。一而不可不易者道也。神而不可不爲者天也。此言無爲中之有爲也楊子雲法言多學此句法

故聖人觀於天而不助。成於德而不累。出於道而不謀。會於仁而不恃。薄於義而不積。應於禮

而不諱，接於事而不辭，齊於法而不亂，恃於民而不輕，因於物而不去。此言有爲而仍歸於無爲也 物者莫足爲也，而不可不爲。不明於天者，不純於德，上二句見不得不爲下二句見不可不無爲項上二節生來道字 不通於道者，無自而可。不明於道者，悲夫。夫有爲無爲皆道也不通於道是不明於有爲無爲之故悲夫與上文悲夫有上句相應 何謂道？有天道，有人道。無爲而尊者，天道也；有爲而累者，人道也。主者天道也，臣者人道也。天道之與人道也，相去遠矣，不可不察也。承上指出道有天人從有爲無爲分別主爲本臣爲輔一人一事皆有不必作君臣看

天下之不治也，以有治天下者也，有治天下則不能無

爲不能無爲或使天下之爲樂爲苦皆性命之情所不受治術雖多徒滋亂耳何者以其攖人心也夫天下之爲苦爲樂而大喜大怒所從出也毗陽毗陰之故而四時寒暑皆失其常使天下囂然淫其性以遷其德始有善惡之行是自天下致之者而卒自天下受之故盜跖曾史之徒皆非治世所宜有也乃治天下者猶分其善惡而從事於賞罰焉其欲人之安乎性命亦已難矣况復重以聰明仁義禮樂聖知行於其間哉不知此八者之在天下固無益而有害也乃惑之而不解爲之而且

甚。此世俗之見固然。非所論於君子矣。君子者。以無爲安其性命者也。貴愛其身。所以寄託天下。於以觀物之自化焉。誠有見乎人心有不可攖者也。試徵之古帝王乎。古帝王之攖人心也。以仁義開其端。以是非分其際。以刑罰繼其後。其治天下也。卒以亂天下也。其效可觀矣。乃儒墨尚思所以救之。亦試問其致此者誰實爲之乎。絕聖棄知。老聃所謂天下治者。亦有見乎此矣。然非自天下而始也。廣成子之告黃帝也。曰愼身。壯物守處和。其所謂不族而雨。不黃而落。光之益荒。心之翦翦者所不計也以無爲自安其性命而不以攖夫心是貴愛其身之說矣然非自吾身而止也鴻蒙之告雲將也曰心養大同復根不知其所謂伭天弗成鳥皆夜鳴災及草木禍及昆蟲者皆無慮也以無爲安人之性命而不以攖夫人之心是萬物炊累之說矣君子之在宥天下如此豈世俗所能測哉夫世俗之言洽也斤斤於人己之間而介介於異同之辨惟求有以勝乎物究未有不爲物所勝者盖不知物物者必有不物於物者存所謂獨有也大人之教不然因物而應無或私焉雖獨有

也亦卒歸於覩無矣顧有無之間亦豈有二用者哉無
爲而有不得不爲斯爲之矣有爲而究不見其爲又若
未嘗爲之矣是道則然也惟道有天有人因而有王有
臣察乎此而知所尚必以無爲爲貴其於天下之治也
夫何有此篇以無爲二字作線言性命言人心皆見其
不得不無爲處末反覆辨論見無爲中之所爲不相妨
礙與一味幻空斷滅者不同參之論語無爲而治一章
主意無甚差別此莊叟實落經濟可與吾儒相通者也
文之段落變化頓挫聳秀議論奇横理窟精深筆底烟

霞胸中造化、非讀萬卷者、不敢仰視。

外篇天地第十二

天地雖大、其化均也。萬物雖多、其治一也。人卒雖衆、其主君也。君原於德、而成於天。故曰、玄古之君天下、無爲也。天德而已矣。天地萬物皆有自然之則、故化均而治一、治、謂主張綱維乎是者、人君之主萬民、猶天地之主萬物也。非德無以出治、非天無以成德、天者亦不過自然而已。依字根天字來、惟法天、故曰依無爲則合乎自然、所以爲天德。無兩層以道觀言、而天下之君正。以道觀分、而君臣之義明。以道觀能、而天下之官治。以道汎觀、而萬物之應備。從德字而生出道字來、言天德即道也、然道不能不散、而爲器、故以道觀言則稱謂定、而人君之名正矣。以道觀分

則上下位而事使之義明矣以道觀能則大小畢職而天下之官治矣以道汎觀則無獨有對而天下之應備矣凡此皆從道之自然流出非添設也

故通於天地者德也。行於萬物者道也。上治人者事也。能有所藝者技也。

四句總承上道德二字而分別言之德者性命之正故通於天地道者當然之理故行乎萬物由道而行之為上之所以治人者則事也人之所以成能者則技也此中自有形上形下為精為粗之別矣

技兼於事事兼於義義兼於德德兼於道道兼於天。

五句又承上分別之言而合言之見道器原無上下精粗也技為事之所必資事為義之所必行義為德之所必施德為道之所必具道為天之所必合兼者合而一之謂

故曰。古之畜天下者無欲而天下足。無為而萬物化。淵靜而百姓定。記曰。通於一而萬事畢。無心得而鬼神服。

結上無為法大之意一者道而已矣

無心得、無心於必得也。鬼神猶服、而況人乎。

夫子曰、夫道覆載萬物者也。洋洋乎大哉。君子不可以不刳心焉。刳心去其私、以入於自然也。用字新闢。無爲爲之之謂天。無爲言之之謂德。愛人利物之謂仁。不同同之之謂大。行不崖異之謂寬。有萬不同之謂富。故執德之謂紀。德成之謂立。循於道之謂備。不以物挫志之謂完。君子明於此十者、則韜乎其事心之大也。沛乎其爲萬物逝也。明此十德、天下無遺理。故藏乎心者大、而不窮、爲萬物所歸往也。在內在外、無不宜矣。若然者、藏金於山、藏珠於淵。不利貨財、不近富貴。不樂壽、不哀夭。不榮通、不醜窮。不拘一世之利以爲己私分不以王天下爲己處顯顯則明萬物一府死生同狀言君子既備此德則內重而外自見其輕矣顯則明三字應從范氏連下文讀言當其顯時則知萬物一府死生同狀也於義頗優諸解附會

夫子曰夫道淵乎其居也漻乎其清也金石不得無以鳴故金石有聲不考不鳴萬物孰能定之淵乎一句亦從金石上看出喻其寂也金石不得一句喻其感也金石有聲喻感而應不感而不先應也萬物孰能定喻應感無方也

夫王德之人素逝而恥通於事立之本原而知通於神故其德廣其心之出有物採之故形非道不生生非德不明存形窮生立德明道非王德者邪蕩蕩乎忽然出勃然動而萬物

從之乎。此謂王德之人。王德之人任素而往非好通於事也第立其本然之體因有清明在躬志氣如神之用是其爲德已廣矣然猶未肯輕於應物也其心之或出而應物者由有物採之非先物而唱也何也蓋以吾之形非道不能生吾之生非德不能明惟有存其形窮其生立其德明其道以成王德之人而已乃無心而出無心而動而物自從焉非有强於物也此王德之人有如此也

視乎冥冥。聽乎無聲。冥冥之中。獨見曉焉。無聲之中。獨聞和焉。故深之又深而能物焉。神之又神而能精焉。故其與萬物接也。至無而供其求。時騁而要其宿。大小長短修遠。然所以立其本原而知通於神者何也蓋本無形無聲無可視聽也但不可視之中有可獨見不可聽之中有可獨聞故雖深而莫測而物物皆能順應雖神而無方而處處發見精光其接於物也若無所有而採取皆能供其求不時騁出而左右皆能逢其原大小長短修遠無

所不宜也○精鑿之謂不可多得

黃帝遊乎赤水之北。登乎崑崙之丘。而南望。還歸。遺其玄珠。赤水極南崑崙四海之中最高又曰南望還歸則趨高好明不知止之喻所以失其玄珠也玄者幽深莫測不可色象之名珠者體圓而光轉動不滯深藏淵海之寶釋氏謂黍米以擬此性靈也使知索之而不得。使離朱索之而不得。使喫詬索之而不得也。乃使象罔。象罔得之。黃帝曰。異哉象罔。乃可以得之乎。知思惟也離朱見也喫詬言也三者皆是以蔽真性故愈求愈遠象則非無罔則非有非有非無不皦不昧此玄珠之所以得也知明言皆曰索而象罔不言索以其無待於索也

堯之師曰許由。許由之師曰齧缺。齧缺之師曰王倪。王倪

絯公才反

之師曰被衣。堯問於許由曰。齧缺可以配天乎。（配天、爲天子也）吾藉王倪以要之。許由曰。殆哉圾乎天下。（圾、岌同、言爲天下危也）齧缺之爲人也。聰明叡知。給數以敏。其性過人。（給、供應。數、頻亡。敏捷也。其性過人、承上二句而言也）而又乃以人受天。（謂用知以求復其初也）彼審乎禁過。而不知過之所由生。（彼審乎用知以禁過、而不知過之所生、即在於用知也。此缺之爲人如此）與之配天乎。（頓仰擲地作聲）彼且乘人而無天。（乘其有爲之迹、以臨民、使人失其自然之性）方且本身而異形。（肝膽楚越也）方且尊知而火馳。（機謀發逆也）方且爲緒使。（役於事也）方且爲物絯。（礙於物也）方且四顧而物應。（物未能忘我也）方且應衆宜。（我未能忘物）方且與物化而未始有恒。（與物化、則逐物）

率。色類反。

女音汝

而遷未始有恒則失其本然之我也。聲何參差歷亂如疾風捲轢天花飛落令讀者心目俱眩與九方歅相摑一段同機調

夫何足以配天乎。雖然有族有祖。言族衆者必尊於祖可以爲衆父而不可以爲衆父父。衆父父祖也老子云無名天地之始有名萬物之母始即祖也母即父也言缺置之有無名相之中其才亦可以首出然而去道遠矣治亂之率也。北面之禍也。南面之賊也。以有爲治天下適所以亂之爲君爲臣俱不免於禍害而已此言用知者不足以治天下也。段中轉換不窮抑而又揚揚而有抑變化之法盡於此矣

堯觀乎華。華封人曰。嘻。聖人。請祝聖人。使聖人壽。堯曰。辭。使聖人富。堯曰。辭。使聖人多男子。堯曰。辭。封人曰。壽富多男子。人之所欲也。女獨不欲何邪。堯曰。多男子則多懼。富

鷇口豆反

則多事。壽則多辱。是三者非所以養德也。故辭。封人曰。始也我以女為聖人邪。今然君子也。天生萬民。必授之職。多男子而授之職。則何懼之有。富而使人分之。則何事之有。夫聖人鶉居而鷇食。鳥行而無彰。鶉不擇居。鷇仰母哺。鳥行虛空。過而無迹。皆無心自然之意。天下有道。則與物皆昌。天下無道。則修德就閒。千歲厭世。去而上僊。乘彼白雲。至於帝鄉。三患莫至。三患。病老死也。或解水火風三災。恐未必然。身常無殃。俱用叶韻語韻絕。則何辱之有。封人去之。堯隨之曰。請問。封人曰。退已。封人教堯處三物之中。而能脫然無累者。此段義無着落。其詞頗近時趨。疑非莊叟真筆也。

堯治天下，伯成子高立爲諸侯。堯授舜，舜授禹，伯成子高辭爲諸侯而耕。禹往見之，則耕在野。禹趨就下風，立而問焉，曰：昔堯治天下，吾子立爲諸侯。堯授舜，舜授予，而吾子辭爲諸侯而耕。敢問其故何也？子高曰：昔堯治天下，不賞而民勸，不罰而民畏。今子賞罰而民且不仁，德自此衰，刑自此立，後世之亂自此始矣。夫子闔行邪？無落吾事。俋俋乎耕而不顧。莊之所以稱者，以其奇宕之氣，雋永之理，千古常新，愈熟愈妙也。如此淺率直遂，其何以爲莊乎？噫，好事者爲之也。

●

泰初有無，無無有無名。泰初，造化之始。初也，無無者，連無之字亦無處安着也。無名者，即老子所謂無名天地之始也　一之所起。無中生有也。有一而未形雖有必本之於無也物得以生謂之德。此箇未形之理、物不得不可以爲生。德之爲言得也。故曰德。未形者有分且然無間謂之命。至於未形者有分、陰陽闔闢、往來不分、且然無間、是則天之所以爲命也。詩云惟天之命、於穆不已同此。留動而生物。造化之道、動則鼓萬物之出機、物者動之留寓而成質者也物成生理謂之形。物既生矣而造化之生理隨物而各止、如動植胎卵巨細之不同、要皆一成而不可易形體保神各有儀則謂之性。有形矣必有形形者以主之、則神也。形體而保守其神、使視聽言動莫不有自然之儀則謂之性。以上言天道、從內而之外有如此性脩反德德至同於初。故修性者、貴反於德。德者、卽物得以生者也。德之至、則同於初。初、卽泰初之初。無無無名者也同、乃虛。虛乃大。同乃虛者、神返於虛也。虛乃大、言虛則無所不容、無所不納也。修性而同於初

縣音玄 寓音宇

其至德如此

合喙鳴，喙鳴合，與天地爲合。然有心於同，終非無無之德，必付之自然。如鳥之合喙而鳴、喙鳴而合，不知所以然而然，乃與天地合德。其合緡緡武巾反，若愚若昏，是謂玄德，同乎大順。其與天地合者，緡緡然若愚若昏，如此則謂之依德而同於大順矣。大順者，順其自然而不以己私與之也。○已上言人之道由外而入內也。

夫子問於老聃曰：有人治道若相放上声，可不可，然不然。辯者有言曰：離堅白，若縣寓。相放，效法成規也。可不可四句，作一氣讀，言於治道之中，有可與不可，有然與不然，辨別明白，卽如今日辯者之言，有云離堅白若縣寓者，蓋言之析義之精也。離析堅白而懸之宇宙，明之至也。此當時辯士之成語，諸解失之。若是則可謂聖人乎？老聃曰：是胥易技係，勞形怵心者也。執留之狗成思，猨狙之便自山林來。

成思被繫而愁思也自山林來為人所捕而出山林也喻勞心怵形不能自適其適之意餘見內篇丘予告若而所不能聞與而所不能言若此而汝也凡有首有趾無心無耳者衆有形者與無形無狀而皆存者盡無有首有趾具體而人也無心無耳無知無聞也衆多也無形無狀道也盡無無一見也此言踐形者之難也○練句新異驚人其動止也其死生也其廢起也此又非其所以也言有形者皆非所獨得也有治在人忘乎物忘乎天其名為忘己忘己之人是之謂入於天有自治者在人當因之而已忘乎物又忘乎物所從出之天則忘之至矣此所謂忘己也入于天者無我無人渾然與天為一也

將閭葂（音免）見季徹曰魯君謂葂也曰請受教辭不獲命卽已

告矣。未知中否。請嘗薦之。嘗薦、試陳也。吾謂魯君曰、必服恭儉、拔出公忠之屬、而無阿私、民孰敢不輯。季徹局局然笑曰、局局、笑不出聲貌。若夫子之言於帝王之德、猶螳螂之怒臂以當車軼、則必不勝任矣。且若是、則其自爲處危、其觀臺多物、將往投迹者衆。帝王之德、貴無爲而賤有爲、以若所爲、猶人之高其觀臺、多其景物、以示於人、人皆悅之、往之投迹者衆矣。此驩虞之習、非皥皥之風也。將閭葂覤覤、虩虩同。然驚曰、葂也汒若於夫子之所言矣。雖然、願先生之言其風也。閭葂以民歸乃治之善者、反爲不勝任、故驚而問也。季徹曰、大聖之治天下也、搖蕩民心、使之成教易俗、舉滅其賊心、而皆進其獨志。搖蕩、若披拂也。賊心、知巧之害心者。獨志、

見獨之志也　若性之自爲也若順　而民不知其所由然。若然者。豈兄堯舜之教民。溟涬然弟之哉兄者讓之也弟者後之也溟涬惛然之意。兄弟二字奇創至此　欲同乎德而心居矣將使民心之所欲同於德而心安之矣

子貢南遊於楚。反於晉。過漢陰。見一丈人方將爲圃畦。鑿隧而入井。抱甕而出灌。搰（苦骨反）搰然用力甚多。而見功寡。子貢曰。有械於此。一日浸百畦。用力甚寡。而見功多。夫子不欲乎。爲圃者卬（仰同）而視之曰。柰何。曰。鑿木爲機。後重前輕。挈水若抽。數如泆（音溢）湯。其名爲槔。爲圃者忿然作色而笑曰。吾聞之吾師。有機械者必有機事。有機事者必有機心。機心存

乏廢也

於胸中則純白不備、純白不備則神生不定、神生不定者、道之所不載也機心存則方寸擾雜而不純、由不純故不白也、不純不白則日見轇轕、則神之生也不定、神不定者則不可以居道矣吾非不知、羞而不為也。子貢瞞然慚俯而不對。有間為圃者曰。子奚為者邪。曰。孔丘之徒也。為圃者曰。子非夫博學以擬聖、於于以蓋衆於于夸誕貌、蓋壓也獨弦哀歌。言倡而無和也以賣名聲於天下者乎。汝方將忘汝神氣、墮汝形骸。而庶幾乎。是欲其泯機心而不用也、庶幾近道也而身之不能治。而何暇治天下乎。子往矣。無乏吾事。子貢卑陬失色、頊頊然不自得。行三十里而後愈。其弟子曰。向之人何為者邪。夫子何故見之變容失色終日不自反邪曰始吾以爲天下一人耳不知復有夫人也吾聞之夫子事求可功求成用力少見功多者聖人之道（正其義不謀其利明其道不計其功此聖人之教也若求可求成則何所不爲乎豈夫子而爲此言）今徒不然執道者德全德全者形全形全者神全神全者聖人之道也託生與民並行而不知其所之汒乎淳備哉功利機巧必忘夫人之心若夫人者非其志不之非其心不爲雖以天下譽之得其所謂謷然不顧以天下非之失其所謂儻然不受天下之非譽無益損焉是謂全德之人哉我之謂風波之民（風波言易動也）反於魯以告

孔子。孔子曰。彼假脩渾沌氏之術者也。識其一。不知其二。治其内。而不治其外。夫明白入素。無爲復朴。體性抱神。以遊世俗之間者。汝將固驚耶。上面子貢既備極贊揚。知其爲全德之人。本無疑惑。固驚之說胡爲乎來哉。且渾沌氏之術。予與汝何足以識之哉。此段言去其機心。方能入道。借爲圃畦。發出許多議論。大類漁父篇意。其文絕無停蓄蘊藉。中間又有紕繆之語。此爲後人竄入無疑也。惟善讀莊文者知之。

諄芒將東之大壑。適遇苑風於東海之濱。苑風曰。子將奚之。曰。將之大壑。曰。奚爲焉。曰。夫大壑之爲物也。注焉而不滿。酌焉而不竭。吾將遊焉。苑風曰。夫子無意于横目之民乎。〔橫目言人也。人之目橫生於面。用字奇極〕願聞聖治。諄芒曰。聖治乎。官施而不失其宜。〔官無曠職也〕拔舉而不失其能。〔野無伏賢也〕畢見其情事。而行其所爲。〔紓其情實而無滓行也〕行言自爲而天下化。〔所行所言自爲而已〕〔乃不爲人而人自化也〕手撓顧指。四方之民。莫不俱至。〔惟動不應後至也〕此之謂聖治。願聞德人。曰。德人者。居無思。行無慮。〔動靜無心也〕不藏是非美惡。〔即所謂不思善不思惡者〕四海之內。共利之之謂悅。共給之之謂安。〔公其利安於天下不知有其身〕〔音超〕怊乎若嬰兒之失其母也。儻乎若行而失其道也。〔其心不知其所歸也〕財用有餘而不知其所自來。飲食取足而不知其所從。〔其心不知其所求也〕此謂德人之容。願聞神人。曰。上神乘光。與形滅亡。此謂照曠。上神者神主升而日月之光反乘於下也與形滅亡雖有身實無身也照曠照徹空曠無復形有也致命盡情。天地樂而萬事銷亡。萬物復情。此之謂混冥。命者天之所賦情者性之所發致推致也盡絕也天地樂言胸次與天地為一即天地之樂也是以事泯其迹物復其情混冥昏昏默默至道之極也照曠極其明混冥極其幽合之而神人見矣。聖治修政也德人修德也神人率性忘修也三者深淺之不同也

門無鬼與赤張滿稽觀於武王之師。赤張滿稽曰。不及有虞氏乎。故離此患也。門無鬼曰。天下均治而有虞氏治之邪。其亂而後治之與。一問便已道破筆極透脫赤張滿稽曰。天下均治之為願。而何計以有虞氏為。有虞氏之藥瘍也。藥瘍猶言治病也不

必深解

禿而施髢（音剃）病而求醫孝子操藥以修慈父其色燋然。聖人羞之。修治也言孝子以藥治父之病是不能使其父無病也故爲聖人所羞以爲亂而後治之喻

至德之世。不尚賢不使能。上如標枝民如野鹿。端正而不知以爲義相愛而不知以爲仁實而不知以爲忠當而不知以爲信蠢動而相使不以爲賜是故行而無迹事而無傳。寫出一段太古風氣語語與有虞對針言惟無亂所以無治也○行而無迹事而無傳八字破盡千古大惑論古者不可不知若摭拾荒唐之說如羅長源之路史眞可以無有也

孝子不諛其親忠臣不諂其君臣子之盛也。親之所言而然所行而善則世俗謂之不肖子君之所言而然所行而善則世俗謂之不肖臣。

而未知此其必然邪。世俗之所謂然而然之，所謂善而善之，則不謂之道諛之人也。然則俗故嚴於親而尊於君邪。

夫有虞之謂，猶不過因世俗之所然所善而苟從之，以取媚於人耳。乃今人之尊有虞者，亦無獨見於胸中，與衆人同是非焉。何其愚且惑也。獨不見臣子之諂諛人皆以爲非，此其必然也，乃至於世俗則不然，豈於君親尤爲勝乎。

謂己道人則勃然作色，謂己諛人則怫然作色，而終身道人也，終身諛人也。合譬飾辭聚衆也。是終始本末不相坐。垂衣裳，設采色，動容貌，以媚一世，而不自謂道諛，與夫人之爲徒，通是非而不自謂衆人，愚之至也。人不肯受導諛之名，而所爲乃終身導諛，故惟合譬飾辭，以合於衆，而不知其理之終始本末有不相安也。以彼有虞氏之垂衣裳設采色動容貌

楊一作揚。荂況于反

以媚一世乃不自以爲諂諛與夫尊有虞氏者隨衆以爲是非而不自謂同於衆人乃愚之至也　知其愚者非大愚也知其惑者非大惑也大惑者終身不解大愚者終身不靈三人行而一人惑所適者猶可致也惑者少也二人惑則勞而不至惑者勝也而今也以天下惑予雖有祈嚮不可得也不亦悲乎然而不自知其愚其惑何也蓋以其惑之者衆也以行路言之惑者多則勞而不至今欲以一人之祈嚮而勝天下其將能乎祈嚮欲向也　大聲不入於里耳折揚皇荂則嗑（音呷）然而笑折楊皇荂里巷之俗音也○三家村中俗子一聆俗音便以手拊髀作敲板聲自稱解事者流其一段可賤可羞醜狀一筆寫出豈當日莊叟亦會見此輩乎何此輩之多也　是故高言不止於衆人之心至言不出俗言勝也以二缶鐘

惑。而所適不得矣。二缶鐘只如字解鐘平音也缶土缶俗音也以二缶惑二鐘則無以自適矣與上大聲不入數語相顧有情郭訓垂踵何說而今也以天下惑。予雖有祈嚮。其庸可得邪。知其不可得也而強之。又一惑也。故莫若釋之而不推。不推誰其比憂。釋舍也推推求也誰其比憂言無相與憂也數語又深一層見其俗見如此推求無益徒自增其憂耳

厲之人夜半生子。遽取火而視之。汲汲然唯恐其似己也。厲醜也厲人自知如此而大愚大惑者反不知之意在言表。忽着此數語如斷如續無限烟波百年之木。破為犧樽。青黃而文之。其斷在溝中。比犧樽於溝中之斷。則美惡有間矣。其於失性一也。跖與曾史。行義有間矣。

鷸聿必反

然其失性均也。夫有爲之治所以不及至德之世者以其失民之性也犧樽與溝中之斷跖與曾史均爲失性無有異焉則求治者所以亂之也　且夫失性有五。一曰。五色亂目使目不明。二曰。五聲亂耳。使耳不聽。三曰五臭薰鼻困惾子公反中顙。困惾衝逆也　四曰。五味濁口。使口厲爽。厲乖戾爽失也　五曰。趣舍滑心。使性飛揚。滑汨亂也　此五者皆生之害也。而楊墨乃始離跂。自以爲得非吾所謂得也。夫得者困可以爲得乎。則鳩鴞之在於籠也亦可以爲得矣。夫失性之由不一端也有色聲臭味與夫趣舍滑心皆爲有生之害彼楊墨曾不講於復性之學而趣舍滑心自以爲得自吾觀之直困而已鳩鴞之在樊籠而自以爲得有是理乎　且夫趣舍聲色以柴其內。柴梗礙也以趣舍芥帶胸中也　皮弁鷸冠

纆音墨

搢笏紳修以約其外内支盈於柴柵支塞盈滿也外重纆繳睆音玩睆然在纆繳之中而自以爲得睆睆目視貌則是罪人交臂歷指而虎豹在於囊檻亦可以爲得矣上段只言内此段又自内并及於外也門無鬼全段或以孝子不諛以下係莊叟雜著但細玩垂衣裳設采色動容貌等語自應照舜身上說段中若合若離不可以尋常筆墨窺之也

無爲者天德也所謂道也君天下者之所爲莫不由是出焉故就道而推其所爲則有歷見其分就所爲而返之於道則又遞見其合此無爲而稱治古之人有行之者著之前訓不可誣也夫言道者豈必有所取又有所

棄哉。顧明乎內者重。則視乎外者自輕。道之所以貴剗
心也。抑言道者。豈必有謀於此。兼有期於彼哉。顧存乎
內者深。則應乎外者自廣。道之所以歸王德也。究之爲
內爲外。無二道也。象罔之玄珠。內而聖者。以無爲得之。
故易齧缺之配天。外而王者。以有爲處之。故難華封人
之祝堯。以在己者有爲而仍歸於無爲。故壽富男無妨
養德。伯成子高之告禹。以在民者無爲而漸及於有爲。
故賞罰適以長亂。誠以無爲者天。而有爲者人也。無爲
者天。乃以泰初無無無之始。物得以生。所謂天而之人也。

此必然之勢也有爲者人乃以性脩反德之後同於大順所謂人而之天也此又不可不然之理也則治人者知所處矣老聃曰有治在人忘乎物忘乎天其所云治道相放離堅白若縣寓者無庸也季徹曰若性之自爲而民不知其所由然其所云必服恭儉拔公忠而無阿私者無庸也則自治者知所處矣有德全有形全有神全識其一不識其二治其內不治其外漢陰丈人所以勞於圃畦也有聖治有德人有神人注焉而不滿酌焉而不竭諄芒所以取乎大壑也是皆不貴人而貴天之

義也。不然。亂而後治。有虞氏之藥瘍。總不足稱為至德之世。以其失性者。不可以為得也。顧以世俗然。而善之。豈知天德之本於無為者哉。篇中重發無為之旨。以天字作眼。曰成於天。曰兼於天。曰以人受天。曰乘人無天。曰與天地為合。曰入於天。蓋言無為者。天人能合天則聖德聖治之極則也。陸方壺云。頭緒各別。不可串為一章。是有故焉。余細玩其中。如華封人。伯成子高。漢陰丈人數段。結搆雖工。咀嚼無復餘味。疑為好事者竄入。然非寢食於莊。亦不能辨也。

外篇天道第十三

天道運而無所積故萬物成帝道運而無所積故天下歸聖道運而無所積故海内服明於天通於聖六通四辟於帝王之德者其自爲也昧然無不靜者矣六通四辟明之至也有運者必有所以運之者其極則靜然昧者混溟之義明以暗爲基故其自爲也昧然昧則無不靜者矣（闢同）聖人之靜也非曰靜也善故靜也萬物無足以鐃心者故靜也善字與内篇滿志善刀善字一樣解言養之以待時而動也鐃撓同。連疊數靜字取致絶佳水靜則明燭鬚眉平中準大匠取法焉水靜猶明而況精神聖人之心靜乎天地之鑒也萬物之鏡也天地萬物皆準於心是定能生慧言靜所以爲明之本也夫虛靜恬淡。寂寞無爲者。天地之平。而道德之至。故帝王聖人休焉。虛靜恬淡寂寞無爲此靜之意義也天地取準故曰天地之平休止也此言天地不言萬物靜之時原未有物也休則虛。虛則實。實者倫矣。虛則靜。靜則動。動則得矣。靜則無爲。無爲也則任事者責矣。無爲則俞俞。俞俞者。憂患不能處。年壽長矣。虛無也無中生有故曰實有而條理昭然故曰倫靜中之動方免失當故曰得無爲而人各效其所爲故曰任事者責俞俞猶愉愉也伏下和字樂字上言動本於靜此又言靜而能動也夫虛靜恬淡寂漠無爲者。萬物之本也。此又言萬物者就靜而能應之時言之也明此以南鄉。堯之爲君也。明此以北面。舜之爲臣也。以此處上。帝王天子之德也。以此處下。玄聖素王之道也。以此退居而閒游江海山林之士服。以此進爲而撫世。則功大名顯而天下一也。此言隨所應而皆得也　靜而聖。動而王。無爲也而尊。樸素而天下莫能與之爭美。夫明白於天地之德者。此之謂大本大宗與天和者也。所以均調天下。與人和者也。與人和者謂之人樂。與天和者謂之天樂。莊子曰。吾師乎。吾師乎。𩐋萬物而不爲戾。澤及萬世而不爲仁。長於上古而不爲壽。覆載天地刻雕衆形而不爲巧。此之謂天樂。天地以無爲爲德。故得其本宗。則與天爲徒。順天所以應人。則與人爲徒。和則不相戾而樂自生矣。人樂本於天樂。不過一無爲自然而已。故引平日所言以証天樂。　故曰。知天樂者。其生也天祟音遂。与崇殊。

行。其死也物化。靜而與陰同德。動而與陽同波。此言知天樂者即能合乎天之所爲也　故知天樂者無天怨。無人非。無物累。無鬼責。此言知天樂者無所往而不遂其樂也　故曰。其動也天。其靜也地。一心定而王天下。承上同德同波來生下推於天地句　其鬼不祟。其魂不疲。一心定而萬物服。其鬼不祟承無鬼責其神不疲承無物累生下通於萬物句　言以虛靜推於天地。通於萬物。此之謂天樂。天樂者。聖人之心以畜天下也。收一句結上而起下　夫帝王之德。以天地爲宗。以道德爲主。以無爲爲常。三句本一理當作一串讀應上無爲者天地之平而道德之至句若有分別便生障礙矣　無爲也則用天下而有餘。有爲也則爲天下用而不足。故古之人貴

獻當作齋

夫無爲也。上無爲也。下亦無爲也。是下與上同德。下與上同德則不臣。下有爲也。上亦有爲也。是上與下同道。上與下同道則不主。上必無爲而用天下。下必有爲爲天下用。此不易之道也。此又從無爲中翻出有爲來見無爲之理不落虛空廢事之意正與上面靜能生動之旨相應林獻齋云上面既言舜之爲臣則爲臣亦當無爲但前以心言此以分言故有不同不知上下主臣四字拘泥不得孟子言堯使舜敷治舜又使益掌火使禹疏河亦何嘗自爲乎是迺爲君臣各有上下不可不知宓子賤任人巫馬期任力亦優劣見矣故古之王天下者。知雖落天地不自慮也。辨雖彫萬物不自說也。能雖窮海內不自爲也。天不產而萬物化。地不長而萬物育。帝王無爲而天下功。故曰莫神於天莫富於地莫大於帝王故曰帝王之德配天地此乘天地馳萬物而用人羣之道也此承上言帝王之無爲蓋由其不自用也用人羣三字是其所以無爲處所以配天地處本在於上末在於下要在於主詳在於臣三軍五兵之運德之末也賞罰利害五刑之辟教之末也禮法度數刑名比詳治之末也鐘鼓之音羽毛之容樂之末也哭泣衰絰隆殺之服哀之末也此五末者精神之運心術之動然後從之者也末學者古人有之而非所以先也此言有爲之事雖不可廢然必以無爲者主之於先也君先而臣從父先而子從兄先而弟從長先而少從男先而女從夫先而婦從夫

尊卑先後，天地之行也，故聖人取象焉。天尊地卑，神明之位也；春夏先，秋冬後，四時之序也；萬物化作，萌區有狀，盛衰之殺，變化之流也。夫天地至神，而有尊卑先後之序，而況人道乎！宗廟尚親，朝廷尚尊，鄉黨尚齒，行事尚賢，大道之序也。語道而非其序者，非其道也；語道而非其道者，安取道！又自先字從字遂下意來言有先有從無非所做而爲之也蓋天地之定理在爲四時變化亦天地之所運也尊親齒賢言人道之原皆本於自然也是故古之明大道者，先明天而道德次之，道德已明而仁義次之，仁義已明而分守次之，分守官守也分守已明而形名次之，形以成之名以命之形名已明而因任次之〔因材任使也〕因任已明而原省次之〔原省省試也所以別人官之能也〕原省已明而是非次之是非已明而賞罰次之賞罰已明而愚知處宜貴賤履位仁賢不肖襲情必分其能必由其名以此事上以此畜下以此治物以此修身知謀不用必歸其天此之謂太平治之至也故書曰有形有名形名者古人有之而非所以先也〔襲如下襲水土之襲情實也必分其能而不敢自惜其力也必由其名而不敢不責其實也知謀不用而歸之於天仍歸無爲之意此歷言有爲之則皆有次序正申明非所以先之意〕古之語大道者五變而形名可舉九變而賞罰可言也驟而語形名不知其本也驟而語賞罰不知其始也倒道

而言迂道而說者人之所治也安能治人驟而語形名賞罰此有知治之具非知治之道可用於天下不足以用於天下此之謂辯士一曲之人也禮法數度形名比詳古人有之此下之所以事上非上之所以畜下也（此言大道有序驟及於末務皆非所以治人也）昔者舜問於堯曰天王之用心何如堯曰吾不敖無告不廢窮民苦死者嘉孺子而哀婦人此吾所以用心已舜曰美則美也而未大也堯曰然則何如舜曰天德而出寧日月照而四時行若晝夜之有經雲行而雨施矣（天德而出寧言與天合德則雖出而靜也無心於物而物自成天道運而無所積也）堯曰然則膠膠

攖攖乎（膠滯攖亂也堯言聞舜之言則自見其用心滯且亂矣）子天之合也我人之合也夫天地者古之所大也而黃帝堯舜之所共美也故古之王天下者奚爲哉天地而已矣（收言堯舜之治以天合爲貴則王天下者必以天地爲歸天地所以無爲也○文非莊叟手筆）

孔子西藏書於周室子路謀曰由聞周之徵藏史有老聃者免而歸居（徵藏周之藏名免免其官也）夫子欲藏書則試往因焉孔子曰善往見老聃而老聃不許於是繙十二經以說老聃（繙反覆經旨）中其說曰大謾（謾汗謾也）願聞其要孔子曰要在仁義老聃曰請問仁義人之性邪孔子曰然君子不仁則不成

偈居謁反

不義則不生。仁義眞人之性也。又將奚爲矣。老聃曰。請問何謂仁義。孔子曰。中心物愷。兼愛無私。此仁義之情也。老聃曰。意幾乎後言。夫兼愛不亦迂乎。意歎詞。後言失言也。迂言去道遠也。無私焉乃私也。有意於無私即所以爲私。○二語精刻不磨。夫子若欲使天下無失其牧乎。則天地固有常矣。日月固有明矣。星辰固有列矣。禽獸固有群矣。樹木固有立矣。夫子亦放德而行。循道而趨。已至矣。又何偈偈乎揭仁義。若擊鼓而求亡子焉。意。夫子亂人之性也。天地萬物各有固然。順之而已足矣。若行仁義於其間。適所以亂之也。士成綺見老子而問曰。吾聞夫子聖人也。吾固不辭遠道積子賜反。

刺音賜。作刾非。

而求願見百舍重趼而不敢息。重趼，足有厚皮。不敢息，求見之心切，跋涉之苦忘也。今吾觀子非聖人也。鼠壤有餘蔬而棄妹不仁也。生熟不盡於前而積歛無崖。棄妹，諸解俱未妥。大約以食有餘而棄其妹，於不養不能親親，故爲不仁。生熟不盡於前，則與者可以無取。乃積歛而不知止，是均可譏也。老子漠然不應。士成綺明日復見曰：昔者吾有刺於子，今吾心正卻矣，何故也。正卻，猶退聽也。何故，仍問昔者之所問也。老子曰：夫巧知神聖之人，吾自以爲脫焉。應上非聖人也。脫焉，猶脫去也。昔者子呼我牛也而謂之牛，呼我馬也而謂之馬。苟有其實，人與之名而弗受，再受其殃。吾服也恒服，吾非以服有服。服，服從也。吾之服從人，乃是平日常常如此，非有心以服之也。○此段言而洨同。頯[illegible]鼻。闞火斬反。

入道之人，是非因人，不以己與之也。士成綺鴈行避影，側身而行也。履行遂進，躡步而前也。而問脩身若何。老子曰。而容崖然，崖崖異也。而目衝焉，衝衝突目而視也。而顙頯然，頯廣大貌。而口闞然，闞欲言貌。而狀義然。義自許貌。似繫馬而止也。身雖係而心坐馳，所謂心猿意馬者。動而持，動則矜持而作狀也。發也機，發如機括，期於中的也。察而審，伺察而詐審之也。知巧而覩於泰。自恃其才能，而驕慢之氣可覩也。凡以爲不信。邊竟有人焉。境同。其名爲竊。凡此者皆以爲不信矣。不信猶無實也。如邊境之間，各有封守，好詐者每伺隙乘便以爲功。故敵國以盜竊目之。不信之人，厚自矜飾，欲以揚己掩物，是亦盜竊而已。此段言機警之人不可與入道。狀得肖，罵得狠，奇文至文。

夫子曰。夫道於大不終，於小不遺。故萬物備。廣廣乎其無

棅音柄

不容也淵乎其不可測也形德仁義神之末也非至人孰能定之夫至人有世不亦大乎而不足以爲之累天下奮棅而不與之偕審乎無假而不與利遷極物之眞能守其本小大指物言不終不遺所以備也道於冲然無朕之中而能包羅萬象形德仁義不遺神之末耳然非至人不能定其爲末也盖至人存神之至撫世而不累其心操柄而不與其心盖知其有假有眞也故能守其本本對末而言故外天地遺萬物而神未嘗有所困也通乎道合乎德退仁義賓禮樂至人之心有所定矣困字根上累字借字遷字來外天地遺萬物所以能備天地萬物也通而合焉退而賓焉此謂知本故心有所定也世之所貴道者書也書不過語語有貴也語之所貴者意也意有所隨意之所

斲陟角反

隨者不可以言傳也而世因貴言傳書世雖貴之哉猶不足貴也爲其貴非其貴也（此言道不可以言傳而世乃於書中求之皆以鶩於其末也）故視而可見者形與色也聽而可聞者名與聲也悲夫世人以形色名聲爲足以得彼之情夫形色名聲果不足以得彼之情則知者不言言者不知而世豈識之哉（彼即不可以言傳者也情實也世人役役而求眞屬隔靴搔癢耳）

桓公讀書於堂上輪扁斲輪於堂下釋椎鑿而上問桓公曰敢問公之所讀爲何言邪公曰聖人之言也曰聖人在乎公曰已死矣曰然則君之所讀者古人之糟魄已夫桓

公曰寡人讀書輪人安得議乎。有說則可無說則死。此等語氣自然是不會讀書之人輪扁曰臣也以臣之事觀之斲輪徐則甘而不固疾則苦而不入。疾徐指輪笋而言徐寬疾緊也寬則甘滑易入而不堅緊則苦澁堅持而難入不徐不疾得之於手而應於心此方是不可傳處口不能言有數存焉於其間。有數存乎其間即道家所謂箇中之說此數字虧他偏說得出豈非驚人之語臣不能以喩臣之子臣之子亦不能受之於臣是以行年七十而老斲輪古之人與其不可傳也死矣。不可傳者果是何物可深長思然則君之所讀者古人之糟魄已夫。說此一喩正見意非言所能傳也求道當於不傳處通之則幾矣此段議論是千古教學之指歸詞意精微發前未有無爲者。天地之德所以有爲也。故帝道聖道動而有功。莫不本於其靜。蓋以靜則能明。爲天地萬物之所歸照。則措之於事而有成藏之於心而自適者。亦惟虛靜恬淡。寂寞無爲焉盡之矣。是道也。毋論帝王聖人之所休。卽凡爲君爲臣處上處下。退居撫世。無不以此而得其咸宜之用。所謂天地之德也。是所貴乎明之者矣。明之則有獨得其本宗以與天爲徒。有以獨施其均調以與人爲徒。天樂人樂所由交萃也。乃人樂則本於天樂。惟知天樂者自有以推於天地通於萬物而人樂可不必再計矣豈非以天地爲宗以道德爲主以無爲爲常之明驗哉夫無爲固所尚矣然有無爲而用天下卽有有爲而爲天下用其閒上下之道又各有不易也故君之王天下者不自用而用人誠見乎上下主臣之閒而本末要詳分爲所從所先有其序也夫所從所先之序於何昉乎吾仍攷之天地矣天地之行四時變化皆有殺然不紊而語道者實有取焉然則所先所從將奈何亦莫有先於天矣循此而道德仁義分守形名因任原省是非賞罰各以其次相及而終歸其天若此則至治已

今乃驟語形名賞罰是有其具而無其道祇爲用於天下其不可以用天下也明矣豈知舜之告堯亦曰天德而出寧舍天地之外別無所謂大哉雖然以天地爲宗未必即以我而宗天地也天地固有常然日月星辰禽獸樹木莫不有其性放德而行循道而趨老聃之教所以爲宗也夫放德循道在去其有我之心而求乎陳迹之外去其有我之心者呼牛呼馬皆可受也彼繫馬而止者徒爲竊耳士成綺之脩身何有焉求乎陳迹之外者形德仁義皆爲末也彼斲輪而老者不可喻耳桓公

之讀書何有焉惟放德而行循道而趨則道德之主卽天地之宗而無爲之常豈有外焉篇中以天地作線而歸本於無爲言及本末要詳上下君臣理極醇正而且近情佀細玩其文別有一種蒼秀繚繞之致行雲流水之機切近時趨全無奇氣恐亦叔敖衣冠也然有此則自成一家可不必深辯矣

外篇天運第十四

天其運乎地其處乎日月其爭於所乎孰主張是孰維綱是孰居無事推而行是連用三箇居無事妙甚盖主張綱維隆施噓吸猶屬有事居無事則

縅古咸反

女音汝

漠然而無所爲矣然非居無事則不能有事也意在言外意者其有機緘而不得已邪機緘言如有以係屬之也意者其運轉而不能自止邪雲者爲雨乎雨者爲雲乎雲釀爲雨注於川澤川澤之氣復蒸爲雲升降上下不知其誰爲之者孰隆施是隆如蘊隆之隆孰居無事淫樂而勸是雲雨陰陽和氣所成故曰淫樂風起北方一西一東有上彷徨言起於北則自北而南故不必言南言上則自下而上故不必言下孰噓吸是孰居無事而披拂是敢問何故敢問何故問其何故而能然也○此段文如晴雲出岫倏忽之間奇形怪狀無不備有吾不知其何以至是屈子天問雖奇尚遜此遊行披拂之致難言難言巫咸袑曰袑音超來吾語女巫咸殷之賢臣袑其名也忽生出一人答應奇甚幻甚天有六極五常六極五常諸解俱未妥陸方壺謂即內經所云五運六氣頗爲近理天惟有此故居無事而有

功也。○問得甚員荅得甚方問得甚煩荅得甚簡簡極詳畧變化之法

帝王順之則治。逆之則凶。九洛之事。治成德備。監照下土。天下戴之。此謂上皇。

九洛即洛書九疇也又從天地之理說及帝王效法爲此段餘意却是此篇正意文之相生處奇幻莫測

商太宰蕩問仁於莊子。莊子曰。虎狼仁也。曰。何謂也。莊子曰。父子相親。何爲不仁。曰。請問至仁。莊子曰。至仁無親。

問仁而舉不仁者以言不仁問至仁而舉無親者以言至此老話頭慣有一段絕不近情之語令人一時忍耐不得後方徐徐發出正論所以爲奇

太宰曰。蕩聞之。無親則不愛。不愛則不孝。謂至仁不孝可乎。莊子曰。不然。夫至仁尚矣。孝固不足以言之。此非過孝之言也。不及孝之言也。

至仁爲孝之所不能盡豈有至仁而不及

孝乎故蕩之所言非過於孝之言也乃不及於孝之言也蓋至仁則過於孝矣知其過於孝則無親焉得爲不孝乎

夫南行者至於郢北面而不見冥山是何也則去之遠也言背去之遠義不兩見以爲至仁忘孝之喩○畢竟楚人好說楚語故曰以敬孝易以愛孝難以愛孝易而忘親難忘親易使親忘我難使親忘我易兼忘天下難兼忘天下易使天下兼忘我難從孝上說到仁從仁說到至仁一層深一層正見其相去之遠夫德遺堯舜而不爲也利澤施於萬世天下莫知也豈直太息而言仁孝乎哉莫知則蕩蕩無名豈直讃歎而言仁孝乎夫孝悌仁義忠信貞廉此皆自勉以役其德者也不足多也勉字役字與上面忘字不知字對鈥故曰至貴國爵并焉至富國財并

女音汝

焉。至願名譽幷焉。是以道不渝。幷者兼而有之意。願猶脩其可願之願。言德也。名譽如孝悌仁義忠信貞廉之類。不渝言道中完全皆有也。以喻至仁在我則孝弟諸凡皆非所論

北門成問於黃帝曰。帝張咸池之樂於洞庭之野。吾始聞之懼。復聞之怠。卒聞之而惑。蕩蕩默默。乃不自得。蕩蕩神不定。默默口不言。不自得心不安。總形容上面懼怠惑光景

帝曰。女殆其然哉。吾奏之以人。徵之以天。言樂非人不備而五音六律與天地之氣候相爲表裏也行之以禮義。禮以節之則有序。義以正之則不亂建之以太清。太清聲氣之元以之爲主則清濁高下由是而節焉。此四句是作樂本旨夫至樂者。先應之以人事。順之以天理。行之以五德。應之以自然。此四語仍與上面一意。五德即五常。禮義亦在其中。自然即太清。元聲原無所作爲也

上言其作樂如是乃言其事也此言至樂之作必先如是乃言其理也然後調理四時太和萬物。樂中亦有四時萬物調理太和言以四時萬物之理備於樂中耳四時迭起萬物循生。迭起循生乃四時萬物之理循環無端言樂相生之妙如下文所云也一盛一衰文武倫經。一清一濁。陰陽調和。言其間節奏於不一之中而能條理森然會合藹然也根上迭起循生來流光其聲。蟄蟲始作吾驚之以雷霆其卒無尾。其始無首。於森然藹然之後忽然流動光明其聲聽者正如蟄蟲方振之時尚未蠕動忽驚雷霆之至不知其何以止不知其何以始也驚字伏下懼字一死一生。一僨一起。所常無窮而一不可待。女故懼也。根上無首無尾來作一串讀死生僨起輾轉常無窮盡而所謂一者更無停留何可遲擬等待乎此所以懼也吾又奏之以陰陽之和。燭之以日月之明。其聲能短能長。能柔能剛。上段以人順天。此則純乎天矣。陰陽之和。言其合。日月之明。言其分。能短能長。本日月以運之。能柔能剛。本陰陽以調之。變化齊一。不主故常。變化。聲之迭易也。齊一。聲之互動也。不主故常。言聲之迭易互動處。莫測其端也。在谷滿谷。在阬滿阬。塗郤守神。以物爲量。此言樂之盈滿無所不周也。郤。隙同。塗。塞也。言塞於人之耳目。而守於人之神明。以物爲量。因物之大小。隨其所受也。滿谷滿阬。就地言。塗郤守神。就人言。以物爲量。就物言。其聲揮綽。其名高明。言盈滿之中。其聲又悠揚越發。其名又高大光明。名者。節奏之可名象者也。是故鬼神守其幽。日月星辰行其紀。鬼神日月星辰。皆天之用也。根上陰陽之和。日月之明來。上能用天。此能使天爲用也。吾止之於有窮。流之於無止。流止皆任其自然。有不期然而然者。予、欲慮之、而不能知也、望之、而不能見也。逐之、而不能及也。儻然立於四虚之道、倚於槁梧而吟、目知窮乎所欲見、承上不能知不能見來力屈乎所欲逐、承上逐之不能及來吾既不及已。言汝既追我不能及已矣單頂所欲逐句來夫形充空虚、乃至委蛇。根上立於四虚之道來委蛇是儻然自失之時身弛放而不收光景女委蛇、故怠。到此際求之不能舍之不恐故至於怠也吾又奏之以無怠之聲、調之以自然之命。上雖純乎天此則併天而忘之矣命天命也自然之命天命之流行有不容已所謂無怠之聲者此矣故若混逐叢生、林樂而無形、布揮而不曳、幽昏而無聲。自然之命若有若無故其聲若混然相逐叢然並生林然共樂而無有形象其布散發作雖若釐盡而不留曳其幽深昏默則又寂然而無聲也動於無方、居於窈冥。若有故動於無方若無居於窈冥承上四句來或謂之死、或謂之生、或謂

女音汝

之實或謂之榮行流散徙不主常聲世疑之稽於聖人聖也者達於情而遂於命也於無方窈冥之後莫可測度而世之稱之爲死爲生爲實爲榮總無定論但見其行流散徙不主常聲而已焉得無疑乎疑之則不得不考於聖人蓋以聖人達於樂之情而順於自然之命也疑字生下或字天機不張而五官皆備此之謂天樂無言而心說惟順自然之命故不將機籟張設而五聲之所司皆備具此所謂天樂無待於言而心自悖悅者也故有焱音標氏爲之頌曰聽之不聞其聲視之不見其形充滿天地苞裹六極女欲聽之而無接焉而故惑也無聲無形故無接無接則若有若無難於擬議矣故惑也樂也者始於懼懼故祟吾又次之以怠怠故遁卒之於惑惑故愚愚故道道可載而與之俱也祟尊

而汝同

爨七凡反

也遺泯其迹也懸是忘其知識以與天合所以與道合也

孔子西遊於衛顏淵問師金曰以夫子之行爲奚如師金曰惜乎而夫子其窮哉顏淵曰何也師金曰夫芻狗之未陳也（芻狗結芻爲狗巫祝用之）盛以篋衍巾以文繡尸祝齋戒以將之及其已陳也行者踐其首脊蘇者取而爨之而已（蘇取草也）將復取而盛以篋衍（衍笥也）巾以文繡遊居寢臥其下彼不得夢必且數眯焉（眯魘夢）今而夫子亦取先王已陳芻狗取弟子遊居寢臥其下故伐樹於宋削迹於衛窮於商周是非其夢邪圍於陳蔡之閒七日不火食死生相與鄰是非其

眯邪夫水行莫如用舟而陸行莫如用車以舟之可行於水也而求推之於陸則沒世不行尋常古今非水陸與周魯非舟車與今蘄行周於魯是猶推舟於陸也勞而無功身必有殃彼未知夫無方之傳應物而不窮者也無方之傳妙用全在箇中且子獨不見夫桔槔者乎引之則俯舍之則仰彼人之所引非引人也故俯仰而不得罪於人故夫三皇五帝之禮義法度不矜於同而矜於治也矜尚故譬三皇五帝之禮義法度其猶柤梨橘柚邪其味相反而皆可於口故禮義法度者應時而變者也言時不同故法不可拘也今取猨狙而衣以

周公之服彼必齕齧挽裂盡去而後慊觀古今之異猶猨狙之異乎周公也言用古不能治今者以其情不相宜也故西施病心而矉音嚬其里其里之醜人見而美之歸亦捧心而矉其里其里之富人見之堅閉門而不出貧人見之挈妻子而去之走彼知美矉而不知矉之所以美言法古者只知古之善而不知古之善固別有在也惜乎而夫子其窮哉此段爲行道者而言

孔子行年五十有一而不聞道乃南之沛見老聃老聃曰子來乎吾聞子北方之賢者也子亦得道乎孔子曰未得也老子曰子惡乎求之哉曰吾求之於度數五年而未得

也。〔度數、制度名數也〕老子曰。子又惡乎求之哉。曰。吾求之於陰陽。十有二年而未得。〔陰陽、道之所分而非道之本也〕老子曰。然。使道而可獻。則人莫不獻之於其君。使道而可進。則人莫不進之於其親。使道而可以告人。則人莫不告其兄弟。使道而可以與人。則人莫不與其子孫。〔言道之不可傳、貴乎自得。○吾未得道、語起下〕然而不可者。無他也。中無主而不止。〔中心無受道之質、則雖聞道而過去也〕外無正而不行。〔在外無就正之功、雖聞道而不知行也〕由中出者。不受於外。聖人不出。〔由中出者聖人之道、非外有能受者、則不出而示之也、此言教者〕由外入者。無主於中。聖人不隱。〔由外入者、假學而成性者也、內無所受之資、則無以藏聖道也、此言學者〕名。公器也。不可多取。仁義先王之蘧廬也。止可以一宿而不可以久處。覯而多責。名乃天下公共之物多取於己則忌之者衆仁義所以爲名也不知仁義乃先王之傳舍若久處其間則凡覯乎此者皆吹求指摘於我矣○此言道之粗迹荅度數陰陽語起下古之至人。假道於仁託宿於義知蘧廬之不可久處也以遊逍遥之虚。食於苟簡之田立於不貸之圃逍遥無爲也苟簡易養也不貸無出也。古者謂是采眞之遊仁義則多造作多添設多假借至人惟不久處故遊於逍遥之虚以逍遥無待造作行所無事也食於苟簡之田以苟簡無待添設其求易贍也立於不貸之圃以不貸無待假借不與物交也采采色采眞謂現於外者皆本於內者也則求道者應求之於此而已以富爲是者不能讓祿以顯爲是者不能讓名親權者不能與人柄操之則慄

昔夕通

舍之則悲而一無所鑒以闚其所不休者是天之戮民也以富顯引起重親權上說操之慄舍之悲雞肋之戀人人有之○此反言不知采真之遊而求用世之苦怨恩取與諫教生殺八者正之器也惟循大變無所湮者爲能用之故曰正者正也至人有采真之遊則親權皆屬外假矣然惟不以權之操舍爲中心之變遷方能用權也八者正人之器所以爲權也正者正也言正之所以爲正者此也其心以爲不然者天門弗開矣若其心以爲不然未免有見於外無主於中則天門不開而求道愈遠矣天門解見雜篇○此段爲求道者而言

孔子見老聃而語仁義老聃曰夫播穅眯目則天地四方易位矣蚊虻噆膚則通昔不寐矣喩語不甚痛切夫仁義憯然乃

憤吾心亂莫大焉吾子使天下無失其朴吾子亦放風而動總德而立矣又奚傑然若負建鼓而求亡子者邪竊西藏書段内數語塡入何苦如此夫鵠不日浴而白烏不日黔而黑喩語淺俚黑白之朴不足以爲辯名譽之觀不足以爲廣泉涸魚相與處於陸相呴以濕相濡以沫不若相忘於江湖竊大宗師篇内數語塡入何苦如此

孔子見老聃歸三日不談弟子問曰夫子見老聃亦將何規哉孔子曰吾乃今於是乎見龍龍合而成體散而成章四字何說乘乎雲氣而養乎陰陽予口張而不能嗋予又何規

老聃哉。鄙俚至於此乎。子貢曰。然則人固有尸居而龍見。雷聲而淵默。發動如天地者乎。賜亦可得而觀乎。遂以孔子聲見老聃。○子貢亦須自呈門面。老聃方容一見。怪道今人初見聞不曰其名公係我通家。則曰某貴人係我莫逆也。眞可大發一笑。老聃方將倨堂而應微曰。予年運而往矣。子將何以戒我乎。是言或爲謙乎。或爲僞乎。眞屬無謂。子貢曰。夫三王五帝之治天下不同。其係聲名一也。而先生獨以爲非聖人。如何哉。老聃曰。小子少進。子何以謂不同。對曰。堯授舜。舜授禹。禹用力而湯用兵。文王順紂而不敢逆。武王逆紂而不肯順。故曰不同。老聃曰。小子少進。余語女三王五帝之治天下。

着二個小子少進句真屬可以無有黃帝之治天下。使民心一。民有其親死不哭。而民不非也。堯之治天下。使民心親。民有爲其親殺其殺。而民不非也。使民心一使民心親似以黃帝與堯爲善至舜禹方爲不善矣下面不特將五帝一併抹殺且上及於三皇自相矛盾至此可發一笑舜之治天下。使民心競。民孕婦十月生子。子生五月而能言。不至乎孩而始誰。未至於孩童之時便知人之姓名爲誰言竅鑿之早也則人始有夭矣。○說至此是作者筆枯思竭之後無可奈何只得以此竄入耳窘苦之態如見禹之治天下。使民心變。人有心而兵有順。殺盜非殺人。自爲種而天下耳。兵有順以用兵爲順事也殺人者死殺盜者無罪故曰殺盜非殺人各私其私互相警備天下皆然故曰自爲種而天下耳是以天下大駭。儒墨皆起。其作始有倫。而今乎婦女。何言哉。言機警之心起於家室施於男女早婚少娶不循人道之常也何言哉歎其言之無益也○此段至末皆屬贋筆竄入盖乘前後皆有老聃對孔子語下面又有風化等說也余語女三皇五帝之治天下。名曰治之。而亂莫甚焉。三皇之知。上悖日月之明。下睽山川之精。中墮四時之施。其知憯於蠆蠆之尾。鮮規之獸。莫得安其性命之情者。又竊胠篋篇數語填入何苦如此而猶自以為聖人。三皇五帝何當自以為聖人不可恥乎。其無恥也。子貢蹵蹵然立不安。此段細閱無甚意味且旨多背馳詞多膚淺中間將三皇五帝一一併貶斥試問之三皇以上尚有何代聖君可以錄取者此等大言從來有識者東里子但之困也魚目混珠何待指摘而後見耶孔子謂老聃曰。丘治詩書禮樂易春秋六經自以爲久矣。孰知其故矣。以奸者七十二君。奸干同 論先王之道而明周召之迹。一君無所鉤用。甚矣夫人之難説也。道之難明邪。老子曰。幸矣子之不遇治世之君也。夫六經先王之陳迹也。豈其所以迹哉。今子之所言猶迹也。夫迹履之所出。而迹豈履哉。辨析甚細立議爽快 夫白鶂之相視。眸子不運而風化。目視以神相感也化生子也 蟲雄鳴於上風。蜎應於下風而風化。蟲鳴以氣相感也 類自爲雌雄故風化。類獸名自爲牝牡出山海經此皆感之以無迹也 性不可易。命不可變。時不可止。道不可壅。苟得於道。無自而不可。

失焉者無自而可。若是者凡以性殊而不可易命定而不可變時行而不可止故道亦貴於通而不可壅滯也是所貴於得道者矣得道則爲感通之本何所不可哉孔子不出三月復見曰。丘得之矣。烏鵲孺（儒同）鵴魚傳沫細要者化有弟而兒啼久矣夫丘不與化爲人不與化爲人安能化人。四句胎卵濕化俱任其虫烏鵲孺鵴乎而生也魚不交但仰其所生之沫細要蜂也祝子相類有弟而兒啼毋孕弟而兒病也此皆自然而然能自然者則與化爲人矣。議論奇確莊叟之善體物情乃爾龍門所謂其學無所不闚者也老子曰。可。丘得之矣。此段爲以道化人者而言

道者自然之用也行之於有名有迹之外而求之於無名無迹之先斯得之矣顧道之原出自天地而備於帝

王者也乃天地之化人莫不知其然而究莫測其所以然則六極五常固有神其用於無窮者帝王之治威德備盖以此也是故道之不渝至人所以無親也道之可載天樂之所以無聲也則名與迹無足為道也審矣然行道者每欲寢卧於已陳之芻狗求道者每欲久處於先王之蘧廬豈知有無方之傳可以應物而不窮乎眞之遊可以循變而無湮也邪惟能與化為人者因以化人則純乎自然之用道之得也無難矣篇中言心乎道者貴有神而明之之用非按圖索驥者可幾一意盤旋

卷舒甚幻此在外篇爲有數之文但其中孔子見老聃而語仁義一段竟爲贋手參入遂使狗尾續貂瑕瑜並見識者憾焉吾特拈而出之所以駁莊而全莊也

莊子因卷之三

莊子因卷之四

三山林雲銘西仲評述

外篇刻意第十五

刻意尚行離世異俗高論怨誹為亢而已矣此山谷之士非世之人枯槁赴淵者之所好也語仁義忠信恭儉推讓為修而已矣此平世之士教誨之人遊居學者之所好也語大功立大名禮君臣正上下為治而已矣此朝廷之士尊主彊國之人致功并兼者之所好也就藪澤處閒曠釣魚閒處無為而已矣此江海之士避世之人閒暇者之所

好也。吹呴呼吸。吐故納新。熊經鳥申。爲壽而已矣。此道引之士。養形之人。彭祖壽考者之所好也。熊經。若熊之攀樹而引氣。鳥申。若鳥之伸頸而運體。道引。導氣令和。引體令柔也。五等之士。皆有所好。其心便已偏用。故爲無方聖人所羞稱也。若夫不刻意而高。無仁義而修。無功名而治。無江海而閒。不道引而壽。無不忘也。無不有也。澹然無極。而衆美從之。極。窮極也。此承上二句來。總是無爲而無不爲之意。此天地之道。聖人之德也。故曰。夫恬惔寂漠。虛無無爲。此天地之平。而道德之質也。故曰。聖人休休焉則平易矣。平易則恬惔矣。平易恬惔。則憂患不能入。邪氣不能襲。故其德全而神不虧。此段言聖人之心恬惔而自然也。

故曰聖人之生也天行其死也物化靜而與陰同德動而與陽同波不爲福先不爲禍始不爲禍始人皆知之不爲福先方是至人妙用福之先所以爲禍之始也二語可當座右之銘感而後應迫而後動不得已而後起三句承上二句來去知與故循天之理知者先事之謀故者已過之迹去之所以循天理也故無天災無物累無人非無鬼責其生若浮其死若休不思慮不豫謀光矣而不耀信矣而不期期信之必也其寢不夢其覺無憂其神純粹其魂不罷音皮虛無恬惔乃合天德此段言聖人之應物順乎自然所以成其虛無恬惔以合天也故曰悲樂者德之邪喜怒者道之過好惡者德之失故心不憂樂德之至也一而不變靜

之至也。無所於忤，虛之至也。不與物交，淡之至也。無所於逆，粹之至也。此段指出人心本自無物，一有所動，皆屬妄念，連應物便已不是了。故此上段又深一層。故曰：形勞而不休則弊，精用而不已則勞，勞則竭。病在不休不已四字。水之性，不雜則清，莫動則平，鬱閉而不流，亦不能清，天德之象也。故曰：純粹而不雜，應上不雜則清句。靜一而不變，應上莫動則平句。淡而無爲，動而以天行，應上鬱閉而不流亦不能清句。此養神之道也。此段言聖人養之以靜，又非塊然無所爲也，蓋有能靜能應、常靜常應之道焉。故靜與動，皆所以養神也。夫有干越之劍者，柙而藏之，不敢用也，寶之至也。精神四達並流，無所不極，上際於天，下蟠於地，化育萬物，不可爲象，其名爲同帝。（同帝同於天載也此言精神不可輕用也）純素之道，惟神是守；守而勿失，與神爲一；一之精通，合於天倫。（神在人身一而已矣清則散處於五官三而咸聽命於一人故神爲主宰精爲作用神存則精自固矣守神勿失則我卽一一卽我更無分別一之精可以上通於天者此也心印經云神能入石神能飛形蓋本於此）野語有之曰：衆人重利，廉士重名，賢士尚志，聖人貴精。（精與神相依附守神所以貴精也）故素也者，謂其無所與雜也；純也者，謂其不虧其神也。能體純素，謂之眞人。（此段言聖人以純素養其精神所以能與天通也）

人之好尚不同，而咸歸於一曲。聖人則無所爲，因無所不爲焉，何也？以其恬澹寂漠，虛無無爲，本天地以立道德也。故其居心也，無憂患邪氣之侵焉。及出而應物，則生死動靜，無非天矣。然豈强爲合哉？蓋道德之中本無一物，其所謂悲樂喜怒好惡者，皆幻相耳。靜虛澹粹，所以爲德也。形勞精用，於何有焉？則似乎一靜而不容動者矣。孰知有動有靜而常動常靜，在天所以爲德者，在人所以爲神也。未養之先，稱爲同帝；既養之後，名爲合天，則純素之眞人。其愼無輕用於越之劍也哉！此篇發揮精神之理，微言依著，但細玩其行支蹊徑，與天道篇如出一手，此則略少波瀾耳。或以膚淺疑其僞作，此明眼者之言也。

繕善戢反。下俗字屬衍。滑音骨

外篇繕性第十六

繕性於俗[俗]學、以求復其初、滑欲於俗思、以求致其明、謂之蔽蒙之民。繕、修治也。滑、汨亂也。性非學不明、而俗學所以障性。明非思不致、而俗思所以亂明。俗者對眞而言。

古之治道者、以恬養知。生而無以知爲也、謂之以知養恬。知、覺性也。恬者、無爲自然之義。不以俗學障之、俗思亂之、則一定之中、自能生慧矣。然其知之生也、亦任其自知、而不以知爲事、則雖知無傷於恬之本然。故曰以知養恬。此三語通篇之綱。

知與恬交相養、而和理出其性。夫德和也。道理也。用知則不能恬、無以知爲則恬者當自恬矣。即恬之時知在恬、即知之時恬在知。知與恬交相養、而和理出其性。和即德也、理即道也。

德無不容。仁

也。道無不理，義也。義明而物親，忠也。（仁義交盡其心，所以爲忠。）中純實而反乎情，樂也。（反乎情以歸性，所以爲樂。）信行容體而順乎文，禮也。（信容體之所行而順其自然之節文，所以爲禮。）禮樂偏行，則天下亂矣。（凡此者自和理中出，由根而行，執不得偏行，偏行則逐末忘本，而天下亂矣。）彼正而蒙己德，德則不冒，冒則物必失其性也。（根天下亂來，言天下之所以亂者，以彼欲正人，而先蔽蒙其德，則其德不足以蓋冒乎物，以不足蓋冒之德而蓋冒之，物之所以失其性也。）古之人在混芒之中，與一世而得澹漠焉。當是時也，陰陽和靜，鬼神不擾，四時得節，萬物不傷，羣生不夭，人雖有知，無所用之。（混芒澹漠，皆爲無知之象，故於此時有知無所可用也。）此之謂至一。當是時也，莫之爲而常自然。（此段言古

註文養和恐養知

人以恬養和故使天下之知亦皆歸於天也　逮德下衰及燧人伏戲始爲天下是故安

是故順而不一。德又下衰及神農黃帝始爲天下是故安而不順。德又下衰及唐虞始爲天下興治化之流潒（撓同）淳散朴離道以善險德以行。潒澆同險德猶危行也　然後去性而從於心。心與心識知而不足以定天下然後附之以文益之以博。文滅質博溺心然後民始惑亂無以反其性情而復其初。此段言世運降而德運衰不能以恬養知故使物皆失其性也。文氣層層相生轉換極靈　由是觀之。世喪道矣道喪世矣世與道交相喪也道之人何由興乎世世亦何由興乎道哉道無以興乎世世無以興乎道雖聖人不在山林之中其德隱矣隱故不自隱言道德雖隱世隱之也聖人不自隱也不自隱正欲以與乎世古之所謂隱士者非伏其身而弗見也非閉其言而不出也非藏其知而不發也時命大謬也當時命而大行乎天下則反一無迹不當時命而大窮乎天下則深根寧極而待此存身之道也此承上文而論眞隱反一無迹反於至一而不見有爲之迹也根極謂性命跡隱字獨解古之存身者存身一作行身非也不以辯飾知不以知窮天下不以知窮德危然處其所而反其性已又何爲哉道固不小行德固不小識小識傷德小行傷道故曰正己而已矣樂全之謂得志反其性卽反其性情以復其初也數知字

應上雖有知而無所用知見其以恬養知也古之所謂得志者非軒冕之謂也。謂其無以益其樂而已矣。疏得志獨解今之所謂得志者軒冕之謂也。軒冕在身非性命也。物之儻來寄也。寄之其來不可圉。其去不可止。故不爲軒冕肆志。不爲窮約趨俗。其樂彼與此同。故無憂而已矣。無憂所以爲樂之全也今寄去則不樂。由是觀之。雖樂未嘗不荒也。故曰。喪己於物。失性於俗者。謂之倒置之民。倒置謂不知本末輕重

道之不可以俗求也。以俗之障不能養其知。俗之亂不能養其恬也。故治道者。唯不以俗學障之。俗思亂之。而

混冥之中。自有以得其照曠則恬也。而知因之。此所謂定中之慧矣。是知也。莫之爲而常自然。又非役役以求爲知者。是復即知以成其恬。此交養之說也。惟得乎交養不特道與德因而見端。即爲仁。爲義。爲忠。爲樂。爲禮。無不一以貫之矣。苟有不循其本。而惟禮樂之是圖焉。是偏行也。偏行則天下將有不能反性情以復其初。亂之象也。何日之有。顧思古之人則不然。以混芒而得其澹漠與世而有其至一也。是純乎其爲恬矣。使人有知而無所用。又豈非以恬爲知之養者乎。乃無知德衰而

世遞降。遂有為天下者之名。因而流為去性從心。文博
惑亂。莫不失其恬以求為知。此俗學俗思之所由出也。
世與道之交喪如此。職惟德衰之故。聖人處此其德尚
可恃乎。夫德之隱也。聖人固無如世何也。然德之隱故
不終隱也。世又無如聖人何也。時命不同。而存身則一。
不以知為貴。惟以恬為用。所以為樂全也。樂全而得志。
即在是矣。豈如俗之忘乎性命。謬以儻來之軒冕易其
樂哉。若夫肆心趨俗。以致喪己失性。為倒置之徒者。直
與蔽蒙等耳。何足道哉。此篇以恬與知二字作骨。數段

逓逓說下立論甚醇華實竝茂且別有一種秀色令人賞心不置然細加尋繹覺未免有訓詁氣殊非南華筆也

外篇秋水第十七

秋水時至百川灌河涇流之大涇濁也非涇渭之涇須辨兩涘渚崖之間不辯牛馬是水大崖遠見物模糊一段的景況摹寫逼真入手便奇於是焉河伯欣然自喜以天下之美爲盡在己順流而東行至於北海東面而視不見水端於是焉河伯始旋其面目望洋向若而歎曰若海若水之神也野語有之曰聞道百以爲莫己若者我之

謂也。聞道僅百耳不及萬分之一二遂以人莫己若此不知量之甚者矣且夫我嘗聞少仲尼之聞而輕伯夷之義者始吾弗信。下言伯夷仲尼此先以無意出之是文字理伏法有婦姑兩仙夜中置子之妙他人爲此不知費去多少揑揑矣今我睹子之難窮也。吾非至於子之門則殆矣吾長見笑於大方之家。大方猶大道也生下面大理兩字。此段言見其大則小者不足論也北海若曰井鼃不可以語於海者拘於虚也夏蟲不可以語於冰者篤於時也曲士不可以語於道者束於教也今爾出於崖涘觀於大海乃知爾醜爾將可與語大理矣天下之水莫大於海萬川歸之不知何時止而不盈尾閭泄之不知何時已而不虚春秋

稊徒兮反

不變。水旱不知。此其過江河之流。不可爲量數。先將海之大虛極力描寫然後倒入不敢自多之意筆如勁弩初張審括命中矣而吾未嘗以此自多者自以比形於天地而受氣於陰陽吾在於天地之間猶小石小木之在大山也。方存乎見少。又奚以自多。若只説不敢自多便覺文情往而不返此又先着方存見少一句抑揚開闔之法盡矣計四海之在天地之間也。不似礨空之在大澤乎。礨空水穴也計中國之在海内不似稊米之在太倉乎。號物之數謂之萬。人處一焉。人處萬物之中只爲一物之數此合大虛之間凡可名者論之也人卒九州穀食之所生舟車之所通。人處一焉。人在九州之内只筭得做一丁件此合鳥獸草木論之也此其比萬物也不

曏許亮反

似毫末之在於馬體乎。五帝之所連。（連猶承接也）三王之所爭。仁人之所憂。任士之所勞。（任士任事之人也）盡此矣。伯夷辭之以爲名。仲尼語之以爲博。此其自多也。不似爾向之自多於水乎。（此段言道之大本無窮極在世界中所爲自多者皆自小耳不足稱也）河伯曰。然則吾大天地而小毫末。可乎。（言小者既不可爲大若此則吾於物大的還他太小的還他小何如）北海若曰。否。夫物量無窮。時無止。分無常。終始無故。（量謂局量之大小時謂所值之先後分謂此生之得失終始謂死生存亡之變故言物皆無一定而各各自足也）是故大知觀於遠近。故小而不寡。大而不多。知量無窮。證曏今故。故遙而不悶。掇而不跂。知時無止。察乎盈虛。故得而不喜。失而不憂。知分之無常也。明乎坦途。故生而不說。死而不禍。知終始之不可故也。○南華學問只是合局打算胸中具有天地古今故能置身物外將極相反事情作平等觀即齊物論云無成與毀復通為一之意也計人之所知。不若其所不知。其生之時。不若未生之時。○上數知字尚多一番色相筭來此知却用不着倒不知以物還物連我此生亦屬多餘了文情疊進疊深伭之又伭矣以其至小求窮其至大之域。是故迷亂而不能自得也。言知至小無窮至大難由以推求頂上面四段來由此觀之。又何以知毫末之足以定至細之倪。又何以知天地之足以窮至大之域。此段言天下之理大小本自無定言大言小皆無有是處河伯曰。世之議者皆曰。至精無形。至大不可圍。是信情乎。信情實理也。此一轉又將大小翻入精粗，說到道理上去，漸入武陵源矣。

北海若曰。夫自細視大者不盡。自大視小者不明。夫精小之微也。垺（音孚）大之殷也。故異便。此勢之有也。惟不盡故謂其不可圍。惟不明故謂其無形。以此觀之，大小之勢異便有若然耳。細玩自細視大二語，戲他偏道得出。

夫精粗者。期於有形者也。無形者。數之所不能分也。不可圍者。數之所不能窮也。夫言精言粗，皆期其有形者而言之矣。若無形不可圍，則無此異便之勢也。故數所不能分不能窮也。

可以言論者。物之粗也。可以意致者。物之精也。言之所不能論。意之所不能察致者。不期精粗焉。分之窮之，所謂言與意也。可以言論意致，而物之精粗見焉。總不能離有形之粗。若言與意皆無所用，方成極至，連精粗之名無從着落矣。

是故大人之行。不出乎

害人不多仁恩。其行雖不害人亦不以仁恩自多也 動不爲利。不賤門隸。其動雖不爲利亦不以門隸爲求利之人而賤之也 貨財弗爭。不多辭讓。雖不貪贖貨財而爭求亦不以辭讓爲多也 事焉不借人。不多食乎力。不賤貪汙。雖不借人以舉事亦不自食乎力以自多且人有貪汙之行者亦不賤之貪汙如借人舉事之類 行殊乎俗。不多辟異。行殊乎俗則多辟異之行人皆多之而不以爲多 爲在從衆。不賤佞諂。爲在從衆則多佞諂之心人皆賤之而不以爲賤 世之爵祿不足以爲勸。戮恥不足以爲辱。知是非之不可爲分。細大之不可爲倪。以上皆言伭同之德自合如此 聞曰。道人不聞。至德不得。大人無己。約分之至也。約分言收斂分量以至於不聞不得無己地位方是不期精粗處○此段言大道本無精粗大人體道亦惟於不期精粗之極而求

之也

河伯曰。若物之外。若物之內。惡至而倪貴賤。惡至而倪小大。又問於無分別忽至於有分別。從何而致倪緒之兩頭者。益取以爲分別之義。北海若曰。以道觀之。物無貴賤。以物觀之。自貴而相賤。言其皆自貴而賤人也以俗觀之。貴賤不在己。言貴賤之權本非己所能操猶趙孟之所貴趙孟能賤之也以差觀之。因其所大而大之。則萬物莫不大。因其所小而小之。則萬物莫不小。知天地之爲稊米也。知毫末之爲丘山也。則差數覩矣。因人以爲大小則無物不可爲大小矣知其無不可爲大小則物之差數見乎言大小本可以相爲也以功觀之。因其所有而有之。則萬物莫不有。因其所無而無之。則萬物莫不無。知東西之相反。而不可以相無則功分定矣。功分猶功用之定分也此又因大小而及有無見有無之不可偏廢也以趣觀之因其所然而然之則萬物莫不然因其所非而非之則萬物莫不非。知堯桀之自然而相非則趣操覩矣趣操猶趨尚之操持也此又因大小而及是非見是非之各成其所適也。此段總言物之內外貴賤大小原無定屬筆筆生動有生龍活虎之勢昔者堯舜讓而帝之噲讓而絕湯武爭而王白公爭而滅。由此觀之爭讓之禮堯桀之行貴賤有時未可以爲常也。讓美德也爭賤名也然各有時而不一焉此舉古人以明貴賤大小之無當者也梁麗可以衝城而不可以塞穴言殊器也。梁麗屋棟也騏驥驊騮一日而馳千里捕鼠不如狸狌言殊技也。鴟鵂夜撮蚤察毫

女音汝

未盡出䐜目而不見丘山言殊性也此舉物理以見貴賤大小之無常也故曰蓋師是而無非師治而無亂乎是未明天地之理萬物之情者也殊器殊技殊性大有所能小有所拙用於此者或廢於彼物理如此猶之天下無常是之理古今無常治之世也然則倪貴賤分大小執有方之見而是不知無常之變者皆爲不明天地之理萬物之情者也猶師天而無地師陰而無陽其不可行明矣然且語而不舍非愚則誣也帝皇殊禪三代殊繼差其時逆其俗者謂之簒夫當其時順其俗者謂之義之徒此又言貴賤本於時當時失時使一事而貴賤分爲時之難定則貴賤之難定也默默乎河伯女惡知貴賤之門小大之家門字家字俱當向裏面說方與上面倪字呼應此段言貴賤大小之名原無定在亦因乎人強名

而汝同。下同。

繇音由。泛芳劒反。畛之忍反。

之耳。若求其倪者，皆非也。河伯曰。然則我何爲乎。何不爲乎。吾辭受趣舍。吾終奈何。因前言不生分別，則我之所爲似無所適從。北海若曰。以道觀之。何貴何賤。是謂反衍。無拘而志。與道大蹇。衍者廣平之地，反之則平復爲陂。平陂之介，未始有常，貴賤往反，豈異於是。愼毋以世情之見，以拘爾志，與道乖蹇而不能通也。何少何多。是謂謝施。無一而行。與道參差。施者仁之用，謝之則賜予而不以爲仁。多少之數非所計也。愼毋執一而行，與道背馳而不能合也。嚴乎若國之有君。其無私德。繇繇乎若祭之有社。其無私福。泛泛乎其若四方之無窮。其無所畛域。兼懷萬物。其孰承翼。是謂無方。萬物一齊。孰短孰長。無拘無二，則無方之德也。故形容三段，總見其無方也。承翼，承接扶翼也。唯其無方，故能以萬物爲方長

短皆足也

道無終始。物有死生。不恃其成。一虛一滿。不位乎其形。年不可舉。時不可止。消息盈虛。終則有始。是所以語大義之方。論萬物之理也。

夫道固無終始也。乃物則有生死。爲不能恃以爲常。惟見其一虛一實。不可守其定位於形迹之間。何也。四時之序。成功者退。去而不可追者。年也。流而不可止者。時也。天地之化。消息盈虛。如循連環。終則有始也。大義即大理。

物之生也。若驟若馳。無動而不變。無時而不移。何爲乎。何不爲乎。夫固將自化。

夫固將自化。言人不能出乎數之化。或爲或不爲。皆適如其化之自運耳。此段言人之所爲。當任其道之自然。無容其有爲有不爲於其間也。

河伯曰。然則何貴於道邪。

承上言順其自化。則無物不在於化之中。然則何貴於道。而必以道物身也。此問極細極靈。

北海若曰。知道者。必達於理。達於理者。必明於權、明於權者、不以物害己。理、謂消息盈虛之理、權、則所以善其用於不窮者也不以物害己、言不以外物以傷其身、如死名死利之類、包括甚廣至德者、火弗能熱、水弗能溺、寒暑弗能害、禽獸弗能賊、非謂其薄之也、言察乎安危、寧於禍福、謹於去就、莫之能害也。不以害爲害、故莫之能害也○郤説出實理來、不過是素位而行、不怨不尤工夫、何曾一字荒唐故曰、天在內、人在外、德在乎天、知天人之行、本乎天、位乎得、蹢躅而屈伸、反要而語極、天在內而主張焉、人在外而斡旋焉、此定理也、故人之德順理而在乎天者、方知天人之所行有如此矣、苟能根本於天、以定位乎德、是所謂德在乎天者也、則蹢躅屈伸之間、皆能反乎道之要、而語乎理之極矣、道要理極、即上文大義之方、萬物之理者○此段言知道者、害不能加於身、以其中有所主也曰、何謂天、何謂人、

按跉字。陸氏勅甚反。郭氏蒸減反。一音初棗反。集韻正韻替音

辯論不至徹底窮究、亦不休乎、北海若曰。牛馬四足。是謂天。絡馬首。穿牛鼻。是謂人。言天人相須以有成、不可相離也。故曰。無以人滅天。無以故滅命。無以得殉名。謹守而勿失。是謂反其眞。故者有心而爲之、謂命、天命也。得、謂己德。殉名、喪於爲名也。反眞、入道也。○此段言入道之法、不可安排造作、以人勝天也。

夔憐蚿。蚿憐蛇。蛇憐風。風憐目。目憐心。夔一足、蚿多足、蛇無足、皆自能行、然猶有形。似風則無形而自行。目則不行而自至、雖無形、然猶以形用也。心則以神用、而古今宇宙無不周到。故相羨也。○絶項異解、隨口出之、不顧天荒地老、所謂不可無一、不可有二者。

夔謂蚿曰。吾以一足跉踔而行。子無如矣。今子之使衆足。獨奈何。蚿曰。不然。子不見夫唾者乎。噴則大者如珠。小者如霧。雜而下者。不可

音零 掟

同與無一作零音義而跉字音伶，備行也。又作跉徐行不正皃。林氏或以跉作跉看。

蹭，二六反。

蜚音飛

勝數也。（噴唾之喻。構思過異常譎。）今予動吾天機。而不知其所以然。蚿謂蛇曰。吾以衆足行。而不及子之無足。何也。蛇曰。夫天機之所動。何可易邪。吾安用足哉。蛇謂風曰。予動吾脊脅而行。則有似也。（有似。有形似也。）今子蓬蓬然起於非海。蓬蓬然入於南海。而似無有。何也。風曰。然。予蓬蓬然起於北海。而入於南海也。然而指我則勝我。䲔我亦勝我。（䲔或作蹭。足踐也。）雖然。夫折大木。蜚大屋者。惟我能也。故以衆小不勝。為大勝也。為大勝者。惟聖人能之。（此段言天機所動。各有自然。彼之所難。此之所易。則難易不在於多少有無之間也。亦河伯問答一段餘意。○心目二語不着跡。解文如半身美人圖。正於未畫處傳神。奇絕奇絕。）

孔子遊於匡。宋人圍之數匝。而弦歌不惙。（輟同）子路入見曰。何夫子之娛也。孔子曰。來吾語女。我諱窮久矣。而不免。命也。求通久矣。而不得。時也。當堯舜而天下無窮人。非知得也。當桀紂而天下無通人。非知失也。時勢適然。夫水行不避蛟龍者。漁父之勇也。陸行不避兕虎者。獵夫之勇也。白刃交於前。視死若生者。烈士之勇也。知窮之有命。知通之有時。臨大難而不懼者。聖人之勇也。由處矣。吾命有所制矣。無幾何。將甲者進辭曰。以為陽虎也。故圍之。今非也。請辭而退。

此段言聖人能以小不勝為大勝也承上面物不能害來。○諱窮求通等語以擬聖人之言恐覺不似且

埳音坎

虷音寒

筆顯乎庸。非莊所作也。

公孫龍問於魏牟曰。龍少學先生之道。長而明仁義之行。合同異。離堅白。然不然。可不可。困百家之知。窮衆口之辯。吾自以爲至達已。今吾聞莊子之言。汒焉異之。不知論之不及與。知之弗若與。今吾無所開吾喙。敢問其方。公子牟隱机大息。仰天而笑曰。子獨不聞夫埳井之鼃乎。埳井。壞井也。謂東海之鱉曰。吾樂與。吾跳梁乎井幹之上。入休乎缺甃之崖。赴水則接腋持頤。蹶泥則沒足滅跗。還虷蟹與科斗。莫吾能若也。井幹。井欄也。缺甃。井甃缺而成崖者。接腋持頤。盡赴水則以兩腋拍水。如接物者然。持頤。

擅 市戰反

縶 猪立反

適 失赤反

縶閉其口也還回顧也虷水中赤虫科斗蝦蟇子也 且夫擅一壑之水而跨跱埳井之樂此亦至矣夫子奚不時來入觀乎東海之鱉左足未入而右膝已縶矣於是逡巡而却告之海曰夫千里之遠不足以舉其大千仞之高不足以極其深禹之時十年九潦而水弗爲加益湯之時八年七旱而崖不爲加損夫不爲頃久推移不以多少進退者此亦東海之大樂也於是埳井之鼃聞之適適然驚規規然自失也且夫知不知是非之竟而猶欲觀於莊子之言是猶使蚉負山商蚷馳河也商蚷馬蚿也 必不勝任矣且夫知不知論極妙之言而自適

跐音此

一時之利者是非埳井之鼃與且彼方跐黃泉而登大皇無南無北奭然四解淪於不測 跐蹈也奭然釋然也四解四達也 無東無西始於玄冥反於大通 玄冥溟涬之先也大通大道也 子乃規規然而求之以察索之以辯是直用管闚天用錐指地也不亦小乎子往矣且子獨不聞夫壽陵餘子之學行於邯鄲與 未丁之夫曰餘子 未得國能 國能彼國之所能也 又失其故行矣直匍匐而歸耳今子不去將忘子之故失子之業公孫龍口呿而不合舌舉而不下乃逸而走 此段言小勝者不能為大勝也無甚深旨莊叟亦無貶人自譽至此恐為後人贋筆

莊子釣於濮水。楚王使大夫二人往先焉。曰。願以竟內累矣。莊子持竿不顧曰。吾聞楚有神龜。死已三千歲矣。王巾笥而藏之廟堂之上。此龜者。寧其死為留骨而貴乎。寧其生而曳尾於塗中乎。二大夫曰。寧生而曳尾塗中。莊子曰。往矣。吾將曳尾於塗中。結韻悠然有致。此段言知道者安於賤而不知有貴然卽於賤而自得其貴也承上察乎安危三句來

惠子相梁。莊子往見之。或謂惠子曰。莊子來。欲代子相。於是惠子恐。搜於國中三日三夜。當知此時莊子之見非打抽豐惠子之搜非逐遊客也可勝粲然莊子往見之曰。南方有鳥。其名鵷鶵。子知之乎。夫

鵷於袁反　鶵仕俱反

鵷鶵發於南海而飛於北海非梧桐不止非練實不食非醴泉不飲於是鴟得腐鼠鵷鶵過之仰而視之曰嚇今子欲以子之梁國而嚇我邪。鵷鶵鳳鶵也練實竹實也嚇怒其聲恐其奪己食也千古鄙夫患失之態只以一語寫盡矣○此段言貴者有貴之賤而賤者有賤之貴趣操不同願各有極也承上案乎安危三句來

莊子與惠子遊於濠梁之上莊子曰儵魚出遊從容是魚樂也惠子曰子非魚安知魚之樂莊子曰子非我安知我不知魚之樂。兩人機鋒絕唱異樣辯才真一時之勝事難得難得　惠子曰我非子固不知子矣子固非魚也子之不知魚之樂全矣。言我與安雖不

相知然爲人也若魚則異類矣故爲不知之全　莊子曰。請循其本。子曰女安知魚樂云者。既已知吾知之而問我。我知之濠上也。請循其本言當反汝問我之本意也女安知魚樂云者是明知我之知而問我矣我以身居濠上而樂則在濠下者可知也○此段言人情物理自可相推魚遂其樂亦自得其天者故魚忘江湖人忘道術其致一也

道者。大理也。明之者是之謂大方之家。曲士不得而與焉。以所見小也。曲士所見無過於仲尼之聞伯夷之義。而止耳。殊不知在天地之間凡爲五帝三王仁人任士所不及者。正未有窮。是大小之數較然。不可不知矣。然知之又不以有定者爲知。而以無定者爲知。蓋遠近今

古。盈虛坦途之故。理所必然。人之爲知。總屬多餘。區區而計大小。未足據以爲得也。何也。大小之名。由人所見而造。故精粗之異。便率期於有形。乃道之所在。固有不期精粗。立於言論意致之表者。非大人之行。依同其德惡足以有合哉。夫大小之所在。而貴賤分焉。惟以道而觀。蓋有殊其時。以異其用。欲求爲貴賤大小之倪。而絕不可得。則辭受趣舍之間。夫亦有所決矣。反衍謝施。兼懷萬物。惟無方者。所以語大義之方也。有爲有不爲。適還其化之終始。其所貴於道者。特以明理達權。物不能害。有得乎内天外人之功。豈猶以人滅天而失反眞之道邪。海若之告河伯。以此譬之夔蚿蛇風雖有異同。各因其天。不在多寡有無之數。至於以小勝爲大勝。則有以勝乎物。如孔子圍於匡。卒致將甲者請辭。此物莫能害之一證也。豈如公孫龍自適一時之利。而徒以取困於人哉。是以神龜寧曳尾而不留骨。鵷鶵食練實而忘腐鼠。皆察乎安危。寧於禍福。謹於去就之故。明道者必如儵魚之出遊從容自遂。其天之樂。物我之閒。皆得其性。始爲反眞之極則也。是篇大意。自内篇齊物論脫化出來立解創闢既踞絕頂山巔運詞變幻復擅天然神斧此千古有數文字開後人無數法門但其中孔子遊匡公孫龍問魏牟二段意頗淺膚疑爲贋作姑括而出之

外篇至樂第十八

天下有至樂無有哉有可以活身者無有哉今奚爲奚據奚避奚處奚就奚去奚樂奚惡 問起勢甚嘳屼句法似屈子卜居 夫天下之所尊者富貴壽善也所樂者身安厚味美服好色音聲也所下者貧賤夭惡也所苦者身不得安逸口不得厚味形不得美服目不得好色耳不得音聲若不得者則大憂

以懼其爲形也亦愚哉。所樂如彼所苦如此總以爲形愚字結上而生下夫富者苦身疾作多積財而不得盡用其爲形也亦外矣。夫貴者夜以繼日思慮善否其爲形也亦疏矣。人之生也與憂俱生壽者惛惛久憂不死何之苦也。其爲形也亦遠矣。此三段分貼富貴壽三等根天下有至樂句來烈士爲天下見善矣。未足以活身。吾未知善之誠善邪。誠不善邪。若以爲善矣。不足活身。以爲不善矣足以活人。故曰忠諫不聽蹲循勿爭。故夫子胥爭之以殘其形不爭名亦不成。誠有善無有哉。蹲循逡巡退聽之貌言忠諫不入見聽即當却去不必與之爭也。此段單貼善字根可以活身句來今俗之所爲與其所樂

芴音忽

吾又未知樂之果樂邪果不樂邪吾觀夫俗之所樂舉羣趣者誙誙然如將不得已而皆曰樂者吾未之樂也亦未之不樂也果有樂無有哉吾以無爲誠樂矣又俗之所大苦也故曰至樂無樂至譽無譽無爲所以無樂無譽所以爲至樂至譽至樂與上富貴壽相應至譽與上爭名相應天下是非果未可定也雖然無爲可以定是非至樂活身惟無爲幾存請嘗試言之天無爲以之清地無爲以之寧故兩無爲相合萬物皆化芒乎芴乎而無從出乎芴乎芒乎而無有象乎萬物職職皆從無爲殖故曰天地無爲也而無不爲也人也孰能得無爲哉芒芴即混芒之義

誙音阬

芴即沕穆之義職職繁殖也此總言無爲而無不爲至樂活身皆由此也○此段是一下篇之骨步步相生針線甚密無一毫滲漏恐非莊叟所作也

莊子妻死惠子吊之莊子則方箕踞鼓盆而歌。盆瓦缶也鼓之所以節音也　惠子曰。與人居長子老身死不哭亦足矣又鼓盆而歌。不亦甚乎。莊子曰。不然。是其始死也我獨何能無槩然慨同　○莊子絕是追情之人此句便自己道破　察其始而本無生。生指知覺運動而言　非徒無生也。而本無形。非徒無形也。而本無氣。雜乎芒芴之間。變而有氣。氣變而有形。形變而有生。今又變而之死。是相與爲春秋冬夏四時行也。本是如此目前常理人皆不知何也　人且偃然寢於噭古弔反。

巨室。以死爲寢，絶無分別。驚人之談，虧他偏說得出。而我噭噭然隨而哭之，此等摸棱，果何爲邪？真個無謂。自以爲不通乎命，故止也。命，天命之流行，即上面春夏秋冬相尋於無已，不必作命運說。

虛音墟。

支離叔與滑介叔觀於冥伯之丘，冥伯，已死之稱，猶冥漠君之號。崑崙之虛，黃帝之所休。俄而柳生其左肘。柳，瘍也。柳多癰腫，故以爲瘍癤之喻。其意蹷蹷然惡之。支離叔曰：子惡之乎？滑介叔曰：亡，予何惡？生者，假借也。假之而生生者，塵垢也。假借，即佛經所謂地水火風四大假合是也。生旣爲假，又假之而生生焉，是不過如塵垢之集耳。生生，謂身之所生，如瘍癤之類是也。諸解失之。死生爲晝夜。且吾與子觀化而化及我，我又何惡焉？觀化，觀天地之化，而化及

我謂我之身亦在化中使我隨化以生生固其宜也○說得我生絕不相關則我之爲我果在何地此處可悟

莊子之楚見空髑髏髐（音梟）然有形撽（苦弔反）以馬捶因而問之曰夫子貪生失理而爲此乎將子有亡國之事斧鉞之誅而爲此乎將子有不善之行愧遺父母妻子之醜而爲此乎將子有凍餒之患而爲此乎將子之春秋故及此乎五問錯落有致於是語卒援髑髏枕而臥夜半髑髏見夢曰子之談者似辯士諸子所言皆人生之累也諸子所言謂子所問諸語也○就伊問語翻跌極得法（闕）死則無此矣子欲聞死之說乎莊子曰然髑髏曰死無君於上無臣於下亦無四時之事從然以天地爲春秋雖

臏音頻頞於葛反

女音汝下同

南面王樂不能過也。想當然耳　莊子不信曰。吾使司命復生子形。爲子骨肉肌膚。反子父母妻子閭里知識。子欲之乎。髑髏深矉蹙額曰。吾安能棄南面王樂。而復爲人間之勞乎。此段齊生死之意。當看得活動。淮南子曰。始吾未生之時。焉知生之樂也。今吾未死。又焉知死之不樂也。即此意。若說莊子有厭生欲死之心。便是痴人說夢矣

顏淵東之齊。孔子有憂色。子貢下席而問曰。小子敢問。回東之齊。夫子有憂色。何邪。孔子曰。善哉女問。昔者管子有言。丘甚善之。曰。褚小者不可以懷大。綆短者不可以汲深。褚布袋也。綆井繩也　夫若是者。以爲命有所成。而形有所適也。夫不

壇、音同水沙澄也

譊女交反

可損益吾恐回與齊侯言堯舜黃帝之道而重以燧人神農之言彼將內求於己而不得不得則惑人惑則死人惑則死若指顏回以擾暴人而死則與上下文俱不相貫若指齊侯恐世無惑言而死之人此等拙筆欲以擬莊何不自量也

且女獨不聞邪昔者海鳥止於魯郊魯侯御而觴之於廟奏九韶以為樂具太牢以為膳鳥乃眩視憂悲不敢食一臠不敢飲一杯三日而死此以己養養鳥也非以鳥養養鳥也夫以鳥養養鳥者宜棲之深林遊之壇陸浮之江湖食之鰌鰷隨行列而止委蛇而處彼惟人言之惡聞奚以夫譊譊為哉咸池九韶之樂張之洞庭之野鳥聞之而

飛獸聞之而走，魚聞之而下入，人卒聞之，相與還而觀之。魚處水而生，人處水而死，彼必相與異，其好惡異故也。此處又竊齊物論篇內數語，改易字面填入，何苦乃爾。故先聖不一其能，不同其事。名止於實，義設於適，是之謂條達而福持。名止於實，各隨其情；義設於適，投人所安也。條達者，通於人；福持者，利於己。○此段似指用世而言，攟掇於此，甚屬無謂。其文之平庸淺膚，不問而知其為偽物也。

徒言反

列子行食於道，從見百歲髑髏，攓蓬而指之曰：唯予與女知而未嘗死、未嘗生也。攓，扶也。○惟予一句十三字，不可斷讀。看他說出惟予與女四字，妙絶。於天地世界中，只尋得此一副莫逆知己，舍此便無可與言矣。若果養乎？予果歡乎？言女

𢇍音繼

一本陵舃下復有陵舃二字、鴝音俱反。醯許兮反、瞀亡路

果以死爲安養乎、予果以生爲歡樂乎、皆未可知。蓋死者不終死、而生者不終生、將變化無所終窮、以起下文之意。諸解失之。種有幾。得水則爲𢇍。塵浮水而爲𢇍。得水土之際則爲鼃蠙之衣。水土之際、水得土氣、漸凝漸厚、遂有體質、其色沈綠、名爲鼃蠙之衣。生於陵屯則爲陵舃。靑苔漸漸近土、生於陵屯、化爲陵舃。陵舃卽車前草名也。得鬱棲則爲烏足。鬱棲糞壞也。烏足草名。烏足之根爲蠐螬、其葉爲胡蝶。胡蝶胥也。化而爲蟲、生於竈下、其狀若脫、其名爲鴝掇。鴝掇千日爲鳥、其名爲乾餘骨。乾餘骨之沫爲斯彌、斯彌爲食醯。食醯蠓也。頤輅生乎食醯。黃軦音況生乎九猷。瞀音戊芮生乎腐蠸。音歡腐蠸螢也。羊奚比乎不箰笋同久竹生靑寧。羊奚草名。其根若比合於久不生箰之竹、則生靑寧。靑寧亦虫也。靑

寧生程。程或解作豹程生馬。馬生人。馬生人，按搜神記，秦孝公時有馬生人，蓋物類之變，難以致詰也。楞嚴經云：人死為羊，羊死為人。佛家亦不肯向人說讖。人又反入於機。萬物皆出於機，皆入於機。出者生也，入者死也。機者陰陽二氣之動也。此段說出許多物類相生，諸解無所考據，姑存疑以俟後。大意謂人之生死皆造物化機所動也。

天下所貴而不可必得者，至樂活身是矣。顧俗以富貴壽善為尊，以貧賤夭惡為下，誙誙然以求之，大約為形起見，而究不足以為形謀，是其所為樂者，皆所為苦也。孰知至樂活身之術，以無為而始存，蓋無為而無不為。天地之化也，人亦當順其自然，在其死生變化而不必有所動於中，則無爲之道、長樂、長存，皆以此矣。故有形而變等之於四時，鼓盆不哭，所以忘乎人之死也。觀化而及視之爲晝夜，柳生無惡，所以忘乎己之死也。猶未也，生爲人間之勞，死爲南面之樂，髑髏之夢，則有生不如死者焉，是併忘乎齊等之說矣。猶未也，萬物皆出於機，皆入於機，列子之見，則又有未嘗死、未嘗生者焉，是併忘乎生死之名矣。此皆能得乎無爲之道，以成其至樂活身之術者，豈俗之所能識哉。此篇鼓盆、支離叔、空髑髏、百歲髑髏四段，理解精闢，得未曾有，可上擬大宗師篇內子祀子桑戶孟孫才三段但議論稍遜耳細玩應入秋水篇中以爲生而不悅死而不禍樣子疑散佚之後好事者遂撰出此篇首段因而攙掇其中此猶可置勿論但忽添出顏淵東之齊一段與上下文絕不相蒙其文之庸弱不堪醜態備見爲可憾耳彼贗作者不覺自欺欺人然淄澠之水合尚有能辨之者況魚目混珠安可掩乎

外篇達生第十九

達生之情者不務生之所無以爲生者形之所以爲形無以爲身外之物無所用

也
達命之情者不務知之所無奈何。人力所不及謀之無益也養形必
先之物物有餘而形不養者有之矣。如富貴而夭折者物雖豐不能享用也
有生必先無離形形不離而生亡者有之矣。如行屍走肉人未死而神
先去也此四語承上四語
言達生達命者見及此也生之來不能卻其去不能止。悲
夫。言此形若傳舍之意世之人以為養形足以存生而養形果不足
以存生則世奚足為哉。世者如世人所為養形之事雖不足為而不可
不為者其為不免矣。夫欲免為形者莫如棄世。不可不為如衣食俯
仰必不可廢者為之不免則累亦不免矣棄棄世則無累。
世出世如今人出家入山之類諸解憒憒
無累則正平正平則與彼更生。更生則幾矣無累不為世事所累也正

不得心體之本然也更生更得個活身的道理造化便死他不得也庶幾近道也事奚足棄而生奚足遺遺忘也此句作問辭喚起下意棄事則形不勞遺生則精有虧。二語與廣成子所言無勞女形無搖女精同意此更明其所以致此之故也夫形全精復與天為一。形不勞則形全精不虧則精復天地之所以長久者以常清常寧之形全也以常健常順之精復也故曰與天為一天地者萬物之父母也。合則成體散則成始形精不虧。是謂能移精而又精反以相天。然與天為一之故何也蓋天地與我本同一氣如父母然氣合則聚而成形氣散則返於無始惟形精不虧之人方能入無出有而生變化如薪盡而火無窮也故曰能移精而又精言造其極也相天言宇宙在手萬化生身也道家謂吾之心正則天地之心亦正吾之氣順則天地之氣亦順確有此理非迂語也

下物字上一本有物與二字

子列子問關尹曰至人潛行不窒。入金石無礙也蹈火不熱行乎萬物之上而不慄。如伯昏無人登高山履危石臨百仞之淵是也諸解附會請問何以至於此。關尹曰是純氣之守也非知巧果敢之列。蓋至人純守元氣而成身外之身故能如此非知巧果敢有心以勝物也居予語女凡有貌象聲色者皆物也物何以相遠夫奚足以至乎先是色而已。若以形論則我與物皆爲物也物之相去幾何亦何能立乎物先而獨勝之乎蓋以其不離於形色故耳則物之造乎不形而止乎無所化。夫得是而窮之者物焉得而止焉。則物之中有生於無生死而不死者得是道而窮盡之自能離形超化至於物先也外物何得而禦止焉彼將處乎不淫之度而藏乎無端之紀遊乎萬物之所終始壹其性養其氣合其德以通乎物之所造不淫之度適常而不過也無端之紀循環而不窮也皆純氣之用也處之藏之以遊於萬物所藉以終所藉以始之處即所謂造乎不形止乎無所化是也壹其性則不二養其氣則不耗合其德則不虧由是以通乎物斯能與造物者遊也夫若是者其天守全其神無郤物奚自入焉知是則其自然之天所守旣全其神自無閒隙可乘矣外物何能入其舍乎

夫醉者之墜車雖疾不死骨節與人同而犯害與人異其神全也乘亦不知也墜亦不知也妙在乘亦不知若知其乘則必知其墜矣是文家進一截法死生驚懼不入乎其胸中是故遻物而不慴彼得全於酒而猶若是而況得全於天乎聖人藏於天故莫之能傷也藏於天藏其神於無情之天也上言守氣此言藏神藏神所以守氣也胎息經

鏌鋣干干將皆利劍名

蜩音條

云神行則氣行神住則氣住皆本於此 復讎者不折鏌干雖有忮心者不怨飄瓦是以天下均平故無攻戰之亂無殺戮之形者由此道也 根上聖人來由此道由此無心自然之道也 不開人之天而開天之天開天者德生開人者賊生不厭其天不忽於人民幾乎以其真 開天者性之動也開人者知之用也德生承上平均賊生承上攻戰殺戮故天可常不可厭也人可慎不可忽也以其真言各得其天也

仲尼適楚出於林中見痀僂者承蜩猶掇之也 音居吕 痀僂曲背人也以竿黏蜩曰承掇手取也 仲尼曰子巧乎有道邪曰我有道也五六月累丸二而不墜則失者錙銖累三而不墜則失者十一累五

而不墜猶掇之也。累丸於竿首自二至五而不墜則神定而視審可知矣此言承蜩前一截工夫

吾處身也若橛株拘吾執臂也若槁木之枝雖天地之大萬物之多而唯蜩翼之知吾不反不側不以萬物易蜩之翼何為而不得。身如橛株之拘臂若槁木之枝則內忘我矣唯蜩翼之知則外忘物矣不反不側承橛株槁木二句不以萬物易蜩之翼承雖天地之大三句此言承蜩之時工夫

孔子顧謂弟子曰。用志不分乃凝於神其痀僂丈人之謂乎。用志於蜩一則神凝定而不擾

此所以為有道也〇

此段言藏神之用

顏淵問仲尼曰吾嘗濟乎觴深之淵津人操舟若神。觴深淵名

吾問焉曰操舟可學邪曰可善游者數能若乃夫沒人則

未嘗見舟而便操之也。遊浮於上也沒汨於下也 吾問焉而不吾告。敢問何謂也。仲尼曰。善遊者數能忘水也 言與水相忘猶知有水也 若乃夫沒人之未嘗見舟而便操之也。彼視淵若陵。視舟之覆猶其車却也。覆却萬方陳乎前而不得入其舍。惡往而不暇。沒人竟不知有水矣利害不入乎心故暇也暇則巧之所從生矣 以瓦注者巧。以鉤注者憚。以黃金注者殙。其巧一也。而有所矜則重外也。凡外重者內拙。注射而賭物也鉤帶鉤矜憐惜之意重在外則心已爲外所分也故拙也此亦用志不分之喩○末用倒收文法詘然而止力有千鈞

田開之見周威公。威公曰。吾聞祝腎學生。學養生也 吾子與祝

胥遊。亦何聞焉。田開之曰。開之操拔篲以待門庭。亦何聞於夫子。威公曰。田子無讓。寡人願聞之。開之曰。聞之夫子。曰。善養生者。若牧羊然。視其後者而鞭之。羊已前行者不須鞭。唯其在後者鞭之。以喩既養其內者。即當養其外。既養其外者。即當養其內也。威公曰。何謂也。田開之曰。魯有單豹者。岩居而水飲。不與民共利。行年七十。而猶有嬰兒之色。不幸遇餓虎。餓虎殺而食之。有張毅者。高門縣簿。無不走也。高門大家也。縣簿謂懸帷簿於門前。謂閭之小戶也。行年四十。而有內熱之病以死。豹養其內而虎食其外。毅養其外而病攻其內。此二子者。皆不鞭其後者也。不鞭其後。不能勉其所不足也。仲尼曰。

豢音患　尻苦刀反

無入而藏。無出而陽。柴立其中央。三者若得。其名必極。（入而藏有心於晦也。豹似之。出而陽有心於顯也。毅似之。柴立木偶無心也。中央隨時顯晦。出無心於出。入無心於入。中亦無心於中。三者俱得。則名極而實當矣。）夫畏塗者。十殺一人。則父子兄弟相戒也。必盛卒徒而後敢出焉。不亦知乎。人之所取畏者。衽席之上。飲食之間。而不知為之戒者。過也。（此言嗜欲皆足以傷生。而人不覺甚哉。養形果不足以存生也。）祝宗人玄端以臨牢筴。（祝宗人祭祀之官。玄端禮服。牢筴豕柵也。）說彘曰。汝奚惡死。吾將三月豢汝。十日戒。三日齋。藉白茅。加汝肩尻乎彫俎之上。則汝為之乎。為彘謀曰。不如食以糠糟而錯之牢筴之中。自為謀。則苟生有軒冕之尊。死於腞（直轉反）楯之上。聚僂之中。則爲之。（腞楯畫盾也聚僂曲薄所以捲聚物者言被刑戮而置於此也）爲彘謀則去之。自爲謀則取之。所異彘者何也。（未結反詰有味可深長思。此言不棄世之多累也）

桓公田於澤。管仲御。見鬼焉。公撫管仲之手曰。仲父何見。對曰。臣無所見。公反。誒（音熙）詒爲病。（誒詒或作嘔噫解或曰倦怠失魂之貌愚以誒詒皆從言應作譆語囈語辭）數日不出。齊士有皇子告敖者曰。公則自傷。鬼惡能傷公。（一語道破真良醫國能也戲瓦出而心痛除弓影去而疑病愈皆用此法）夫忿滀之氣。散而不反。則爲不足。（忿滀鬱結也）上而不下。則使人善怒。下而不上。則使人善忘。不上不下。中身當心。則爲病。（此言病由）

自傷也桓公曰。然則有鬼乎。曰有。沈有履沈水污也竈有髻髻音詰髻狀如美女而衣赤衣戶內之煩壤雷霆處之煩壤糞掃之餘積也東北方之下者。倍阿鮭音蛙蠪龍躍之倍阿狀如小兒長尺四黑衣赤幘大冠帶劍持戟西北方之下者。則泆陽處之泆陽豹頭豹尾水有罔象罔象狀如小兒黑色赤爪大耳長臂丘有峷峷狀如狗而有角文身五采山有夔夔狀如鼓而一足野有彷徨。澤有委蛇。公曰。請問委蛇之狀何如。皇子曰。委蛇其大如轂。其長如轅。紫衣而朱冠。其為物也。惡聞雷車之聲。則捧其首而立。見之者殆乎霸。此語極捄合桓公平日心事聞之未有病而不愈者桓公囅丑忍反然而笑曰。此寡人之所見者也。桓公所見未必即是此物是英雄欺人鼓動人心處要知白魚赤烏斬蛇渡水之事非造作出來陳勝狐鳴帛書亦即此意勿以成敗論英雄也於是正衣冠與之坐不終日而不知病之去也。此段言物累皆起於心之自傷非物之能爲傷也

紀渻音省子爲王養鬭鷄。十日而問鷄已乎。問鷄已可用乎曰未也。方虛憍而恃氣。驕其氣以求敵也十日又問。曰未也。猶應嚮景。聞鷄之聲見鷄之形而猶應之也十日又問。曰未也。猶疾視而盛氣。有敵之者至致其雄鬭以待之也十日又問。曰幾矣。鷄雖有鳴者。已無變矣。雖鷄鳴而不聞其聲也望之似木鷄矣。形如槁木矣其德全矣。異鷄無敢應者。反走矣。此以爲藏神守氣之喻

孔子觀於呂梁。縣水三十仞。流沫四十里。黿鼉魚鼈之所

不能遊也。見一丈夫遊之。以為有苦而欲死也。使弟子並流而拯之。並流、傍流。而救之也。數百步而出。被髮行歌而遊於塘下。孔子從而問焉曰。吾以子為鬼。察子則人也。請問蹈水有道乎。曰。亡。吾無道。吾始乎故。長乎性。成乎命。與齊俱入。水之旋入為齊。與汩偕出。水之湧出為汩。從水之道而不為私焉。任水不任己也。此吾所以蹈之也。孔子曰。何謂始乎故。長乎性。成乎命。曰。吾生於陵而安於陵。故也。安字絕有妙用。惟能安於陸者則能安於水。此心無二用也。故猶素也。長於水而安於水。性也。所謂習與性成者也。不知吾所以然而然。命也。於行險中發出一個居易學問。大奇大奇。此段與操舟意頗同。言藏於天。物不能傷之義。

梓慶削木爲鐻。鐻者鐘鼓之懸、兩端各有刻鏤。鐻成、見者驚猶鬼神。疑其精巧非人所爲也。魯侯見而問焉。曰、子何術以爲焉。對曰、臣工人、何術之有。雖然有一焉。臣將爲鐻、未嘗敢以耗氣也。必齊以靜心。氣全則心靜、原是一層工夫。齊三日、而不敢懷慶賞爵祿。忘利也。齊五日、不敢懷非譽巧拙。忘名也。齊七日、輒然忘吾有四枝形體也。至此方是以天相遇矣。當是時也、無公朝。視公朝若無也。其巧專而外滑消。其外事之滑亂吾心者俱消也。二句承上三層作總收語。然後入山林、觀天性形軀至矣。然後成見鐻、然後加手焉。不然則已。不然則已四字極直截了當。若稍有徘徊顧慮於其間、便不能靜心矣。則以天合天。因物付物、不離其自然。器之所

注驅當作驟

桎之實反

以疑神者其是與。此段亦與上段從水之道而不爲私同意言與天爲一之功也

東野稷以御見莊公進退中繩左右旋中規莊公以爲文弗過也言雖組織之文不過如是也使之鉤百而反。使之圓而驅之以百爲度也顏闔遇之入見曰稷之馬將敗公密而不應少焉果敗而反公曰子何以知之曰其馬力竭矣而猶求焉故曰敗此段以爲世累無窮形勞精虧之喻

工倕旋而蓋規矩蓋猶過也但以手旋而過於規矩精之至也指與物化而不以心稽指與物之相得若化之自然不待心之稽考而始合也故其靈臺一而不桎心耑於物而不爲物所苦也忘足屨之適也忘要帶之適也知忘是非

[踵至也] [部一作郡]

心之適也。不內變，不外從，事會之適也。（會處境也。無所變從，故隨所遇而皆安也。）始乎適而未嘗不適者，忘適之適也。（知有適，尚有所不適；惟忘適之適，方能入於化，自無往而不適矣。○此段養生者忘乎物以全其天之自然也。）

有孫休者，踵門而詫子扁慶子曰：（詫，怪而問之也。）「休居鄉不見謂不修，臨難不見謂不勇。然而田原不遇歲，事君不遇世，賓（音擯）於鄉里，逐於州部，則胡罪乎天哉？休惡遇此命也？」（此君舉動張皇，語言粗率，自是難與言矣。）扁子曰：「子獨不聞夫至人之自行邪？忘其肝膽，遺其耳目，芒然彷徨乎塵垢之外，逍遙乎無事之業，是謂為而不恃，長而不宰。（作為其事而不敢自恃，長育其德而不敢自主也。）今汝飾而。汝同。下同。

知以驚愚。修身以明汙。昭昭乎若揭日月而行也。汝得全而形軀具。而九竅無中道夭於聾盲跛蹇。而比於人數。亦幸矣。又何暇乎天之怨哉。子往矣。孫子出。扁子入。坐有間。仰天而歎。弟子問曰。先生何爲歎乎。扁子曰。向者休來。吾告之以至人之德。吾恐其驚而遂至於惑也。弟子曰。不然。孫子之所言是邪。先生之所言非邪。非固不能惑是。孫子所言非邪。先生所言是邪。彼固惑而來矣。又奚罪焉。謂其本懷惑而來。非我惑之也。扁子曰。不然。昔者有鳥止於魯郊。魯君說之。爲具太牢以饗之。奏九韶以樂之。鳥乃始憂悲眩視。不敢飲食此之謂以己養養鳥也若夫以鳥養養鳥者宜棲之深林浮之江湖食之以委蛇言使之從容自得而食也則平陸而已矣今休款啓寡聞之民也款孔也啓開也言所見之小也吾告以至人之德譬之若載鼷以車馬樂鴳以鐘鼓也彼又惡能無驚乎哉此段言全生之道非至人莫能知亦非至人莫可語也

人之命於天而立於世者形也而生具焉生之存而不亡在出乎世以入於天故養形不如全形遺生而後更生也然更生之道又不徒在形而兼在精精與形相得而足則天日在人之中精與精相進而深則人反操天

之勝。何者。以其立乎形之先守其氣以全其神而尚致其精之用。始焉離物以獨成者終焉入物而無忤也。則至人所謂不窒不熱不慄之說。豈非開天之天得更生之理。以遂其能移之功哉。彼夫承蜩小數也。操舟下技也。痀僂之用志不分沒人之覆却不入猶遺外尚內以爲功。況養生乎。雖然此爲既養之後言也。乃若方養之時。則內外之功不可偏廢。如單豹之虎食與張毅之疴攻。各有違於牧羊鞭後之訓。則外患之腞楯聚僂內患之忿滀怒忘。皆形精交養者所當戒也。必其精於內者不求應物而形於外者物莫敢應如紀渻子之於鬬鷄方稱善養耳由是而進之於天則從水道不爲私呂梁丈夫所以蹈水無苦也入山林觀天性梓慶所以削鐻疑神也不然世累無窮以形精役役於其間鮮不爲東野稷之馬鉤百以取敗耳又安望其如工倕指與物化靈臺一而不桎以幾於忘適之適耶詣此至人之行也非至人不足以語此篇中大旨發內篇養生主所未備闡出精氣神三寶妙用爲玄籙開山秘法段段設喻精言如眉長生久視之道盡於此矣莫與門外漢言之

外篇山木第二十

莊子行於山中。見大木枝葉盛茂。伐木者止其旁而不取也。問其故。曰。無所可用。莊子曰。此木以不材得經其天年。莊子出於山。舍於故人之家。故人喜。命豎子殺鴈而亨之。豎子請曰。其一能鳴。其一不能鳴。請奚殺。主人曰。殺不能鳴者。不能鳴之鴈既殺恐再有客至能鳴之鴈未必可免於異日奈何奈何以此諧之莊叟不知作何回答明日弟子問於莊子曰。昨日山中之木。以不材得終其天年。今主人之鴈。以不材死。先生將何處。莊子笑曰。周將處夫材與不材之間。材與不材之間。似之而非也。故未免乎謂有材而不自見其材之意然未免爲物累所累故似之而實非以不能免乎世累也若夫乘道德而浮遊者則不然乘猶騎乘所謂置身也浮遊於世而不溺没於其中俗云不即不離是也此入世而出世者也無譽無訾一龍一蛇與時俱化而無肯專爲一上一下以和爲量譽訾可否也龍蛇言其屈伸無定隨時變化而不一也上下猶飛潛也和即和光同塵之和浮遊乎萬物之祖物物而不物於物則胡可得而累邪此神農黃帝之法則也萬物之祖所謂衆父父物之所生也我得遊心於物之祖則物皆我所物而不見物於物矣尚得而累於我乎若夫萬物之情人倫之傳則不然合則離成則毀廉則挫尊則議有爲則虧賢則謀不肖則欺胡可得而必乎哉悲夫若以己身爲萬物之貴以道爲人倫之傳則不能與時俱化以

志誌同

和爲量者則材與不材均不能免矣○世情薄惡如此弟眞所謂無所逃於天地之間者悲夫兩字無限感愴

子志之其唯道德之鄉乎。内篇人間世説不材之用至詳且悉此又從不材受累處發出一段議論歸本道德自駁自解言下無餘蘊矣

市南宜僚見魯侯魯侯有憂色市南子曰君有憂色何也。魯侯曰吾學先王之道修先君之業吾敬鬼尊賢。句絶親而行之無須臾離言親切而行之不離也居然不免於患吾是以憂市南子曰君之除患之術淺矣夫豐狐文豹棲於山林伏於巖穴靜也夜行晝居戒也雖飢渴隱約猶且胥疏於江湖之上而求食焉胥疏與人相遠也定也然且不免於罔羅機辟之

而本作乃

患。是何罪之有哉。其皮爲之災也。今魯國獨非君之皮邪。吾願君刳形去皮。灑心去欲。而遊於無人之野。有其身而矜其國。雖憂懷萬端。而患慮愈深矣。惟外不見人。内不見己。方成至虛。天下之大解脫無過於此。南越有邑焉。取其去魯之遠也。名爲建德之國。好個國名。其民愚而朴。少私而寡欲。知作而不知藏。無私蓄也。與而不求其報。無人我也。不知義之所適。無分別也。不知禮之所將。無往來也。四句俱根少私寡欲來。猖狂妄行。而蹈乎大方。動而自合也。其生可樂。其死可葬。喻道爲物之所以終始也。此地方稱樂土。武陵源不足言也。王績醉鄉記。人稱爲絶唱。不知從此脫化出來。吾願君去國捐俗。與道相輔而行。捐俗。棄其世俗一切有爲法也。輔。依也。此段言除患之術。必歸心於道。而後可也。君曰。彼

我一作餓

其道遠而險。又有江山。我無舟車。奈何。市南子曰。君無形倨。無留居。以爲君車。形倨。踞礙之謂。留居。滯守之謂。形與物夷。心與物化。斯寄物以自載也。此言入道者當外其形骸也 君曰。彼其道幽遠而無人。吾誰與爲鄰。吾無糧。我無食。安得而至焉。市南子曰。少君之費。寡君之欲。雖無糧而乃足。此言入道者當去其嗜慾也 君其涉於江而浮於海。望之而不見其崖。愈往而不知其所窮。涉江浮海。言泝流窮源。愈造愈深。將立於不測而遊於無有也 送君者皆自崖而反。君自此遠矣。至此。平日聰明知慮一時俱廢。如送行者至崖而反。君自此去乎。獨行入於寥天。而去人遠矣。遠於人則隣於道也○莊叟善體物情。於徐無鬼篇撰出去國景況。於則陽篇撰出回鄉景況。於此撰出送行景況。淋漓曲盡。筆有化工。讚技至此乎 故有人者累見有於人者憂故堯非有人非見有於人也吾願去君之累除君之憂而獨與道遊於大莫之國有國則有人亦且見有於人矣憂累豈能免乎言堯者擧讓國以見例也大莫廣莫與無人之野建德之國總形容其虛也憂累根上患字來

方舟而濟於河有虛船來觸舟雖有惼心之人不怒有一人在其上則呼張歙之一呼而不聞於是三呼邪則必以惡聲隨之向也不怒而今也怒者向也虛而今也實也人能虛己以遊世其孰能害之邪呼聲也結前以虛心爲歸篇末二句方是正意文氣悠長人情曲盡

北宮奢爲衛靈公賦斂以爲鐘爲壇乎郭門之外三月而

成上下之縣。設架懸鐘上下各六所謂編鐘也三月而成言其速也王子慶忌見而問焉。曰。子何術之設。奢曰。一之間無敢設也。道一而已若有作為便二矣故曰無敢設奢聞之。既雕既琢。復歸於朴。去華務盡也侗乎其無識。不起意見也儻乎其怠疑。不急趣赴也萃乎芒乎。如物之叢生而無心也其送往而迎來。來者勿禁。往者勿止。從其彊梁。不罪其背我者隨其曲傅。不私其附我者此二句頂上三句因其自窮。因其力之所自盡而不強之所不堪此句頂上二句故朝夕賦斂而毫毛不挫。已上皆賦斂之術無容心其間故不挫損於吾心常應而常靜也而況有大塗者乎。大塗大道也奢未必為知道其行事猶如此況道德之有於心乎

孔子圍於陳蔡之間。七日不火食。大公任往弔之。曰。子幾

翂音紛 翐音秩

死乎。曰。然。子惡死乎。曰。然。任曰。子嘗言不死之道。東海有鳥焉。名曰意怠。仫鳥也 其爲鳥也。翂翂翐翐。而似無能。不能奮飛之貌 引援而飛。迫脅而棲。進不敢爲前。退不敢爲後。食不敢先嘗。必取其緒。是故其行列不斥。與群俱也 而外人卒不得害。是以免於患。古云白璧不可爲。庸庸多後福。正是此意。昔人言及此。遂以爲天下衰亂。不可爲矣。豈知後世爲意怠之行。實多而究不能徼倖於意怠之福。則庸庸多後福之論。猶屬治世之言也。可勝愴然。 直木先伐。甘井先竭。子其意者飾知以驚愚。修身以明汙。昭昭乎如揭日月而行。故不免也。言以才自見者不能免於患也 昔吾聞之大成之人。曰。大成大成其德也 自伐者無功。功成者墮。名成者虧。孰能去功與名而還與衆人（還推以與人也此所謂有道者能以有餘奉天下也）道流而不明居得行而不名處（得應作德名應作明二句言道德流行無往不在但不欲顯而居處以自伐耳）純純常常乃比於狂（純純一也常平常也純一其心平常其行與猖狂不知所之者同）削迹捐勢不爲功名（削迹杜門掃軌捐勢不事王侯如此所以不爲功名也）是故無責於人人亦無責焉（功自彼立名自彼成不以我責人之成立而人亦不得以此求責於我也）至人不聞子何喜哉（不聞不求聞達也何喜何必以聞爲喜也）孔子曰善哉辭其交遊去（上聲）其弟子逃於大澤衣裘褐食杼（杼音序）栗入獸不亂羣入鳥不亂行鳥獸不惡而況人乎（鳥獸不惡則無人患可知）

孔子問子桑雽（雽戶同）曰吾再逐於魯伐樹於宋削迹於衛窮於

商周圍於陳蔡之間吾犯此數患親交益疏徒友益散何與子桑雽（音號）曰子獨不聞假人之亡與林回棄千金之璧負赤子而趨（假國名亡亡命也林回假人之名）或曰爲其布與赤子之布寡矣爲其累與赤子之累多矣（布泉帛也言若以赤子可市所值之價寡於千金爲其累指璧而言也）棄千金之璧負赤子而趨何也林回曰彼以利合此以天屬也夫以利合者迫窮禍患害相棄也以天屬者迫窮禍患害相收也（迫猶近也〇人之相與必於窮禍患害時方能見得若平居慕悅徼逐雖多亦奚以爲）夫相收之與相棄亦遠矣〇（頓此句文情警策）且君子之交淡若水小人之交甘若醴君子淡以親小人甘以絕彼無

挹音揖

故以合者則無故以離無故二字絶佳世人反眼相背者即係昔日萍水傾蓋便握手指天誓日之人也當於初見時遠之如虎狼蛇蝎可耳孔子曰敬聞命矣徐行翔佯而歸絶學捐書弟子無挹於前其愛益加進挹拱挹也虚文去而眞意流其屬也以天其淡也若水矣異日桑雩又曰舜之將死眞冷禹曰眞令二字乃其命之誤汝戒之哉形莫如緣情莫若率緣者因緣依附之意率眞率也緣則不離率則不勞不離不勞則不求文以待形不求文以待形固不待物不離不勞任其質之自然而性分已足也既不求文以待形又何資於外物哉物謂名以命之器以別之者○此段根虚已來言與人定交亦當去文任質相屬以天也末忽另起一段似斷似續古穆奇奥變幻莫測

枳音紙

莊子衣大布而補之。正緳係履。正緳、結帶也。係履、履敝而係之以繩也。而過魏王。魏王曰。何先生之憊邪。莊子曰。貧也。非憊也。士有道德不能行。憊也。衣弊履穿。貧也。非憊也。此所謂非遭時也。王獨不見夫騰猿乎。其得柟梓豫章也。攬蔓其枝。攬、把也。蔓、纏繞也。而王長其間。王長、言其志盛意得也。雖羿蓬蒙不能眄睨也。及其得柘棘枳枸之間也。危行側視。振動悼慄。此筋骨非有加急而不柔也。處勢不便。未足以逞其能也。今處昏上亂相之間。而欲無憊。奚可得邪。此比干之見剖心徵也夫。○此段襲原憲貧憊之論。已屬套談。且昏上亂相等語。殊非對君口氣。比干剖心。與貧憊何涉。贋筆無疑。

猋必遥反

孔子窮於陳蔡之間。七日不火食。左據槁木。右擊槁枝。而歌猋氏之風。槁木几也槁枝策也猋氏之風猶猋氏之頌也有其具而無其數。有其聲而無宮角。無數無節奏也無宮角不合五音也木聲與人聲。犁然有當於人之心。犁然如犁田者其土釋然也顏回端拱還目而窺之。端拱則頭容直矣不能睢視故轉其睛而環視之也仲尼恐其廣己而造大也。愛己而造哀也。造至也遡己則至於大愛己則至於哀皆有己之累當厄聞歌聲非矜張則悲苦也曰。回。無受天損易。天損之時不容不安故易謂貧而樂也無受人益難。人益之來欲辭不能故難謂富不淫也無始而非卒也。於今爲始者於睢爲卒則所謂始者即見卒矣言變化之無窮也人與天一也。夫今之歌者其誰乎。人與天皆本於自然任其自爾則歌者非我也數語皆言

無己之理 回曰。敢問無受天損易。仲尼曰。饑渴寒暑。窮桎不行。窮桎不行猶窮困不通也 天地之行也。運物之泄也。二句作一串讀言皆天地之氣流行所以運動萬物發泄而不可遏者 言與之偕逝之謂也。為人臣者不敢去之。執臣之道猶若是。而況乎所以待天乎。偕逝偕往也順化而偕往如臣子之聽命於君直易事耳故曰易 何謂無受人益難。仲尼曰。始用四達。言初進便順利也 爵祿並至而不窮。言其有加無己也 物之所利。乃非己也。吾命有在外者也。外來之利益非己本有是吾之命有在於外故使然耳 君子不為盜。賢人不為竊。吾若取之何哉。非其有而取之者盜也豈君子賢人所為吾乃安然取之何哉 故曰。鳥莫知於鷾鴯。鷾鴯燕也 目之所不宜處不給視雖

落其實棄之而走。實口實也言有不宜處者目不及視雖棄其口實而不顧也其畏人
也而襲諸人間社稷存焉爾如上文所云則燕畏人之至可謂有存身之知矣乃不能
不處於人間之堂上何也蓋燕舍此別無可安身之地猶人之社稷鎮於此不能他移也喻人雖知人益之不可受
但不能離此世間耳故曰難諸解大謬可笑何謂無始而非卒仲尼曰化其萬
物而不知其禪之者焉知其所終焉知其所始。正而待之
而已耳一氣相禪萬化無窮不知誰爲之者或益之而損或損之而益莫知其始是故不可先迎莫知其終
是故不可預待也正而待之以順其自化而已何謂人與天一邪仲尼曰有人天
也人者天所生也有天亦天也。天亦造化爲之也人之不能有天性也性者
從天命之非人所得與也聖人晏然體逝而終矣逝即逝者如斯之逝乃造物所以爲卒始

者體其遊，則何人非天，何天非人，自不受夫外來之損益矣。此段亦根與時俱化來，必順乎天道，方為順時之極處。知天損人益之別，則不至廣己造大；知始卒人天之合，則不至愛己造哀也。

莊周遊乎雕陵之樊，覩一異鵲自南方來者，翼廣七尺，目大運寸，感周之顙，而集於栗林。莊周曰：此何鳥哉？翼殷不逝，目大不覩。蹇（搴同）裳躩步，執彈而留之（留戀而取之也），覩一蟬方得美蔭而忘其身，螳蜋執翳而搏之，見得而忘其形；異鵲從而利之，見利而忘其眞（目能覩，翼能逝，此鳥之眞也。今見利而忘之。俗所謂螳蜋捕蟬之說本此）。莊周怵然曰：噫！物固相累，二類相召也（言相為利者，恒相為累。有欲於物者，物亦有欲之）。捐彈而反走，虞人逐而誶之（以其反走，則驚去異鵲，故誶詈）。

之。莊周反入。三月不庭。自省也 藺且從而問之。夫子何爲頃間甚不庭乎。莊周曰。吾守形而忘身。觀於濁水而迷於清淵。動與物交濁水也。靜而伭覽清淵也。言逐於外而迷其內也。且吾聞諸夫子曰。入其俗從其俗。不違其禁令也。今吾遊於雕陵而忘吾身。異鵲感吾顙。遊於栗林而忘眞。栗林虞人以吾爲戮。以詬詈爲辱。吾所以不庭也。此段言逐物之利者必有忘己之害也。

陽子之宋。宿於逆旅。逆旅人有妾二人。其一人美。其一人惡。惡者貴而美者賤。貴愛賤憎也。陽子問其故。逆旅小子對曰。其美者自美。吾不知其美也。其惡者自惡。吾不知其惡也。

陽子曰弟子記之行賢而去自賢之行安往而不愛哉此段言有才不可自矜以取尤也

人世之患淺由道德之功淺葢道德爲萬物之祖順時而化非猶萬物之貴人倫之傳徒以取尤也然而遊之又必以虛已爲端故刳形去皮洒心去欲而後遊乎大莫之國以成虛船之用而不至貽豊孤文豹之憂此市南宜僚之旨可與材不材之論相發明者也若北宮奢賦斂爲鐘特小術耳猶能虛已順時倜乎儻乎如彼送往迎來如此則其進此者可知已顧忠可以語此者惟

孔子。夫孔子豈非滚受世患者哉。大公任謂去功與名而還與衆人。卽虛己以順時。所以遊乎道德而免乎世患之術也。然能虛己以應世而不能虛己以定交則疏者不至以患相加。而親者或至以患相棄。可奈何。抑能順時以待人。而不能順時以待天。則在世本無逆施之事。而在我反生逆受之情。可奈何。乃子桑雽見及此矣。所云相屬以天。相淡若水。誠有得於形緣情率之遺訓也。其虛己爲已至矣。是親交益疏。徒友益散。無復然矣。卽孔子亦嘗言及此矣。所云無受天損無受人益誠有見於天人始卒之相因也其順時爲已至矣是廣已造大愛已造哀無惑然矣不則見利忘眞則爲雕陵之異鵲自賢取賤則爲逆旅之美人而已何能遊乎道德以免世患哉此篇闡發全身遠害之理可以補內篇人間世所未備大意以道德爲眼其所云虛己順時乃道德中事也精義奧旨可當涉世韋弦惟莊子過魏王一段則係淺夫效顰勦襲紕繆極易指摘乃當日訂莊者不亟芟除以致黎邱畫見吾不能無遺議於郭子玄也

外篇田子方第二十一

田子方侍坐於魏文侯數稱谿工。文侯曰。谿工子之師邪。子方曰。非也。無擇之里人也。稱道數當。 謂與論道理往往當於人心也 故無擇稱之。文侯曰。然則子無師邪。子方曰。有。曰。子之師誰邪。子方曰。東郭順子。文侯曰。然則夫子何故未嘗稱之。子方曰。其爲人也眞。 謂質任自然 人貌而天。 貌雖人而心則天所以爲眞也 虛緣而葆眞。 虛緣虛己而順物葆眞養其眞也所以爲人貌而天也 清而容物。 是其自處於清矣然清者無患其過刻又能包容乎物 物無道。正容以悟之。使人之意也消。 所告者不在言語之間所改者不在事爲之際 無擇何足以稱之。子方出。文侯儻然終日不言。召前立臣而語之曰。遠矣全德之君子。 遠者不可及也全德指上文數語始吾以聖知之言，仁義之行，爲至矣。吾聞子方之師，吾形解而不欲動，口鉗而不欲言，吾所學者，眞土梗耳。土梗猶土苴言粗迹也夫魏眞爲我累耳。此段言道在精深俗學之粗亦不足言也

溫伯雪子適齊，舍於魯，魯人有請見之者。溫伯雪子曰：不可。吾聞中國之君子，明乎禮義而陋於知人心，吾不欲見也。至於齊，反舍於魯，是人也又請見。溫伯雪子曰：往也蘄見我，今也又蘄見我，是必有以振我也。振發也出而見客，入而歎。明日見客，又入而歎。其僕曰：每見之客也，之客此客也必入而歎，何耶？曰：吾固告子矣：中國之民，明乎禮義而陋乎

知人心昔之見我者進退一成規一成矩從容一若龍一若虎其諫我也似子其道我也似父是以歎也進退從容明乎禮諫道明乎義皆不能知人心也　仲尼見之而不言子路曰吾子欲見溫伯雪子久矣見之而不言何邪仲尼曰若夫人者目擊而道存矣亦不可以容聲矣目之所觸而道自存無可以容於言語此夫子所以能知人心也

此段言道有不言之教學者當知得意忘言之妙

顏淵問於仲尼曰夫子步亦步夫子趨亦趨夫子馳亦馳夫子奔逸絶塵而回瞠音撑若乎後矣步趨馳皆取馬而喻故有奔逸絶塵之說瞠直視貌　夫子曰回何謂邪曰夫子步亦步也夫子言亦言也夫

子趨亦趨也夫子辯亦辯也夫子馳亦馳也夫子言道回亦言道也及奔逸絕塵而回瞠若乎後者夫子不言而信不期人信而人信之不比而周不期人親而人親之無器而民蹈乎前無名位而民自歸之而不知所以然而已矣總言夫子之大可為而化不可為不知所以然所以瞠若乎後也

仲尼曰惡可不察歟夫哀莫大於心死而人死亦次之言此不疾而速之妙皆心之用所謂所存者神也故心存則人存心亡則人亡人死雖可哀不如心死尚為哀之大也心死即齊物論所謂其形化其心與之然可不為大哀之說也

日出東方而入於西極萬物莫不比方有目有趾者待是而後成功是出則存是入則亡人之有心知天之有日萬物莫不待之以成功故日出則為存日入則為亡究竟日無存亡但俱限

女汝

於所見耳萬物亦然。有待也而死。有待也而生。萬物之生死也亦猶天之於日皆有所待以成功萬物之所待者蓋心中之慧日也吾一受其成形而不化以待盡。吾一受此心以成其形而不少離以待其形之盡則心之於人相待審矣效物而動。日夜無隙。而不知其所終。薰然其成形。知命不能規乎其前。丘以是日徂。吾終身與汝交一臂而失之。可不哀與。倘不知此心之當存效物而動則日夜牿亡有不知其窮期者雖薰然成形奈命不可節覺有不能繫已往之陳迹惟見其日日往而不返人生幾何是吾與汝方交臂而遂相失也此哀莫大於心死而人死亦次之也女殆著乎吾所以著也。彼已盡矣。而女求之以爲有。是求馬於唐肆也。女以歩趨等語求吾是第見吾之所可見者不知事過而道已化不可係留其所可見者固已盡矣而女求之以爲有是何異

於空肆之中求馬祇見肆而不見馬乎此亦扣盤捫燭之喻○上面回借馬為喻此即答以求馬是呼應巧處

吾服女也甚忘。女服吾也亦甚忘。吾之所以服女者與女之所有服猶佩服即上所以服於吾者甚貴忘其文勝乎其後之意

雖然女奚患焉雖忘乎故吾吾有不忘者存。然忘恐落虛無其實又不必患也蓋忘不過其故吾耳而不忘者尚有猶可自反而觀也故吾即求有之吾而不忘者即吾所待以生之物也○此段言人之所以存者在此心之不亡也

孔子見老聃老聃新沐方將被髮而乾慹然似非人慹不動貌似非人喀然似喪其耦

孔子便而待之少焉見曰丘也眩與其信然與向者先生形體掘若槁木似遺物離人而立於獨也老聃曰吾遊於物之初物之初即依門所謂父母未生前也○千古道秘一語洩破

孔子

曰何謂邪曰心困焉而不能知口辟焉而不能言嘗爲女議乎其將【將者且然未必之詞以心思言論之所窮不得不姑以是言之也】至陰肅肅至陽赫赫肅肅出乎天赫赫發乎地兩者交通成和而物生焉【言物之初混芒一氣耳氣有陰陽而陰陽之生也則互爲其根故陰陽交和而物自生周子太極圖本此】或爲之紀而莫見其形【紀綱維也言此中若有綱維之究不知其誰爲之者】消息滿虛一晦一明日改月化日有所爲而莫見其功【成和物生之後祗見造化運動推遷似日有所爲而所爲之功卒不可見】生有所乎萌死有所乎歸始終相反乎無端而莫知乎其所窮【生死所出入之機與生死相循環之用所謂無極之眞故爲物之和也數所字可玩】非是也且孰爲之宗【宗猶太宗師也惟其宗之所以遊之孔

子曰。請問遊是。問遊是有何所得老聃曰。夫得是至美至樂也。道書謂先天一炁人身中至寶得之者如醉如癡故曰至美至樂得至美而遊乎至樂。謂之至人。孔子曰。願聞其方。問其所以遊此之法也曰。草食之獸。不疾易藪。水生之蟲。不疾易水。行小變而不失其大常也。疾惡也獸蟲所以不惡變易者以藪無異草澤無異水地雖少變而大常者自在也喜怒哀樂。不入於胷次。夫天下也者。萬物之所一也。得其所一而同焉。則四支百體。將為塵垢。而死生終始。將為晝夜。而莫之能滑。而況得喪禍福之所介乎。即德充符篇物視其所一而不見其所喪之義棄隸者若棄泥塗。知身貴於隸也。貴在於我。而不失於變。且萬化而未始有極也。隸屬也。知貴在我而不在隸，則死生如一矣。夫孰足以患心。已為道者解乎此。孔子曰。夫子德配天地。而猶假至言以修心。古之君子孰能説焉。假借也。説仍作如字解。言古之君子皆不能為此語也。○此段一轉文從言論筌蹄上發出修證實義。老聃曰。不然。夫水之於汋也。無為而才自然矣。至人之於德也。不修而物不能離焉。若天之自高。地之自厚。日月之自明。夫何修焉。此種學問原是一毫造作不得。孔子出以告顔回曰。丘之於道也。其猶醯雞與。微夫子之發吾覆也。吾不知天地之大全也。醯雞醋中蠛蠓。發覆啟幕也。○此段言欲存心於不死，必先遊心於未生也。

莊子見魯哀公。哀公曰。魯多儒士。少為先生方者。莊子曰。

圜音圓

獻當作鬳

魯少儒。哀公曰。舉魯國而儒服。何謂少乎。莊子曰。周聞之。儒者冠圜冠者。知天時。履方履者。知地形。緩佩玦者。事至而斷。君子有其道者。未必爲其服也。爲其服者。未必知其道也。公固以爲不然。何不號於中國曰。無此道而爲此服者其罪死。雖曰寓言。大不近理。於是哀公號之五日。而魯國無敢儒服者。獨有一丈夫。儒服而立乎公門。公卽召而問以國事。千轉萬變而不窮。莊子曰。以魯國而儒者一人耳。可謂多乎。○忽插此段。洵屬無謂。細味文氣。洵非莊叟之筆。林獻齋何必以年世相遠爲疑乎

百里奚爵祿不入於心。故飯牛而牛肥。使秦穆公忘其賤。

儃音但

礴薄各反

與之政也。有虞氏死生不入於心。指父頑母嚚常欲殺舜而言故足以動人。此段根上喜怒哀樂不入其胸次意

宋元君將畫圖。衆史皆至。受揖而立。舐筆和墨。在外者半。有一史後至者。儃儃然不趨。儃儃趨閒貌受揖不立。因之舍。公使人視之。則解衣槃礴。臝。槃礴箕踞也臝與裸同君曰。可矣。是眞畫者也。○此段亦屬後人擬筆

文王觀於臧。見一丈夫釣。而其釣莫釣。非持其釣有釣者也。常釣也。言此丈人釣矣而其釣不釣蓋非持其釣而以釣爲事者也常常如此持竿自適而已文王欲舉而授之政。而恐大臣父兄之弗安也。欲終而釋之

而汝同

而不忍百姓之無天也。〇（語意絆纆稚弱）於是旦而屬之大夫曰。昔者寡人夢見良人。黑色而頿（髯同）乘駁馬而偏朱蹄。號曰。寓而政於臧丈人。庶幾乎民有瘳乎。諸大夫蹵然曰。先君王也。文王曰。然則卜之。諸大夫曰。先君之命王。其無它。又何卜焉。遂迎臧丈人而授之政。典法無更。（無變令也）偏令無出。（無專令也）三年文王觀於國。則列士壞植散羣。（不樹朋黨也）長官者不成德。（不居功也）斔（庚同）斛不敢入於四境。（不懷疑也）列士壞植散羣。則尚同也。長官者不成德。則同務也。斔斛不敢入於四境。則諸侯無二心也。文王於是焉以爲太師。北面而問曰。政可以及天下乎。臧丈人昧然而不應。泛然而辭。朝令而夜遁。終身無聞。○何所聞而來何所見而去可勝粲然顏淵問於仲尼曰。文王其猶未邪。又何以夢為乎。仲尼曰。默。汝無言。夫文王盡之也。而又何論刺焉。彼直以循斯須也。○徇斯須徇人情於斯須也文王用機械仲尼徇斯須雖鄙夫猶羞稱之矣此等議論此等筆法乃敢擬莊吾不知其是誠何心也

列禦寇為伯昏無人射。引之盈貫。貫滿也措杯水其肘上言平直之至也發之。適矢復沓。方矢復寓。沓重也言前矢適去而後矢復搭搭者方發而後來之矢復寓於弦上總言其敏捷也當是時。猶象人也。象人木偶也形容其安閒不動之意伯昏無人曰。是射之射。非不射之射也。言能以巧用而不能以神用也嘗與

汝登高山履危石臨百仞之淵若能射乎於是遂登高山履危石臨百仞之淵背逡巡足二分垂在外讀至此便覺毛髮悚然矣揖禦寇而進之禦寇伏地汗流至踵伯昏無人曰夫至人者上闚青天下潛黃泉揮斥八極神氣不變今汝怵然有恂目之志恂目猶目眩也爾於中也殆矣夫此段根上不足以患心意

肩吾問於孫叔敖曰子三爲令尹而不榮華三去之而無憂色論語載係令尹子文之事吾始也疑子今視子之鼻間栩栩然栩栩心平而氣靜也○此便裝假不來不似謝家履矯情鎮物令人冷眼覷破子之用心獨奈何孫叔敖曰吾何以過人哉吾以其來不可卻也其去不可

止也。吾以爲得失之非我也，而無憂色而已矣。我何以過人哉。且不知其在彼乎，其在我乎。其在彼邪，亡乎我。在我邪，亡乎彼。方將躊躇，方將四顧，何暇知乎人貴人賤哉。彼指人也。我爲令尹則人不得爲令尹，人爲令尹則我自當不爲令尹。躊躇四顧，高視而曠觀之也。根上段得其所亡而同句來。

仲尼聞之曰：古之眞人，知者不得說，非言可窮也。美人不得濫，非色可淫也。盜人不得劫，非威可屈也。伏戲黃帝不得友。非世可係也。

死生亦大矣，而無變乎己，況爵祿乎。若然者，其神經乎大山而無介，入乎淵泉而不濡，處卑細而不憊，充滿天地，旣以與人己愈有。旣以與人己愈有，句出老子。○此段言身外之物於眞我本無加損，根上貴在

於我而不失
於變句來
楚王與凡君坐少焉楚王左右曰凡亡者三此眞左右之見也描寫曲
盡凡君曰凡之亡也不足以喪吾存夫凡之亡不足以喪
吾存則楚之存不足以存存由是觀之則凡未始亡而楚
未始存也此段存亡不係於我則我之存亡亦不係於國亦根上貴在於我而不失於變句來
有道者非可以言傳見道者不必以言受蓋道不在人
而在人之心也人之心貴求乎不死之實而不死其心
之術又貴立乎未生之前此其間有至微焉非有得於
我而無動乎中者未足以語此耳如東郭順子溫伯雪

子皆所謂有道之人也。子方之不能稱夫子之不容言
豈無說與。亦以可求於言辯之間者爲有待。以生有待
以死之人。其不可求於言辯之間者爲忘乎。故吾吾有
不忘之心也。死而不忘者壽。則薪盡火傳之說矣。顧大
化密移。俯仰之間。輙成陳迹。而欲求於交臂易失之頃。
非遊心於物初。以期得乎至美至樂。鮮有不効物而動
而蹈心死之大哀也。然而遊心亦未易言也。物之初一
而已矣。死生終始。皆後起之名。惟得其所一。卽四支百
體。猶屬多餘。其四支百體之外。所云得喪禍福者。又無

論已。此遊心者貴在於我。不特無患心之實。亦併無修心之名。方爲極則矣。孔老之旨。其爲道豈有殊哉。此其道惟百里奚有虞氏得之。彼列禦寇怵然有恂目之志。未足云也。若夫孫叔敖在彼在我之說。凡君未亡未存之論。庶幾於遊心物初之旨也哉。篇中結穴處在夫子老聃二段。詮闡道要。已無遺蘊。首二段引起心學之精不在言論之末。後數段舉爲道之人。言其心之無累。如此作個証佐。惟魯哀公宋元公臧丈人三段。語氣不屬。立義亦淺。非南華手筆無疑。余非過爲指摘也。

外篇知北遊第二十二

知北遊於玄水之上。登隱弅音墳之丘。而適遭無為謂焉。知謂無為謂曰。吾欲有問乎若。何思何慮則知道。何處何服則安道。何從何道則得道。由也道之為物無名無稱無有知者無不知者無有安者無不安者無有得者無不得者知之問添出思慮等語所謂無風起浪頭上安頭矣三問而無為謂不答也。非不答。不知答也。知不得問。反於白水之南。登狐闋之上。而睹狂屈焉。知以之言也問乎狂屈。狂屈曰。唉。予知之。將語若。中欲言而忘其所欲言。知不得問。反於帝宮。見黃帝而問焉。黃帝曰。無思無慮始知道。無處無服始安道。無從無道始得道。知問黃帝曰。我與若知之。彼與彼不知也。其孰是邪。黃帝曰。彼無為謂眞是也。狂屈似之。我與汝終不近也。夫知者不言。言者不知。故聖人行不言之教。三句出老子。是全段肯綮。大抵落於言詮。便成疑網。道不可致。德不可至。仁可為也。義可虧也。禮相偽也。在其自然。斯不言之教也。致之至之。皆屬造作。故道德之所不取。道德之中有仁義禮。仁猶近也。為之可也。義則過於分別。虧之可也。禮則相助為偽而已。故曰。失道而後德。失德而後仁。失仁而後義。失義而後禮。禮者道之華。而亂之首也。五句出老子。故曰。為道者日損。損之又損之。以至於無為。無為而無不為也。三句出老子。今已為物也。欲復歸根。不亦難乎。

爲物猶朴散而爲器也歸根謂返於道德其易也其唯大人乎大人所以能歸根者以任其自然不起分別耳此句起下意生也死之徒死也生之始孰知其紀人之生氣之聚也聚則爲生散則爲死若生死爲徒吾又何患人之最易起分別者莫知生死不知生死亦任其自然出入於造化之機也故方生方死方死方生孰知其綱維是乎大約盈天地間只是渾芒一氣以息相吹或聚或散頓成生死異觀如佛家所謂四大假合死而復散之說也若不以生死爲異更相爲始則未知孰死孰生俱是聚也俱是散也又何患焉故萬物一也其所美者爲神奇其所惡者爲臭腐臭腐復化爲神奇神奇復化爲臭腐故曰通天下一氣耳聖人故貴一今人皆以生爲神奇而美之死爲臭腐而惡之大非也豈知神奇臭腐反覆相因無有窮也故在天下間皆一氣耳聖人則處之如不起分

別任其自然、此所謂道也、一氣、卽火傳不知其盡也

知謂黃帝曰。吾問無爲謂。無爲謂不應我。非不我應。不知應我也。吾問狂屈。狂屈中欲告我而不我告。非不我告。中欲告而忘之也。今予問乎若。若知之。奚故不近。黃帝曰。彼其眞是也。以其不知也。此其似之也。以其忘之也。予與若終不近也。以其知之也。明乎道之自然、非知可得、故以不知爲眞、是知之爲不近也

狂屈聞之。以黃帝爲知言。末收狂屈、終不黜出無爲謂、蓋無爲謂惟以不知終也、狂屈便多此一聞矣、

天地有大美而不言。四時有明法而不議。萬物有成理而不說。三語與論語天何言哉四時行焉百物生焉數語同意

聖人者。原天地之美而

達萬物之理。是故至人無爲。大聖不作。觀於天地之謂也。觀於天地。亦體其自然而已。今彼神明至精。與彼百化。物已死生方圓。莫知其根也。扁翩同然而萬物自古以固存。人之神明至精。似宜洞悉物類矣。乃與彼百化之物。已死生異變。方圓異象。實不知其所以然之本根。惟見翩然萬物。而無物之不有。自古固存。而無時之不然。是故無所容吾知也。既無所容吾知。何所容吾言哉。六合爲巨。未離其内。秋毫爲小。待之成體。承上遂指本根。蓋本根者道也。道無往而不在。故六合離大。而此道不離於其内。秋毫爲小。而其體亦待而後成也。天下莫不沈浮。終身不故。天下以此而浮沈於兩間。日新而不腐。陰陽四時運行。各得其序。陰陽四時。造化之用。以此而不愆其序。惛然若亡而存。油然不形而神。萬物畜而不知。若亡也。而實存。若不形也。而自神萬物自生自育而不知其誰爲之者。此段與中庸萬物並育而不相害一節同意。此之謂本根。

可以觀於天矣。以此觀天則天之所以爲天者居然可知矣。苟反之吾身得其所以生我養守之不離則歸根之道也。此段從上面歸根意發出議論精微玄妙與上若斷若續奇甚

齧缺問道乎被衣。被衣曰。若正汝形。一汝視。天和將至。身不妄動目不妄視則專氣致柔而天和將自至矣攝汝知。一汝度。神將來舍。不起思慮出入以變則心不外馳而神將來舍矣德將爲汝美。道將爲汝居。汝瞳然如新生之犢。而無求其故。故字對新言瞳然無心直視貌如新生之犢言與彼更生而不知其所以然者言未卒。齧缺睡寐。常下頓悟收聽返視凝神內守不覺相對而睡寐也被衣大說。行歌而去之曰。形若槁骸。心若死灰。真其實知。不以故自

持。眞其實知。言天機無妄，自能相悅以解。不以故自持，卽上文無求其故之意。媒媒晦晦。無心而不可與謀。媒媒卽昧昧。無心不可與謀，狀其超然無心，不可與謀慮乎事也。彼何人哉。被衣至此實忘爲人，非贊詞也。

舜問乎丞曰。道可得而有乎。曰。汝身非汝有也。汝何得有夫道。舜曰。吾身非吾有也。孰有之哉。曰。是天地之委形也。委積聚也。四大假合，故曰委形。生非汝有。是天地之委和也。陰陽二五交通成和，而後有生，故曰委和。性命非汝有。是天地之委順也。旣生則有性命，而二五之妙順則成人，故曰委順。孫子非汝有。是天地之委蛻也。形形相禪，無有窮盡，故曰委蛻。故行不知所往。處不知所持。食不知所味。天地之彊陽氣也。

而汝同

窅烏了反

又胡可得而有邪。陰陽卽健動之義天地以之生物者擧吾之身亦皆非吾所有矣則執着此道以爲吾之所得不亦妄乎佛氏所謂人法雙忘乃成空到者其義可想矣

孔子問於老聃曰。今日晏閒。敢問至道。老聃曰。汝齋戒疏瀹而心。澡雪而精神。掊擊而知。疏瀹通其滯也澡雪滌其舊也掊擊去之也

夫道窅然難言哉。將爲汝言其崖略。窅然深杳之義崖邊際略相略也

夫昭昭生於冥冥。有倫生於無形。精神生於道。形本生於精。四句俱是無中生有精神之精卽道家所謂先天之精淸通而無象者也是性所自出也形本之精卽易繫所謂男女媾精之精有氣而有質者也是命所由立也

而萬物以形相生。故九竅者胎生。八竅者卵生。其來無迹。其往無崖。無門無房。四達之皇皇也。

有生矣。則因而生生。既生生。則不能無死。然其生而來也不知何自。其死而去也不知何止。無出入之門。無往宿之房。任其死生來去。如通衢四達之大。是道之物。物有如此者

邀於此者。四肢彊。思慮恂達。耳目聰明。其用心不勞。其應物無方。邀猶邀諸路而得之也。得道之人外而體。體內而思慮。耳目莫非道妙。故用心不勞。應物無方。信乎不可不邀而得之也天不得不高。地不得不廣。日月不得不行。萬物不得不昌。此其道與。此言道之用

且夫博之不必知。辯之不必慧。聖人以斷之矣。若夫益之而不加益。損之而不加損者。聖人之所保也。夫道之難言。在人之博知辯慧俱用不著。固不得言矣。而此中功候損益皆無所加者。則聖人之所守也。損益即忘與助長之說○文氣抑揚盤旋。跌宕有致

淵淵乎其若海。言其存而不測也巍巍乎其終則復始

也。言其動而無方也運量萬物而不匱。則君子之道。彼其外與。萬物皆往資焉而不匱。此其道與。其裁成輔相以成物曲之利者。則在君子之道不過外著之端耳。必其無心於運量。而萬物皆往資始資生。而無有終窮。為道之至極。○此言道之體。

中國有人焉。非陰非陽。處於天地之間。直且為人。將反於宗。中國有人焉。謂聖人也。非陰非陽。言有無死生不足以係之。處於天地之間。直且為人。所謂有人之形者。故曰中國有人焉。此入世法也。將反於宗。所謂無人之情者。故曰非陰非陽焉。此出世法也。反於宗。即遊於物初之說。○此言邀乎道者之人。

自本觀之。生者。喑醷物也。音陰意雖有壽夭。相去幾何。須臾之說也。奚足以為堯桀之是非。惟反于宗。則其德與冥冥者合矣。故能相忘於死生之間。蓋自其宗觀之。非惟無形。抑且無生。非惟無生。抑且無氣。氣動而有生者。氣之聚也。如人之有喑醷者然。醷。梅漿也。

漻流礫二音

喑久醷之也。壽夭相去幾何。同歸於散而已。人生百年直須臾已。何足是堯非桀。嘵嘵於須臾之頃乎。果蓏有理。人倫雖難、所以相齒。木實曰果、草實曰蓏。言爲物雖微、其卑高之相亞、大小之相綴、亦自有文理而不亂。人道之大、雖難與果蓏比、倫然所以相齒之序、未嘗有異也。聖人遭之而不違。聖人處此、如父子無所解、君臣無所逃、亦盡其所當盡而已。此句根上直且爲人來。過之而不守。過矣而化、未嘗苦節以自貞、蓋亦順其自然也。此句根上將反於宗來。調而應之德也。調謂調和、善處爲之、而自以爲者德也。項上遭之而不違句。偶而應之道也。偶値也。値乎此而始應之、則無心爲之者道也。項上過之而不守句。帝之所興、王之所起也。帝王之治無爲而無不爲也。即上面用心不勞而應物無方之意。人生天地之間、若白駒過郤、忽然而已。注然勃然、莫不出焉。油然漻然、莫不入焉。已化而生、又化弢，弢刀反。

而死。生物哀之、人類悲之。解其天弢、墮其天袠（音秩）。紛乎宛乎。魂魄將往、乃身從之。乃大歸乎。出生入死也。死者爲生物所哀、人類所悲。而在死者則以軀殼爲累、弃之爲快也。弓囊曰弢、衣囊曰袠。紛亂宛轉、形容解散、隨弢袠之貌。大歸、如旅人赴家者不回頭也。○此言生死原無異觀、根上生者喑醷物句來。

不形之形、形之不形。是人之所同知也。非將至之所務也。此衆人之所同論也。彼至則不論。●論則不至。明見無値。辯不若默。道不可聞。聞不若塞。此之謂大得。形者色身也。幻相也。假合者也。不形者法身也。實相也。無假者也。以是而論、亦衆人之所同知。然却非將至者之所務。何也。以衆人皆能論乎此也。彼至則不論。論則不至。若待擬議商量、尚在目耳上討分曉、猶非道妙。故欲明見乎道、則不能廢幾一下過。是言不如不言也。道本不可以言聞。是聞不如不聞也。默然塞焉、方爲大得乎

稗蒲賣反

道矣此應上文夫道窅乎難言意言邀乎道者之法

東郭子問於莊子曰所謂道惡乎在莊子曰無所不在一語巳盡再問便非東郭子曰期而後可欲指其所在也莊子曰在螻蟻曰何其下邪曰在稊稗曰何其愈下邪曰在瓦甓曰何其愈甚邪曰在屎溺東郭子不應螻蟻有知而至微稊稗無知而有生瓦甓無生而有形屎溺有形而臭腐者也若是而爲道則道之無不在可知莊叟慣有極奇極怪之言使人一時忍耐不得然後發出正論此猛獸欲搏而匿爪鷙鳥欲擊而斂翼者也縱送抑揚之法盡於此矣莊子曰夫子之問也固不及質正獲之問於監市履豨也每下愈況道無往而不在問不及本正猶司市之官問監市以物之市價而及於屠宰之履豨每於至下之處愈可比況他物則所云四者無不可

以言道矣履豨以足蹴豕背驗其肥瘠亦市價中之一端也 汝唯莫必無乎逃物至道若是大言亦然周徧咸三者異名同實其指一也 汝唯勿指定其一端則道自在凡物之中而無有或遁矣猶言之中有周徧咸三字其詞不同其指一也 嘗相與遊乎無何有之宮同合而論無所終窮乎 十九字作一句讀言試與遊於虛無之中合萬為一而論無所底止之學乎 嘗相與無為乎澹而靜乎漠而清乎調而閒乎 試與無所作為乎其中定而不動乎寂而不撓乎和而自適乎文實一意而兩疊所以取態 寥已吾志 當此之時吾之志寂寥無感本無一物也 無往焉而不知其所至 若吾志常往而無所往亦不知所往至於何處 去而來不知其所止 若吾志有所往而復來亦不知止宿在於何處 吾已往來焉而不知其所終 若吾志既往而來之後亦不知其往往來來究

瞑音眠

竟歸於何處

彷徨乎馮閎大知入焉而不知其所窮

吾之志惟逍遙於馮大閎曠之中雖有絕頂聰慧入於其中總不知其何所窮極是道之無際不可定指如此

物物者與物無際而物有際者所謂物際者也

以物論道是未知道之所以物物耳物物者非物何以有際謂其無在而無不在也其物之有際者所謂物際非物物者矣

不際之際際之不際者也謂盈虛衰殺彼為盈虛非盈虛彼為衰殺非衰殺彼為本末非本末彼為積散非積散也

不際之際道散而為物也際之不際物全而歸道也謂其盈虛衰殺道與物相為循環耳乃道能為盈虛而盈虛非道能為衰殺而衰殺非道本末積散亦猶是也是道主乎物之中而仍出乎物之外期而言之其可得乎

音阿

妸荷甘與神農同學於老龍吉神農隱几闔戶晝瞑

隱几闔戶

訑音但

（晝瞑便有視於無形聽於無聲一段功候）㛷荷甘日中奓（音査）戶而入曰（奓推開也）老龍死矣神農隱几擁杖而起嚗（音剝）然放杖而笑曰（嚗然放杖聲）天知予僻陋慢訑故棄予而死已矣夫子無所發予之狂言而死矣夫（天指老龍吉言老龍知已之僻陋慢訑不足與言故意棄已而死乎抑或道之體本無所容其狂言啟發而死矣夫無所發即下面藏字之義）弇堈（音岡）吊聞之曰夫體道者天下之君子所繫焉今於道秋毫之端萬分未得處一焉而猶知藏其狂言而死又況夫體道者乎（藏字即知者不言之意言神農尚未爲得道且知道之非言可傳況體道者共可求於言論之間乎）視之無形聽之無聲於人之論者謂之冥冥所以論道而非道也（體道者有見於此是以收視返聽求之無形無聲之）

所若落言詮即謂道爲冥冥究竟冥冥非道蓋道而可以冥冥名則道又可名矣故知藏其狂言方爲見道於是泰清問乎無窮曰子知道乎無窮曰吾不知又問乎無爲無爲曰吾知道曰子之知道亦有數乎曰有曰其數若何無爲曰吾知道之可以貴可以賤可以約可以散此吾所以知道之數也道本如是但多此一知耳泰清以之言也問乎無始曰若是則無窮之弗知與無爲之知孰是而孰非乎無始曰不知深矣知之淺矣弗知內矣知之外矣與首段黃帝告知北遊同意。○此言無窮不知道之是無爲知道之非於是泰清中而歎曰中而歎闕言未竟遽遽歎也弗知乃知乎知乃不知乎孰知不知之知無始曰道不可聞聞而非也。道不可見見而非也。道不可言言而非也。知形形之不形乎。道不當名。聞見言皆以形而後名之知形形者之不形此道所以不當名也。○此言知不知之知如此無始曰有問道而應之者不知道也。雖問道者亦未聞道。既言無為知道之非所言泰清問道之末是重重掃盡解會極微道無問問無應。問不可得應不可得凡以道未始有物而已無問問之是問窮也。無應應之是無內也。問窮所謂責空也無內是實無而假有以應之皆屬乎外也以無內待問窮若是者外不觀乎宇宙內不知乎大初。是以不過乎崐崘不遊乎大虛。在外不見其全在內不知其本所以不能跋登於至高之域而逍遙於至空之地也以無內待問窮問答愈多去道愈遠矣

捶之累反

光曜問乎無有曰夫子有乎其無有乎光曜不得問而孰視其狀貌窅然空然終日禮之而不見聽之而不聞搏之而不得也三句出老子光曜曰至矣其孰能至此乎予能有無矣而未能無無也及爲無有矣何從至此哉光曜能爲無不能爲無無所以尚落無之一邊既落於無則爲無所有於淸淨之中著了一物何從而至窅然空然不見不聞地位哉○數語闡發性體眞空層層剝蕉大類禪語

大馬之捶鉤者大馬大司馬也鉤劍名捶鍛也年八十矣而不失豪芒大馬曰子巧與有道與曰臣有守也守猶純氣之守臣之年二十而好捶鉤於物無視也非鉤無察也是用之者假不用者也

以長得其用、而況乎無不用者乎。物孰不資焉。

用者技也。倘借不拙用之神以爲用、而況乎道固無不用者乎。萬物孰不資於此、而漫以用見乎。○此與痀僂丈人承蜩同意、而立義不同。承蜩爲養生言之、捶鉤爲明道言之也。

冉求問於仲尼曰、未有天地可知邪。

此問雖千古疑案、却不可少。天地乃空中細物、有形生於無形、終亦必歸於壞。但人居短景、目不及見耳。邵子皇極經世本此。

仲尼曰、可。古猶今也。

隱隱說個無古無今、無始無終、無子無孫之意。大約未有天地之先、即吾身之本來、總是空相、不可思議者也。此個空相、便是無古無今矣。

冉求失問而退。明日復見曰、昔者吾問未有天地可知乎、夫子曰可、古猶今也。昔者吾昭然、今日吾昧然。敢問何謂也。仲尼曰、昔之昭然也、神者先受之。今之昧然也。且又爲不神者求邪。此個道理絕難致喙初問之時心本無物一聞略覺領悟久而愈思愈塞故昭然昧然輾轉頓殊神猶靈也心不靈則言之愈惑矣無古無今無始無終。未有子孫而有子孫可乎。畫出太極未分之圖一圈空寂無先與後無首與尾此時乾坤六子安頓何處故曰未有子孫而有子孫可乎冉求未對仲尼曰已矣未應矣。此處若不喝止其言便生出支蔓不了矣不以生生死不以死死生死生有待邪。皆有所一體。即以人之生死言之所謂不死不生之鄉是也人之未生毋不得做死不以生而生其死人之既死未必遂無生不以死而死其生死生其來無跡其往無崖豈必有所待而各成其爲體皆道之物物從無而之有也有先天地生者物邪。物物者非物。物出不得先物也。猶其有物也。言獨有道居天地之先物無先天地生者物物者非物道生天地萬物不可以物名之一有物出涉乎形器便不得爲先物猶其有物故也猶其有物也無已聖人之愛人也終無已者亦乃取於是者也有則從一生萬生生不已皆有天地以後之事故聖人之愛人終無已者亦順造化自然之運取其生生不已而已然而生生之端從何而起非本於未有天地之中來乎

顏淵問乎仲尼曰回嘗聞諸夫子曰無有所將無有所迎回敢問其遊將者承奉之義迎者邀致之義皆處物之涉於有迹者回問無將無迎何以得遊此無心之天乎仲尼曰古之人外化而内不化今之人内化而外不化與物化者一不化者也外化而内不化者應物而心不與之俱内化而外不化者心無定而爲物所撐觸也與物化者外化也一不化者内不化者也安化安不化安與之相靡

必與之莫多。安化安不化。是詰詞。言安所化乎。安所不化乎。安與之相靡。順而俱化乎。必與之莫多。其一不化者乎。莫多即一不化者。豨韋氏之囿。黃帝之圃。有虞氏之宮。湯武之室。君子之人。若儒墨者師。故以是非相韲也。而況今之人乎。囿圃宮室。古之所學各成一家。乃君子之人。如為儒墨之師者。亦不能將囿圃宮室合同而論。未免是此而非彼。紛紛相韲粉。況今之人。去古益遠。異同益多。其能與物化而不傷者鮮矣。聖人處物不傷物。不傷物者。物亦不能傷也。唯無所傷者。為能與人相將迎。惟聖人能是非兩行。而休乎天鈞。不傷物而物亦不能傷。將之以無將。迎之以無迎。此所謂將迎也已。山林與。皋壤與。古藏本皋壤句下有與我無親四字。義更優。應從之。使我欣欣然而樂與。樂未畢也。哀又繼之。哀樂之來。吾不能禦。其去弗能止。

山林皋壤之中與我本無親也世人於營營之時自覺煩擾每有思休而樂就爲及一旦入於其中寂寞無聊又未免靜中思動矣是無故而樂無故而哀也○此言是非本無定在皆由人心所造其所以爲內化而外不化者也

悲夫世人直爲物逆旅耳。夫知遇而不知所不遇知能能而不能所不能無知無能者固人之所不免也。夫務免乎人之所不免者豈不亦悲哉。世人於物不過如逆旅之一宿豈能一一濟知其人之事故有知之所及謂之遇然所遇有限也有力之所及謂之能然所能有限也故不免有不知不能者乃世人以是非相鼇欲爲無不知無不能斷不可得徒傷物以自傷而已豈不可悲哉

至言去言至爲去爲。齊知之所知則淺矣。去言去爲是遊於無將無迎樣子若必齊知之所知雖知之亦非所貫也

道立乎天地之先。物物而非物。所謂本根者也以爲有

既非有以爲無又不盡於無知之卽多此一知言之卽多此一言也故體道者惟無爲而歸根以進於不知不言之境而已矣夫道本一也聚散生死氣之適然臭腐神奇由人所命無爲而歸根所以貴一也知也狂屈也黃帝也見皆及此而不能無辯者則有知不如無知有言不如無言也故天地之美萬物之理自古迄今無有異也誰爲爲之亦何嘗有擬議於其間哉則道之在人者可知已被衣之告齧缺曰正汝形一汝視攝汝知一汝度此無爲而歸根之說也曰汝瞳然如新生之犢而

無求其故此以不知知之不言言之之說也若邈以道爲我有匪特不知爲道併不知爲我矣何也我亦道中之一物耳有生於無道之生我猶生物也壽夭總歸於盡我生本非有生我死豈爲有死不違不守將反於宗聖人之無爲而歸根者惟此而已若夫不形之形形之不形究非聞見之所可及詎可曰我得有乎道乎老氏之言實與丞之告舜無二旨也雖然道豈遂無所在乎非也粗舉之則螻蟻稊稗瓦甓屎溺無非見端精求之則盈虛衰殺本末積散皆非實質物物者與物無際宜

乎東郭子之惑也。故以道爲無者、謂之冥、冥則道似多一冥冥之名。旣道之所不受、以道爲有者、謂之可貴可賤可約可散、則道又分一貴賤約散之數。又道之所不居、必知無始所云。道無問、問無應、方爲不知之知。不言之言者矣。是以光曜之問無有也、以有無不知無無、斯於言無者有進矣。捶鉤之對大馬也、以有用假之不用。斯於言有者又有進矣。大抵道先天地而生物、物而非物、無古無今、無始無終。生死死生、總爲一體。言有言無、俱屬邊見。體道者惟外化而內不化、與物相將迎而物不能傷焉。其所不知不能者在之而已。此無爲歸根之要旨。不知不言之極則。冉求顏子折衷於仲尼而論定矣。篇中發明道妙微言如屑。依之又依。不可思議。陸方壺云。讀此則三藏大乘皆可迎刃而解、知言哉、

莊子因卷之四　終

莊子因卷之五

三山林雲銘西仲評述

雜篇庚桑楚第二十三

老聃之役有庚桑楚者偏得老聃之道以北居畏壘之山役、執弟子之役者也偏得獨得也○北居二字便留下南見老子之地其臣之畫然知者去之其妾之挈然仁者遠之臣妾指左右之事楚者而言畫然知以經畫爲知者挈然仁以挈度爲仁者遠而去之言其所棄也擁腫之與居鞅掌之爲使擁腫無用之木鞅掌不爲儀容也居之使之言其所取也居三年畏壘大穰大穰大熟指人情而言○是下文有恒者人舍天助樣子畏壘之民相與言曰庚桑子之始來吾灑然異之是其洒然獨有異於常人也令吾日計之而不足歲計之而有餘言其無小利近功久而反見其有益也庶幾其聖人乎子胡不相與尸而祝之社而稷之乎尸祝社稷尊敬之至欲尊之以爲君也庚桑子聞之南面而不釋然南面與下文不釋老聃之言而相呼應言南望老子而有媿弟子異之庚桑子曰弟子何異於予夫春氣發而百草生正得秋而萬寶成夫春與秋豈無得而然哉大道已行矣春生秋成天地有大美而不言而大道已行於其間無爲而常自然也吾聞至人尸居環堵之室而百姓猖狂不知所如往至人與道爲體藏身淡渺而百姓亦率其性之自然不知有知愚賢不肖之分別而謀所向往方爲大道之行也今以畏壘之細民而竊竊然欲俎豆予於賢人之間

還音旋

我其杓之人邪吾是以不釋於老聃之言今畏壘之民誅欲尊敬我於賢人之間必我爲褊淺之器有以自見故也吾是以有負於師教而不能釋然也○俎豆字與社稷尸祝相呼應弟子曰不然夫尋常之溝巨魚無所還其體而鯢鰌爲之制步仞之丘陵巨獸無所隱其軀而孽狐爲之祥八尺曰尋倍尋曰常六尺曰步七尺曰仞祥妖孽也喩褊小之地大賢不居則小人得以恣縱而爲非也且夫尊賢授能先善與利自古堯舜以然而況畏壘之民乎夫子亦聽矣賢能以德之在己言善利以功之及人言堯舜亦不免假此以爲治今畏壘之細民亦望治之心切也盍亦聽之乎

庚桑子曰小子來夫函車之獸介而離山則不免於罔罟之患呑舟之魚碭而失水則蟻能苦之上言巨魚巨獸之宜享其利此

即莟以巨魚巨獸之獨羅其害介獨行也碭跌宕也故鳥獸不厭高魚鼈不厭深夫全其形生之人藏其身也不厭深眇而已矣魚獸以故深居蔄出自托於高深者以自全況全其形生之人而知不逮此乎藏身深眇句是一篇之綱○老聃以本為精以物為粗以有積為不足淡然獨與神明居即藏身深眇之義末段天門無有方是極處且夫二子者又何足以稱揚哉是其於辯也將妄鑿垣墻而殖蓬蒿也簡髮而櫛數米而炊竊竊乎又何足以濟世哉以賢能善利天下堯舜之事何足道哉是其分別賢能將穿渾朴而植蕪穢有失大道之自然惟見其辯之至精如櫛而簡髮炊而數米無以復加矣究何足以善利天下哉舉賢則民相軋任知則民相盜之數物者不足以厚民民之於利甚勤子有殺父臣有殺君正晝為盜日

趎音幬

中穴阫（音裴）吾語汝大亂之本必生於堯舜之間其末存乎千世之後千世之後其必有人與人相食者也（蓋舉賢則民以賢相軋任知則民以知相盜相軋則爭相盜則殘何也以民之趣利甚勤而無所顧忌若以善利先之適以大亂倡之耳穴阫取名器而分裂之也）南榮趎蹵然正坐曰若趎之年者已長矣將惡乎托業以及此言邪（南榮趎庚桑弟子也此言指藏身淩耖之言）庚桑子曰全汝形抱汝生無使汝思慮營營若此三年則可以及此言也（體其受而不虧守其性而不離去知識而不鑿積久而純乃幾於道）南榮趎曰目之與形吾不知其異也而盲者不能自見耳之與形吾不知其異也而聾者不能自聞心之與形吾不知其異也而狂者不

蠋音蜀

能自得形之與形亦辟矣而物或間之邪欲相求而不能相得

目與目耳與耳心與心其形相似而有所不能同苟有不能同則不可強以相致辟未有閑之也兩形開而不能相得將有間之者矣

今謂趎曰全汝形抱汝生勿使汝思慮營營趎勉聞道達耳矣

勉而聞之是道不過自耳根入者惡可以及化乎○此老誠實可憐

庚桑子曰辭盡矣曰奔蜂不能化藿蠋越雞不能伏鵠卵魯雞固能矣雞之與雞其德非不同也有能與不能者其才固有巨小也今吾才小不足以化子

奔蜂小蜂藿蠋豆間大青虫也此言爾之不能化皆吾鼓鑄之力微耳

子胡不南見老子

○此是上下過脉一語了卻庚桑前索來路去路井然乃作者極力結構處

南榮趎贏糧七日七夜至老子之所

贏擔也○

此公歎篤可憐老子曰子自楚之所來乎南榮趎曰唯老子曰子何與人偕來之衆也○謂其挾三言而俱至也○此等機鋒甚於棒喝南榮趎懼然顧其後○此老驚疑可憐老子曰子不知吾所謂乎南榮趎俯而慙仰而歎曰今者吾忘吾答因失吾問言聞老子之說不得其解茫然不知置對之間併欲問之語而失之也○此老迷悶可憐老子曰何謂也問此欲問者何言也南榮趎曰不知乎人謂我朱愚知乎反愁我軀不仁則害人仁則反愁我身不義則傷彼義則反愁我已我安逃此而可此三言者趎之所患也願因楚而問之人己之間顧此失彼所以爲患○下文宇泰定者至心則使之句共三百餘字層層痛發人己之義不在兩下較量處老子曰向吾見

若眉睫之間吾因以得汝矣今汝又言而信之若規規然若喪父母揭竿而求諸海也汝亡人哉惘惘乎汝欲反汝情性而無由入可憐哉（以三言爲患又欲於三言之中求免其患是萬不可得之勢也亡人失路之人也言趎自有之情性欲反之而不得其所入之門所以爲可憐愍者○可憐二字將迷頭喪父之苦一筆寫絕）南榮趎請入就舍（假先生之館而卒業也）召其所好（求所以反情性者）去其所惡（所惡卽所絕所棄之事）十日自愁（困於其心求得而未得也○此老苦心可憐）復見老子老子曰汝自洒濯孰哉（孰熟同問其洒濯身心功夫或熟與否）鬱鬱乎然而其中津津乎猶有惡也（惟見其鬱鬱自愁而其中洒濯未淨猶有惡也是物之粘着而難去者）夫外韄（音霍）者不可繁而捉將內揵（音蹇）（韄者以皮束物之義揵者門杜

關閉之義如耳目之韄於聲色而欲物物以持之是繁而捉也則莫若內揵內揵則心不出而外不韄矣老子云塞其兌閉其門是也

內韄者不可繆而捉將外揵

心術韄於事爲而欲事事以止之是繆而捉也則莫若外揵外揵則物不入而內不韄矣老子云開其門解其紛是也

外內韄者道德不能持而況放道而行者乎

若外與內俱韄雖道德有於身者尚不能自持況遵道而行尚未至純熟地位乎持即上文所謂捉也○下文氷解凍釋之論與末段徹勃解謬去累通塞等語痛發此義

南榮趎曰里人有病里人問之病者能言其病然其病病者猶未病也若趎之問大道譬猶飲藥以加病也趎願聞衛生之經而已矣

言已自知其病不足以勝大道之藥衛生即上文全其形生藏身深眇之意經常法也

老子曰衛生之經能抱一乎能勿失乎

即老子所謂載營魄抱一

嘷音號　嗄所嫁切一音隘　瞚瞬同

能無離之意　能無卜筮而知吉凶乎卽禍兮福之所倚、福兮禍之所伏之意能止乎卽知止也能已乎卽知足也能舍諸人而求諸己乎急於自治而不暇及人也能翛然乎無所累也能侗然乎無所知也能兒子乎專氣致柔如嬰兒子、凡此皆返朴還淳之道、至如兒子則其德厚矣、故以下痛發之兒子終日嘷而嗌不嗄和之至也長哭曰嘷、聲啞曰嗄、和氣和也終日握而手不掜共其德也卷手曰握、撫手曰掜一而不分曰共終日視而目不瞚偏不在外也目動曰瞚、精有所移曰偏行不知所之居不知所爲與物委蛇而同其波無心而順物也是衛生之經已此段言本於大道、方是藏身滲眇之法南榮趎曰然則是至人之德已乎曰非也是乃所謂冰解凍釋者上數問能乎兩字、則是前未能而今始能攖音嬰亂也擾也。

譬之氷初解而凍初釋渣滓未融尚未能到湛然地位安保共以後不復結乎夫至人者相與交食乎地而交樂乎天不以人物利害相攖不相與爲怪不相與爲謀不相與爲事翛然而往侗然而來是謂衛生之經已至人則上德不德與斯世交食乎地耕鑿共給交樂乎天均陶太和是日在人物利害之中而不至於攖觸吾心故不怪不謀不事惟翛然侗然往來於其間至人衛生之經如此而已○上段是自求於己湛然獨得此則紛紜肆應攖而後成仍不害其藏身滚跡處所以進上一層曰然則是至乎此至字與下面兩至矣句相呼應生出至禮至義至知至仁至信等語曰未也吾固告汝曰能兒子乎兒子動不知所爲行不知所之身若稿木之枝而心若死灰上段雖與人物利害相接而不攖猶知有人物利害之說也此處欲拈出不知二字故又將前能兒子乎復說

一遡其命意與前不同。惟不知、故能槁其形而灰其心也。〇此不知兩字與下文知止乎其所不知句相呼應。若是者，禍亦不至，福亦不來。禍福無有，惡有人災也。禍福生於有身有心，天地鬼神之所司也。既槁灰矣，安得而累哉。〇上段言人物利害在境而不在心，此言禍福由心而不由境，是藏身淺眇之有得處，所以又進上一層。宇泰定者，發乎天光。發乎天光者，人見其人。人有修者，乃今有恒。宇、心宇也。心宇泰然而定，則定而生慧，可以迴光自照，人見其人得其為真我也。故人之有修者，至此方於常德不離矣。〇泰定從槁木死灰後得來。有恒者，人舍之，天助之。人之所舍，謂之天民；天之所助，謂之天子。惟常德不離者，自能獲天與人歸之報，出則天子，處則天民，其效一也。〇此從禍不至福不來推出一層，言有道者不特禍福無有，且可以無禍而有福也。學者學其所不能學也，行者行其所不能行也。辯者辯其所不能辯也。知止乎其所不能知至矣。若有不即是者天鈞敗之。然此俱非有爲爲之也。天下之物可以知知。則學之所能學。行之所能行。辯之所能辯。惟道不可以知知。故有不期然而然者。知止乎其所不能知。所謂道之極也。若有不即於是。而故作誤爲僥倖於難必者。必爲天鈞所棄矣。○天鈞敗之一句。生下人誅鬼誅等語。

備物以將形。藏不虞以生心。敬中以達彼。若是而萬惡至者。皆天也。而非人也。不足以滑成。不可內於靈臺。靈臺者有持。而不知其所持。而不可持者也。言人備物以奉其身。思患預防。常恐有不測之事。而又敬而無失。與人恭而有禮。宜足以自全矣。若是而衆惡交至者。皆天也。非人之所致。自有道者處之。不足以滑亂成德。而入於靈臺之中。何者。蓋靈臺本有主持。而不知其所主持之時。而有不可主持者在也。○此從禍不至福不來意再推出一

曆言禍福有時無定突如來奴能不傷其藏身淺眇處

不見其誠己而發每發而不當業入而不舍每更爲失

夫人必有諸中而後發諸外若不見其實有於己而發於事理則每發而不當是亦妄發而已既人於不誠之中又不能舍其故轍屢屢更變以自掩飾惟成其失而已○此與宇泰定者發乎天光二語相反

爲不善乎顯明之中者人得而誅之

不善根上不見誠已來人誅謂刑罰○此與人舍相反

爲不善乎幽闇之中者鬼得而誅之

鬼誅謂奪其魄而益之疢○此與天助相反

明乎人明乎鬼者然後能獨行

獨行謂獨修於人所不見之地所謂誠己而發也明乎人鬼幽顯一致也人誅人所知也鬼誅人所不知也二語雖平講却重鬼誅一邊故下接以券內券外之説

券內者行乎無名

券內外即老子所謂左右契也猶世人立券以爲憑之義券內者爲己之學行於人所不見之地即上文所云獨行也○根上宇泰定句來

券

外者志乎期費。務外者爲人之學期費是博取廣求之意○根上不見誠己而發句來行乎無名者唯庸有光。雖平庸之中自有光耀不著所謂闇然日章是也○根上發乎天光來志乎期費者唯賈人也人見其跂猶之魁然。賈人猶貨殖人巳見其跂立不安乃彼猶魁然自大也○根上毎發而不當來與物窮者物入焉。言凝自儉約如寒士然但虛能容物故物入焉○根上人舍來與物且者其身之不能容焉能容人不能容人者無親無親者盡人。言姑與之爲雷同而志不在焉也志不在則自身且無所容於其間安與人同如此則人將離之故無親無親則與人睽絕矣○根上人誅來兵莫憯於志鏌鋣爲下寇莫大於陰陽無所逃於天地之間非陰陽賊之心則使之也。志之爲兵傷人之心鏌鋣則傷人之形而已盜之爲寇可逃而免陰陽之寇莫逃於天地之間

惟至人弱其志而不必故無兵藏於非陰非陽之間故萬物不得而盜也否則未有不受其戕矣○此根上天助鬼誅二意而總發之

道通其分也其成也毀也

道者先天之朴朴散則分分則有成有毀而道未始與之相離節齊物論篇通爲一之意

所惡乎分者其分也以備所以惡乎備者其有以備

道之分本無惡也其所惡者以成毀之各備其體而不相通耳所以惡乎各備而不相通者以人之各有其備而不能相通耳

故出而不反見其鬼出而得是謂得死滅而有實鬼之一也

故生死之道本相通也若各有其備如人之生不能反乎所未嘗生是雖生亦見其爲鬼矣何者以生而得是不反之道勢必至於羅桂輪網永失眞性直謂之得死道可也若乃既死而有不亡者存是其鬼之能通成毀而爲一故能超外獨存也

以有形者象無形者而定矣

○○惟以有形之物理取則於無形之造化是出而知反而人事定矣○此段言道體無常以無形爲極末一

句是結穴**出無本入無竅有實而無乎處有長而無本剽**標同欻然而生非有根抵而出欻然而死非有空隙而入生死本有實理也而未生之前既死之後果在何處安着生生相續而無已惟日見其長而不知何所生者爲本何所生者爲末也○此言道之有形者皆無形也下二句分頂上二句**有所出而無竅者有實**然惟有所出而無本者方能有長若有本則限於本矣惟有所入而無竅者方能有實若有竅則拘於竅矣○此言道之無形者能爲有形也分頂上四句內疑有闕文九字**有實而無乎處者宇也有長而無本剽者宙也有乎生有乎死有乎出有乎入入出而無見其形是謂天門**有實而無處所以成個上下四方之大也有長而無本標所以成個往古來今之遠也造化之本於無形如此故其中之生死出入莫不由之而欲求其形則了不可得是之謂天門也○無見其形根上無形二字來總收無本無竅無處無本剽等語**天門**

者無有也萬物出乎無有有不能以有為有必出乎無有而無有一無有聖人藏乎是然以無有為天門者非有此無有也乃并其無有而無之即齊物論所謂未始有無是也聖人以有形象無形藏身於此人法雙忘能所俱遣矣○此方發出藏身深眇精義藏字與上面藏身深眇呼應古之人其知有所至矣惡乎至有以為未始有物者至矣盡矣弗可以加矣未始有物即上文無有之義○二個至字應上然則是至乎句其次以為有物矣將以生為喪也以死為反也是以分已其次曰始無有既而有生生俄而死以無有為首以生為體以死為尻孰知有無死生之一守者吾與之為友是三者雖異公族也昭景也著戴也甲氏也著封也非

黬音忍

一也三者之論或有而無之或有而一之或分而齊之雖次第不同而皆未離於宗譬則楚之公族昭景以戴而著甲氏以封而著其非一也如是而已○畢竟楚人好說楚話有生黬也披然曰移是嘗言移是非所言也黬釜底黑言有生直聚氣耳本是幻相何得妄生分別之見於人己之間乎今乃披然而曰移是非言之當也披然分解之義各是其是是無常在故曰移雖然不可知者也臘者之有膍胲音皮該可散而不可散也觀室者周於寢廟又適其偃焉為是舉移是雖移是者之非其實是之所在蓋有不可知者也譬臘祭者分膍與胲於俎上是可散也而總有一牲之體則不可散如觀室必周遍於寢廟又適其偃息之所方謂之全室如此看來安有真的是處所以為不可知則人亦為是不可知之故輒為移是之言也○此從上面道通其分句生請嘗言移是是以生為本以知為師因以乘是非果有名實因

以己爲質、使人以爲己節、因以死償節。若然者、以用爲知、以不用爲愚、以徹爲名、以窮爲辱。試言移是之人、以有生爲生、而聽命於所知與人、相乘於是非之間、果執以爲名實、遂以爲己之質、不可復變、使人皆取則焉、而其以死償之。若然者、是不能照破幻塵、而認虛爲實、以言之有用者爲知、以不用者爲愚、以言之通者爲榮、以阻者爲辱。究竟是無常、在時而用、時而不用、時而通、時而窮、亦何知愚榮辱之有哉。移是今之人也。今之人、應上古之人。是文字倒收法。是蜩與鷽鳩同於同也。移是之人、所見者小、不知大道之相通。是蜩與鷽鳩既相同、而此輩亦與之同於同也。此從所惡乎分者四句生來。踶市人之足、則辭以放鶩、兄則以嫗、大親則已矣。踏市人之足、則自稱放鶩、以爲謝。若兄踏弟足、則以氣而噓嫗拊之而已、無庸謝也。至於父母踏子之足、則併嫗拊而忘之矣。世法中尋常問話、說得娓娓如許。故曰、至禮有不人至義不物至知不謀至仁無親至信辟金至禮不見人我而自然有序至義不求宜物而自然化裁不謀自然先覺也無親無不愛也辟金不待金玉以爲質也○此段言知之至者有所志於外以証古人未始有物之是今人移是之非也徹志之勃解心之謬去德之累達道之塞貴富顯嚴名利六者勃志也容動色理氣意六者謬心也惡欲喜怒哀樂六者累德也去就取與知能六者塞道也徹與撤同勃勃然散漫之意奪於外誘則志勃然而動矣謬差謬也心澄然不動其正也若他用皆爲差謬矣德者有得於己情之相攘所以爲累道者任其自然着於有爲所以爲塞此四六者不盪胸中則正正則靜靜則明明則虛虛則無爲而無不爲也正言適得吾體也正則攻取不得而奪之故靜靜則定而生慧矣故明明則表裏瑩然渣滓渾化故虛虛

卽上文所謂無有也萬物出乎無有故無爲而無不爲也○此段言入道下手工夫

道者德之欽也道者自然而已故爲德之所貴生者德之光也生者知覺運動故爲德之所著性者生之質也性卽理也有生卽有當然之理故爲生之本質性之動謂之爲率性而出百爲見焉故曰爲爲之僞謂之失爲之漸離於性則入於僞故曰失○此五句言天而之人由道漸降愈去愈遠矣

知者接也知者謨也知者之所不知猶睨也外交於物爲接內慮於心爲謀知者皆本於此乃知者之所不知外不着物內不着己知睨者不必瞪視於物無不見也○知者之所不知應上知止乎其所不知句文字中統中引線備極針工

動以不得已之謂德動無非我之謂治名相反而實相順也知者之所不知有時而動皆出於不得已蓋有得於已不輕從事於外也既動矣無非眞我之自然而事莫不就理焉德在內而治在外名雖不同而實相合也○此六

句言人而之天內外皆得所以無爲而無不爲也動以不得已句與上面性之動對看動無非我句與上面爲之僞對看羿工乎中微而拙乎使人無己譽聖人工乎天而拙乎○人夫工乎天而俍（音良）乎人者唯全人能之羿善中的而取譽是工於人而拙於天矣聖人任其自然而不以有心爲之其工拙反是故拙於人所以俍於人也聖人所以爲全人也唯蟲能蟲唯蟲能天全人惡天惡人之天而況吾天乎人乎彼跂行喙息群分類聚者蟲能蟲也不知其所以然而然蟲能天也全人惡天者惡人之天也蟲之天則率其本然人之天則有心而爲天也有心爲天猶且惡之而況吾之天乎人乎有相勝而不定者乎○此十句言天人之間均不可以有心爲之也一雀適羿羿必得之威也以天下爲之籠則雀無所逃是故湯以胞（庵同）人籠伊尹秦穆公以五羊之皮籠百里奚

是故非以其所好籠之而可得者無有也威以取物物必逃之天下之物各有所好所好各得逃將安在故有若伊尹及百里奚者皆莫能逃焉○此八句言聖人之爲天者正所以爲人不必役役於求得而自無不得也介者拸畫外非譽也胥靡登高而不懼遺死生也夫復謵不餽而忘人忘人因以爲天人矣介刖者胥靡刑徒之人也畫畫衣拸弃也二者無所懷於中故能有所忘於外復謵猶言服習人不能忘情於人於是始有餽遺不餽而忘人則無人之情矣有人之形無人之情非天人乎○舊本以介者拸畫四句分屬上節非是故敬之而不喜侮之而不怒者惟同乎天和者爲然出怒不怒則怒出於不怒矣出爲無爲則爲出於無爲矣欲靜則平氣欲神則順心有爲也欲當則緣於不得已不得已之類聖

人之道○天和者自然之冲氣人得之以爲生者怒出不怒爲出無爲是有爲而卒歸於無爲之意氣平則靜理足心順則神功至不得已而起則所爲皆當欲靜二句起下之詠不得已命根上動以不得已句來○此十八句總結言忘人而爲天人所以爲無不當歸本聖人之道而大道無遺蘊矣

大道所以衛生而藏身滲眇是也故在外則爲人物利害之不攖在内則爲生死出入之無有所謂無爲而不爲者此矣止乎所不知動以不得已無二義也聖人至人全人天人無二致也此老聃之旨也庚桑楚得之以居畏壘所以全其形生者素矣一日因畏壘之民而發其義宜南榮趎蹵然有請業之請也乃楚旣明其師之

斂復推其斂於師吾意遂必能反情性而自化奈何其至老子之所始則挾三言以俱往繼則灑濯以自愁及內外俱韄心與境兩相牽引又欲舍大道以求衞生豈知衞生之經非大道不能乎故老子即以藏身深眇之旨分著其義而歷考其所能使其心不與境接而大道或可庶幾矣然又不能無安勉之殊也若至人不以人物利害相攖是其境未嘗與心接較之氷解凍釋又有進也然猶有知之未忘也必如兒子之槁木死灰而禍禍無有方能以心而化境矣故論其理之必然則天光

發斯有天助人舍而境既由心而造論其數之或然雖萬惡至以爲皆天非人而心總不由境而加知止其所不知道盡矣豈若不務內而務外昧乎人誅鬼誅之戒者哉雖然道之止於所不知者何也蓋道本無可知者也成毀常通無形可見出入生死由乎天門此淺眇之極自非聖人鮮克藏於無有一無有之中與道合體者矣故古之人有未始有物之說知有所至而不嫌於異今之人有移是之言以知爲師而貽譏於同孰知至知不謀勃謬累塞之既化自有無爲而無不爲之用蓋道

德本於性之自動而知者之所不知所以可貴也工乎天而拙乎人聖人與惡天之全人豈有間歟夫聖人又非有意於爲也藏天下於天下而物自莫能外焉第見其敬侮不殊同乎天和爲忘人之天人而已其有爲也亦緣諸不得已耳聖人之道不外乎藏身深眇之旨也此篇意實貫珠文頗艱澁破碎卒然讀之蒙然而已其中精粹之語殊不可及後人疑其非莊叟之言恐亦非定論也

雜篇徐無鬼第二十四

徐無鬼因女商見魏武侯武侯勞之曰先生病矣若於山林之勞顧乃肯見於寡人徐無鬼曰我則勞於君君有何勞於我君將盈耆欲長好惡則性命之情病矣君將黜耆欲擥好惡則耳目病矣我將勞君君有何勞於我言嗜欲好惡皆與性成縱之不可戒之不能內外交困所以可勞武侯超然不對超然猶悵然武侯此時類有悟機可告以眞人之言矣少焉徐無鬼曰嘗語君吾相狗也下之質執飽而止是狸德也謂搏執求飽得飽則止是猶狸往捕鼠無大志也中之質若視日視日者嵩其目其心若有思乎然其神已専於內矣上之質若亡其一蓋併其思而亡之嗒然喪耦之貌吾相狗又不若吾相馬也吾相馬直者中繩曲者

弢吐刀切金版六弢皆周書篇名

中鉤方者中矩圓者中規言其動合榘度也舊分齒背頭目太泥了是國馬也而未若天下馬也天下馬有成材若卹若佚若喪其一卹憂也佚失路也喪其一有郎上面亡其二之意若是者超軼絕塵不知其所狗馬之論俱是凝神守氣之旨至道不外於是故無鬼自謂眞人之言也呂吉甫以喻人臣忘勢謬甚武侯大說而笑徐無鬼出女商曰先生獨何以說吾君乎吾所以說吾君者橫說之則以詩書禮樂從說之則以金板六弢奉事而大有功者不可爲數文可經邦武可戡亂故曰奉事而大有功者而吾君未嘗啓齒今先生何以說吾君使吾君說若此乎徐無鬼曰吾直告之吾相狗馬耳女商曰若是乎曰不聞夫越之

鼪音生 鼬余救切音獠

踉音良

流人乎去國數日見其所知而喜去國旬月見所嘗見於國中者喜及期年也見似人者而喜矣似人似其本國之人也不亦去人滋久思人滋深乎夫逃虛空者藜藋柱乎鼪鼬之逕虛空空谷也柱塞也鼪鼬之逕山蹊之間鼪鼬所由之處也而藜藋塞之荒凉可知踉位其空踉欲行貌位處也言且行且止之時也聞人足音跫然而喜矣跫然空中足音之響也九字作一句讀而況乎昆弟親戚之謦欬其側者乎謦欬咳中聲○數語寫出寥落不堪之景使離人破涕猿號鵑啼聲不堪聞也且文本一意忽作兩截無限瀠洄波折久矣夫莫以眞人之言謦欬吾君之側乎喻人失其性命之情猶去其鄉而遠遁一聞眞人之言未有不如親戚昆弟之久離而復合矣

芧音序

徐無鬼見武侯武侯曰先生居山林食芧栗厭葱韭以賓寡人久矣夫今老邪其欲干酒肉之味邪其寡人亦有社稷之福邪徐無鬼曰無鬼生於貧賤未嘗敢飲食君之酒肉將來勞君也君曰何哉奚勞寡人曰勞君之神與形武侯曰何謂邪徐無鬼曰天地之養也一登高不可以爲長居下不可以爲短卽將酒肉之味生出養字來言萬乘之養與匹夫之養所處雖異而神有各足高非長而下非短也君獨爲萬乘之主以苦一國之民苦一國之民不租朘削民亭蓋有攀攔其民之意觀下睃便見以養耳目鼻口夫神者不自許也夫神者好和而惡姦夫姦病也故勞之唯君所病之何也姦亂也以

聲色臭味之塵蔭其六根賊其天和所以病也夫是數者皆有生之養所不能免人則不病而君獨病之何哉○末一句收得冷雋與達生篇所以異兔句同調

武侯曰欲見先生久矣吾欲愛民而爲義偃兵其可乎愛民從上面苦一國之民意轉下欲愛民所以爲義偃兵二者總屬一事爲義即下文爲仁義也

徐無鬼曰不可愛民害民之始也爲義偃兵造兵之本也君自此爲之則殆不成姑息之政行所以養姦警備之防弛所以釀亂大抵以其迹爲之皆不能以有成也

凡成美惡器也君雖爲仁義幾且僞哉凡欲成其美者皆爲惡器而已蓋仁義本美名而爲之不由中未免流之於僞豈非惡乎○僞字生下誠字

形固造形成固有伐變固外戰故有爲而形者能造其形於外所謂兵莫憯於志也若心執定而不化則有攻伐之形心爲物所變亂則有戰鬭之形○此言外形皆本於內形也下二語承上一句

君亦必無盛鶴列於麗譙之間。無徒驥於錙壇之宮。鶴列，兵陣名。麗譙，樓名。錙壇，祭祀之地。蓋謂人心若與物鬭，則一室之內，無非爭奪之境、兵騎之象。無之者，去其心中之兵也。無藏逆於得，無以巧勝人，無以謀勝人，無以戰勝人。爭者逆德也。無藏逆於順之中，就一念之起而言。巧謂機心，謀略自機巧出，戰爭又自謀略出。○四句一層推出一層。

夫殺人之士民，兼人之土地，以養吾私與吾神者，其戰不知孰善，勝之惡乎在。夫以勝人爲勝，養吾私以快吾神，其爲計似得矣，不知胸中爲物所戰，受傷多矣，其戰勝果安在乎。○養吾私與吾神句，根上苦一國之民以養耳目鼻口來。

君若勿已矣。言君若勿爲此戰勝之事則已矣。修胸中之誠，以應天地之情而勿攖。謂絕去仁義之幾偽者，一味無爲自然，與天地無私之情相應，而不攖觸於其中焉。○天地之情，應上天地之養句。

夫民死

寓音禺　瞀莫豆切

已脫矣君將惡乎用夫偃兵哉民命生死懸於君心之一念兵不足爲害也

黃帝將見大隗乎具茨之山方明爲御昌寓驂乘張若謵朋前馬昆閽滑稽後車至於襄城之野七聖皆迷無所問塗適遇牧馬童子問塗焉大隗猶大道也見大隗而七聖與偕所以皆迷亦猶七竅鑿而渾沌死也童子大樸未離問塗莫切於此曰若知具茨之山乎曰然若知大隗之所存乎曰然黃帝曰異哉小童非徒知具茨之山又知大隗之所存請問爲天下小童曰夫爲天下者亦若此而已矣又奚事焉而亦若此而已俱指治病而言予少而自遊於六合之內予適有瞀病有長者教予曰若乘日之車而遊於襄城之

野。遊於有方之內爲物所搆漸覺瞀昧也欲已之則莫若於明故乘性中之慧日而遊於無障礙之處也今予病少痊予又且復遊於六合之外六合之外出乎有方之內也。此以治病之法喻治天下之法夫爲天下亦若此而已予又奚事焉黃帝曰夫爲天下者則誠非吾子之事雖然請問爲天下黃帝以童子言治身不追爲治天下故又請問也小童辭黃帝又問小童曰夫爲天下者亦奚以異乎牧馬者哉亦去其害馬者而已矣牧馬去其害馬與治身去其病身其指一也黃帝再拜稽首稱大師而退

誶音祟

知士無思慮之變則不樂辯士無談說之序則不樂察士無凌誶之事則不樂皆囿於物者也凌凌轢誶詬誶囿於物爲物所拘也○四

句言各有其能而憂其無以自見也招世之士興朝中民之士營官筋力之士矜難勇敢之士奮患兵革之士樂戰枯槁之士宿名法律之士廣治禮樂之士敬容仁義之士貴際招世招搖於世以自見也中民務求得民之心者也矜難謂勝人之所難勝奮患謂自奮於憂患之中宿名留名也廣治廣其治世之具也敬容飾其動作之容貴際以交際爲重也○九句言各有其能者各當其用也農夫無草萊之事則不比商賈無市井之事則不比二句言各有所爲者各有所取也庶人有旦暮之業則勸百工有器械之巧則壯二句言各遂其所爲者有以自喜也錢財不積則貪者憂權勢不尤則夸者悲勢物之徒樂變物謂物力勢謂權勢總上二者而言樂變謂喜於更張以自夸耀也○三句言各有其性之偏者得失易於動

（念也）遭時有所用不能無爲也此皆順比於歲不物於易者也（自招世之士至勢物之徒雖趨向不同而遭時之所用皆有所爲但各安其一偏循歲令各有其時不能爲變易之物也）馳其形性潛之萬物終身不反悲夫（逐末而喪眞不知無爲而無不爲之用所以爲可悲者）

莊子曰射者非前期而中謂之善射天下皆羿也可乎惠子曰可莊子曰天下非有公是也而各是其所是天下皆堯也可乎惠子曰可（惠子此時亦明知其不可故意說個可正是其強辯處此等口嘴眞個無可奈何惟有置之不較而已）莊子曰然則儒墨楊秉四（秉公孫龍名）與夫子爲五果孰是邪或者若魯遽者邪其弟子曰我得夫子之

道矣。吾能冬㸑鼎而夏造冰矣。魯遽曰、是直以陽召陽、以陰召陰、非吾所謂道也。㸑鼎不用火、變造冰不畏暑、化。蓋冬有伏陽、夏有伏陰、以氣相召也。○俗本㸑鼎訛爨鼎、未是。吾示子乎吾道。於是乎爲之調瑟、廢一於堂、廢一於室、鼓宮宮動、鼓角角動、音律同矣。廢、置也。置一瑟於堂、置一瑟於室、鼓此瑟之宮角、而彼瑟之宮角自動。蓋以律相同、故聲相應、亦非奇事也。夫或改調一弦、於五音無當也、鼓之二十五弦皆動、未始異於聲、而音之君已。且若是者邪。當、主也。學記、鼓無當於五聲之當。又或別改調一弦、於五音無所主、而鼓之二十五弦皆動。此一弦者、初無或異、而能然者、乃是爲衆音之主故耳。六十四調皆起於黃鐘之宮、宮爲君、故能役他律、此亦常理、不足爲奇。魯遽之矜其弟子、未能相出如此。惠子曰、今夫儒墨楊秉、且方與

蹢呈亦切

鈃音刑

我以辯相拂以辭相鎮以聲而未始吾非也則奚若矣相非以辭謂抗其詞以相爭也相鎮以聲謂厲其聲以相壓也惠子以四子與我相辯不能取勝自以其道爲至豈知道以無爭爲貴相抗相鎮無有是處莊子曰齊人蹢子於宋者其命閽也不以完其求鈃鍾也以束縛古者以刖守門欲其子之爲閽必蹢之而不欲其完至求鈃鍾則必束縛之又惟恐其缺何其愛子不如愛物也○此喩惠之輕其性命之情而不知保惟加意於詞辯名聲之間顛倒之甚者也其求唐子也而未始出域有遺類矣唐失也子已亡失求之而不出境外亦終於遺失而已○此喩惠子不知他求大道惟於四子之中欲求相勝總不得道也夫楚人寄而蹢閽者夜半於無人之時而與舟人鬭未始離於岑而足以造於怨也寄寄寓也寄寓而蹢閽者其孤弱可知既無鬬具乃敢於夜半立身岸上以與

堊烏路切

舟人鬪吾知其不能脫身於岸上徒以取怨於舟人也○此喻惠子道既不足於己又欲於是非芒眛之際與人争上勝不足以有濟徒使與物不適而已三喻三意諸解俱未明白

莊子送葬過惠子之墓顧謂從者曰郢人堊漫其鼻端若蠅翼使匠石斲之匠石運斤成風聽而斲之盡堊而鼻不傷郢人立不失容宋元君聞之召匠石曰嘗試爲寡人爲之匠石曰臣則嘗能斲之雖然臣之質死久矣運斤成風瞑目恣手也非夫不動之質無以施其巧質猶本也自夫子之死也吾無以爲質矣吾無與言之矣以惠子之輩猶痛惜之則莊子之言舉世無一知之可見矣然吾以爲千載而下亦無一知之者不獨當年而然也

管仲有病桓公問之曰仲父之病病矣可不謂云至於大病則寡人惡乎屬國而可管仲曰公誰欲與公曰鮑叔牙曰不可其爲人絜廉善士也其於不已若者不比之（不比之不與之竝立也）又一聞人之過終身不忘使之治國上且鉤乎君下且逆乎民其得罪於君也將弗久矣（鉤亦逆也○管仲之言正是愛人以德君友之間兩得之矣）公曰然則孰可對曰勿已則隰朋可其爲人也上忘而下畔（上忘者忘其勢分之榮也下畔者使人忘我若畔而去之也）愧不若黃帝而哀不己若者（既取法乎最上又不以責人而矜憐之所以爲難）以德分人謂之聖以財分人謂之賢以賢臨人未有得人者也以賢下

人未有不得人者也其於國有不聞也其於家有不見也不癡不聾不作家翁正是此義勿已則隰朋可隰朋事業不著於春秋未見其賢與否但管仲臨終亦曾薦入太史公言是年隰朋亦卒則管仲能料生不能料死也藕老泉豈爲定論

吳王浮於江登乎狙之山衆狙見之恂然棄而走逃於深蓁有一狙焉委蛇攫抓音搔見巧乎王王射之敏給搏捷矢王命相者趨射之狙執死委蛇宛轉之貌攫抓拔搔之貌敏疾也給續也捷速也矢往雖速狙猶能搏也趨射爭進而射也執死矢多不及搏執其矢而斃其處也王顧謂其友顏不疑曰之狙也伐其巧恃其便以敖予以至此殛也伐其巧承上見巧來恃其便承上敏給搏捷矢來殛應作極戒之哉嗟乎無以汝色驕人哉色字所包甚廣

富貴則有驕泰之色賢勞則有矜誇之色施予則有顏不恩德之色尊上則有傲慢之色是皆所以取禍者

疑歸而師董梧以鋤其色去樂辭顯三年而國人稱之去樂辭顯所以潑自眩損鋤其色之根也三年之功而後成則此段工夫委屬難能

南伯子綦隱几而坐仰天而噓顏成子入見曰夫子物之尤也形固可使若槁骸心固可使若死灰乎物之尤言於人物之中稱爲最者若槁骸死灰如此其將何以自見邪不知子綦政不欲自見也觀下文可見曰吾嘗居山穴之中矣當是時也田禾一覩我而齊國之衆三賀之我必先之彼故知之我必賣之彼故鬻之若我而不有之彼惡得而知之若我而不賣之彼惡得而鬻之田禾即田和齊君也覩來見也

賀賀其得人也言己有以自見故人得而知之孰嗟乎我知名之所由著即實之所由喪也烏得不悲乎

悲人之自喪者吾又悲夫悲人者吾又悲夫悲人之悲者其後而日遠矣既悲人之務名喪實矣然知其喪而悲之猶爲喪而未復故悲夫悲人者然以知其喪爲可悲尚有悲哀之跡未臻化境故悲夫悲人之悲者而後日遠乎累稿形灰心蓋由此矣○文如層巒疊嶂愈出愈奇

仲尼之楚楚王觴之孫叔敖執爵而立市南宜僚受酒而祭曰古之人乎於此言已言古之人宴會此間常有言以相規所乞言於夫子也曰丘也聞不言之言矣未之嘗言於此乎言之言吾聞聖人不言之教而吾未嘗語人今則於此語之市南宜僚弄丸而兩家之難解孫叔敖甘

寢秉羽而郢人投兵丘願有喙三尺二人皆以無爲而解難息兵則言實用不著必喙長三尺而後能言此事甚言其不能言之意○夫子之語止此即現在執爵受酒二人往事當而敘述一番有對境相忘之機妙甚彼之謂不道之道此之謂不言之辯彼指二子也此指夫子也故德總乎道之所一而言休乎知之所不知至矣道者先天之樸一而不分故失道而後德總猶歸根也知之所不知其個中有難於形容者而言於此無所用也休止息也○此二句分頂上二句來道之所一者德不能同也知之所不能知者辯不能舉也名若儒墨而凶矣德有四端萬善之名自不能同乎道之渾全也舉者舉其事以示人也儒墨各有分名而囂囂於言辯是不能總乎道之所一而休乎知之所不知誤己誤人豈不凶哉故海不辭東流大之至也聖人并包天地澤及天下而

不知其誰氏是故生無爵死無謚實不聚名不立此之謂大人言聖人之渾同而不外著所以為大正與儒墨相反處○此又生出大字辨折到底轉換不窮狗不以善吠為良人不以善言為賢而況為大乎夫為大不足以為大而況為德乎善言即今所謂能辯者人尚不以為賢而況許之為大乎哉蓋大無名相迥出言語思議之表不可為也有心為之便不是大而況為德乎德者道之降也夫大備矣莫若天地然奚求焉而大備矣大則備矣天地之大備原無所容心於其間而人可知矣○句法冷軟可味知大備者無求無失無棄不以物易己也反己而不窮循古而不摩大人之誠性分之中萬物皆備何假於外而曰求何所遺忘而曰失何可舍置而曰棄是故知大備者不以物喪己反之當身而各足也循乎邃古而不摩也此大人實際道理也大人

宎音杳。或作窔。

之大大於此而已

子綦有八子，陳諸前，召九方歅曰：為我相吾子，孰為祥。九方歅曰：梱也為祥。子綦瞿然喜曰：奚若？曰：梱也將與國君同食以終其身。子綦索然出涕曰：吾子何為以至於是極也。九方歅曰：夫與國君同食，澤及三族，而況於父母乎！今夫子聞之而泣，是禦福也。子則祥矣，父則不祥。二語甚機鋒有致

子綦曰：歅，汝何足以識之。而梱祥邪，盡於酒肉，入於鼻口矣，而何足以知其所自來。言汝惟知飲酒食肉之為福，而不知飲酒食肉之福必有所自來也

吾未嘗為牧而牂生於奧，未嘗好田而鶉生於宎，若勿

怪何邪牂牝羊也室西南隅爲奥東北隅爲宧吾所與吾子遊者遊於天地吾與之邀樂於天吾與之邀食於地吾不與之爲事不與之爲謀不與之爲怪吾與之乘天地之誠而不以物與之相攖吾與之一委蛇而不與之爲事所宜數語與庚桑楚篇同意只將與不與等語翻弄其行文嫵媚有長袖善舞之態文品欲仙矣今也然有世俗之償焉凡有怪徵者必有怪行殆乎非我與吾子之罪幾天與之也吾以是泣也言其循常任性無功於世俗而得世俗之報是無怪行而有怪徵所以可危也夫爲而然者勿爲則已矣不爲而自至則不可奈何惟泣之而已無幾何而使梱之於燕盜得之於道全而鬻之則難不若刖之則易於是刖而鬻之於

齊恐其逃故刖之也　適當渠公之街然身食肉而終渠公齊富室爲街正買欄以自代也。此言禍福倚伏無常術者之謂術即道之不祥也故三代之祖若父皆積功累仁而後食其報若暴秦之與而九廟隨滅於二世此古今得失之林也

齧缺遇許由曰子將奚之曰將逃堯曰奚謂邪曰夫堯畜畜然仁吾恐其爲天下笑後世其人與人相食與郎庚桑楚篇言人亂之本必生於堯舜之朝而其末存乎千世之後語意　夫民不難聚也愛之則親利之則至譽之則勸致其所惡則散愛利出乎仁義捐仁義者寡利仁義者衆捐仁義者是與仁義相忘郎下面外乎賢者一流人此樣人極不可得而利仁義者天下皆然也利者衆則歸往者不可得而禦矣　夫仁義之行唯且無誠且假夫

禽貪者器夫爲仁義之行未必由中而出不過爲民歸往之資耳後有欲民歸往之者亦不免借此以動人如豆區釜鐘之類是猶假好獵者以網罟罾弋之具以肆其掠取之術此大亂之道也後世人與人相食非以此歟諸解供謬是以一人之斷制利天下譬之猶一覕也音鼈萬物萬形當輔其自然而後可以曲成而不遺若必驅其從我是欲以一人之斷制利天下譬猶割物者不顧其所安而總合一割而斷之其爲傷者多矣此便是利中之害覕割也夫堯知賢人之利天下也而不知其賊天下也夫唯外乎賢者知之矣賢人爲仁義之人也外乎賢則高出賢人一等者許由逃堯之言止此下倶莊子雜著觀句錢會稽之語可見有暖姝者有濡需者有卷婁者暖姝濡需卷婁六字叶音成文其義已見下文不必穿鑿訓詁疑當日或有三樣成語故莊子欲引卷婁一段因併及之所謂暖姝者學一先生之言則暖暖姝姝

而私自說也自以爲足矣而未知未始有物也是以謂暖姝者也虛靜之中本無一物何處着得議論此等人是坐井觀天一流濡需者豕蝨是也擇疏鬣自以爲廣宮大囿奎蹏曲隈乳閒股脚自以爲安室利處不知屠者之一旦鼓臂布草操煙火而己與豕俱焦也此以域進此以域退此其所謂濡需者也人之托身於權豪富貴之門而一旦與之同禍者何以異此此等人是以氷山爲泰山一流卷婁者舜也羊肉不慕蟻蟻慕羊肉羊肉羶也舜有羶行百姓悅之故三徙成都至鄧之虛而十有萬家堯聞舜之賢舉之童土之地曰冀得其來之澤舜舉乎童土之地年齒長矣聰明衰矣而

不得休歸所謂卷婁者也童土即童山山不生草木曰童言其陋之甚也○三等人皆雖有清濁高下之不同以言乎不安性命之情則其失均也是以神人惡衆至衆至則不比不比則不利也比合也人既衆則情亦不一難得其合也不合則未免相背非所以為利矣

故無所甚親無所甚疏抱德煬和以順天下此謂眞人惟無心於天下而無所親疏抱德養和以任天下之來去得以全吾之眞故曰眞人眞人神人無二義也眞者言其無假神者言其不測於蟻棄知於魚得計於羊棄意蟻至微羊至柔而未能無知無意眞人取其微且柔者以自居而棄其知與意如魚之忘水而已○三語叶音成文奇甚以目視目以耳聽耳以心復心若然者其平也繩其變也循如此與物相忘將使目忘乎色而所視者惟目耳忘乎聲而所聽者惟耳心忘乎識而所復者惟心復字即易卦所謂敦復抱德煬和之學蓋

如此若然則不見物我有不平之處而其平也
如縄不見事機有失常之變而其變也若循矣古之眞人
以天待之不以人入天言居無事以待事不以有事求
無事也比前語氣又進一層古
之眞人得之也生失之也死得之也死失之也生死生猶
金生菜
死之生死即貴賤之義也眞人應物各隨其所居於生爲
得於死或復爲失故當所需則無賤非其時則無貴貴賤
有時誰能常也○根上其平也縄其變也循二句來只言
眞人能順天下非猶以一人之斷制利天下者故下以藥
喩之諸觧惟
郭註爲是藥也其實菫也桔梗也雞廱也豕零也是時
爲帝者也何可勝言承上言藥所以醫病也若不合於病
症反以速其死其實看來與菫之爲
毒一也故梗浮雞補零利當其用者各有時而爲君夫用
之者得則不用者失矣然亦豈有常帝乎即舉數品其他
不可勝言所以如
縄而如循者如此句踐也以甲楯三千棲於會稽唯種也

能知亡之所以存唯種也不知其身之所以愁故曰鴟目有所適鶴脛有所節解之也悲文種明於謀國而暗於保身猶鴟目能夜視而不能晝見鶴脛限於長而不可斷去其於得失生死之處舉此遺彼去眞人遠矣此反言以形之也故曰風之過河也有損焉日之過河也有損焉請只風與日相與守河而河以爲未始其攖也恃源而往者也風之過日之過皆以三字爲句河也有損謂減耗其流也河有源故不見風日之相攖以喩眞人之應物而不窮者蓋有其本也。此承上文推進一層故水之守土也審影之守人也審物之守物也審水之於土蟲穴蟻隙無不至影之於人坐起行止無不從物之於物如磁石吸鐵陽燧取火方諸取水之類守之審者止於定分而不過也。此承上言源之足恃者以其守之於身者定也又推進一層故目之於明也殆耳之於聰也殆，心之於殉也殆，凡能其於府也殆。殆字、反。前審字。心與耳目，若徇外，則不能審定而危殆矣。又推廣言之，凡有所能，皆足以殆吾之府。府，藏能之所也。○此承上守審之義而反言之。殆之成也不給改，禍之長也茲萃，其反也緣功，其果也待久，而人以為己寶，不亦悲乎！殆之既成，若不及改，輟其禍，即以叢生，何其遠也。知欲改之，反守其性，必因其功之素積，以期於成，而遲久以待其自至，何其難也。是能之有害於府如此。世人不察，反以為己之寶，認賊作子，真可憐憫者。○此承上四殆句，而痛言其害。故有亡國戮民無已，不知問是也。亡國戮民，舉禍之大者而言。問，講求也。不知問，是一句，直貫到底。下面其問句，與闕亦不問句，俱與此相呼應。是字，暗指下面所言而發其端。故足之於地也踐，雖踐，恃其所不蹍而後善博也；人之知也少，雖少，恃其所不知而後知天之所謂也。足之所踐無幾，而要所不踐者，方可資以致遠；人之所知無幾，而要所不知者，方可藉以達天。○此承上起下語，是通陂過脉處，下面層層俱發此義。知大一，知大陰，知大目，知大均，知大方，知大信，知大定，至矣。天之所謂者不一名，而人之知之者亦不一端。知渾淪未判謂之大一，至靜無感謂之大陰，分而有名謂之大目，同而不殊謂之大均，廣而不禦謂之大方，期而不越謂之大信，眞而不携謂之大定，此皆天之所謂也。若有知此，則知無餘蘊矣。○此承上知天之所謂而備言之。

大一通之，大陰解之，大目視之，大均緣之，大方體之，大信稽之，大定持之。此又分言知之爲功，有不同，必知此而後爲眞知也。盡有天，循有照，冥有樞，始有彼，則其解之也似不解之者，其知之也似不知之也，不知而後知之。盡有天，則極物之自然；循有照，則循理之自明；冥中有樞，寂而

常遡始由乎徼和而不唱解猶知也○此承上恃其所不知而後知天之所謂來

其問之也不可以有崖而不可以無崖頡滑有實古今不代而不可以虧則可不謂有大揚搉乎

又爲初機立個方便法門設欲講求此理以爲無崖際却有崖際故見其升降上下而頡也流動旋轉而滑也然而實理存乎其中自古及今以閱衆甫更無代易亦無虧損可不謂大有昭著如有舉而引之者乎揚舉也搉引也○此根上不知問是句指出問之之法來

闔不亦問是已惑然爲以不惑解惑復於不惑是尚大不惑

言此中之實理昭著如此曷不問是而生疑惑於其間乎若以此不惑之實理解我不問是之妄惑則復歸於不惑之域自無有惑之者矣此謂大不惑也○此又指出不知問是之病而切言之

凡内而治心外而治世大約知天者眞知人者僞而眞

與僞之間其損益又較別焉魏武侯性命耳目之交病也形神之可勞也是不知乎天之眞者也相狗相馬之喻好和惡姦之理非徐無鬼發其義何以宣眞人之謦欬使愛民偃兵者知修胸中之誠哉然非無鬼一人之私言也黄帝之見大隗也以七聖而服一童子猶不外乎去其害馬之片言則其他可知已乃世之人去天漸遠未免各有所趨馳其形性以潛之萬物寧知各是其是以人相敵者不如立而爲質以天相忘也若隰朋不以賢臨人顔不疑不以色驕人南郭子綦不光以使人

知不賣以使人齎皆庶幾知天之眞者矣猶未也惟孫叔敖市南宜僚不道之道仲尼不言之言則爲德不能同辯不能擧卽并包天地之大人無求而大備者豈有加焉夫古人之含人僞而從天眞者非漫然而爲之又有見乎人損而天益也九方歅論世俗之償而子綦不以爲福堯知仁義之利而許由反以爲賊蓋知卷婁者不得休歸其失每與曖姝濡需者等故不如眞人無親無疏不以人入天視生死得失之相乘等之藥堇之相帝也亦何至如文種之存越愁身僅爲鴟目鶴脛之用

者哉夫有形者自然相累而無形者磨之不磷凡物莫不然矣彼風日之過河無損也以有源焉則物之守物者皆天也不然舍天而從人斯有能於其府則殆成禍長於治身治世之道蔑有不損者矣知是而知天之所謂可不問乎夫欲知天之所謂又非以知知之殆以不知知之也大一大陰大目大均大方大信大定此皆所當知之數亦皆以不知而後知之數所以聞之之法必在乎於有崖無崖之外而求乎萬物今古之間以不惑解惑天人之理庶乎其得之已此篇前半詮理精密

詞古雅後半變幻斷續不可捉摸文境之奇盡於此矣

雜篇則陽第二十五

則陽遊於楚（則陽彭陽）夷節言之於王王未之見夷節歸彭陽見王果曰夫子何不譚我於王（此公宦念頗熱然求薦何太容易）王果曰我不若公閱休（言我雖譚汝於王不若公閱休之言足以見信也）彭陽曰公閱休奚爲者邪曰冬則擉（捉同）鼈於江夏則休乎山樊有過而問者曰此予宅也（予宅謂我之所安惟有此耳此外別無他營也）夫夷節已不能而況我乎吾又不若夷節（言夷節談汝於王已不能取信而況我不如夷節者乎諸解失之）夫夷節之爲人也無德而有知不自許以之神其交固顛

冥乎富貴之地非相助以德相助消也言我之不如夷節者何也蓋夷節雖無恬退之德而有干進之智若苟不以氣節自許與之滑和以神其交則其氣味之相薰必將顛倒昏昧於富貴之地非徒無益實相損也夫凍者假衣於春暍者反冬乎冷風假衣於春何足以救凍反風於冬何足以救暍欲因夷節以求進何以異此言其無及於事也夫楚王之為人也形尊而嚴其於罪也無赦如虎非佞人正德其孰能撓焉楚王之處己待人嚴猛如此非有辯才正德之人誰能動之蓋凶暴之人非常人所能化必俟聖人而後有以善其用也故聖人其窮也使家人忘其貧其達也使王公忘爵祿而化卑化卑化為卑屈也其於物也與之為娛矣樂其羣而無猜也其於人也樂道之通而保己焉通乎彼而仍不失乎我也故或不言而飲人

以和與人並立而使人化父子之宜彼其乎歸居而一閒其所施其和氣之蒸人使人有不飲而自醉者故並立之閒偶然耳乃能使人之化有如父與子之相宜焉其動人有如此者然彼亦非有意於動人也彼本其於人期乎歸以居心不過閒或行其所施耳諸解俱謬心者若是其遠也故曰待公閱休言卽此恬靜之心與人之燥競者多少懸隔於稽其人則公閱休是也若與之以見楚王則必有上化其君下助其友矣豈予之所及哉聖人達綢繆周盡一體矣而不知其然性也復命搖作而以天為師人則從而命之也綢繆猶糾纏也聖人之心自無物累之糾纏以萬物為一體蓋出於天性之自然非有所勉也復命歸根之謂搖作動作也動作之中不離歸根之道惟師法乎天之自然而已亦何嘗自知為聖人哉乃人則因此而名之耳○此承上言聖人所以為聖人皆出於自然而無容心也憂乎知而所行

恒無幾時其有止也若之何倘若出之有心而憂其知之不足則所行有限而時或有不能行者將奈之何○此承上反言有心之爲累也生而美者人與之鑑不告則不知其美於人也若知之若不知之若聞之若不聞之其可喜也終無已人之好之亦無已性也聖人之愛人也人與之名不告則不知其愛人也若知之若不知之若聞之若不聞之其愛人也終無已人之安之亦無已性也此承上人則從而命之句來言聖人之性出於自然而人之命之者亦有不知其然而然也舊國舊都望之暢然雖使丘陵草木之緡入之者十九猶之暢然況見見聞聞者也以十仞之臺縣衆閒者也十九十失其九也臺縣衆聞猶見聞之易者○

此承上人安之無已句來言人之所以安聖人非有他故也蓋以性者人之故物耳人遠出而歸家未有不見舊觀而喜慰者聖人復其性是得其故物人有不安之者乎冉相氏得其環中以隨成與物無終無始無幾無時日與物化者一不化者也闔嘗舍之冉相氏古之聖君得虛中之至理以隨萬物之成則所以運轉不窮其無終無始無幾無時以與物化者蓋有不化者以爲之樞紐耳何不舍於是乎舍止也○此引古以明上意與上文所行無幾時其有止數語對看夫師天而不得師天與物皆殉其以爲事也若之何師天本出無心自能與天合德若有意以天爲師便膠執矣何異於殉物乎若欲以此爲事何以爲哉○此又承上文以天爲師句推進一層言聖之師天非有心於師天故與殉物者不同也夫聖人未始有天未始有人未始有始未始有物與世偕行而不替所行之備而不

洫其合之也若之何承上言聖人之師天無容心者蓋其心至虛併天亦無之矣又何有於所謂人所謂始所謂物哉是之謂得其環中以應無窮者故能與時竝行而不廢應萬事而不溺此聖人善於師天也若求合於聖人則何道哉意則見下

湯得其司御門尹登恒爲之傅之從師而不囿得其隨成爲之司其名之名嬴法得其兩見司御官名門尹登恒人名湯得之以爲師雖從之而不局於教斯可謂得隨成之道矣故人不稱其師而獨稱湯之能自得師是湯爲師司其名也然名乃身外剩法有名則未免落於有爲而是非美惡兩端之見俱生矣非能合於聖人之師天也

仲尼之盡慮爲之傅之仲尼爲人之傅亦盡其思慮而爲之俱亦不免有心也

容成氏曰除日無歲無內無外歲之所以爲歲者以三百六十日積而名之若除去日則無歲矣外之所擾擾爲累者以內之未忘致之若無內則無外矣容成氏之言高於成湯孔子一等其所以合於聖

挟音咥笞擊也

人之師天者或以此歟○自湯得其司御至此詞句轇葛不清恐有脫落錯簡諸解紛紛附會總說不去余姑曲爲之說然亦不免附會矣

魏瑩與田侯牟約田侯牟背之魏瑩怒將使人刺之犀首聞而恥之犀首官名衍其名也曰君爲萬乘之君也而以匹夫從讎衍請受甲二十萬爲君攻之虜其民人係其牛馬使其君內熱發於背然後拔其國忌也出走然後挟其背折其脊忌也出走言畏忌而出奔也○挟背折脊從上刺字生來言必如此誅其身方見得光明正大異於刺客之所爲也比前似高一層季子聞而恥之曰築十仞之城城者既十仞矣則又壞之此胥靡之所苦也今兵不起七年矣此王之基也

衍亂人不可聽也季子以魏之休養已久為垂成之績不可廢也比前又似高一層華子聞而醜之曰善言伐齊者亂人也善言勿伐者亦亂人也謂伐之與不伐亂人也者又亂人也君曰然則若何曰君求其道而已矣華子以季子猶有功利之心而不知求道也道則無人我無恩怨無大小强弱而戰爭攻守之事俱在所不論矣○把亂人兩字一總罵殺尤妙在第三句故下面戴晋人之言竝不提起伐與不伐一句之間能了前案能伏後脈人只當快論讀過差矣惠子聞之而見戴晉人以戴晋人見魏君也戴晉人曰有所謂蝸者君知之乎曰然有國於蝸之左角者曰觸氏有國於蝸之右角者曰蠻氏時相與爭地而戰伏尸數萬逐北旬有五日而後反君曰噫其虛言與曰

吷音血

臣請為君實之君以意在四方上下有窮乎君曰無窮曰知遊心於無窮而反在通達之國若存若亡乎君曰然曰通達之中有魏於魏中有梁於梁中有王王與蠻氏有辯乎君曰無辯

蝸蝸牛也蝸至小而兩角為尤小以俗眼觀之無小不大以道眼觀之無大不小天下一蝸也梁國一蠻也何以辯哉人跡所及為通達謂四海之內也今以四海為大矣然計在無窮之中若有若無也況魏中之梁梁中之王而足爭哉

客出而君惝然若有亡也

此時客便出為妙若再着一詞反障礙矣故下文又再敘客出兩字而不省也

客出惠子見音現君曰客大人也聖人不足以當之

大人即前篇所謂生無爵死無謚實不聚名不立者故聖人一等

惠子曰夫吹管也猶有嗃也吹劍首者吷而已矣堯舜之人所譽也

道堯舜於戴晉人之前、譬猶一吷也、（管孔小、猶以形氣相戛而有聲、若劍首之環、吹之則吷然過矣、今道聖人於大人之前、則聖將失其爲聖、安得有聲乎哉○只贊晉人、便有許多規諷矣、當於言外得之、）

孔子之楚、舍於蟻丘之漿、其鄰有夫妻臣妾登極者、（蟻丘、山名、漿、賣漿者家也、臣妾爲人僕也、登極、乘屋也、）子路曰、是稯稯（音總）何爲者邪、（稯稯、髮亂不整之貌、）仲尼曰、是聖人僕也、（言其有聖德而隱於僕隷之中也、）是自埋於民、自藏於畔、（自藏於畔、謂不南面而爲君、不北面而爲臣、又不與主人分庭伉禮而爲客、唯藏於左右兩畔、而供臣妾之役於他人者、）其聲銷、其志無窮、（聲、名也、其志無窮、猶言天下有心人也、）其口雖言、其心未嘗言、（所言皆世言、而心與世異也、）方且與世違、而心不屑與之俱是陸沈者也人中之隱猶無水而沈所謂大隱者也是其市南宜僚邪市南宜僚弄丸而兩家之難解以律此人謂其志耑於內而不為外所奪者子路請往召之孔子曰已矣彼知丘之著於己也著明也知丘之適楚也以丘為必使楚王之召己也彼且以丘為佞人也夫若然者若然者言如他這等人也其於佞人也羞聞其言而況親見其身乎而何以為存子路往視之其室虛矣存留也室虛果已逃去也更添出沮溺丈人一段公案但彼隱於耕此隱於僕尤為奇特

長梧封人問子牢曰君為政焉勿鹵莽治民焉勿滅裂昔予為禾耕而鹵莽之則其實亦鹵莽而報予芸而滅裂之

其實亦滅裂而報予、予來年變齊、深其耕而熟耰之、其禾繁以滋、予終年厭飧、（鹵莽、土塊大而草根盛也、滅裂、滅善類而地膚圻也、變齊、謂盡易昔歲之法、封人蓋以治田喩政也、）莊子聞之曰、今人之治其形、理其心、多有似封人之所謂、（莊子又取封人喩政之言、以喩治身之道、）遁其天、離其性、滅其情、亡其神、以衆爲故、（以衆爲故者、言其皆溺於衆人之所爲故也、）鹵莽其性者、欲惡之孽、爲性、（克治功疎、物欲交離、遂至認賊作子、此所以爲鹵莽也、）萑葦蒹葭、（二者皆蘆屬、喩心地之荒穢也、）始萌以扶吾形、尋擢吾性、（言其性地荒穢、衆欲叢生、始扶吾形、以遂其耳目口鼻之養、隨卽擢拔吾虛靜之本性、以底於病也、始字與尋字相呼應、）並潰漏發、不擇所出、漂疽疥癰、內熱溲膏是也、（潰、內潰、漏則諸竅不收、發則擁腫膿血、漂疽疥癰則發也、）

菑音哉　災同

內熱則潰也洩膏則漏也此皆不擇所出形神俱病以爲鹵莽之報

柏矩學於老聃曰請之天下遊老聃曰已矣天下猶是也我瞻四方蹙蹙靡所騁語甚憺然又請之老聃曰汝將何始曰始於齊至齊見辜人焉推而強之解朝服而幕之推而強之以手推死人而使起也幕覆也解朝服而覆之寓意極遠以爲此人陷於罪皆自上致欲使其着此以問諸朝也下面俱發此意號天而哭之此等語何處告訴只好呼天痛哭而已曰子乎子乎天下有大菑子獨先離之曰莫爲盜莫爲殺人離羅同莫假莫之謂問其毋乃爲盜乎毋乃爲殺人乎其所以致此禍者有出也榮辱立然後覩所病貨財聚然後覩所爭今立人之所病聚人之所爭窮困人之身使無休時欲無

至此得乎大古之世本無病與争也及聖人懸賞罰實府庫而民始不安其本分令不知返於無爲之治以過亂源欲民之井於窮困不休而不盗不殺其可得乎○此就所未犯罪之先而言古之君人者以得爲在民以失爲在己以正爲在民以枉爲在己故一形有失其形者退而自責今則不然匿爲物而愚不識大爲難而罪不敢重爲任而罰不勝遠其塗而誅不至民知力竭則以僞繼之日出多僞士民安取不僞言致意以不能爲之事責人而又治人以不爲之罪也四語總是一意民知殫力不足以避誅不得不爲巧僞以苟免是上以僞倡之矣取取則也夫力不足則僞知不足則欺財不足則盗盗竊之行於誰責而可乎凡僞俱生於不足而民所以不足其所由者誰邪則盗竊之行民受之君亦不得而辭之

矣。此就民既犯罪之後而言衰亂之世刻急顛倒之形曲盡於此可勝嘆息悲愴

蘧伯玉行年六十而六十化，未嘗不始於是之而卒詘之以非也，未知今之所謂是之非五十九非也。化謂變化進德之極也事變無窮始以為是矣而卒非之又安知六十之所謂化者非即五十九年之非邪此皆知之所不知也言此以起下文之意

萬物有乎生而莫見其根，有乎出而莫見其門。人皆尊其知之所知，而莫知恃其知之所不知而後知，可不謂大疑乎！人之生死有根有門身不得而見耳這個不見處便是人之真主宰知之所知知有目能視有耳能聽之類此人之所推尊也但問未有耳目之先視聽往何處去既有耳目之後視聽從何處來此是無根無門知之所不知者人必恃有此而後知也疑猶惑也已乎已乎！且無所逃。此則所謂然

弢吐刀切人名

鰌音秋

與然乎已乎已乎歎息之詞誰能逃此所不知者以爲知則人雖有知亦總歸於不知而不能獨出也卽此恃其不知之言亦當付之不可知而已然與然乎言其不可致詰也。此段言死生是非之理可以包括全書非細心理會不能遽解奇文原不易讀

仲尼問於太史大弢伯常騫狶韋曰夫衛靈公飲酒湛樂不聽國家之政田獵畢弋不應諸侯之際其所以爲靈公者何邪畢弋田獵之具際交際也謚法亂而不損曰靈言衛靈公之爲此謚未足以當其惡也大弢曰是因是也言靈本非美謚亦因其荒亂故名之耳伯常騫曰夫靈公有妻三人同濫而浴史鰌奉御而進所搏幣而扶翼其慢若彼之甚也見賢人若此其肅也是其所以爲靈公也濫浴器也奉御

猶今云召對摶幣將幣也扶翼使人扶翼之而行也言靈
公之慢若彼其敬者此是亂之中有不損者所以命之為
靈也
狶韋曰夫靈公也死卜葬於故墓不吉卜葬於沙丘而
吉掘之數仞得石槨焉洗而視之有銘焉曰不馮其子靈
公奪而里之夫靈公之為靈也久矣之二人何足以識之
馮猶托也里葬所也古稱窀穸為蒿里銘之意謂原葬之
子孫不可託後世有靈公者奪而為葬所也此言靈公之
謚為前定也。余好讀易有友誚余曰讀易何為余曰吉
凶悔吝有其數讀易所以求趨避耳友曰數已定矣趨避
卽數也讀此益
服其為至言
少知問於太公調曰何謂邱里之言聚耕為邱聚邱為里
邱里之言猶所謂公
論也
大公調曰邱里者合十姓百名而以為風俗也合異以

係馬一本作馬係

爲同散同以爲異見得異乃同中之異、而同乃異中之同或合或散故有同異之名耳今指馬之百體而不得馬而係馬於前者立其百體而謂之馬也喻異不見道合而爲同方可見道是故邱山積卑而爲高江河合水而爲大大人合併而爲公但異者不合則同者不顯會道之言貴合萬事萬物而歸之一原始可謂之天下之公是以自外入者有主而不執由中出者有正而不距夫既合併天下以爲公則不當有執距之意自外入者聽言者也聽人之言吾心雖有所主而不可執定一己之見由中出者立言者也立言垂訓吾心雖有取正而不可距逆他人之意如此方可合異而歸同矣四時殊氣天不賜故歲成五官殊職君不私故國治文武大人不賜故德備萬物殊理道不私故無名無名故無爲無為而無不為（此言不執不距的樣子）時有終始，世有變化，禍福淳淳，至有所拂者而有所宜，自殉殊面，有所正者有所差。（時與世不能一定，故禍福之流行反覆，互相倚伏。有所逆於彼者，而偏順於此。若一以我見自殉執而距之，則事理之變無窮。合於此者，未必不謬於彼矣，豈能使之一一盡同於己乎。此言不可執不可距之故。）比之太澤，百材皆度；觀乎大山，木石同壇。此謂丘里之言。（須知同中有異，不可作一同想；異必歸同，不可作一異想；同與異俱不在己，不可作一己想。知百材異也，而同度於大澤之中；木石異也，而同萃於大山之上；則同中有異，於異之未始不歸同也，居可知矣。丘里之言，其以此也。）少知曰：然則謂之道，足乎？大公調曰：不然。今計物之數，不止於萬，而期曰萬物者，以數之多者號而讀之也。是故天地者，形之大者也陰陽者氣之大者也道者爲之公因其大以號而讀之則可也已有之矣乃將得比哉道之大也雖天地陰陽亦在其範圍之中不可盡也苐因鄉里之言之大號而讀之猶可但既有則鄉里之言便難比於道了蓋道本無名相何可言哉若以斯辯譬猶狗馬其不及遠矣若以此而比道是猶狗之與馬其大小相去遠矣

少知曰四方之內六合之裏萬物之所生惡起因上既有之矣向發問以爲萬物皆自無中生有然其所生果從何處起乎大公調曰陰陽相照相蓋相治日月往來是謂相照陰陽之精互藏其宅是謂相蓋蓋者藏也陰主翕受陽主施與是謂相治四時相代相生相殺四時之氣嗣續生尅循還不窮是謂相代相生相殺欲惡去就於是橋起雌雄片合於是庸有陰陽四時如此萬物莫不乘此氣机以出入然而萬物既生則

不能無情有情則欲惡去就憑虛而起雌雄判合用是而有矣安危相易禍福相生緩急相摩聚散以成此名實之可紀精之可志也既有情矣則不能無事而事之中有安危禍福緩急聚散之不同亦因之以各出焉此皆可考而知非難於致詰者也。此就物理所該備而言隨序之相理橋運之相使窮則反終則始此物之所有先後相隨之謂序循序即有理而不亂氣運之屈伸相感如橋之有升有降若或使之其中窮反終始自然相因造化如此物理亦然是物所以乘氣机而出入有必然之理者。此就物理之循環而言言之所盡知之所至極物而已觀道之人不隨其所廢不原其所起此議之所止言者言此知者知此亦就其物之所有而求之而已若其所廢則爲既死之後所起則爲未生之前此處關頭誰能議及故觀道者置之不問而已少知曰季真之莫爲接子之或使二家之議，孰正於其情？孰徧於其理？

李眞按予當日有此二家也莫爲如佛家之自然性也或使如佛家之因緣性也情實也徧周備也此因上議之所止句發問以爲物之廢起既不可以議矣然此二家之說孰是乎

大公調曰：鷄鳴犬吠，是人之所知，雖有大知，不能以言讀其所自化，又不能以意其所將爲。

鷄犬之鳴吠其所化所已爲也其所以鳴吠所自化所將爲也以至易知者猶不能以言以意而求況道本不易知者乎

斯而析之，精至於無倫，大至於不可圍，或之使，莫之爲，未免於物而終以爲過。

若將此理精而析之小至於無倫大至於不可禦豈彼二人之說所能盡乎或之使莫之爲是論物而非以論道也論物則未免囿於物而終有失言之過矣

或使則實，莫爲則虛。

承上終以爲過來言或使則明明有個主使之者太說實了言莫爲則全是偶然聚散適然生死太說虛了

有

名有實是物之居無名無實在物之虛可言可意言而愈疏●蓋其有名相者是物之所爲質若其無名相者則立乎物之外而實運乎物之中即老子云有之以爲利無之以爲用是也此理原不易言若以爲可言可意而言之則去道愈遠矣季眞接子之謂也未生不可忌已死不可徂死生非遠也理不可觀或之使莫之爲疑之所假未生者不可禁其不來已死者不可窮其所往蓋一生一死百年之身其間相隔幾何而所以然之理究不可見曰或使曰莫爲不過想當然耳非實見得是也所以失虛失實終落邊議○凡書中所言知之所不知者皆指此也至是方明白說破吾觀之本其往無窮吾求之末其來無止無窮無止言之無也與物同理或使莫爲言之本也與物終始以我觀之其本也往而無窮其未也來而無止既爲無窮無止則言亦何處施設悉歸於無而已這便是物理

之所在也彼或使莫爲是有言之所自起祇在物終始之間而物理則未盡也道不可有有不可無道之爲名所假而行或使莫爲在物一曲夫胡爲於大方承上言之無句來言之無則與物同理者蓋以道本不可有若有則沉着於名相欲歸於無無難矣究竟有來不論有無連道之一字亦安不上不過假之以爲名耳況或使莫爲在物一邊說者又胡足以與於大方耶言而足則終日言而盡道言而不足則終日言而盡物道物之極言默不足以載非言非默議其有極足即上文正於其情徧於其理者盡皆也爲道爲物不論有言無言在於言之足不足耳若論道物之至極處既不在有言又不在無言於非言非默上自有極處非言非默果是如何景象當自得之○大類禪門非空非非空等語

道者物之所從生本乎天而命乎性爲人之本然於以

保己於以化物俱有無窮之意存焉至其為道之極究非可易窺也公閱休一擉鼈休樊之人耳其有當於人心非無德而有知者之比豈有殊術歟亦惟本乎性而以天為師得乎人之所固然而自安於若不知若不聞之境乃人之安之也亦遂若歸故土者見其景物欣然而樂適矣故冉相氏之得其環中成湯之從師不囿皆有隨成之用亦師天之道得也則容成氏除日無歲無內無外之說於保己化物之理不有可通哉然非可曰此其道在於古而不在於今也觀之近世則有臧晉人

蝸角之喻而魏瑩卽服其吹劍此其化物爲何如聖人僕登極之舉而孔子亦取其陸沉此其保己爲何如無奈道本在人而知之者寡其保己也每有遁其天離其性滅其情亡其神如長梧封人所謂鹵莽滅裂之說者其化物也每有匿爲物大爲難重爲任遠其途如柏矩所謂盜竊之行者則道誠非易言矣夫道之難言非道之難而言者之難也蘧伯玉無可知之是衛靈公無可知之名正以道之在人合散同異有不可知者存所以大人惟合併而爲公不執不拒無爲而無不爲而已其

所謂天地陰陽之公極物之外無可求焉郤季眞接子莫爲或使之言皆爲未免乎物總於無窮無止之理未有得也大抵道亦強名言默舉無所用非言非默是何眞境言道者可以悟矣此篇首段文法怪幻頗難訓詁中段詞意高朗極堪玩誦至末段發出精微之論大類宗門之旨得未曾有佛法之在中國也何嘗自天竺來書始哉

雜篇外物第二十六

外物不可必外物外來之禍福也故龍逢誅比干戮箕子狂惡來死

絯、音駭

螴蜳、音陳惇

桀紂亡。爲善爲惡皆不能免所以爲未可必也人主莫不欲其臣之忠、而忠未必信。故伍員流于江、萇弘死於蜀、藏其血三年而化爲碧。人親莫不欲其子之孝、而孝未必愛。故孝己憂而曾參悲。忠孝爲君親之所欲、亦不必其信愛。此中有數存焉。以見吾人當爲其所當爲、而不可必其所難必也。曾參悲、指芸瓜受杖事。木與木相摩則然、金與火相守則流。此言五行之理、暗影人事。五行中惟火最烈。木者火之母、生火而反自傷。金者水之母、爲火所克而不能勝也。陰陽錯行、則天地大絯、於是乎有雷有霆、水中有火、乃焚大槐。此論造化之五行、暗影人事。陰陽錯雜、其氣鬱而不伸、故有雷霆之火、以焚大槐。槐者東方之木、木之正位也。或指陰陽錯行、喻道書五行顛倒之說、大謬。有甚憂兩陷而無所逃、兩陷利害之間、兩難着手、猶進退維谷也。螴蜳不得成心若懸於天地之間螴蜳蟲起蟄而未甦之貌屈伸俱難也故其心若懸空而不能自主。非深於閔世者不能道此慰暋沈屯利害相摩生火甚多衆人焚和慰鬱暋悶沈深屯難也火人心中五志之火也和天和也以其不知外物之不可必而交戰於利害之塲故有陰陽之患如此月固不勝火月金魄水之所生也不勝火言火盛而水之源弱也應上金與火相守則流句諸解支離於是乎有僓音頹然而道盡僓然衰敝之義道謂生道道盡則形神與之俱盡矣

莊周家貧故往貸粟於監河侯監河侯曰諾我將得邑金將貸子三百金可乎此君眞所謂不入耳之談殆今日守錢輩口頭人事也莊周忿然作色曰周昨來有中道而呼者周顧視車轍中有鮒魚

焉周問之曰鮒魚來子何爲者邪對曰我東海之波臣也君豈有斗升之水而活我哉周曰諾我且南遊吳越之王激西江之水而迎子可乎鮒魚忿然作色曰吾失我常與常與常相與謂水也我無所處吾得斗升之水然活耳君乃言此曾不如早索我於枯魚之肆此段言養身者當審其緩急不必多餘也○支非莊叟手筆

任公子爲大鉤巨緇五十犗音介以爲餌犗犍牛也蹲乎會稽投竿東海旦旦而釣期年不得魚已而大魚食之牽巨鉤陷沒而下鶩揚而奮鬐白波若山海水震蕩聲侔鬼神憚赫千里任公子得若魚離而腊之自制河以東蒼梧已北莫不

厭若魚者已而後世輇才諷說之徒皆驚而相告也輇木小才也諷諭譏說也夫揭竿累趣灌瀆守鯢鮒其於得大魚難矣飾小說以干縣令其於大達亦遠矣縣令舊作懸令則干字無處安頓仍當如字解○近日窮措大抄寫數篇爛時文向邑令投拜門生者當書此數語示而辱之是以未嘗聞任氏之風俗其不可與經於世亦遠矣此段言經世者當志於大成不可期近效也○文非莊叟手筆

儒以詩禮發冢大儒臚傳曰上語下曰臚東方作矣事之何若小儒曰未解裙襦口中有珠詩固有之曰青青之麥生於陵陂生不布施死何含珠意以含珠者爲非盜珠者爲是也爲接其鬢壓

其顪音海儒以金椎控其頤徐別其頰徐別緩開也無傷口中珠此言為儒之多偽也儒以詩禮為宗乃用之以發冢青青之麥四句詩也徐別其頰二句禮也儒知詩禮之為儒而不知發冢非儒矣此與魯多儒服一段同意○文非莊叟手筆

老萊子之弟子出薪遇仲尼反以告曰有人於彼修上而趨下上長下促也末僂而後耳背微僂而耳帖腦後也視若營四海蒿目而憂當世之患也上二句狀其形此狀其神矣一段議論俱從此出不知其誰氏之子老萊子曰是丘也召而來仲尼至曰丘去汝躬矜與汝容知斯為君子矣躬矜是全身矜持容知是動容不見朴寔指上三句說仲尼揖而退蹙然改容而問曰業可得進乎業事業也言既去躬矜容知而事業果可得進邪老萊子

曰夫不忍一世之傷而驁萬世之患（不忍一世之傷驁然懷萬世之患猶俗云人無百年身常懷千歲憂總言其慮之過甚也）抑固寠邪亡其略弗及邪（言為此患者抑周意欲困邪毋亦謀弗及於此而為之邪）惠以歡為驁終身之醜中民之行進焉耳相引以名相結以隱（以我之惠及人而邀人之歡以為矜尚此醜行耳庸人之行每進於此故有相推引其惠之名相固結其歡之隱也）與其譽堯而非桀不如兩忘而閉其所譽（夫不忍一世之傷者莫如堯而坐致一世之傷者莫如桀譽而非之皆屬有心故不如渾然兩忘也）反無非傷也動無非邪也（蓋以譽堯非桀分別反之于心皆為傷害動之於行皆為滛僻動無非邪即盜跖伯夷同為滛僻之意）聖人躊躇以興事以每成功奈何哉其載焉終矜爾（聖人舉事躊躇若不得已而後應是以每有成功余何載而有之徒終於

矜持費力而無益於事也。。此段言應世者當以無心處之不可矜持太過以自傷亦見外物之不可必也詞意艱澁諸解附會支離無一字可取

宋元君夜半而夢人被髮闚阿門阿門曲門側之門曰予自宰路之淵宰路淵名龜爲清江之使於河伯之所也予爲清江使河伯之所漁者余且得予元君覺使人占之曰此神龜也君曰漁者有余且乎左右曰有君曰令余且會朝明日余且朝君曰漁何得對曰且之網得白龜焉箕圓五尺君曰獻若之龜龜至君再欲殺之再欲活之心疑卜之曰殺龜以卜吉乃刳龜七十二鑽而無遺筴仲尼曰神龜能見夢於元君而不能避

墊，丁念切，或作塹。

余且之網，知能七十二鑽而無遺筴，不能避刳腸之患。如是則知有所困，神有所不及也。雖有至知，萬人謀之。魚不畏網而畏鵜鶘。去小知而大知明，去善而自善矣。嬰兒生無石（碩同）師而能言，與能言者處也。此段言數定，雖有神知不能移動，益見外物之不可必也。故不知去其私見，無情順應，如嬰兒無師而能言，自不必勞勞計較於胸中，而事無不集矣。諸解割裂無謂。

惠子謂莊子曰：子言無用。莊子曰：知無用而始可與言用矣。夫地非不廣且大也，人之所用容足耳。然則側足而墊之致黃泉，人尚有用乎？惠子曰：無用。莊子曰：然則無用之爲用也亦明矣。言之所該無窮，而人之所用有限。數語精快絕倫。

莊子曰：人有能

遊且得不遊乎人而不能遊且得遊乎遊即下面遊於世之遊言人有能遊者自然胸次洒然一塵不掛若不能遊之人未免塵根太重即欲離世而立於獨而此心亦不能自勝也諸解失之夫流遁之志決絶之行噫其非至知厚德之任與覆墜而不反火馳而不顧雖相與爲君臣時也易世而無以相賤流遁決絶是欲離世而立於獨矣總非至知厚德之任乃不能遊之人果於爲此全不反顧欲與世人相爲君臣不過一時而已至事久論定其不當於道一也諸解失之故曰至人不留行焉至人雖行於世而不留其遊也夫尊古而卑今學者之流也且以狶韋氏之流觀今之世夫孰能不波尊古卑今人之情也乃生於今則又不能出乎今而自爲古也即狶韋氏之觀於今日亦何能不隨其波但其能遊者固別有在也彼流遁決絶果何爲乎唯至人乃能遊

顫音羶

跈音展

於世而不僻順於人而不失己彼教不學承意不彼至人能入遊於世而不爲流遁決絕之僻行然順乎世人又能不自失其爲我蓋不學乎世教惟順其意而不外之也此能遊也

目徹爲明耳徹爲聰鼻徹爲顫口徹爲甘心徹爲知知徹爲德徹通徹也言至人所以能遊者以其心之通徹不壅故物亦不能壅之也人身中無一不貴於徹如此

凡道不欲壅壅則哽哽而不止則跈跈則衆害生也哽咽跈踐也足不良於行者如被人跈踐也足三陰之脉皆起於足揞而循喉嚨邪氣循經絡而行故哽而不止則變爲足病也足病則衆害皆生不特哽與跈矣此言道塞之弊○依門運氣之說本此

物之有知者恃息其不殷非天之罪天之穿之日夜無降人則顧塞其竇凡物之有知皆恃其息之周流其息之不盛豈天之與有缺乎乃天通之而人自塞之耳又誰之咎胞有重閬

四十

○按遊衍，恐遊行。

誸乎覺是也。

心有天遊。胞，人身胞膜也。重閬，空曠之地，所以行氣者。人心亦然，故清淨之中一物不着，當與太虛相爲遊衍。此言人之所固有也。然而有之之功，不在人矣。室無虛空，則婦姑勃谿；心無天遊，則六鑿相攘。大林邱山之善於人也，亦神者不勝。室無空虛，則婦姑殆塞於一處，必至忿爭。人心無天遊，則六鑿攘奪，終無寧日矣。元神不勝其擾，因欲求其幽靜之處以自安，如流遁決絕之流者，所以爲不能遊於世而不靜也。德溢乎名，名溢乎暴，謀稽乎誸，知出乎爭，柴生乎守，官事果乎衆宜。夫養息之道，非可以有心而爲之也。凡德之過量，出於名心之勝；名之過情，由於自行表白；御下過急，則人思以謀略當之；彼此相爭，則人思以知巧角之；柴塞於胸中，由於執滯而不化。此皆有心之害也。豈知官事之立，必決於衆宜，而不以已與之邪？則養息之道亦可知矣。春雨日時，草木怒生，銚鎒於是乎始修，草木之到植者過半而不知其然養息之道必如春雨之草木自然而生不待於銚鎒之勞何容心哉靜然可以補病病者焚和凡人有病只求眞靜則火自降而水自升故曰靜然眥㓕可以休老眥㓕一說以手按目四眥令眼神光明老形之兆發於目眥皺紋此可以沐浴老容寧可以止遽雖然若是勞者之務也非佚者之所未嘗過而問焉然息之殷必養於未塞之先非通於既塞之後也故補病休老止遽皆既失而後圖之非佚者之所也此所以不問也聖人之所以駴天下神人未嘗過而問焉賢人所以駴世聖人未嘗過而問焉君子所以駴國賢人未嘗過而問焉小人所以合時君子未嘗過而問焉駴駭同因前言而緒及之也演門有親死者以善毀爵爲官師其黨人毀而死者半堯與許由天

毀哀也

下許由逃之湯與務光務光怒之紀他聞之帥弟子而踆於窾水諸侯弔之三年申徒狄因以踣河筌者所以在魚得魚而忘筌蹄者所以在兔得兔而忘蹄言者所以在意得意而忘言吾安得夫忘言之人而與之言哉蹄兔罝也自演門句至此俱發聽言者當得其意不可拘於跡有用無用非所計也其所以痛鍼惠子之病者

爲道之人知在外者不可恃而在我者無所傷故能遊於世而虛其心以遂其自然也夫人所可自必者心耳其聽命於世者皆外物也善惡未免同歸而忠孝或難食報自古已然乃世之人輒以其心役役於利害之閒

而不能自勝、豈知寇莫大於陰陽、吾心之水火、蓋有自生而自剋者、焚和之餘、其道無復有存者乎、是以仲尼驁萬世之患、老萊子猶戒其終矜正以知有困而神有不及者、不特神龜爲然也、聖人躊躇以成功、至知去善而自善、皆能以無用言用、遂其能遊之性、而不至懷兩陷之憂矣、然又非必離世以自適也、世有今古、時之所不能違、至人所以能遊者、惟人世而不留行、蓋其道徹而不壅、心有天遊、則神者自勝耳、豈若流遁決絶之人、必以大林邱山爲善、而不堪於名暴謚爭守官衆宜之擾擾哉由是至人得其天和自有生生而不知猶草木之倒植於春雨即知補病休老止遽之言皆爲既失而後圖之術舉可置之不論此得意而忘言者也爲道者愼無求乎筌蹄而蹈毀死踣河之失歟此篇指出修眞實際開後世坎離鉛汞之說精鑿奇創讀之惟恐其盡但貸粟釣魚發冢三段文詞既淺意義亦乖疑爲擬莊者攙擬其內特表而出之

莊子因卷之五

莊子因卷之六

三山林雲銘西仲評述

雜篇寓言第二十七

寓言十九重言十七巵言日出和以天倪寓言十九藉外論之親父不爲其子媒親父譽之不若非其父者也非吾罪也人之罪也

言以吾言之彼則不信猶父不能爲子之媒蓋父之譽其子不若他人之譽其子爲可信故必借外論之也然此亦非吾不欲直言奈人不可與直言何○自巳扯謊反歸罪於他人奇情異想從天外來

與己同則應不與己同則反同於己爲是之異於己爲非之重言十七所以巳言也是爲耆艾年先矣而無經緯

本末以期年耆者是非先也人而無以先人無人道也人而無人道是之謂陳人人莫不以己之同異爲是非故因其心所重耆艾之人而言之所以止其爭辯也凡書中所稱引皆以耆艾爲重非以年也葢以所聞先於我有經緯本末可以立人之道也若徒以其年不過爲陳久之人已何足重哉危言日出和以天倪因以曼衍所以窮年不言則齊齊與言不齊言與齊不齊也故曰無言言無言終身言未嘗言終身不言未嘗不言理本自齊若以言齊之不若不言而待其自齊然不言者非揜其口之謂也不爭是非不論同異言與不言非所計也有自也而可有自也而不可有自也而然有自也而不然惡乎然然於然惡乎不然不然於不然惡乎可可於可惡乎不可不可於

不可物固有所然物固有所可無物不然無物不可非危言日出和以天倪孰得其久天下之可不可然不然皆本於我之自爲而物各有所然各有所可無不以爲然以爲可矣若非順其自然安得有可久不易之定論乎萬物皆種也以不同形相禪始卒若環莫得其倫是謂天均天均者天倪也以物理而論胎卵濕化物種有萬形雖不同禪代無已是不齊之中有至齊者存焉均平也○此以天均爲天倪之解借物理而言之以見物論不得不齊之意

莊子謂惠子曰孔子行年六十而六十化始時所是卒而非之未知今之所謂是之非五十九非也與則陽篇內蘧伯玉一段同意引此正見是非之無定處惠子曰孔子勤志服知也勤志好學而不息服知從事於知也

惠子言孔子有日進之功故是非之無定如此莊子曰孔子謝之矣而其未之嘗言言孔子非勤志服知之故乃謝去所志所知而隨時任物之自然而不造言自無是與非也於何見之即於下文孔子之言見之孔子云夫受才乎大本復靈以生鳴而當律言而當法木猶孟子天之降才大本猶大初也人受才於造物復其靈性以有其生則鳴當律而言當法固有自然而合之者利義陳乎前而好惡是非直服人之口而已矣若至利與義交陳乎前而已出其好惡是非以與人相勝不過服人之口非猶夫鳴當律言當法者也使人乃以心服而不敢蘁五各反立定天下之定已乎已乎吾且不得及彼乎蘁立對立也乃能使人以心服而不敢與之對立以定天下不易之理方為不可及也○已上皆孔子之言引此以明未之嘗言之故謂欲定天下之定原不在言也惠子能勝人之口不能服人之心聞此當自省矣

曾子再仕而心再化（再化謂悲樂之變）曰吾及親仕三釜而心樂後仕三千鍾不洎（音暨）吾心悲（不洎不及養親也）弟子問於仲尼曰若參者可謂無所縣其罪乎（縣係累也學以無累爲善有累大道之罪也弟子以曾子不以祿少而改其樂不以祿多而釋其悲見其心之無累也）曰既已縣矣夫無所縣者可以有哀乎彼視三釜三千鍾如鸛雀蚊虻相過乎前也（言曾子之心已有係累矣若無係累則併不及養親之悲哀而忘之矣豈計祿之多寡哉鸛雀蚊虻取其大小以爲喻也○此段疑應入外物篇內）

顏成子遊謂東郭子綦曰自吾聞子之言一年而野二年而從三年而通（野質朴從順世通徹理○三句從應感上見尚未歸根也）四年而物五

年而來六年而鬼入物心神凝定卓然如有也來精神生意依依日覩也鬼入即神來舍也○三句在存主處見外感可無言矣七年而天成八年而不知死不知生九年而大妙天成謂合乎造化之自然不知死不知生即內篇所謂不死不生者也大妙則未始有始者老子所謂要妙是也○三句是與道合真生有為死也勸公處不知死不知生與大妙原無漸次人之生也蓋有所為之不同及其死則同歸而無有異如有勸之者然。○此從上不知死不知生透下意來至末俱發此以其死也有自也而生陽也無自也而果然乎惡乎義○○○○○○○人皆以其死自有形返於無形而其所適惡乎其所不適不知其始生之初強陽之氣原無所從來也若果從無中來乎則強陽之氣何能窮其所往窮其所不往耶天有歷數地有人據吾惡乎求之天有日月星辰之數如茸石巫氏之書是也地有耳目聞見之所及如禹貢圖經是也此雖最不可知而亦有可求者若生死之聞其所以然之理將何處求之耶莫知其所終若之何其無命也莫知其所始若之何其有命也若以生死之理求之於命則終若有所制既疑於有命矣而求其始將不可得又疑於無命是命有不可知者有以相應也若之何其無鬼邪無以相應也若之何其有鬼邪若以生死之理求之於鬼則福善禍淫既似有鬼主之者而善者或未必福淫者或未必禍又似無有鬼主之者是鬼又不可知矣○此言生死之理本有不可知者惟以其所知養其所不知者斯得之矣千古疑根數語說破奇文至文

衆罔兩問於景曰若向也俯而今也仰向也括而今也被髮向也坐而今也起向也行而今也止何也景曰叟叟也奚稍問也景外微陰非一故曰叟叟叟叟與衆字相呼應稍問猶云未論也予有而不知

其所以影之俯仰行止隨形而已豈知其所以然哉予蜩甲也蜩蛻也似之而非也蜩甲蜩蛻雖附於形尚有其質影則可見而不可執故似之而實非也火與日吾屯也陰與夜吾代也彼吾所以有待邪而況乎以有待者乎屯聚也影之遇明則顯遇暗則隱皆本於形彼指形而言也然形亦不能自主尚爲影之所待而況主張有待之造化者將不爲彼之所待乎是形影之不相離皆不能自有也彼來則我與之來彼往則我與之往彼強陽則我與之強陽強陽者又何以有問乎強陽健動之義來往強陽既皆非我又何以有問乎此承上段生死出於陽氣而言與齊物論同意而文更覺新異

陽子居南之沛老聃西遊於秦邀於郊至於梁而遇老子老子中道仰天而歎曰始以汝爲可教今不可也陽子居

不荅至舍進盥漱巾櫛脫屨戶外膝行而前曰向者弟子欲請夫子夫子行不閒是以不敢今閒矣請問其故敬問其不可教之故也　老子曰而睢睢盱盱而誰與居睢仰目盱張目皆視上於面而近傲者人誰與居言人將畏而去之也○下篇言賊莫大乎德有心而心有睫全此意　太白若辱盛德若不足二句出老子　陽子居蹵然變容曰敬聞命矣其往也舍者迎將其家公執席妻執巾櫛舍者避席煬者避竈其反也舍者與之爭席矣避席非止於不爭而已爭席非止於不避而已聞道之人其初終不同如此

立言所以明道豈不可以莊語而必藉寓言以爲廣重

言以爲眞危言以爲憂行哉蓋道本乎天而不在人也如孔子前是而後非是道以時而化曾子前樂而後悲是道以事而化顏成子遊前野而後妙是道以功而化則道之無定在也審矣夫道之始卒始環莫有大於生死之故然其中之有鬼無鬼有命無命造物之幻皆不可知其在人也不過猶罔兩於景各有所待而不能自主是欲言以明之而有不可言以明之者焉惟去其雎雎盱盱之形如陽子之爭席戒其感豫出異之事若列子之饋漿則其人之天見矣夫造物之報人也報其人

之天故安其所安即知道而勿言可也然人心易動而難靜也上焉者用成技於屠龍之巧衆人所以多兵而乖於聖人有求之效下焉者敝精神於苞苴竿牘之際小夫所以爲知而昧乎至人無始之歸其欲天而不人難矣不知離實學僞非由天布內刑等之外刑適所以自傷也乃猶內藏其山川之險而勞人之九徵外昧乎唐許之風而矜心於三命是未取五德之凶八極之窮三必之達六府之形一一而並較之耳若莊子之應聘也以犧牛不知孤豚其論葬也以烏鳶無異螻蟻總無

有窮達生死入其意中則人而天矣如是雖明道而實抱道也雖立言而實不言也此篇是全書收束推著書之本意與列禦寇總為一篇後人因攙入讓王等四篇於中故分而為兩耳惟曹商得車宋人錫車二段語頗近於虐謔似非有德者之言當別之以俟後也

雜篇讓王第二十八

堯以天下讓許由許由不受又讓於子州支父子州支父曰以我為天子猶之可也是何句法雖然我適有幽憂之病方且治之未暇治天下也夫天下至重也而不以害其生又

況他物乎唯無以天下爲者可以託天下也舜讓天下於
子州支伯子州支伯曰予適有幽憂之病方且治之未暇
治天下也故天下大器也而不以易生此有道者之所以
異乎俗者也二段俱輕天下而重生語既同而斷論亦無異文情板而不變舜以天下讓
善卷善卷曰余立於宇宙之中冬日衣皮毛夏日衣葛絺
春耕種形足以勞動秋收斂身足以休食日出而作日入
而息逍遙於天地之間而心意自得吾何以天下爲哉悲
夫子之不知余也遂不受於是去而入深山莫知其處此言隨在而自足者無所用天下也文亦平裕舜以天下讓其友石戶之農石戶之

農曰捲捲乎后之爲人葆力之士也以舜之德爲未至也於是夫負妻戴攜子以入於海終身不反也捲捲用力貌此不言已之當受不當受單言讓者之德爲不至如果舜德未至亦不待於讓天下時而始去也理之不可解如此大王亶父居邠狄人攻之事之以皮帛而不受事之以犬馬而不受事之以珠玉而不受狄人之所求者土地也大王亶父曰與人之兄居而殺其弟與人之父居而殺其子吾不忍也子皆勉居矣爲吾臣與爲狄人臣奚以異且吾聞之不以所用養害所養因杖筴而去之民相連而從之遂成國於岐山之下夫大王亶父可謂能尊生矣能尊生者雖

貴富不以養傷身雖貧賤不以利累形今世之人居高官尊爵者皆重失之見利輕亡其身豈不惑哉所用養地也所養身也此言去其國以尊生段末以世人對看作斷越人三世弑其君王子搜患之逃乎丹穴而越國無君求王子搜不得從之丹穴王子搜不肯出越人薰之以艾乘以王輿王子搜援綏登車仰天而呼曰君乎君乎獨不可以舍我乎王子搜非惡爲君也惡爲君之患也若王子搜者可謂不以國傷生矣此固越人之所欲得爲君也此言不肯傷生故輕其國與大王亶父一段同有避患之意

韓魏相與爭侵地子華子見昭僖侯昭僖侯有憂色子華

子曰今使天下書銘於君之前書之言曰左手攫之則右手廢右手攫之則左手廢廢只作廢疾解不必作斷而去之說然而攫之者必有天下君能攫之乎昭僖侯曰寡人不攫也子華子曰甚善自是觀之兩臂重於天下也身亦重於兩臂韓之輕於天下亦遠矣今之所爭者其輕於韓又遠君固愁身傷生以憂戚不得也昭僖侯曰善哉教寡人者衆矣未嘗得聞此言也子華子可謂知輕重矣此言身之本重於天下愁身傷生以爭之者不知輕重者也

魯君聞顏闔得道之人也使人以幣先焉顏闔守陋閭苴

布之衣而自飯牛魯君之使者至顏闔自對之使者曰此顏闔之家與顏闔對曰此闔之家也使者致幣顏闔曰恐聽者謬而遺使者罪不若審之使者還反審之復來求之則不得已故若顏闔者真惡富貴也故曰道之眞以治身其緒餘以爲國家其土苴以治天下爲國家與治天下有二乎何緒餘土苴之不同也由此觀之帝王之功聖人之餘事也非所以完身養生也今世俗之君子多危身棄生以殉物豈不悲哉凡聖人之動作也必察其所以之與其所以爲今且有人於此以隨侯之珠彈千仞之雀世必笑之是何也則其所用者

重而所要者輕也夫生者豈特隨侯之重哉此言惡富貴者所以完身養生也

子列子窮容貌有飢色客有言之於鄭子陽者曰列禦寇蓋有道之士也居君之國而窮君無乃為不好士乎鄭子陽即令官遺之粟子列子見使者再拜而辭使者去子列子入其妻望之而拊心曰妾聞為有道者之妻子皆得佚樂今有飢色君過而遺先生食先生不受豈不命邪子列子笑謂之曰君非自知我也以人之言而遺我粟至其罪我也又且以人之言此吾所以不受也其卒民果作難而

殺子陽此言非分之祿不可妄受恐貽非分之災也○數言警策似國策

楚昭王失國屠羊說走而從於昭王昭王反國將賞從者及屠羊說屠羊說曰大王失國說失屠羊大王反國說亦反屠羊臣之爵祿已復矣又何賞之言王曰強之屠羊說曰大王失國非臣之罪故不敢伏其誅大王反國非臣之功故不敢當其賞王曰見之屠羊說曰楚國之法必有重賞大功而後得見今臣之知不足以存國而勇不足以死寇吳軍入郢說畏難而避寇非故隨大王也今大王欲廢法毀約而見說此非臣之所以聞天下也王謂司馬子綦

曰屠羊説居處卑賤而陳義甚高子其爲我延之以三旌之位屠羊説曰夫三旌之位吾知其貴於屠羊之肆也萬鍾之祿吾知其富於屠羊之利也然豈可以貪爵祿而使吾君有妄施之名乎説不敢當願復反吾屠羊之肆遂不受也此言非義之賞不敢當方爲高義也○文亦頗類國策

原憲居魯環堵之室茨以生草蓬戸不完桑以爲樞而甕牖二室褐以爲塞上漏下濕匡坐而弦子貢乘大馬中紺而表素軒車不容巷往見原憲原憲華冠縰音徙履杖藜而應門子貢曰嘻先生何病原憲應之曰憲聞之無財謂之貧

學而不能行謂之病今憲貧也非病也子貢逡巡而有愧色原憲笑曰夫希世而行比周而友學以爲人教以爲己仁義之慝輿馬之飾憲不忍爲也此言有道者重在學而輕在貧也曾子居衛縕袍無表顏色腫噲手足胼胝三日不舉火十年不製衣正冠而纓絕捉衿而肘見納履而踵決曳縰而歌商頌聲滿天地若出金石天子不得臣諸侯不得友故養志者忘形養形者忘利致道者忘心矣此言有道者養其內而忘其外也孔子謂顏回曰回來家貧居卑胡不仕乎顏回對曰不願仕回有郭外之田五十畝足以給飦粥郭內之田十畝足以

爲絲麻鼓琴足以自娛所學夫子之道者足以自樂也回不願仕孔子愀然變容曰善哉回之意丘聞之知足者不以利自累也審自得者失之而不懼行修於内者無位而不怍丘誦之久矣今於回而後見之是丘之得也此言知足而自得者以其行之修於内也○三段俱係孔門弟子之事莊叟未必深羨乃爾

中山公子牟謂瞻子曰身在江海之上心居乎魏闕之下奈何瞻子曰重生重生則利輕中山公子牟曰雖知之未能勝也瞻子曰不能自勝則從神無惡乎不能自勝而強不從者此之謂重傷重傷之人無壽類矣言雖知生可重而利可輕其心

不能自勝不如且順之而勿強抑強抑則內傷其神神惡之矣不勝一傷也強抑再傷也故曰重傷魏牟萬乘之公子也其隱巖穴也難爲於布衣之士雖未至乎道可謂有其意矣此言棄萬乘而從布衣雖心不能自勝而有入道之意亦人之所難也

孔子窮於陳蔡之間七日不火食藜羹不糝顏色甚憊而弦歌於室顏回擇菜子路子貢相與言曰夫子再逐於魯削迹於衛伐樹於宋窮於商周圍於陳蔡殺夫子者無罪藉夫子者無禁弦歌鼓琴未嘗絕音君子之無恥也若此乎顏回無以應入告孔子孔子推琴喟然而歎曰由與賜細人也召而來吾語之子路子貢入子路曰如此者可謂

窮矣孔子曰是何言也君子通於道之謂通窮於道之謂窮今丘抱仁義之道以遭亂世之患其何窮之爲故內省而不窮於道臨難而不失其德天寒旣至霜雪旣降吾是以知松柏之茂也陳蔡之隘於丘其幸乎孔子削然反琴而弦歌子路扢然執干而舞子貢曰吾不知天之高也地之下也古之得道者窮亦樂通亦樂所樂非窮通也道德於此則窮通爲寒暑風雨之序矣故許由娛於潁陽而共伯得乎邱首此言得道之人窮通非所計也○自篇首至此共十五段其中所引大約俱輕外重內之意強半於段末用斷語調旣庸俗意亦重複讀之令人生厭至此段末忽用古人二事對待雙收其格法自西漢之

後始有之介乃指爲莊子手筆豈不笑殺

舜以天下讓其友北人無擇北人無擇曰異哉后之爲人也居於畎畝之中而遊堯之門不若是而已又欲以其辱行漫我吾羞見之因自投清冷之淵此言遊帝王之門以爲辱也但避世本以重生旣投淵矣其意欲何爲乎死得無謂

湯將伐桀因卞隨而謀卞隨曰非吾事也湯曰孰可曰吾不知也湯又因瞀光而謀瞀光曰非吾事也湯曰孰可曰吾不知也湯曰伊尹何如曰强力忍垢吾不知其他也湯遂與伊尹謀伐桀尅之以讓卞隨卞隨辭曰后之伐桀也謀乎我必以我爲賊也勝桀而讓我

必以我爲貪也吾生乎亂世而無道之人再來漫我以其辱行吾不忍數聞也乃自投椆水而死此言爭讓均爲辱行有道者所不忍聞也。死得無謂湯又讓瞀光曰知者謀之武者遂之仁者居之古之道也吾子胡不立乎瞀光辭曰廢上非義也殺民非仁也人犯其難我享其利非廉也吾聞之曰非其義者不受其祿無道之世不踐其土況尊我乎吾不忍久見也乃負石而自沈於廬水此言取之不義者受之不可也。死得無謂

昔周之興有士二人處於孤竹曰伯夷叔齊二人相謂曰吾聞西方有人似有道者試往觀焉至於岐陽武王聞之

使叔旦往見之與之盟曰加富二等就官一列血牲而埋之。○夷齊原爲文王養老而至非爲武王來也使周公與之盟本可詫異而况以加富就官等語相結乎何武王之不達至此二人相視而笑曰嘻異哉此非吾所謂道也昔者神農之有天下也時祀盡敬而不祈喜其於人也忠信盡治而無求焉樂與政爲政樂與治爲治不以人之壞自成也不以人之卑自高也不以遭時自利也今周見殷之亂而遽爲政上謀而下行貨阻兵而保威割牲而盟以爲信揚行以說衆殺伐以要利是推亂以易暴也吾聞古之士遭治世不避其任遇亂世不爲苟存今天下闇周德衰其並乎周以塗吾身也不如避之以潔吾行二子北至於首陽之山遂餓而死焉若伯夷叔齊者其於富貴也苟可得已則必不賴高節戾行獨樂其志不事於世此二士之節也此言推亂易暴所以德衰潔其行者必不苟生也○自讓北人無擇至此四段俱說枯槁赴淵之士其意以爲不義之祿寧死不受豈有貪富貴以忘其身哉但此亦過高之行不可以訓矣篇首至昭僖矣七段皆言重生者能輕天下顏闔至孔子八段皆言得道者能薄爵祿此二意亦不必深議但自非人無擇至伯夷叔齊四段又言辭讓而至死是以殉名慕高爲尚矣攷外物篇言申徒狄因以蹈河蓋病

其枯槁赴淵之行也駢拇篇言伯夷死名殘生傷性與東陵無異則漆園之意可知矣今忽舉投淵餓死之輩列於重生得道之後不但非全書之旨竟與本篇自相牴牾一曲之士妄竄奇說焉有不爲識者所破

雜篇盜跖第二十九

孔子與柳下季爲友（展禽魯僖公時人至孔子生隔八十餘年若至子路之死則百有五十餘歳雖曰寓言大不近理與莊子見魯哀公同謬）柳下季之弟名曰盜跖盜跖從卒九千人橫行天下侵暴諸侯穴室樞戶（穴室穿人之室爲樞戶謂撬其門而竊入也此皆穿窬小盜之所爲曾有從卒九千人而驅猶爲此乎下又言大國守城小國入保益自相矛盾矣）驅

人牛馬取人婦女貪得忘親不顧父母兄弟不祭先祖所過之邑大國守城小國入保萬民苦之孔子謂柳下季曰夫爲人父者必能詔其子爲人兄者必能敎其弟若父不能詔其子兄不能敎其弟則無貴父子兄弟之親矣今先生世之才士也弟爲盜跖爲天下害而弗能敎也丘竊爲先生羞之丘請爲先生往說之柳下季曰先生言爲人父者必能詔其子爲人兄者必能敎其弟若子不聽父之詔弟不受兄之敎雖今先生之辨將奈之何哉 ○淺率至此徑似小說家間話

且跖之爲人也心如涌泉意如飄風強足以距敵辯足

以飾非順其心則喜逆其心則怒易辱人以言先生必無往孔子不聽顔回爲馭子貢爲右往見盜跖盜跖乃方休卒徒太山之陽膾人肝而餔之孔子下車而前見謁者曰魯人孔丘聞將軍高義敬再拜謁者謁者入通盜跖聞之大怒目如明星髮上指冠曰此夫魯國之巧僞人孔丘非邪爲我告之爾作言造語妄稱文武冠枝木之冠帶死牛之脅枝木冠冠多華飾如枝繁也死牛脅以牛皮爲帶也多辭繆說不耕而食不織而衣搖脣鼓舌擅生是非以迷天下之主使天下學士不反其本妄作孝弟而徼倖於封侯富貴者也子之罪大極

重疾走歸不然我將以子肝益晝餔之膳孔子復通曰丘得幸於季願望履幕下○又扳援栁下季作個進身之路備極醜態忒把夫子說壞了謁者復通盜跖曰使來前孔子趨而進避席反走再拜盜跖盜跖大怒兩展其足案劍瞋目聲如乳虎曰丘來前若所言順吾意則生逆吾心則死孔子曰丘聞之凡天下有三德生而長大美好無雙少長貴賤見而皆說之此上德也知維天地能辯諸物此中德也勇悍果敢聚衆率兵此下德也上中下三等果以此為定論乎凡人有此一德者足以南面稱孤矣今將軍兼此三者身長八尺二寸面目有光脣如激丹齒

如齊貝音中黃鍾而名曰盜跖丘竊爲將軍耻不取焉。言三德此又獨稱其一德何也且南面稱孤豈在容貌乎擬跖之詞或可顚倒是非擬孔之詞則當遜言而出焉將軍有意聽臣上言南面稱孤此則徑把盜跖看做王侯了不然何以稱臣也臣請南使吳越北使齊魯東使宋衛西使晉楚使爲將軍造大城數百里立數十萬戶之邑尊將軍爲諸侯與天下更始罷兵休卒收養昆弟共祭先祖此聖人才士之行而天下之願也。夫子何能使列國諸侯爲盜跖造城立邑尊爲諸侯即曰能之但問數百里之城數十萬戶之邑何處有此現成隙地盜跖大怒曰丘來前夫可規以利而可諫以言者皆愚陋恒民之謂耳今長大美好人見而說之者此吾父母之遺德也丘雖不吾譽吾獨不自知邪且吾聞之好面譽人者亦好背而毀之○二語確是至言世間面諛腹誹之輩亦強盜所痛絕妙甚今告我以大城衆民是規我以利而恒民畜我也安可長久也城之大者莫大乎天下矣堯舜有天下子孫無置錐之地湯武立爲天子而後世絕滅○莊子生於戰國彼時東周雖衰猶稱共主共曰後世絕滅斷無此理非以其利大故邪且吾聞之古者禽獸多而人民少於是民皆巢居以避之晝拾橡栗暮棲木上故命之曰有巢氏之民古者民不知衣服夏多積薪冬則煬之故命之曰知生之民神農之世臥則居居起則于于民知其母

不知其父與麋鹿共處耕而食織而衣無有相害之心此至德之隆也然而黃帝不能致德與蚩尤戰於涿鹿之野流血百里堯舜作立羣臣湯放其主武王殺紂自是之後以強凌弱以衆暴寡湯武以來皆亂人之徒也今子修文武之道掌天下之辯以教後世縫衣淺帶矯言僞行以迷惑天下之主而欲求富貴焉盜莫大於子天下何故不謂子爲盜丘而乃謂我爲盜跖子以甘辭說子路而使從之使子路去其危冠解其長劍而受教於子天下皆曰孔丘能止暴禁非其卒之也子路欲殺衛君而事不成身菹於

衛東門之上是子教之不至也子自謂才士聖人邪則再逐於魯削迹於衛窮於齊圍於陳蔡不容身於天下子教子路菹此患上無以爲身下無以爲人子之道豈足貴邪世之所高莫若黃帝黃帝尚不能全德而戰涿鹿之野流血百里堯不慈舜不孝禹偏枯湯放其主武王伐紂文王拘羑里此六子者世之所高也孰論之皆以利惑其眞而強反其情性其行乃甚可羞也世之所謂賢士伯夷叔齊辭孤竹之君而餓死於首陽之山骨肉不葬鮑焦飾行非世抱木而死申徒狄諫而不聽負石自投於河爲魚鼈所

食介子推至忠也、自割其股以食文公、文公後背之、子推怒而去、抱木而燔死、尾生與女子期於梁下、女子不來、水至不去、抱梁柱而死、此四者無異於磔犬流豕(磔、陳尸、流、烹也)操瓢而乞者、皆離名輕死、不念本養壽命者也、世所謂忠臣者、莫若王子比干、伍子胥、子胥沉江、比干剖心、此二子者、世謂忠臣也、然卒爲天下笑、(○既曰世謂忠臣、則世之尊之信之矣、又曰卒爲天下笑、而語一氣而下、亦不照應如此)自上觀之、至於子胥比干、皆不足貴也、丘之所以說我者、若告我以鬼事、則我不能知也、若告我以人事者、不過此矣、(○又竊戰國策唾餘攙入、欲以擬莊、寃哉爲莊也)皆吾所聞知也今吾告子以人之情目欲視色耳欲聽聲口欲察味志氣欲盈人上壽百歲中壽八十下壽六十除病瘦死喪憂患其中開口而笑者一月之中不過四五日而已矣○數語似為近理但以聲色等項欲養壽全眞豈可得哉天與地無窮人死者有時操有時之具而託於無窮之間忽然無異騏驥之馳過隙也不能說其志意養其壽命者皆非通道者也丘之所言皆吾之所棄也亟去走歸無復言之子之道狂狂汲汲詐巧虛僞事也非可以全眞也奚足論哉孔子再拜趨走出門上車執轡三失目芒然無見色若死灰據軾低頭不能出氣○形

容夫子驚懼失意處醜絕惡絕歸到魯東門外適遇柳下季柳下季曰今
者闕然數日不見車馬有行色得微往見跖邪孔子仰天
而歎曰然柳下季曰跖得無逆汝意若前乎孔子曰然丘
所謂無病而自灸也疾走料虎頭編虎須幾不免虎口哉
○此段作者不知義何所屬以孔子爲是邪以盜跖爲是邪吾請曲爲之說曰大意以聖知如孔子猶爲盜跖折服則聖知誠不可恃以爲聖人不死大盜不止註脚可也然亦大費解矣
子張問於滿苟得曰盍不爲行無行則不信不信則不任
不任則不利故觀之名計之利而義眞是也若棄名利反
之於心則夫士之爲行不可一日不爲乎滿苟得曰無恥

者富多信者顯夫名利之大者幾在無耻而信。無耻而信成個何
等人物津津言之不置羞殺恨殺故觀之名計之利而信眞是也若棄名
利反之於心則夫士之爲行抱其天乎子張曰昔者桀紂
貴爲天子富有天下今謂臧聚曰臧聚臧獲竊聚之人也汝行如桀
紂則有怍色有不服之心者小人所賤也仲尼墨翟窮爲
匹夫今爲宰相曰子行如仲尼墨翟則變形易色稱不足
者士誠貴也故勢爲天子未必貴也窮爲匹夫未必賤也
貴賤之分在行之美惡滿苟得曰小盜者拘大盜者爲諸
侯諸侯之門義士存焉昔者桓公小白殺兄入嫂而管仲

悖，布內切。

爲臣田成子常殺君竊國而孔子受幣論則賤之行則下之則是言行之情悖戰於胸中也不亦拂乎論則賤之行則下之後世莫不如此然後世不如此亦不可得也故書曰孰惡孰美成者爲首不成者爲尾俗所謂溷得出便是英雄也子張曰子不爲行卽將疏戚無倫貴賤無義長幼無序五紀六位將何以爲別乎滿苟得曰堯殺長子舜流母弟疏戚有倫乎湯放桀武王殺紂貴賤有義乎王季爲適周公殺兄長幼有序乎儒者僞辭墨者兼愛五紀六位將有別乎且子正爲名我正爲利名利之實不順於理不監於道吾日與子訟於無約兩人不相服故訟於無約而請

而汝同下同

决也無約人名曰小人殉財君子殉名其所以變其情易其性則異矣乃至於棄其所爲而殉其所不爲則一也數語類駢拇篇臧穀之喻故曰無爲小人反殉而天無爲君子從天之理若枉若直相而天極面觀四方與時消息若是若非執而圓機獨成而意與道徘徊無轉而行無成而義將失而所爲無赴而富無殉而成將棄而天數語似秋水篇何爲何不爲一段之意比干剖心子胥抉眼忠之禍也直躬證父尾生溺死信之患也鮑子立乾勝子不自理廉之害也孔子不見母匡子不見父義之失也此上世之所傳下世之所語以爲士者正其言必

其行故服其殃離其患也此段言爲利者固非卽爲名者亦非惟當抱道而聽其自然之意末只言爲名之非蓋爲利之非人皆知之也無足問於知和曰人卒未有不興名就利者彼富則人歸之歸則下之下則貴之夫見下貴者所以長生安體樂意之道也見下貴者言安體樂意則有之長生恐未必也今子獨無意焉知不足邪意知而力不能行邪故推正不忘邪言但推尋正道而知不忘故不用邪知和曰今夫此人以爲與己同時而生同鄉而處者以爲夫絕俗過世之士焉是專無主正所以覽古今之時是非之分也言富者與人同時同鄉而世輒下貴之是中之無主以覽古今之是非也與俗化世去至

重棄至尊以爲其所爲也至重至尊者性命之情也爲其所爲則爲世俗之爲矣此其所以論長生安體樂意之道不亦遠乎慘怛之疾恬愉之安不監於體怵惕之恐欣歡之喜不監於心知爲爲而不知所以爲不監於體不監於心言爲世俗之所爲而不知吾之體與心有自然之苦樂所以知爲爲而不知所以爲也是以貴爲天子富有天下而不免於患也無足曰夫富之於人無所不利窮美究勢至人之所不得逮聖人之所不能及俠人之勇力而以爲威强俠挾同秉人之知謀以爲明察因人之德以爲賢良非享國而嚴若君父且夫聲色滋味權勢之於人心不待學而樂之體不待象而

安之夫欲惡避就固不待師此人之性也天下雖非我孰能辭之言富者人莫不樂性所固然也知和曰知者之爲故動以百姓不違其度是以足而不爭無以爲故不求不足故求之爭四處而不自以爲貪有餘故辭之棄天下而不自以爲廉廉貪之實非以迫外也反監之度度猶度量當然之則也不足有餘俱從度字生來言知者之所爲爲人非爲己不違其當然之則爭與讓總非貪廉也監字亦根上面監於體監於心來猶周監於二代之臨勢爲天子而不以貴驕人富有天下而不以財戲人計其患慮其反以爲害於性故辭而不受也非以要名譽也堯舜爲帝而雍非仁天下也不以美害生也善卷許由得

侅五代切

帝而不受非虛辭讓也不以事害己此皆就其利辭其害而天下稱賢焉則可以有之彼非以興名譽也無足曰必持其名苦體絕甘約養以持生則亦久病長阨而不死者也知和曰平爲福〇〇〇世人知人生於憂患言禍多而福少所中所言無咎無譽處皆爲福地但昧者不肯打筭宜其營營逐逐於無已也讀此可以藥迷以吉居一而凶悔吝居三也不知大易有餘爲害者物莫不然〇〇〇〇二語倒說盡平陂往復之理〇〇〇〇〇消息盈虛之道不可草草讀過而財其甚者也今富人耳營鍾鼓筦籥之聲口嗛於芻豢醪醴之味以感其意遺忘其業可謂亂矣侅溺於馮氣言富人飲食不節其氣債畜不通吞咽曰侅溺遺尿也馮用力之意猶藉也若負重行而上也可謂苦矣貪財

而取慰貪權而取竭靜居則溺體澤則馮可謂疾矣無事之時火上炎而水下降數數便溺體既胖澤不能運動馮氣而行故曰疾為欲富就利故滿若堵耳而不知避且馮而不舍可謂辱矣財積而無用服膺而不舍滿心戚醮求益而不止可謂憂矣內則疑刼請之賊外則畏寇盜之害內周樓疏言重樓內匝疏軒外通以設守備也外不敢獨行可謂畏矣○優孟詩有廉吏苦貪貪吏苦富之句若貧人皆知之而苦富則不知也此段層層分疏曲中隱情今後如過富人攢眉切不可說他粧點窮態不妨為之憐憫嘆息此六者天下之至害也皆遺忘而不知察及其患至求盡性竭財單以反一日之無故而不可得也○放鷹犬於蔡上聞鶴唳於華亭絕不易得千古同歎故觀

之名則不見求之利則不得繚意絶體而争此不亦惑乎

繚猶繞也。此段言爲利之累足以醒俗但重義輕利之旨是道學先生恒談似不待南華饒舌也

寓言篇謂人而無人道是謂之陳人盜跖可謂有人道乎假盜賊之口歷詆古今聖人是欲率天下而爲盜賊也子張滿苟得雅重名利各持其説惟無約數語頗顯駢拇秋水二篇語意其不至背道而馳者賴有此耳知和闕無足之非微爲近理然重義輕利之旨常人皆能道之漆園重道德而輕仁義斷不取此乃龍門猶取而信之此理之不可解者也

雜篇說劍第三十

昔趙文王喜劍。劍士夾門而客三千餘人。日夜相擊於前。死傷者歲百餘人。好之不厭。如是三年。國衰。諸侯謀之。太子悝患之。募左右曰。孰能說王之意止劍士者。賜之千金。左右曰。莊子當能。左右何以知莊子當能。豈莊子常以遊說之名著乎。太子乃使人以千金奉莊子。莊子弗受。與使者俱往見太子曰。太子何以教周。賜周千金。太子曰。聞夫子明聖。謹奉千金以幣從者。夫子弗受。悝尚何敢言。莊子曰。聞太子所欲用周者。欲絕王之喜好也。悝未嘗言。而莊子先知其欲絕王喜好。想左右已先泄之矣。但上文何以教周之問。

不多事乎使臣上說大王而逆王意下不當太子則身刑而死周尚安所事金乎使臣上說大王下當太子趙國何求而不得也。既說身死安所事金是莊子并以身殉人矣又云趙國何求而不得復欲以身殉利何其輕賤至此語意從國策中說平原君一段竊來太子曰然吾王所見唯劍士也莊子曰諾周善為劍。自薦自譽竟成毛遂脫穎之態矣太子曰然吾王所見劍士皆蓬頭突鬢垂冠曼胡之纓短後之衣瞋目而語難王乃說之今夫子必儒服而見王事必大逆莊子曰請治劍服治劍服三日乃見太子。變其常服而從劍服銜玉自售則叔孫通求合之智也太子乃與見王王脫白刃待之莊子入殿門不趨見王不拜王曰子欲何以教寡人使太子先曰臣聞大王好劍故以劍見王王曰子之劍何能禁制曰臣之劍十步一人千里不留行王大說之曰天下無敵矣莊子曰夫爲劍者示之以虛開之以利後之以發先之以至願得試之王曰夫子休就舍待命令設戲請夫子王乃校劍士七日死傷者六十餘人得五六人使奉劍於殿下乃召莊子曰今日試使士敦劍莊子曰望之久矣王曰夫子所御杖長短何如曰臣之所奉皆可然臣有三劍唯王所用請先言而後試王曰願聞三劍曰有天子劍有諸侯劍有庶人劍王曰天子

之劍何如曰天子之劍以燕谿石城爲鋒齊岱爲鍔晉魏爲脊周宋爲鐔韓魏爲夾（鋏同）包以四夷裹以四時繞以渤海帶以常山制以五行論以刑德開以陰陽持以春夏行以秋冬此劍直之無前舉之無上案之無下運之無旁上決浮雲下絕地紀此劍一用匡諸侯天下服矣此天子之劍也文王芒然自失曰諸侯之劍何如曰諸侯之劍以知勇士爲鋒以清廉士爲鍔以賢良士爲脊以忠聖士爲鐔以豪傑士爲夾此劍直之亦無前舉之亦無上案之亦無下運之亦無旁上法圓天以順三光下法方地以順四時中

和民意以安四鄉此劍一用如雷霆之震也四封之内無不賓服而聽從君命者矣此諸侯之劍也王曰庶人之劍何如曰庶人之劍蓬頭突鬢垂冠曼胡之纓短後之衣瞋目而語難相擊於前上斬頸領下決肝肺此庶人之劍無異於鬭雞一旦命已絕矣無所用於國事今大王有天子之位而好庶人之劍臣竊爲大王薄之就劍上翻弄三段分出天子諸侯庶人語雖奇而意則疎若大王此時仍把庶人之劍與莊子較量吾不能不爲莊子危也王乃牽而上殿宰人上食王三環之三環謂自進食者三而環繞於席前敬之至也莊子曰大王安坐定氣劍事已畢奏矣於是文王不出宮三月劍士

皆服斃其處也。服斃謂忿不見禮皆自殺也。此篇是一氣文字無甚淺意筆力膚淺爲時手僞作無疑

篇中口角絕似戰國策士之談。莊叟言寧曳尾塗中，王公大人所不能器，乃顧爲人作說客耶。其就劍上發出天子諸侯庶人三段，詞意體裁頗類國策。初讀之，似覺奇闢，再繹之而意致便索然矣。要知讀古人書，其一覽而盡者，卽非佳文。莊子爲此，又何以爲莊子。

雜篇漁父第三十一

孔子遊乎緇帷之林，休坐乎杏壇之上。弟子讀書，孔子弦

歌鼓琴奏曲未半有漁父者下船而來須眉交白披髮揄袂行原以上距陸而止左手據膝右手持頤以聽〔揄袂揮袂也列禦寇篇云敦杖蹙之乎頤惟見其工此言左手據膝右手持頤轉覺其拙蓋彼篇文古而此篇語纖故也〕曲終而招子貢子路二人俱對客指孔子曰彼何爲者也子路對曰魯之君子也客問其族子路對曰族孔氏客曰孔氏者何治也子路未應子貢對曰孔氏者性服忠信身行仁義飾禮樂選人倫上以忠於世主下以化於齊民將以利天下此孔氏之所治也又問曰有土之君與子貢曰非也侯王之佐與子貢曰非也客乃笑而還行言曰仁則仁矣恐

不免其身苦心勞形以危其眞（眞字伏脉甚遠末段層層發此義）嗚呼遠哉其分於道也子貢還報孔子孔子推琴而起曰其聖人與乃下求之至於澤畔方將杖拏而引其船顧見孔子還鄉而立孔子反走再拜而進（一再拜已成禮矣）客曰子將何求孔子曰曩者先生有緒言而去（緒言未盡之言）丘不肖未知所謂竊待於下風幸聞咳唾之言以卒相丘也客曰嘻甚矣子之好學也孔子再拜而起曰（二再拜礼已多矣）丘少而修學以至於今六十九歲矣無所得聞至教敢不虛心客曰同類相從同聲相應固天地之理也吾請釋吾之所有而經子之所

以子之所以者人事也天子諸侯大夫庶人此四者自正治之美也四者離位而亂莫大焉官治其職人憂其事乃無所陵故田荒室露衣食不足徵賦不屬妻妾不和長少無序庶人之憂也能不勝任官事不治行不清白羣下荒怠功美不有爵祿不持大夫之憂也廷無忠臣國家昏乱工技不巧貢職不美春秋後倫不順天子諸侯之憂也陰陽不和寒暑不時以傷庶物諸侯暴乱擅相攘伐以殘民人禮樂不節財用窮匱人倫不飭百姓淫乱天子有司之憂也今子既上無君侯有司之勢而下無大臣職事之官

而擅飾禮樂選人倫以化齊民不泰多事乎果哉末之難矣且人有八疵事有四患不可不察也非其事而事之謂之總莫之顧而進之謂之佞希意道言謂之諂不擇是非而言謂之諛好言人之惡謂之讒析交離親謂之賊稱譽詐偽以敗惡人謂之慝不擇善否兩容頰適偷拔其所欲謂之險此八疵者外以亂人內以傷身君子不友明君不臣所謂四患者好經大事變更易常以挂功名謂之叨專知擅事侵人自用謂之貪見過不更聞諫愈甚謂之狠人同於己則可不同於己雖善不善謂之矜此四患也能去八疵無

行四患而始可教已八疵四患看來俱是俞壬所為而以戒孔子真覺無謂孔子愀然而歎再拜而起曰三再拜禮太煩矣丘再逐於魯削迹於衛伐樹於宋圍於陳蔡丘不知所失而離此四謗者何也客悽然變容曰甚矣子之難悟也人有畏影惡迹而去之走者舉足愈數而迹愈多走愈疾而影不離身自以為尚遲疾走不休絕力而死不知處陰以休影處靜以息迹愚亦甚矣數語亦屬套頭子審仁義之間察同異之際觀動靜之變適受與之度理好惡之情和喜怒之節而幾於不免矣謹修而身慎守其真還以物與人則無所累矣今不修之身而求

之人不亦外乎孔子愀然曰請問何謂眞客曰眞者精誠之至也不精不誠不能動人故強哭者雖悲不哀強怒者雖嚴不威強親者雖笑不和三語甚確足以不朽眞悲無聲而哀眞怒未發而威眞親未笑而和眞在内者神動於外是所以貴眞也其用於人理也事親則慈孝事君則忠貞飲酒則歡樂處喪則悲哀忠貞以功爲主飲酒以樂爲主處喪以哀爲主事親以適爲主功成之美無一其迹矣事親以適不論所以矣飲酒以樂不選其具矣處喪以哀無問其禮矣禮者世俗之所爲也眞者所以受於天也自然不可易

也故聖人法天貴真不拘於俗愚者反此不能法天而恤於人不知貴真祿祿而受變於俗故不足惜哉子之蚤湛於僞而晚聞大道也孔子又再拜而起曰○四再拜祀頌而生厭矣此時幸而漁父告去不然則孔子竟成一拜懺頭陀一句一拜自晨至晚無一休歇矣賢手搜索枯腸寃苦已極不得不於此處用力點綴今者丘得遇也若天幸然先生不羞而比之服役而身教之敢問舍所在請因受業而卒學大道客曰吾聞之可與往者與之至於妙道不可與往者不知其道慎勿與之身乃無咎上面既說同聲相應同類相從此又言不可與往者不知其道慎勿與之語氣竟識然如兩人矣子勉之吾去子矣吾去子矣乃刺船而去延緣

葦閒顏淵還車子路授綏孔子不顧待水波定不聞拏音而後敢乘子路旁車而問曰由得爲役久矣未嘗見夫子遇人如此其威也萬乘之主千乘之君見夫子未嘗不分庭伉禮夫子猶有倨傲之容（若夫子而倨傲何以爲夫子）今漁父杖拏逆立而夫子曲要磬折再拜而應得無太甚乎門人皆怪夫子矣（粗率如此成何句法）漁父何以得此乎孔子伏軾而歎曰甚矣由之難化也（莊子文極變幻不可方物此篇首言甚矣子之好學也中言甚矣子之難悟也末又言甚矣由之難化也此等句法有何驚天動地之奇而屢用如此總之才竭思窘不得不如此也）湛於禮義有間矣而樸鄙之心至今未去進吾語汝夫遇長不敬

失禮也見賢不尊不仁也彼非至仁不能下人夫子既下人矣又自以至仁自居断無此理或以至仁指漁父說謂漁父之至仁故能服人而下之也若然則下人不精不得其眞二語便觧不去矣下人不精不得其眞故長傷身惜哉不仁之於人也禍莫大焉而由獨擅之且道者萬物之所由也庶物失之者死得之者生爲事逆之則敗順之則成故道之所在聖人尊之今漁父之於道可謂有矣粗率已甚不忍卒讀吾敢不敬乎〇此篇敷衍成文全無意味筆力庸弱之態具見乃敢擬莊吾服其膽

篇意以無位而設教固屬多事必貴眞而去僞方爲聖人比前三篇意義差勝但所謂八疵四患中賢之士亦

楊升菴曰外篇唯列禦寇寓言爲最學者率于所蜀遂

已飫聞乃取以敎孔子是遇上乘之人反説下乘之法無是理也若謂漁父不知孔子何等人則爲漫然套談亦不足取矣其筆法庸弱與上三篇如出一手然非深於莊子者亦不能辨惜乎太史公亦爲所欺也嗚呼黎邱之可畏如此

雜篇列禦寇第三十二

列禦寇之齊中道而反遇伯昏瞀人伯昏瞀人曰奚方而反曰吾驚焉曰惡乎驚曰吾嘗食於十漿數同而五漿先饋漿賣

漿者之家也言吾往食於賣漿之家者有十而五家皆不待沽而先以漿饋饗益敬之也諸解俱謬

伯昏瞀

傳為偶不敢誦見不知其妙在何處則與耳食何異哉

人曰若是則汝何為驚已曰夫内誠不解形諜成光在内之存誠不能渾而無迹則形於外者未免舉動便碎以成其光耀使人得而見之也以外鎮人心使人輕乎貴老而鼇其所患鎮服也貴有爵者老有齒者鼇猶醃釀也所患謂人欲已過於他人所以致患也夫漿人特為食羹之貨多餘之贏其為利也薄其為權也輕而猶若是而況於萬乘之主乎身勞於國而知盡於事彼將任我以事而效我以功吾是以驚萬乘之主身勞知盡倦勤如此使其見我必將委國而授之以政則我亦身勞知盡矣所謂鼇其所患者此也安得無驚伯昏瞀人曰善哉觀乎汝處已人將保汝矣觀内省也保附也言汝既善於自省矣但處已如此而不求更進則人將附汝而不能卻之也無幾何而往則戶外之屨滿矣

往伯昏在省禦寇於家也。屨滿，來其家者衆也。伯昏瞀人非面而立，敦音頓杖蹙之乎頤。謂拄其杖以支頤而皮肉皺也。描寫入神，儼然在目。立有間，不言而出。以人保之者多，見其不足教也。賓者以告列子。賓同擯。列子提屨跣而走，暨乎門。急於求言，恐其追之不及也。暨，及也。曰：先生既來，曾不發藥乎？曰：已矣。言汝之病不可以藥救矣。吾固告汝曰人將保汝，果保汝矣。指戶外屨滿而言。只衆前語作一證據，輕批冷雋。非汝能使人保汝，而汝不能使人無保汝也，而焉用之。言汝雖非有意求人之保，但汝不能使人勿保，畢竟是學之未至處。爲用，言其所學之用也。感豫出異也，必且有感搖而本才，又無謂也。出異，表異也。感人而使人豫悅而來保者，殆表其異以示之故耳。然有所感，則我之精神未免外用，遂致搖動本性而不自知，其無謂也。與汝遊又曰、吾讀莊子列御寇、至巧者勞、而知者憂數語、韻調絕倫、寔諸子所不及者、誰謂外篇之非眞邪。

秖、音脂。歇也。

者又莫汝告也、彼所小言、盡人毒也、莫覺莫悟、何相孰也。汝所從遊者、莫知以此告戒於汝、至其所言、皆爲鄙細之言、徒爲人之毒害耳、若是則同入於迷途、豈能相出乎。告、叶谷、語意本一串。用韻句搖曳出之、奇絕。巧者勞而知者憂、無能者無所求、飽食而遨遊、汎若不繫之舟、虛而遨遊者也。俗所謂巧者拙之奴、潑得此解、。此言所以使人無保之法。

鄭人緩也、呻吟裘氏之地、祇三年而緩爲儒、河潤九里、澤及三族、緩、墨翟之兄、呻吟、誦讀之聲、裘氏、地名、河潤澤及、言其儒業之成、利澤及人之遠也。使其弟墨、儒墨相與辯、其父助翟、十年而緩自殺。緩與弟二人、各以其學相雄長、其父助墨而絀儒、緩以弟之學係己所使、又以己之學爲弟所勝、故因而自殺也。其父夢之曰、使而子爲墨者子也闔胡嘗視其良既爲秋柏之實矣緩既死猶見夢於其父曰使汝之子學墨者乃我也汝何不見其爲墨之善已成其材如秋柏之實矣是誰之功乃黨弟以致我死乎闔胡皆訓何夢中譁聶之詞。見夢之言止此夫造物者之報人也不報其人而報其人之天彼故使彼報猶佛所謂果報之報天者性之所安也造物之成就人必其人性分中帶得有此一段薰習之氣非可強也彼爲墨者亦本有爲墨之根氣故爲墨而墨成耳夫人以己爲有以異於人以賤其親齊人之井飲者相捽也夫人指緩也緩以己之處弟有以異於他人而賤視其親是貪天功以爲己力何異於齊人之井飲者以泉爲己私而至於相爭鬬邪齊人卽齊氏猶云衆人也故曰今之世皆緩也今之人大約不知性之所安而矜其己之所得故曰皆緩也自是有德者以不知也而況有道者乎古者謂之遁天之刑上德不德有德者以不知亦所以全其天也况有道者乎有知則不免與天相遁以自傷矣　聖人安其所安不安其所不安衆人安其所不安不安其所安所安者天也所不安者人也。此數語足上意緩蓋安其所不安不安其所安者

莊子曰知道易勿言難知而不言所以之天也知而言之所以之人也古之人天而不人道者無心自然而已知而言之則涉於有心古之人所以行不言之教也。此段根上段天人字發出議論

朱泙漫學屠龍於支離益單千金之家三年技成而無所用其巧屠龍喻學道者單千金之家即是空諸所有至於千日功成而無所用其巧即得魚忘筌得兎忘蹄之意也。此以為知道勿言之喻　聖人以必不必故無兵衆人以不必必之故多兵順於兵故行有求

兵恃之則亡以必不必謂有者亦無之以不必必之謂無者強欲有之也兵謂胸中交戰也凡以兵為可順者故所行輒有營求焉不知胸中之兵恃之未有不自傷以底於亡者○此承上無所用其巧句反覆言之

小夫之知不離苞苴竿牘敝精神乎蹇淺苞苴以遺竿牘以問問遺之具小知所拘也○敝精神三字根上兵字來居今之世非此不行所謂不可須臾離者豈特小夫之知為然耶言之不能無恨

而欲兼濟道物太一形虛若是者迷惑於宇宙形累不知太初小夫之知如此乃欲兼通乎道之依物之故以達於太一之虛如是則迷惑於宇宙之大不能兼濟道物矣為形所累而不知太初之本無不能達於太一形虛矣太一即太初為數之始萬物從此離無入有生生不息者也

彼至人者歸精神乎無始而甘冥乎無何有之鄉水流乎無形發泄乎太清無始即未始有始此之太一太初尤有進矣歸精神與敝精神

對其冥、酣眠也、無何有之鄉則無始是也、至其應物則如水之流於無形、發泄乎太清、過而不留、物而能化、至人之用心如此　悲哉乎汝爲知在毫毛而不知太寧毫毛即甚淺之意、太寧者未始有物之初、無紛紜轇轕之擾者也、小知之役役、至人以爲可憐愍者、

宋人有曹商者爲宋王使秦其往也得車數乘王說之益車百乘反於宋見莊子曰夫處窮閭阨巷困窘織屨槁項黃馘者商之所短也槁項者項枯槁無肉、黃馘者耳黃悴消肌、如被馘然、一悟萬乘之主而從車百乘者商之所長也莊子曰秦王有病召醫破癰潰痤者痤才何反、痤亦癰類得車一乘舐痔者得車五乘所治愈下所得車愈多子豈治其痔邪何得車之多也子行矣○此老滿口勢

利只得如此虐謔若與之高談道義無益也吾以曹商亦
頗有廉耻的人聞舐痔之言遂黙然不語若係今人則以
笑罵出人笑罵其心竟以舐
痔爲榮矣○文非莊叟手筆

魯哀公問於顔闔曰吾以仲尼爲貞幹國其有瘳乎貞楨通楨
幹猶云棟梁曰殆哉圾乎圾危也仲尼方且飾羽而畫以文物之美爲飾也
從事華辭以支爲旨以枝葉之言爲美忍性以視民而不知不信
忍性猶云矯性視猶示也言矯飾其自然之性而不自知其無實也受乎心宰乎神夫何足
以上民言其學之執着於胸中而不能與人相忘也上民長民也彼宜汝與予頤與誤
而可矣後指仲尼謂仲尼若與汝宜而與之以安養天下乎惟誤而用之則可矣若審而用之豈可哉今
使民離實學僞非所以視民也爲後世慮不若休之爲後世慮

訊音信問也

者恐其江河日下愈趨而愈遠矣休勿用難治也施於人
也○離實學僞根上飾羽而畫五句來民之所以難治者以其上有心感之不
而不忘非天布也能相忘視天之普被萬物而無心者則
有間矣布
布濩也
商賈不齒雖以事齒之神者弗齒商賈不齒於
大道謂其有
私心也雖或偶以事故相齒而人之神終不樂言不欲與
之齒也○買絹牙郎官婢猶羞之其一段持籌會計之態
令人委難相近勿謂
讀書人太生分別也爲外刑者金與木也爲內刑者動與
過也宵人之離外刑者金木訊之離內刑者陰陽食之夫
免乎外內之刑者唯眞人能之金謂刀鋸斧鉞木謂桁楊
桎梏動謂心之搖作過謂
事之悔尤宵人昏昧不曉之人離羅也○自難治句
至此根上受乎心宰乎神二句來重在內刑一邊
孔子曰凡人心險於山川難於知天天猶有春秋冬夏旦

暮之期人者厚貌深情貌厚而情深所以爲人心之險其難知者正以此耳○好狠罵幾於
熱揭面皮矣故有貌愿而益愿謹慤益盈溢也有長若不肖長有技不肖無能也
有順懁而達順巽懁急達相濟之意有堅而縵堅堅持也縵纏繞也有緩而釬
緩和緩釬急也○五句言人之情貌每每相反如此故其就義若渴者其去義若熱
言惟人之難知故嘗有就義之人即爲棄義之人也○世人説仁説義者便是不仁不義之尤切不可信故君
子遠使之而觀其忠近使之而觀其敬煩使之而觀其能
卒然問焉而觀其知急與之期而觀其信委之以財而觀
其仁告之以危而觀其節醉之以酒而觀其則雜之以處
而觀其色九徵至不肖人得矣徵驗也○单言不肖而不言賢者蓋世間真正豪傑

吡，音佌，訾也。

開口便見肝膽，不待試而後見也。正考父一命而傴，再命而僂，三命而俯，循牆而走，孰敢不軌。軌，取以為法也。如而夫者，一命而呂鉅，再命而於車上儛，三命而名諸父，孰協唐許。而夫猶言而人，外之之詞。呂鉅，驕矜之貌。唐許，唐堯許由也。言其倨傲如此，比之唐許之讓德，當何如耶。此言器度大小之不同也。賊莫大乎德有心而心有睫，及其有睫也而內視，內視而敗矣。有心為德，非真德也。及役心於眉睫之間，則尤甚矣。乃欲迴光返照而內視，其何足以有成耶。道家所謂制眼之說，蓋本於此。凶德有五，中德為首。何謂中德？中德也者，有以自好也而吡其所不為者也。凶德猶上所謂賊也。五者，眼耳鼻舌意識之謂。中德，意識也。吡，訾也。為所為而訾所不為，便是德有心而心有睫者。承上言德有心之害。窮有八極，達有三必，

形有六府 極者究而言之也必者洪而言之也府猶藏也 美髯長大壯麗勇敢八者俱過人也因以是窮 八極俱以過人而窮蓋未免恃壯取敗也 緣循偃佒困音鞅畏不若人三者俱通達 緣循不能自立之貌偃佒隨起隨倒之義困畏不若人困於畏歉不敢自比於人也三必之達亦謙受益之理也 知慧外通 外通言通於外則以無涯傷其內也 勇動多怨仁義多責 知慧勇動仁義三者是府之不好處 達生之情者傀 達生之情則造於實際俛然而大解矣○此一府最爲上乘 達於知者肖 達於知則能踐形惟肖矣 達大命者隨達小命者遭 遭猶有委命之意隨則無容心矣故有大小之別達生是了悟生死之原達命是安過無求之義兩者略有不同不可不知○達生達知達命三者又是府之好處

有見宋王者錫車十乘以其十乘驕穉莊子 驕穉謂見人以穉子視之

忘区同

也

莊子曰河上有家貧恃緯蕭而食者（緯蕭以織葦爲業者）其子沒於淵得千金之珠其父謂其子曰取石來鍛之（鍛搥捽之也蓋珠有光彩恐爲龍所覺故耳）夫千金之珠必在九重之淵而驪龍頷下子能得珠者必遭其睡也使驪龍而寤子尚奚微之有哉（奚微）今宋國之深非直九重之淵也宋王之猛非直驪龍也子能得車者必遭其睡也使宋王而寤子爲齏粉矣（言得禍非小也）（鄙夫貪戀權勢皆乘世主之不覺一旦悔悟未有不忘身滅族者眞可危也。文非莊叟手筆）

或聘於莊子莊子應其使曰子見夫犧牛乎衣以文繡食以芻菽及其牽而入於太廟雖欲爲孤犢其可得乎（與前篇龜）

騎同肯大史公引入列傳

莊子將死弟子欲厚葬之莊子曰吾以天地為棺槨日月為連璧星辰為珠璣萬物為齎送吾葬具豈不備邪何以加此○不説葬具無用倒説葬具已有意致絕佳弟子曰吾恐烏鳶之食夫子也莊子曰在上為烏鳶食在下為螻蟻食奪彼與此何其偏也○○忽添出與奪二字大奇若止説烏鳶螻蟻均不免於食則凡筆能之矣以不平平其平也不平以不徵徵其徵也不徵以一家之平平萬物未若任萬物之自平也徵應也不因萬物之自應而欲以其所見應之則必有不合矣明者唯為之使神者徵之夫明之不勝神也久矣明見之所及也執其所見則受使於物安能使物哉惟任神然後能至順故無

在不應也此明所以不勝神也而愚者恃其所見入於人其功外也不亦悲乎乃愚人恃其所見以爲可以入人豈知此不過爲功於外耳何可得哉。此因上下不可偏之意而緒及之以發正論

蘇子瞻作莊子祠堂記言讀寓言之終陽子居爭席一段因去讓王盜跖說劍漁父四篇以合於列禦寇之篇然後悟而笑曰是固一章也此老讀書自是千古隻眼後人惟以篇目已定不敢擅自改訂亦古人闕疑之意然亦不可以不辯也篇末載莊子將死一段以明漆園之絕筆於此猶春秋之獲麟此外不容添設一字則天

下一篇不辯而知爲訂莊者之所作矣後世紛紛猶以莊自爲之甚矣讀書之難言

雜篇天下第三十三

天下之治方術者多矣皆以其有爲不可加矣古之所謂道術者果惡乎在曰無乎不在此一句是提綱下面五段俱有古之道術有在於是句伏脉甚遠曰神何由降明何由出聖有所生王有所成皆原於一神者明之藏明者神之發言道術之極也聖王即下文內聖外王之道一與上面多字對看不必作抱一說不離於宗謂之天人不離於精謂之神人不離於眞謂之至人以天爲宗以德爲本以道爲門兆於變化謂之聖

人。天神至聖四名總一人耳因名而疏其義故不同也以仁爲恩，以義爲理，以禮爲行，以樂爲和，薰然慈仁，謂之君子。君子則道術中之人未能到天神至聖地位者也以上俱就治心言起下內聖之道以法爲分，以名爲表，以參爲驗，以稽爲決，其數一二三四是也。百官以此相齒，以事爲常，以衣食爲主，蕃息畜藏，老弱孤寡爲意，皆有以養民之理也。名法參稽有數存焉百官所以相列治其職事務農桑廣畜養實庫藏以恤煢獨故有養民之理以上就治人言起下外王之道古之人其備乎！頓句警策配神明，醇天地，育萬物，和天下，澤及百姓，明於本數，係於末度，六通四辟，小大精粗，其運無乎不在。總言道術所在皆有本末俱舉之意也其明而在數度者，舊法世傳之史尚多有之其在於詩書禮樂者鄒魯之士縉紳先生多能明之詩以道志書以道事禮以道行樂以道和易以道陰陽春秋以道名分其數散於天下而設於中國者百家之學時或稱而道之總言古人雖遠其數度尚可攷而知以見道術不容不一之意天下大亂賢聖不明道德不一天下多得一察焉以自好譬如耳目鼻口皆有所明不能相通猶百家衆技也皆有所長時有所用雖然不該不徧一曲之士也判天地之美析萬物之理察古人之全寡能備於天地之美稱神明之容是故內聖外王之道闇而不明鬱而不發天下之人各爲

氾芳劍反

其所欲焉以自爲方悲夫百家往而不反必不合矣後世之學者不幸不見天地之純古人之大體道術將爲天下裂此言治方術者各逞其一偏之說不能會古人之全道術所以分而不一以起下文數段不侈於後世不靡於萬物不暉於數度靡麗也暉光也三句言其儉以繩墨自矯而備世之急矯厲也此句言其勤古之道術有在於是者墨翟禽滑釐聞其風而說之爲之大過已之大循大循一作大順猶太甚也○二句是上文往而不返之病爲之大過承繩墨自矯二句已之大循承不侈於後世三句作爲非樂命之曰節用生不歌死無服墨子氾愛兼利而非鬭其道不怒又好學而博不異不與先王同毁古之禮樂非樂節用墨子篇名非鬭

以鬭爲非也不怒言但自責也不興言不求異於人也然雖不求異却又與古之先王不同所以毀古之禮樂黄帝有咸池堯有大章舜有大韶禹有大夏湯有大濩文王有辟雍之樂武王周公作武古之喪禮貴賤有儀上下有等天子棺槨七重諸侯五重大夫三重士再重今墨子獨生不歌死不服桐棺三寸而無槨以爲法式（以生皆言其不與先王同）（毀古之禮樂處）以此教人恐不愛人以此自行固不愛己未敗墨子道雖然歌而非歌哭而非哭樂而非樂是果類乎其生也勤其死也薄其道大觳（音悋）使人憂使人悲其行難爲也恐其不可以爲聖人之道反天下之心天下不堪墨子雖獨

能任奈天下何離於天下其去王也遠矣言教人自苦而身先之道似可信但當歌而不歌當哭而不哭當樂而不樂是不類乎人情耳轂不潤也。此段文法繚繞如千年古木藤蘿盤曲不可名狀

墨子稱道曰昔者禹之湮洪水決江河而通四夷九州也名山三百支川三千小者無數禹親自操橐耜而九雜天下之川橐耜一作橐耜九雜紏合錯雜使共脈絡貫穿而注於海也腓無胈脛無毛沐甚風櫛疾雨置萬國禹大聖也而形勞天下也如此使後世之墨者多以裘褐爲衣以跂蹻爲服日夜不休以自苦爲極曰不能如此非禹之道也不足爲墨此段引墨子稱道之言而斷其所爲必于自苦也

相里勤之弟子五侯之徒南方之墨者苦

獲已齒鄧陵子之屬俱誦墨經而倍譎不同相謂別墨以堅白同異之辯相訾以觭偶不仵之辭相應以巨子為聖人皆願為之尸冀得為其後世至今不決別墨言於墨之道又自成一家也相訾相應所以為不同處與上文不異呼應巨子墨道成者尸主也至今不決言久無定論也○此段又言墨之教又有不同如此墨翟禽滑釐之意則是其行則非也將使後世之墨者必自苦以腓無胈脛無毛相進而已矣亂之上也治之下也雖然墨子真天下之好也將求之不得也雖枯槁不舍也才士也夫相進相勉也求之所不得者雖枯槁其身而不忍舍此好之篤也才士而已非聖人之道也○才士二字寓褒於貶墨子一段計共五百餘言層層貶駁忽於段末吽轉數語烟波無盡又不

（作說愍語蘓子瞻范增論全從此處脫化出來人都不覺）不累於俗不飾於物不苟於人不忮於衆願天下之安寧以活民命人我之養畢足而止以此白心（不累不飾故以情欲寡淺爲內不苟不忮故以禁攻寢兵爲外白心言既勞于救世而自奉又薄以示其心之無他也）古之道術有在於是者宋銒尹文聞其風而悅之作爲華山之冠以自表（華山上下均平作冠象之）接萬物以別宥爲始（其接萬物也別而宥之不欲令其相犯錯也）語心之容命之曰心之行（其言心之容也乃名之曰心之爲行）以胹合驩以調海內請欲置之以爲主（所以胹合驩調海內者也人當推之以爲主而用之耳胹煮熟也）見侮不辱救民之鬭禁攻寢兵救世之戰以此周行天下上說下教雖天下不取

強聒而不舍者也故曰上下見厭而強見也此九句指禁攻寢兵之實人雖厭之而必行也雖然其爲人太多其自爲太少二句是斷語忽揷中間作過脉有蜂腰馬跡之妙又於上段格調一变此古人下筆有神非今人所知也曰請欲固置五升之飯足矣先生恐不得飽弟子雖饑不忘天下日夜不休曰我必得活哉圖傲乎救世之士哉言我何必於自活亦以傲乎今日救世之士、崇以自私自利者此卽白心之言。此七句指情欲寡淺之實曰君子不爲苛察不以身假物以爲無益於天下者明之不如己也以禁攻寢兵爲外以情欲寡淺爲內其大小精粗其行適至是而止不爲苛察務寬恕也不以身假物必自出其力也其行適至是而止言所行不過如此也。此處不着斷語蓋斷語在前詭然而止格法一新公而不黨易而無私決然無主趣物而不兩決然猶水之決聽其自流而無有主持也趣物而不兩隨事而趣不生兩意也不顧於慮不謀於知於物無擇與之俱往古之道術有在於是者彭蒙田駢慎到聞其風而悅之齊萬物以爲首曰天能覆之而不能載之地能載之而不能覆之大道能包之而不能辯之知萬物皆有所可有所不可故曰選則不徧敎則不至道則無遺者矣是故愼到棄知去己而緣不得已冷汰於物以爲道理曰知不知將薄知而後鄰傷之者也冷則不熱汰則不擾若較量于道理之中以爲有知與不知焉則所知亦薄而卒近於自傷也謑音奚髁果無任而笑天下之尚

賢也縱脫無行而非天下之大聖椎拍輐斷與物宛轉舍是與非苟可以免不師知慮不知前後魏然而已矣謑忍恥也髁獨行也椎之拍輐之斷總是與物宛轉之意苟可以免言苟免於罪也魏然獨立之貌推而後行曳而後往若飄風之還若羽之旋若磨石之隧全而無非動静無過未嘗有罪是何故夫無知之物無建己之患無用知之累動静不離於理是以終身無譽故曰至於若無知之物而已無用賢聖無咎所以無譽敘事中忽推原出一層文情飛動夫塊不失道豪傑相與笑之曰慎到之道非生人之行而至死人之理適得怪焉塊土塊無知之物也慎到以爲不失道非死人而何故豪傑笑之徒得怪訝而已○借他

䫜音洫

人口吻作斷田騈亦然四字學於彭蒙得不教焉以教則
格調又變省不至也
彭蒙之師曰古之道人至於莫之是莫之非而已矣其風
䫜然惡可而言常反人不聚觀而不免於魭音輐斷窢寂也其所爲與人
相反而欲不聚人之觀總不免於有意而斷絶之也其所謂道非道而所言之韙不
免於非彭蒙田騈愼到不知道雖然槩乎皆嘗有聞者也
槩嘗有聞言皆有聞于道亦節取之意以本爲精以物爲粗以有積爲不足
澹然獨與神明居古之道術有在於是者關尹老聃聞其
風而悅之建之以常無有主之以太一太一卽物視其所一之意以濡
弱謙下爲表以空虛不毀萬物爲實關尹曰在己無居形

莊子因　卷之六　天下　四十六

物自著其動若水其靜若鏡其應若響芴音忽乎若亡寂乎若清同焉者和得焉者失未嘗先人而嘗隨人無居不先嚮此以待彼寂而不動也自著形於物而各彰其理感而遂通也下九句皆本此二句俱關尹之言明其建之以常無有主之以太一也

老聃曰知其雄守其雌爲天下谿知其白守其辱爲天下谷人皆取先己獨取後曰受天下之垢谿谷皆虛而有容之處。此言濡弱謙下爲表者人皆取實己獨取虛無藏也故有餘歸然而有餘其行身也徐而不費無爲也而笑巧徐而不費舒緩而不表著也笑巧笑人之巧者也。○此言以空虛萬物不毀爲實者人皆求福己獨曲全曰苟免於咎此又言以濡弱謙下爲表之故以深爲根以約爲紀曰堅則毀矣銳則挫矣此又言以空虛不毀萬物爲實之故常寬容於物不削於人可謂至極削侵削也至極道之極也關尹老聃乎古之博大眞人哉一語作贊而詠歎出之格調又變芴寞無形變化無常死與生與天地並與神明往與芒乎何之忽乎何適萬物畢羅莫足以歸無形不可見無常不可測萬物畢羅無不具也莫足以歸不能指一而歸之也古之道術有在於是者莊周聞其風而悅之以謬悠之說荒唐之言無端崖之辭時恣縱而不儻不以觭見之也以不可窮詰之語時恣縱而不本於正又不自見其畸異也以天下爲沈濁不可與莊語以卮言爲曼衍以重言爲眞以寓言爲廣獨與天地精神往來而不敖倪於萬物不譴是非以

與世俗處其書雖瓌瑋而連犿（音下）無傷也其辭雖參差而諔詭可觀（連犿宛轉貌諔詭奇幻也）彼其充實不可以已（是一部著書本領非若急於自見搜索枯腸也）上與造物者遊而下與外死生無終始者為友其於本也弘大而辟深閎而肆其於宗也可謂稠（音調）適而上遂矣（稠適即調適上遂上而自遂至於宗也五句總言其充實之意）雖然其應於化而解於物也其理不竭其來不蛻芒乎昧乎未之盡者（内既充實矣而其應合乎造化之功解脱乎萬物之迹蓋有無窮之用則大而能化矣其所以然者又芒昧未盡則又不可知之神也贊歎之語上無古下無今自是訂莊者所作乃俗以為莊子自言郭子依稱其禹拜昌言何嫌乎此是何說也）惠施多方其書五車其道舛駁其言也不中厤（歷全）物之意（多方言其

舛駁而不一也麻物謂歷指物而言之也曰至大無外謂之大一至小無内謂之小一無厚不可積也其大千里天與地卑山與澤平日方中方睨物方生方死大同而與小同異此之謂小同異萬物畢同畢異此之謂大同異南方無窮而有窮今日適越而昔來連環可解也我知天下之中央燕之北越之南是也汎愛萬物天地一體也惠施以此爲大觀於天下而曉辯者天下之辯者相與樂之此言惠施所以與天下辯者其理不可致詰也卵有毛雞三足郢有天下犬可以爲羊馬有卵丁子有尾火不熱山出口輪不蹍地目不見指不至至不絕龜長於蛇

矩不方規不可以爲圓鑿不圍枘飛鳥之景未嘗動也鏃矢之疾而有不行不止之時狗非犬黃馬驪牛三白狗黑孤駒未嘗有母一尺之棰日取其半萬世不竭辨者以此與惠施相應終身無窮此言天下之人所以與惠施相應者其理不可致詰也桓團公孫龍辯者之徒飾人之心易人之意能勝人之口不能服人之心辯者之囿也囿言四面交坺如囿之圍合也惠施日以其知與人之辯特與天下之辯者爲怪此其柢也然惠施之口談自以爲最賢曰天地其壯乎是眼中不見一人語氣描寫得出施存雄而無術守雌爲道則存雄非道可知上曰多方此曰無術則惠施又方術中所不取也南方有倚人踦同

焉。曰黃繚問天地所以不墜不陷、風雨雷霆之故。此皆不可以言解者。惠施不辭而應、不慮而對、徧爲萬物說。說而不休、多而無已、猶以爲寡、益之以怪。以反人爲實、而欲以勝人爲名。是以與衆不適也。弱於德、強於物、其塗隩矣。適和也。隩言其小而暗、非六通四辟之道也。由天地之道、觀惠施之能、其猶一蚉一虻之勞者也。其於物也何庸。夫充一尚可。曰愈貴道幾矣。充其一偏之能、猶可。若曰此其愈貴於道者、亦幾危矣。惠施不能以此自寧、散於萬物而不厭、卒以善辯爲名。惜乎惠施之才、駘蕩而不得、逐萬物而不反。是窮響以聲、形與影競走也。悲夫。論惠施處加以痛惜、見其有才而不

能至道也○此篇總論道術分合之故、令人自爲決擇其間萬斛波瀾一望無際熟此何患不落筆千言哉

知道術者少故治方術者多然治方術者多故知道術者因以益少矣何也道術無乎不在而方術則其中之一察耳故天人神人至人聖人君子之異其名法名參稽之異其數世史六經之異其文皆道術之所該徧無可欲爲亦無可不爲也及一曲之士出而道術始分道術分而後學者因各有聞風之不同是非世道之幸矣於是乎有墨翟禽滑釐者爲之太過已之太順爲有宋銒尹文者爲人太多自爲太少焉有彭蒙田駢慎到者

棄知去己緣不得已焉不但此也有關尹老聃者建之以無常有主之以太一以濡弱謙下爲表以空虛不毀萬物爲實焉則博大眞人視諸家有進矣及至莊周上與造物者遊下與死生無終始者友其寓言重言巵言皆發其充實於己者是爲方術也而實道術矣若夫惠施以勝人之口曰與辯者相應弱於德而強於物祇爲多方而已爲無術而已不特道術所不居卽方術亦所不取也名爲善辯究何益哉求道術者當審所尚矣此篇爲莊子全書後序明當日著書之意一片呵成文字

雖以關尹老莊槩頂一曲之士來語意却有軒輊其敘莊周一段不與關老同一道術則莊子另是一種學問可知段中備極贊揚眞所謂上無古人下無來者莊叟斷無毀人自譽至此是訂莊者所作無疑王荆公莊子論蘇長公莊子祠堂記皆以此篇出乎漆園自作各有獨見但可徒資談鋒總非定論而議者又以爲訂莊者不著名姓爲疑不知莊叟生於戰國彼時猶爲近古國策筆法橫絶俱無名氏千載而下以不知出自何手爲恨豈若後世淺儒粗就一篇爛時文便自署其姓字於

上灾梨以自誇詡徒以供覆瓿之用當使古人笑人至今齒冷矣

莊子因卷之六 大尾

莊子逸篇

宋王應麟伯厚曰。陸德明序錄曰。莊生宏才命世。辭趣華深。正言若反。故莫能暢其私致。后人增足。漸失其眞。故郭子玄云。一曲之才。妄竄奇說。若閼奕意脩之旨。危言游鳧子胥之篇。凡諸巧雜。十分有二。漢書藝文志莊子五十二篇。卽司馬彪孟氏所注是也。言多詭誕。或似山海經。或類占夢書。故注者以意去取。其內篇。衆家竝同。自餘或有外而無雜。唯子玄所注。特會莊生之旨。北齊杜弼注。莊子惠施篇。今無此篇。亦逸篇也。

閼奕之隸與殷翼之孫遏氏之子三士相與謀致人於造物共之元天之上元天者其高四見列星司馬彪曰元天山名

游鳬問雄黄曰今逐疫出魅擊鼓呼噪何也雄黄曰黔首多疾黄帝氏太巫咸使黔首沐浴齋戒以通九竅鳴鼓振鐸以動其心勞形趨步以發陰陽之氣飲酒茹葱以通五藏夫擊鼓呼噪逐疫出魅鬼黔首不知以爲魅祟也插桃枝於戶連灰其下童子入不畏而鬼畏之是鬼智不如童子也

童子夜嘯鬼數若齒

小巫見大巫。拔茅而棄，此其所以終身弗如。

尹儒學御，三年而無所得，夜夢受秌駕，明日徃朝師，師曰：今將教子以秌駕。司馬彪曰：秌駕，法駕也。

空閱一作門。來風，桐乳致巢，此以其能苦其性者。司馬彪曰：門戶孔空，風善從之。桐子似乳，著其葉而生。其葉似箕，鳥喜巢其中也。

紼謳所生，必於斥苦。司馬彪曰：紼，疏緩也。苦，用力也。引紼所以有謳歌者，為人用力不齊，故促急之也。

庚市子肩之毀玉也。

孔子病，子貢出卜。孔子曰：汝待也，吾坐席不敢先，居處若

齋食欽若祭吾卜之久矣

老子見孔子徒弟子五人問曰前爲誰對曰子路勇且多力其次子貢爲智曾子爲孝顏回爲仁子張爲武老子嘆曰吾聞南方有鳥名爲鳳鳳之所居也積石千里河水出下鳳鳥居止天爲生食其樹名瓊枝高百仞以璆琳琅玕爲寶〇暉屈按璆音求球同寶字恐實字天又爲生離珠一人三頭遞起以伺琅玕鳳鳥之文戴聖嬰仁右智左賢

善卷堯聞其得道之士乃北面而師事之蒲衣八歲而舜師之

廉者不貪不義之貪。不噉不義之水。

仲尼讀春秋。老聃踞竈觚而聽。（竈觚。額也。）

羊溝之雞。三歲爲株。相者視之。則非良雞也。然數以勝人者。以狸膏塗其頭。（羊溝。鬬雞處。株。魁師也。雞畏狸也。）

惠子始與莊子相見。而問乎莊子曰。今日自以爲見鳳皇。而徒遭燕雀耳。坐者俱笑。

豫章初生可抓而絕。

鵲上高城之垝。而巢於高榆之顛。城壞巢折。凌風而起。故君子之居世者。得時則義行。失時則鵲起。

金鐵蒙以大緤載六驥之上則致千里

孔子舍於沙邱見主人曰辯士也子路曰夫子何以識之曰其口究踦其鼻空大其眼博其睫流其舉足也高其踐地也湥鹿與而牛舍

青雞愛子忘親司馬彪曰雞鳥專愛其子而忘其母

聲氏之牛夜亡而遇夔止而問焉我有四足動而不善子一足而超踊何以然夔曰以吾一足王於子矣

市上之人有善戴尊者累十尊而行人有與之爭者行道未半而以其尊顛也酒尊

亾羊而得牛。斷指而得頭。

羌人死。燔而揚其灰。

子張見魯哀公。不禮士也。託僕夫而去。曰。臣聞君好士。故不遠千里。而見。君之禮士也。有似葉公子高之好龍。室彫文書寫以龍。於是天龍下之。窺頭於牖。拖尾於堂。葉公見之。棄而還走。失其魂魄。五色無主。是葉公非不好龍也。好夫似龍而非龍也。今君非不好士也。好夫似士而非士者也。

流脈並作。則為驚怖。陽氣獨上。則為癲病。

以十鈞射者見天而不見雲以七鈞射者見鵠而不見鶴以五鈞射者見鶴而不見雀函牛之鼎沸蟻不得措一足喻聖主之法明遂至不敢蹈也

趙簡子出田鄭龍爲右有一野人簡子曰龍下射彼使無驚吾馬三命鄭龍鄭龍不對簡子怒鄭龍曰昔吾先君伐衛免曹退爲踐土之盟不戮一人吾今一朝田而曰必爲我殺人是虎狼殺人故將救之簡子憮然曰不憂其身以活人者可無從乎還車輟田曰人之田也得獸今吾田也得士

梁君出獵見白雁羣集梁君下車彀弩一作弓欲射之道有行者不止白雁羣駭梁君怒欲射行者其御公孫龍下車撫其心梁君忿然作色而怒曰龍不與其君顧與他人何也公孫龍對曰昔者齊景公之時齊一作宋天旱三年卜之曰必以人祠乃雨景公下堂頓首曰吾所以求雨者爲民也今必使吾以人祠乃且雨寡人將自當之言未卒而大雨方千里者何爲有德於天而惠施於民也今主君以白雁之故而欲射殺人無異於虎狼梁君援其手與上車歸入郭門呼萬歲曰樂哉今日獵也人獵皆得禽獸吾獵獨得

箸言而歸。

人而不學，命之曰視皮。內一作學而不行，命之曰輒囊。輒擊者也，一作撮。

姝禽之肥，易牙和之，非不美也，彭祖以爲傷壽，故不食之。

祝牧謂其妻曰：天下有道，我戴子佩；天下無道，我負子戴。

易姓而王，封於太山，禪於梁父者，七十有二代。其有形兆垠堮勒石，凡千八百餘處。

槐之生也，入季春五日而兔目，十日而鼠耳，更旬而始規，二旬而葉成。鴝爲鶉，鶉爲布穀，布穀爲鴝，此物變也。

盧敖見若士，淚目鳶肩，

礼若亢鋸之柄，亢，舉也。礼有所斷剖，猶舉鋸之柄，以斷物也。

叔文相莒三年，其母自績。謂母曰：文相莒三年，有馬千駟，今母猶績，文之所得事，皆將棄之已。母曰：吾聞君子不學詩書射御，必有博塞之心；小人不好田作，必有竊盜之心；婦人不好紡績織絍，必有淫泆之行。好學爲福也，猶飛鳥之有羽翼也。

漢七畧所錄，若齊論之問王、知道，孟子之外書四篇，今皆亾傳；莊子逸篇十有九，淮南鴻烈多襲其語，唐世司

馬彪注、猶存後漢書、文選、世說注、藝文類聚、太平御覽、
閒見之、斷圭碎璧、亦足爲篋櫝之珍、博識君子、或有取
焉、

莊子逸篇終

莊子闕誤同異考

明楊太史升庵外集子說部載之○暉皐按明陳碧
虛南華章句亦附闕誤一卷與此大同小異查照一
過與者條下注明
以備博識家考證

覽過南華經名氏

景德（宋眞宗紀年）四年國子監本江南古藏本徐鉉葛湍校天台山方瀛宮藏本徐靈府校成元英解疏中太一宮本張君房校文如海正義中太一宮本張君房校郭象注中太一宮本張君房校劉得一注（宋眞宗大中祥符時人）江南李氏書庫本張潛夫補注

右數家闕誤同異、各有義旨。

逍遙游 ○暉辰按郭象注本、陸德明音義本、陳碧虛章句本、林西仲注本、游俱作遊、

亦若是而已矣 文如海本、亦、作則、○暉辰按郭本、林西仲本、俱作亦若是則已矣、搶榆枋。時則不至 文本、及江南舊本、枋下有而止字、○按坊刻俗本、搶、作槍、非、腹猶果然 文本、果作顆、之二蟲又何知 文本、上下有彼也字、八千歲為秋。成元英本、秋下有此大年也句、

豈唯形骸有聾盲哉 天台山方瀛觀古藏本、盲、作瞽、請買其方。百金 江南古藏本、方下有以字、安所困苦哉 文本、困苦、作窮困、

齊物論

而獨不聞之翏翏乎 李本、翏、作飂、良救切、老洫 江南古藏本、洫、作溢○暉辰云、此條升庵

原本所無、今采陳碧虛本補入之

雖我亦成也江南古藏本、作雖我無成、亦可謂成矣仁常而不成江南古藏本、成、作虧風振海江南古藏本、風上有飄字、聖人愚芚劉得一本、芚作芼○按芼、治本切、無知直徙之貌、則是之異乎不是也亦無辯。若果然也則然之異乎不然也亦無辯。江南古藏本、是也亦無辯、作其無辯矣、然也下亦無辯、作亦無辯矣。○暉底按陳本、及郭本、林西仲本若果上、俱有然字、

養生主

如土委地文如海劉得一本、如上、俱有牛不知其死也句、始也吾以爲其人也文本、其、作至、

人閒世

顧以所聞息其則庚幾李氏舊本作息其所行、則庚幾、請若始徑而刑耳張君房本作若徑而始刑耳、術暴人也前者江南古藏本術作衙、有而爲也其易邪張本有下有心字、○暉辰按疏本亦作有心而爲也、寡不道以懼成江南古藏本作寡有不道以成懼、其大蔽牛文成李張諸本其大下俱有數千字○暉辰按此注文恐誤蹯攷之陳本云文成李張本俱作其大蔽數千牛是、隱將芘其所藾張本隱將作將隱○暉辰按陳本云張本藾作賴陸氏音義本云崔云隱傷於熱也芘本作庇崔本作比云比也藾崔本作賴吾行卻曲張本卻曲作曲卻○暉辰按陳本云張本作卻曲卻曲、

德充符

守其宗也江南古藏本宗下有者字、受命于地唯松柏獨也在冬夏青

者張本、獨也下、有正在萬物之首句、○暉辰云、此注恐有脫誤、今按陳本、云、張本、作受命於地、唯松柏獨也正、在冬夏青青、受命於天、唯堯舜獨也正、在萬物之首是、計子之德不足以自反邪文成李張諸本、不、俱作未、不知先生之洗我以善邪。吾與夫子游張本、善邪下、有吾之自寤邪句、孔丘之於至人其未邪張本、其作口、

大宗師

邴邴乎其似喜乎文成張本、喜乎、俱作喜也、崔乎其不得已乎文成張本、崔乎、俱作崔崔乎、已乎、俱作已也、厲乎其似世乎文成張本、世乎、俱作世也、善矣張本、矣、作也、

殺生者不死江南古藏本、殺上有故字、成然寐古本、成、作眹、眹、音呼睸切、高視貌、又音烘、矇眹、不明、○暉辰按陸氏、音義、成、或作戌、音恤、簡文云、當作滅、本又作聝、呼活反、視高貌、本作俄眹、徍待事

莊子因　附錄

焉張本、待作侍、

應帝王

度人孰敢不聽而化諸張本、度人、作庹民、吾與汝既其文江南古藏本、既作無、不震不正江南古藏本、正、作止、○暉辰按陸氏音義崔本、作不誫不止、云、如動不動也、紛而封哉張本、封下、有肰字、又一本、作紛而封戎、一以是終、○暉辰按陳本云、張本、作紛肰而封哉、陸氏音義、崔本作封戎、云、戎、殽亂也、

駢拇

而多方於聰明之用也張本、方作口、而枝者不爲岐江南古藏本、岐、作跂、○暉辰按陳氏云、江南古藏本、跂、作岐、陸氏音義云、崔本跂、作岐、音其知反、或渠支反、郭本及林西仲本、俱作而枝

者不爲跂、

馬蹄

雒也江南古藏本、雒作絡、

胠篋

曷嘗不法聖人哉、善人不得聖人之道不立、跖不得聖人之道不行、則聖人之利天下也少、聖人生而大盜起、掊擊聖人、聖人已死、聖人不死、雖重聖人、是乃聖人之過也、彼聖人者天下之利器也已上聖人、張本、俱作聖智、

在宥

空同之上。張本、上、作山、此以人之國僥倖也江南古藏本、作以此因人之國僥倖也、

天地

故通於天者德也。行於萬物者道也。江南古藏本、作故通於天者道也、順於地者德也、行於萬物者義也、○暐厎按郭本及林西仲本、俱作故通於天地者德也、藏珠於淵張本、藏、作沈、退已。江南古藏本、已、音紀、有機於此其名爲槔。張本、有下、有機字、爲、作桔、聖人羞之。張本、作聖人所羞也、是終始本末不相坐張本、作不相罪坐、

天道

其自爲也張本、作其自然爲也、天地之平而道德之至。張本、至下、有也字、實

則倫矣江南古藏本、作實者倫矣、夫天地至神張本、神下、有矣字、安取道文本、道下、有哉字、非知治之道江南古藏本、道下、有者也字、淵乎其不可測也江南古藏本、淵乎、作淵淵乎、

天運

孰隆施是李本、施、作於、〇暉辰按、陳本云、李氏、施、作弛、有上彷徨張本、有、作在、名公龍也張本、名下、有者字、又奚傑然張本、作又奚傑傑然、予口張而不能嗋予又何規江南古藏本、嗋下、有舌舉而不能認句、〇暉辰按陳本、認、作詡、然則人江南古藏本、人上、有至字、發動如天地者乎張本、乎、作哉、夫三皇五帝之治天下不同黃帝之治天下江南古藏本、不同上、有也字、黃帝上、有皆字、眸子不運而風化

蟲雄鳴於上風雌應於下風而。風化類自爲雌雄故。風化張本、而下、俱有感。字、故下、有曰。字〇暉辰按陸氏音義、下風而風化、作下風而化、

刻意

聖人休休·焉。則平易矣張本、作聖人休焉、休則平易矣、

繕性

繕性於俗學以求復其初張本、作繕性於俗口學、〇暉辰按陳本、作繕性於俗口學以求復其初、注云、見張本篇作繕性於俗俗學以求復其初、郭林諸本並同、滑欲於俗·思張本、俗思、作欲思、古之治道者以恬養知·生而無以知·爲也謂之以知養恬張本以恬養知下、重知。字、通章、知、俱作智。〇暉辰按疏本、亦知下、重知字、義明而物親忠·

也江南古藏本忠作中禮樂偏行江南古藏本偏作徧四時得節張本得作應又何爲哉張本爲下有乎字軒冕在身非性命也張本命下有之字

秋水

五帝之所連江南古藏本連作運○暉匠按陸氏音義云本五帝作五常故易傻此世之有也張本傻下有耳字○暉匠按郭本林西仲本俱作故與傻此勢之有也是故大人之行不出乎害人張本害人下有之塗也三字○暉匠按陳氏所引張本不出下無乎字謂之寡矣張本作謂之寡之矣知天人之行求通久矣而不得時也江南古藏本知天作知乎不得作不遇當堯舜而天下無窮人當桀紂而天下無通人張本堯舜桀紂下俱有之時字吾跳梁乎井幹之上江南古藏本子跳梁作出跳

曰張本作莊子曰、

至樂

吾未之樂也亦未之不樂也果有樂無有哉吾以無爲誠矣江南古藏本、兩未下、俱有知字、吾以無爲句、作吾以無爲爲而誠者爲樂矣○暉辰按郭本、林西仲本、誠下、俱有樂字、萬物皆化 今又變而之死江南古藏本、化下、有生字、又作有、髑髏見夢曰子之談者 從肰以天地爲春秌 而復爲人閒之勞乎張本、曰下、有向字、從肰、作泛肰、人閒、作生人、彼必相與異其好惡故異也故先聖不一其能江南古藏本、作彼必相與異其好惡、好惡異、故先聖不一其能、種有幾得水則爲㡭劉得一本、幾下、有若鼃爲鶉句、○暉辰按陸氏音義、㡭古絕字、今讀音繼、司馬本、作繼、一本、作斷、又作續斷、斯彌爲食醯。頤輅生乎九猷。瞀芮生乎腐蠸。羊奚比乎不箰。張本、作斯彌爲食醯、食醯生乎頤輅、頤輅生乎黄軦、黄軦生乎九猷、九猷生乎瞀芮、瞀芮生乎腐蠸、腐蠸生乎羊奚、久竹生青寧、羊奚比乎不箰、○暉辰按陳氏引張本云、久竹生青寧句、移在羊奚比乎不箰下、亦似可從、郭本、林西仲本、俱作頤輅生乎食醯、黄軦生乎九猷、瞀芮生乎腐蠸、羊奚比乎不箰、久竹生青寧、

達生

是色而已江南古藏本、是下、有形字、物焉得而止焉張本、止、作正、不開人之天。劉得一本、天、作人、以瓦注者巧呂覽、注、作投、餘同、有張毅者。高門縣簿劉本、高上、有見字、人之所取畏者江南古藏本、取、作最、吾將三月⿰牜豢汝張本⿰牜豢作豢、○暉辰按陳氏引張本云、⿰牜豢、篇韻不收、陸氏音義、⿰牜豢、一本作犧、自爲謀則取之。所異彘

者何也張潛夫本、之下、有其字、其雞無敢應者反丞矣文如海、劉得一本、俱作與雞無敢應、是者反丞矣、其是與江南古藏本、知其下、有由字、知忌是非文張二本、知、俱作□、則平陸而已矣劉得一本、則下、有安字、

山木

運物之泄也江南古藏本、物、作化、褰裳躩步張本、褰、作蹇、〇暉厎按郭本、陸本、林本、俱作蹇、陳氏章句、所引張本、蹇、作褰、似是、莊子反入三月不庭從其俗江南古藏本、入下、有宮字、俗、作令、栗林虞人以吾爲戮文張二本、栗林、俱作□□、逆旅人有妾二人劉得一本、作逆旅之有妾二人、

田子方

其道我也似父江南古藏本、道、作導、

知北游○暉辰按陳氏章句、游、作遊、知、如字、舊音智、不取、

通天下之一氣耳今彼神明至精劉得一本、下、作地、今、作含、○暉辰按郭本、今、林西仲本、一上、俱無之字、孫子非汝有張本、孫子、作子孫、運量萬物而不匱文劉二本、匱、俱作遺、汝唯莫必。無乎逃物張君房成元英本、必下、俱有謂字、山林與皋壤與使我欣欣然而樂與江南古藏本、皋壤與下、有與我無親句、

庚桑楚

辭盡矣曰奔蜂不能化藿蠋江南古藏本、及李張二本、曰字、俱从口、十日自愁江南古藏本、及李文劉張四本、自、俱作息、人見其人。人有脩者張本、人見其人下、有物見

其物句、毎變爲失劉本、毎下、有欲字、入出而不見其形張本、入出、作出入、○暉辰按郭本、及林本、不見、俱作無見、孰知有無生死之一守者文本、守作宗、○暉辰按陳本、郭本、林本、生死、俱作死生、又適其偃焉移是今之人也江南古藏本、及李張二本、焉上、俱有溲字、今上、俱有非字、

徐無鬼

藜藿柱乎鼪鼬之徑文張二本、乎、俱作于、○暉辰按陳氏引文張二本云、乎、俱作宋、徑、俱作逕、郭陸二本、及林西仲本、徑、俱作逕、陸本又云、一本作跡、察士無淩誶之事則不樂文成張三本、事、俱作辭、○暉辰按陸氏音義、誶、一作說、聽而斲之盡堊而鼻不傷江南古藏本、及李本、斲之下、有瞑目恣手四字、一云、四字是郭注、可不謂云江南古藏本、及李本、謂、俱作譁、游

于天地江南古藏本、地下、有也字、○暉辰按、陸氏音義云、司馬本、地、作泪、云、亂也、崔本同、擇蹠鬣自以爲廣宮大囿張本、蹠鬣下、有長毛字、古之眞人以人待之張本、待之、作待人、○暉辰按、以人之人、恐天字譌、郭本及陳本、林西仲本、皆作以天、

則陽

同濫而浴張本、濫、作檻、陰陽者氣之大者也劉本、大、作廣、

外物

我且南游吳越之王張本、游下、有說字、出薪張本、作出拾薪、中民之行進焉耳張戊二本、行下、俱有易字、大林邱山之善張文二本、林、俱作棫、

寓言

如鸛雀蚊虻 勸公以其欲也 向也括而今也披髮而況乎以有待者乎張本、鸛雀、作鸛鳥雀、其欲也、作以其私欲也、向也括、作向也括撮、以有待、作以無有待、○暉辰按郭本、及林西仲本、鸛雀、俱作觀雀、蹤本、作觀鳥雀

讓王○暉辰按陳氏本、作禪王

恐聽者謬張本、者作□、 匡坐而弦張本、弦下、有歌字、 知足者不以利自累李本、利作羨、 神無惡乎○暉辰按陳本引張本云、乎、作也、 吾是以知松柏之茂也 桓公得之莒齊子糾之亂、小白出奔莒、 文公得之曹曹人觀晉公子騈脅、 越王得之會稽越爲吳敗、句踐以敗卒、保於會稽山、 陳蔡之隘於丘其幸乎自桓公并注至會稽山四十八字、見江南古藏本、○暉辰云、此條升菴原本不詳、故采陳本所載補記之、 故許由

娛於穎陽共伯得乎共首江南古藏本、娛、作虞、得下、有志字、共首、一作丘首、○暉辰按陸氏音義、娛一作虞、又云共首、一作丘首、周德衰江南古藏本、及李本、周、俱作殷、

盜跖

穴室樞戶劉本、樞作摳、休卒徒大山之陽江南古藏本、徒下、有於字、○暉辰按陳氏云、江南古藏本、休上作□、凡天下有三德張本、下下、有人字、此六子者世之所高也　此四子者無異於磔犬流豕操瓢而乞者江南古藏本、六作七、四、作六、○暉辰按郭本、及林本、四子者、俱作四者、皆離名輕死張本、離、作利、汝行如桀紂則有怍色　吾日與子訟於無約曰張本、則有怍色、作則□、作色、曰、作咎、○暉辰按陳氏引張本云、曰、舊作日、則亦久病長阸江南古藏本、則亦下、有猶字、若負

重行而上。也張本、也上、有坂字、貪財而取慰張本、慰、作辱、○暉辰按陸氏音義、慰、亦作與、

說劍

悝尚何設言張本、尚、作當、

漁父

交白　待於下風　以賊惡人張本、交、作皎、待、作侍、惡、作德、○暉辰按陸氏音義、白、一作皎、待、一作侍、

列御寇

夛餘之贏江南古藏本、及李張二本、夛上、俱有無字、汝處已江南古藏本、及李本、已、俱音紀、闔

胡嘗視其良文成李三本、胡、俱作□、○暉庭按陸氏音義云、良、或作埌、音浪、冢也、古之人天而不人張本、作古之至人、有順懽而達江南古藏本、順、作愼、○暉庭按陸氏音義、亦引王本云、順、作愼、仁義多責。達生之情者傀劉李二本、多責下、俱有六者所以相刑也句、

天下

而九雜天下之川江南古藏本、及李本、雜、俱作滌、○暉庭按陸氏音義、一本、雜、或作粂、音同、雖未至極江南古藏本、及文李二本、俱作可謂至極、○暉庭按郭本、及林西仲本、俱作可謂至極、陳碧虛章句本、引江南古藏本、及文李二本、作雖未至極、似是、

莊子逸。及闕誤同異考二篇。先輩王渼陂。楊升菴。陳碧虛等。好古癖奇之所致。而余亦同病相憐。不忍割

叓謄錄校讐收諸藥籠中頃日莊子因較訂成矣因併繫于冊尾以寄贈於世寰病客銷閑且夫他山之石可以攻玉況今伐柯伐柯其則不遠者乎匪敢曰可宗也亦唯庻幾乎因不失其親而已

柔兆執徐元月

大阪松井甚五郎暉辰識于耕讀園

莊子闕誤同異考　大尾

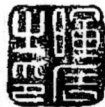

寛政八丙辰冬十一月　發兌

風月庄左衞門
植村藤右衞門
福知源助

平安書肆

泉木八兵衞

大坂書肆

作者及版本

松井羅州（一七五一—一八二二），名暉星，暉辰，輝暉，字齋黄，通稱甚五郎、七郎，號羅州（洲）。早年對《易經》十分喜好，對《易經》有較深的研究。著述除本書外，還有《紀元通考》和隨筆集等。

《增註莊子因》爲四孔線裝和式刻本。書高二十七厘米，共六册。封面題簽莊子因。内封印有「清林西仲先生評述，日本羅州松井先生較訂，增注莊子因，平安大阪書肆、風月堂、錦山堂、崇高堂合刻，不許翻刻，千里必究」字樣。第一册正文前收有多篇序文、《莊子總論》、二十六則《莊子雜説》《史記·莊子列傳》等。第一册收内篇《逍遥遊》第一到《養生主》第三。第二册收内篇《人間世》第四到《應帝王》第七。第三册收外篇《駢拇》第八到《天運》第十四。第四册收外篇《刻意》第十五到《知北遊》第二十二。第五册收雜篇《庚桑楚》第二十三到《外物》第二十六。第六册從雜篇《寓言》第二十七到天下第三十三。之後收《莊子逸篇》和《莊子闕誤同異考》。正文天頭偶見注釋，少有蟲蛀，不礙閲讀。無訓點符號，字跡清晰，便於閲覽。